DAS ZEITALTER KAISER FRANZ JOSEPHS

2. TEIL 1880–1916

GLANZ UND ELEND

KATALOG

SCHLOSS GRAFENEGG

9. MAI – 26. OKTOBER 1987 TÄGLICH 9–18 UHR

NIEDERÖSTERREICHISCHE LANDESAUSSTELLUNG

Herausgeber und Verleger:
Amt der NÖ Landesregierung, Abt. III/2 – Kulturabteilung

Schriftleitung:
Univ.-Prof. Dr. Harry Kühnel
Dr. Elisabeth Vavra
Dr. Gottfried Stangler

Graphische Gestaltung:
Dipl.-Graphikerin Irmgard Grillmayer (Graphiken, Layout)
Dipl.-Graphiker Hermann Härtl (Umschlag)

Reproduktion:
Repro 12, Wien

Gesamtherstellung:
Druckerei Ferdinand Berger & Söhne Gesellschaft m.b.H., 3580 Horn, NÖ

Titelbild:
Leopold Forstner, Mosaiken. Wien, Antiquitäten Hofstätter.

Katalog des NÖ Landesmuseums, Neue Folge Nr. 186, Wien 1987
1. Auflage (1-25.000) ISBN 3-900-464-53-4

WISSENSCHAFTLICHE MITARBEITER

Dir. Dr. Alena Adlerová (A. A.)
Prag, Uměleckoprůmyslové Muzeum

Dr. Wladimir Aichelburg (W. Ai.)
Schloß Artstetten

Univ.-Doz. Dr. Franz Baltzarek (F. B.)
Institut für Wirtschaftswissenschaft an der Universität Wien

Doz. Dr. habil. Jerzy Banach (J. B.)
Krakau, Muzeum Narodowe

Dr. Kurt Bauer
Wien, Naturhistorisches Museum

Ing. Julius Baumann (J. Bau.)
Wien

Dr. Jana Brabcová
Prag, Národní Galerie

Dr. Otto Biba (O. B.)
Wien, Gesellschaft der Musikfreunde

Univ.-Prof. Dr. Gerhart Bruckmann (G. B.)
Wien

Dir. Dr. Anica Cevc (A. C.)
Ljubljana, Narodna Galerija

Dr. Ernő Deák (E. D.)
Wien, Österreichische Akademie der Wissenschaften, Kommission für Wirtschafts-, Sozial- und Stadtgeschichte

Dipl.-Vw. Helge Dvorak, Wien

Reingard Ecker (R. E.)
Wels

Dr. Václav Erben
Prag, Národní Galerie

Dr. Lásló Emőke
Budapest, Iparművészeti Múzeum

Dir. Dr. Gyula Ernyey
Budapest, Iparművészeti Múzeum

Dr. Monika Faber (M. F.)
Wien, Museum Moderner Kunst

Dr. Katalin Földi-Dózsa (K. F.-D.)
Budapest, Magyar Nemzeti Múzeum

Dr. Gerbert Frodl (G. F.)
Wien, Österreichische Galerie

Univ.-Prof. Dr. Walter Frodl (W. F.)
Wien

Hofrat Dr. Richard Gisser (R. G.)
Wien, Österreichisches Statistisches Zentralamt

Dr. Dagmar Greutter
Wien, Archiv der Siemens AG Österreich

Dr. Irmgard Hauser-Köchert, Wien

Univ.-Prof. Dr. Herbert Hofmeister (H. H.)
Juridisches Institut der Universität Wien

Dir. Dr. Éva Janik (É. J.)
Budapest, Obudai Helytörténeti Múzeum

Dr. Imre Katona
Budapest, Iparműveszeti Múzeum

Andrea Komlosy (A. K.)
Wien

Dr. Stefania Kozakowska
Krakau, Muzeum Narodowe

Mag. Anna Król
Krakau, Muzeum Narodowe

W. Amtsrat Margarete Kuntner
Wien, Höhere Graphische Bundes-Lehr- und Versuchsanstalt

Dr. Elisabeth Lebensaft
Wien, Österreichische Akademie der Wissenschaften, Kommission für die Ausarbeitung eines Österreichischen Biographischen Lexikons

Dipl.-Ing. Gerhard Maresch (G. M.)
Wien, Technisches Museum

Dr. Szilvia Maros
Budapest, Iparműveszeti Múzeum

Dr. Ernő Marosi (E. M.)
Budapest

Dr. Éva Moskovsky (É. Mo.)
Budapest

Univ.-Prof Dr. Alois Mosser (A. M.)
Institut für Wirtschafts- und Sozialgeschichte der Universität Wien

Oberbibliotheksrat Dr. Walter Obermaier (W. O.)
Wien, Wiener Stadt- und Landesbibliothek

Mag. Stanisława Odrzywolska
Krakau, Muzeum Narodowe

Prof. Ingeborg Petrascheck-Heim (I. P.-H.)
Wien

Dr. Roman Prahl (R. P.)
Prag, Národní Galerie

Hubert Reitterer
Wien, Österreichische Akademie der Wissenschaften, Kommission für die Ausarbeitung eines Österreichischen Biographischen Lexikons

Dr. Ulrike Riss (U. R.)
Wien, Österreichisches Theatermuseum

Mag. Marta Romanowska
Krakau, Muzeum Narodowe

Dr. Burkhardt Rukschcio (B. R.)
Wien

Dr. Laura Safred
Triest, Civico Museo Revoltella

Dr. Ilona Sármány-Parsons (I. S.-P.)
Wien

Univ.-Doz. Dr. Roman Sandgruber (R. S.)
Institut für Wirtschafts- und Sozialgeschichte der Universität Wien

Dr. Katalin Sinkó (K. S.)
Budapest, Magyar Nemzeti Galéria

Marcella Stern (M. S.)
Wien, Österreichische Akademie der Wissenschaften, Kommission für die Ausarbeitung eines Österreichischen Biographischen Lexikons

Dr. András Szilágyi
Budapest, Iparművészeti Múzeum

Dr. Maria Taszycka
Krakau, Muzeum Narodowe

Dr. Peter Urbanitsch (P. U.)
Wien, Österreichische Akademie der Wissenschaften, Kommission für Geschichte der Österreichisch-Ungarischen Monarchie

Dr. Elisabeth Vavra (E. V.)
Krems, Institut für mittelalterliche Realienkunde Österreichs der Österreichischen Akademie der Wissenschaften

Dr. Peter Vergo (P. V.)
University of Essex

Dr. Juliane Vogel (J. V.)
Wien

W. Hofrat Dr. Peter Weninger
Wien, Niederösterreichisches Landesmuseum

Dr. Patrick Werkner (P. W.)
Wien

Dir. w. Hofrat Dr. Walter G. Wieser (W. G. W.)
Wien, Porträtsammlung der Österreichischen Nationalbibliothek

Mag. Andrzej Zaborowski
Krakau, Muzeum Narodowe

Univ.-Prof. Dr. Herbert Zeman (H. Z.)
Institut für Germanistik an der Universität Wien

LEIHGEBER

Das Bundesland Niederösterreich dankt allen Museen, Archiven, Bibliotheken, Instituten und privaten Persönlichkeiten für die Leihgaben, die sie freundlicherweise dieser Ausstellung zur Verfügung gestellt haben.

Schloß Artstetten, Erzherzog Franz Ferdinand Museum
Baden, Mag. Bernhard Hollemann
Baden, Kurdirektion
Baden, Rollettmuseum
Bad Ischl, Prof. Hans Frank, Fotomuseum des Landes Oberösterreich
Berlin, Staatliche Museen zu Berlin, DDR
Beograd, Narodni Muzej
Bern, Schweizerisches Bundesarchiv
Birgitz, Lotte Schönitzer-Kühn
Brünn, Muzeum Města Brna
Budapest, Iparművészeti Múzeum
Budapest, Kispesti Helytörténeti Gyüjteménye
Budapest, Közlekedési Múzeum
Budapest, Magyar Kereskedelmi és Vendéglátóipari Múzeum
Budapest, Magyar Munkásmozgalmi Múzeum
Budapest, Magyar Nemzeti Galéria
Budapest, Magyar Nemzeti Múzeum
Budapest, Magyar Szinházi Intézet
Budapest, Dr. Eva Moskovszky
Budapest, Obudai Helytörténeti Múzeum
Budapest, Országos Müemléki Felügyelőség
Budapest, Országos Széchényi Könyvtár
Budapest, Petőfi Irodalmi Múzeum
Budapest, Történeti Múzeum
Dresden, Staatliche Kunstsammlungen
Dürnstein, Raimund Thiery
Düsseldorf, Heinrich-Heine-Institut
Ebensee, Solvay Österreich GmbH
Eisenstadt, Museum Österreichischer Kultur
Etsdorf, Firma Franz Wittmann
Euratsfeld, Dr. Edeltraud Gassner
Fels am Wagram, Marktgemeinde
Göttweig, Benediktinerstift
Graz, Sammlung Doz. Dr. Cerwinka
Graz, Viktor Fogarassy
Graz, Erika Jungel-Kirchner
Graz, Neue Galerie am Landesmuseum Joanneum
Herrliberg, Dr. Denise Reinisch
Hitzendorf, Christa Schwinger
Innsbruck, Österreichisches Alpenvereinsmuseum

Innsbruck, Tiroler Landesmuseum Ferdinandeum
Kecskemét, Szorákaténusz Játékmúzeum
Kitzbühel, Dipl.-Ing. Kurt Skasik
Klagenfurt, Kärntner Landesarchiv
Krakau, Dr. Piotr Hanczakowski
Krakau, Ryszard Mehoffer
Krakau, Muzeum Historyczne m. Krakowa
Krakau, Muzeum Narodowe w Krakowie
Krems, Helga und Erwin Moshammer
Langenzersdorf, Anton Hanak-Freilichtmuseum
Leoben, Sammlung Doz. Dr. Jontes
Leoben-Göss, Steirerbräu – Gösser Brauerei
Lilienfeld, Bezirks-Heimat-Museum
Lilienfeld, Archiv der Firma Engel
Linz, Brauerei-Museum
Linz, Oberösterreichisches Landesarchiv
Linz, Oberösterreichisches Landesmuseum
Linz, Kunsthandlung Dr. Margarete Widder
Ljubljana, Narodna Galerija
Ljubljana, Narodni Muzej
London, Victoria & Albert Museum
Maria Enzersdorf, Baurat Dipl.-Ing. Robert Baldassari
Maria Enzersdorf, Dr. Sonja Leiss
München, Städtische Galerie im Lenbachhaus
Mürzzuschlag, Wintersport- und Heimatmuseum
New York, Psychoanalytic Society
Pécs, Janus Pannonius Múzeum
Pforzheim, Firma K. Henninger-Tavcar
Prag, Muzeum Klementa Gottwalda
Prag, Muzeum Hlavniho Mesta Prahy
Prag, Národní Galerie
Prag, Národní Technické Muzeum v Praze
Prag, Uměleckoprůmyslové Muzeum v Praze
Regensburg, Zentralarchiv Fürst Thurn und Taxis
Reichenau an der Rax, Bergbau- und Heimatmuseum
Salzburg, Otto Fichtinger
Salzburg, Museum Carolino Augusteum
Salzburg, Museum Carolino Augusteum, Spielzeugmuseum
Salzburg, OAR Erich Urbanek
Soyen, Heino König
St. Lambrecht, Benediktinerstift
St. Pölten, Bischöfliches Ordinariat
St. Pölten, Dr. Ioannes und Dr. Ferdinand Wohlmeyer
Szombathely, Savaria Múzeum
Triest, Civico Museo Revoltella

Vöcklamarkt, Kinderweltmuseum Schloß Walchen
Warschau, Muzeum Narodowe w Warszawie
Wels, Dipl.-Ing. Karl Forstner
Wels, Reingard Ecker
Wien, Allgemeines Verwaltungsarchiv
Wien, Arbeitsgemeinschaft für Sport und Körperkultur in Österreich
Wien, Kunst- und Antiquitätenhandlung Herbert Asenbaum
Wien, Aviatik Museum Wr. Neustadt
Wien, Fa. Johann Backhausen & Söhne
Wien, Fa. E. Bakalowits & Söhne GmbH.
Wien, Univ.-Doz. Dr. Franz Baltzarek
Wien, Fa. Becker & Co.
Wien, Fa. Bombardier-Rotax-Wien (vormals Lohnerwerke)
Wien, Verlag Dr. Christian Brandstätter
Wien, Univ.-Prof. Dr. Gerhart Bruckmann
Wien, Bundesdenkmalamt, Bibliothek
Wien, Bundesmobilienverwaltung
Wien, Peter Chrastek
Wien, Sammlung Hans Dichand
Wien, Sammlung Dipl.-Vw. Helge Dvorak
Wien, Fa. Jenö Eisenberger
Wien, Eislauf-Verein
Wien, Galerie am Graben
Wien, Galerie Stallburg
Wien, Galerie Würthle
Wien, Generalpostdirektion
Wien, Gesellschaft der Musikfreunde
Wien, Kunsthandlung Giese & Schweiger
Wien, Graphische Sammlung Albertina
Wien, Graphische Bundes-Lehr- und Versuchsanstalt
Wien, Univ.-Prof. Dr. techn. Albert Hackl
Wien, Bernhard Hanreich-Ludwig
Wien, Galerie und Antiquariat Wolfdietrich Hassfurther
Wien, Haus-, Hof- und Staatsarchiv
Wien, Heeresgeschichtliches Museum
Wien, Kunsthandlung Helfenstein
Wien, Historisches Museum der Stadt Wien
Wien, Hochschule für angewandte Kunst, Archiv
Wien, Hochschule für angewandte Kunst, Institut für Kostümkunde
Wien, Arch. Wilhelm Holzbauer
Wien, Hotel Imperial
Wien, Hotel Sacher
Wien, Sammlung Ing. Ernst Hrabalek
Wien, Dr. Heribert Hutter
Wien, ITT Austria

Wien, Wolfgang Karolinsky
Wien, Katholische Österreichische Studentenverbindung Austria
Wien, Fa. A. E. Köchert
Wien, KÖHV Nordgau-Wien
Wien, Dr. Elisabeth Koller-Glück
Wien, Photographische Sammlung Bodo Kralik
Wien, Kriegsarchiv
Wien, Prof. Mag. Lothar Krombholz
Wien, Kunsthistorisches Museum, Wagenburg/Monturdepot
Wien, Ellen und Peter Landesmann
Wien, Dr. Rudolf Leopold
Wien, Katharina Limberg
Wien, Fa. J & L Lobmeyr
Wien, Loos-Verein
Wien, Sammlung Dr. Walter Lukan
Wien, Magistrat der Stadt Wien, Magistratsabteilung 37, Baupolizei
Wien, Elisabeth von Matsch
Wien, Wilhelm Müller
Wien, Museum für angewandte Kunst
Wien, Museum für Völkerkunde
Wien, Naturhistorisches Museum, Anthropologische Abteilung
Wien, Naturhistorisches Museum, Erste Zoologische Abteilung
Wien, Niederösterreichisches Landesmuseum
Wien, Dr. Eleonore Nischer-Falkenhof
Wien, Anton Novotny, Ottakringer Brauerei
Wien, ÖAF – Gräf & Stift
Wien, Österr. Automobil-, Motorrad- und Touring Club
Wien, Oberbibliotheksrat Dr. Walter Obermaier
Wien, Österreichische Galerie
Wien, Österreichische Nationalbibliothek, Bild-Archiv und Porträt-Sammlung
Wien, Österreichische Nationalbibliothek, Druckschriftensammlung
Wien, Österreichische Nationalbibliothek, Flugblätter- und Plakatesammlung
Wien, Österreichische Nationalbibliothek, Theatersammlung
Wien, Österreichische Postsparkasse
Wien, Österreichische Post- und Telegraphenverwaltung
Wien, Österreichisches Statistisches Zentralamt
Wien, Parlamentsdirektion
Wien, Rechtsanwalt Dr. Ernst Ploil
Wien, Wilhelm Popp
Wien, Arch. Mag. Walter Ramstorfer
Wien, Regierungsrat Josef Ringer
Wien, Arch. Dr. Burkhardt Rukschcio
Wien, Dr. Walter Sauer
Wien, Buch- und Kunstverlag Anton Schroll & Co.
Wien, Kunsthandlung Wolfgang Siedler

Wien, Siemens Aktiengesellschaft Österreich, Archiv für Geschichte
Wien, Städtische Bestattung
Wien, Dr. Ernest Steiner
Wien, Prof. Kurt und Eva Stümpfl
Wien, Technisches Museum für Industrie und Gewerbe
Wien, Lotte von Tobisch Labotyn
Wien, Trabrennverein
Wien, Magdalena Trcka
Wien, Antiquitätenhandlung Erich Tromayer
Wien, Dipl.-Ing. Walter Tschiedel
Wien, Universitätsbibliothek
Wien, Verband der Wiener Sokolvereine
Wien, Verein für Geschichte der Arbeiterbewegung
Wien, Kunsthandlung Erich Weninger
Wien, Wiener Akademische Burschenschaft Olympia
Wien, Wiener Philharmoniker
Wien, Wiener Stadt- und Landesbibliothek
Würzburg, Institut für Hochschulkunde an der Universität Würzburg
Zagreb, Moderna Galerija Zagreb
Zagreb, Povijesni Muzej Hrvatske
Zell am See, Bezirksmuseum im Vogtturm
Zwettl, Stadtgemeinde

sowie zahlreiche private Leihgeber

1. STOCK

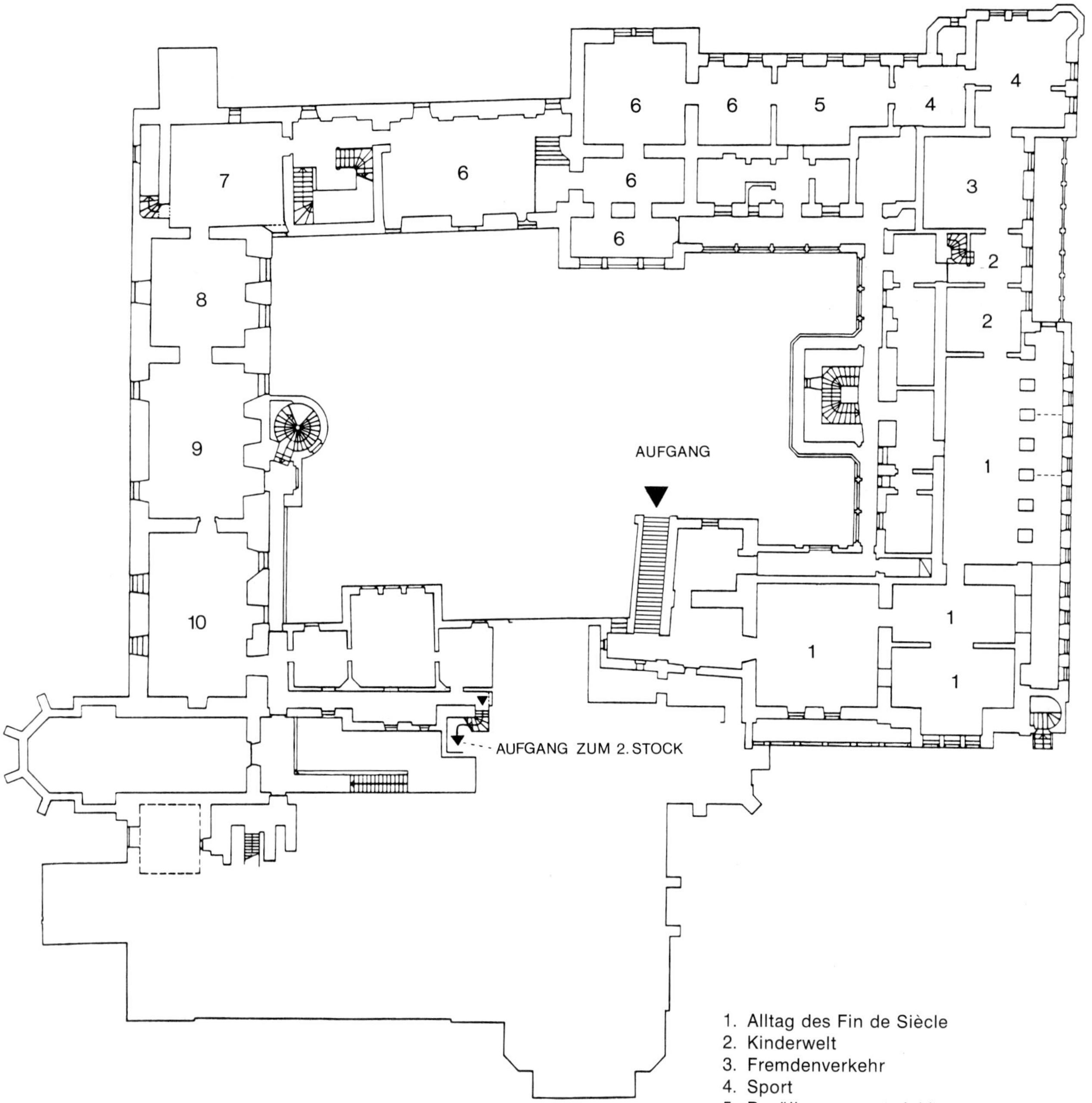

1. Alltag des Fin de Siècle
2. Kinderwelt
3. Fremdenverkehr
4. Sport
5. Bevölkerungsentwicklung
6. Wirtschaft und Technik
7. Staatshilfe und Selbsthilfe
8. Politisierung der Massen
9. Nationalisierung der Massen
10. Krise und Aufbruch

2. STOCK

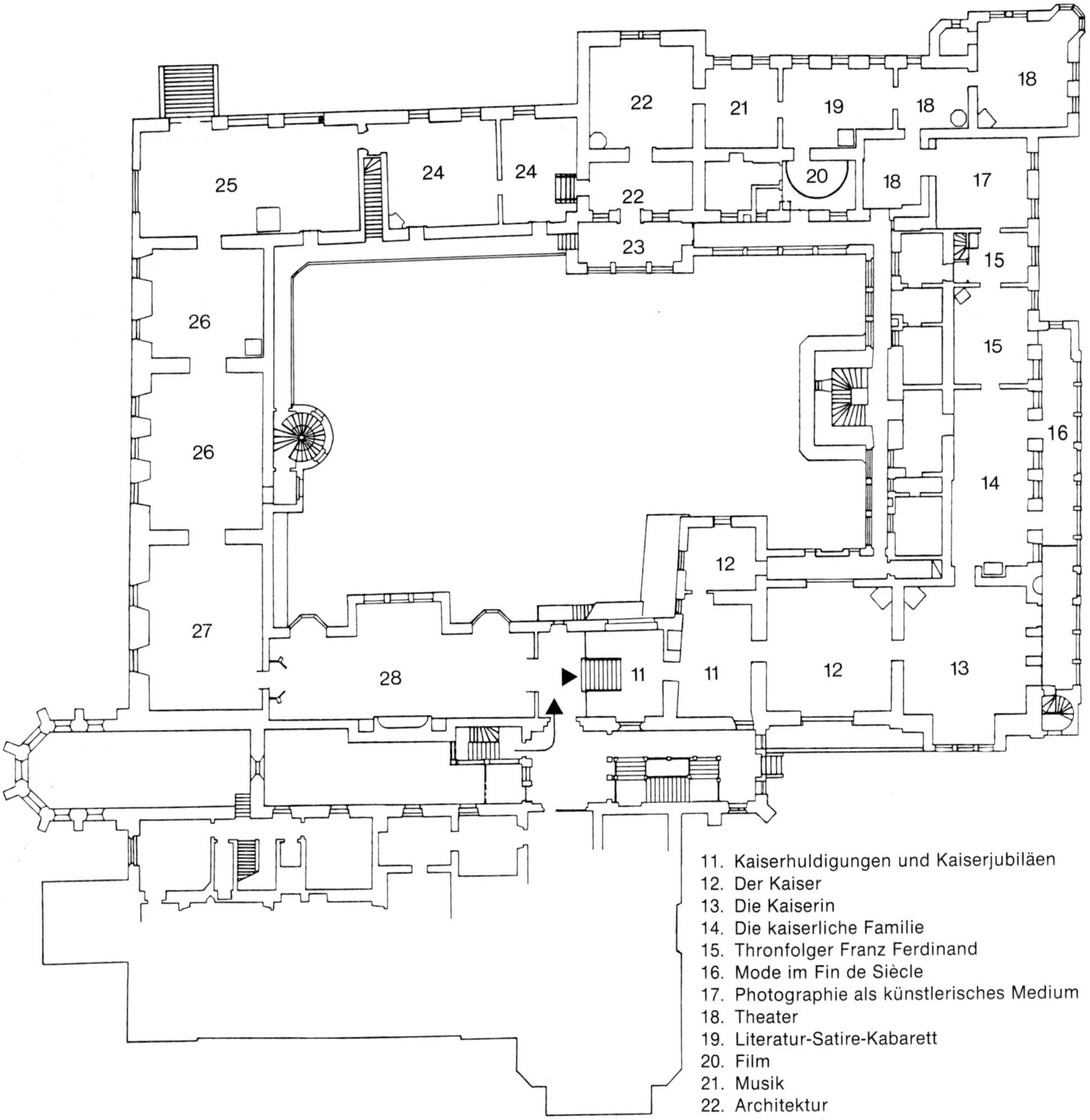

11. Kaiserhuldigungen und Kaiserjubiläen
12. Der Kaiser
13. Die Kaiserin
14. Die kaiserliche Familie
15. Thronfolger Franz Ferdinand
16. Mode im Fin de Siècle
17. Photographie als künstlerisches Medium
18. Theater
19. Literatur-Satire-Kabarett
20. Film
21. Musik
22. Architektur
23. Denkmalpflege
24. Kunstgewerbe
25. Bildende Kunst der Kronländer
26. Künstlervereinigungen in Wien
27. Aufbruch in die Moderne. Die bildenden Künste
28. Der Tod des Kaisers

1. ALLTAG DES FIN DE SIÈCLE

Die Realität. Der Alltag des Essens

1.1 Die Hoftafel

Die kaiserliche Hoftafel war nicht nur ein gesellschaftliches Ereignis von imposanter Pracht und geschliffenster Etikette, sondern auch eine wirtschaftlich bedeutsame Institution, die einen beträchtlichen Mitarbeiterstab nach sich zog und gewaltige Durchsatzmengen verzeichnete: in der Hofburg, in Schönbrunn, in Ischl, Mürzsteg, im Speisesalon des Hofzuges oder im Manöver. Alles war riesig dimensioniert: Die Hofküche war ein Großbetrieb, in 12 saalähnlichen Räumen, mit riesigen Kochmaschinen, Kupfertöpfen, langen Bratspießen, an denen an die 400 Stück Geflügel in knapp einer Stunde gebraten werden konnten. Das Geschirr ermöglichte die Bewirtung von bis zu viertausend Personen. Eine eigene Zuckerbäckerei sorgte für die bei Hofbällen zentnerweise verteilten Zuckerln. Die Hofkellerei erstreckte sich unter der Hofburg über drei Stockwerke (mit dem 67000 Liter fassenden Riesenbetonfaß für den Mischwein zur Versorgung der Hofdienerschaft, zahlreichen Eichenholzfässern mit einem Gesamtvolumen von an die 18000 Hektoliter und einem Flaschenkeller mit bis zu 60000 Flaschen).

Lit.: JOSEF CACHÉE, Die Hofküche des Kaisers. Die k. u. k. Hofküche, die Hofzuckerbäckerei und die Hofkellerei in der Wiener Hofburg. Wien 1985.

R. S.

1.1.1 Die Hoftafel – Das Gedeck

Musselingläser mit Goldrand und eingraviertem Doppeladler
Ludwig Lobmeyr, Wien, um 1858

Besteck mit aufgelegtem Doppeladler
Klinkosch, Wien

Girandole, 5-flammig, blauer Glaskern, Bronze vergoldet

Wien, Ehem. Hofsilber- und Tafelkammer

1.1.2 Die „Beamteten" der Hofküche — Abb.

Ein vielköpfiger Apparat war in Bewegung, beginnend mit den beamteten Holzträgern, die das Holz in die Küche schafften, über das geschäftige Treiben in der Küche bis zu den Speisenträgern, die mit den „Werkeln" das Essen zu den Speisesälen schafften, dort empfangen vom Vorkoster, Tranchiermeister, den Dekorationsköchen und den livrierten auftragenden Lakaien.

Lit.: MAX HERZIG, Viribus unitis. Das Buch vom Kaiser. Wien o. J.

R. S.

HOLZTRÄGER. **

Kat.-Nr. 1.1.2

1.1.3 Das Gala-Diner — Abb.

Hinter jeder Mahlzeit steckte ein erheblicher bürokratischer Aufwand, der sich noch heute in den Archiven nachvollziehen läßt; was mußte nicht für ein einziges Diner alles geschrieben und gedruckt werden: Einladungen, Menuvorschläge, Sitzordnungen, Führlisten, persönliche Dinerkarten, Menukarten (bei Goldgedeck Wappen in Farbe, bei Silbergedeck in Gold), Musikkarten, Entschuldigungstelegramme, Anforderungen.
Serviert wurde recht rasch. Für ein Galadiner von 12 Gängen mit den jeweils passenden Weinen (z. B. anläßlich des Besuchs des russischen Zaren am 27. 8. 1896 Hühnercrèmesuppe und Chablis, Vorspeise und Rheinwein, Fisch und Bordeaux, Rindslenden- und Lammrückenbraten, Rebhuhnfilets, Truthahnschnitzel, Sorbet, Fasan, Spargel, dann Kompott, hiezu Sherry oder Madeira, Mehlspeise, dazu

Kat.-Nr. 1.1.3

Tokayer oder Lacrimae Christi, zuletzt Käse, Eis, Kaffee und Likör) waren 45 Minuten anberaumt. Dieses Diner war auch der letzte Anlaß, daß Kaiserin Elisabeth an einer offiziellen Hoffestlichkeit teilnahm.

Lit.: JOSEF CACHÉE, Die Hofküche des Kaisers, S. 58 ff.

Wien, Haus-, Hof- und Staatsarchiv, Zeremonialakten R. S.

1.2 Großbürgerlicher Tisch

Wien hatte einen Ruf zu verteidigen, als genießerische Stadt, feinschmeckerisch im kulinarischen Sinne, sehr um einen guten Wein, ein herbes frisches Bier, üppige Mehlspeisen und Torten bekümmert. Es war die Zeit, als die Wiener Küche Weltruf erlangte. In der Memoirenliteratur und von den häuslichen Ratgebern wird immer wieder unterstrichen, wie sehr in der zweiten Hälfte des 19. Jahrhunderts für das Bürgertum das Vielessen die Bedeutung als Statussymbol weitgehend eingebüßt und einer verfeinerten Tischkultur Platz gemacht hatte. „Wir leben gut, aber nie hätte der Vater, so gern er aß, es geduldet, daß während der Woche etwas anderes als Rindfleisch auf unseren Tisch kam", berichtet Käthe Leichter. Die riesengroßen Speisezimmer, ob im schweren Stil der Ringstraße mit den schweren geschnitzten Eichenmöbeln, großen Kredenzen, auf denen es von Silber und Kristall blitzte, oder beschwingter und nüchterner im neuen Stil, boten Platz genug für den massiven Tisch, an dem sich die Familie und Gäste zu den Mahlzeiten versammelten.

Lit.: ROMAN SANDGRUBER, Die Anfänge der Konsumgesellschaft. Konsumgüterverbrauch, Lebensstandard und Alltagskultur in Österreich im 18. und 19. Jahrhundert. Wien 1982.

R. S.

1.2.1 Das Speisezimmer

Farbabb. 11

Carl Moll, um 1905
Öl auf Leinwand, 60 × 60 cm

Wien, Sammlung Dichand

1.2.2 Frühstückstisch

Abb.

Carl Moll, um 1910
Öl auf Leinwand, 68 × 68 cm

Wien, Firma Jenö Eisenberger

1.2.3 Tisch, oval

Josef Hoffmann, um 1905
Holz, schwarz lackiert

Gerade die Zeit um die Jahrhundertwende erlebt einen Aufschwung und eine Blüte der Tischkultur. Dabei nimmt die Tätigkeit der Wiener Werkstätte einen wichtigen Platz ein; nach ihrer Gründung 1903 bemühte sie sich unter anderem darum, Gebrauchsgegenstände eine künstlerisch und funktionell angepaßte Form zu geben; daß diese Produkte durch ihren hohen Preis nur einer kleinen Käuferschicht vorbehalten blieben, was eigentlich im Widerspruch zu den Intentionen der Wiener Werkstätte stand, sei hier nur angeführt. Unter dem Motto „Der Eßtisch ist eine Sache, die es wert genug ist, daß man sie nicht dem Hausmädchen und Kammerdiener überläßt" veranstaltete man 1906 die Ausstellung „Der gedeckte Tisch".

Wien, Schroll-Verlag E. V.

1.2.4 Speisezimmersessel

Kopie nach Josef Hoffmann, um 1905

Wien, Sammlung Dichand

1.2.5 Serviertisch

Ausführung: J. & J. Kohn
Holz, schwarz lackiert

Wien, Ellen und Peter Landesmann

1.2.6 Trinkgarnitur „The Patrician"

Entwurf: Josef Hoffmann, um 1917
Ausführung: J. & L. Lobmeyr (Kopie)

Mundgeblasenes Musselinglas; Gläser mit langgezogenem zartem Stiel; gestreckt ovoide Flasche auf kurzem Stiel, Stöpsel mit aufgesetztem Kelch.
Weinflasche: H = 33,5 cm, Dm = 10,5 cm
Wasserkrug: H = 26,7 cm, Dm = 11 cm

Kat.-Nr. 1.2.2

Weinglas: H = 15 cm, Dm = 7,8 cm
Wasserglas: H = 13,5 cm, Dm = 8,5 cm

Wien, J. & L. Lobmeyr

1.2.7 Zigarettendose, rechteckig

Entwurf: Josef Hoffmann (?)
Ausführung: J. & L. Lobmeyr, um 1913
Mundgeblasenes Kristallglas, Boden und Deckel plangeschliffen, Wandungen mit senkrechtem Rillenschliff; 9,6 × 7,6 cm, H = 6 cm

Wien, J. & L. Lobmeyr

1.2.8 Runde Obstschale

Entwurf: Josef Hoffmann
Ausführung: J. & L. Lobmeyr
Mundgeblasenes Kristallglas, reicher mehrteiliger, abgesetzter Quaderschliff, H = 12 cm, Dm = 19,5 cm

Wien, J. & L. Lobmeyr

1.2.9 Besteckgarnitur

Josef Hoffmann, um 1905

Wien, Sammlung Dichand

Kat.-Nr. 1.2.10

1.2.10 Tafelaufsatz – Schale von Putto getragen Abb.

Michael Powolny, um 1910
Keramik, weiß-schwarz glasiert

Privatbesitz

1.2.11 Servierplatte

Eduard Friedmann, um 1910
Silber, 49 × 26,5 cm

Wien, Ellen und Peter Landesmann

1.2.12 Essig-Öl Behälter

Eduard Friedmann, um 1910
Silber, H = 27,5 cm

Wien, Ellen und Peter Landesmann

1.2.13 Luster Abb.

Fa. Bakalowits

Privatbesitz

1.3 Bauerntisch

Eine Beschreibung der regionalen Vielfalt der bäuerlichen Ernährung stößt auf erhebliche Schwierigkeiten: zu eintönig ist einerseits der bäuerliche Speisezettel, als daß von spektakulären Entwicklungen zu berichten wäre, zu groß sind andererseits auch die landschaftlichen Unterschiede und zu groß auch die Abhängigkeit von der Größe und Ertragsfähigkeit der Besitzungen. Gerade die Agrarkrise des ausgehenden 19. und beginnenden 20. Jahrhundert führte in Österreich zu einem Erstarren der ländlichen Gewohnheiten, das sich in weitgehendem Fehlen von über den Markt erwerbbaren Produkten, von Kaffee, von Zucker, von Frischfleisch, aber auch im Verharren beim Essen aus der gemeinsamen Schüssel bis weit ins 20. Jahrhundert ausdrückte.

Lit.: ROMAN SANDGRUBER, Die Anfänge der Konsumgesellschaft...

R. S.

1.3.1 Das Mittagessen Farbabb. 12

Albin Egger-Lienz, um 1910
Öl auf Leinwand, 90 × 139 cm

Lit.: WILFRIED KIRSCHL, Albin Egger-Lienz. Das Gesamtwerk. Wien 1977.

Wien, Sammlung Dichand

Kat.-Nr. 1.2.13

Moderne Humanitätsanstalten in Wien: Eine Thee- und Suppenanstalt. Originalzeichnung von J. W. Frey.

Kat.-Nr. 1.5

1.4 Der Arbeitertisch

Die Angaben über die Speisezettel der städtischen Industriearbeiter sind zahlreich, im großen und ganzen aber gleichlautend: in der Früh Kaffee und Brot, zu Mittag Suppe, Fleisch und Zugemüse, am Abend Reste vom Mittagstisch, Wurst, Käse, Brot und als Zuspeise Kartoffeln oder Gemüse. Fleisch war knapp und war meist dem Familienerhalter vorbehalten. Um 1900 war hingegen Zucker in der Arbeiternahrung bereits als Kalorienträger wichtig geworden. Je schlechter die materielle Lage, umso mehr wurde Kaffee zu einem wesentlichen Bestandteil der Kost. Die Quantitäten erfuhren durch schlechte Qualität und mangelnde Zubereitung eine erhebliche Beeinträchtigung. In den Arbeiterwohnungen fehlten häufig sowohl die zeitlichen wie die räumlichen Möglichkeiten für eine entsprechende Koch- und Eßkultur. Die Küche war meist Arbeits-, Eß- und Schlafraum zugleich und beengt genug. Geht man von einer vor dem Krieg in einem Wiener Industriebetrieb durchgeführten Erhebung aus, so nahmen mehr als 50% der Arbeiter ihre Hauptmahlzeit zuhause ein, 30% im Gasthaus, der Rest in der Fabrik oder anderswo.

Lit.: Roman Sandgruber, Die Anfänge der Konsumgesellschaft... – Magdalena Papp, Wiener Arbeiterhaushalte um 1900. Studien zur Kultur und Lebensweise im privaten Reproduktionsbereich. Diss. Wien 1980.

R. S.

1.5 Suppenanstalt in Wien — Abb.

Johann Wilhelm Frey, 1876
Xylographie nach Originalzeichnung

Schon seit Ende des 18. Jahrhunderts richtete man zur Armenfürsorge Suppenanstalten ein, in denen Bohnen-, Erbsen-, Reis-, Grieß-, Hafermehl-, Gersten- und Rumfordsuppen ausgegeben wurden. 1898 bestanden in Wien 10 solche Suppenanstalten. Auch auf dem Land wurden ähnliche Vereine wohltätigen Charakters begründet. Die Speisen wurden zum Selbstkostenpreis abgegeben. Konnte jemand aber nicht zahlen, bekam er dennoch sein Essen.

Lit.: Michael Winkler, Wiener Suppen- und Thee-Anstalten. Wien 1876 – Josef Kühn, Die Wiener Volksküche. Wien 1890. – Josef Kühn, Volksküchenwesen. In: Österreichs Wohlfahrts-Einrichtungen 1848–1898, Bd. 4 (Wien 1900) S. 471 ff – MORITZ SINGER, Die Suppen- und Thee-Anstalten in Österreich, ihre Organisation und Wirksamkeit. Ebda. S. 483 ff.

Wien, Österreichische Nationalbibliothek, Porträtsammlung und Bildarchiv, 261.542 B R. S.

1.6 Essen im Schützengraben

Mit dem Gebührenreglement von 1858 erfolgte die bis zum Ende der kaiserlichen Armee gültige Regelung der Gebühren der Mannschaft: Löhnung, Kost, Brot, Quartier, Bekleidung und Limito-Rauchtabak. Die Löhnung wurde bis 1913 von fünf zu fünf Tagen ausbezahlt. Die tägliche Brotportion, ein äußerst dunkles Roggenbrot mit viel Kleie, betrug ca 840 g und wurde ähnlich der Löhnung alle fünf Tage aus dem Verpflegsmagazin gefaßt. Hauptbestandteil der militärischen Kost, auch freitags, war das Fleisch, als Friedensportion täglich 190 g, dazu Zuspeise; das Fleisch wurde in der Regel gekocht, manchmal auch gedünstet; das Frühstück, das zwar in natura verabreicht wurde, war in Geld berechnet: 2,5 Heller pro Mann, die 1908 auf 4,5 und 1909 auf 5 Heller erhöht wurden. Das reichte für 5 g Bohnen- und Feigenkaffee und 10 g Zucker oder einen halben Liter Einbrennsuppe (26 g Semmelmehl, 10 g Schmalz, 1,5 g Kümmel) oder Viertelliter Magermilch. Ein Nachtmahl wurde erst 1899 allgemein eingeführt. Zum Essen wurde Wasser getrunken. Nach dem Dienstreglement hatte die Menage auf die nationalen Eigenheiten der Regimenter Rücksicht zu nehmen.

Lit.: CHRISTOPH TEPPERBERG, Mannschaftsmenage. Über das Essen und Trinken in den Kasernen der k. und k. Armee. In: Mitteilungen des österreichischen Staatsarchives 39 (1986) S. 90 ff. – Normalkochbuch zur Bereitung der Mannschaftskost in Garnisonen und im Felde ... 1880 – HANS SCHÖFER, Landesübliche Menagen und Kriegsverpflegung der k. k. Truppen. 1889.

Wien, Heeresgeschichtliches Museum R. S.

1.7 Kochbücher des späten 19. Jahrhunderts

Die Standardwerke der österreichischen Küche wurden zum Großteil von Bürgerköchinnen verfaßt, richteten sich vornehmlich an das Bürgertum oder suchten den unterbürgerlichen Schichten bürgerliche Ideale zu vermitteln. Das späte 19. Jahrhundert war die hohe Zeit der Wiener und österreichischen Küche. Die berühmte „Prato“, Katharina Pratos Süddeutsche Küche, 1858 erstmals erschienen, mit 53 Auflagen bis 1914 und 80 bis zur Gegenwart wohl das erfolgreichste und einflußreichste österreichische Kochbuch, eröffnete eine Tradition der österreichischen Küche, die das Wienerische betonend, die ganze Vielfalt der Monarchie mit ihren ungarischen, böhmischen, südslawischen, polnischen und italienischen Einflüssen vereinigte. Auf dieser Grundlage basiert die österreichische Küche bis heute.

Die Zahl der Kochbücher hat in der zweiten Hälfte des 19. Jahrhunderts sprunghaft zugenommen, vor allem auch hinsichtlich der Auflagenzahl. Sie richteten sich zunehmend an alle Stände, nicht mehr nur die Herrschaftsküchen und das gehobene Bürgertum. Kochbücher wurden nunmehr auch für Arbeiterhaushalte und im beginnenden 20. Jahrhundert auch für die bäuerliche Bevölkerung geschrieben. Der Krieg brachte eine Flut von Ratgebern des notdürftigen Kochens und des Umgangs mit Ersatzstoffen. Die bürgerliche Küche steht aber überall im Vordergrund. Vom Inhalt her wurden die Rezepte für Geflügel und Fisch weniger, die Kartoffel-, Mehl- und Gemüsespeisen mehr. Auch die Musterspeisezettel wurden einfacher: Suppe, Haupt- und Nachspeise; zeitsparenden Neuerungen wurde zunehmende Aufmerksamkeit gewidmet.

Lit.: GERDA BARTH, Schöne alte und neue Kochbücher. Ausst. Kat. Wien 1977 – FRANZ MAIER-BRUCK, Das große Sacher-Kochbuch. München 1975 (Anhang mit Bibliographie österreichischer Kochbücher) – ANNA SCHENDL, Wiener Kochbuch und Wiener Küche im Spiegel der Zeit. Diss. Wien 1961.

R.S.

1.7.1 Die Süddeutsche Küche

Katharina Prato
24. Auflage, Graz 1895

Bis 1914 erschienen 53 Auflagen. Als „kleine Prato“ auch für den „kleinen Haushalt“ adaptiert.

Wien, Wiener Stadt- und Landesbibliothek, A 123.509

1.7.2 Die praktische Wiener Köchin

Anna Bauer
7. Auflage, 1895

Die erste Auflage 1889 erschien unter dem Titel „Allgemeines österreichisches Kochbuch für Bereitung des herrschaftlichen und bürgerlichen Tisches mit Berücksichtigung der Wiener Gasthaus- und der nationalen Küche“.

Wien, Wiener Stadt- und Landesbibliothek, A 181.829

1.7.3 Die österreichische Küche

Marie von Rokitansky
6. Auflage, Innsbruck 1910

Wien, Wiener Stadt- und Landesbibliothek, A 186.018

1.7.4 Wiener Küche. Illustrierte Sammlung von Kochrezepten der bürgerlichen Küche für Anfängerinnen als auch geübte Köchinnen

Maria Elisabeth Meixner
25. Auflage, Verlag A. Bauer, Wien 1917

Die erste Auflage 1805 erschien unter dem Titel „Das Linzerische Kochbuch“.

Wien, Universitätsbibliothek, I 423.790

1.7.5 Wiener Koch- und Wirtschaftsbuch für den bürgerlichen Haushalt mit Berücksichtigung der deutschen, ungarischen, südslawischen, polnischen, böhmischen und italienischen Küche

Amalie von Grünzweig, hg. von der Redaktion der „Wiener Hausfrauen-Zeitung“
Verlag Moritz Perles, Wien 1885

Wien, Universitätsbibliothek, I 8741

1.7.6 Gute Küche

Neuestes Kochbuch zusammengestellt nach Original-Rezepten von Leserinnen und Lesern der „Illustrierten Kronen-Zeitung“
Bibliothek der Illustrierten Kronen-Zeitung Nr. 4–6, Wien 1906

Wien, Wiener Stadt- und Landesbibliothek, A 176.982

1.7.7 Die Wiener Bürger-Küche. Illustriertes Kochbuch

J. M. Heitz
Eigenverlag, Wien 1911

Wien, Universitätsbibliothek, I 369.565

1.7.8 Die praktische Wiener Bürger-Köchin als Meisterin in der Kochkunst (Vormals Vorstadt-Köchin)

Klara Fuchs
10. Auflage, Verlag A. Wenedikt, Wien 1893

Die erste Auflage erschien 1860 unter dem Titel: „Die praktische Wiener Vorstadt-Köchin als Meisterin in der Kochkunst. Ein verläßliches Universal-Kochbuch, um bei theuren Zeiten billige und doch vorzügliche Kost herzustellen“.

Wien, Universitätsbibliothek, I 69.605

1.7.9 Musterkochbüchlein für den kleinen Haushalt

Anna Kreipner
3. Auflage, Verlag A. Wenedikt, Wien 1888

Wien, Universitätsbibliothek, I 20.947

1.7.10 Kartoffelküche. Sammlung praktisch erprobter Rezepte für den einfachsten und feinsten Haushalt

Paula Kortschak
7. Auflage, Graz-Leipzig 1918

Erste Auflage unter dem Titel „Neue Kartoffelküche“ 1889 erschienen.

Wien, Wiener Stadt- und Landesbibliothek, A 122.653

1.7.11 Gemüse-Kochbuch der k. k. Gartenbaugesellschaft in Wien

Verfaßt von der Bildungsanstalt für Koch- und Haushaltungslehrerinnen
4. Auflage, Verlag Hugo Heller, Wien 1916

Wien, Universitätsbibliothek, I 415.905

1.7.12 Das häusliche Glück. Vollständiger Haushaltungsunterricht nebst Anleitung zum Kochen für Arbeiterfrauen

Herausgegeben von einer Commission des Verbandes „Arbeiterwohl“
6. Auflage, Wien 1902

Wien, Universitätsbibliothek, I 10.534

1.7.13 Grabnerhof-Kochbuch. Mit besonderer Berücksichtigung der Kochkiste

Ida Schuppli – Betty Hinterer
1. Auflage, Verlag Deuticke, Wien 1913

Betty Hinterer war Leiterin und Haushaltungs-Lehrerin der Bauerntöchterkurse an der Landschule für Alpwirtschaft Grabnerhof bei Admont.

Wien, Universitätsbibliothek, I 388.292

1.7.14 Die Kochkiste. Selbstanfertigung, Behandlung, Rezepte

Ida Bock
Wien 1918

Wien, Wiener Stadt- und Landesbibliothek, A 118.423

1.7.15 Normal-Kochbuch des 1. Wiener-Volksküchen-Vereines

Wien 1893

Wien, Universitätsbibliothek, I 140.850

1.7.16 **Unsere Kriegskost. 290 neue Kriegskoch-Rezepte, seitens des k. k. Ministeriums des Innern vom Standpunkt der allgemeinen Approvisionierungs-Interessen geprüft und genehmigt**

Gisela Urban
Verlag der St. Stefan Wiener Verlags-GesmbH, Wien 1916

Wien, Universitätsbibliothek, I 416.601

1.7.17 **Kriegsmehlspeisen aus Maismehl, Maisgrieß, Kartoffel- und Gerstenmehl**

Helene Reitter
2. Folge, herausgegeben von Frauenhilfsaktion im Kriege, Zentrale I, Neues Rathaus

Wien, Universitätsbibliothek, I 417.394

1.7.18 **Kochbuch für fleischlose, fettlose und eiersparende Kost**

Helene Reitter
2. Auflage, Verlag Moritz Perles, Wien 1917

Wien, Universitätsbibliothek, I 398.129

1.7.19 **Kriegs-Kochbuch der Frauenzeitschrift „Wiener Mode"**

Marianne Stern
Verlag der Gesellschaft für graphische Industrie, Wien 1915

Wien, Universitätsbibliothek, I 415.090

1.7.20 **Zeitgemäße Kriegsküche. Obst- und Gemüserezepte**

Marianne Stern
Verlag Moritz Stern, Wien 1918

Wien, Universitätsbibliothek, I 424.341

1.7.21 **Kriegsküche. Praktische und billige Rezepte mit Gerstenmehl, Maismehl, Kartoffelmehl und anderen Ersatzmehlen**

Bibliothek der Illustrierten Kronen-Zeitung Nr. 18, Wien 1915

Wien, Universitätsbibliothek, I 316.962/18a

1.7.22 **Sommerkriegsküche. Winke für den Kriegshaushalt insbesondere auch für das Konservieren und Aufbewahren von Vorräten**

Verlag Hugo Heller

Wien, Universitätsbibliothek, I 415.084

1.7.23 **Die ungarische Küche**

Ella Triebnigg-Stokinger
Verlag W. Vobach, Wien 1909

Wien, Universitätsbibliothek, I 356.094

1.7.24 **Erstes israelitisches Kochbuch für böhmische Küche**

Marie Kauders
Verlag Jacob B. Brandeis, Prag 1886

Wien, Universitätsbibliothek, I 356.094

1.7.25 **Praktická ceská kucharka**

Anny Brezohorské
Viden (Wien) 1904

Wien, Universitätsbibliothek, I 298.603

Die Verschleierung der Realität: Die bürgerliche Wohnung

1.8 Wohnen

Bis 1914 war es zu keiner entscheidenden Verbesserung der Wohnverhältnisse in Wien gekommen. Diese waren zwar besser als in Budapest, aber beträchtlich schlechter als in Berlin. In Wien waren die Arbeiterwohnungen im Durchschnitt um ein Zimmer kleiner: Ein- bis Eineinhalbzimmerwohnungen waren statt Zwei- bis Zweieinhalbzimmerwohnungen die Regel. Die rasch steigenden Mieten und das unzureichende Angebot an Kleinwohnungen hatten es den Wiener Unterschichten unmöglich gemacht, parallel zum Wirtschaftsaufschwung im Gefolge der Industrialisierung und der damit verbundenen Hebung der Einkommen und des Konsumniveaus auch eine allgemeine Verbesserung der Wohnverhältnisse zu erreichen. In der bürgerlichen Oberschicht wurden etwa 10% des Jahreseinkommens als angemessene Kosten einer standesgemäßen Wohnung angesehen. Für den kleinen Mann stiegen die Wohnungskosten in der Regel auf ⅕ des Einkommens und höher und konnten in manchen Fällen sogar 30–40% des Monatsbudgets erreichen.
Trotz der Reduktion des Bettgeher- und Untermieterwesens verblieben die Arbeiterwohnungen beengt genug. Die Zimmer waren mit Betten vollgepfercht. Die Küche war Wohn-, Arbeits- und Schlafraum. Die Statistik der Wohnungskündigungen läßt keinen Zweifel über das ungeheure Ausmaß des Wohnungswechsels und der Umzugshäufigkeit. Im Jahre 1900 kamen in Wien auf etwa 370.000 Wohnungen 130.000 gerichtliche Kündigungen. Die Ausstattung der Wohnungen

ließ um die Jahrhundertwende in sanitärer Hinsicht noch sehr zu wünschen übrig.

Lit.: PETER FELDBAUER, Stadtwachstum und Wohnungsnot. Determinanten unzureichender Wohnungsversorgung in Wien 1848 bis 1914. Wien 1977 – MICHAEL JOHN, Hausherrenmacht und Mieterelend 1890–1923. Wien 1982.

R. S.

1.8.1 Wohnzimmer des Facharbeiters Lajos Allt Abb.

Um 1888

Ein Zimmer in der Wohnung des Facharbeiters Allt diente als Schlafzimmer; gegessen und gelebt wurde im Vorzimmer. Das zweite Zimmer wurde in Analogie zu gehobenen bürgerlichen Haushalten als „Salon" eingerichtet, der sicher nur bei besonderen Anlässen – Besuchen, Familienfeiern und dgl. mehr – benutzt wurde. Typische Versatzstücke einer solchen Einrichtung sind etwa das gepolsterte Plüschkanapee oder der Schaukelstuhl.

Lit.: S. M. MIALKOVSZLY, Adalékok az otthunkultúra-kutatás kérdéséhez az Allt-féle hagyaték kapcsán. In: A Magyar Munkásmozgalmi Múzeum évkönyvé 1979–80, S. 43 ff.

Budapest, Magyar Munkásmozgalmi Múzeum E. V.

1.9 Die Jahrzehnte der „Mutzenbacherin"

Die doppelte Moral, immer auf Wahrung der „Anständigkeit" bedacht, mit ihrer Tendenz der Verdrängung, des Verschweigens und Versteckens beherrschte den Alltag: Die Mode, deren Hauptsorge das Verdecken und Verstecken war, um dennoch bis zur Peinlichkeit provokatorisch die Polarität der Geschlechter herausarbeiten. Immer schien der „Anstand" in tödlicher Gefahr: das verlangte, auch in der Badewanne mit langen weißen Hemden zu liegen. Die Angst vor allem Körperlichen, die „Unaussprechlichen", die ungeschickte Tendenz des Verbergens, suchte nach Ventilen verschiedenster Art: Akt- und Nacktphotographie, Bücher, Theater und Kabaretts: „So war im letzten Grunde jene Generation, der man jede Aufklärung und jedes unbefangene Beisammensein mit dem anderen Geschlecht prüde untersagte, tausendmal erotischer disponiert", schreibt Stefan Zweig.

Die Tyrannei der Intimität umschloß die sublimierte Erotik des Bürgertums. Hinter eleganter Konversation und langen Röcken, zwischen Parfum und Psychoanalyse, eröffnet sich der Blick durchs Guckloch auf die Dekadenz des Fin de Siècle. Die auffällige Zunahme an erotischem Schrifttum um 1900 allerdings ging Hand in Hand mit einer beginnenden Enttabuisierung. Die zahlreichen illustrierten und nicht illustrierten Drucke für einen „wissenschaftlich interessierten" Leser zierten zwar nur die zweite Reihe des Bücherschrankes. Was dafür in Frage kam, zeigt die Sekreta-Sammlung der Wiener Stadt- und Landesbibliothek, deren Hauptbe-

Kat.-Nr. 1.8.1

stand von 570 Erotika 1906 aus der Bibliothek des Kaffeesieders Eduard Nikola erworben wurde, von der sublimen Erotik der von Gustav Klimt illustrierten Blei'schen Übersetzung der Hetärengespräche Lukians bis zur deftigen, auf jegliche literarische Ansprüche verzichtenden Umwandlung von Schillers „Glocke" zur „Sauglocke". Im Falle Wiens dürfen natürlich die Sittenschilderungen der Josefine Mutzenbacher nicht übergangen werden, auch ein Zeitbild des Wiens der Jahrhundertwende. Ob Felix Salten der Autor war, wird sich wohl nie definitiv beantworten lassen: jedenfalls verrät der Text genaue Kenntnis der Lebensverhältnisse und des Jargons des Wiener Proletariats und Kleinbürgertums der Jahrhundertwende mit seiner Wohnungsnot, den „süßen Mädchen mit den zerstochenen Fingern" und der „gesellschaftlichen Moral" des Chambres Séparées.

Lit.: WALTER OBERMAIER, Aus Anatols geheimer Bibliothek. In: Anatols Jahre. Beispiele aus der Zeit vor der Jahrhundertwende, 71. Sonderausstellung des Historischen Museums der Stadt Wien. Wien 1981, S. 162 ff. – STEFAN ZWEIG, Die Welt von Gestern. Erinnerungen eines Europäers. 1948.

R. S.

1.9.1 Schlafzimmer

Wien, um 1910

Das Schlafzimmer, von der Öffentlichkeit ängstlich abgeschirmt, beherrschte das späte 19. Jahrhundert mehr, als die bürgerliche Öffentlichkeit wahrhaben wollte: Sigmund Freuds Traumdeutung, Otto Weiningers „Geschlecht und Charakter“ oder Arthur Schnitzlers literarische Ausleuchtung des Unterbewußten. Die überladenen, schweren Domizile des Großbürgertums reihen sich neben die bescheidenen Kämmerchen des „süßen Mädels“, anspruchslos, doch voller Zauber: „Also, denken Sie sich ein kleines, dämmeriges Zimmer“, sagt Anatol, „mit gemalten Wänden und noch dazu etwas zu licht, ein paar alte, schlechte Kupferstiche mit verblaßten Aufschriften hängen da und dort. Eine Hängelampe mit einem Schirm. Vom Fenster aus, wenn es Abend wird, die Aussicht auf die im Dunkel versinkenden Dächer und Rauchfänge... Und – wenn der Frühling kommt, da wird der Garten gegenüber blühen und duften...“

Wien, Ehem. Hofmobiliendepot R. S.

Kat.-Nr. 1.9.7

1.9.2 Diverse Damenunterwäsche

Um 1900
Batist, Baumwolle, Spitze

Damentaghemden, Unterröcke, Unterhose, Frisierjacke, Morgenmantel, Damenstrümpfe und Korsett.

Wien, Historisches Museum der Stadt Wien, M 15.204, M 10.266, M 14.736/1, M 13.542 sowie Privatbesitz

1.9.3 Die Hetärengespräche des Lukian

Deutsch von Franz Blei, mit 15 Bildern von Gustav Klimt
Verlag J. Zeitler, Leipzig 1907

Wien, Wiener Stadt- und Landesbibliothek, Secr. C 571

1.9.4 Der Amethyst

Herausgegeben von Franz Blei mit Illustrationen von Aubrey Beardsly, Alfred Kubin, Thomas Theodor Heine, Franz Bayros u. a.
Ödenburg 1906

Wien, Wiener Stadt- und Landesbibliothek, Secr. A 10

1.9.5 Die Memoiren der Fanny Hill

John Clelands, mit Illustrationen von Franz Bayros
2 Bände, Verlag C. W. Stern, Wien 1905

Wien, Wiener Stadt- und Landesbibliothek, Secr. A 8

1.9.6 Der Roman einer Wiener Dirne

Josefine Mutzenbacher
o. O., o. J.

Wien, Wiener Stadt- und Landesbibliothek, Secr. A 80

1.9.7 Das Tagebuch einer Masseuse Abb.

Clara M., illustriert von Gottfried Sieben
Verlag J. Grimm, Budapest o. J.

Wien, Wiener Stadt- und Landesbibliothek, Secr. A 302

1.9.8 Päderasten

Mit falschem Einband

Wien, Wiener Stadt- und Landesbibliothek, Secr. A 241

1.9.9 Saturn. Atelier pour films piquants

Wien, Wiener Stadt- und Landesbibliothek, Secr. A. 638

1.9.10 Erotische Bilder

Wien, Wiener Stadt- und Landesbibliothek, Secr. A 145 und Secr. C 789 sowie Privatbesitz

Die Flucht aus der Realität: bescheidene Vergnügungen

1.10 Die typischen Praterbesucher: Kapitalist – Soldat – Hausherr – Firmling – Radfahrerin – Arbeiter – Köchin – Praterausrufer

Wien, Kostümdepot der Bundestheater und Privatbesitz

1.10.1 Photoserie: Der Prater

Emil Mayer

1.10.2 Wiener Leben und Treiben im Prater

Öl auf Leinwand 33 × 48 cm

Wien, Historisches Museum der Stadt Wien, Inv. Nr. 95.835

1.10.3 Der Prater – Volkstypen Abb.

Emil Ranzenhofer
Federzeichnung, 32,5 × 42 cm

Wien, Historisches Museum der Stadt Wien, Inv. Nr. 48.304

1.10.4 Guckkasten: „Ein Teil der Unterwelt“

Um 1900

Mit Stereobildern ausgestattet zeigt er populäre mythologische und gruselige Darstellungen, Totentänze verschiedenster Art und „piquante“ Frauendarstellungen aus der Zeit um 1900.

Wien, Historisches Museum der Stadt Wien – Pratermuseum R. S.

1.10.5. Schauwand einer mechanischen Orgel

Rumburger Musikwerke-Fabrik
Rudolf Haase, Rumburg, Böhmen, um 1900
Holz, geschnitzt

Wien, Wilhelm Popp

Kat.-Nr. 1.10.3

1.11 Der Wurstelprater

Der Prater, der „klassische“ Freizeitraum der Jahrhundertwende, war Anziehungspunkt für alle Schichten: Ziel der Ausfahrten der höheren Gesellschaft und Ort der kleinen Vergnügungen für die kleinen Leute: behäbige Virginiaraucher und ausgemergelte Tschikarretierer, Heurigensänger und Biertrinker, süße Mädel und fesche Soldaten, Walzerseligkeit und Hutschenschleuderer, Ringelspiel und Riesenrad, Damenkapelle und Drehorgel, vor allem für die vielen, die fremd waren in dieser riesigen Stadt. Der Wettlauf der Arbeiter mit der Zeit für die bescheidenen Samstagabend- und Sonntagsvergnügungen kontrastierte mit der Demonstration des Zeithabens bei denen, die mit der Zeit nicht zu rechnen brauchten.
Flucht aus der Realität, das waren die bescheidenen Vergnügen des Praters, bei Astarte, dem Wunder der Luft, beim Meerestauchen, der in einem Faß schmutzigen Wassers seine Künste vorzeigte, bei der Dame ohne Unterleib, bei Zwergen und Riesen, mit Laterna magica und Panorama, bei Wahrsagerinnen, Schießbuden, Karussels, Kuriositäten, dem Rasseln der böhmischen Blechmusik und der Musikautomaten, den sozial schlechter gestellten Schichten mit Au-

Kat.-Nr. 1.11.7

todrom, Luftschiffkarussell oder Minibahn wenigstens im Spiel der Illusion des Autobesitzes, der Reise im Luftschiff oder einer Fahrt im Luxuszug nach Konstantinopel oder Paris zu verschaffen, auf eine Viertelstunde sie über die Misere des Alltags hinwegzutäuschen und die Träume von Pracht und Reichtum zu erfüllen, die aber bei einem durchschnittlichen Eintrittspreis von 10 kr je Attraktion für die meisten Besucher erst wieder nicht erschwinglich waren.

Lit.: FELIX SALTEN, Wurstelprater. Mit 75 Originalaufnahmen von Dr. Emil Mayer. Wien o. J. (um 1910) – REINGARD WITZMANN, Wiener Typen. Historische Alltagsfotos aus dem 19. Jahrhundert. Dortmund 1982 – HANS PEMMER – NINI LACKNER, Der Prater. Von den Anfängen bis zur Gegenwart. Neu bearbeitet von GÜNTHER DÜRIEGL und LUDWIG SACKMAUER. Wien 1974.

R. S.

1.11.1 Süßes Mädel und Soldat beim Heurigen

Felician Myrbach, 1896
Aquarell, 30,2 × 44 cm

Wien, Historisches Museum der Stadt Wien, Inv. Nr. 167.948

1.11.2 Volkssänger im Wiener Prater

Franz von Persoglia, um 1890
Aquarell, 19,3 × 27,5 cm

Wien, Historisches Museum der Stadt Wien, Inv. Nr. 57.821/1

1.11.3 Venedig in Wien: Reitsportpalast und Moulin Rouge Farbabb. 14

Franz Witt, um 1895
Aquarell, 22 × 32,8 cm

Wien, Historisches Museum der Stadt Wien, Inv. Nr. 49.838/4

1.11.4 Venedig in Wien: Kapelle und „Pelemele“

Franz Witt, um 1895
Aquarell, 24 × 32,7 cm

Wien, Historisches Museum der Stadt Wien, Inv. Nr. 49.838/3

1.11.5 Venedig in Wien: Gesellschaftsszene

Franz Witt, um 1895
Aquarell, 23 × 33,8 cm

Wien, Historisches Museum der Stadt Wien, Inv. Nr. 49.838/2

1.11.6 Praterbude

Aquarell auf Karton, 50 × 40 cm

Wien, Historisches Museum der Stadt Wien, Inv. Nr. 43.579

1.11.7 Praterbelustigungen Abb.

Richard Weix, 1894
Aquarell, 50 × 30 cm

Wien, Historisches Museum der Stadt Wien, Inv. Nr. 9851

1.11.8 Belustigungen: Verkäufer, Kasperl, Stemmer

Karl Duxa
Aquarell, 20 × 35 cm

Wien, Historisches Museum der Stadt Wien, Inv. Nr. 57.981/2

1.11.9 Volksprater: Circus Busch

Karl Duxa
Aquarell, 20 × 35 cm

Wien, Historisches Museum der Stadt Wien, Inv. Nr. 57.981/1

1.11.10 Meerestaucher Abb.

Karl Duxa
Aquarell, 21,5 × 33,5 cm

Wien, Historisches Museum der Stadt Wien, Inv. Nr. 57.981/5

Kat.-Nr. 1.11.10

1.11.11 Kasperltheater

Karl Duxa
Aquarell, 20 × 35 cm

Wien, Historisches Museum der Stadt Wien, Inv. Nr. 57.981/3

1.11.12 Volksleben im Prater Abb.

Johann Nepomuk Geller, um 1900
Gouache über Feder auf Karton, 33 × 49,5 cm

Wien, Historisches Museum der Stadt Wien, Inv. Nr. 70.565

Kat.-Nr. 1.11.12

1.11.13 Beim Wurstel

Otto Nowak
Aquarell auf Karton, 35 × 50 cm

Wien, Historisches Museum der Stadt Wien, Inv. Nr. 30.729

1.11.14 Neues Panorama im k. k. Prater: „Der Einzug der Russen in die Festung Kars"

Plakat

Das Panorama war das Bildmassenmedium des 19. Jahrhunderts und für die Entstehung der Bildunterhaltung der Industriegesellschaft von bahnbrechender Bedeutung. Rundgemälde gewaltigen Ausmaßes entstanden, die einen 360° Ausblick wiedergaben. Nach einer Hochblüte zu Beginn des 19. Jahrhunderts wurden auch in Wien im letzten Drittel des 19. Jahrhunderts nochmals eine Reihe von großen Panoramen gebaut.
1882 war das von der „Société anonyme Austri-Belge des Panet Dioramas" „Neues Panorama" im Prater mit dem Riesenrundgemälde „Cairo" von Emil Wauters eröffnet worden, dem ein Diorama unter dem Titel „Sobieski mit den Alliierten" auf den Kahlenberg beigegeben war. 1883 folgte das Rundgemälde „Kars", gemalt von Georges Washington, 1887/88 dann die „Belagerung von Paris" und 1889 „Rom 1849", das die Verteidigung der Stadt unter Garibaldi gegen die Franzosen darstellte. Das letzte im „Neuen Panorama" ausgestellte Rundgemälde war Piglheins „Kreuzigung Christi". In der Nacht vom 26. zum 27. April 1892 brannte das Neue Panorama vollständig nieder. Das Panorama wurde nicht wieder aufgebaut, sondern in eine Manege des Zirkus Busch umgewandelt und 1920 in das „Circus-Busch-Kino" umgebaut.
Weitere Wiener Panoramen der zweiten Phase waren das 1886 im Prater eröffnete „Grand Panorama" und das 1898 errichtete „Kaiser-Jubiläum-Panorama" mit dem „Kaiser-Franz-Joseph-Jubiläums-Rundgemälde" von Philipp Fleischer, finanziert von der Wiener Rundgemälde-Gesellschaft, einem Zusammenschluß patriotischer und opferwilliger Bürger".

Lit.: STEPHAN OTTERMANN, Das Panorama. Die Geschichte eines Massenmediums. Frankfurt 1980

Wien, Wiener Stadt- und Landesbibliothek, P 9458 R. S.

1.11.15 Venedig in Wien. Englischer Garten – Praterstern Abb.

Plakat

1895 eröffnete Gabor Steiner auf dem Areal des Englischen Gartens im Prater den Vergnügungspark „Venedig in Wien" mit 8000 m² Wasserfläche und zahlreichen Nachbildungen venezianischer Sehenswürdigkeiten. 1897 wurde auf dem Gelände das Riesenrad in Betrieb genommen. Im Sommertheater und auf den Plätzen wurden täglich mehrere Theatervorstellungen gegeben und konzertierten Musikkapellen. 1899 wurde eine 70 m lange Wasserrutschbahn eröffnet. 1901 wurde ein Großteil der venezianischen Paläste durch die „Internationale Stadt im Prater" ersetzt, 1902 folgte die „Blumenstadt", 1903 die „Elektrische Stadt".

Wien, Wiener Stadt- und Landesbibliothek, P 13.252 R. S.

Kat.-Nr. 1.11.15

1.11.16 Venedig in Wien. Riesenrad, Wasserrutsche

Plakat

Wien, Wiener Stadt- und Landesbibliothek, P 9643

1.11.17 „Die harbe Poldi". Programmzettel des Fürst-Theaters. 23. Mai 1886

Wien, Historisches Museum der Stadt Wien – Pratermuseum, Inv. Nr. 173.288

1.11.18 Die Volkssängerin „Fiaker-Milli"

August Stefan Kronstein
Plakat

Wien, Historisches Museum der Stadt Wien, Inv. Nr. 49.088

1.11.19 3. Kaffeehaus: Täglich Concert

Wien, Wiener Stadt- und Landesbibliothek, P 9461, P 9462

1.11.20 Ausschank Pschorr-Bier

Wien, Historisches Museum der Stadt Wien, DV 2525

1.12 Der Nobelprater

Der Nobelprater, die Hauptallee vom Praterstern zum Lusthaus, war der sonntägliche Treffpunkt der „high society", aber auch an Wochentagen eine gleichwertige Alternative zum Ringstraßenkorso. Zwar hatte der Praterbummel zu Ende des Jahrhunderts schon viel von der demonstrativen Bedeutung der ersten Jahrhunderthälfte eingebüßt. Aber noch kulminierte die Demonstration von Zeitsouveränität und Reichtum zu manchen Anlässen, beim Derbykorso und Blumenkorso im nahezu vollständigen Erscheinen der politisch, wirtschaftlich und kulturell einflußreichen „oberen Zehntausend". Sehen und Gesehenwerden war der Hauptzweck.

R. S.

1.12.1 Prater-Hauptallee Abb.

Theodor von Ehrmanns, 1898
Aquarell, 34,2 × 29,6 cm

Wien, Historisches Museum der Stadt Wien, Inv. Nr. 46.315

1.12.2 Promenade im Prater Abb.

Karl Duxa
Aquarell, 34,5 × 21,6 cm

Wien, Historisches Museum der Stadt Wien, Inv. Nr. 57.981/6

Kat.-Nr. 1.12.1

1.12.3 Kutschenauffahrt im Prater

Karl Duxa
Aquarell, 22 × 34 cm

Wien, Historisches Museum der Stadt Wien, Inv. Nr. 57.981/8

1.12.4 Die Lästerallee im Prater Abb.

Wilhelm Gause, um 1895
Öl, 21,5 × 27 cm

Wien, Historisches Museum der Stadt Wien, Inv. Nr. 117.379

1.12.5 Café im Freien

Franz Rumpler, um 1880
Öl auf Leinwand, 28,5 × 40,8 cm

Wien, Historisches Museum der Stadt Wien, Inv. Nr. 100.995

1.12.6 Der Wiener Trabrennplatz 1898 Farbabb. 13

Öl auf Leinwand, 73 × 104 cm

Wiener Trabrennverein

1.12.7 Radfahrerinnen beim Blumenkorso Abb.

Wilhelm Gause, 1897
Grisaille, 30,7 × 38 cm

Wien, Historisches Museum der Stadt Wien, Inv. Nr. 57.417

1.12.8 Großes Frühlingsfest 1886

Programm

Wien, Historisches Museum der Stadt Wien – Pratermuseum

1.12.9 Trabrenn-Meeting 1897

Plakat

Wien, Historisches Museum der Stadt Wien – Pratermuseum, Inv. Nr. 173.260

Kat.-Nr. 1.12.2

Kat.-Nr. 1.12.4

1.12.10 Blumencorso. Frühlingsfest im secessionistischen Dorf

Bis zu einem Viertel der Wiener Bevölkerung soll der seit 1886 jährlich unter der Patronanz der Fürstin Pauline Metternich veranstaltete Blumenkorso in den Prater gelockt haben. 1887 führen unter den Klängen des Blumenkorsomarsches von Charles Weinberger Radfahrer in die Rotunde ein. Hierauf folgt der Festzug „Ein Tag in Wien". Da war der „Magen Wiens" zu sehen, Straßenleben, Zeitungswesen, Plakatindustrie, Post, Verkehr, Geschäftsleben, Sport. Der Blumenkorso des Jahres 1895 wurde mit einer Luftschiffer- und Athletengruppe des Gemeinderates Silberer bereichert. Am 26. Mai 1897 fand ein Radfahrer-Blumenkorso statt. Für den Blumenkorso 1899 wurde ein sezessionistisches Dorf errichtet.

Alljährlich fand zum Geburtstag des Kaisers ein Volksfest im Prater statt, das je nach Witterungsverhältnissen und der Anwesenheit des Kaisers zwischen dem 17. und 23. August abgehalten wurde. Besonders festlich wurde das Kaiserfest 1903 begangen. Die Hauptsehenswürdigkeit war der Festzug, der in einer langen Reihe von Wagen Bilder aus der Geschichte des Praters zeigte.

Wien, Wiener Stadt- und Landesbibliothek R. S.

1.12.11 Radfahrblumenkorso

Programm

Wien, Historisches Museum der Stadt Wien – Pratermuseum, Inv. Nr. 173.988

Kat.-Nr. 1.12.7

1.12.12 Programm des Kaiserfestes 1908

Wien, Historisches Museum der Stadt Wien – Pratermuseum, Inv. Nr. 173.968

1.13 Maiaufmarsch im Prater

Der Prater, Schauplatz aristokratisch-großbürgerlichen Müßiggangs und kleinbürgerlicher Illusionen, wurde für die organisierte Arbeiterbewegung zum Ort der jährlichen Maidemonstration, die seit 1890 zu den jährlichen kommunalen Großereignissen Wiens gehörte. Mit Umzügen, Spaziergängen und Aufmärschen erreichte die Arbeiterschaft in der Tradition der bürgerlichen Öffentlichkeit die Konstituierung einer eigenen Öffentlichkeit. In bürgerlicher Tradition steht auch die Bildwelt der von 1890 bis 1914 jeweils publizierten Maizeitungen, wo den rauchenden Schloten und grauen Hallen der Industrielandschaft die Sehnsüchte einer neuen Zeit, der Wochenendausflug, das kurze Entfliehen, die idyllische, zu Rast und Spaziergang einladende Natur, der Blick in die Ferne, zur aufgehenden Sonne als Symbol der Verbesserung der Lebensumstände, der neuen Kultur, der gesprengten Ketten entgegengestellt werden.

R. S.

1.13.1 Der 1. Mai 1890

Illustriertes Wiener Extrablatt, 4. Mai 1890, Titelblatt

Über den Maiaufmarsch berichtet das Blatt: „Von 1 Uhr bis 4 Uhr dauerte der Zuzug der Arbeiter zum Prater, wo sie sich nach vorher getroffenen Anordnungen in verschiedene Wirtshäuser zerstreuten, um bei Bier und Gesang ihren freien Tag zu verbringen, dessen Vormittagsstunden sie dem ernsteren Versammlungsgeschäfte gewidmet hatten. Um halb 6 Uhr brachen dann die ersten Trupps unter Führung von Ordnern zum Heimmarsch auf."

Wien, Österreichische Nationalbibliothek, Porträtsammlung und Bildarchiv, 151.886 R. S.

1.13.2 Der 1. Mai in Wien. Einzug der Arbeiter in den Prater

Wiener Bilder, 1896

Wien, Historisches Museum der Stadt Wien, Inv. Nr.173.946

1.13.3 Der 1. Mai im Prater

Wiener Bilder 1896

Wien, Historisches Museum der Stadt Wien, Inv. Nr. 172.084

1.13.4 Maizeitung 1892

Aufgeschlagen: Gedenkblatt zur Erinnerung an die internationale Feier des 1. Mai 1891, eine Illustration, die ganz in der Tradition historischer Festzüge steht.

Wien, Verein für Geschichte der Arbeiterbewegung

1.13.5 Maizeitung 1893

Herausgegeben von J. Popp und F. Schuhmeier
Verlag der Arbeiterzeitung, 1893

Die Hauptforderung: Achtstundentag und allgemeines Wahlrecht.

Wien, Verein für Geschichte der Arbeiterbewegung

1.13.6 Maizeitung 1894

Herausgegeben von J. Popp und F. Schuhmeier
Verlag der Arbeiterzeitung

Wien, Verein für Geschichte der Arbeiterbewegung

1.13.7 Maizeitung 1895

Herausgegeben von W. Ellenbogen
Zweite Auflage nach der Confiscation, Verlag der Ersten Wiener Volksbuchhandlung (Ignaz Brand)

Wien, Verein für Geschichte der Arbeiterbewegung

1.13.8 Maizeitung 1896

Herausgegeben von W. Ellbogen
Verlag der Ersten Wiener Volksbuchhandlung (Ignaz Brand)

Wien, Verein für Geschichte der Arbeiterbewegung

1.13.9 Maizeitung 1897

Herausgegeben von W. Ellenbogen
Verlag der Ersten Wiener Volksbuchhandlung (Ignaz Brand)

Wien, Verein für Geschichte der Arbeiterbewegung

1.13.10 Maizeitung 1899

Herausgegeben von W. Ellenbogen
Verlag der Ersten Wiener Volksbuchhandlung (Ignaz Brand)

Einlageblatt: „Befreiung".

Wien, Verein für Geschichte der Arbeiterbewegung

1.13.11 Maizeitung 1900

Herausgegeben von W. Ellenbogen
Verlag der Ersten Wiener Volksbuchhandlung (Ignaz Brand)

Titelblatt: Maibaum.

Wien, Verein für Geschichte der Arbeiterbewegung

1.13.12 Maizeitung 1901

Herausgegeben von W. Ellenbogen
Verlag der Ersten Wiener Volksbuchhandlung (Ignaz Brand)

Titelblatt: „Seid einig"

Wien, Verein für Geschichte der Arbeiterbewegung

1.13.13 Maizeitung 1902

Herausgegeben von W. Ellenbogen
Verlag der Ersten Wiener Volksbuchhandlung (Ignaz Brand)

Schlußblatt: „Maimorgen" nach Hermine Heller-Ostersetzer

Wien, Verein für Geschichte der Arbeiterbewegung

1.13.14 Maizeitung 1903

Herausgegeben von W. Ellenbogen
Verlag der Ersten Wiener Volksbuchhandlung (Ignaz Brand)

Einlageblatt: „Entlassen" nach Hermine Heller-Ostersetzer

Wien, Verein für Geschichte der Arbeiterbewegung

1.13.15 Maizeitung 1906

Verlag der Ersten Wiener Volksbuchhandlung (Ignaz Brand)

Innenbeilage: „Das gleiche Recht" nach Otto Friedrich

Wien, Verein für Geschichte der Arbeiterbewegung

1.13.16 Maizeitung 1907

Verlag der Ersten Wiener Volksbuchhandlung (Ignaz Brand)

Innenbeilage: „Maifeier" nach August Stefan Brand

Wien, Verein für Geschichte der Arbeiterbewegung

1.13.17 Maizeitung 1909

Verlag der Ersten Wiener Volksbuchhandlung (Ignaz Brand)

Titelblatt: „Rote Nelken"

Wien, Verein für Geschichte der Arbeiterbewegung

1.13.18 Maizeitung 1910

Verlag der Ersten Wiener Volksbuchhandlung (Ignaz Brand)

Titelblatt: Arbeiter kommen aus einer Fabrik, nach Max Alt; dazu der erklärende Text: „Ein kraftvoller Arbeiter reißt für seine Brüder die Fabrikstür auf und sie ziehen festlich geschmückt, ins Freie..."

Wien, Verein für Geschichte der Arbeiterbewegung

1.13.19 Maizeitung 1913

Verlag der Ersten Wiener Volksbuchhandlung (Ignaz Brand)

Wien, Verein für Geschichte der Arbeiterbewegung

1.13.20 Maizeitung 1914

Verlag der Ersten Wiener Volksbuchhandlung (Ignaz Brand)

Wien, Verein für Geschichte der Arbeiterbewegung

2. KINDERWELT

2.1 Mädchenspielzeug

Spielzeug sollte das Kind auf seine zukünftigen Tätigkeiten vorbereiten; daher waren es in erster Linie Puppen, die man Mädchen zum Geschenk machte, Puppen, mit denen man im Rollenspiel auf die Aufgabe als Hausfrau und Mutter vorbereitet wurde. Die perfekt eingerichteten Puppenstuben, -zimmer, -häuser oder Puppenküchen liefern uns gleichermaßen ein Abbild des Alltags dieser Zeit, freilich nur ein Bild des gehobenen bürgerlichen Lebensstandards.

E. V.

2.1.1 Puppenküche — Abb.

Puppenküche, bestehend aus Bing-Herd mit Originalgeschirr; Email- und Porzellanzubehör; Nußmühle, Kaffeemühle, Fleischwolf, Sanduhr etc., Stettiner Puppenkochbuch.
In einer originalgetreuen Wiedergabe einer Küche, allerdings en miniature, war es der angehenden Hausfrau möglich, für die Puppenkinder zu kochen. Dazu wurden von diversen Verlagen eigene Puppenkochbücher herausgegeben.

Wels, Dr. F. und Reingard Ecker — R. E./E. V.

2.1.2 „Googlie"-Puppe — Abb.

Armand Marseille, Deutschland, um 1914
Biskuitporzellan, Gliederkörper aus Compositionsmasse, mit Holzgelenken, H = ca. 24 cm

Googliepuppe mit einer Halsmarke „323 A 6/o M"; Kopf aus Biskuitporzellan mit Schlafaugen und Mohairperücke; Körper als Gliederkörper ausgebildet.
Kennzeichnend für Googlie-Puppen, die u. a. von den Manufakturen Kestner, A. Marseille und Heubach produziert wurden, ist der drollige Typus mit übergroßen runden Augen.

Wels, Dr. F. und Reingard Ecker — R. E.

2.1.3 Waschen – Bügeln – Nähen

Waschzubehör: Waschschaff, Einweichware, Waschrumpeln, Bürsten, Waschglocke, Stampfer, Wäschemangel; Bügeltisch mit Ärmelbrett und diversen Bügeleisen; Singer-Nähmaschine (im Originalkarton), Schnittmuster „Für fleißige Kinderhände"; diverse Wäsche- und Kleidungsstücke für Puppen.
Funktionstüchtige Nähmaschinen gaben den „Puppenmüttern" Gelegenheit, Kenntnisse auf dem Gebiet der Anfertigung von Bekleidungsstücken zu erwerben. Schnittmusterbögen lieferten die Vorlagen für Kleider und Wäsche.

Kat.-Nr. 2.1.1

Wels, Dr. F. und Reingard Ecker — R. E./E. V.

2.1.4 Gliederpuppe

Armand Marseille, Deutschland, 1894
Biskuitporzellan, Gliederkörper aus Holz und Compositionsmasse. H = ca. 50 cm

Die Puppe trägt die Halsmarke „1894, A M Dep."

Wels, Dr. F. und Reingard Ecker — R. E.

2.1.5 Gliederpuppe

Henri Rostal, Frankreich, um 1914
Biskuitporzellan, Gliederkörper aus Holz und Compositionsmasse, H = 53 cm

Kat.-Nr. 2.1.2

Die Puppe trägt die Halsmarke „Mon Tresor/8" und die Körpermarke „Bébé Jumeau, Diplôme d'Honneur". Kopf aus Biskuitporzellan mit Schlafaugen und Mohairperücke.

Wels, Dr. F. und Reingard Ecker R. E.

2.1.6 „Wäschermädel"

Kley und Hahn, Deutschland, um 1905
Biskuitporzellan, Körper: Holz und Compositionsmasse, H = 49 cm

Die Puppe trägt die Halsmarke „Walküre". Kopf aus Biskuitporzellan mit Schlafaugen und Wimpern sowie einer Mohairperücke.

Wels, Dr. F. und Reingard Ecker R. E.

2.1.7 Kinderstube

Mit Puppenmöbeln wird versucht, eine Kinderstube nachzustellen: Wickeltisch mit Wachstuchbespannung; Gitterbett mit Netzbespannung und gedrechselten Pfosten; Hochstuhl als Spieltisch zusammenklappbar; diverse Spielsachen und Accessoires, wie Kinderfläschchen, Wärmeflasche, Fieber- und Badethermometer etc.

Wels, Dr. F. und Reingard Ecker R. E.

2.1.8 „Kaiserbaby"

Kämmer und Reinhardt, Deutschland, 1909
Biskuitporzellan, Compositionsmasse, L = 36 cm

Die Puppe trägt die Halsmarke „K ✡ R/100/36". Augen und Haare sind aufgemalt, der Mund geschlossen.
Babypuppen wurden als sog. Badebabies ab etwa 1850 hergestellt; sie bestanden zunächst aus glasiertem Porzellan und konnten, da sie innen hohl waren, in der Badewanne schwimmen. Vorlage für das 1909 erstmals auf den Markt gekommene „Kaiserbaby" bildete die Bronzeplastik eines Berliner Bildhauers. Sie gehört zur Gruppe der „Charakterpuppen", die bald einen Umsatz von 10% der thüringischen Firma ausmachten.

Wels, Dr. F. und Reingard Ecker R. E./E. V.

2.1.9 „Stehbaby"

Armand Marseille, Deutschland, um 1915
Biskuitporzellan, Compositionsmasse,
H = 40 cm

Die Puppe trägt die Halsmarke „560a/A2M/DRMR $\frac{231}{1}$". Im Unterschied zum „Kaiserbaby" besitzt die Puppe gerade Beine und kann daher stehen. Die Augen sind Schlafaugen, was dem Wunsch der Kinder entgegenkam, daß Puppen beim Niederlegen die Augen zumachen.

Wels, Dr. F. und Reingard Ecker R. E./E. V.

2.1.10 Babypuppe im Steckkissen Abb.

Armand Marseille, Deutschland, um 1915
Biskuitporzellan, Compositionsmasse, L = 24 cm

Die Puppe trägt die Halsmarke „A 6/0 M/DRMR $\frac{232}{1}$". Sie besitzt Schlafaugen und eine Mohairperücke.

Wels. Dr. F. und Reingard Ecker R. E.

Kat.-Nr. 2.1.11

Kat.-Nr. 2.1.12 und 2.1.10

2.1.11 Babypuppe Abb.

J. D. Kestner, Deutschland, um 1915
Biskuitporzellan, Compositionsmasse,
H = 44 cm

Die Puppe trägt die Halsmarke „JDK 257" und besitzt Schlafaugen und eine Echthaarperücke.

Wels, Dr. F. und Reingard Ecker R. E.

2.1.12 Gliederpuppe „Kinderfrau" Abb.

Adolf Prouza, Böhmen, ca. 1903
Biskuitporzellan, Gliederkörper aus Compositionsmasse und Holz, H = 73 cm

Die Puppe trägt die Halsmarke „AP/1903/8" und besitzt Schlafaugen sowie eine Echthaarperücke. Sie ist original bekleidet als Kinderfrau.

Wels, Dr. F. und Reingard Ecker R. E.

2.1.13 Puppenzimmer

Holz, Papier, Textil, Metall, Porzellan

Puppenhäuser und -zimmer bieten gleichsam ein Abbild der Wohnkultur der jeweiligen Epoche. Sie spiegeln die Entwicklung auf dem Möbel- und Einrichtungssektor wider und zeigen das Eindringen neuer Tendenzen bzw. ihre Rezeption auf, hier etwa des Jugendstils. Puppenzimmer waren kostspieliges Spielzeug, mehr ein Spielzeug zum Herzeigen als zum Spielen.

Salzburg, Spielzeugmuseum (Sammlung Folk) des Museums Carolino Augusteum, Inv. Nr. 6458/81 E. V.

2.1.14 Puppenwohnung

1912/14
Holz, Pappe, Tapeten, 120 × 100 cm

Kinderspielzeug wurde oft auch in bürgerlichen Kreisen nicht gekauft, sondern von den Eltern angefertigt. Puppenhäuser oder Puppenzimmer waren typisches Mädchenspielzeug, mit dem die Töchter auf ihre zukünftige Aufgabe als Hausfrau vorbereitet wurden.

Privatbesitz E. V.

2.2 Knabenspielzeug

Auch hier galt es wieder, das Kind auf seinen zukünftigen Wirkungskreis vorzubereiten. Gerade das Spielzeug der Jahrhundertwende macht deutlich, wie sehr der Mensch von den Errungenschaften der Technik beeindruckt wurde. Blechspielzeug, das allmählich das noch dominierende Holzspielzeug ablöste, griff die Formen der Motorisierung auf: Autos, Flugzeuge, Zeppelins usw. Eine wichtige Rolle spielte auch der Baukasten, hier v. a. der Ankerbausteinkasten, der erstmals als Material eine Kunststeingußmasse verwendete und dessen Ausbaufähigkeit sehr zu seiner Beliebtheit beitrug. Den Entwicklungen auf dem Gebiet der Technik trugen Dampfmaschinenmodelle und diverse physikalische Geräte zum Experimentieren Rechnung.

E. V.

2.2.1 Kirche „Maria vom Siege" in Wien-Fünfhaus

Erbaut aus Anker-Steinbaukasten Nr. 34

Eine Hauptspielzeug der Zeit um die Jahrhundertwende war Dr. Richter's Anker-Steinbaukasten. Auf einem Grundgedanken des Pädagogen Fröbel beruhend, von den Brüdern Lilienthal erfunden, wurde der Steinbaukasten von Dr. Adolf Richter zur Weltgeltung gebracht. Richter führte als erster feste Verkaufspreise sowie das System von Ergänzungskästen ein; der durchschlagende Erfolg beruhte aber vornehmlich auf besonders geschickt gemachter Reklame: Gutbürgerliche Familien sollten alljährlich zu Weihnachten ihren Kindern den nächsthöheren Ergänzungskasten schenken, aber auch minder bemittelte Kreise sollten ihren Stolz daran setzen, für ihre Kinder wenigstens einen Anker-Steinbaukasten anzuschaffen. Dieser wurde als besonderer Schatz gehütet; in vielen Familien haben sich daher Anker-Steinbaukästen bis heute erhalten.

Die Steine waren außerordentlich genau gearbeitet, sodaß – ohne Verwendung irgendwelcher Bindemittel – sehr große Bauwerke errichtet werden konnten.

Das Hauptwerk war in Rudolstadt (Thüringen); in Wien befand sich ein bedeutendes Zweigwerk und die gesamte Entwicklungszentrale. Mehrere Bauvorlagen bilden daher Wiener Bauwerke nach. Der Text der Bauvorlagen und Schnitte war in allen Sprachen der Monarchie abgefaßt.

Wien, Univ. Prof. Dr. Gerhart Bruckmann G. B.

2.2.2 Brücke

Erbaut aus Kleinkaliber-Brückenkasten Nr. 3

Um auch minder bemittelten Kreisen die Anschaffung von Anker-Steinbaukasten zu ermöglichen, gab es eigene Serien in kleinerem Kaliber (Würfelbreite 20 mm statt 25 mm).

Wien, Univ. Prof. Dr. Gerhart Bruckmann G. B.

2.2.3 Wendl's Steinbaukasten

Konkurrenz-Erzeugnisse kamen immer wieder auf den Markt, konnten sich gegenüber dem Steinbaukasten jedoch nicht durchsetzen.

Wien, Univ. Prof. Dr. Gerhart Bruckmann G. B.

2.2.4 Anker-Täfelchen

Um auch Mädchen mit Produkten der Fa. Anker-Steinbaukasten beschenken zu können, erzeugte der Betrieb Legespiele, die ausdrücklich für Mädchen bestimmt waren. Auch hierzu gab es Anleitungen in allen Sprachen der Monarchie.

Wien, Univ. Prof. Dr. Gerhart Bruckmann E. V.

2.2.5 Eisenbahnanlage

Erzgebirge (?), um 1910

Der Zug besteht aus einer Lokomotive, Typ „Leipzig" (Achszahl 1-A-1), einem Tender „Königl.-Staatseisenbahn", einem Packwagen und zwei Personenwagen, „I-III. Cl. Damencoupé". Ergänzt wird die Anlage durch einen Bahnhof mit Bahnsteigsperren, Güterhalle und Bahnwärterhäuschen.

Soyen, Heino König

2.2.6 Güterwagen „Manner-Cacao"

Fa. Andreas Issmeyer, Nürnberg, um 1910/14
Blech, lithographiert

Wagen dieser Art dienten als Geschenkverpackung für „Manner-Cacao". Sie wurden in verschiedenen Spurweiten produziert – der ausgestellte besitzt die Spurweite 4 – und konnte so der bereits vorhandenen Spielzeugeisenbahn entsprechend angekauft werden.

Soyen, Heino König

2.2.7 Lehmann-Auto Abb.

Fa. Lehmann, Brandenburg, um 1900
Blech, bemalt

Lit.: GORDON GARDINER – RICHARD ONEILL, Toy Cars. London 1985

Kecskemét, Szorakaténusz Játékmúzeum, Inv. Nr. 85.404

E. J.

Kat.-Nr. 2.2.7

2.2.8 Zeppelin

Um 1910
Blech, bemalt

Der Zeppelin trägt die Aufschrift: „Graf Zeppelin DLZ 127".

Lit.: GORDON GARDINER – ALISTAIR MORRIS, Metal Toys. London 1984.

Kecskemét, Szorákaténusz Játékmúzeum, Inv. Nr. 85.401

E. J.

2.2.9 Schiff auf Rädern

Blech, bemalt

Privatbesitz

2.2.10 Modell einer Dampfmaschine Abb.

Um 1895

Die betriebsfähigen Dampfmaschinenmodelle demonstrierten mit der naturgetreuen Wiedergabe von Kolben, Pleuelstange und Kurbelwelle ihre Funktionsweise.

Privatbesitz

2.3 Kinderbücher

Kinderbücher dienten der Unterhaltung und gleichermaßen der Bildung. Auch hier kann man eine Trennung feststellen zwischen Büchern für Mädchen und solchen für Knaben. Auch Künstler nahmen sich der Ausgestaltung von Kinder- und Jugendbüchern an, was zu einer Aufwertung dieser Literaturgattung und deren graphischen Gestaltung führte.

E. V.

2.3.1 Gartenlaube – Kalender

Verlag Ernst Keil's Nachfolger, Leipzig 1891

Schloß Walchen, Kinderwelt-Museum

2.3.2 Jugendalmanach „Velhagen und Klasings Monatsheft"

Verlag Velhagen & Klasing, Bielefeld und Leipzig 1898–1902

Salzburg, Spielzeugmuseum (Sammlung Folk) des Museums Carolino Augusteum, Inv. Nr. 421/85

2.3.3 Wien seit 60 Jahren. Ein Album für die Jugend

Verlag Gerlach, Wien

Schloß Walchen, Kinderwelt-Museum

2.3.4 Österreich auf der internat. wissenschaftlichen Ausstellung „Die Kinderwelt" in St. Petersburg 1903/04

Bericht der österreichischen Kommission im Selbstverlag

Schloß Walchen, Kinderwelt-Museum

Kat.-Nr. 2.2.10

Kat.-Nr. 2.3.10

2.3.5 Der junge Chemiker

Illustrierte Taschenbücher für die Jugend Nr. 20
Union Deutsche Verlagsgesellschaft, Stuttgart–Berlin

Schloß Walchen, Kinderwelt-Museum

2.3.6 Das Buch der Entdeckungen

Gustav Ritter
Verlag W. Herlet, Berlin 1901

Schloß Walchen, Kinderwelt-Museum

2.3.7 Junge Welt. Ein illustriertes Unterhaltungsbuch für junge Mädchen

Verlag Hans Ludwig Thilo, Berlin

Schloß Walchen, Kinderwelt-Museum

2.3.8 Deutsches Mädchenbuch

K. Thienemanns Verlag, Stuttgart

Schloß Walchen, Kinderwelt-Museum

2.3.9 Die Nibelungen (Gerlachs Jugendbücherei Bd. 22)

Carl Otto Czeschka, 1908
Verlag Gerlach & Wiedling, Wien–Leipzig 1908

Wie in Budapest und Prag widmen sich auch in Wien führende Künstler der Illustration von Jugendbüchern. Wieweit diese Bücher zur Zeit ihrer Entstehung tatsächlich als „Jugendbücher“ betrachtet werden, soll hier nicht diskutiert werden. 1907 erhielt Czeschka den Auftrag zur Bühnenausstattung für eine Inszenierung von Hebbels Nibelungen im Wiener Raimundtheater. Es kam nie zu dieser Aufführung. Produkt der Beschäftigung mit diesem Stoff sind vermutlich die Illustrationen in dem vorliegenden Band zum Text von Franz Keim.

Lit.: Michael Pabst, Wiener Graphik um 1900. München 1984, S. 284 ff.

Privatbesitz E. V.

2.3.10 Illustration zu „Mein ABC“ (Buchstabe „R“)

Josef Lada, 1911 Abb.
Feder, Tusche, Aquarell, Deckweiß auf Papier, 12,7 × 16,4 cm

Lada war ein ungemein fruchtbarer und begehrter Illustrator. Neben so bekannten Büchern wie Hašeks Braven Soldaten Švejk illustrierte er zahlreiche Kinderbücher. Sein erstes

Kat.-Nr. 2.3.11

bedeutendes Werk war das Buch „Mein ABC". Zu diesem Zeitpunkt hatte Lada bereits seinen markanten Stil, der mit der Kontur als Ausdrucksmittel arbeitet, entwickelt.

Lit.: Tschechische Kunst 1884–1914. Auf dem Weg in die Moderne. Ausst. Kat. Darmstadt 1984, Bildteil S. 199.

Prag, Národní Galerie, K 47.366/a, b — Jana Brabcová

2.3.11 Illustration zu „Mein ABC" (Buchstabe „U")

Josef Lada, 1911 — Abb.
Feder, Tusche, Aquarell, Deckweiß auf Papier, 13 × 16,6 cm

Prag, Národní Galerie, K 47.369/a, b

2.3.12 Es war einmal

Aladár Kacziány, 1914
Aquarell auf Papier, 21,5 × 13,5 cm

Privatbesitz

2.3.13 Fräulein Gulliver

Laura Nagy Sándorné Kriesch, um 1909
Aquarell auf Papier, 23,5 × 29,8 cm

Budapest, Magyar Nemzeti Galéria, Inv. Nr. 1913–1521

2.4 Kinderunterhaltung

Papiertheater, Pimperln oder einfache Handpuppen ermöglichten den Kindern ihre Phantasie zu entfalten. Aber auch das Nachspielen der Klassiker in für Kinder aufbereiteter Form brachte nicht nur bildnerische Werte in das Spiel ein, sondern vermittelte den Kindern auch das gemeinsame Spiel mit den Eltern. Denn der Weg vom Bilderbogen zum aufgestellten Theater brachte vielfältige Arbeiten mit sich, vom Aufkaschieren und Ausschneiden der Figuren und Bühnenversatzstücke bis zum Zusammenbau der Bühne und Spielen des Stückes mit verschiedenen Rollen. Gleichermaßen für Eltern wie Kinder unterhaltend waren die verschiedenen Projektionsgeräte, wie Laterna magica oder Kinematograph. Auch hier konnte Bildung und Unterhaltung vermittelt werden. — E. V.

2.4.1 Papiertheater

Dekorationen: Gustav Kühn, Neuruppin

Sog. Heimtheater, Bühnenkasten und Proszenium mit rotem Papier überzogen; Verzierung mit Goldborten und Engelchen; Kulissenhalter und Hintergrundgestell aus Holz, Stoffvorhang; ausgestattet mit drei Hintergründen, Sofitten, Seitenvorhängen und Kulissen.
Neben Papiertheaterausstattungen zum Spielen von Märchenaufführungen brachten Verlage, wie Gustav Kühn in Neuruppin oder Joseph Trentsensky in Wien Kulissen- und Figurenbögen für aktuelle Premieren und Uraufführungen heraus. Verleger legten gekürzte Textbücher der Theaterstücke auf und so hielten die Klassiker oder jeweils moderne zeitgenössische Autoren Einzug ins Kinderzimmer.

Salzburg, Spielzeugmuseum (Sammlung Folk) des Museums Carolino Augusteum, Inv. Nr. 6032/86 — E. V.

2.4.2 Sog. „Pimperln"

Um 1900
Papiermaché, bemalt

Neben Papiertheatern, Handpuppen oder Marionetten gab es auch die sog. „Pimperln", die mit Drähten von oben geführt wurden. Sie waren somit beweglicher als die Figuren des Papiertheaters, die nur gestellt werden konnten, und ihre Herstellung und Führung war einfacher als die von Marionetten.

Privatbesitz — E. V.

2.4.3 Kinderdrehorgel „Intona"

Um 1900
Holzkasten mit gelochter Zinkblechscheibe, 16-tönig

Durch Drehen der Kurbel werden Blasbälge betätigt und die Zinkblechscheibe drehend über kleine Hebel geführt. Erscheint in der Scheibe eine Perforation, springt der Hebel hoch und öffnet ein Ventil. Durch dieses strömt nun die Luft des Blasbalges und bringt die entsprechende Zungenstimme (Harmonikastimme) zum Klingen.

Privatbesitz

2.4.4 Laterna Magica

Fa. E. Plank, Nürnberg, um 1890
Sphärisches Messinggehäuse, reich verzierte Metallobjektivstandarte

Die Projektion von bunten Bildern zählt zu den beliebten passiven Beschäftigungen im Kinderzimmer der Jahrhundertwende. Die Bildstreifen besaßen nicht nur unterhaltenden Inhalt, wie Szenen aus Märchen und Kinderbüchern, sondern den Kindern wurde auch Wissen auf allen Gebieten vermittelt. Mit dem Kinematograph lernten die Bilder in der Kinderstube laufen.

Wien, Sammlung Ing. Hrabalek — E. V.

2.4.5 Kinematograph

Fa. E. Plank, Nürnberg, Ende 19. Jh.
Blech, Spiegelgläser, Papierstreifen

Der Kinematograph stellt eine Variante des um 1832 vom Wiener Professor Stampfer erfundenen Stroboskop dar. Die

Bewegung wurde auf dem Bildstreifen in Elemente aufgelöst und durch Drehen mittels der Spiegelgläser wieder integriert. Damit stellt der Kinematograph einen Vorläufer des Kinofilms dar.

Lit.: L. STAMPFER, Über die optischen Täuschungsphänomene, welche durch die stroboskopischen Scheiben hervorgebracht werden. In: Jahrbuch des k. k. polytechnischen Instituts in Wien 18 (1834) S. 237.

Budapest, Dr. Éva Moskovszky É. Mo.

2.4.6 Praterspiel

Wien, um 1880
Farblithographie, Papier auf Karton montiert, 58 × 69 cm

Spielbrett für ein Würfelspiel; die Spielfläche stellt den Prater in Wien aus der Vogelschau dar.

Lit.: É. MOSKOVSZKY, Board Games of the 19th century. In: Intepress Grafik 1 (Budapest 1983) S. 12–15.

Budapest, Dr. Éva Moskovszky É. Mo.

2.4.7 Puzzle

Das Puzzle zeigt als Bild die Landkarte von Österreich-Ungarn

Salzburg, Spielzeugmuseum (Sammlung Folk) des Museums Carolino Augusteum, Inv. Nr. 6015/85

2.4.8 „Schicht-Quartett"

Um 1905

Das Spiel besteht aus 11, noch komplett erhaltenen Quartetten. Die einzelnen Gruppen versuchten neben Werbung für Produkte der Firma „Schicht" auch im Spiel den Kindern Wissen über diverse moderne technische Errungenschaften zu vermitteln.

Wels, Dr. F. und Reingard Ecker R. E./E. V.

2.4.9 „Das lustige Kunerol Einmaleins"

Um 1905

Die fünf Bildtafeln zeigen die Herstellung der Fettprodukte der Firma Kunerol. Auf spielerische Art sollten die Kinder mit Hilfe solcher Spiele das Einmaleins erlernen.

Wels, Dr. F. und Reingard Ecker R. E./E. V.

2.4.10 Stollwerk „Viktoria"

Blech, lithographiert

Automat für die Ausgabe von Schokolade und Bonbons.

Budapest, Magyar Kereskedelmi és Vendéglátóipari Múzeum, Inv. Nr. 85.200.1

2.5 Bäuerliches Spielzeug

Puppen, Baukästen, Dampfmaschinen etc. waren teures Spielzeug, ihr Kauf nur einer bestimmten, vermögenden Käuferschicht vorbehalten. Daher dominierte in weiten Bevölkerungskreisen das selbstgebastelte Spielzeug, ob es nun bäuerliche geschnitzte Geräte waren oder Fetzenpuppen, aus Kukuruzstroh oder Bockerln gefertigte Spielwaren; je nach Gegend bediente man sich der Materialien, die zur Verfügung waren.

E. V.

2.5.1 Kleine Kutsche

Holz- und Metallrahmen, mit Bast umflochten, selbstgebastelt.

Budapest, Óbudai helytörténeti Múzeum, Inv. Nr. 86.176
E. V.

2.5.2 Pflug

Aus dem Dorf Jáfka (Komitat Vas), Ungarn

Selbstgebasteltes Kinderspielzeug, aus bäuerlichem Haushalt, Holz und Blech, blau bemalt.

Szombathely, Savaria Múzeum, Inv. Nr. 59.376.1 É. J.

2.5.3 Presse

Aus dem Dorf Szalafö, Komitat Vas, Ungarn

Selbstgebasteltes Kinderspielzeug aus bäuerlichem Haushalt; Holz.

Szombathely, Savaria Múzeum, Inv. Nr. 59.417.1.1–2 É. J.

2.5.4 Schnitzbank

Aus dem Dorf Acsád, Komitat Vas, Ungarn

Selbstgebasteltes Spielzeug aus hartem Holz, mit vier Beinen und langem Sitzteil.

Szombathely, Savaria Múzeum, Inv. Nr. 59.426.1 É. J.

2.6 Sport und Spiel im Freien

Neben den üblichen Ballspielen, Reifenspielen etc. und Gesellschaftsspielen, wie Blinde Kuh, Trittabschlagen etc., nahm auch der Sport einen Platz im Kinderleben ein; in erster Linie zählten zu den beliebten Sportarten Eislaufen und Rodeln im Winter, Schwimmen im Sommer. Hier werden die diversen Spiele im Freien mit Hilfe von Bildern gezeigt, die zu den gängigen Bildfolgen für die Laterna magica zählten.

E. V.

3. FREMDENVERKEHR

3.1 „Fremdenvertreibungs-Commission"

1890

Der Unmut der alteingesessenen Wiener gegenüber den Fremden äußerte sich zum Beispiel in satirischen Texten wie dem der „Fremdenvertreibungs-Commission, herausgegeben vom Neulerchenfelder Lumpenball-Comitée, verfaßt von J. Prey".

Wien, Österreichische Nationalbibliothek, Flugschriftensammlung 1890/17 F. B.

3.2 Reisegefahren

Otto Goetze, 1906
Plakat, 61 × 46 cm

„Dringende Warnung an alleinreisende Mädchen, sich nie Unbekannten anzuvertrauen! Zufluchtstätte für schutzbedürftige Mädchen des Vereins ‚Heimat', Wien III, Hintere Zollamtsstraße 9, gegründet 1900.
Die Vereinsdamen am Bahnhofe sind an der Armbinde ‚Heimat' kenntlich."

Lit.: Tagebuch der Straße, S. 104 f.

Wien, Wiener Stadt- und Landesbibliothek, Plakatsammlung, P 13.259 F. B.

3.3 Semmering-Jubiläum Mai 1904

L. F. Graf, 1904
Plakat, 100 × 60 cm

Anläßlich der 50-Jahr-Feier der Eröffnung der Semmeringbahn kündigte der „Landesverband für Fremdenverkehr in Niederösterreich" verschiedene Festveranstaltungen in Wien, auf dem Semmering, in Payerbach-Reichenau und in Mürzzuschlag an.
Das Plakat zeigt den Semmering, personifiziert als Bergkönig mit langem Bart, der auf einen Festzug herunterschaut, während im Hintergrund die Semmeringbahn schmaucht.

Wien, Graphische Sammlung Albertina, Sammlung Mascha, Mappe 8 F. B.

3.4 Die k. k. österreichischen Staatsbahnen werben für Fahrten nach Galizien

K. Frycz, um 1900
Plakat, 103 × 70 cm

Drei große Ansichten präsentieren Krakau mit einer Marktszene, eine ruthenische Dorfkirche und einen See in der Tatra; dazu noch eine Karte, die die Streckenführung der Bahn zeigt.

Wien, Graphische Sammlung Albertina, Sammlung Mascha, Mappe 2 F. B.

3.5 Aachensee in Tirol

C. Mell, 1905
Plakat, 95 × 63 cm

Panorama des Aachensees, Fahrplan der Aachenseebahn, rechts und links davon Hotelreklame.

Wien, Wiener Stadt- und Landesbibliothek, Plakatsammlung, P 119.079 F. B.

3.6 Plakat der Bosnisch-Herzegovinischen Staatsbahnen Abb.

Légrády Testvérek, Budapest, 1898
Plakat, 126 × 95 cm

Ansichten von Jajče mit dem berühmten Wasserfall und der Vrbas-Straße; Eisenbahnkarte; Reklame für Hotels und Ausflüge.

Wien, Wiener Stadt- und Landesbibliothek, Plakatsammlung, P 119.079 F. B.

Kat.-Nr. 3.6

Kat.-Nr. 3.8

3.7 K. k. Automobil-Postlinien in Welschtirol

1910
Plakat, 106,1 × 67,8 cm

Lit.: MEINRAD PIZZININI, Alt-Tirol im Plakat, S. 10.

Innsbruck, Tiroler Landesmuseum Ferdinandeum

3.8 Dampfschiffahrtsgesellschaft des Österreichischen Lloyd Abb.

1900
Plakat, 65 × 45 cm

Reklame für den Dampferverkehr zwischen Triest und Dalmatien mit besonderem Hinweis auf die „beschleunigte Eillinie Triest–Cattaro" für Güter und Passagiere. Farbige Ansicht des Kerka-Falles, der Häfen Cattaro und Ragusa sowie des Dampfschiffes „Graf Wurmbrand".
Karte der dalmatinischen Adria.

Wien, Wiener Stadt- und Landesbibliothek, Plakatsammlung, P 119.079 F. B.

3.9 Plakat der Ungarischen Fluß- und Seeschiffahrtsgesellschaft (Magyar Folyam-ès tengerhajózási részvény-társasáa)

1901
Plakat, 98 × 70 cm

Bild eines Dampfschiffes „Ferencz Joszef I", daneben die Fahrordnung der Personendampfer auf Donau, Theiss und Save im Jahre 1901.

Wien, Wiener Stadt- und Landesbibliothek, Plakatsammlung, ohne Inv. F. B.

3.10 Service d'Automobiles Trieste–Abbazia en trois heures

Stephanie Glax, um 1900
Plakat, 95 × 63 cm

Vier Leute im offenen Auto werben für einen privaten Automobildienst, der innerhalb von drei Stunden Reisende von Triest nach dem beliebten Bade- und Kurort Abbazia brachte.

Wien, Graphische Sammlung Albertina, Sammlung Mascha, Mappe 3 F. B.

3.11 Anger's Hotel in Carlsbad

1896/97
Plakat, 90 × 62 cm

Ansicht des Hotels, davor promenierende Herren und Damen samt einer Equipage; Schanigarten mit Plache.

Wien, Wiener Stadt- und Landesbibliothek, Plakatsammlung, ohne Inv. F. B.

3.12 Südbahnhotel Semmering

1904
Plakat, 96 × 68 cm

Wien, Museum für angewandte Kunst, Plakatsammlung, Inv. Nr. 2953

3.13 Kurparkbank aus Baden bei Wien

1908
Holz, Gußeisen und Bronze

Ein sehr wesentliches Element jedes Kurparks sind Parkbänke. Anläßlich des 60. Regierungsjubiläums von Kaiser Franz

Joseph ließ die Badener Kurverwaltung eine besonders sorgfältig ausgeführte Bank im Kurpark aufstellen. Die Bank – mit einem Aufsatz bestehend aus der österreichischen Kaiserkrone – lädt noch heute im Badener Kurpark die Besucher zum Sitzen ein.

Baden bei Wien, Stadtgemeinde F. B.

3.14 Öffentliche Personenwaage

Um 1900

Zeigerwaage mit Münzeinwurf, Plattform zum Stehen für eine Person. Unterhalb der Anzeigerskala österreichischer Doppeladler und Firmendaten:
„C. Schember & Söhne, Wien
I, Weihburggasse No. 31
Ecke Parkring (Gartenbau)
Atzgersdorf/Budapest/Prag/Triest/Sarajevo"

Wien, Technisches Museum, Inv. 19.814 F. B.

3.15 Laterne

Kopie

Wien, Fa. Becker

3.16 Mutoskop

Um 1890

Mutoskope (vom lat. mutare = verändern, wechseln) sind frühe kinematographische Apparate, die aus einer Kassette mit Guckloch bestehen. Im Inneren der Kassette befindet sich eine Trommel mit einer Reihe von Phasenbildern.
Durch das Drehen einer Kurbel werden diese ruckweise abgeblättert und erzeugen scharfe, laufende Bilder, während bei gleichmäßiger Bewegung die Bilder verschwimmen würden.

Lit.: MARBE, Theorie der kinematographischen Projektion. 1910.

Prag, Národní technické Muzeum F. B.

3.17 Mutoskop Abb.

Fernand Schultz-Wettel, vor 1900
Photo nach Plakat

Ein Kavalier mit Mantel und Zylinder wirft eine Münze in ein Mutoskop ein, während sich eine Dame über das Gerät beugt und an der Kurbel dreht, um „lebendige Darstellungen" zu sehen.

Lit.: Die Technik und das Werbeplakat um die Jahrhundertwende. Mappe mit Reproduktionen der Ausstellung des Technischen Museums Prag. Prag 1983, Plakat Nr. 7.

Liberec, Severočeské Muzeum F. B.

Kat.-Nr. 3.17

3.18 Porzellanservice aus dem Hotel Imperial

Wien, 1885
Porzellan

Ovale Servierplatte und Kaffeeschale aus dem sogenannten „Schubertservice" mit historisierenden allegorischen Darstellungen.
Auf der Rückseite bezeichnet: „R. F. St. Made in Vienna, Hôtel Imperial 1885".

Wien, Hotel Imperial F. B.

3.19 Teile eines Services aus dem Hotel Imperial

Wien, um 1900

Vergoldete Kaffee-, Tee- und Oberskännchen, mit Deckel.

Wien, Hotel Imperial F. B.

3.20 Menükarte des Hotel Sacher

1892

Das Menü fand anläßlich des 1892 abgehaltenen 2. Internationalen Dermatologenkongresses im Sachergarten, im Wiener Prater statt.

Wien, Hotel Sacher F. B.

3.21 Ein Festabend im Speisesaal des Hotel Bristol in Wien

Hans Stalzer (1858–1940), 1910
Photo nach Ölgemälde

Die Darstellung zeigt ein großes Diner, an dem 30 Personen teilnehmen, und das Servierpersonal.

Wien, Hotel Bristol F. B.

3.22 Speisesaal im Restaurant „Zur großen Tabakspfeife", Wien

K. F. Kopellik, 1911
Photo nach Aquarell

Lit.: GUNTHER MARTIN, Zu Gast in Wien, S. 56.

Wien, Historisches Museum der Stadt Wien F. B.

3.23 Die Confiserie Sacher, Wien

Charles Scolik, um 1908
Photo

Lit.: GUNTHER MARTIN, Zu Gast in Wien, S. 55.

Wien, Österreichische Nationalbibliothek, Bildarchiv F. B.

3.24 Speisesaal des Hotel Imperial, Wien

Um 1908
Photo

Lit.: GUNTHER MARTIN, Zu Gast in Wien, S. 55.

Wien, Historisches Museum der Stadt Wien F. B.

3.25 Cur- und Fremden-Liste des Curhotels Baden bei Wien

Herausgegeben von der Cur-Commission Baden, 1910

Ausschnitt aus der Badener Kurliste Nr. 68, ausgegeben am 6. Juli 1910: (unter anderem) „Im Schlosse Weilburg sind angekommen: Ihre kais. und kgl. Hoheit, die durchlauchtigste Frau Erzherzogin Isabella, Gemahlin Sr. kais. und kgl. Hoheit, des durchlaucht. Herrn FZM Erzherzog Friedrich und Höchst deren Tochter . . . ".

Baden bei Wien, Rollett-Museum F. B.

3.26 Fremdenliste des Verschönerungsvereins zu Reichenau in Niederösterreich

1879

Eintragung des Eintreffens von Moritz Engländer, dem Vater des Kaffeehausliteraten Peter Altenberg, in Reichenau an der Rax.

Lit.: W. KOS, Über den Semmering, S. 109.

Reichenau an der Rax, Bergbau- und Heimatmuseum F. B.

3.27 Führer durch Zell am See und Umgebung

Herausgegeben vom Verschönerungsverein, 1896

Panorama der Seerundfahrt, Orientierungskarte von Zell am See, Tariflisten der Lohnkutscher und Fiaker, umfangreiche Informationen über den See, Hotels, Gasthöfe, Cafés, Restaurants, Privatwohnungen, Post und Telegraph, Promenaden und Wege, Ausflüge, Bergführer (mit Namen) und Bergtouren.

Zell am See, Bezirksmuseum im Vogtturm F. B.

3.28 Stadtbureau der k. k. Österr. Staatsbahnen

Tony Grubhofer, um 1910
Plakat, 55,5 × 82 cm

Neben Ansichten von Innsbruck und Bozen werben um Kunden das „Stadtbureau der K. K. österr. Staatsbahnen", das „Rundreisebureau der K. K. priv. Südbahn", der Österreichische und der Norddeutsche Lloyd, die Internationale Schlafwagen-Gesellschaft, die Innsbrucker Niederlassung von Thomas Cook & Son sowie der Landesverband für Fremdenverkehr in Bozen.

Lit.: MEINRAD PIZZININI, Alt-Tirol im Plakat, S. 8.

Innsbruck, Tiroler Landesmuseum Ferdinandeum F. B.

3.29 Album von Karlsbad

Um 1900
Rotes Ganzleinen, Prägung in schwarzem Zierrahmen und Gold

Leporello mit 46 Photos des Kurortes Karlsbad.

Wien, Sammlung Baltzarek F. B.

3.30 Album von Franzensbad

Um 1900
Rotes Ganzleinen, roter Zierrahmen, Prägung in Gold

Leporello mit 12 Photos des Kurortes Franzensbad.

Wien, Sammlung Baltzarek F. B.

Kat.-Nr. 3.43

3.31 Glas aus Bad Ischl

Privatbesitz

3.32 Glas aus Karlsbad

Privatbesitz

3.33 Trinkbecher aus Karlsbad

1910
Porzellan, 12 cm

Der Becher trägt die Aufschrift „Beim Sprudel in Karlsbad“.

Privatbesitz

3.34 „Souvenir aus Karlsbad“

1891
Porzellan, 14,5 × 10 cm

Karlsbader Kurliste, Montag, den 16. Mai 1891.

Privatbesitz

3.35 Souvenirteller aus Karlsbad

Der Teller zeigt den Mühl- und Neubrunn in Karlsbad.

Privatbesitz

3.36 Moorbadezimmer im Kaiserbad in Franzensbad

1908
Photo

Das Bild zeigt zwei Badewannen und einen Bottich, neben denen eine Bedienstete mit Kübel, ein Mann mit Schurz und eine Dame im engen Kostüm und großen Hut der Zeit stehen.

Lit.: Die große Welt reist ins Bad. Ausst. Kat., S. 118.

Das erste Moorbad der Welt in Franzensbad, Praha 1908

F. B.

3.37 Die Sprudelkolonnade in Karlsbad

Wilhelm Gause
Heliogravure, 54 × 70 cm

Das Bild zeigt Kurgäste, z. T. mit dem Sprudelbecher in der Hand, bei ihrer Promenade in den berühmten Kolonnaden in Karlsbad.

Wien, Österreichische Nationalbibliothek, Porträtsammlung und Bildarchiv, Pk 1003, 3 F. B.

3.38 Antonsbad in Baden bei Wien

Um 1900
Photo

12 männliche und weibliche Badegäste im Schwefelbad-Becken. Ein Badewart im Bademantel teilt Getränke aus. Im Hintergrund getrennte Ausgänge für Damen und Herren.

Baden bei Wien, Rollett-Museum, TS Nr. 2412 F. B.

3.39 Karolinenbad in Baden bei Wien

Heinrich Hannsen, 1893
Photo

16 Männer und Frauen baden in einem Bassin, an dessen Rand der Bademeister gerade Getränke einschenkt.

Lit.: Die Große Welt reist ins Bad. Ausst. Kat., S. 73, Kat. Nr. 22.

Baden bei Wien, Rollett-Museum, TS Nr. 2161 F. B.

3.40 Johannesbad in Baden bei Wien

Um 1900

Die Aufnahmen zeigen neben der Außenfassade auch das Innere des Hauses, nämlich Badezimmer, das Thermal-Einzelbad, den Speisesaal, das Badebecken mit Badenden, Gesellschaftsräume und ein Wohnzimmer.

Baden bei Wien, Rollett-Museum, TS Nr. 2297–2305 F. B.

3.41 Rudolfsquelle in Marienbad mit Kurgästen

1909
Photo

Wien, Österreichische Nationalbibliothek, Porträtsammlung und Bildarchiv, 126.300

3.42 Franzensbad, Kurplatz mit Kurhaus

1906
Photo

Das Bild zeigt einen Kurgast auf einer Bank mit zwei Kindern sowie den Musikpavillon, eine für Kurorte typische Einrichtung.

Wien, Österreichische Nationalbibliothek, Porträtsammlung und Bildarchiv, 118.611 F. B.

3.43 Abendkonzert im Stadtpark in Karlsbad Abb.

Wilhelm Gause, 1895
Photo nach Heliogravure

Reges gesellschaftliches Leben (die Herrschaften sitzen an Tischen, spazieren herum, plaudern angeregt miteinander).

Wien, Österreichische Nationalbibliothek, Porträtsammlung und Bildarchiv, 243.702 F. B.

3.44 Morgenpromenade in Karlsbad

Wilhelm Gause, 1895
Photo nach Heliogravure

Die vornehme Gesellschaft auf der Promenade. Ein älterer Herr macht vor einer jungen Damen seine Reverenz.

Wien, Österreichische Nationalbibliothek, Porträtsammlung und Bildarchiv, 223.628 F. B.

3.45 Der Musikpavillon im Kurpark von Baden bei Wien

Um 1900
Photo

Baden bei Wien, Rollett-Museum F. B.

3.46 Bad Ischl, Kurhaus und Kurpark

Um 1900
Photo

Gäste sitzen auf Parkbänken in einer Allee des Kurparks.

Wien, Österreichische Nationalbibliothek, Porträtsammlung und Bildarchiv, 31.443 F. B.

3.47 Meran, Promenade vor dem Kurhaus Abb.

Stanislaus Rejchan, 1897
Photo nach einer Xylographie

Zahlreiches Publikum bei der Kurpromenade: Gut gekleidete Damen und Herren, Offizier, eine Dame mit Diener im Wagen, etc.

Kat.-Nr. 3.47

Lit.: Leipziger Illustrierte Zeitung 1897 V 6, S. 584 f.

Wien, Österreichische Nationalbibliothek, Porträtsammlung und Bildarchiv, 427.867 F. B.

3.48 Karlsbad: „Die Kehrseite der Medaille"

Max Winter, 1906

Scharfe Kritik des Wiener Arztes und Sozialkritikers Max Winter über die Arbeitsbedingungen in Karlsbad, die in krassem Widerspruch zu den hohen Einkünften der Karlsbader Hoteliers und Geschäftsleute sowie zu den prassenden Kurgästen standen.

Lit.: Vom Tagwerk der Jahrhundertwende. Bilder der Arbeit 1870–1930. Wien 1985, S. 63 ff.

Arbeiter-Zeitung vom 13. Mai 1906, S. 3–4 F. B.

3.49 Reklame der Kgl. Ungarischen Staatsbahnen für Lipik (Slavonien) Abb.

Fenyes, um 1900
Plakat, 97 × 70 cm

Neben einer Landkarte der Monarchie, auf der Lipik besonders gekennzeichnet ist, gibt eine Mutter ihrem Kind Heilwasser zu trinken. Der Text preist die „unvergleichlich wirksame Therme (64° C)" an, die vor allem bei Krankheiten der Verdauungsorgane und der Luftwege, aber auch bei Rheuma, Gicht, Ischias und Rachitis gerne aufgesucht wurde.

Wien, Wiener Stadt- und Landesbibliothek, Plakatsammlung

F. B.

Kat.-Nr. 3.49

3.50 Heilbad Pyrawarth, um 1900

E. Ranzenhofer, um 1900
Plakat, 125 × 95 cm

Neben dem Bild einer Dame auf der Kurpromenade, die gerade Heilwasser trinkt, preist das Plakat Trinkkuren, Kaltwasserkuren sowie Elektrotherapie an. Dazu kommen Hinweise auf die Verkehrsverbindungen nach/von Wien („$1\frac{3}{4}$ Stunde von Wien entfernt, Abfahrt vom Nordbahnhof via Gänserndorf").

Wien, Wiener Stadt- und Landesbibliothek, Plakatsammlung F. B.

3.51 Städtisches Mineralschwimmbad Baden bei Wien

Johannes Mayerhofer, Anf. 20. Jh.
Plakat, 72 × 54 cm

Werbung für das städtische Mineralschwimmbad in Baden bei Wien. „Temperatur $22\frac{6}{10}$°. Zugang von der Bergstraße und vom Leopoldsplatze. Gleichzeitige Benützung für Herren und Damen in getrennten Bassins von 6 Uhr früh bis 8 Uhr abends. Bei einsetzender Dämmerung Electrische Beleuchtung".

Baden bei Wien, Rollett-Museum, T. S. Baden, Nr.887
F. B.

3.52 Kurort Baden bei Wien Farbabb. 19

M. v. Lerch, 1911
Plakat, 79 × 59 cm

Reklame für die berühmten Schwefelthermen mit „Sommer- und Wintersaison" (Frequenz um 1910: 29.000 Kurgäste). Das Plakat zeigt einen alten Kranken mit Krücken, der von einer jungen Dame geführt wird, die auf den Kurort Baden weist.

Wien, Graphische Sammlung Albertina, Sammlung Mascha, Mappe 8 F. B.

3.53 Die Schwimmhalle im Dianabad in Wien

1913–1916
Modell

Die große neue Schwimmhalle des Dianabades in Wien, erbaut 1913–16 vom Architekten Peter Paul Brang.

Wien, Technisches Museum, Inv. 12.380 F. B.

3.54 Plakat für das Hütteldorfer Bad

F. Trimmel, um 1910
Plakat, 63 × 95 cm

Badende machen Werbung für die großen Schwimmbassins.

Wien, Graphische Sammlung Albertina, Sammlung Mascha, Mappe 14 F. B.

3.55 Wiener Kommunalbad

Lechner, Wien, ca. 1897
Photo

Schwimmbecken mit vielen Besuchern und Zuschauern, Kabinen, Trampolin.

Wien, Österreichische Nationalbibliothek, Porträtsammlung und Bildarchiv, 214.774 F. B.

Kat.-Nr. 3.56

3.56 **Das Gänsehäufl in Wien** Abb.

1907
Photo

Badebetrieb um 1907. Zu sehen ist eine Familie mit kleinen Kindern beim „Wasserrutschen".

Wien, Österreichische Nationalbibliothek, Porträtsammlung und Bildarchiv, 103.808 F. B.

3.57 **Badeleben um die Jahrhundertwende** Abb.

Illustrations Centrale Wien 2, Kaiser Josefstr. 40
Photo

Badende in den typischen quergestreiften Badeanzügen im Freibad. Wasserrutsche mit dem Schild: „Zugang nur für sehr gute Schwimmer".

Wien, Österreichische Nationalbibliothek, Porträtsammlung und Bildarchiv, PR 2812, 11 F. B.

3.58 **Das Damenbad in Pörtschach/Kärnten** Abb.

Ende 19. Jh.
Photo

Das Photo zeigt die einfachen Verhältnisse des damaligen Badebetriebs mit Holzkabinen. Das Baden ist für die beiden Geschlechter noch strikt getrennt. Zahlreiche alte Badekostüme.

Wien, Österreichische Nationalbibliothek, Porträtsammlung und Bildarchiv, 60.917 F. B.

3.59 **Werbeplakat für den Seekurort Abbazia** Abb.

Um 1900
Plakat, 110 × 70 cm

Ansichten des Kurortes, des Hotels Stephanie, von Villen und dem Seebad Argiolina.

Der dreisprachige Text (deutsch, englisch, französisch) weist darauf hin, daß internationales Publikum angesprochen wurde.

Wien, Graphische Sammlung Albertina, Sammlung Mascha, Mappe 16 F. B.

3.60 Badehütten am Strand von Abbazia

Anf. 20. Jh.
Photo

Wien, Österreichische Nationalbibliothek, Porträtsammlung und Bildarchiv, 128.772 F. B.

Kat.-Nr. 3.57

Kat.-Nr. 3.58

Kat.-Nr. 3.59

3.61 Badeanzug

Um 1910
Baumwolle, handgestickt

Die Taille ist trapezförmig geschnitten, mit einem V-Ausschnitt und Brusteinsatz; kurze Ärmel; die geraffte Hose reicht bis zum Knie.

Budapest, Magyar Nemzeti Múzeum, Textilsammlung, T. 1976.244.1-2 K. F.-D.

3.62 Badeanzug

Um 1880

Zweiteiliger Badeanzug aus grüner, weißgetupfter Baumwolle.

Wien, Historisches Museum der Stadt Wien, Modesammlung

3.63 Badehaube

Um 1870
Billrothbatist; plissierter Rand

Wien, Historisches Museum der Stadt Wien, Modesammlung

4. SPORT

4.1 Schikleidung und -ausrüstung

Um 1900

Der typische Schifahrer trägt um die Jahrhundertwende Hut, Hose, Bergschuhe, Gamaschen, ein Schneetuch, den berühmten „Zdarski-Rucksack", ein Paar Lilienfelder Schi mit einer Bambuslanze als Schistock.

Lilienfeld, Heimatmuseum, Inv. 29 und 1259 F. B.

4.2 „Österreichischer Skiverein, gegründet 1892, Sitz Wien"

Blechschild, 30 × 60 cm

Mürzzuschlag, Wintersport- und Heimatmuseum F. B.

4.3 Karikatur zu Zdarsky's Technik des Schilaufs

Photo nach Zeichnung von Gustav Jahn, 1906

„Der Schnee, der pickt wie Kleister, sogar den Meister schmeißt er. Skiau".
Die Karikatur übt Kritik an dem von Zdarsky propagierten Stemmbogen. Sie zeigt einen Schifahrer mit Stemmfuß und ausgerissener Lilienfelder Alpenschi-Bindung.

Mürzzuschlag, Wintersport- und Heimatmuseum F. B.

4.4 Karikatur zu Zdarsky's Technik des Schilaufs

Photo nach Zeichnung von Gustav Jahn, 1906

„Herr Stemmsky, Fahrwart des Sckiklub Alpensky".
Die Karikatur bezieht sich auf den Streit zwischen dem norwegischen Schilaufsystem und der von Zdarsky propagierten Technik. Nach Auffassung der Norweger wurde Schi und Stock von Zdarsky zuviel als Bremshilfe eingesetzt.

Mürzzuschlag, Wintersport- und Heimatmuseum F. B.

4.5 Alpine (Lilienfelder) Skilauftechnik

Mathias Zdarsky, 1896

Mathias Zdarsky (1856–1940) konstruierte neue, sogenannte „Alpenskier" und eine eigene Metallfederbindung, die Zdarskybindung, die 1896 patentiert wurde. Zdarsky ist der Begründer der alpinen Schifahrtechnik. Er hielt alljährlich zahlreiche Schikurse ab und führte 1905 den ersten Riesentorlauf der Schigeschichte auf dem Muckenkogel bei Lilienfeld durch.

Lit.: Erwin Mehl, Mathias Zdarsky (1856–1940) in Lilienfeld. In: Heimatkunde des Bezirkes Lilienfeld, Bd. 2. 1963

Lilienfeld, Archiv der Firma Engel F. B.

4.6 Lilienfelder Schibindungen

Mathias Zdarsky, 1908
Photo

Lit.: Mathias Zdarsky, Alpine (Lilienfelder) Skifahr-Technik. Eine Anleitung zum Selbstunterricht, 5. Auflage. Berlin 1908

Lilienfeld, Bezirks- und Heimatmuseum, Inv. Nr. 87 F. B.

4.7 Werbung für den „Lilienfelder Patent-Ski" und die „Patent-Bremse", Patent K. Engel

Reklamekarte

Reklamekarte der Firma K. Engel in Lilienfeld, die sich um die Ausnützung der Erfindungen Zdarskys mit Erfolg bemühte. Der Text lautet: „Erzeugung und Export der k. k. priv. Lilienfelder Patent-Ski und Patent-Bremse. Patentiert in den meisten Staaten. K. Engel, Lilienfeld, Niederösterreich. Spezial-Etablissement für alle erprobten Skifahrer und Touristen-Ausrüstungs-Artikel."

Lit.: Mathias Zdarsky, Alpine (Lilienfelder) Skilauftechnik, 1. Auflage, S. 54

Lilienfeld, Archiv der Firma Engel F. B.

4.8 Ehrenpreis für Schilaufen 1908

Philipp, 1908
Bronze, H = 40 cm

Der Ehrenpreis stellt einen Schifahrer in Sportkleidung dar, der die Schi an einem Seil über der Schulter gehängt trägt. In der Hand hält er die obligate Bambuslanze, auf dem Rücken trägt er einen Rucksack.

Zell am See, Bezirksmuseum im Vogtturm F. B.

4.9 Ehrenpreis für Rodeln 1908

Silber auf Quarzsockel, H = 15 cm

Ein Rodler, mit der Rodel auf dem Rücken, schreitet rüstig aus.

Zell am See, Bezirksmuseum im Vogtturm F. B.

4.10 Schikurs in Lilienfeld Abb.

Um 1900
Photo

Das Photo zeigt einen der allgemeinen Schikurse, die Mathias Zdarsky alljährlich in Lilienfeld abhielt.
Bemerkenswert ist die noch traditionelle Kleidung der schifahrenden Damen (z. B. mit breitem Hut und langem Rock).

Mürzzuschlag, Wintersport- und Heimatmuseum F. B.

Kat.-Nr. 4.10

4.11 Oberst Georg Bilgeri beim Telemark-Kunstschwung Abb.

1910
Photo

Der Vorarlberger Georg Bilgeri veröffentlichte 1910 sein Werk über den alpinen Schilauf und war der Initiator einer Synthese aus Norweger- und Lilienfelder Technik.

Mürzzuschlag, Wintersport- und Heimatmuseum F. B.

4.12 Schikursgruppe von Viktor Sohm in Zürs

1906
Photo

Lit.: HANNA MOLDEN, Arlberg . . . , Wien–München 1986, S. 94.

F. B.

4.13 Nordische Spiele Mürzzuschlag am Semmering 1904 Farbabb. 18

Plakat, 98 × 125 cm

Ein Schifahrer in sportlicher Adjustierung, mit angeschnallten Schi und Bambuslanze blickt auf den Veranstaltungsort.

Mürzzuschlag, Wintersport- und Heimatmuseum F. B.

4.14 Ratschlag für Schi laufende Damen

„Was die Kleidung unserer Schi laufenden Damen betrifft, so müssen wir uns hier mit einigen Schlagworten begnügen:

Kat.-Nr. 4.11

Kat.-Nr. 4.15

selbstverständlich trägt die Schiläuferin eine Hose und zwar eine ziemlich anliegende Kniehose, die unter dem Rock nicht auffällt. Sie ist am vorteilhaftesten so gearbeitet, daß draußen im Wald oder Gebirge der Rock in den Rucksack wandern kann, was tatsächlich eine wesentliche Erleichterung bedeutet."

Das goldene Buch des Sports. Spemanns Hauskunde, Bd. VIII. Berlin–Suttgart 1910, Nr. 217

4.15 Schispringen Abb.

1911
Photo

Das Bild zeigt die Gräfin Lamberg beim Schispringen 1911 in Kitzbühel. Die von ihr erreichten 30 m galten als sensationell.

Mürzzuschlag, Wintersport- und Heimatmuseum F. B.

4.16 Rodelmeisterschaft von Europa

Hönich, 1914
Plakat, 124,5 × 78,5 cm

„1. und 2. Februar 1914 auf der Jeschken Rodelbahn, schönste, sportgerechteste aller deutschen Rodelbahnen bei Reichenberg in Böhmen."

Wien, Museum für angewandte Kunst, Plakatsammlung, P I 2950

4.17 Freiluft-Kunsteisbahn „Engelmann"

1909
Modell

Das Modell zeigt die erste Freiluft-Kunsteisbahn der Welt, die 1909 in Wien XVII, Jörgerstraße 24 eröffnet wurde.

Lit.: Alexander Meisel (Hg.), 60 Jahre Sportplatz Engelmann. Wien 1932.

Wien, Technisches Museum, Inv. 19.472 F. B.

4.18 Ansicht des alten Wiener Eislaufvereins-Platzes

A. Hein
Originalzeichnung aus dem Cliché-Catalog der „Heimat" Nr. 204, S. 45, 34 × 27 cm

Wien, Wiener Eislaufverein F. B.

4.19 Eislaufplatz Wien 19, Hohe Warte 8

1904
Plakat, 125 × 92 cm

Das Jugendstilplakat wirbt für die „zwei prachtvollsten Eisflächen mit 3.000 und 1.800 m², elektrisch beleuchtet, geheizte Garderoben und Restaurant".

Lit.: Tagebuch der Straße, S. 98 f.

Wien, Wiener Stadt- und Landesbibliothek, Plakatsammlung, P 13.254 F. B.

4.20 Schlittschuhe HALIFAX

Patent 1880

Mürzzuschlag, Wintersport- und Heimatmuseum

4.21 Beim Schlittschuhlaufen

Dr. Julius Hofmann, um 1900
Photo

Ein Offizier mit drei Damen beim Bogenlaufen am Wiener Eislaufplatz.

Wien, Österreichische Nationalbibliothek, Porträtsammlung und Bildarchiv, KO 2820 F. B.

4.22 Beim Eislaufen Abb.

Photo

Eine Nurse mit drei Mädchen beim Eislaufen auf dem Platz des Wiener Eislaufvereins.

Wien, Österreichische Nationalbibliothek, Porträtsammlung und Bildarchiv, Pk 3.272/84 F. B.

4.23 Hochzeitsgeschenk des Deutsch-Österreichischen Alpenvereins für Kronprinz Rudolf

A. Obermüller, 1881
Vergoldeter Rahmen, Ölbilder auf Holz, 70 × 80 cm

Das Hochzeitsgeschenk für den Kronprinzen dokumentiert die Erschließung der Alpen durch den Bau von Schutzhütten: in der Mitte des Bildes wird die Rudolf-Hütte am Weißsee (2315 m) dargestellt, rundherum reihen sich 12 Vignetten, die verschiedene Hütten des deutsch-österreichischen Alpenvereins zeigen.

Innsbruck, Museum des Österreichischen Alpenvereins F. B.

4.24 Alpine Ausrüstungsgegenstände

Um 1900

Pickel, Steigeisen, Rucksack, Feldstecher etc.

Privatbesitz

4.25 Stubaier Touristenartikel der Werkgenossenschaft in Fulpmes

A. Karpellus
Plakat, 64 × 48 cm

Das Werbeplakat zeigt einen Bergsteiger, der dabei ist, sich Steigeisen anzuschnallen. Neben ihm liegen Schneereifen und Pickel der Stubaier Werkgenossenschaft.

Wien, Graphische Sammlung Albertina, Sammlung Mascha, Mappe 6 F. B.

4.26 Bergwandern Anno 1900

„Berge steige man gleichmäßig, langsam und ruhig... Wer starkem Blutandrang nach dem Kopfe ausgesetzt ist, der möge ein zusammengelegtes Taschentuch, von Zeit zu Zeit in frisches Wasser eingetaucht, auf den Kopf legen. Wer empfindlich beim Kaltwassertrinken ist, vermische das Wasser im Lederbecher mit etwas Kognak... Als Proviant empfehlen wir Erbswurst oder Bohnenwurst. Als Getränk nehme man Rotwein mit. Als eiserner Bestand sind eine gute Cervelatwurst und Schokolade in Täfelchen sehr angenehm, dazu ein Schluck Kognak oder Wein. Mit Kaffeepulver

Kat.-Nr. 4.22

versehe man sich reichlich. Auch die Mitnahme von Butter und Brot empfehlen wir... “

Alpenvereins-Zeitung, nach Meyer's Reisebücher, Wien–Leipzig 1900

4.27 Chronologische Übersicht über die Erstbesteigungen in den Ostalpen bis 1900

M. Köpf, München
75 × 83 cm

Die Übersicht zeigt, daß zwischen 1880 und 1900 hauptsächlich in den Dolomiten, den Karnischen sowie den Süd- und Ostalpen noch eine Reihe von Erstbesteigungen erfolgte.

Innsbruck, Österreichisches Alpenvereinsmuseum F. B.

4.28 Alpinistenklub

J. Eckert, Prag, 1880
Photo

Das Photo zeigt Mitglieder des „Klub alpinisti“ vor einer Gletscherkulisse

Prag, Muzeum hlavního města Prahy F. B.

4.29 Bergsteigergruppe

1903
Photo

Alpinisten überqueren den Hochjochferner (2761 m) von Schnals ins Ötztal.

Wien, Sammlung Baltzarek F. B.

4.30 Ratschläge für bergsteigende Damen

„Das Haupterfordernis ist zunächst ein fester Bergschuh ... Am zweckmäßigsten ist ein Kleid aus dunklem,. nicht zu schwerem Wollstoff, welches aus einem ganz einfachen Rock mit weiter Taille oder Bluse und einem anschließenden kurzen Paletot besteht... Als Kopfbedeckung dient ein starker Stroh- oder leichter Filzhut, der innen warm gefüttert ist und dessen nach unten gehende Ränder das Gesicht schützen. Ein blauer Schleier ist unerläßlich... Vor dem Schlafengehen und nach dem Aufstehen werden die Füße mit Spiritus eingerieben. Morgens wäscht man die der Luft ausgesetzte Haut mit lauwarmer Milch, reibt dann das Gesicht leicht mit Cold-Cream ein und wendet dann Reispuder ziemlich stark an."

Meyer's Reisebücher, Wien–Leipzig 1900

4.31 Bergsteigerin

Um 1900
Atelierphoto

Eine Dame mit Rucksack und Pickel posiert im Atelier eines Photographen vor Bergattrappen.

Wien, Sammlung Baltzarek F. B.

Kat.-Nr. 4.37

4.32 Steinschlag

Ernst Platz, 1892

Zwei Bergsteiger mit Seil und Pickel drücken sich an den Fels, um sich vor dem Steinschlag zu schützen.

Innsbruck, Österreichisches Alpenvereinsmuseum F. B.

4.33 Wächtenbruch

Ernst Platz, 1897

Eine am Seil hängende Bergsteigergruppe wirbelt stürzend durch die Luft, während eine zweite Gruppe erschreckt zuschaut.

Innsbruck, Österreichisches Alpenvereinsmuseum F. B.

4.34 Trabrennpreis

1897
Silber, schwarzer Holzsockel, H = 33 cm

Der „Ehrenpreis gegeben von Seiner Majestät, dem Kaiser und König" für den Sieger des Trabrennens am Wiener Trabrennplatz vom 20. Juni 1897 stellt einen Mann mit einem trabenden Pferd dar.

Wien, Wiener Trabrennverein F. B.

4.35 Wiener Fiakerrennen am 28. 9. 1890 Farbabb. 20

H. G. Wilda, 1890
Aquarell, 78 × 95 cm

Das Aquarell zeigt den Wiener Trabrennplatz mit dem Richterturm, den Rennzuschauern und der Rotunde im Hintergrund.

Wien, Wiener Trabrennverein F. B.

4.36 Trabrennplatz in Ilidza bei Sarajevo

Um 1910
Photo

Das Photo zeigt den Richterturm, Offiziere in Uniform und Damen in Kleidern und breiten Hüten der Zeit.

Wien, Heeresgeschichtliches Museum, Photosammlung F. B.

4.37 Tobelbad bei Graz Abb.

Mihály Biró, nach 1910
Plakat, 63 × 95 cm

Eine sportlich gekleidete Dame spielt im Kurort Tobelbad Golf.

Budapest, Magyar Nemzeti Galéria F. B.

4.38 Tennis-Match, 3. April 1898

Photo Ruda Brunner-Dvořak, Prag, 1898
Photo

Das Photo zeigt Damen und Herren der österreichisch-ungarischen Aristokratie in Tenniskleidung vor dem Klubhaus des Prager Tennisklubs.

Wien, Österreichische Nationalbibliothek, Porträtsammlung und Bildarchiv, Pk 3.002/281 F. B.

4.39 Tennisplatz der Tiroler Kaiserjäger am Berg Isel

Um 1900
Postkarte

Lit.: MEINRAD PIZZININI – MICHAEL FORCHER, Alt-Tiroler Photoalbum. Salzburg 1979, S. 162, Nr. 339

Innsbruck, Tiroler Landesmuseum Ferdinandeum F. B.

4.40 Privattennisplatz des Nathaniel Frh. von Rothschild

1886
Photo

Auf dem Photo steht Rothschild zusammen mit Gästen vor dem Klubhaus am Rande seines Tennisplatzes im Wiener Prater.

Wien, Österreichische Nationalbibliothek, Porträtsammlung und Bildarchiv, 523.302 B F. B.

4.41 Tennis in Puchberg am Schneeberg

Photo Schuhmann, Wien, um 1905
Photo

Wien, Österreichische Nationalbibliothek, Porträtsammlung und Bildarchiv, 421.700 B F. B.

4.42 Plakat für das Erste Kreisturnerfest Troppau, Heumond 1911 Abb.

R. Assmann, Troppau, 1911
Plakat, 97 × 65 cm

Im Bild wird ein Turner am Pferd bei einer Übung gezeigt.

Wien, Graphische Sammlung Albertina, Sammlung Mascha, Mappe 1 F. B.

4.43 Erste Schwedische Privatturnanstalt

Lang
Plakat, 65 × 32 cm

Wien, Museum für angewandte Kunst, Plakatsammlung, P. I 99

Kat.-Nr. 4.42

4.44 Der Turnverein von Baden bei Wien Abb.

1888
Photo

Mitglieder des 1862 gegründeten Vereins posieren in Turnerkleidung neben verschiedenen Turngeräten, insbesondere Barren und Pferd. Im Hintergrund steht in einem geöffneten Fenster die Büste des Turnvaters Jahn.

Baden bei Wien, Rollett-Museum F. B.

4.45 Einladung zum Schauturnen des Allgemeinen Turnvereins in Wien 1914

G. K., 1914

Wien, Generalsekretariat des ASKÖ F. B.

Kat.-Nr. 4.44

4.46 Einladung zum 1. Verbandfest der Arbeiter-Turnvereine Österreichs 1906

Wien, Generalsekretariat des ASKÖ F. B.

4.47 „Über den Wert des Turnens für die Arbeiterschaft"

Herausgegeben vom Allgemeinen Turnverein in Wien, 1902

Wien, Generalsekretariat des ASKÖ F. B.

4.48 Wiener Fußballmannschaft im Prater

Lechner, Wien, 1899
Photo

Wien, Österreichische Nationalbibliothek, Porträtsammlung und Bildarchiv, 214.846 D F. B.

Kat.-Nr. 4.49

4.49 **Football III.** Abb.

Miloš Jiránek, 1901/02
Öl auf Leinwand, 68 × 82 cm

Die Studien des Fußballplatzes des berühmten Sportklubs „Slavia" auf der Prager Letná stellen in Jiráneks Gemälden mit Sportmotiven eine unkonventionelle Sicht der Wirklichkeit vor. Dies entsprach dem Programm des Künstlers, der den Eindruck als aktiven Zusammenstoß des Malers mit der Welt der Gegenwart ansah.

Prag, Národni Galerie, O 6393 R. P.

4.50 **„Velociped-Erlaubnisschein"**

1896

Der Schein wurde für den sozialdemokratischen Politiker Albert Sever ausgestellt (mit Bild des Inhabers).

Wien, Generalsekretariat des ASKÖ F. B.

4.51 **Mitgliedausweis des Radfahrervereins Krems**

1901

Der Radfahrverein wurde 1886 gegründet, der Ausweis für Josef Moshammer 1901 ausgestellt.

Lit.: Krems an der Donau. Geschichte, Wirtschaft und Kultur 1860–1938. Ausst. Kat. Krems 1985, S. 46.

Privatbesitz

4.52 **Fahrlizenz**

Wr. Neustadt, 1906
Photo

Die Fahrlizenz wurde am 2. Februar 1906 für Friedrich Fineisen in Wiener Neustadt ausgestellt.

Wien, Österreichische Nationalbibliothek, Porträtsammlung und Bildarchiv, 141.244 A (B) F. B.

4.53 **Fahrrad**

England, 1889

Wien, Technisches Museum, Inv. Nr. 1.411

4.54 **Styria-Fahrräder**

Um 1905
Plakat

Wien, Wiener Stadt- und Landesbibliothek, Plakatsammlung, P 13.284

4.55 **Radfahrer auf verschiedenen alten Fahrradtypen**

Anf. 20. Jh.
Photo

Wien, Österreichische Nationalbibliothek, Porträtsammlung und Bildarchiv, 123.567 C F. B.

4.56 **Das Zehn-Männer-Fahrrad des Franzosen Tricols**

Um 1897
Rasterdruck nach Photo

Lit.: Das Interessante Blatt 1898 I 6, S. 5.

Wien, Österreichische Nationalbibliothek, Porträtsammlung und Bildarchiv, 420.721 B – Autotypie F F. B.

4.57 **Die Radfahrer** Abb.

Luděk Marold, nach 1890
Bleistiftzeichnung, aquarelliert, Gouache, 25,9 × 50,4 cm

Das Interesse für den Radfahrsport bildete im ausgehenden 19. Jahrhundert eine der Inspirationsquellen für die bildende Kunst. Die für Marold typische Gabe, einen Augenblick der Wirklichkeit festzuhalten, ist in dem vorliegenden Beispiel mit einer beträchtlichen Dosis von dekorativem Sinn verbunden, ein weniger bekannter Aspekt im Oeuvre dieses hervorragenden Illustrators.

Lit.: Tschechische Kunst 1878–1914. Auf dem Weg in die Moderne. Ausst. Kat. Darmstadt 1984, Bildteil S. 213.

Prag, Národni Galerie, K 27 205 R. P.

4.58 **Radfahrerin**

Ritratto Gabinetto, Fotografia Sebastianutti, Trieste, letztes Viertel 19. Jh.
Photo

Das Atelierphoto zeigt eine emanzipierte Dame mit Kneifer, Pumphose und Trikotstrümpfen, die sich Zigaretten rauchend auf ein Veloziped stützt.

Wien, Österreichische Nationalbibliothek, Porträtsammlung und Bildarchiv, 129.979 C F. B.

4.59 **Radfahrerin**

Clément Maurier, Paris, um 1900
Atelierphoto

Wien, Österreichische Nationalbibliothek, Porträtsammlung und Bildarchiv, Pk 2816 XVIII/Portef. 8 F. B.

Kat.-Nr. 4.57

Kat.-Nr. 4.60

4.60 Erzherzogin Gisela als Radfahrerin in Bad Ischl

Artur Lajos Halmi, um 1890 Abb.
Photo nach Sepia-Rasterdruck Angerer & Göschl

Die Aufnahme zeigt die Erzherzogin mit ihrem Sohn Konrad, Prinz von Bayern, beim Radfahren.

Wien, Österreichische Nationalbibliothek, Porträtsammlung und Bildarchiv, 422.488 B - Autotypie F F. B.

4.61 „Behebung von Reifenschäden"

1897
Zeitungsreklame

Unter der Zeichnung eines Radfahrers, der gerade eine Panne hat, bringt die Reklame folgenden Text: „Fucosin verhindert Undichtwerden der Luftradreifen. Fucosin schließt automatisch Verletzungen der Radreifen... Fucosin-Fabrik La Plaine bei Genf".

Lit.: Illustrierte Zeitung 1897 VIII 26, S. 25f.

Wien, Österreichische Nationalbibliothek, Porträtsammlung und Bildarchiv, 281.279 BRF F. B.

Kat.-Nr. 4.65

4.62 „Mahnruf an die Arbeiter-Radfahrer Österreichs nebst einem Wort an die organisierte Arbeiterschaft"

Anfang 20. Jh.

Wien, Verein für Geschichte der Arbeiterbewegung, Lade 6, Mappe 4 F. B.

4.63 Radfahrer-Club „Graphia"

Wien, 1896
Photo

Wien, Sammlung Baltzarek F. B.

4.64 Puch-Motorrad mit Beiwagen

Um 1900
Photo

Ein Herr sitzt auf dem Motorrad, während die Dame im Beiwagen sich mit einem Fell zudeckt.

Wien, Österreichische Nationalbibliothek, Porträtsammlung und Bildarchiv, 123.638 STE 9/18 F. B.

Kat.-Nr. 4.66

4.65 **Plakat der Autofirma Laurin & Klement** Abb.

J. L. B., 1913
Photo nach Farblithographie

Prag, Uměleckoprůmyslové Muzeum F. B.

4.66 **Autopanne** Abb.

1911
Photo

Wien, Österreichische Nationalbibliothek, Porträtsammlung und Bildarchiv, 93.498 B F. B.

4.67 **Autorennen am 22. 10. 1899 auf dem Wiener Trabrennplatz im Prater**

R. Lechner (Wilhelm Müller), Wien, 1899
Photo

10 Teilnehmer unmittelbar vor dem Startzeichen. Im Hintergrund erkennt man im Nebel die Rotunde.

Wien, Österreichische Nationalbibliothek, Porträtsammlung und Bildarchiv, 499.465 B F. B.

4.68 **Plakat für die Innsbrucker Flugtage 1912**

F. Niebler, 1912
Farblithographie, 100 × 70 cm

Lit.: MEINRAD PIZZININI, Alt-Tirol im Plakat, S. 104 f.

Innsbruck, Tiroler Landesmuseum Ferdinandeum F. B.

4.69 **Jan Kaspar bei seinem Segelflug von Pardubice nach Prag**

Photo

Prag, Sportmuseum F. B.

5. BEVÖLKERUNGSENTWICKLUNG

5.1 Die Aufarbeitung der Ergebnisse der Volkszählung in Österreich. Zählmaschine und Maschinensaal

Moderne statistische Techniken wurden in Österreich schon sehr früh angewendet. Bereits bei der Volkszählung 1890 standen 12 elektrische Zählmaschinen im Einsatz, deren Schaltungspläne vielfältige Merkmalskombinationen und damit sehr differenzierte Auswertungen des Zählungsmaterials ermöglichten. Die Maschinen waren Weiterentwicklungen des amerikanischen Systems Hollerith durch den Wiener Elektrotechniker Otto Schäffler.

Lit.: HANSHEINZ LUTZ, ERICH BADER, Die Technik der Datenverarbeitung (...). In: Beiträge zur österreichischen Statistik, 550. Heft. Wien 1979.

Wien, Österreichisches Statistisches Zentralamt R. G.

5.2 Erhebungsbogen („Anzeigezettel") der Volkszählung 1900, von Franz Joseph I. eigenhändig ausgefüllt

Nach der Reform des Volkszählungswesens 1857 und 1869 fanden im späten 19. Jh. die sozialen Probleme durch die Erhebung der Bildungs-, Berufs- und Wohnverhältnisse immer stärkere Berücksichtigung. Der Kaiser unterstrich die Bedeutung dieser Bestandsaufnahme, indem er die Fragebogen eigenhändig ausfüllte und sich auch die Aufarbeitung zeigen ließ. Die Statistik weist ihn übrigens als einzigen Selbständigen im Hof- und Staatsdienst aus.

Wien, Österreichisches Statistisches Zentralamt R. G.

5.3 Altersaufbau der Bevölkerung der drei Ländergruppen und der Stadt Wien, 1910

K. k. statistische Zentralkommission

Zu den wichtigsten Volkszählungsergebnissen gehört die Altersstruktur. Ihre graphische Darstellung für Cisleithanien 1910 zeigt die für wachsende Bevölkerungen mit hoher Fruchtbarkeit und hoher Sterblichkeit typischen Pyramiden mit breiter Basis. Die Wirkung der Mobilität steht mit den 20- bis 39jährigen, die in Abwanderungsgebieten teilweise fehlen und in Zuwanderungszentren deutlich überrepräsentiert sind.

Lit.: Die Ergebnisse der Volkszählung vom 31. Dezember 1910, Band 1, Heft 3. Wien 1914

Wien, Bibliothek des Österreichischen Statistischen Zentralamtes, Inv. Nr. 9142 R. G.

5.4 Anteil der land- und forstwirtschaftlichen Bevölkerung 1910 Geburten- und Wanderungsbilanz 1881–1910

Graphik, Entwurf: R. Gisser, Ausführung: Irmgard Grillmayer

Die Mehrheit der Bevölkerung lebte von der Landwirtschaft (1910: 56%). Innerhalb der Monarchie bestanden enorme Unterschiede (Niederösterreich mit Wien 18%, Bosnien 86%). Im allgemeinen hatten die überwiegend agrarischen Gebiete hohe Geburtenüberschüsse und Wanderungsverluste. Verglichen mit ihrer Agrarquote wiesen die Sudetenländer, Nord- und Westungarn, Krain, Kärnten und Oberösterreich 1880–1910 hohe Wanderungsverluste auf.

Lit.: HEIMOLD HELCZMANOVSZKI, Die Bevölkerung Österreich-Ungarns. In: Beiträge zur österreichischen Statistik, 550. Heft. Wien 1979

R. G.

5.5 Auswanderung

5.5.1 Auswanderungsgebiete anhand der „abwesenden Bevölkerung", 1910

Graphik, Entwurf und Ausführung: Irmgard Grillmayer, Sigilde Haas-Ortner

Europäische Staaten (Saisonwanderung). Die überseeische Auswanderung.

Lit.: Österreichisches Statistisches Handbuch 30/1911 (1912) – Ungarische Statistische Mitteilungen, Neue Serie, Bd. 42 (1912).

E. D.

5.5.2 Das Auswanderungsgebiet Burgenland

Graphik, Entwurf und Ausführung: Irmgard Grillmayer, Sylvie Proidl

Die im Ausland abwesende Bevölkerung über 10% nach Gemeinden.

E. D.

5.5.3 Die Entwicklung der überseeischen Auswanderung nach Jahren und Ländern für den Zeitraum 1876–1910

Graphik, Entwurf und Ausführung: Irmgard Grillmayer, Sylvie Proidl

Lit.: KARL ENGLISCH, Die österreichische Auswanderungsstatistik. In: Statistische Monatsschrift, Neue Folge, XVIII. Jg. (1913), S. 73.

E. D.

5.5.4 Beruflich-soziale Gliederung der Auswanderer für den Zeitraum 1876–1910

Graphik, Entwurf und Ausführung: Irmgard Grillmayer, Sylvie Proidl

Lit.: KARL ENGLISCH, Die österreichische Auswanderungsstatistik, S. 82 f.

E. D.

5.5.5 Geographische Verteilung der Einwanderer aus Österreich-Ungarn in den USA, 1910

Graphik, Entwurf und Ausführung: Irmgard Grillmayer, Sylvie Proidl

Lit.: Österreichische Statistik, Neue Folge, 2. Bd., 3. Heft (1919).

E. D.

5.5.6 Auswanderung in die Vereinigten Staaten von Amerika: Nationale Zusammensetzung der Einwanderer für den Zeitraum 1901–1910

Graphik, Entwurf und Ausführung: Irmgard Grillmayer, Sylvie Proidl

Lit.: KARL ENGLISCH, Die österreichische Auswanderungsstatistik, S. 91.

E. D.

5.5.7 Auswanderung in die Vereinigten Staaten von Amerika: Beruflich-soziale Gliederung der Einwanderer für den Zeitraum 1901–1910

Graphik, Entwurf und Ausführung: Irmgard Grillmayer, Sigilde Haas-Ortner

Lit.: KARL ENGLISCH, Die österreichische Auswanderungsstatistik, S. 97.

E. D.

5.5.8 Bericht über Einwanderungs- und Arbeitsverhältnisse

Bericht über die Einwanderungs- und Arbeitsverhältnisse während 1908/09 im Amtssprengel der k. u. k. Konsularexpositur Hazleton, Pa. Bericht des Expositurleiters, Sekretär Emil Neumann an Konsul Dr. Theodor von Theodorovich. Philadelphia, 25. August 1909.

Wien, Haus-, Hof- und Staatsarchiv, F 15/14, 75.545 pr. 4. IX. 1909 E. D.

5.5.9 Führer für unsere Auswanderer und die in Amerika lebenden Österreicher

Druckfertiges Manuskript, 1912

Von den Konsulaten angeregt sollten die Übersee-Auswanderer mit Hilfe dieser Broschüre wichtige Informationen über die Einwanderungsmöglichkeiten und die Arbeitsverhältnisse erhalten.

Wien, Haus-, Hof- und Staatsarchiv, F 15/8 78.952 pr. 14. XI. 1912 ad 78.952 8 a 1912 E. D.

5.5.10 Dampfschiffahrts-Gesellschaft des Österreichischen Lloyd, Triest

Inserat, 1899

Die Werbung betrifft Fahrten im Jänner 1903, u. a. mit Berührung des Hafens Fiume/Rijeka; die Zielhäfen lagen in Brasilien.

Österreichs Illustrierte Zeitung, Wien XII. Jg., 17. Heft, 25. Jänner 1902 E. D.

5.5.11 Werbung für die „Gödöllő" und die „Pannonia"

Bildbericht, 1903

Die „Gödöllő" und die „Pannonia" waren zwei Luxusdampfer der Gesellschaft „Ungaro-Croate", deren Heimathafen Fiume/Rijeka war.

Österreichs Illustrierte Zeitung, Wien XVI. Jg., 35. Heft, 31. Mai 1903, S. 648–649 E. D.

5.5.12 50 Jahre „Norddeutscher Lloyd", 1857–1907

Bildbericht, 1907

Die „Bremen", der erste Dampfer des „Norddeutschen Lloyd" wurde 1858 in Betrieb genommen; ihre Ladefähigkeit betrug 1 000 t Güter und 850 t Kohle. Im selben Jahr wurden drei weitere Dampfer für den transatlantischen Dienst in Dienst gestellt. Ein weiterer Dampfer war der Doppelschrauben-Schnelldampfer „Kaiser Wilhelm II.", dessen Bau 1897 beschlossen wurde.

Österreichs Illustrierte Zeitung, Wien XVI. Jg., 21. Heft, 24. Februar 1907, S. 497–498 E. D.

5.5.13 Interieur des Doppelschrauben-Schnelldampfers „Kaiser Wilhelm II"

Österreichs Illustrierte Zeitung, Wien XVI. Jg., 21. Heft, 24. Februar 1907, S. 497–498 E. D.

5.5.14 Werbezettel der Agentur F. Missler, Bremen

Die Werbezettel sind in russischer und polnischer Sprache abgefaßt und zeigen damit das Zielpublikum an.

Wien, Haus-, Hof- und Staatsarchiv, F 15/14, 4630/13 E. D.

5.5.15 Ungarische Auswanderer im Hafen Fiume/Rijeka – Auf dem Weg zum Schiff

Photo, 1903

Budapest, Munkásmozgalmi Múzeum képarchivuma, Nr. 32.645 E. D.

5.5.16 Ungarische Auswanderer im Hafen Fiume/Rijeka – An Bord eines Auswandererschiffes

Photo, 1903

Budapest, Munkásmozgalmi Múzeum képarchivuma, Nr. 21.063 E. D.

5.5.17 Auswanderer aus Österreich-Ungarn in Hamburg Abb.

Photo, 1907

Österreichs Illustrierte Zeitung, Wien, XVI. Jg., 34. Heft, 26. Mai 1907, S. 795–799 E. D.

5.5.18 Die Auswandererhallen der Hamburg-Amerika Linie in Beddel

Photo, 1907

Österreichs Illustrierte Zeitung, Wien, XVI. Jg., 34. Heft, 26. Mai 1907, S. 795–799 E. D.

5.5.19 Schlafsaal in den Auswandererhallen in Beddel

Photo, 1907

Österreichs Illustrierte Zeitung, Wien, XVI. Jg., 34. Heft, 26. Mai 1907, S. 795–799 E. D.

5.5.20 Auswanderer im Hofe der Auswanderungshallen zum Aufbruch bereit

Photo, 1907

Österreichs Illustrierte Zeitung, Wien, XVI. Jg., 34. Heft, 26. Mai 1907, S. 795–799 E. D.

5.5.21 Auswanderer auf dem Deck eines Ozeandampfers

Photo, 1907

Österreichs Illustrierte Zeitung, Wien, XVI. Jg., 34. Heft, 26. Mai 1907, S. 795–799 E. D.

Kat.-Nr. 5.5.17

5.5.22 Ostgalizische Bauernstuben Abb.

Photos, 1911

Anhand von Auswanderern des Jahres 1911 schilderte der Wiener sozialkritische Schriftsteller Emil Kläger das Problem der Auswanderung. Seine Reportage mit Photos führte er in der Wiener Urania wiederholt vor, um so die Öffentlichkeit aufmerksam zu machen.

Österreichs Illustrierte Zeitung, Wien, XX. Jg., 22. Heft, 26. Februar 1911, S. 542–546 E. D.

5.5.23 Auswanderer-Baracke in Oświęcim (Galizien)

Vgl. Kat. Nr. 5.5.22.

Österreichs Illustrierte Zeitung, Wien, XX. Jg., 22. Heft, 26. Februar 1911, S. 542–546 E. D.

5.5.24 AUSWANDERUNGSELEND! Ein kleiner Bericht hierüber

Hrsg. von der Österreichisch-ungarischen Kolonialgesellschaft, 1897

Ein Beispiel dafür, mit welcher Verbissenheit mitunter gegen die Auswanderung Stimmung gemacht wurde.

Wien, Wiener Stadt- und Landesbibliothek, A 38.840 E. D.

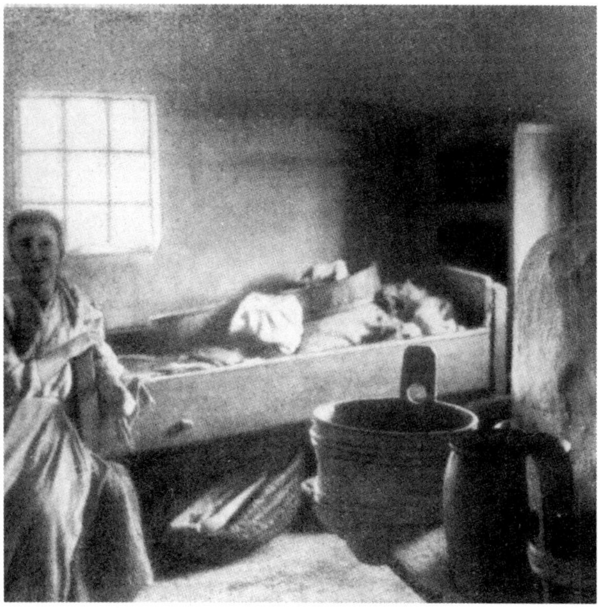

Kat.-Nr. 5.5.22

5.5.25 Der Auswanderer

Monatsschrift für Auswanderung, Abwanderung, Saisonwanderung und Mädchenschutz und für das Österreichtum im Ausland
1910–1914

Dieses vom österreichischen St. Raphael Verein herausgegebene Informationsblatt erfüllte 1910–1914 eine wichtige Funktion, war aber einseitig und ausschließlich katholisch eingestellt.

Wien, Österreichische Nationalbibliothek, Druckschriftensammlung, 476.169-C E. D.

5.5.26 A cold welcome. (Ein kaltes Willkommen) Karikatur Abb.

Photo

Trotz oder womöglich gerade wegen ihrer Herkunft waren es oft die sogen. Aufsteiger, die sich den Einwanderern gegenüber ablehnend verhielten, am wenigsten Verständnis zeigten. Unter diesen waren zwielichtige Gestalten, die sich auch auf Kosten der völlig hilflosen Einwanderer bereicherten.

Lit.: ARTHUR MANN, Immigrants in American Life. Selected Readings. New York 1968, S. 133 E. D.

5.5.27 Briefe der Schiffahrtsgesellschaft Atlantic an István Varga

New York, 5., 6. und 13. Juni 1902

Anhand der Dokumente des István Varga lassen sich die einzelnen Etappen einer Auswanderung nachvollziehen. Bei István Varga endeten sie in einer Enttäuschung.
Die Briefe der Schiffahrtsgesellschaft unterrichten ihn über die Bedingungen und Umstände der Fahrt.

Budapest, Munkásmozgalmi Múzeum, Inv. Nr. 84.23.1–3
E. V.

5.5.28 Kontrollkarte der Gesellschaft Hamburg-American-Line für den Einwanderer István Varga

István Varga fuhr auf dem Schiff Kiantschon. Die Kontrollkarte trägt den Kopfstempel des Konsulates der Vereinigten Staaten in Hamburg sowie den Rundstempel des Marineamtes in New York.

Budapest, Munkásmozgalmi Múzeum, Inv. Nr. 84.369.1
E. V.

5.5.29 Geldüberweisungsbestätigung

Chicago, 12. Juni 1902

Der Schein bestätigt die Einzahlung der ersten Rate der Reisespesen.

Budapest, Munkásmozgalmi Múzeum, Inv. Nr. 84.214
E. V.

5.5.30 Briefe István Vargas an seine Frau

Chicago, 25. Mai und 16. Juni 1902

In den Briefen an seine Frau, die im Heimatdorf Dundaföldvár zurückgeblieben war, berichtet er über die Arbeitsbedingungen in den USA und die Löhne. Er teilt seiner Frau mit, er wolle wieder heimkommen, da er sich betrogen fühle.

Budapest, Munkásmozgalmi Múzeum, Inv. Nr. 84.215.1–2
E. V.

5.5.31 Verzeichnis der beim k. u. k. Consulate in Buenos Aires immatrikulierten Österreicher

1886

Wien, Haus-, Hof- und Staatsarchiv, F 15/2, 22.853 pr. 21. September 1886, Beilage E. D.

5.5.32 Österreichisch-ungarische Einwanderungsvereine in den Vereinigten Staaten

Diverse Zeitungsausschnitte mit Vereinslisten

Wien, Haus-, Hof- und Staatsarchiv, F 15/2, 24.081 pr. 12. Juni 1893, Beilage E. D.

Kat.-Nr. 5.5.26

5.5.33 Ungarische Auswanderer „in der neuen Welt"

Photo, nach 1910

Das Photo zeigt die Brüder Csuromi, zwei ausgewanderte Bergleute aus der Gemeinde Rudabánya (Nordungarn). Dem Photographen stellten sie sich in Arbeitskleidung. Photo, wie dieses, wurden in die Heimat geschickt, um den Erfolg in der neuen Welt zu dokumentieren.

Budapest, Munkásmozgalmi Múzeum képarchivuma, Nr. 49.904 E. D.

5.5.34 Gruppe ungarischer Arbeiter in Amerika

Photo, 1906

Budapest, Munkásmozgalmi Múzeum képarchivuma, Nr. 40.343 E. D.

5.5.35 Das Heim einer Einwandererfamilie in Amerika

Photo Abb.

Arthur Mann, Immigrants in American Life, Selected Readings. New York 1968, S. 83. E. D.

5.5.36 Dalmatiner der bemittelten Klasse in Punta Arenas, Chile. Dalmatiner der Arbeiterklasse, ebendort

Photos, 1906

Trotz der gleichen Volkszugehörigkeit und des ähnlichen Auswandererschicksals prägte der Erfolg die sozialen Unterschiede.

Österreichs Illustrierte Zeitung, Wien, XV. Jg., 49. Heft, 2. September 1906, S. 1110–1113 E. D.

Kat.-Nr. 5.5.35

5.5.37 Schiffswerft der Brüder Bonachich in Punta Arenas

Photo, 1906

Die aus der Monarchie stammenden Brüder Bonachich wurden in Punta Arenas (Chile) Schiffswerftbesitzer. Sie führten nicht nur Reparaturarbeiten an großen Schiffen durch, sondern übernahmen auch den Bau von Dampfern und großen Segelschiffen.

Österreichs Illustrierte Zeitung, Wien, XV. Jg., 49. Heft, 2. September 1906, S. 1110–1113 E. D.

5.5.38 Filumen Sluszansky

Photo, 1903

Filumen Sluszansky aus der Bukovina, ein Österreicher als Kolonisator auf der Insel Madagaskar. Er wanderte 1889 aus. Neben seiner kolonisatorischen Arbeit zeichnete er sich durch die Popularisierung des Ochsenrennes aus.

Österreichs Illustrierte Zeitung, Wien, XII. Jg., 26. Heft, 29. März 1903, S. 486–487 E. D.

5.5.39 Isidor Konti

Photo, 1901

Isidor Konti (1862 Wien – 1938 USA), Bildhauer. Seit 1891 lebte er in den Vereinigten Staaten, wo er zunächst in Chicago für die Weltausstellung (1893) arbeitete. Er nahm eine führende Stellung unter den deutsch-amerikanischen Künstlern ein.

Wiener Bildhauer in Amerika. Anläßlich der Ausstellung in Buffalo. Österreichs Illustrierte Zeitung, Wien, X. Jg., Heft 44, 1901, S. 791 E. D.

5.5.40 Triumphbogen des Admiral Dewet

Photo

Die Figurengruppe ist ein Werk des Wiener Bildhauers Isidor Konti (vgl. Kat. Nr. 5.5.39).

Wiener Bildhauer in Amerika. Anläßlich der Ausstellung in Buffalo. Österreichs Illustrierte Zeitung, Wien, X. Jg., Heft 44, 1901, S. 791 E. D.

5.5.41 Josef Pulitzer

Photo

Josef Pulitzer, urspr. Pollitzer (1847 Makó, Ungarn – 1911 Charleston, USA), Journalist und Zeitungsherausgeber, Stifter des nach ihm benannten Preises. Er wanderte 1864 aus und wurde 1867 amerikanischer Staatsbürger. Zunächst Reporter, dann selbst Zeitungsherausgeber, zum Schluß Zeitungsmagnat. Durch sein Engagement und durch seinen eigenständigen Stil beeinflußt er stark die Entwicklung des amerikanischen Journalismus.

Lit.: JOHN HOHENBERG, The Pulitzer Prizes. A History of the Awards in Books, Drama, Music, and Journalism, Based on the Private Files over Six Decades. New York 1974 – Österreichisches Biographisches Lexikon, 39. Lieferung, 1982, S. 330 f.

E. D.

5.5.42 Adolf Robins

Photo

Adolf Robins (1886 Wien – 1950 Bournemouth, Großbritannien), Zirkus- und Varietékünstler. Er trat seit 1911 in den USA auf, wo er mit seinen Verwandlungstricks unter dem Namen „Robins with a Thousand New Comedy Ideas“ Berühmtheit erlangte. Auf seinen zahlreichen Europatourneen trat er auch in Wien (1932) auf.

Lit.: Österreichisches Biographisches Lexikon, 42. Lieferung, 1985, S. 188 f.

Wien, Österreichisches Circus- und Clown-Museum

E. D.

5.5.43 Fred Astaire Abb.

Photo

Fred Astaire, urspr. Frederic Austerlitz, (1899 Ohama, Nebraska –), amerikanischer Tänzer und Filmschauspieler, Sohn von Einwanderern aus Mähren; sein Vater war Kaufmann. Bereits mit sieben Jahren wurde er mit seiner zwei Jahre älteren Schwester als „Sensations-Kindertanzpaar“ bekannt. Ab 1932 erlangte er, zunächst als Solotänzer, dann mit verschiedenen Partnerinnen Weltberühmtheit.

Wien, Österreichisches Filmmuseum E. D.

Kat.-Nr. 5.5.43

5.5.44 Eine Herberge für Arme und Vagabunden in New York

Illustrierte Zeitung, Leipzig-Berlin, Nr. 2030, 27. Mai 1882, S. 437 E. D.

5.5.45 Kohlenverteilung an die Armen von New York

Österreichs Illustrierte Zeitung, Wien, XII. Jg., Heft 19, 8. Februar 1902, S. 369 E. D.

5.5.46 Arbeitslose auf der Heimkehr aus Amerika

1907

Auf dem Bahnhof in Oderberg (österr. Schlesien) kommt es infolge des Massenandranges zu tumultartigen Szenen.

Das interessante Blatt, Wien, XXVI. Jg., Nr. 50, 12. Dezember 1907, Titelseite E. D.

5.5.47 Geldüberweisungen der Auswanderer nach Österreich-Ungarn 1901–1910

Graphik, Entwurf und Ausführung: Irmgard Grillmayer, Sylvie Proidl

Lit.: LEOPOLD CARO, Auswanderung und Auswanderungspolitik in Österreich. 1909, S. 48 – Österreichisches Statistisches Handbuch 29/1910 (1911).

E. D.

5.5.48 Die Rückwanderung im Vergleich zur Auswanderung am Beispiel der Vereinigten Staaten 1907–1913

Graphik, Entwurf und Ausführung: Irmgard Grillmayer, Sylvie Proidl

Österreichisches Statistisches Handbuch, 29–33/1910–1914 (1911–1915)

E. D.

6. WIRTSCHAFT UND TECHNIK

6.1 Voraussetzungen

6.1.1 Der Wirtschaftsraum. Regionale Vielfalt und Integration

Graphik, Entwurf: A. M., Ausführung: Peter Seeberg

Die Donaumonarchie vereinte Länder von ausgeprägter Eigenart in Kultur, Gesellschaft und Wirtschaft. Diese regionale Vielfalt erschwerte die Modernisierung und das wirtschaftliche Wachstum des Gesamtstaates. Durch Industrialisierung und infrastrukturelle Erschließung wurde besonders seit den neunziger Jahren ein sich allmählich beschleunigender Integrationsprozeß ausgelöst, der schließlich auch die wirtschaftlich rückständigen Randgebiete erfaßte.

Lit.: Siehe ALOIS MOSSER, Bd. 1, S. 60 ff. A. M.

6.1.2. Wachstum und Struktur des Volkseinkommens in Österreich und Ungarn 1867/70–1911/13

Graphik, Entwurf: A. M., Ausführung: Peter Seeberg

Wachstum und Strukturwandel des Volkseinkommens zeigen in Österreich und in Ungarn ein ähnliches Erscheinungsbild. Gemessen an den Ausgangsdaten war die Intensität der Entwicklung – jährliche Wachstumsrate des Sozialprodukts, Rückgang des Anteils der Agrarwirtschaft, Erhöhung der Anteile der Industrie, des Handels und Verkehrs – in der ungarischen Reichshälfte eine höhere. Bis zum Ersten Weltkrieg blieb jedoch die Landwirtschaft die führende Wirtschaftskraft in Ungarn, in Österreich stieg hingegen die gewerbliche Industrie zum leistungsstärksten Sektor auf.

A. M.

6.1.3. Bergbau und Industrie. Standortkarte

Graphik, Entwurf: A. M., Ausführung: Peter Seeberg

Die weit unter dem Durchschnitt der europäischen Nationen liegende Außenhandelsverflechtung der Habsburgermonarchie weist auf ein hohes Maß an Eigenversorgung mit Rohstoffen und Fertigwaren hin. Diese relative Autonomie war das Ergebnis einer ausreichenden Ausstattung mit natürlichen Ressourcen und ihrer angemessenen industriellen Verwertung, aber auch des ständig steigenden binnenländischen Warenverkehrs. So erhöhte sich während der drei Jahrzehnte des wirtschaftlichen Aufstiegs vor 1914 die gegenseitige Abhängigkeit der österreichischen und ungarischen Länder, wobei Verbrauchs- und Investitionsgüter gegen Agrarprodukte und industrielle Rohstoffe getauscht wurden. A. M.

6.1.4. Wandel der Industriestruktur in Österreich 1880–1911/13

Graphik, Entwurf: A. M., Ausführung: Peter Seeberg

Das Wachstum des industriellen Sektors war mit tiefgreifenden, langfristigen strukturellen Veränderungen verbunden. Die Textilindustrie, auf die 1880 ein Drittel des industriellen Produktionswertes entfiel, verlor ihre führende Position an die Nahrungsmittelindustrie. Das stärkste Branchenwachstum verzeichnete der Maschinenbau, der seinen Anteil an der sektoralen Wertschöpfung von über 4 Prozent im Jahre 1880 auf nahezu 11 Prozent vor dem Krieg erhöhen konnte. Insgesamt stieg der absolute Wert der industriellen Güterproduktion nominell um mehr als das Vierfache an. A. M.

6.2 Konsumgüter- und Genußmittelindustrie

6.2.1 Hausfrau beim Gasherd

Werbephoto der Wiener Stadtwerke, um 1900

Lit.: Die Frau im Korsett, Wiener Frauenalltag zwischen Klischee und Wirklichkeit 1848–1920. Wien 1985, S. 102–107 und 131 ff.

Wien, Archiv der Wiener Stadtwerke-Gaswerk A. M.

6.2.2 Dienstmädchen beim Bügeln in großbürgerlicher Küche

Werbephoto der Wiener Stadtwerke, um 1900

Wien, Archiv der Wiener Stadtwerke-Gaswerk A. M.

6.2.3 Elektrischer Kochtopf

Österreichische Bergmann-Elektrizitätswerke GmbH, Wien 1914
Metall, Dm = 15,5 cm, H = 13 cm

Um die Absatzmöglichkeiten für elektrischen Strom zu steigern, betrieben die Elektrizitätswerke auch intensive Werbung für die Verwendung von Elektrizität im Haushalt. Fast alles, was auch heute noch an elektrischen Geräten vorkommt, wurde schon um die Jahrhundertwende angeboten. Besonders die Vorteile des elektrischen Kochens und Heizens waren augenfällig und wurden in der Fachliteratur und auf Ausstellungen angepriesen. Da aber vor dem Ersten Weltkrieg nur ein verschwindender Prozentsatz der Wohnungen mit Elektrizität versorgt war, fanden Elektrogeräte vorerst noch keinen Eingang in die Haushalte.

Lit.: H. LINDNER, Strom. Reinbek bei Hamburg 1985.

Wien, Technisches Museum, Inv. Nr. 5.270 G. M.

6.2.4 Elektrisches Bügeleisen

Elektra Bregenz, um 1900
Metall, L = 17, B = 10, H = 14 cm

Die ersten elektrischen Bügeleisen tauchten nach 1890 auf. Die Annehmlichkeiten des elektrischen Bügelns im Vergleich zu den bisherigen Verfahren wurden als vorzügliches Propagandamittel für die Anwendung von Elektrizität zu Wärmezwecken benutzt.

Wien, Technisches Museum, Inv. Nr. 5.439 G. M.

6.2.5 Elektrischer Brennscherenwärmer

Österreichische Bergmann-Elektrizitätswerke GmbH, Wien 1914
Metall, Sockel Marmor, L = 15, B = 8, H = 9,5 cm

Wien, Technisches Museum, Inv. Nr. 5.265 G. M.

6.2.6 Staubsauger PERFEKT

Anfang 20. Jahrhundert
Metall, Holz, L = 55, B = 50, H = 114 cm

Seit Ende des 19. Jahrhunderts wurden auch mit Elektromotoren angetriebene Haushaltsmaschinen angeboten. Neben Küchenmaschinen jeder Art gab es auch schon Waschmaschinen, Nähmaschinen und Staubsauger. Freilich blieb ihr Einsatz zunächst auf größere Betriebe wie Großküchen, Wäschereien und Hotels beschränkt.

Wien, Technisches Museum, Inv. Nr. 15.188 G. M.

6.2.7 Holzbottich-Waschmaschine mit Elektromotor

Photo

Der Elektromotor trieb mittels eines Riemens Rührflügel und Wäschewringer an. Die Arbeitsersparnis war anfänglich gegenüber der handbetriebenen Maschine gering. Es mußte weiter eingeweicht, gespült, gewrungen, gestärkt und gebleicht werden.

Lit.: Ulrich Troitsch – Wolfgang Weber (Hg.), Die Technik von den Anfängen bis zur Gegenwart, ...

Braunschweig, AEG, Firmenarchiv A. M.

6.2.8 Modell einer Trommelwaschmaschine

Photo

Dieses Modell einer Trommelwaschmaschine zeichnet sich dadurch aus, daß die Wälzbewegung der Wäsche mittels eines Motors erreicht wird; durch den unterhalb des Metallbottichs angebrachten Kohleofen kann das Wasser in der Maschine aufgeheizt werden.

Lit.: Ulrich Troitsch (op. cit.).

Braunschweig, AEG, Firmenarchiv A. M.

6.2.9 Der transportable elektrische Staubsauger „Victor“

Um 1912

Das tragbare, mit einem Elektromotor angetriebene Entstaubungsgerät, genannt Staubsammler oder Staubsauger, sollte in kurzer Zeit in Haushalten wie Betrieben eine breite Anwendung finden. Einige der diesbezüglichen Vorschläge seitens der Hersteller muten heute jedoch grotesk an und bezeugen die noch mangelnde praktische Erprobung des Produktes.

Vacuum Victor Cleaner. Der preisgekrönte elektrische Staubsauger. Werbeschrift der Elektroturbinen-Staubsaugerapparate Ges. m. b. H., Wien A. M.

6.2.10 „Koche und heize elektrisch!“

Werbegraphik für das System „Prometheus“, 1912
Photo

Österreichische Siemens-Schuckert-Werke, Preisliste 14, Januar 1912 (Elektrische Koch- und Heizapparate), S. I.
A. M.

6.2.11 „Komplette“ Haushaltungsherde, 1912

Photo

Diese Herde waren mit Koch- und Wärmeplatten ausgestattet, die eine Verwendung des vorhandenen Kochgeschirrs ermöglichten.

Österreichische Siemens-Schuckert-Werke, Preisliste 14, Januar 1912 (Elektrische Koch- und Heizapparate), S. 22
A. M.

6.2.12 Kompletter Kochtisch mit elektrischer Beheizung, 1912

Photo

Jedes Kochgeschirr stellte ein elektrisches Gerät dar, das durch einen „dreiadrigen“ Einzelanschluß mit der Stromquelle verbunden war. Je nach Schaltkombination der drei Kontakte konnte eine unterschiedliche Heizstärke erzielt werden. Die Gefäße waren aus (platiniertem) Nickel oder aus Kupfer.

Österreichische Siemens-Schuckert-Werke, Preisliste 14, Januar 1912 (Elektrische Koch- und Heizapparate), S. I
A. M.

Kat.-Nr. 6.2.20

6.2.13 Speisenwärmer und Wärmeschränke, 1912

Photo

Die Speisewärmer wurden aus vernickeltem Messing gefertigt, als Einsatz war ein Porzellanteller vorgesehen.
Die runden Wärmeschränke waren mit einem Heizkörper am Boden ausgestattet, während die viereckigen für jedes Fach einen Heizkörper besaßen. Wie allen Gebrauchsgegenständen wurde auch diesen Schränken eine bewußt künstlerische Formgebung verliehen.

Österreichische Siemens-Schuckert-Werke, Preisliste 14, Januar 1912 (Elektrische Koch- und Heizapparate), S. 21

A. M.

6.2.14 „Elektrisch geheizte und betriebene" Bügelmaschine, 1912

Photo

Österreichische Siemens-Schuckert-Werke, Preisliste 14, Januar 1912 (Elektrische Koch- und Heizapparate), S. IV

A. M.

6.2.15 Komplette Badezimmereinrichtung mit Warmwasserapparat, 1914

Photo

Um die Nachfrage nach elektrischen Geräten für den Haushalt zu fördern boten die Firmen ihren Kunden detaillierte Betriebskostenberechnungen an.

Österreichische Siemens-Schuckert-Werke, Nachtrag II, April 1914, zu Preisliste 14, Januar 1912 (Elektrische Koch- und Warmwasser-Apparate), S. 12 A. M.

6.2.16 Bademantelwärmer, 1914

Photo

Der Apparat diente dazu, um Bademäntel und Frottiertücher etc. anzuwärmen und fand in Sanatorien, Bädern und Kuranstalten Verwendung.

Österreichische Siemens-Schuckert-Werke, Nachtrag II, April 1914, zu Preisliste 14, Januar 1912 (Elektrische Koch- und Warmwasser-Apparate), S. 15 A. M.

6.2.17 Wandbadeofen, 1914

Photo

Dieser mit Wasseranschluß versehene sogenannte „Halbautomat" bestand aus einem Wasservorratskessel und einem an der Vorderseite angebrachten, elektrisch zu erhitzenden Heizrohr; bei entsprechender Dimensionierung – der Wandofen wurde nach unten verlängert – eignete er sich auch als Badezimmer-Heizofen.

Österreichische Siemens-Schuckert-Werke, Nachtrag II, April 1914, zu Preisliste 14, Januar 1912 (Elektrische Koch- und Warmwasser-Apparate), S. 8 A. M.

6.2.18 Kaminverkleidung aus Holz mit eingebauter elektrischer Beheizung, 1912

Photo

Das Eindringen moderner Techniken in alle Lebensbereiche des Menschen führte zu oft phantasievollen Versuchen einer Synthese des „Neuen" mit traditionellen Ausdrucks- und Formelementen; so erfreuten sich etwa auch elektrisch betriebene Holzscheitfeuer-Imitationen wachsender Beliebtheit.

Österreichische Siemens-Schuckert-Werke, Preisliste 14, Januar 1912 (Elektrische Koch- und Heizapparate) System Prometheus, S. 66 A. M.

6.2.19 Elektrische Öfen (leuchtend), 1912

Photo

Die heiztechnische Anlage beruhte auf parallelgeschalteten „Glimmerelementen", die in Rahmen, deren Seiten als Stromleiter dienten, aneinandergefügt wurden. Die Leuchtwirkung erzielte man durch ein bis drei Lampen im Inneren der Öfen, die hinter die Heizrahmen montiert waren und so einen Feuerschein vortäuschten.

Österreichische Siemens-Schuckert-Werke, Preisliste 14, Januar 1912 (Elektrische Koch- und Heizapparate), S. 44–58 A. M.

6.2.20 Auerlicht Abb.

Heinrich Lefler, 1895
Plakat, 59 × 47 cm

Wien, Museum für angewandte Kunst, P I 1992

6.2.21 Ideal Glühlampen-Unternehmung

E. Döcker, jun., 1899
Farblithographie, Plakat, 102 × 71 cm

Lit.: Tagebuch der Straße, hg. von der Wiener Stadt- und Landesbibliothek, Wien 1981, S. 62f.

Wien, Wiener Stadt- und Landesbibliothek, P 13.265 A. M.

6.2.22 Tungsram-Lampe

Gezá Faragó, vor 1914
Plakat, 125 × 95 cm

Budapest, Magyar Nemzeti Galéria, XY 58. 113

6.2.23 Nernstlampe

Anfang 20. Jahrhundert
Glas, Sockel, Messing, Dm = 8, H = 14 cm

Die von Walter Nernst seit 1897 entwickelte Nernstlampe, deren Glühkörper aus Oxyden seltener Erden besteht, gelangte 1901 auf den Markt. Die Nernstlampe benötigte nur halb soviel elektrische Energie als eine Kohlenfadenlampe, hatte aber eine Vorwärmzeit von 1 bis 10 Minuten.

Lit.: H. Lindner, Strom. Reinbek bei Hamburg 1985.

Wien, Technisches Museum, Inv. Nr. 25.526 G. M.

6.2.24 Kohlenfadenlampe

Um 1890
Glas, Sockel Messing, Dm = 5,5, H = 15 cm

Versuche mit Glühlampen waren schon vorher durchgeführt worden, doch erst Thomas Alva Edison schuf mit seiner Kohlenfadenlampe von 1879 nicht nur eine brauchbare Glühlampe sondern er entwickelte auch alle übrigen Bestandteile einer elektrischen Beleuchtungsanlage von der Dynamomaschine über Verteilernetz und Schalter bis zur Lampenfassung und hatte damit durchschlagenden Erfolg.

Lit.: H. Lindner, Strom. Reinbek bei Hamburg 1985.

Wien, Technisches Museum, Inv. Nr. 25.536 G. M.

6.2.25 Osmiumlampe

1902
Glas, Sockel Messing, Dm = 5,5, H = 13 cm

Auer von Welsbach, dem Erfinder des Gasglühlichtes, gelang 1898 mit der Herstellung von Osmium-Glühdrähten auch eine entscheidende Verbesserung des elektrischen Glühlichtes. 1902 kam die Osmiumlampe als erste Metallfadenlampe auf den Markt, und damit begann der endgültige Siegeszug der elektrischen Beleuchtung.

Lit.: K. Peters, Carl Freiherr Auer von Welsbach. In: Blätter für Technikgeschichte 20 (Wien 1958).

Wien, Technisches Museum, Inv. Nr. 25.350 G. M.

6.2.26 Bernsteinlampe

Egger, Kremenetzky & Co, Wien 1885
Glas, Sockel Messing, Dm = 9, H = 13,5 cm

Der Kohlenfaden dieser elektrischen Glühlampe wurde aus einem gestrickten Seidenschlauch hergestellt.

Wien, Technisches Museum, Inv. Nr. 25.550 G. M.

6.2.27 Swanlampe

Um 1890
Glas, Sockel Messing, Dm = 5, H = 12,5 cm

Joseph Wilson Swan stellte noch vor Edison im Jahre 1879 eine Kohlenfadenlampe her.

Lit.: H. Lindner, Strom. Reinbek bei Hamburg 1985.

Wien, Technisches Museum, Inv. Nr. 23.213 G. M.

6.2.28 Gasglühlicht

Um 1910
Metall, Gewebe, Dm = 7, H = 30 cm

Der von Carl Freiherr Auer von Welsbach (geboren 1858 in Wien, gestorben 1929 auf Schloß Welsbach) 1885 erfundene und 1891 mit Ludwig Haitinger verbesserte Glühstrumpf verhalf der Gasbeleuchtung noch einmal zu einem entscheidenden Vorsprung gegenüber der allmählich an Boden gewinnenden elektrischen Beleuchtung. Der Glühstrumpf, der durch Veraschen eines mit Oxyden seltener Erden getränkten Gewebes hergestellt wurde, leuchtete in der Gasflamme strahlend hell auf und war wesentlich vielseitiger einsetzbar als die elektrische Bogenlampe.

Lit.: K. Peters, Carl Freiherr Auer von Welsbach. In: Blätter für Technikgeschichte 20, Wien 1958.

Wien, Technisches Museum, Inv. Nr. 29.038 G. M.

6.2.29 Photographische Apparate aller Systeme

Um 1908
Plakat, 96 × 126 cm

Das „Specialhaus für Photographie und Projection“ Julius Wachtl demonstriert die Möglichkeiten der Anwendung photographischer Geräte.

Lit.: Tagebuch der Straße, S. 107 f.

Wien, Wiener Stadt- und Landesbibliothek, P 13.267 E. V.

6.2.30 Drei-Kronen-Trockenplatten

Johann Dolezal, um 1900
Plakat, 53 × 63 cm

Plakat der Firma Julius Wachtl.

Wien, Wiener Stadt- und Landesbibliothek, P 21.301

6.2.31 Rollfilm-Kastenkamera 5 × 7,5 cm

Herstellerfirma Eastman-Kodak, Rochester N. Y. USA
Holzkamera mit Lederüberzug 13 × 11 × 23 cm

Originalbeschriftung: Made by THE EASTMAN DRY PLATE & FILM CO, Rochester, N. Y. USA. In ordering supplies for this Camera always specify for No. 2 KODAK Die Kamera ist mit einem Mattscheiben-Brillantsucher und einem Dreisektoren-Blendeverschluß ausgerüstet. Gebaut wurde sie um 1892.

Lit.: Brian Coe, Kameras. S. 85 – Michel Auer, Kameras gestern und heute. S. 118 ff.

Wien, Höhere Graphische Bundes-Lehr- und Versuchsanstalt, Kamerasammlung Inv. Nr. 1036 Margarete Kuntner

6.2.32 Jahrbuch für Photographie und Reproduktionstechnik (ersch. 1887–1929) 2. Jahrgang 1888

Josef Maria Eder
Buch mit Lederrücken, Golddruck

Eder war ein bekannter Photochemiker, der zahlreiche Ehrungen und Auszeichnungen des In- und Auslandes besaß. 1. Direktor der Graph. Lehr- und Versuchsanstalt, Wien. Von ihm gibt es ca. 650 Veröffentlichungen, und ca. 25 über ihn, in verschiedenen Sprachen. Wichtige Werke, die noch Gültigkeit haben: „Handbuch der Photographie“ (17 Bde.). „Rezepte und Tabellen“ (in 25 Aufl.). „Atlas typischer Spektren“. „Photographie mittels der Röntgenstrahlen“ 1896!

Lit.: Fritz Dworschak & Otto Krumpel, Josef Maria Eder. Sein Leben und Werk. 1955 – Robert Zahlbrecht, Josef Maria Eder. Bibliographie. 1955.

Wien, Höhere Graphische Bundes-Lehr- und Versuchsanstalt, Bibl. Inv. Nr. 972/1888 Margarete Kuntner

6.2.33 Brause-Limonade-Bonbons und Ingwer-Bier, Werbeplakat der Ersten Böhm. Actien-Gesellschaft orientalische Zuckerwaren- und Chocoladen-Fabriken

K. Simunek, Prag, 1903
Farblithographie, Plakat, 178 × 126 cm

Ingwer-Bier ist ein mittels Gärung hergestelltes alkoholisches Getränk, bestehens aus Ingwer-Absud, Zucker, Honig und Zitronensaft.

Lit.: Tagebuch der Straße, . . . , Wien 1981, S. 94.

Wien, Wiener Stadt- und Landesbibliothek, P 13.285 A. M.

6.2.34 Allgemeine Getränke-Ausstellung in Wien, 1902

Farblithographie, Plakat

Veranstaltungen dieser Art dienten der Verbreitung neuer Konsumgüter, die der Besucher in eigenen „Kostlogen" gereicht bekam.

Wien, Wiener Stadt- und Landesbibliothek, P 10.834 A. M.

6.2.35 Gasthausschild mit Ansicht der „Gösser Brauerei"

Blech, 31 × 47 cm

Leoben-Göß, Steirische Brauindustrie AG – Gösser Brauerei

6.2.36 Brauerei-Wappen

Metall, 120 × 80 cm

Linz, Linzer Brauerei – Brauerei Museum

6.2.37 Prahlriemen

Leder, verziert, 150 × 20 cm

Linz, Linzer Brauerei – Brauerei Museum

6.2.38 Bierflasche der Nußdorfer Brauerei

Wien, Sammlung Anton Novotny

6.2.39 Bierflasche der St. Marxer Brauerei

Wien, Sammlung Anton Novotny

6.2.40 Bierflasche des Wiener Stadtbräu

Wien, Sammlung Anton Novotny

6.3 Chemische Industrie

6.3.1 Modell der Sodafabrik Ebensee, um 1890

Als sich im Ausland bei der Herstellung von Soda das billigere und größere Produktreinheit gewährleistende Solvay-Verfahren gegen das traditionelle Leblanc-Verfahren immer mehr durchsetzte, gründete die chemische Fabrik Aussig/Elbe gemeinsam mit der Firma Solvay & Co. in Brüssel 1883 die Ammoniaksodafabrik Ebensee. Das im Spätherbst 1885 fertiggestellte Werk dehnte sich über ein Areal von 20 Hektar aus, auf dem vor dem Ersten Weltkrieg 20 Betriebsgebäude, 35 „Beamten-, Meister- und Arbeiterwohnhäuser" und ein „Fabriksbadehaus" standen. Die Werksanlage besaß eine Schleppbahnverbindung zur Eisenbahn, über die jährlich eine Viertelmillion Zentner Soda in über 6.000 Waggons abtransportiert wurden. Die Belegschaft setzte sich 1906 aus 305 Arbeitern, 12 Aufsehern, 5 kommerziellen und 4 technischen Beamten sowie je einem Direktor im kaufmännischen und im technischen Bereich zusammen.

Lit.: Der Österreichische Verein für chemische und metallurgische Production 1856–1906, Prag 1906.

Ebensee, Solvay Österreich GmbH A. M.

6.3.2 Produkte der Chemischen Fabrik in Aussig

Die 1857 konstituierte Gesellschaft trug nicht nur entscheidend dazu bei, daß die chemische Industrie der Monarchie an den europäischen Standard herangeführt wurde, sondern sie zählte alsbald zu den technologisch führenden Unternehmen auf dem Kontinent. Einige der im werkseigenen Laboratorium entwickelten Verfahren wie die elektrolytische Gewinnung von Ätzalkalien wurden vom Ausland übernommen. Besondere Bedeutung legte man auf die Verwertung umweltbelastender Abfälle und Nebenprodukte etwa des Sodaschlammes, was Justus von Liebig als einen großen Erfolg der modernen Technologie pries.

Wien, Technisches Museum A. M.

6.3.3 Chemische Fabrik Aussig a. E., 1857

Photo

Ende 1857 stand ausschließlich die Salzsäurefabrikation im Betrieb. Die Konzession wurde nur zögernd erteilt, da die „Medizinal-Kommission" der Prager Statthalterei für die Bewohner der Stadt Aussig „große sanitäre Gefahren" befürchtete. Fragen der Entsorgung oder Verwertung bildeten dann auch einen permanenten Problembereich.

Die chemische Fabrik Aussig a. E. Denkschrift, S. 1. 1901, Bildanhang A. M.

6.3.4 Chemische Fabrik Aussig a. E., 1906

Photo

Die Fabriksanlagen erstreckten sich 1906 über 62 Hektar auf denen 130 Betriebsgebäude standen. Das Unternehmen hat den Weg von der Erzeugung der Grundchemikalien, wie Soda, Schwefelsäure, Natronlauge und Salpetersäure, zur Herstellung einer breiten Palette von Spezialchemikalien zurückgelegt und sich dabei zum Chemiegroßbetrieb entwickelt, da er sich auch in den Genuß der ökonomischen Vorteile einer Verbundwirtschaft zu setzen wußte.

Lit.: DIETER OSTEROTH, Soda, Teer und Schwefelsäure. Der Weg zur Großchemie. Reinbek bei Hamburg 1985.

Der Österreichische Verein für chemische und metallurgische Production 1856 – 1906. Prag 1906, Tafel 6 A. M.

Kat.-Nr. 6.3.10

6.3.5 Blick in das Betriebsgelände der chemischen Fabrik Aussig a. E. vom Bürogebäude aus

Photo

Das Bürogebäude erstreckte sich über 1.500 m² und beherbergte von den Büros der beiden technischen und der beiden kommerziellen Direktoren angefangen bis hin zur eigenen Telegraphenstation alle Institutionen des finanz- und absatzwirtschaftlichen Bereichs; auch Planung und Kontrolle hatten hier ihren Sitz.

Der Österreichische Verein für chemische und metallurgische Production 1856–1906. Prag 1906, Tafel VIII A. M.

6.3.6 Die chemische Fabrik Aussig a. E. Denkschrift verfaßt zur Erinnerung an den Allergnädigsten Besuch Seiner kaiserlichen und königlichen apostolischen Majestät Kaiser Franz Josef I. von Österreich in der Fabrik Aussig am 17. Juni 1901

Aussig 1901

Die 1856 gegründete chemische Fabrik in Aussig entwickelte sich als österreichischer Verein für chemische und metallurgische Produktion gegen Ende des Jahrhunderts sehr rasch und nahm zur Jahrhundertwende einen auch international hervorragenden Platz auf dem Weltmarkt ein.

Wien, Technisches Museum, Inv. Nr. Bibl. F 6620 G. M.

6.3.7 Produkte der Ersten Aussiger Lack- und Farbenfabrik

Wien, Technisches Museum

6.3.8 Muster von Kunstseide

Erste Österreichische Glanzstoff-Fabrik AG, St. Pölten 1909

Strähne von Kunstseide unter Glas, L = 43, B = 33 cm

Der Rheinischen Glühlampenfabrik Dr. Max Fremery & Co. gelang es 1892 erstmals, reine Zellulose zu Fäden zu verarbeiten. Zur Ausnutzung dieses Verfahrens wurden 1899 die Vereinigten Glanzstoff-Fabriken Aachen gegründet. Als erste Tochtergesellschaft nahm die 1904 gegründete Erste Österreichische Glanzstoff-Fabrik AG in St. Pölten die Produktion von Kunstseide auf.

Lit.: Fünfundzwanzig Jahre Erste Österreichische Glanzstoff-Fabrik AG, Wien-St. Pölten 1929.

Wien, Technisches Museum, Inv. Nr. 14.823 G. M.

6.3.9 Apollo-Kerzen

Malschule Kruis-Hohenberger, ca. 1911
Plakat, 187 × 96 cm

Seit 1839 produzierte die „Erste österreichische Seifensieder-Gewerksgesellschaft" in den ehemaligen Tanzsälen „Apollosäle" in Wien-Schottenfeld Stearinkerzen. 1911 schloß sie sich mit der Georg Schicht AG zusammen.

Wien, Wiener Stadt- und Landesbibliothek, P 13.281 E. V.

6.3.10 Sarg's Glycerin-Seifen Abb.

Werbeplakat der Firma A. Sarg in Wien, ca. 1895
Photo

Karl Sarg, Schüler des Chemikers Justus Liebig gelang die Verwertung des bei der Kerzenerzeugung anfallenden Glyzerin. Die von ihm produzierte durchsichtige Glyzerintoilettseife bewies hervorragende hygienische Eigenschaften und fand weit über die Grenzen der Monarchie hinaus Absatz.

Lit.: Alois Brusatti, Geschichte der Unilever Österreich. Wien 1985, S. 20ff.

Wien, Wiener Stadt- und Landesbibliothek, P 13.263 A. M.

6.3.11 „Beste Zahn-Crême Kalodont" Abb.

Werbeplakat der Firma A. Sarg, Wien, ca. 1905
Photo

Karl Sarg, Sohn des Kerzen- und Seifenfabrikanten Friedrich A. Sarg in Wien, entwickelte in den achtziger Jahren das erste Zahnpflegemittel in Pastenform, dem er den Namen „Kalodont" gab. Eine großangelegte Werbung verbreitete rasch das neue Produkt in alle Welt.

Lit.: Alois Brusatti, Geschichte der Unilever Österreich. Wien 1985, S. 20ff.

Wien, Wiener Stadt- und Landesbibliothek, P 13.286 A. M.

6.3.12 „Das war noch nicht da! Fast unzerbrechliches Granit-Porzellan"

Werbeplakat der Firma Albin Denk, Wien
Farblithographie, 73,5 × 55 cm

Die technische Entwicklung etwa in der chemischen Industrie führte zur Entwicklung einer Vielfalt von neuen Materialien, die immer stärker in der Konsumgüterindustrie Verwertung fanden. Viele der angepriesenen Neuheiten bewährten sich jedoch nicht.

Wien, Wiener Stadt- und Landesbibliothek, P 20.901 A. M.

6.4 Elektrizität

6.4.1 Motordemonstrationsmodell

Metall, 35 × 30 × 40 cm

Type A 120. 1886 bei Siemens von Hefner entwickelt, bestimmte der Gleichstrommotor in den Anfängen lange den Kraftwerksbau und den Eisenbahnbetrieb. Er wurde weiträumig im städtischen Straßenbahnbetrieb eingesetzt.

Wien, Archiv der Siemens AG Österreich, Inv. Nr. 077
Dagmar Greutter

6.4.2 Gleichstrommotor

B. Egger & Co., Wien 1895
Metall, L = 39, B = 27, H = 28 cm

Mit der Entdeckung des dynamoelektrischen Prinzips im Jahre 1866 und der Konstruktion der ersten brauchbaren elektrischen Maschinen durch Gramme und v. Hefner-Alteneck im Jahre 1872 begann das Zeitalter der Elektrotechnik. Haupteinsatzgebiet waren anfangs das Beleuchtungswesen und die Galvanisierung. Auch Elektromotoren wurden bereits vereinzelt angewandt, ihre große Zeit als Antriebsmotor in Industrie und Gewerbe setzte aber erst mit der Einführung des Wechselstromes ein.

Wien, Technisches Museum, Inv. Nr. 4.991 G. M.

6.4.3 Meßtransformator

Ganz & Co., Budapest 1885
Metall, L = 44, B = 30, H = 24 cm

In der Firma Ganz & Co in Budapest schufen die drei Ingenieure Károly Zipernowsky, Miksa Déri und Otto Titus Bláthy mit ihrem 1885 patentierten Stromverteilungssystem mit parallelgeschalteten Transformatoren sowie den dafür geeigneten Transformatoren die Voraussetzungen für

Kat.-Nr. 6.3.11

die Einführung des Wechselstromes. Noch im Jahre 1885 wurde das Verfahren in Wien und auf der Landesausstellung in Budapest öffentlich vorgeführt.

Lit.: Ganzsche Elektrizitäts AG, Die vierzigjährige Geschichte des Transformators 1885–1925. Budapest 1925.

Wien, Technisches Museum, Inv. Nr. 5.081 G. M.

6.4.4 Dampf und Elektrizität. Die Technik im Anfang des 20. Jahrhunderts

30 × 45 cm

Die Broschüre diente schulischen Zwecken und besitzt aufklappbare Modelle.

Wien, Archiv der Siemens AG Österreich, Inv. Nr. 1216

6.4.5 Handbuch für Installationsmaterial

1880/1910

Wien, Archiv der Siemens AG Österreich

6.4.6 Katalog der Fa. Czeija & Nissl, 1885

Die Titelseite informiert bereits über die Produkte des Unternehmens: In der Mitte Telephon-Umschalter mit Kettenwechsel, darüber ein Farbschreib-Morsetelegraph, davor von links nach rechts: Dynamo-elektrische Maschine, Inductions-Apparat für medizinische Zwecke, Blitzableiter-Prüfer, Blitzableiter-Erdung, links Mitte eine Bogenlampe, rechts Mitte elektrischer Wasserstandsanzeiger und darüber Telephon-Station mit Mikrophon und zwei Hörern, links oben Eisenbahn-Glocken-Signalbude und rechts oben ein elektrisches Distanzsignal in eisenbeschlagener Holzpyramide und daneben Blitzableiterspitze.

Lit.: ITT Austria 1884–1984 „Czeija & Nissl". Wien 1984.

Wien, ITT Austria

6.4.7 Fertigungshalle in einem Betrieb der Elektroindustrie

Photo

Bei Arbeitsprozessen, die ein hohes Maß an Genauigkeit erforderten, wie etwa in der Elektrobranche, fanden bevorzugt Frauen Verwendung, die einen Großteil der Belegschaft stellten.

Lit.: Die Arbeits- und Lebensverhältnisse der Wiener Lohnarbeiterinnen. Ergebnisse und stenographisches Protokoll der Enquete über Frauenarbeit, Wien 1896

Privatbesitz A. M.

6.4.8 Schaukraftwerk Steyrdurchbruch, Oberösterreich, 1905–1908

Photo

Das von dem Otto Wagner-Schüler Mauriz Balzarek gestaltete „Schaukraftwerk" Steyrdurchbruch gilt als Musterbeispiel des den Anforderungen der Technik, der Natur und der architektonischen Gestaltung gleichermaßen gerechtwerdenden Kraftwerksbaus. Eine Bogenbrücke aus Eisenbeton verschafft Einblicke in das Stauwehr und das Krafthaus. Funktion und Form gehen eine Einheit ein.

Lit.: FRIEDRICH ACHLEITNER, Zur Architektur von Kraftwerken. In: Lichtjahre. 100 Jahre Strom in Österreich. Ausst. Kat. Wien 1986

Privatbesitz A. M.

6.4.9 Schaukraftwerk Steyrdurchbruch, Oberösterreich, Teilansicht

Lit.: FRIEDRICH ACHLEITNER, Zur Architektur von Kraftwerken.

Privatbesitz

6.4.10 Städtisches Elektrizitätswerk „Sillwerke", Innsbruck (Tirol), 1901–1903

Photo

Eines der größten Elektrizitätswerke in Europa um die Jahrhundertwende stellten die von der Prager Maschinenbau AG errichteten Sillwerke dar. Das Wasser wurde aus einer Höhe von 180 m auf die Turbinenanlage geleitet, die eine Leistung von 18.000 PS erbrachte.

Lit.: Zeitschrift des Österreichischen Ingenieurs- und Architekten-Vereines 1906

75 Jahre Maschinenbau. Prager Maschinenbau-Aktien-Gesellschaft vormals Ruston & Co. Prag 1907, S. 32 A. M.

6.4.11 Städtisches Elektrizitätswerk „Sillwerke", Innsbruck (Tirol), Turbinenanlage

Photo

6 Doppel-Pelton-Turbinen erbringen eine Gesamtleistung von 18.000 PS.

75 Jahre Maschinenbau, S. 33 A. M.

6.4.12 Transport des Generator-Polrades für die „Sillwerke", 1902

Privatbesitz A. M.

6.4.13 Elektrischer Aufzug auf den Mönchsberg, Salzburg, 1890

Photo

Im Jahre 1890 errichteten die Österreichischen Schuckertwerke einen elektrischen Aufzug auf den Mönchsberg in der Stadt Salzburg. 1900 konnten damit 115.073 Personen in 10.704 Fahrten befördert werden.

Wien, Archiv Christian Brandstätter A. M.

6.4.14 Probeaufzug auf der Kaiser-Jubiläums-Ausstellung, Wien, 1898

Photo

Um die Jahrhundertwende kam der elektrische Aufzug immer mehr in Gebrauch. Für die immer höher werdenden Wohnbauten war er eine unabdingbare Voraussetzung. Bereits 1908 wurde der erste „Paternoster" in Österreich in Betrieb genommen (Industriehaus auf dem Schwarzenbergplatz, Wien).

Wien, Österreichische Nationalbibliothek, Porträtsammlung und Bildarchiv A. M.

6.5 Bautechniken

6.5.1 Eisenbetonbauten der Fa. Wayss & Freytag A. G. und Meinong Ges. m. b. H.

Die 1907 von der deutschen Firma „Wayss & Freytag A. G." und von dem Bauingenieur Ritter von Meinong gegründete „Wayss & Freytag A. G. und Meinong Ges. m. b. H. Bauunternehmungen für Hoch- und Tiefbau, Beton und Eisenbeton" mit dem Sitz zunächst in Innsbruck, später in Wien, zählt zu jenen Unternehmen, die der neuen Technik der Stahlbetonbauweise in der Habsburgermonarchie und den angrenzenden Balkanländern zum Durchbruch verhalfen.

Lit.: FRIEDRICH EMPERGER, Handbuch für Eisenbetonbau. 1907; 4. Aufl. 1938 in 14 Bänden – Festschrift aus Anlaß des fünfzigjährigen Bestehens der Wayss & Freytag A. G. 1875–1925. Stuttgart 1925.

A. M.

6.5.2 Waffenfabrik Steyr, Inneres des Shedbaues D, ausgeführt von der Firma „Wayss & Freytag A. G. und Meinong Ges. m. b. H., Wien, 1913/14

Photo

Die vorgesehene Bauzeit von nur 180 Arbeitstagen für die Ausführung der umfangreichen Hoch- und Tiefbauten, von denen erstere eine Fläche von 90.000 m^2 bedecken, konnte noch unterboten werden.

Festschrift aus Anlaß des fünfzigjährigen Bestehens der Wayss & Freytag A. G. 1875–1925, Stuttgart 1925, Anhang
A. M.

6.5.3 Hallenbau für die Email- und Metallwarenfabrik Ligetfalu, Preßburg, 1912

Photokopie

Spannweite der großen Halle (links) 30 Meter, der im Vordergrund abgebildeten 18,4 Meter, Länge 150 Meter.

Festschrift aus Anlaß des fünfzigjährigen Bestehens der Wayss & Freytag A. G. 1875–1925, Stuttgart 1925, Anhang
A. M.

6.5.4 Hotel Imperial in Karlsbad, 1911

Photo

Das Gebäude besitzt 264 Zimmer mit 400 Betten sowie zahlreiche Säle und Räumlichkeiten für gesellschaftliche Veranstaltungen; seine Grundfläche umfaßt 4400 m^2.

Festschrift aus Anlaß des fünfzigjährigen Bestehens der Wayss & Freytag A. G. 1975–1925. A. M.

6.5.5 Grand Hotel de l'Europe, Bad Gastein, 1909

Photo

In den österreichischen Alpenländern entsprach allein der Kurort Bad Gastein dem internationalen Standard. Auf engstem Raum drängen sich bis zu zehn Stockwerke hohe Hotelbauten aneinander. Mit der Eröffnung des Grand Hotel im Jahre 1909, dem höchsten Gebäude Gasteins (55 Meter), wurde der Höhepunkt der Bautätigkeit erreicht.

Lit.: HEINRICH ZIMBURG, Die Geschichte Gasteins und des Gasteiner Tales, Wien 1948 – MICHAEL SCHMITT, Palast-Hotels, ... S. 125, Abb. 112.

Michael Schmitt, Palast-Hotels. Berlin 1982, S. 125, Abb. 112. A. M.

6.5.6 Hotel Imperial, Karlsbad, 1910/12 (Bauzeit)

Photokopie

Der palastartige Hotelbau erreichte zwischen 1900 und 1914 in Mitteleuropa seinen Höhepunkt. Das Hotel Imperial verkörpert die Idee einer exklusiven Höhenresidenz in brillanter Weise. Die Verbindung zu den Kuranlagen stellte eine hoteleigene Drahtseilbahn her, mit der die Gäste in zwei Minuten nach Karlsbad oder zurückgebracht wurden.

Lit.: MICHAEL SCHMITT, Palast-Hotels. Architektur und Anspruch eines Bautyps 1870–1920. Berlin 1982, S. 38f., 119ff.

Michael Schmitt, Palast-Hotels, Berlin 1982, S. 38 und S. 120. A. M.

6.5.7 Versuchskörper aus Eisenbeton

1913

Beton, Eisen, L = 52, Dm = 12 cm

Mit diesem und ähnlichen säulenförmigen Versuchskörpern aus umschnürtem Eisenbeton mit eisernem Kern wurden in den Jahren 1912 und 1913 am mech. techn. Laboratorium der Technischen Hochschule Wien auf Anregung Empergers Festigkeitsversuche durchgeführt. Die günstigen Ergebnisse dieser Versuche veranlaßten Emperger, auch die auf Druck beanspruchten Bauteile von Bogenbrücken aus umschnürtem, gußeisenbewehrtem Beton auszuführen.
Friedrich Emperger (geboren 1862 in Beraun in Böhmen, gestorben 1942 in Wien) war ein Pionier des Stahlbetons. Durch praktische Bautätigkeit in den USA zwischen 1890 und 1896 sowie durch zahlreiche Veröffentlichungen in Österreich seit 1896 setzte er sich für die Verbreitung dieser neuen Bauweise ein.

Lit.: E. ZESCH, Friedrich Emperger. In: Blätter für Technikgeschichte 24, Wien 1962.

Wien, Technisches Museum, Inv. Nr. 13.160/1 G. M.

6.5.8 Bewehrung einer Eisenbetonsäule

1913

Modell, Eisen, L = 45, B = 27, H = 104 cm

Dieses Modell, das die Bewehrung einer umschnürten Eisenbetonsäule mit gußeisernem Rohrkern zeigt, war als

Kat.-Nr. 6.5.10

Beispiel für diese von Friedrich Emperger entwickelte Bauweise auf der Internationalen Baufachausstellung im Jahre 1913 in Leipzig ausgestellt.

Lit.: E. ZESCH, Friedrich Emperger. In: Blätter für Technikgeschichte 24, Wien 1962.

Wien, Technisches Museum, Inv. Nr. 13.161 G. M.

6.5.9 Modell einer Brücke mit teilweiser Armierung

Modell, 1912, L = 188, B = 62, H = 78 cm

Die Eisenbetonbrücke über die Narenta in Mostar wurde im Jahre 1912 von Westermann und Komp in Wien erbaut. Das Modell stellt die fertige Brücke dar, wobei auf einer Hälfte noch das Lehrgerüst steht.

Wien, Technisches Museum, Inv. Nr. 12.250 (921) G. M.

6.5.10 Bau der steinernen Eisenbahnbrücke bei Salcano (Görz) über den Isonzo Abb.

Ludwig Michalek, 1906
Radierung, 59 × 79 cm

Das Hauptbild zeigt die Brücke mit dem Lehrgerüst während des Baues. In kleinerem Format sind darunter links der Transport der Steine, in der Mitte Sektionschef Dr. Carl Wurmb und der Bauunternehmer Redlich sowie rechts die fertige Brücke und der Vater des Künstlers, Ing. Adolf Michalek, dessen Andenken die Radierung gewidmet ist, dargestellt.

Wien, Technisches Museum, BPA 1234 G. M.

6.5.11 Getreidespeicher auf dem Handelskai, Wien

Originalplan, 60 × 40 cm

Wien, Architekt Mag. Walter Ramstorfer

6.5.12 Die Stadt der Zukunft, um 1900

Photo

Utopische Vorstellungen um die Jahrhundertwende sahen die Stadt der Zukunft als einen vor allem vertikal sich entwickelnden Lebensraum, der durch zahllose, übereinanderliegende und spinnwebenartig angesetzte Verkehrsebenen gegliedert erscheint.

Privatbesitz A. M.

6.6 Eisenindustrie – Maschinenbau

6.6.1 Erzeugnisse der „Vulkan-Maschinenfabriks-Actien-Gesellschaft"

Die „Vulkan A. G." zählte zu den größten ungarischen Unternehmen der Maschinenindustrie. Die Gesellschaft wurde 1893 unter Zusammenschluß der Firmen Gutjahr & Müller in Budapest und Reinhard Fernau & Co. in Wien gegründet und errichtete 1908 zur Ankurbelung des Exports eine Zweigniederlassung in Berlin. Sie erzeugte in Budapest Werkzeugmaschinen, Mühleneinrichtungen, Dampfmaschinen, Metallwaren sowie Rohgußwaren, in Wien Werkzeugmaschinen, Metall- und Rohgußwaren.

Lit.: „Vulkan" Maschinenfabriks-Actien-Gesellschaft Wien und Budapest; Werkzeugmaschinen, Katalog, S. 1, s. a.

A. M.

6.6.2 Schraubenschneidmaschine System Sellers, Modell SSS, hergestellt von der Vulkan-Maschinenfabriks-Actien-Gesellschaft

Photo

Die Maschine eignete sich zur Herstellung gewöhnlicher Schraubenmuttern und von Kupplungsschrauben der Eisenbahnfahrzeuge.

Lit.: „Vulkan" Maschinenfabriks-Actien-Gesellschaft Wien und Budapest; Werkzeugmaschinen, Katalog, S. 1, s. a., S. 10.

A. M.

6.6.3 Stoßmaschine Modell Stp und Stx mit Zahnstangen-Antrieb, hergestellt von der Vulkan-Maschinenfabriks-Actien-Gesellschaft

Photo

Diese Maschine wurde auch mit elektrischem Antrieb geliefert.

Lit.: „Vulkan" Maschinenfabriks-Actien-Gesellschaft Wien und Budapest; Werkzeugmaschinen, Katalog, S. 1, s. a., S. 8.

A. M.

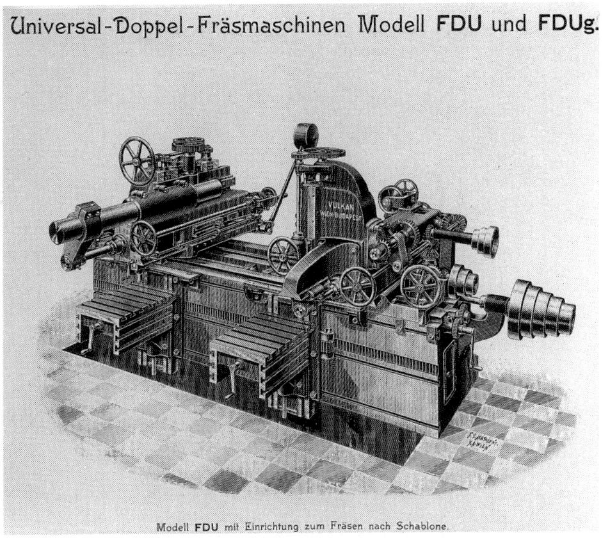

Kat.-Nr. 6.6.5

6.6.4 Revolver-Dreh- und Bohrbank Modell DRG, hergestellt von der Vulkan-Maschinenfabriks-Actien-Gesellschaft

Photo

Diese Maschine diente der Bearbeitung von Gußteilen.

Lit.: „Vulkan" Maschinenfabriks-Actien-Gesellschaft Wien und Budapest; Werkzeugmaschinen, Katalog, S. 1, s. a., S. 44.

A. M.

6.6.5 Universal-Doppel-Fräsmaschinen Modell FDU und FDUg Abb.

Photo

Das Modell FDU war mit Einrichtung zum Fräsen nach Schablonen ausgestattet.

Lit.: „Vulkan" Maschinenfabriks-Actien-Gesellschaft Wien und Budapest; Werkzeugmaschinen, Katalog, S. 1, s. a., S. 48.

A. M.

6.6.6 Phönix-Stahlwerke Joh. E. Bleckmann – Mürzzuschlag, Steiermark Preisliste 1911

Die 1809 gegründete Firma, die 1911 eine Belegschaft von 1500 Arbeitern beschäftigte, erzeugte als Haupt-Spezialität Bleckmann-Phönix-Werkzeugstahl und Fabrikate daraus sowie seit 1901 den Bleckmann-Schnelldrehstahl „Phönix".

Wien, Technisches Museum, Inv. Nr. Bibl. K 83 G. M.

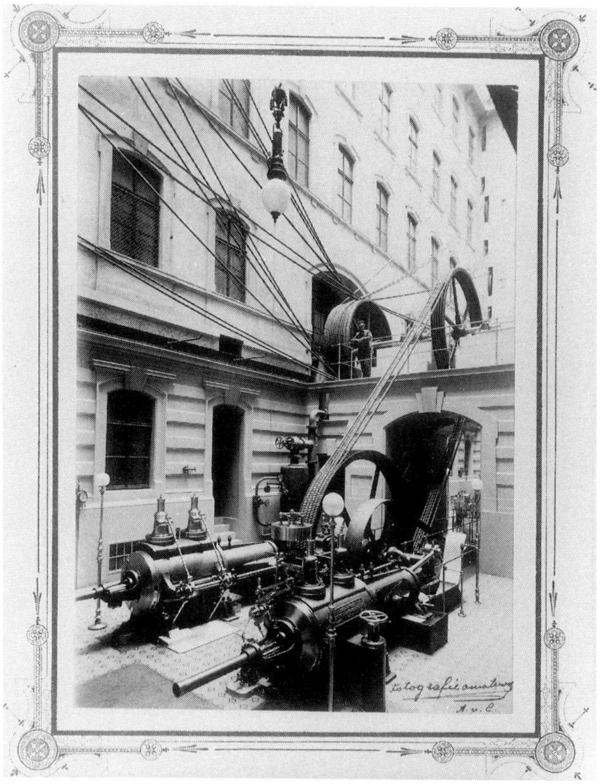

Kat.-Nr. 6.6.7

6.6.7 Maschinenhof der k. k. Staatsdruckerei Abb.

Photo

Wien, Technisches Museum

6.6.8 Maschinenhof der k. k. Staatsdruckerei – Aufriß

Photo

Wien, Technisches Museum

6.6.9 Gesamtansicht der Hütten und Werkstätten der Bergstadt Reschitz, vor 1914

Photo

Reschitz bildete das Zentrum der Privilegierten österreichisch-ungarischen Staats-Eisenbahn-Gesellschaft, eines der größten Unternehmen der Monarchie, das Kohlen- und Erzbergbaue, Hüttenwerke und Werkstätten mit zahlreichen Nebenbetrieben sowie Mühlen und Kalköfen, Forste und Domänen zusammenschloß. Vor dem Ersten Weltkrieg dürfte die Zahl der beschäftigten Arbeiter und Angestellten bei 20.000 gelegen sein.

Wien, Archiv Ing. Julius Baumann J. Bau.

6.6.10 Planungs- und Zeichenbüro in Reschitz, vor 1914

Photo

Seit 1865 nahm das Konstruktionsbüro einen eigenen Gebäudekomplex in Anspruch, in dem vor dem Ersten Weltkrieg etwa 35 technische Beamte beschäftigt waren. Hier wurden Brücken, Aquädukte, Gasometer, Hochöfen und Stahlhochbauten aller Art entworfen und zeichnerisch bis ins kleinste Detail ausgeführt.

Wien, Archiv Ing. Julius Baumann J. Bau.

6.6.11 Transport einer Lokomotive mittels eines Ochsenzuges von Reschitz durch Ungarn, um 1900

Photo

Das Photo zeigt den Transport der ersten in Ungarn erzeugten Dampflokomotive zum Donauhafen Basiach (Bazias). 50 Paar Ochsen waren notwendig, um die erforderliche Zugleistung zu erbringen. Überall dort, wo kein Schienenweg zur Verfügung stand, blieb diese Art des Gütertransportes bis zum Ersten Weltkrieg erhalten.

Wien, Archiv Ing. Julius Baumann J. Bau.

6.7 Kommunikation

6.7.1 Erste österreichische Zeitung im Rotationstiefdruck

Wien, Technisches Museum, BPA 5302

6.7.2 Litfaß-Säule, um 1890

Photo

Die Litfaßsäule, Erfindung eines Berliner Druckers um die Mitte des 19. Jahrhunderts und nach ihm benannt, wurde rasch auch in den Städten Österreich-Ungarns zu einem vielbeachteten Informations- und Werbeträger.

Wien, Österreichische Nationalbibliothek, Bildarchiv A. M.

6.7.3 Plakatwand in Wien (6. Bezirk, Esterhazygasse 11)

Photo

Plakate und Plakatwände gehörten bereits um die Jahrhundertwende zum Erscheinungsbild der Städte. Durch die Arbeiten eines Henri de Toulouse-Lautrec oder der Vertreter des Jugendstils ist es zu einer symbiotischen Verbindung von Kunst und Reklame gekommen, die durch drucktechnische Neuerungen, etwa die Farblithographie, noch gefördert wurde.

Lit.: Tagebuch der Straße – Wiener Plakate, hg. von der Wiener Stadt- und Landesbibliothek. Wien 1981

Wien, Historisches Museum der Stadt Wien A. M.

6.7.4 Dame beim Telephonieren

Zeichnung

Wien, Archiv der Siemens AG Österreich, Inv. Nr. FT 1/ BD 12

6.7.5 Lieben-Röhre

AEG-Telefunken 1914
Glas, Sockel Metall, Dm = 9, H = 31 cm

In der Anfangszeit des Telephons war es nicht möglich, größere Entfernungen zu überbrücken, da man keine geeignete Vorrichtung zur Verstärkung der schwach ankommenden Telephonströme besaß. Robert von Lieben (geboren 1878 in Wien, gestorben 1913 in Wien) schuf mit seiner Elektronenröhre, auf die er 1906 und 1910 Patente erhielt, das erste brauchbare Glühkathoden-Relais für Telephonzwecke, das sich auch in der Praxis bewährte und große Bedeutung als Verstärker im Nachrichtenwesen erlangte.

Lit.: E. F. Petritsch, Ernst Lechner und Robert von Lieben. In: Österreichische Naturforscher und Techniker. Wien 1950.

Wien, Technisches Museum, Inv. Nr. 17.701 G. M.

6.7.6 Zwischenstellen-Umschalter

Um 1900
Metall, Holz, L = 27, B = 18, H = 9 cm

Dieser Apparat mit zwei Anrufklappen und Seidenband-Blitzschutz ist eine der ältesten Ausführungen einer Hausvermittlungsanlage.

Wien, Technisches Museum, Inv. Nr. FV 82 G. M.

6.7.7 Nebenstellen-Tischapparat

Otto Schäffler, Wien um 1883
Metall, Holz, L = 28, B = 16, H = 38 cm

Dieser Tischapparat mit Umschalter und Bellschem Hörer stand im k. k. Postsparkassenamt in Wien in Verwendung. Otto Schäffler (geboren 1838 in Unterheimbach bei Heilbronn, gestorben 1928 in Wien) war ein Pionier der Nachrichtentechnik in Österreich. Vom Beginn im Jahre 1881 an war Schäffler führend an der Entwicklung des Wiener Telephonnetzes beteiligt. Er lieferte zahlreiche Apparate und richtete Telephonzentralen ein. Viele seiner Konstruktionen wurden durch Patente geschützt.

Lit.: H. Zemanek, Otto Schäffler (1838–1928). In: Blätter für Technikgeschichte 41/42/43, Wien 1979/80/82.

Wien, Technisches Museum, Inv. Nr. FA 43 G. M.

6.7.8 Vermittlungsstelle der k. k. Post- und Telegraphendirektion in Wien, um 1910

Photo

Im Jahre 1903 bezog die Post- und Telegraphendirektion ein an der Ecke Hetzgasse – Hintere Zollamtsstraße (3. Bezirk) neu errichtetes Gebäude. Da alle Gespräche der händisch durch „Stöpseln" ausgeführten Vermittlung bedurften, wuchs mit den Anschlußstellen auch die Zahl der benötigten Telephonistinnen und Telephonisten.

Lit.: Paul Martin, Technischer Führer durch Wien, hg. vom Österreichischen Ingenieur- und Architektenverein. Wien 1910, S. 318 f.

Wien, Archiv Christian Brandstätter A. M.

6.7.9 Phonograph

North American Phonograph Co., New York um 1890
Metall, Gehäuse Holz, L = 54, B = 25, H = 27 cm

Mit seinem Phonographen von 1877 schuf Thomas Alva Edison (1847–1931) das erste funktionsfähige Gerät zur Aufzeichnung und Wiedergabe von Schall. Erst als andere Firmen mit Erfolg die Produktion aufnahmen und Wachswalzen als Tonträger verwendeten, wandte sich Edison wieder dem Phonographen zu und brachte 1888 einen von einem Elektromotor angetriebenen Phonographen heraus.

Lit.: H. Jüttemann, Phonographen und Grammophone. Braunschweig 1979.

Wien, Technisches Museum, Inv. Nr. 22.543 G. M.

6.7.10 Polyphon

Polyphon Musikwerke, Leipzig Anfang 20. Jahrhundert
Metall, Gehäuse Holz, L = 53, B = 46, H = 20 cm

Die automatischen Musikinstrumente erlebten seit Ende des 19. Jahrhunderts eine ungeheure Blüte, die aber mit Beginn des 1. Weltkrieges ein abruptes Ende fand. Einer der wichtigsten Hersteller automatischer Musikinstrumente waren die Polyphon-Musikwerke in Leipzig, die zeitweise über 1000 Beschäftigte hatten. Haupterzeugnis war das Poly-

Kat.-Nr. 6.7.11

phon, ein Stahlzinkenwerk mit auswechselbaren Metallscheiben, das in verschiedensten Ausführungen erzeugt wurde.

Lit.: Q. D. BOWERS, Encyclopedia of automatic musical instruments.

Wien, Technisches Museum, Inv. Nr. 15.711 G. M.

6.7.11 Grammophon Abb.

Um 1890
Metall, Holz, L = 42, B = 16, H = 35 cm

1887 meldete Emile Berliner (1851–1929) in Washington seinen Plattenspieler zum Patent an. Der Vorteil dieses Gerätes gegenüber dem Phonographen war der Tonträger in Form einer runden, flachen Schallplatte, deren Vervielfältigung leicht möglich war.

Diese älteste Ausführungsform des Grammophons wurde noch mit der Hand angetrieben.

Lit.: D. MARTY, Grammophon. Karlsruhe 1981.

Wien, Technisches Museum, Inv. Nr. 22.394 G. M.

6.7.12 Heiratsantrag, festgehalten für alle Ewigkeit. Karikatur um 1890

Curt Ries, Knaurs Weltgeschichte der Schallplatte, Zürich 1966, S. 40 A. M.

6.7.13 Der „moderne" Werkelmann. Karikatur, um 1910

Walter Haas, Das Jahrhundert der Schallplatte. Eine Geschichte der Phonographie. Bielefeld 1977, S. 97 A. M.

6.7.14 Die Technik in der Kinderstube, „Will the infant be put to sleep by machinary?“ Karikatur 1906

The History of Music Machines. New York 1975, S. 65. Illustration from „The Menace of Mechanical Music“ by John Philipp Sousa in Appleton's Magazine. A. M.

6.8 Das „moderne Büro“

6.8.1 Ausstellung: Das moderne Bureau Abb.

Leopold Forstner, 1909
Photo nach Plakat

Die Ausstellung wurde vom Verband österreichischer Schreibmaschinenhändler veranstaltet und fand in den Räumen der Gartenbaugesellschaft statt. Die Zukunft des Büros wird durch die Dame im zeitgenössischen Kostüm verkörpert, die Vergangenheit durch den Mann am Stehpult von Spinnweben eingeschlossen.

Wien, Archiv Christian Brandstätter E. V.

6.8.2 Büroeinrichtung

Wien, Technisches Museum und Privatbesitz

6.8.3 Schreibmaschine Remington Modell 10

Remington, Ilion USA 1914
Metall, L = 36, B = 30, H = 25 cm

Die Waffen- und Nähmaschinenfabrik Remington stellte als erste Firma seit 1874 Schreibmaschinen fabriksmäßig in Serie her.

Lit.: E. MARTIN, Die Schreibmaschine und ihre Entwicklungsgeschichte. Pappenheim 1949

Wien, Technisches Museum, Inv. Nr. 19.692 G. M.

6.8.4 Rechenmaschine Austria, Modell 5

Rechenmaschinenwerk Austria, Herzstark & Co, Wien um 1910
Metall, L = 48,5, B = 24, H = 16,5 cm

Siebenstellige mechanische Rechenmaschine für die vier Grundrechnungsarten.
Samuel Jakob Herzstark (geboren 1867 in Wien, gestorben 1937 in Wien) gründete 1905 in Wien die Firma „Rechenmaschinenwerk Austria, Herzstark & Co.“. Bis zum Beginn des 1. Weltkrieges wurden in dieser Fabrik etwa 7500 Rechenmaschinen nach Konstruktionen Herzstarks hergestellt.

Lit.: E. ANTHES, Die Wiener Ingenieurfamilie Herzstark. In: Blätter für Technikgeschichte 46/47, Wien 1984/85.

Wien, Technisches Museum, Inv. Nr. 24.731 G. M.

Kat.-Nr. 6.8.1

Kat.-Nr. 6.10.2

6.8.5 Diktiergerät „Dictaphone“

Dictaphone Corporation, New York um 1920
Metall, L = 54, B = 32, H = 93 cm

Von Anfang an sah Edison in der Verwendung als Diktiergerät ein Hauptanwendungsgebiet seiner Phonographen. Infolge erheblicher Mängel der ersten Diktiergeräte und des noch geringen Bedarfes fanden Phonographen aber zunächst nur zur Musikwiedergabe Verwendung. Erst im 20. Jahrhundert entstanden brauchbare, mit Elektromotoren angetriebene Diktiergeräte, die vor allem in den USA Eingang in moderne Büros fanden.

Lit.: H. JÜTTEMANN, Phonographen und Grammophone. Braunschweig

Wien, Technisches Museum, Inv. Nr. 16.627 G. M.

6.9 Straßenbeleuchtung

6.9.1 Bogenlampe

Wien, Technisches Museum

6.9.2 Funktionsweise einer Bogenlampe

Wien, Archiv der Siemens AG Österreich

6.9.3 Die elektrische Ausstellung in Steyr 1884. Ansicht des Ausstellungsgeländes mit Beleuchtung durch Bogenlampen

Nach Hölzlhuber, Skizzen aus dem Traunviertel
Photo

Im Jahre 1884 fand auf Betreiben Josef Werndls, des Generaldirektors der Österreichischen Waffenfabriks-Gesellschaft, in Steyr eine „Elektrische Ausstellung" statt. Werndl ließ während dieser Ausstellung einige Plätze und Straßen der Stadt durch insgesamt 210 Bogenlampen beleuchten, die den Strom aus seinem Werk erhielten. Steyr war somit die erste Stadt Europas mit einer elektrischen Straßenbeleuchtung.

Lit.: Josef Ofner, Die Eisenstadt Steyr. Steyr 1956, S. 134f. – Hans Seper, 100 Jahre Steyr-Daimler-Puch AG. In: Blätter für Technikgeschichte 26, 1964, S. 10f.

Steyr, Stadtarchiv A. M.

6.10 Verkehrsmittel

6.10.1 Styria, ca. 1905

Plakat, 69 × 53 cm

1901 begann Johann Puch mit der Produktion von Kleinmotoren, die in verstärkte Fahrräder eingesetzt wurden. Bereits 1906 gewann ein Puch-Motorrad das große „Gordon-Bennet-Rennen".

Wien, Wiener Stadt- und Landesbibliothek, P 13.275

6.10.2 Motorrad Abb.

Laurin & Klement, 1903

Wenzel Clement und Wenzel Laurin wandten sich 1896 in Jungbunzlau, Böhmen, der Fahrradfabrikation zu. Bereits 1899 waren sie in der Lage, ein selbstentwickeltes Motorrad in Serie zu produzieren, den Typ B, der im wesentlichen die auch heute noch konstitutiven Elemente eines Motorrades aufwies. Als man 1906 auch die Produktion von Automobilen aufnahm, beschäftigte die Firma bereits an die 500 Mitarbeiter.

Wien, ÖAMTC A. M.

6.10.3 Motorrad der Marke Puch mit Beiwagen aus Korbgeflecht, um 1905

Privatbesitz

6.10.4 3. Internationale Automobilausstellung 1903 Abb.

Julius Klinger, 1903
Plakat, 122 × 92 cm

Wien, Museum für angewandte Kunst, P I 2061

Kat.-Nr. 6.10.4

6.10.5 Erster frontangetriebener Personenkraftwagen der Welt Abb.

Gebrüder Gräf, Wien 1898
Metall, L = 245, B = 132, H = 127 cm

Im Jahre 1898 arbeitete Carl Gräf gemeinsam mit Heinrich Pösendeiner am Entwurf dieses Kleinwagens mit kardanischem Antrieb der gelenkten Vorderräder, an dessen Fertigstellung auch seine beiden Brüder mitwirkten. Carl Gräf wurde 1900 auch ein Patent auf eine „Antriebsvorrichtung für Lenkräder von Automobilen" verliehen. Der frontgetriebene Wagen der Gebrüder Gräf, der der technischen Entwicklung um Jahrzehnte voraus war, wurde auf mehreren Automobilausstellungen gezeigt und erregte dort große Bewunderung.

Lit.: H. Seper – H. Krakowitzer – A. Brusatti, Österreichische Kraftfahrzeuge. Wels 1982.

Wien, Technisches Museum, Inv. Nr. 479 G. M.

Kat.-Nr. 6.10.5

6.10.6 Lohner-Automobil

Blaupause

Wien, Technisches Museum

6.10.7 Zusammenbau des ersten Nesselsdorfer Automobils „Präsident“, Baubeginn 1897, Fertigstellung 1898

Photo

Das Fahrzeug wurde von einem zweizylindrigen Benz-Motor mit einer Leistung von SPS bei 600 U/min. angetrieben. Die Kraftübertragung erfolgte mittels zweier Flachriemen auf die Vorlegewelle mit Leerscheiben und Differentialmechanismus und weiter durch zwei Blockketten auf die Hinterräder. Die Lenkvorrichtung (Gubernal) diente auch als Schabfung (zwei Geschwindigkeiten).

Lit.: HANS SEPER, Damals als die Pferde scheuten. Die Geschichte der österreichischen Kraftfahrt. Wien 1968.

Wien, Technisches Museum A. M.

6.10.8 Der „Präsident“ beim Start in Nesselsdorf (Mähren) zur Fahrt nach Wien, 21. Mai 1898

Photo

Die Wageninsassen: Dir. Hugo Fischer von Röslerstamm am Steuer; neben ihm Gustav Graf Pötting-Persing, der erste Präsident des österreichischen „Automobil-Clubs“; hinter diesem Baron Theodor von Liebig, daneben William E. Hardy.

Lit.: HANS SEPER, Damals als die Pferde scheuten. Die Geschichte der österreichischen Kraftfahrt. Wien 1968.

Wien, Technisches Museum A. M.

6.10.9 Viersitziges, halbgedecktes Nesselsdorfer Automobil, Modell 1900

Photo

Dieser Typ eines „Benzinwagens“ wurde auf der I. Österreichischen Automobil-Ausstellung in Wien 1900 in sechs Varianten verschieden luxuriöser Ausstattung gezeigt; er war mit einem Benz-Motor von 6 oder 9 PS ausgestattet. Die Zündung erfolgte elektrisch. Durch Einkuppeln verschiedener Zahnradübersetzungen – die Kraftübertragung auf die hinteren Räder wurde durch Ketten erreicht – konnten unterschiedliche Fahrgeschwindigkeiten erzielt werden. Zum Lenken diente ein „Goubernal" wie bei den Fahrrädern.

Lit.: Die Österreichische Automobil-Ausstellung in Wien, 1900, Zeitschrift des Österreichischen Ingenieur- und Architekten-Vereines 1901, Nr. 5 und Tafel VI – Allgemeine Automobil-Zeitung, 1. April 1900, S. 6 ff.

Wien, Technisches Museum A. M.

6.10.10 Aufriß des Nesselsdorfer Benzinwagens, 1900

Photo

Zeitschrift des Österreichischen Ingenieur- und Architekten-Vereines 1901, Tafel VI, Figur 2 A. M.

6.10.11 Automobil- und Radfahrer-Blumenkorso in Wien, 1902

Photo

Der Blumenkorso wurde anläßlich der Internationalen Automobilfernfahrt Paris-Wien veranstaltet.

Wien, Archiv Christian Brandstätter A. M.

6.10.12 Automobile in einem Wiener Innenhof

Photo

Privatbesitz A. M.

6.10.13 Kaiser Franz Joseph und König Edward VII bei ihrer Ankunft vor dem Hotel „Kaiserin Elisabeth" in Ischl, 12. August 1908

Photo

Wien, Österreichische Nationalbibliothek, Bildarchiv

6.10.14 Kaiser Franz Joseph bei der Besichtigung der Skoda-Werke in Pilsen 1905; an seiner Seite Generaldirektor Georg Günther

Photo

Wien, Österreichische Nationalbibliothek, Bildarchiv

6.10.15 Eintreffen des Wiener Bürgermeisters Dr. Karl Lueger mit dem Elektromobil – im Fonds des Wagen sitzend, mit dunkler Brille – zur feierlichen Einweihung der Rosenkranzkirche in Hetzendorf, 1909

Photo

Wien, Österreichische Nationalbibliothek, Bildarchiv

6.10.16 Die Zukunft, 1905

Hubert von Herkomer
Photo nach Aquarell (?)

Der Künstler sah 1905 „die Zukunft" des Menschen als „ans Automobil gefesselt".

Privatbesitz A. M.

6.10.17 Elektrische Bahn Mödling-Hinterbrühl, 1883

Modell, 50 × 20 × 31 cm

1. österreichische Bahn mit elektrischem Antrieb, 3. elektrische Bahn der Welt; Konstruktion von Werner von Siemens; Spurweite 1000 mm, bis 1932 in Betrieb. Die Stromanspeisung erfolgte durch ein „Schiffchen", welches in einem unten geschlitzten Rohr nachgezogen wurde.

Lit.: Manfred Hohn – Dieter Staufel – Hellmuth Figlhuber, Mödling–Hinterbrühl. Die erste elektrische Bahn Europas für Dauerbetrieb. Wien 1983.

Wien, Niederösterreichisches Landesmuseum

6.10.18 Elektrische Eisenbahn Mödling-Hinterbrühl, 1883

Photo

Wien, Archiv der Siemens AG Österreich, Inv. Nr. FT 8/36

6.10.19 Praterbahn – Führerwagen, 1883

Photo

Wien, Archiv der Siemens AG Österreich

6.10.20 Wiener Städtische Straßenbahn – Inneres eines Motorwagens

Photo

Wien, Archiv der Siemens AG Österreich

6.10.21 Wiener Stadtbahn, Probezug, Führerwagen – Stirnseite, 1901

Photo

Wien, Archiv der Siemens AG Österreich, Inv. Nr. 72 B

6.10.22 Wiener Stadtbahn – Führerwagen, 1901

Technische Zeichnung

Wien, Archiv der Siemens AG Österreich, Inv. Nr. 255 B

6.10.23 Schnitt durch die Andrássy-Straße, Budapest 1896

Budapest, Közlekedési Múzeum

Kat.-Nr. 6.10.31

6.10.24 Modell des U-Bahn-Wagens, Budapest 1896

Budapest, Közlekedési Múzeum

6.10.25 Projekt einer elektrischen Bahn Wien-Budapest

Entwurf der Firma Ganz & Co., Budapest 1891

Am internationalen Kongreß 1891 in Frankfurt a. Main schlug die elektrotechnische Abteilung der Fa. Ganz & Co. die Anlegung einer elektrischen Bahn für Personenbeförderung mit einer Fahrgeschwindigkeit von 200–250 km/h vor, um den Schnellverkehr zwischen Wien und Budapest zu beschleunigen. Ein Wagen sollte 45 m lang sein, 2,15 m breit und 2,2 m hoch, betrieben von vier Elektromotoren mit je 200 PS. Die Wagen waren für 40 Sitzplätze, zwei WCs, mit Post- und Konduktor-Abteil geplant. Die Verkleidung des Vorder- und Hinterteiles des Wagens war in parabolischer Form geplant, um den Luftwiderstand zu verringern. Mit großer Sorgfalt war der Unter- und Oberbau des Wagenkastens, die Signal- und Sicherheitsvorrichtungen sowie die Gestaltung des in Beton geschotterten Schienenstranges geplant. Der zum Kraftbedarf erforderliche Strom von 10000 Volt Spannung sollte durch einige zwischen Wien und Budapest gelegene Zentralstationen geliefert werden. Dieses Bahnprojekt wurde in seiner grundlegenden Konzeption Vorläufer der 1902 in Norditalien erbauten Valtellina-Bahn von Ganz.

Lit.: ARTHUR WILKE, Die Elektrizität, ihre Erzeugung und Anwendung in Industrie und Gewerbe, Leipzig 1893 – KÁROLY ZIPERNOWSKI, Nagysebességü elektromos vonat terve. Magyar Mernök – és Èpitész Egylet Közlönye. 1891.

Budapest, Technische Universität, Zentralbibliothek, Inv. Nr. 312.084 — Gyula Ernyey

6.10.26 Postomnibus – Einheitstype (ET)

Einzelteile diverser österreichischer Autofabriken, zusammengebaut in der k. k. Postautomobil-Betriebszentrale Stadlau-Hirschstetten, 1913

4zylindriger Daimlermotor, dessen Tourenzahl durch einen Drehzahlregler begrenzt wird, der auf den Drosselschieber des Kolbenvergasers einwirkt. Hochspannungs-Magnetzündung, Tauchschmierung, Wasserkühlung mittels Pumpe, Ventilator und Bienenwabenkühler, Vierganggetriebe mit doppelter Übersetzung und Rückwärtsgang, Stahllamellenkupplung; mechanische Hinterradbremse, Schraubenlenkung.

Lit.: ERNST POPP, Posteinheitsomnibus und Postautohauptwerkstätte. In: Blätter für Technikgeschichte 25, Wien 1963.

Wien, Generaldirektion der Post- und Telegraphenverwaltung

(Im Hof ausgestellt)

6.10.27 Oberleitungsbus

Lohner-Stoll, 1908
Modell, 20 × 13 × 18 cm

Am 16. Juli 1907 wurde der erste elektrisch angetriebene Oberleitungsbus in Österreich, nämlich in Gmünd, NÖ, in Dienst gestellt. Die nach dem System Lohner-Stoll gebauten O-Busse wurden von der Österreichischen Daimler-Motoren-Gesellschaft gebaut. In kurzer Zeit fanden diese Busse auf den staatlichen „Post-Automobillinien" und auch im städtischen Verkehr Verwendung. Nach 1912 war eine Fahrt mit der „gleislosen Straßenbahn" für viele ein solches Vergnügen, daß „an den Endstationen förmliche Eroberungsstürme auf die Omnibusse unternommen" wurden.

Wien, Firma Bombardier-Rotax — A. M.

Kat.-Nr. 6.10.34

6.10.28 Feuerwehrauto

Wiener Automobilfabrik, AG vorm. Gräf & Stift, 1917

Type F 1, 4-Zylinder, 7,4 l Hubraum, 45 PS bei 1200 U/min; 4 Vorwärtsgänge, 1 Rückwärtsgang; Eigengewicht 3.480 kg, Höchstgeschwindigkeit 70 km/h.

Wien, ÖAF-Gräf & Stift AG

(Im Hof ausgestellt)

6.10.29 Feuerwehrwagen

Lohner-Porsche Mixed, 1908
Modell, 36 × 15 × 14 cm

Der elektrisch angetriebene Feuerwehrwagen gilt als österreichische Neuerung. Schon vor 1910 hat die Wiener Feuerwehr die „Automobilisierung" ihres Wagenparks mit den Lohner-Porsche-Feuerwehrwagen begonnen. Die entweder mit Batterie- oder benzin-elektrischem Antrieb versehenen Wagen waren sehr lange in Verwendung.

Wien, Firma Bombardier-Rotax A. M.

6.10.30 Preisflug des Etrich-Monoplans, Reichenberg Pfingstsonntag 1911

J. Beran, 1911
Photo nach Plakat

Lit.: Reinhard Keimel, Österreichs Luftfahrzeuge. Geschichte der Luftfahrt von den Anfängen bis Ende 1918, Graz 1981.

Wien, Archiv Christian Brandstätter

6.10.31 Internationales Flugmeeting in Wien Abb.

G. S. Herrmann, 1912
Farblithographie, Plakat, 120 × 90 cm

Die Werbung für die internationale Flugveranstaltung vom 23. bis 30. Juli 1912 auf dem Flugfeld Aspern zeigt auf rotem Hintergrund verschiedene Flugzeuge, Zuschauerkulisse vor Wien-Panorama.

Wien, Museum für angewandte Kunst, Inv. Nr. 2144

6.10.32 Etrich-Monoplan „Taube“

Modell 1:10, Holz, Stoff, L = 94 cm, Spannweite = 137 cm

Der Textilunternehmer Igo Etrich (geboren 1879 in Oberaltstadt in Böhmen, gestorben 1967 in Salzburg) war einer der Pioniere der österreichischen Luftfahrt. Im Winter 1909/10 baute er unter maßgeblicher Mitarbeit des Werkmeisters Karl Ilgner in der Wiener Rotunde den Prototyp Etrich II „Taube“, dessen Flugerprobung ab April 1910 in Wiener Neustadt stattfand. Den Serienbau der Etrichtaube übernahm die Firma Jacob Lohner & Co. in Wien.
Die Etrichtaube hatte eine Spannweite von 13,7 m und eine Länge von 9,4 m, die Flügelfläche maß 30,75 m^2. Als Antriebsmotor diente ein 1x60/70 PS Austro-Daimler-Motor, die Fluggeschwindigkeit lag bei etwa 80–90 km/h.

Lit.: R. KEIMEL, Österreichs Luftfahrzeuge. Graz 1981.

Wien, Technisches Museum, Inv. Nr. 1.947 G. M.

6.10.33 „Übersiedlung des Flugapparates von Wilhelm Kress nach dem K. u. K. Arsenal (im Hintergrund zu sehen), Wien 1904

Photo

Wien, Archiv Christian Brandstätter

6.10.34 Wiener Neustädter Flugtag, 1910 Abb.

Photos

Kaiser Franz Joseph besichtigt das Wiener Neustädter Flugfeld am 18. September 1910, dem letzten Flugtag des 3. Preisfliegens. Der Kaiser steht vor dem Pischof-Monoplan der Fabrik Werner und Pfleiderer.

Wien, Archiv Christian Brandstätter A. M.

7. STAATSHILFE UND SELBSTHILFE

7.1 Die soziale Frage um 1880

7.1.1 Die soziale Frage um 1880

Graphik, Entwurf: H. H., Ausführung: Sylvie Proidl

7.1.2 Die Ärmsten von Wien — Abb.

In der Josefigasse in Hernals findet eine behördliche Kommission ein Massenquartier im Keller, in dem 44 (!) Personen ihr Nachtlager aufgeschlagen hatten.

Das interessante Blatt 1892, Nr. 32, S. 1 — H. H.

7.1.3 Das Elend in Wien: Scenen aus dem Treiben der arbeitenden und arbeitslosen Bevölkerung während des Winters

Der Zeitungskommentar berichtet: „Mit ungewöhnlicher Strenge lastet der Winter im heurigen Jahr in ganz Mitteleuropa... Groß ist das Elend, welches dieser strenge Winter bei der armen Bevölkerung geschaffen, und wenn auch durch die Vorkehrungen, welche zur Bekämpfung der strengen Temperatur getroffen wurden, Arbeitskräfte in größerer Zahl nothwendig wurden und Beschäftigung fanden, vermag dies doch nicht in ausgiebiger Weise die Leiden der armen Bevölkerungskreise, welche sozusagen von der Hand in den Mund leben, zu mildern. Die Armee von Schneeschauflern, welche tagtäglich in den Straßen Wiens durch die Ungunst des Wetters Verdienst findet – sie stellt trotz ihrer colossalen nach Zehntausenden zählenden Ziffer blos einen verschwindenden Bruchtheil der Armuth Wiens vor."

Das interessante Blatt 1888, Nr. 9, S. 6 — H. H.

7.1.4 Der Wiener Gemeinderath gegen die Kohlentheuerung. Karikatur

Kritik an den hohen Kohlenpreisen bzw. an der Passivität der liberalen Stadtregierung des Bürgermeisters Uhl, die sich anstelle sozialer Hilfeleistung auf Sparappelle an die Bevölkerung beschränkt.

Der junge Kikeriki 1888, Nr. 562, Titelblatt — H. H.

7.1.5 Einige Gräber, die man auf dem Centralfriedhof vermißt hat. Karikatur

Kritik an den Versäumnissen der Wiener Stadtverwaltung (Fleischteuerung, Tramwayfrage, Dienstbotenfrage).

Der junge Kikeriki 1885, Nr. 301, Titelblatt — H. H.

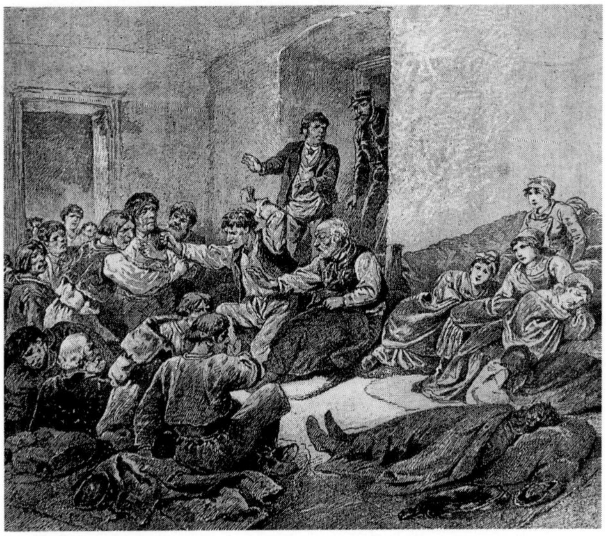

Kat.-Nr. 7.1.2

7.1.6 Die glücklichen Strafhausarbeiter. Karikatur

Ironischer Vergleich zwischen der Lage schlecht verdienender Kleingewerbetreibender mit den Strafgefangenen in Stein.

Der junge Kikeriki 1885, Nr. 301, Titelblatt — H. H.

7.1.7 Die Brodvertheilung an die Arbeitslosen in Wien

Das Hilfcommité für die beschäftigungslosen Arbeiter verteilt Brot an die Arbeitslosen.
Dazu der Zeitungskommentar: „Die vergangene Woche war eine lebhafte, aufgeregte für die Wiener Bevölkerung. Der milde, schneearme Winter, der uns heuer beschieden war, hat für die Aermsten der Armen die traurige Folge gehabt, daß dieselben mit dem Schneeschaufeln und bei der Straßenreinigung nichts verdienen konnten, außerdem trat bekanntlich eine unerwartete und unvorhergesehene Verzögerung in den bei der Vereinigung der Vororte mit der Commune Wien projectirten Verkehrsanlagen ein, welche die gehoffte Arbeit für die Arbeitslosen für einige Monate hinausschob. In Folge dessen versuchten die Arbeitslosen Wiens vor dem Rathaus eine Demonstration, bei welcher sie von dem Bürgermeister Arbeit und Brod verlangten..."

Das interessante Blatt 1892, Nr. 9, S. 5 — H. H.

7.1.8 Die „Kette" in der Wärmestube in der Burghardtgasse

Über die Errichtung der Wärmestuben in Wien berichtet das „Interessante Blatt" im Winter 1888 (Nr. 9): „Die staatli-

Kat.-Nr. 7.2.2

chen und communalen Humanitätsanstalten werden in wirkungsvoller Weise durch Institute und Einrichtungen unterstützt, welche der Privatwohlthätigkeit ihre Existenz verdanken, und in dieser Richtung sind wohl im gegenwärtigen Momente in allererster Linie die Wärmestuben zu erwähnen ... Hieher flüchtete sich die Armuth, um Schutz vor Kälte zu suchen, um an einem warmen Ofen über ihr Elend für den Moment wenigstens hinweggetäuscht zu werden."

Wien, Verein für Geschichte der Arbeiterbewegung H. H.

7.1.9 Die Straßentumulte in Wien

Im Gefolge eines im April 1890 ausgebrochenen Maurerstreiks kam es in den Hauptstraßen von Neulerchenfeld zu schweren Ausschreitungen mit deutlich antisemitischen Tendenzen; zahlreiche „jüdische" Geschäfte in der Thaliastraße usw. wurden zerstört und geplündert.

Das interessante Blatt 1890, Nr. 16, Titelblatt H. H.

7.2 Arbeitsrecht

7.2.1 Die Nachtarbeit von Kindern

Der Zeitungskommentar verweist auf den in Österreich wie auch international feststellbaren Mißstand der „geheimen" Kinderarbeit im Hausverband, gegen den auch die besten Fabriksgesetze nichts auszurichten vermögen. In der Tat war die für den Arbeiterschutz primär zuständige Gewerbegesetzgebung insoweit nicht einschlägig bzw. mangels wirksamer Kontrolle wirkungslos.

Das interessante Blatt 1888, Nr. 8, S. 5 H. H.

7.2.2 Zur Dienstboten-Ordnung. Karikatur Abb.

Die Dienstbotenordnungen (z. B. für Niederösterreich § 24, Z. 5) zählten schlechte Behandlung der Tiere des Dienstherrn durch den Dienstboten zu den Entlassungsgründen. Die Karikatur soll das Mißverhältnis zwischen der gesetzlich geforderten „guten Behandlung" der Tiere einerseits und der schlechten Behandlung bzw. Unterbringung der Dienstboten aufzeigen.

Der junge Kikeriki 1889, Nr. 606, S. 2 H. H.

7.2.3 Excedirende Tabakarbeiterinnen

Die Kollegen einer Arbeiterin der Steiner Tabakfabrik protestieren gegen die Entlassung einer Tabakarbeiterin.

Das interessante Blatt 1886, Nr. 28, Titelblatt H. H.

7.2.4 Bei uns geht Alles verkehrt. Karikatur

„Diese zwei Bücher sollen nach dem neuen Gewerbegesetz die Arbeiter bekommen, nur das, welches sie eigentlich viel nothwendiger brauchen, nicht."
Kritik an der von den Arbeitern abgelehnten Kontrollmaßnahme der Führung von Arbeitsbüchern durch die Gewerbeordnungs-Novelle 1885 sowie an den religiös beeinflußten Bestimmungen dieses Gesetzes (strenge Einhaltung der Sonntagsruhe etc.).

Der junge Kikeriki 1884, Nr. 140, S. 2 H. H.

7.2.5 Die Straßenexcesse in Favoriten in Wien

Aus dem Zeitungskommentar: „Vergangene Woche war der zehnte Wiener Gemeindebezirk der Schauplatz unerhörter Excesse, für deren Entstehung eigentlich kein Grund vorhanden war. Den äußeren Anlaß zu den Scandalen, bei denen unsere Polizeimacht mit aller Energie und großem Tact vorging, gab ein Strike in der Fabrik von Wagenmann, wo ein Theil der Arbeiter die Arbeit einstellte; allein es ist bereits constatirt, daß sowohl die Strikenden, als auch die Socialisten nur zum geringsten Theile sich an den Excessen betheiligten, und daß fast ausschließlich die beschäftigungslosen Burschen der umliegenden Ortschaften das Hauptcontingent bei den Ruhestörungen lieferten ... "

Das interessante Blatt 1893, Nr. 35, Titelblatt H. H.

7.2.6 Die Arbeitertumulte in Brünn

Hiezu der Zeitungskommentar: „Die Siege der belgischen Socialisten und die Erfolge der deutschen Arbeiterpartei lassen auch unsere Arbeiter nicht ruhen, und die vergangene Woche war Brünn der Schauplatz ernster Arbeiterunruhen, die sich auch in Prag abspielten, ohne daß jedoch in letzterer Stadt diese Tumulte solche Dimensionen annahmen wie in der mährischen Landeshauptstadt, welche ja von jeher ein Centrum der socialistischen Partei ist, weil Brünn die größte Industriestadt Österreichs ist. Die Socialisten hatten für Sonntag, den 18. Juni eine Versammlung auf dem „Weißen Berg“ einberufen, welche sich zu einer Demonstration für das allgemeine Wahlrecht gestalten sollte . . . Das Militär entschloß sich nun, die Straßen zu säubern, die Cavalleristen rückten gegen die Arbeiter vor, welche sich auf den Promenaden unter die Neugierigen mischten und von dort Steine gegen die Soldaten warfen. Die Cavalleristen hieben nun mit ihren Säbeln auf die Excedenten ein . . . “

Das interessante Blatt 1893, Nr. 26, Titelblatt H. H.

7.2.7 Die Entwicklung des Arbeiterschutzes in Österreich

Graphik, Entwurf: H. H., Ausführung: Reingard Tamchina

7.2.8 Ha, welche Lust ein Arbeiter zu sein. Karikatur

„Früher ist er von den adeligen Herren gepeitscht worden, jetzt wird ihm von diesen hohen Herren herablassend die Hand gedrückt.“ Ironisierung des sozialpolitischen Engagements adeliger Kreise in der Ära Taaffe, insbes. Aloys Liechtensteins.

Der junge Kikeriki 1897, Nr. 990, S. 7 H. H.

7.2.9 Gesetz vom 8. März 1885, betreffend die Abänderung und Ergänzung der Gewerbeordnung, RGBl Nr. 22

2. Gewerbeordnungs-Novelle: Artikel II, VI. Hauptstück: Gewerbliches Hilfspersonal. 1. Allgemeine Bestimmungen. § 72, § 73.
Die sog. 1. Gewerbeordnungs-Novelle bildet das Kernstück der Arbeiterschutzgesetzgebung der Ära Taaffe.

Lit.: Kurt Ebert, Die Anfänge der Sozialpolitik in Österreich. 1975

H. H.

7.2.10 Zentralgewerbeinspektor Franz Migerka

Geb. in Reintal/NÖ. 20. 9. 1828; gest. in Wien 21. 2. 1915; Eintritt in die Handels- und Gewerbekammer Brünn 1861; Pionier der Gewerbegerichte (1869) und des Gewerbeinspektorats; 1883–1897 (Erster) Zentralgewerbeinspektor.

Lit.: Österreichisches Biographisches Lexikon Bd. VI, S. 273

Wien, Österreichische Nationalbibliothek, Porträtsammlung und Bildarchiv, NB 504.222 B H. H.

7.2.11 Gesetz vom 14. Jänner 1910, betreffend die Dauer der Arbeitszeit und den Ladenschluß in Handelsgewerbe und verwandten Geschäftsbetrieben

RGBl 1910, Nr. 19, § 96d, § 96e (Gewerbeordnungsnovelle).
Das Handelsgehilfengesetz bildet den eigentlichen Anfang des Angestelltenschutzes, d. h. eines dem Arbeiterschutz analogen Komplexes von arbeitsrechtlichen Schutzbestimmungen zu Gunsten der nicht vorwiegend manuell tätigen Arbeitnehmer.

H. H.

7.2.12 Mitgliedsbuch zum Verband der Eisen- und Metallarbeiter Österreichs

Ausgestellt für Josef Marschalek, Hilfsarbeiter, geb. am 1. Juni 1877, Ortsgruppe Aussig (deutsch-tschechisch).

Wien, Verein für Geschichte der Arbeiterbewegung H. H.

7.2.13 Quittungs-Karte für freiwillig geleistete Beiträge zum Widerstands-Fonds der Eisen- und Metallarbeiter

Ausgestellt für Josef Marschalek, 1906.

Wien, Verein für Geschichte der Arbeiterbewegung H. H.

7.2.14 Legitimiations- und Zahlkarte des Solidaritätsfonds der Gewerkschaftskommission Österreichs

Ausgestellt für Josef Marschalek, 1908

Wien, Verein für Geschichte der Arbeiterbewegung H. H.

7.2.15 Arbeitsbuch

Ausgestellt für Josef Renetzeder, geb. 5. 12. 1903 (deutsch-italienisch).

Wien, Österreichische Raiffeisenakademie H. H.

7.2.16 Arbeitsbuch

Ausgestellt für Aloisia Druxer, geb. 17. 9. 1879 (deutsch-tschechisch).

Wien, Verein für Geschichte der Arbeiterbewegung H. H.

7.2.17 Lehrvertrag

Ausgestellt für Josef Renetzeder vom 16. 11. 1918.

Wien, Österreichische Raiffeisenakademie H. H.

7.2.18 Territoriale Einteilung der Aufsichtsbezirke der k. k. Gewerbe-Inspektion mit Ende des Jahres 1893

Aus: Ministerial-Verordnung vom 25. 10. 1893, RGBl Nr. 158.

H. H.

7.2.19 Vorlage-Bericht des k. k. Central-Gewerbeinspektors Dr. F. Migerka an S. E. den Handelsminister Herr Felix Freiherrn Pino von Friedenthal (8. März 1885)

Aufgrund des Gewerbeinspektorengesetzes vom 17. 6. 1883, RGBl Nr. 117, § 13, hatten die Gewerbeinspektoren über ihre Tätigkeit und ihre Wahrnehmungen alljährlich an den Handelsminister ausführliche Berichte zu erstatten, „welche auch Aufschlüsse über die von den Arbeitern in der Ausführung ihrer Dienstesverrichtungen erlittenen Unglücksfälle und die Ursachen derselben, sowie etwaige Vorschläge über die im Interesse der Industrie einerseits und der Arbeiter andererseits zu treffenden legislativen und administrativen Massregeln zu enthalten haben."

Berichte der k. k. Gewerbeinspektoren für das Jahr 1885
H. H.

7.2.20 Gesuch Victor Adlers um Aufnahme als Gewerbeinspektor

Der spätere sozialdemokratische Parteiführer Victor Adler hatte schon 1882 als Verfasser der sozialpolitischen Partien des „Linzer Programmes" sozialpolitische Ambitionen erkennen lassen; aufbauend auf den Ergebnissen einer vom Handelsministerium bewilligten Forschungsreise arbeitete er eine vergleichende Darstellung über das Gewerbeinspektorat in Europa aus und bewarb sich 1883 um die Aufnahme als Gewerbeinspektor. Trotz wohlwollender Behandlung des Gesuches durch den Zentralgewerbeinspektor Migerka wurde sein Ansuchen um Aufnahme abschlägig entschieden.

Wien, Allgemeines Verwaltungsarchiv, HM Zl. 31.235/1883 H. H.

7.2.21 Muster einer Arbeitsordnung, 1902

Gemäß § 88a der Gewerbeordnung in der Fassung der Novelle 1885 mußte in den Fabriken und allen übrigen gewerblichen Betrieben mit über 20 Hilfsarbeitern eine „vom Gewerbsinhaber unterschriebene, sämtlichen Hilfsarbeitern bei ihrem Eintritte zu verlautbarende Arbeitsordnung" im Betrieb angeschlagen sein, worin alle wesentlichen Angaben über die Arbeitsbedingungen in diesem Betrieb enthalten sein mußten. Die Arbeitsordnung mußte der Gewerbebehörde zu Kontrollzwecken vorgelegt werden.

Wien, Technisches Museum H. H.

7.3 Die Sozialreformer um 1880

7.3.1 Die Sozialreformer um 1880

Graphik, Entwurf: H. H., Ausführung: Sylvie Proidl, Reingard Tamchina

7.3.2 Graf Taaffe bei der Arbeit. Karikatur Abb.

„Er flickt den gebrochenen Ring der Niegelungen." Die Karikatur nimmt Taaffes „Schaukelpolitik" bzw. den „eisernen Ring" aufs Korn, der wegen der schwierigen Mehrheitsbildungen immer wieder brüchig wurde.

Der junge Kikeriki 1885, Nr. 217, S. 1, Titelblatt H. H.

7.3.3 Karikatur anläßlich der Konstituierung der ersten Regierung Taaffe Abb.

„Der Impresario: Also versuchen Sie Ihre Kraft, meine Herren! Wer's auf die höchste Ziffer bringt, kann eintreten ins Kabinet."
Die negative Einstellung zur liberalen Dezemberverfassung wird als das wichtigste Aufnahmekriterium für die neue Regierung ironisiert.

Lit.: KARL VOCELKA, Karikaturen und Karikaturen zum Zeitalter Kaiser Franz Josephs. 1986, S. 66

Figaro, 30. 8. 1879 H. H.

Kat.-Nr. 7.3.2

Kat.-Nr. 7.3.3

7.3.4 Der Gargantua der socialen Frage. Karikatur

Verspottung der „Zuckerbrot- und Peitsche-Politik" der Regierung Taaffe.

Der junge Kikeriki, 8. 4. 1886 H. H.

7.3.5 Die moderne Gesetzbuch-Überschwemmung. Karikatur

Im Gegensatz zur liberalen Ära zeichnete sich die Ära Taaffe durch eine besonders lebhafte Gesetzesproduktion aus, womit gleichzeitig der wachsende Staatseinfluß dokumentiert wird.

Der junge Kikeriki 1885, Nr. 210, Titelblatt H. H.

7.3.6 Emil Steinbach (1846–1907)

1874 von Justizminister Julius Glaser ins Justizministerium berufen, leistete Emil Steinbach seit 1882 die maßgeblichen Vorarbeiten für die Arbeiterversicherungsgesetze; 1887 Sektionschef; 1891 Finanzminister bis zum Sturz der Regierung Taaffe, der hauptsächlich auf eine von Steinbach parlamentarisch ungenügend vorbereitete Wahlrechtsreform-Vorlage zurückzuführen war; 1904 Präsident des Obersten Gerichtshofes.

Wien, Österreichische Nationalbibliothek, Porträtsammlung und Bildarchiv, Pg 11614:1

H. H.

Kat.-Nr. 7.3.7

7.3.7 Der Tramway-Strike in Wien Abb.

„In Hernals wird ein Tramway-Waggon aus dem Geleise gehoben." (Datum des Streiks: 21./22. 4. 1889)

Das interessante Blatt 1889, Nr. 18 (2. 5. 1889) H. H.

7.3.8 Wie sich die Wiener Anarchisten die sociale Frage gelöst denken. Karikatur Abb.

„Die Tischler narkotisiren die nicht zu ihrem Verein gehörenden Schuster und die Schuster wieder narkotisiren die Tischler – die Vereinsmitglieder haben dann Geld und keine Konkurrenten, und die sociale Frage ist gelöst."
Im Zusammenhang mit Straftaten der Wiener Anarchisten wird hier ironisch eine Alternative zu dem 1883 im Rahmen der ersten Gewerbeordnungsnovelle eingeführten Befähigungsnachweis vorgeschlagen.

Der junge Kikeriki 1883, Nr. 66, S. 2 H. H.

7.3.9 Resolution über Arbeiterschutz-Gesetzgebung und „Sozialreform"

Hrsg. von J. Popp und G. Häfner
Wien 1889

Nach dem stenographischen Protokoll, hrsg. von J. Popp und G. Häfner, in: Resolution über die Arbeiterschutz-Gesetzgebung und ‚Sozialreform' (Wien 1889). In der „Resolution" wird die Arbeiter-Unfall- und Krankenversicherung abgelehnt, da sie die Kosten der Armenversorgung auf die Arbeiter überwälze und deren Selbsthilfeorganisationen schwäche; auch die Arbeiterschutz-Gesetzgebung (Gewerbeinspektorate, 11-Stundentag) stößt als „schwächlich und lückenhaft" auf Ablehnung, und es werden weitergehende Forderungen erhoben, die im 8-Stundentag gipfeln. Schon seit Beginn der neunziger Jahre schwenkte die Führung der Sozialdemokraten zu einer der staatlichen Sozialpolitik günstiger gesinnten Haltung um.

Lit.: WEIDENHOLZER, Der sorgende Staat. 1985.

Wien, Österreichische Nationalbibliothek, Druckschriftensammlung, 222.141-B H. H.

Kat.-Nr. 7.3.8

7.3.10 Die Nothwendigkeit einer neuen Grundentlastung

Freiherr C. v. Vogelsang
Wien 1880

Wien, Österreichische Nationalbibliothek, Druckschriftensammlung 106.039-C H. H.

7.3.11 Oesterreichische Monatsschrift für Christliche-Social-Reform

Freiherr C. v. Vogelsang
Wien 1879 ff

Die von Vogelsang seit 1879 herausgegebene Monatsschrift war das führende Organ der christlichen Sozialbewegung in der Taaffe-Ära.

Wien, Österreichische Nationalbibliothek, Druckschriftensammlung 397.886-B H. H.

7.3.12 Die soziale Frage

Rede, gehalten von Alois Prinz Liechtenstein am 3. 5. 1877
Wien 1877

Alois Prinz von und zu Liechtenstein, geb. Wien 18. 11. 1846, gest. Wien 25. 3. 1920; zunächst Diplomat, durch seine Freundschaft mit Carl von Vogelsang seit 1875 Proponent der katholischen Volksbewegung; 1880 Mitgestalter des „Eisernen Ringes"; in den achtziger Jahren als Parlamentarier maßgebliche Beteiligung an der Sozialgesetzgebung; 1891 Mitbegründer der Christlich-sozialen Partei; 1907 maßgeblich an der Vereinigung zwischen Christlich-Sozialen und Konservativen beteiligt.

Wien, Österreichische Nationalbibliothek, Druckschriftensammlung, 183.917-B H. H.

7.3.13 Über die socialen Aufgaben der Rechtswissenschaft

Inaugurationsrede, gehalten am 24. 10. 1895 von Dr. Anton Menger, derzeit Rector der Wiener Universität
Wien und Leipzig 1895

Anton Menger (von Wolfensgrün), geb. Maniów (Galizien) 12. 9. 1841, gest. Rom 6. 2. 1906; Jurist und Schriftsteller, der in Ablehnung marxistischer Lehren die juristische Bearbeitung des Sozialismus sowie die Verankerung sozialer Grundrechte (Recht auf vollen Arbeitsertrag, Recht auf Arbeit etc.) forderte.

Wien, Österreichische Nationalbibliothek, Druckschriftensammlung, 43.275-B H. H.

7.3.14 Schulze-Delitzsch oder Lasalle? Wem sollen wir folgen?

Eine Vergleichung der beiden Systeme Selbsthilfe und Staatshilfe. Von einem Arbeiter
Wien 1868

Der Streit um „Staatshilfe oder Selbsthilfe" reicht bis in die sechziger Jahre zurück, als sich auch noch in der Arbeiterschaft zahlreiche Schulze-Delitzsch-Befürworter fanden. Später, insbes. seit dem Börsenkrach von 1873, rekrutierte sich die Anhängerschaft von Schulze-Delitzsch nahezu ausschließlich aus dem Mittelstand. Bei den Arbeitern trat der Selbsthilfegedanke von nun ab in Verbindung zu klassenkämpferischen Ideen, die Schulze-Delitzsch ablehnte.

Wien, Verein für Geschichte der Arbeiterbewegung H. H.

7.3.15 Rede des Prinzen Alois Liechtenstein über die Gewerbegesetz-Novelle

Gehalten im Abgeordnetenhause am 9. 12. 1882, in der 246. Sitzung
Wien 1882

Im Einklang mit C. v. Vogelsang erblickte auch A. v. Liechtenstein im mittelalterlichen Handwerk das Idealbild der Gewerbepolitik; dementsprechend ist die Rede Liechtensteins über die Gewerbegesetznovelle, die den Befähigungsnachweis für handwerksmäßige Gewerbe einführte, voll von Anklage gegen die dem Kleingewerbe abträgliche Konkurrenz des Industriekapitals, die durch die Einführung des Befähigungsnachweises eingeschränkt werden sollte.

Wien, Österreichische Nationalbibliothek, Druckschriftensammlung, 39.298-B H. H.

7.3.16 Über die Arbeiterfrage. Den Ehrwürdigen Brüdern, den Patriarchen, Primaten usw. Papst Leo XIII. (Enzyklika Rerum novarum)

Zur Lösung der sozialen Fragen forderte die am 15. 5. 1891 von Papst Leo XIII. erlassene Enzyklika Rerum novarum die Mithilfe der Kirche, staatliche Sozialpolitik und Selbsthilfe der Arbeiterschaft einschließlich Eigentumsbildung in Arbeiterhand.

Lit.: Die sozialen Enzykliken Leos XIII. und Pius' XI. Rerum novarum und Quadragesimo anno. Innsbruck 1931

H. H.

7.3.17 Das Programm der Socialpolitiker

Rede des Herrn Prof. Dr. Eugen v. Philippovich am 27. 10. 1896 in der Allgemeinen Wählerver-

sammlung der Landtagswähler des 1. Bezirkes der Stadt Wien
Wien 1896

Siehe Kat. 7.6.3

Wien, Österreichische Nationalbibliothek, Druckschriftensammlung, 89.849-B H. H.

7.4 Arbeiterversicherung

7.4.1 Arbeiterversicherung

Graphik, Entwurf: H. H., Ausführung: Michaela Moscouw, Sylvie Proidl, Reingard Tamchina

7.4.2 Ein Unglücksfall im Brauhause Abb.

Tödlicher Arbeitsunfall im Brauhaus Jedlesee (vgl. den Bericht in: Das interessante Blatt 1888, Nr. 8, S. 2).

Das interessante Blatt 1888, Nr. 8, Titelblatt H. H.

7.4.3 Ein Absturz vom Dache

Ein Ziegeldecker stürzt infolge des Brechens einer Leiter in der Westbahnstraße in Wien vom Dache.

Das interessante Blatt 1886, Nr. 33, S. 7 H. H.

Kat.-Nr. 7.4.2

7.4.4 Das Grubenunglück im Silberbergwerk in Przibram

„Die Leichen der Verunglückten werden wegen Raummangel in der Todtenkammer am Friedhofe selbst zur Agnoscirung ausgestellt." Durch einen Brand der Holzverkleidungen des ca. 1000 m tiefen Marienschachtes kamen am 31. Mai 1892 mehrere hundert Bergleute ums Leben.

Das interessante Blatt 1892, Nr. 23, S. 5 H. H.

7.4.5 Krankheit

Käthe Kollwitz
Photo nach Bleistiftzeichnung

7.4.6 Total-Ansicht des Kaiser-Franz-Josephs-Spitales in Wien

Das 1891 vollendete, an der Triester Reichsstraße (heute Wien X., Triesterstraße) gelegene Spital war mit ca. 400 Betten einer der umfangreichsten und großzügigsten Spitalsbauten der Regierungszeit Kaiser Franz Josephs I.

Das interessante Blatt 1891, Nr. 23, S. 5 H. H.

7.4.7 Süßwasser-Sozialismus

Verhöhnung des 1890 erlassenen deutschen Alters- und Invaliditäts-Versicherungsgesetzes wegen seiner schlechten Leistungen.

Der junge Kikeriki 1888, Nr. 562, S. 2 H. H.

7.4.8 Allgemeine Arbeiter- Kranken- und Invalidenkasse in Wien

Einladung zur Delegirten-Versammlung, Sonntag, den 26. 4. 1885

Die Allgemeine Arbeiter- Kranken- und Invalidenkasse war eine schon 1867/68 im Anschluß an den Wiener Arbeiterbildungsverein ins Leben gerufene Arbeiterkasse auf Selbsthilfebasis. Das Hauptproblem der Arbeiterkassen bestand in der Zeit, aus der die Einladung zur Delegirten-Versammlung stammt, in deren Integration in das System der staatlichen Arbeiterversicherung.

Wien, Verein für Geschichte der Arbeiterbewegung H. H.

7.4.9 Die Wiener Spitalsnot und die Erhöhung der Verpflegskosten. Ein Wort an die Wiener Bevölkerung.

Flugblatt, um 1910

Aufruf der Allgemeinen Arbeiter- Kranken- und Unterstützungskasse in Wien sowie des Verbandes der Genossenschaften-Krankenkassen Wiens gegen die geplante Erhöhung der Verpflegsgebühren in den Spitälern durch den Statthalter in Niederösterreich Graf Kielmansegg. Die Wiener Arbeiter- und (Vereins)kasse sowie der Verband der Genossenschaften führten als sozialdemokratisch dominierte Organisationen einen permanenten Kampf gegen die Staatsverwaltung wegen der Höhe der Verpflegsgebühren.

Wien, Verein für Geschichte der Arbeiterbewegung H. H.

7.4.10 Das Wichtigste betreffen die Unfallversicherung der Arbeiter

Zusammengestellt für die Arbeiter, hrsg. vom Vorstande der Arbeiter-Unfallversicherungsanstalt für Niederösterreich und Wien, Anfang 20. Jh.

Die nö. Arbeiter-Unfallversicherungsanstalt war einer der ersten territorialen Unfallversicherungsträger. Ereignete sich ein Arbeitsunfall, so hatte der Arbeitgeber eine Unfallmeldung zu erstatten; der Arbeiter hatte Anspruch auf Ersatz der Heilkosten und, bei Invalidität, einen Rentenanspruch. Seit Ende des 19. Jhs. entwickelten die Unfallversicherungsanstalten auch verstärkte Aktivitäten auf dem Gebiete der Unfallverhütung und der Bekämpfung von Berufskrankheiten.

Lit.: F. STEINBACH, 90 Jahre Unfallversicherung. 1979 – H. HOFMEISTER, Ein Jahrhundert Sozialversicherung. 1981

Wien, Verein für Geschichte der Arbeiterbewegung H. H.

7.4.11 Auf zu den Wahlen für die Niederösterreichische Arbeiter-Unfallversicherungs-Anstalt

Herausgegeben vom Wahlkommittee, frühes 20. Jh.

Ein Drittel der Mitglieder des Vorstandes der territorialen Unfallversicherungsanstalten waren Arbeitervertreter, die unter dem Gesichtspunkt der Branchenzugehörigkeit aus dem Kreis der Arbeiter gewählt wurden.

Wien, Verein für Geschichte der Arbeiterbewegung H. H.

7.4.12 Regierungsvorlage zum Arbeiter-Unfall-Versicherungsgesetz 1887

Das Arbeiter-Unfall-Versicherungsgesetz war das erste der insgesamt drei Arbeiter-Versicherungsgesetze der Ära Taaffe, und trat am 1. 1. 1889 gemeinsam mit dem Krankenversicherungsgesetz in Kraft.

Wien, Allgemeines Verwaltungsarchiv, JM I, Karton 1948, Nr. 38 H. H.

7.4.13 Unfallanzeige durch den Arbeitgeber

Aufgrund des Arbeiter-Unfall-Versicherungsgesetzes war der Arbeitgeber verpflichtet, dem Versicherungsträger von Betriebsunfällen Anzeige zu erstatten.

Wien, Technisches Museum H. H.

7.4.14 Prospekt der Firma Topham & Co. für eine Sicherheitswelle

Wien, Technisches Museum

7.4.15 Prospekt der Fa. Neupert für eine Patent-Luft-Maske

Wien, Technisches Museum

7.4.16 Modell eines Riemenrückers

Wien, Technisches Museum

7.4.17 Modell eines Kreissäge-Schutzapparates

Wien, Technisches Museum

7.5 Kommunalpolitik

7.5.1 Entwicklung der Kommunalpolitik

Graphik, Entwurf: H. H., Ausführung: Michaela Moscouw

7.5.2 Die gemeinderäthliche Beratungsmaschine. Karikatur Abb.

Der junge Kikeriki 1884, Nr. 155, Titelblatt H. H.

7.5.3 Bei der Wahl auf der Landstraße ist der Papp immer die Hauptsache (Wählet nur Lueger). Karikatur

Der junge Kikeriki 1884, Nr. 120, Titelblatt H. H.

7.5.4 Städtischer Gasometer Simmering

Siehe hiezu den Antrag von 88 Mitgliedern vom 10. 7. 1896: „Der Gemeinderath beschließe: 1. Es sind die Gasanstalten, das Rohrnetz usw. der englischen Gasgesellschaft nicht abzulösen und ist der Bau eigener Gaswerke und eines eigenen Rohrnetzes so zu beschleunigen, daß mit der Erzeugung und dem Verkaufe von Gas in eigener Regie sofort nach Ablauf des Vertrages mit der englischen Gesellschaft begonnen werden kann. 2. Zur Vorberathung der diesbezüglichen Anträge des Stadtrathes ist eine Commission von sieben

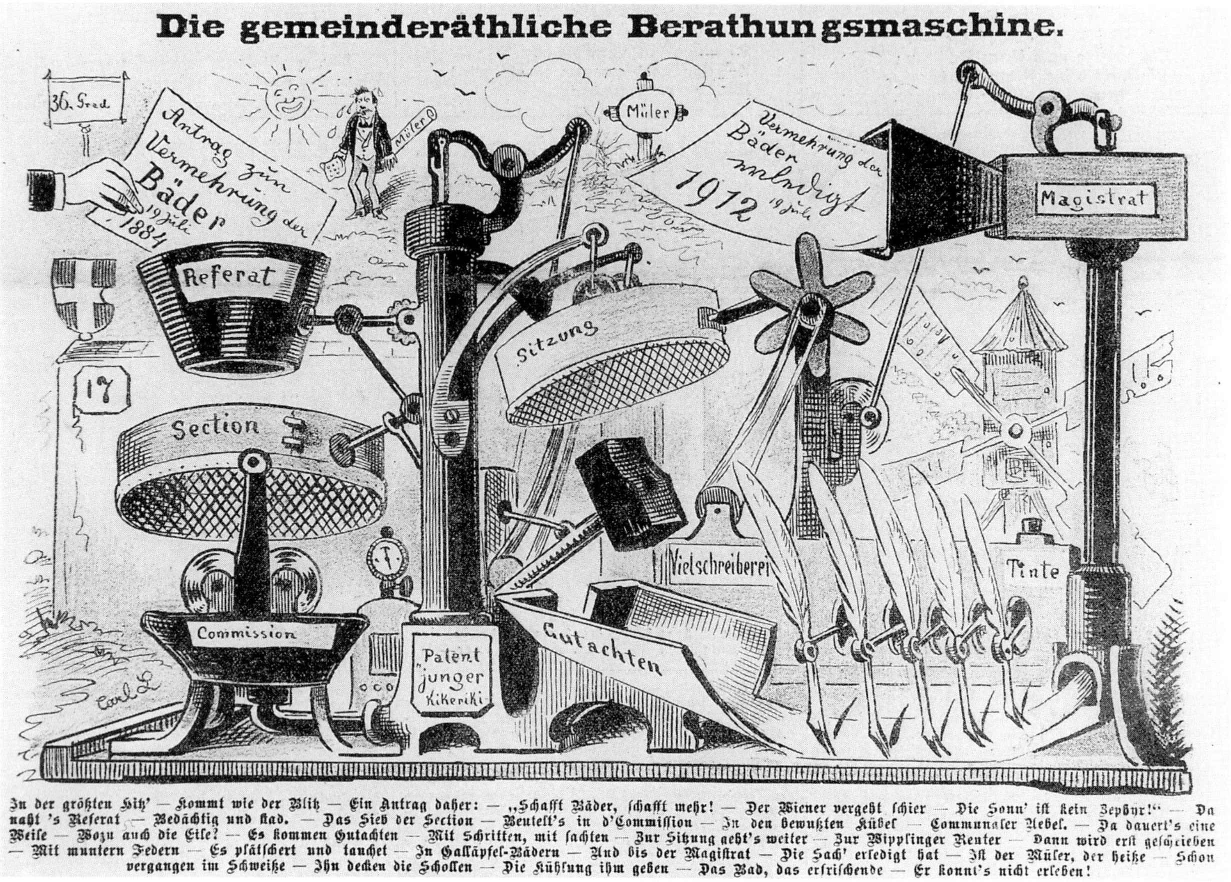

Kat.-Nr. 7.5.2

Mitgliedern aus dem Plenum des Gemeinderathes zu wählen." Am 27. 10. 1886 wurde der Antrag gegen die Stimmen der liberalen Opposition angenommen, am 28. 12. 1896 erfolgte der Spatenstich für den Bau des von Theodor Hermann geplanten städtischen Gaswerks.

Lit.: 85 Jahre Gaswerk Simmering – kommunale Gasversorgung. Publikation der Wiener Gaswerke. O. J. (1983)

Wien, Österreichische Nationalbibliothek, Porträtsammlung und Bildarchiv, 250.133 A (B) H. H.

7.5.5 Gaswerk der Imperial Continental Gas Association. Gaswerk Erdberger-Lände

Photo, vor 1900

Das Gaswerk der englischen Privatgesellschaft wurde entgegen der Forderung der liberalen Opposition von der Gemeinde Wien nicht übernommen, vielmehr errichtete diese ein gänzlich neues Versorgungssystem.

Wien, Österreichische Nationalbibliothek, Porträtsammlung und Bildarchiv, PCH 9203 C H. H.

7.5.6 Kraftwerk Simmering. Wien XI., Simmeringer Lände

Photo, um 1910

Bei der Kommunalisierung der Stromversorgung ging die Gemeinde (Karl Lueger) behutsamer vor als bei der Gasversorgung. Es dauerte daher ca. bis 1910, bis die private Konkurrenz der Gemeinde Wien vollkommen ausgeschaltet war.

Wien, Österreichische Nationalbibliothek, Porträtsammlung und Bildarchiv, PCH 9265 A H. H.

7.5.7 Schlußsteinlegung des Kaiser-Franz-Joseph-Jubiläums-Kinderspitals (Wilhelminenspital) am 25. VI. 1902

Karl Lueger an der Spitze der Stadtbehörden vor dem noch verhüllten Denkmal „Die Opferwilligkeiten“ von Ludwig Schadler in Erwartung des Kaisers.

Wien, Österreichische Nationalbibliothek, Porträtsammlung und Bildarchiv, 420.972 (B) RF H. H.

7.5.8 Karl Lueger bei Eröffnung des Lainzer Versorgungshauses 1904

Wien, Österreichische Nationalbibliothek, Porträtsammlung und Bildarchiv, Pf 118.0003: D6 (1904) H. H.

7.5.9 Zwei Damen besteigen einen Wagen der Wiener Elektrischen Straßenbahn

1913

Wien, Österreichische Nationalbibliothek, Porträtsammlung und Bildarchiv, PCH 17927 A H. H.

7.5.10 Die Wiener Tramway-Misere. Karikatur

Karikatur der Zustände im Wiener (privaten) Tramwaybetrieb zu Ende der achtziger Jahre.

Der junge Kikeriki 1888, Nr. 551, Titelblatt H. H.

7.6 Anfänge des sozialen Wohnbaues und des Wohnrechts

7.6.1 Anfänge des sozialen Wohnbaues und Wohnrechts

Graphik, Entwurf: H. H., Ausführung: Michaela Moscouw

7.6.2 Gesetz vom 9. II. 1892 betreffend Begünstigungen für Neubauten mit Arbeiterwohnungen

Reichsgesetzblatt 1892, Nr. 37

Das erste, freilich wenig erfolgreiche Wohnbauförderungsgesetz sah eine Befreiung jener neuerrichteten Wohngebäude von der Hauszinssteuer vor, die zu dem Zwecke gebaut wurden, um ausschließlich an Arbeiter vermietet zu werden und denselben „gesunde und billige Wohnungen“ zu bieten. Für den damaligen Arbeiter-Wohnstandard bezeichnend ist die Ausklammerung solcher Gebäude aus der Förderung, die Wohnungen enthalten, deren Fußböden unter dem Straßenniveau liegen bzw. Wohnungen unter 15 (!) m².

H. H.

7.6.3 Wiener Wohnungsverhältnisse

Eugen von Philippovich
Berlin 1894

Eugen Philippovich von Philipsberg, geb. Wien 15. 3. 1858, gest. Wien 4. 6. 1917; Nationalökonom und Sozialpolitiker; als letzterer Verfasser der eindrucksvollen Studie über „Wiener Wohnungsverhältnisse“.

Wien, Österreichische Nationalbibliothek, Porträtsammlung und Bildarchiv, 850.800 B H. H.

7.6.4 Das Währinger Cottage, entworfen von Heinrich Ferstel, 1888

Der 1872 auf Anregung des Architekten Heinrich Ferstel gegründete Wiener Cottageverein war der erste gemeinnützige Bauverein (Rechtsgrundlage Vereinsgesetz 1867), der tatsächlich eine Bautätigkeit in Wien entfaltete. Die von diesem Verein bevorzugte Bauform des Einfamilienhauses war für Arbeiter freilich unerschwinglich und praktisch den gehobenen Schichten (Beamte, Offiziere usw.) vorbehalten.

Lit.: Einfach wohnen, S. 17

H. H.

7.6.5 Lobmeyrhof in Wien-Ottakring

Eine Anlage der Kaiser-Franz-Joseph-Stiftung, 1896 nach Entwürfen der Architekten Theodor Bach und Leopold Simony errichtet.
Die im Jahre 1896 gegründete „Kaiser-Franz-Joseph-I.-Stiftung für Volkswohnungen und Wohlfahrtseinrichtungen“ verwirklichte als erstes Projekt den sog. Lobmeyrhof in Wien XVI., dessen Konzept in vielem bereits den kommunalen Wohnbau der Ersten Republik vorwegnimmt (Wohnungen von 28–56 m², WC innen, Gemeinschaftseinrichtungen wie Horte, Bibliotheken etc.).

H. H.

7.6.6 Krupp-Siedlung in Berndorf

Die um 1890 nach Plänen des Architekten der Hofburg Ludwig Baumann von der Stahlfirma Krupp errichtete „Gartenstadt“ Berndorf bildete eines der wenigen Beispiele eines qualitativ hochwertigen Werkswohnbaues durch Unternehmer; von Seiten der sozialdemokratischen Arbeiterschaft wurde freilich kritisiert, daß die Arbeiter durch das von Krupp praktizierte Abzahlungssystem in starke finanzielle Abhängigkeit vom Unternehmer gerieten.

Lit.: Einfach bauen, S. 18f.

H. H.

7.6.7 Anlage Braunhubergasse der Baugenossenschaft der Krankenkassen

Die Anlage wurde 1912 nach Plänen des Architekten Rothmüller errichtet. Die Baugenossenschaft der Krankenkassen (gegr. 1911) war eine der wenigen im Anschluß an die Schaffung des staatlichen Wohnbaufürsorgefonds ins Leben gerufene Baugenossenschaft in Arbeiterhand. Die meisten Wohnbaugenossenschaften waren (auch bereits vor 1910) Mittelstands- und Beamtengenossenschaften.

Lit.: Einfach bauen, S. 25

H. H.

7.6.8 Verordnung des Gesamtministeriums vom 26. Jänner 1917 über den Schutz der Mieter

Kernstück der Verordnung war das „Verbot einer nicht gerechtfertigten Erhöhung des Mietzinses"; demgemäß wurde der Justizminister und andere dazu ermächtigt, in Orten oder Gebieten, wo seit Kriegsbeginn eine außerordentliche Erhöhung der Mietzinse eingetreten oder vorauszusehen war, Höchstzinse für Wohnungs- und Geschäftsmieten im Sinne der Verordnung festzulegen.

Wien, Allgemeines Verwaltungsarchiv, JM I, Karton 178, Nr. 159

H. H.

7.6.9 Reichsgesetz vom 26. 4. 1912 betreffend das Baurecht

Reichsgesetzblatt 1912, Nr. 86

Mit dem von Franz Klein initiierten Baurechtsgesetz sollte vor allem der Siedlungswohnbau gefördert werden; der Inhaber des Baurechtes kann Eigentümer des von ihm errichteten Bauwerkes sein, ohne den Baugrund erworben zu haben.

H. H.

7.6.10 Reichsgesetz vom 22. 12. 1910 betreffend die Errichtung eines Wohnungsfürsorgefonds

Reichsgesetzblatt 1910, Nr. 242

Gemäß § 1 des Gesetzes wird „behuf Verbesserung der Wohnverhältnisse der minderbemittelten Bevölkerung... ein staatlicher Wohnungsfürsorgefonds errichtet, der 1911 und 1912 zusammen 1,5 Mio. Kronen, 1913 1,3 Mio. Kronen usw. aus Staatsmitteln erhalten sollte (§ 3). Aufgabe des Fonds war die „Kredithilfe" an Selbstverwaltungskörper (insbes. Gemeinden), öffentliche Körperschaften und Anstalten, und zwar durch Übernahme von Bürgschaften oder unmittelbarer Darlehensgewährung (§ 4).

H. H.

7.6.11 Bericht der Kaiser-Franz-Joseph-I.-Stiftung über das von ihr errichtete Männerheim in Wien XX., Meldemannstraße

Wien, Technisches Museum

7.7 Genossenschaftswesen

7.7.1 Entwicklung des Genossenschaftswesens

Graphik, Entwurf: H. H., Ausführung: Michaela Moscouw

7.7.2 Gründungsurkunde der Raiffeisenkasse St. Martin/OÖ

14. September 1892

Die Urkunde enthält den Beglaubigungsvermerk des k. k. Bezirksgerichtes Neufelden vom 10. Jänner 1893.

Wien, Österreichische Raiffeisenakademie H. H.

7.7.3 Genossenschaftsstand der Gastwirthe für Wien und dessen Umgebung, Jahr 1884

Mit Nr. 181 ist Eduard Sacher eingetragen.

Wien, Österreichische Nationalbibliothek, Druckschriftensammlung, 49.095-B H. H.

7.7.4 Wegeplan des Revisors Franz von Valmagingi für das Jahr 1904

Der aufgrund des Revisionsgesetzes aus 1903 im Dienste des genossenschaftseigenen Revisionsverbandes tätige Revisor F. v. Valmagingi hatte in seinem Rayon (Mittelpunkt: Karlsbad/Böhmen) 25 Kredit-, eine Konsum- und 2 „sonstige" Genossenschaften zu kontrollieren und hatte dabei in ca. 40 Tagen 1.000 km mit der Bahn sowie 140 km mit dem Wagen zurückgelegt.

Wien, Archiv des Verbandes der gewerblichen Genossenschaften H. H.

7.7.5 Friedrich Wilhelm Raiffeisen

Geb. Hamm an der Sieg am 30. 3. 1818, gest. Neuwied 11. 3. 1888; Schöpfer der Raiffeisenkassen mit dem Ziel der lokalen Versorgung der Bauern mit günstigen landwirtschaftlichen Betriebskrediten; im Gegensatz zu Schulze-Delitzsch akzeptierte Raiffeisen Staatshilfe neben dem Selbsthilfeprinzip.

Wien, Österreichische Nationalbibliothek, Porträtsammlung und Bildarchiv, 140.667 A H. H.

7.7.6 Hermann Schulze-Delitzsch Abb.

Geb. Delitzsch/Sachsen 29. 8. 1808; gest. Potsdam 29. 4. 1883; sozialliberaler Gründer des deutschen Genossenschaftswesens auf der Grundlage der „reinen", d. h. Staatshilfe radikal ablehnenden Selbsthilfe. – Die 1871 gegründete Zeitschrift „Die Genossenschaft" ist das Organ des „Allgemeinen Verbandes der Erwerbs- und Wirtschafts-Genossenschaften in Österreich".

Die Genossenschaft, Wien, den 5. Mai 1883, Nr. 18 H. H.

7.7.7 Gründungsurkunde des Consumvereines der Arbeiter der Teesdorfer Spinnfabrik, 22. Juli 1856

Mitteilung an das k. k. Bezirksamt Baden

In der Eingabe an N. Ö. Statthalterei bitten die Arbeiter der Teesdorfer Spinnfabrik durch den Spinner Franz Endler „um gnädige Bewilligung zur Errichtung eines wechselseitigen Unterstützungsvereines zur möglichst billigen Anschaffung der Nahrungsbedürfnisse". Die Errichtung dieses ältesten Konsumvereines auf österreichischen Boden mußte auf der Grundlage des Vereinspatentes aus 1852 erfolgen und bedurfte daher der staatlichen Bewilligung (Konzession).

Lit.: Achtzig Jahre Consumverein Teesdorf. Der älteste Consumverein Österreichs (Genossenschaftl. Schriftenreihe. 1. Verlag des Zentralverbandes österr. Konsumvereine) Wien o. J.

Wien, Österreichische Raiffeisenakademie H. H.

7.7.8 Genossenschafts-Vertrag respektive Statuten des Ersten Wiener Consum-Vereines, reg. Genossenschaft m. b. H.

Das Genossenschaftsgesetz aus 1873 schuf eine neue Rechtsgrundlage für die Genossenschaften, die im Anschluß an das Gesetz Statutenänderungen vornahmen, der Erste Wiener Consum-Verein am 26. 3. 1874.

Wien, Österreichische Nationalbibliothek, Druckschriftensammlung, 198.029-B H. H.

7.7.9 Beitrittserklärung des Quirinus Notz zur Raiffeisenkasse Mühldorf und Umgebung

Die Raiffeisenkasse Mühldorf bei Spitz ist die älteste ihrer Art in Österreich, die ausgestellte Beitrittserklärung, dat. vom 1. 1. 1887 eine der ersten nach der Ende 1886 erfolgten Gründung.

Wien, Österreichische Raiffeisenakademie H. H.

Kat.-Nr. 7.7.6

7.7.10 Vorstandswahl zur Raiffeisenkasse Kirchdorf in Tirol (registriert durch das Landesgericht Innsbruck am 22. 1. 1889)

Die Raiffeisenkasse Kirchdorf/Tirol ist eine der zahlreichen, unter maßgeblicher Förderung durch die Landesverwaltung während der Ära Taaffe entstandenen Raiffeisenkassen. Wie im Falle Kirchdorfs spielten in der Gründungsphase Gemeindeärzte, Pfarrer etc. eine maßgebliche Rolle als Initiatoren; die Großzahl der Mitglieder waren einfache Bauern, die zum Teil des Schreibens und Lesens unkundig waren.

Raiffeisenverband Tirol H. H.

7.7.11 Statuten der registrirten Sennerei-Genossenschaft Oberdorf-Dornbirn mit unbeschränkter Haftung

Dornbirn 1879

Die Sennerei-Genossenschaft Oberdorf-Dornbirn bildet ein Beispiel für eine ursprünglich nach dem System Schulze-Delitzsch errichtete, später ins System Raiffeisen übergeführte Genossenschaft.

Raiffeisenverband Vorarlberg H. H.

8. POLITISIERUNG DER MASSEN

8.1 Studenten – Beispiel für politische Elitenbildung

8.1.1 Verschiedene Couleurkarten

Postkarten

Eine besondere Rolle bei der Formulierung und Verbreitung politischer Inhalte spielten die Studenten bzw. die nach deutschem Vorbild an allen österreichischen Hochschulorten gegründeten studentischen Korporationen und Verbindungen. Die ideologischen Konzepte der verschiedenen politischen und nationalen Gruppierungen fanden dort rasch Aufnahme. Man berauschte sich an radikalen Phrasen, darin bestärkt von festrednernden Politikern, die bei den diversen Kommersen das Klima zusätzlich anheizten wie auch umgekehrt die erregte Atmosphäre auf eine breitere Öffentlichkeit überschwappte. Lag die eine Auswirkung der studentischen Aktivitäten also in der direkten Beeinflussung des innenpolitischen Klimas, ist darüber hinaus die „Fernwirkung" der Verbindungen nicht gering zu schätzen, gingen doch aus deren Führungskadern viele spätere Politiker und Parlamentarier hervor.

Lit.: HELMUT ENGELBRECHT, Geschichte des österreichischen Bildungswesens IV: Von 1848 bis zum Ende der Monarchie. 1986.

Wien, Sammlung Dipl.-Vw. Helge Dvorak — P. U.

8.1.2 Schillerfeier vor dem Schillerdenkmal in Wien, 1905

Schon bald setzte sich innerhalb der deutschsprachigen Studentenschaft das deutschnationale Gedankengut gegenüber der stärker österreich-bezogenen etatistisch-dynastischen Richtung durch. Die Betonung des gemeinsamen deutschen Kulturerbes, das sich in zahllosen Veranstaltungen (Wagner-Kommerse, Schillerfeiern etc.) dokumentierte, führte aber auch zu einer entschiedenen Frontstellung gegen andersnationale und -konfessionelle Gruppen (insbesondere die Juden).

Lit.: PAUL MOLISCH, Politische Geschichte der deutschen Hochschulen in Österreich von 1848 bis 1918. 1922 – JOHANN RAMMINGER, Nationalismus und Universität: Die Genese des Nationalismus und die cisleithanischen Universitäten 1859–1900. 1981.

Wien, Österreichische Nationalbibliothek, Porträtsammlung und Bildarchiv, Pz 1905 V 7/1/12 — P. U.

8.1.3 Schiller-Kommers der Deutschen Studentenschaft Wiens, 11. Mai 1905

Postkarte

Wien, Sammlung Dipl.-Vw. Helge Dvorak — P. U.

8.1.4 Tischläufer mit deutschnationalen Motiven

Stoff, bestickt, 160 × 21 cm

Stadtamt Zwettl — P. U.

8.1.5 Die Führer des Deutschtums

Postkarte

Die deutschnationale Studentenschaft machte aus ihrer Begeisterung für das „außerösterreichische" Deutschland kein Hehl. Trinksprüche auf Bismarck und das Absingen der „Wacht am Rhein" gehörten zum standardisierten Ritual aller Veranstaltungen. Die Berufung auf „Turnvater" Jahn erinnerte ebenso wie die Farben schwarz-rot-gold an die (teils in der Romantik, teils im Revolutionären wurzelnden) Anfänge der deutschen Nationalbewegung. In den späten siebziger und den achtziger Jahren war von den „einheimischen" Politikern Georg von Schönerer der unbestrittene „Star" unter den Studenten. Neben seiner nationalistischen und antisemitischen Einstellung war es der antiklerikale Affekt Schönerers, der die Studenten besonders ansprach. Seine „Los-von-Rom"-Bewegung stieß deshalb dort auch auf große Resonanz.

Lit.: PAUL MOLISCH, Geschichte der deutschnationalen Bewegung in Österreich von ihren Anfängen bis zum Zerfall der Monarchie. 1926.

Wien, Sammlung Dr. Lukan — P. U.

8.1.6 Glaskaraffe mit 6 Gläsern mit Emblem des Wiener Akademischen Turnvereins

Krug, H = 52 cm, Gläser, H = 21 cm

Der Konnex zwischen „Turnen" in seiner national gefärbten Ausprägung, die es von Friedrich Ludwig Jahn erhielt, und „Studenten" mit ebensolchen Zielen wird besonders deutlich im Wiener Akademischen Turnverein.

Wien, Wiener Akademische Burschenschaft Olympia — P. U.

8.1.7 Bierkrug der Burschenschaft Teutonia in Czernowitz, 1910

Steinzeug, Wandung heraldisch bemalt, Zinndekkel mit gravierter Widmung, H = 15 cm

Die 1875 neugegründete Universität Czernowitz war als multi- und übernationale Institution gedacht. Auch an ihr ging der Nationalismus nicht spurlos vorüber, doch paralysierten einander die verschiedenen Nationalismen, so daß die Universität – stärker als anderswo – ihrer doppelten Aufgabe gerecht werden konnte: aus der Begegnung der verschiedenen Völker, Verständnis füreinander und ein kreatives Klima zu schaffen, andererseits die Entwicklung der jeweils eigenen Gruppe zu fördern.

Lit.: EMANUEL TURCZYNSKI, Czernowitz als Beispiel einer integrativen Universität. In: FERDINAND SEIBT (Hg.), Die Teilung der Prager Universität 1882 und die intellektuelle Desintegration in den böhmischen Ländern. 1985, S. 189–202.

Hollabrunn, Neues Museum, AW Inv. Nr. 112 P. U.

8.1.8 Auf der Mensur Farbabb. 22

Johann Michael Kupfer, Wien 1886
Öl auf Leinwand, 74 × 113 cm

Die Mensur auf Schläger wurde am 26. 11. 1886 in Wien IX, Grüne Thorgasse 9, der damaligen Bude der Olympia, zwischen den Burschenschaften Germania und Silesia ausgetragen und auf Wunsch des Wiener Germanen Karl Lesk (1862–1945; vorne rechts stehend ohne Mütze, jedoch mit Band und Bierzipf) vom Maler Johann Michael Kupfer (1859–1914) angefertigt. Alle auf dem Bild dargestellten Personen sind genau nach ihrem wirklichen Aussehen porträtiert, darunter manch spätere Berühmtheit. Der links in der Mitte stehende „Unparteiische“ ist der Olympe und spätere bedeutende Internist Franz Chvostek (1864–1944), vorne links mit Bierkrug der nachmalige großdeutsche Abgeordnete Josef Ursin (1863–1932).

Wien, Wiener Akademische Burschenschaft Olympia
Helge Dvorak

8.1.9 Mensurband

Schwarz-grün-goldenes Band mit eingestickten Mensuren, ca. 300 cm

Für die schlagenden Verbindungen – und das waren im 19. Jahrhundert weitaus die meisten – stellte die Mensur einen unverzichtbaren Bestandteil des studentischen Lebens dar. Sie sahen darin eine Schulung zur Fairness im Lebenskampf, und ein ideelles Band der Mitgliedschaft. In dieser Einstellung unterschieden sie sich von den katholischen Verbindungen, die Duell und Mensur auf das entschiedenste ablehnten, was zu schweren Auseinandersetzungen zwischen diesen beiden Gruppen führte.

Lit.: PETER KRAUSE, Studentisches Brauchtum. Ausstellungskatalog. Wien 1983.

Wien, Wiener Akademische Burschenschaft Olympia P. U.

8.1.10 Burschenband

Schwarz-rot-gold mit grünem Passepoil, eingestickt: Mime mit Zirkel

Wien, Katholische österreichische Studentenverbindung Austria P. U.

8.1.11 Parade-Cerevis

Farben: gold-schwarz-rot, mit Weinlaub-Stickerei

Wien, Katholische österreichische Studentenverbindung Austria P. U.

8.1.12 Bier-Tonne

Mit Dreifarb schwarz-silber-rot

Wien, Katholische österreichische Studentenverbindung Austria P. U.

8.1.13 Wiener Straßenbilder, Universitätsbummel

Rudolf Kusten
Postkarte

Die Polarisierung der Studentenschaft führte rasch zu vielfältigen Formen der Auseinandersetzung zwischen national und konfessionell heterogenen Gruppen. Demonstrationen, Krawalle, Vorlesungsstreiks, Schlägereien etc. waren an der Tagesordnung. Die von Rektoren hie und da verfügten „Farbenverbote“, das Verbot auf Universitätsboden die Verbindungsfarben zu tragen, hatten nur in den seltensten Fällen den gewünschten kalmierenden Effekt.

Wien, Sammlung Dipl.-Vw. Helge Dvorak P. U.

8.1.14 Österreichs Zukunft

Fritz Schönpflug
Postkarte

Wien, Sammlung Dipl.-Vw. Helge Dvorak P. U.

8.1.15 Die Revolte in Prag

Postkarte

Auseinandersetzungen und Tätlichkeiten, die zwischen rivalisierenden Studenten beinahe schon zum Alltag gehörten, erfaßten manchmal auch die „nichtstudentische“ Bevölkerung. Allerdings geschah dies meist im Zusammenhang mit politischen Ereignissen, die die Leidenschaften bereits aufgewühlt hatten, wie etwa im gegenständlichen Fall die Badeni-Krise (vgl. Kat. Nr. 10.1) oder in Innsbruck die Wahrmund-Affäre (vgl. Kat. Nr. 10.6)

Leoben, Sammlung Doz. Dr. Jontes P. U.

8.1.16 Couleurkarte der J. A. V. „Unitas“

Postkarte

Die Zahl der jüdischen Studenten war besonders an der Wiener Universität recht hoch. Anfänglich in den bestehenden Verbindungen korporiert (Theodor Herzl z. B. war

Mitglied der radikal deutschnationalen „Albia") wurden sie durch den aufkeimenden Antisemitismus aus diesen hinausgedrängt. Ab 1882 entstanden daher eine Reihe jüdischer akademischer Verbindungen (die erste war die „Kadimah"), die die „bedrohten Interessen der jüdischen Studentenschaft" an den Universitäten zu wahren suchten. – Auch andere Nationalitäten entwickelten ein Verbindungsleben, wenngleich dieses dort nicht jene Bedeutung für die Politik erlangte wie bei den Deutschen.

Lit.: ALOIS GAISBAUER, Eine Jugendbewegung. Zur Geschichte der jüdisch-nationalen Studentenbewegung in Österreich 1882–1914. In: Zeitgeschichte 2 (1975) S. 135–147.

Wien, Sammlung Dipl.-Vw. Helge Dvorak P. U.

8.1.17 Couleurkarte der Austria-Wien

Postkarte

Als Gegengewicht gegen den Antiklerikalismus der liberalen und nationalen Studentenorganisationen kam es zur Gründung katholischer Verbindungen. Die erste – Austria-Innsbruck – entstand 1864, Austria-Wien folgte 1876 als Studentenverein (1893 in eine Verbindung umgewandelt), zu weiteren Gründungen kam es in den achtziger Jahren in Wien, Prag und Graz. Allerdings nahm das katholische Verbindungswesen, das im Cartellverband (CV) zusammengeschlossen war, erst um die Jahrhundertwende an Zahl und Bedeutung zu. Diese Zunahme und die innere Entwicklung des katholischen Lagers insgesamt, aber auch mit den Auseinandersetzungen zwischen der konservativen und der christlichsozialen Richtung innerhalb dieses Lagers.

Lit.: GERHARD POPP, CV in Österreich 1864–1938. 1984.

Wien, Sammlung Dipl.-Vw. Helge Dvorak P. U.

8.1.18 Couleur der K. d. St. V. Austria, um 1900

Goldbraune Deckelfarbe mit weiß-gold-schwarzem Dreifarb

Die Farben, die sich die Verbindungen wählten, waren meist programmatischer Natur. Weist das Schwarz-rot-gold vieler Burschenschaften auf die großdeutsche bzw. deutschnationale Ausrichtung hin, macht das Weiß-gold-schwarz der Austria deren Programm deutlich: Für Kirche und Vaterland. Innerhalb der katholischen Bewegung stand die Austria, der katholisch-konservativen, von Adel und hohen Klerus getragenen Richtung nahe (was sich unter anderem an den Ehrenmitgliedschaften zeigte), während die 1883 gegründete Norica starke Verbindungen zu den Christlichsozialen unterhielt.

Lit.: ROBERT REHBERGER, Geschichte der katholischen österreichischen Studenten-Verbindung Austria in Wien. 1956 – FRIEDRICH FUNDER, Das weiß-blau-goldene Band. „Norica". Fünfzig Jahre Wiener katholischen deutschen Farbstudententums. 1933.

Wien, Katholische österreichische Studentenverbindung Austria P. U.

8.1.19 Fuchsenband der K. d. St. V. Austria

Gelb-schwarz-gelb

Wien, Katholische österreichische Studentenverbindung Austria P. U.

8.1.20 Korbschläger der K. d. St. V. Austria

Geätzte Klinge: Sr lb Austria anläßlich der Philistrierung: Dr. Johann Leitner v. Rupert

Obwohl die katholischen Verbindungen im wesentlichen an die burschenschaftlichen Traditionen anknüpften, lehnten sie Duell und Mensur aus prinzipiellen Gründen ab. In den um die Jahrhundertwende gegründeten Antiduell-Ligen arbeiteten daher Angehörige katholischer Verbindungen an führender Stelle mit. Die Ablehnung der Mensur hatte von Anfang an zur Gegnerschaft zu den wehrhaften studentischen Korporationen geführt, die den katholischen Verbindungen das Tragen des Schlägers verbieten lassen wollten.

Wien, Katholische österreichische Studentenverbindung Austria P. U.

8.1.21 Bummelstock

Bambusholz mit polygonalem Knochengriff

Wien, Katholische österreichische Studentenverbindung Austria P. U.

8.1.22 Fahne und Fahnenband der deutschen katholischen Studentenverbindung Nordgau

Seide, Farb- und Goldstickerei, 167 × 113 cm

Die Fahne zeigt das Wappen der Korporation, das die 4 Prinzipien symbolisiert: Religion, Vaterland, Wissenschaft, Freundschaft, darunter den Wahlspruch: „Deutsch und Treu". Dieses Motto der Verbindung (die sich primär aus Studenten der böhmischen Länder rekrutierte) zeigt, daß die Kräfte des Nationalismus auch vor katholischen Verbindungen nicht halt machten. Ähnlich wie bei den Christlichsozialen wurde hier allerdings versucht, Betonung des Deutschtums und Reichspatriotismus zu verbinden, was u. a. aus der Tatsache erhellt, daß die Patenschaft über die 1907 in Olmütz geweihte Fahne die Gattin des Thronfolgers übernahm, die auch ein Fahnenband stiftete.

Wien, Katholische österreichische Hochschulverbindung Nordgau-Wien P. U.

8.2 Deutschnationale

8.2.1 Georg Ritter von Schönerer (1842–1921)

Schönerer, der „Schloßherr von Rosenau“ begann seine politische Karriere als Verfechter liberaler Ideen, aber als engagierter Kritiker des liberal-großbürgerlichen Establishments. Bald entwickelte er sich zum anerkannten Führer der deutschnationalen Bewegung, die sich in den siebziger und achtziger Jahren vor allem auf die Studenten und die Intelligenzschicht stützte, darüber hinaus aber in breiten Kreisen der Bevölkerung Sympathie, Unterstützung und Zustimmung fand. Schönerers Maßlosigkeit in seinen Forderungen (rassischer Antisemitismus, Anschluß an Deutschland) und in seinem Auftreten sowie mangelndes organisatorisches Talent führten dazu, daß sein unmittelbarer Einfluß auf die Politik gering blieb.

Lit.: ANDREW G. WHITESIDE, Georg Ritter von Schönerer. Alldeutschland und sein Prophet. 1981.

Wien, Österreichische Nationalbibliothek, Porträtsammlung und Bildarchiv, Pf 100.560 B P. U.

8.2.2 Unser Programm (= Linzer Programm vom 1. September 1882)

Das Linzer Programm hätte der Ausgangspunkt für eine große, sozial fortschrittliche und nationaldemokratische Partei werden sollen. Neben die staatsrechtlichen Forderungen (Personalunion mit Ungarn, Sonderstellung Galiziens und Dalmatiens, deutsche Staatssprache etc.) – die z. T. schon früher erhoben worden waren –, traten sozialpolitische (progressive Einkommenssteuer, Luxussteuer, Normalarbeitszeit) sowie solche nach Vertiefung liberal-rechtsstaatlicher Grundsätze. An der Erarbeitung des Linzer Programms waren auch Männer beteiligt, die später in anderen politischen Lagern ihre Heimstatt fanden; unter ihnen waren auch Juden. Antisemitische Programmpunkte wurden von Schönerer erst 1885 ins Linzer Programm eingefügt.

Lit.: KLAUS BERCHTOLD, Österreichische Parteiprogramme 1868–1966. 1967.

Unverfälschte Deutsche Worte, 1. Jänner 1885, Jg. 3, Nr. 1 P. U.

8.2.3 Glashumpen mit Zinndeckel und Porträt Schönerers

Glas, bemalt, Zinn, H = 20 cm, Dm = 9 cm

Schönerers Popularität war in den achtziger Jahren ungemein groß, vor allem unter der studentischen Jugend. Darüber hinaus machten ihn z. B. sein Auftreten in der Frage der Nationalisierung der Nordbahn, seine Gegnerschaft gegen die Auswüchse des liberal-kapitalistischen Systems und wohl auch seine antisemitischen Ausfälle in weiten Kreisen bekannt. Er war auf dem besten Weg, zur Integrationsfigur für das deutsch-nationale Lager zu werden und genoß beinahe mythische Verehrung.

Lit.: WILLIAM MCGRATH, Dionysian Art and Populist Politics in Austria. 1974. – CARL E. SCHORSKE, Ein neuer Ton in der Politik; ein österreichisches Trio. In: DERS., Wien. Geist und Gesellschaft im Fin de Siècle. 1982, S. 111–168.

Stadtamt Zwettl, Inv. Nr. 350 P. U.

8.2.4 Schreibmappe für Georg Schönerer

Goldener Samt mit schwarz-rot-goldenem Band eingefaßt, darauf gestickter Kranz aus Eichenlaub und Kornblumen, 44 × 36 cm

Stadtamt Zwettl P. U.

8.2.5 Spazierstock mit Schönerer-Knauf

Holz, L = 88 cm, Knauf: L = 8 cm, Dm = 5 cm

Stadtamt Zwettl, Inv. Nr. S 120 P. U.

8.2.6 Beim Strafantritt Schönerers. Karikatur

Die Gruppe um Schönerer hatte verbale und physische Gewalttätigkeit zum Mittel ihrer Politik gemacht; Schönerer selbst war mehrfach angeklagt worden. Als 1888 eine Zeitung vorzeitig den Tod des Deutschen Kaisers meldete, stürmten Schönerer und Genossen in die Redaktion und bedrohten die Journalisten. Schönerer wurde angeklagt und zu 4 Monaten Arrest und dem Verlust des Adelstitels verurteilt, für die Dauer von 5 Jahren wurden ihm die bürgerlichen Rechte aberkannt. Die Karikatur nimmt bezug auf Schönerers Antisemitismus, der zum dominierenden Zug in seinem politischen Credo geworden war. Zwar waren antisemitische Tendenzen weit verbreitet, Schönerers rabiaten Rassismus teilten aber nur wenige.

Lit.: PETER G. J. PULZER, Die Entstehung des polit. Antisemitismus in Deutschland und Österreich. 1966 – KARL VOCELKA, Karikaturen zum Zeitalter Kaiser Franz Josephs, Abb. 86.

Der Kikeriki, 12. 7. 1888 P. U.

8.2.7 Georg Schönerer im Gefängnis Abb.

Originalphoto, 22 × 16 cm

Während Schönerers erzwungener Absenz von der politischen Arena gewannen im deutschnationalen Lager moderatere Kräfte die Oberhand. Trotz verbaler Radikalität bewegten sich die Politiker der „Deutschen Volkspartei“ und später des „Deutschen Nationalverbands“ im wesentlichen innerhalb der Grenzen des politischen Systems: Unbeschadet ihres Wunsches nach enger Anlehnung an das Deutsche

Kat.-Nr. 8.2.7

Reich lehnten sie offen irredentistische Positionen ab. Im Inneren traten sie zwar vehement für die Bewahrung und wenn möglich Ausdehnung des „deutschen Besitzstandes" ein, besonnenere Elemente akzeptierten jedoch das Existenzrecht der anderen Nationalitäten auf dem Boden der Monarchie.

Lit.: HELWIG VALENTIN, Der Prozeß Schönerer und seine Auswirkungen auf die parteipolitischen Verhältnisse in Österreich. In: Österreich in Geschichte und Literatur 5 (1972) S. 56–65.

Stadtamt Zwettl, Inv. Nr. 422. P. U.

8.2.8 Bismarck-Krug mit deutscher Eiche Abb.

Keramik, H = 20 cm, Dm = 12 cm

In deutschnationalen Kreisen war die Begeisterung für das Deutsche Reich und seinen Kanzler weit verbreitet. Vergessen war die Tatsache, daß Bismarck die Deutsch-Österreicher aus dem gemeinsamen deutschen Vaterland hinausgedrängt und sie innerhalb der Habsburgermonarchie dadurch indirekt auf den Status einer Nationalität unter anderen reduziert hatte. Die Verehrung Bismarcks und die irredentistischen Gefühle nahmen unter der studentischen Jugend solche Ausmaße an, daß Bismarck selbst zur Mäßigung riet.

Lit.: INGEBORG WINKLER, Die deutschnationale Bewegung und der Gedanke des Anschlusses der Deutschösterreicher an das Deutsche Reich von 1870/71 bis 1907. 1974.

Stadtamt Zwettl, Inv. Nr. S 215 P. U.

8.2.9 Versammlung des „Christlichen Bauernbundes"

Über die bisher privilegierten Schichten hinaus suchte man auch jene Gruppen, die durch das Wahlrecht von der parlamentarischen Vertretung ausgeschlossen waren, im Sinne

Kat.-Nr. 8.2.8.

deutschnationalen Gedankenguts zu erfassen. In Oberösterreich gründete man 1881, in Kärnten 1886 einen liberalen Bauernbund, die beide bald ins deutschnationale Fahrwasser gerieten. In der Steiermark entstand 1896 der von Baron Rokitansky geführte „Christliche Bauernbund", eine deutschnationale Organisation. Gewiß war die antiklerikale Ausrichtung all dieser Gruppen unverkennbar, aber sie war doch weniger ausgeprägt als bei den bürgerlichen Schichten.

Lit.: GÜNTHER R. BURKERT, Karl Friedrich von Rokitansky und sein „Christlicher Bauernbund". In: Steirischer Bauernkalender 1983, S. 51–56 – DERS., Deutschnationale Beeinflussungsversuche steirischer Bauern 1880–1914. In: Österreich in Geschichte und Literatur 30 (1986) S. 94–108.

Sammlung Doz. Dr. Burkert P. U.

8.2.10 Einladung zum Deutschen Volkstag in Klagenfurt am 21. Juni 1914

Plakat, 40 × 28 cm

Die mit dem Linzer Programm intendierte Schaffung einer großen deutschnationalen Partei kam nie zustande; im Reichsrat gab es zeitweise bis zu 7 Fraktionen, die (in unterschiedlichem Maße) deutschnationales Gedankengut vertraten. Zusammenschlüsse waren meist von kurzer Dauer, selbst der 1910 gegründete „Deutsche Nationalverband" bildete keine feste Vereinigung. Neben den Parteien entwickelten sich ab ca. 1900 die sog. „Volksräte", Dachorganisationen der im „Volkstumskampf" engagierten Gruppen, in denen meist lokale Größen das Sagen hatten.

Lit.: BERTHOLD SUTTER, Die politische und rechtliche Stellung der Deutschen in Österreich 1848–1918. In: Die Habsburgermonarchie 1848–1918 III/1: Die Völker des Reiches. 1980, S. 154–339 – ERICH SCHMIED, J. W. Titta und der deutsche Volksrat für Böhmen. In: Bohemia 26 (1985) S. 309–330.

Klagenfurt, Kärntner Landesarchiv, Landesreg. Präs., Fasz. 715, 10–1, Z. 2640/1914 P. U.

8.2.11 Abzeichen zum 10. Steirischen Sängerbundfest Marburg 1908

Der Steirische Sängerbund wurde 1862 gegründet, zu seinem Motto wählte er: „Das Herz dem Land, der Kunst die Hand, im Liede frei, stets deutsch und treu". Sängerbundfeste wurden zu Manifestationen nationalen Selbstbehauptungswillens und nationaler Ansprüche, vor allem dann, wenn sie – wie 1908 in Marburg – in national „umkämpften" Gegenden stattfanden.

Lit.: K. RAPPOLD, Die Entwicklung des Männerchorwesens. 1962.

Graz, Sammlung Doz. Dr. Cerwinka P. U.

8.2.12 Abzeichen zum 12. Gauturnfest des Südösterreichischen Turngaus Pettau 1908

Die deutschen Turnvereine gehen auf die Ideen des „Turnvaters" Jahn zurück. Sein Volkstumsbegriff war Ausgangs- und Endpunkt des turnerischen Denkens. Das Volk war für die Turner oberste Ordnungseinheit, wobei biologistisch-rassistische Züge nicht fehlten. Die deutschösterreichischen Turner waren in dieser Hinsicht radikaler als die im Deutschen Reich. Schon um 1880 kam es vereinzelt zur Einführung des Arierparagraphen. Wegen dieser Frage erfolgte 1904 die Trennung von der Deutschen Turnerschaft, der die deutschösterreichischen Gebiete seit der Gründung 1868 als Turnkreis XV angehört hatten.

Lit.: EDMUND NEUENDORFF, Die Deutsche Turnerschaft 1860–1936. 1936 – HARTMUT BECKER, Antisemitismus in der Deutschen Turnerschaft. 1980.

Graz, Sammlung Doz. Dr. Cerwinka P. U.

8.2.13 Abzeichen zur Fahnenweihe des Deutschen Turnvereins in Brünn 1895

Fahnenweihen gehörten zum standardisierten Ritual der Massenbewegungen. Meist war es ein Angehöriger der Honoratiorenschicht, der die Fahne bzw. ein Fahnenband stiftete. Die öffentlich vorgenommene „Weihe" oder „Taufe" (je nach Ausrichtung des Vereins mit oder ohne religiöse Zeremonien) bot Gelegenheit für eine „Heerschau", für die Demonstrierung der eigenen Macht und für die Einschüchterung allfälliger Gegner.

Lit.: GEORGE L. MOSSE, Die Nationalisierung der Massen. Politische Symbolik und Massenbewegungen in Deutschland von den Napoleonischen Kriegen bis zum Dritten Reich. 1976.

Brünn, Muzeum Města Brna P. U.

8.2.14 Standarte des Brünner Radfahrvereins 1885

Stoff, 61 × 46 cm

Die Turner sahen sich selbst als Elite. Sie legten Wert auf kleine Gruppen und waren Gegner des Massensports. Deshalb entwickelten sich Organisationen, die den veränderten Bedürfnissen Rechnung trugen, außerhalb der traditionellen Turnvereine. Doch auch diese Organisationen ordneten sich in die bestehenden ideologischen „Lager" ein und trugen daher wenig dazu bei, die bestehenden Schranken innerhalb der Gesellschaft zu überwinden.

Brünn, Muzeum Města Brna P. U.

8.2.15 Abzeichen des Deutschvölkischen Radfahrvereins Graz 1897

Graz, Sammlung Doz. Dr. Cerwinka

8.3 Christlichsoziale

8.3.1 Karl Lueger (1844–1910)

Auch Karl Lueger begann seine Laufbahn an der Seite der Liberalen, zählte jedoch bald zu deren wortgewaltigsten Kritikern. Sein Interesse galt dem „kleinen Mann“, dem er kraft seiner agitatorischen und rhetorischen Fähigkeiten in einmaliger Weise anzusprechen wußte. Selbst die Arbeiter-Zeitung bescheinigte ihm: „Lueger ist eben der erste bürgerliche Politiker, der mit Massen rechnete, Massen bewegte, der die Wurzeln der Macht tief ins Erdreich senkte“. Aus sehr heterogenen Elementen formierte er aus kleinsten Anfängen jene politische Bewegung, die die Geschicke Wiens und der Monarchie in den Jahren vor dem Weltkrieg entscheidend mitprägte.

Lit.: JOHANNES HAWLIK, Der Bürgerkaiser. Karl Lueger und seine Zeit. 1985 – LEOPOLD GRATZ, Karl Lueger. In: JOCHEN JUNG (Hg.), Österreichische Porträts. 1985, S. 379–397.

Wien, Österreichische Nationalbibliothek, Porträtsammlung und Bildarchiv, Pgf 118.003 P. U.

8.3.2 Reichspost

Die Bedeutung des Pressewesens für die Propagierung der Ideen einer politischen Strömung ist evident: Konnte sich die antiliberale Protestbewegung, aus der die späteren Christlichsozialen erwuchsen, der Hilfe deutschnationaler Blätter erfreuen, führte das Eindringen katholisch-sozialreformerischen Gedankenguts (Vogelsang) schließlich zur eigenständigen Zeitungsgründung. Am Dritten Allgemeinen Österreichischen Katholikentag 1892 wurde beschlossen, ein christlichsoziales Blatt zu schaffen, die „Reichspost“, die am 1. Jänner 1894 erstmals erschien.

Lit.: FRIEDRICH FUNDER, Vom Gestern ins Heute. 1952 – MARIANNE LUNZER, Parteien und Parteipresse im wirtschaftlichen und gesellschaftlichen Wandel des 19. Jhdts. In: FRANZ IVAN et al. (Hgg.), 200 Jahre Tageszeitung in Österreich. 1983, S. 87–118.

Reichspost, 2. 1. 1894 P. U.

8.3.3 Achtung, Gewerbetreibende! Wahlaufruf für die Wahlen 1911

Neben den sog. „Bezirksdemokraten“ ist eine der Wurzeln der christlichsozialen Partei in der Gewerbebewegung der achtziger Jahre zu sehen. Die kleinen Gewerbetreibenden Wiens machten für ihre existenziellen Nöte den Liberalismus verantwortlich; in ihrer antikapitalistischen Grundstimmung waren sie für antisemitische und deutschnationale Parolen sehr zugänglich. Noch 1911 wendet sich der Aufruf „an die christlich-deutsche Bevölkerung Wiens“ mit dem Appell gegen „die Juden und Judenliberalen“ sowie „die unter jüdischem Kommando stehende internationale Sozialdemokratie“ zu stimmen.

Lit.: JOHN BOYER, Political radicalism in late imperial Vienna – Origins of the christian social Movement 1848–1897. 1981 – CHRISTIAN SALMEYER, Kapitalistische Transformation des Handwerks und Politisierung des Kleinbürgertums in Wien. 1983.

Wien, Bezirksmuseum Hernals, Inv. Nr. 5843, BM 17 45 P. U.

8.3.4 Einladung zur ... Versammlung der k. k. Postbediensteten, k. k. Sicherheits- und Finanzwachorgane sowie der Diener ... am 23. Jänner 1897

Eine weitere Zielgruppe der Agitation mit antiliberaler Stoßrichtung waren die kleinen Beamten und Angestellten. Während die Liberalen unreflektiert auf die „Staatstreue“ der Beamten bauten, versprachen die Christlichsozialen, sich auch der materiellen Bedürfnisse und der sozialen Lage, der „Standesfragen“, anzunehmen. Daß darüber hinaus die Christlichsozialen in ihrem Auftreten einem „rauheren Ton“ huldigten als ihre liberalen Kontrahenten, verstärkte die Kluft zu diesen, betonte jedoch andererseits die Verwandtschaft zur anderen „populistischen“ Gruppierung, den Deutschnationalen.

Lit.: JOHN BOYER, Veränderungen im politischen Leben Wiens. Die Großstadt Wien, der Radikalismus der Beamten und die Wahl von 1891. In: Jb. des Vereins für Geschichte der Stadt Wien 36 (1980) S. 95–173 und 37 (1981) S. 117–176.

Wien, Niederösterreichisches Landesarchiv, Statthalterei Präs. 1897, J 12, Zl 575 (ad 314), Beilage P. U.

8.3.5 Ein Geistlicher als Leser der Reichspost. Karikatur

Farbabb. 25

Fritz Schönpflug

Die Beschäftigung mit der Gewerbefrage brachte Lueger und seine Kampfgefährten in Kontakt mit dem katholisch-konservativen Kreis um Karl von Vogelsang und dessen sozialreformerische Ideen. Der Vogelsang-Kreis versorgte die aufstrebende Bewegung nicht nur mit einer positiven Ideologie (freilich einer rückwärtsgewandten, die vorkapitalistischen Verhältnisse idealisierenden), sondern auch mit einem in der Gesellschaft wohlfundierten Organisationsnetz zur Verbreitung dieser Ideen: der Geistlichkeit. Vogelsangs theoretisches Gedankengebäude wurde in der Folge um charakteristische Ansätze verkürzt: der von ihm im Grundsätzlichen kritisierte Kapitalismus wurde akzeptiert, der Weg von der Gesellschaftskritik zur Sozialreform beschritten.

Lit.: GAVIN LEWIS, Kirche und Partei im politischen Katholizismus – Klerus und Christlichsoziale in Niederösterreich. 1977 – REINHOLD KNOLL, Zur Tradition der christlichsozialen Partei. 1973.

Wien, Sammlung Dr. Lukan P. U.

8.3.6 Wahlaufruf: An die hochverehrten antisemitischen Vertrauensmänner des Landtags-Wahlbezirks Baden-Gutenstein-Pottenstein

Die Unterstützung des Klerus erleichterte es den Christlichsozialen, über Wien hinaus auf das flache Land auszugreifen. Es war vor allem der niedere und jüngere Klerus, der sich der christlichsozialen Sache annahm, während die Bischöfe den „revolutionären" Forderungen und dem forschen Auftreten zunächst wenig abgewinnen konnten. Eine nicht geringe Rolle spielte dabei der Antisemitismus, der ein Bindeglied zwischen Christlichsozialen und Deutschnationalen darstellte. Eine gemeinsame Plattform beider Gruppierungen war durchaus keine Seltenheit.

Lit.: NORBERT MIKO, Zur Mission des Kardinals Schönborn, des Bischofs Bauer und des P. Albert Maria Weiss OP in Rom im Jahre 1895. In: Römische historische Mitteilungen 5 (1962) S. 181–225 – KARL FERTL, Die Deutschnationalen in Wien im Gegensatz zu den Christlichsozialen bis 1914. 1973.

Wien, Österreichische Nationalbibliothek, Flugschriftensammlung, Inv. Nr. Mt um 1900 undat/3 P. U.

8.3.7 Wahlaufruf: An die p. t. hochgeehrten Herren Wähler des 7. Wahlbezirks in Niederösterreich, 1897

Nur dort, wo deutschnationales Gedankengut bereits so fest verankert war wie im Waldviertel (der Heimat Schönerers, der damals aber in Nordböhmen kandidierte), gingen die Christlichsozialen auf deutsche Distanz: sie wandten sich an die „christlichen und kaisertreuen Wähler des Waldviertels", sich deutlich von den Alldeutschen abhebend, die ja durch ihre Anschlußideologie die Existenz der Monarchie in Frage stellten. Welche Bedeutung man diesem Wahlkreis beimaß, geht daraus hervor, daß man Albert Geßmann, einen der engsten politischen Freunde Luegers und nachmaligen Minister, als Kandidaten aufstellte.

Lit.: EDELTRUDE BINDER, Dr. Albert Geßmann. 1950.

Wien, Niederösterreichisches Landesarchiv, Statthalterei Präs. 1897, J 12, Zl. 1815 (Beilage) P. U.

8.3.8 Es kann losgehen: Wahlvorbereitungen der Parteien. Karikatur

Die „neue Tonart" der Christlichsozialen zeigt sich auch in der Art der Wahlwerbung: man war bemüht, ein möglichst breites Publikum anzusprechen. Dabei verließ man sich nicht nur auf eine volkstümliche Sprache oder die Kraft der besseren Argumente, sondern setzte gezielt „materielle Lockmittel" ein. Ganz neu war diese Methode freilich nicht. Die Bewirtung der Wähler am Wahltag zählte zu den üblichen Gepflogenheiten, die „galizische Wahlwurst" als Synonym für Wahlbetrug und Bestechung war sprichwörtlich.

Lit.: CARL E. SCHORSKE, Ein neuer Ton in der Politik; ein österreichisches Trio. In: DERS., Wien. Geist und Gesellschaft im Fin de Siècle. 1982, S. 111–168.

Neue Glühlichter, 4. 3. 1897 P. U.

8.3.9 „Luegerteller", Wahlwerbespende

Pappendeckel, bronziert, Dm = ca. 30 cm

Die Bewirtung der Teilnehmer an den Wahlversammlungen wurde agitatorisch ausgewertet so gut es ging. Die „Luegerteller", auf denen die Würstel serviert wurden, sollten die Teilnehmer auch nach Ende der Versammlung daran erinnern, wem sie die Vorteile zu verdanken hätten und wer auch in Zukunft gut für sie sorgen würde. Im übrigen ging es bei den meisten Versammlungen, nicht nur denen der Christlichsozialen, hoch her. Lautstarke Auseinandersetzungen zwischen Befürwortern und Gegnern bzw. Versuche, die Veranstaltungen der anderen zu sprengen, machten nicht selten den Einsatz der Sicherheitskräfte notwendig.

St. Pölten, Sammlung Gebr. Dr. Wohlmeyer P. U.

8.3.10 Sein Schönheitsfehler. Karikatur

Luegers Einsatz für die Politik war total, seine Popularität das Ergebnis harter „Basisarbeit". Ein nicht geringer Teil seiner Wirkung auf die Massen beruhte auf persönlicher Ausstrahlung, und das, obwohl der „schöne Karl" einen – wie man in Wien sagt – „Silberblick" hatte. In der vorliegenden Karikatur wird Luegers Werben um die Klerikalen und um das mittlere Bürgertum, die „Hausherren", aufs Korn genommen.

Lit.: JOHANNES HAWLIK, Der Bürgerkaiser. Karl Lueger und seine Zeit. 1985 – KARL VOCELKA, K. u. K. Karikaturen zum Zeitalter Kaiser Franz Josephs. 1986, Abb. 81.

Neue Glühlichter, 24. 12. 1896 P. U.

8.3.11 Ergebnisse der Gemeinderaths-Wahlen der Stadt Wien nach dem Unterschiede der Parteien in den Jahren 1891, 1893, April und September 1895

Das erste große Ziel der Christlichsozialen war die Gewinnung der Mehrheit in Wien. Dank einer Verschiebung innerhalb der Wahlkörper konnten 1891 die Liberalen ihre dominierende Stellung halten. Im wahlentscheidenden 2. Wahlkörper lautete das Verhältnis 39 : 7, der 3. wählte bereits mehrheitlich die antiliberale Wahlgemeinschaft, die „Antisemiten" (von Lueger als „Bürgerblock" bezeichnet). 4 Jahre später schafften die Christlichsozialen und ihre Verbündeten den Durchbruch. Im 2. Wahlkörper lautete das Ergebnis 22 : 24, insgesamt standen den 66 Liberalen 64 Anhänger Luegers und 8 „Wilde" gegenüber. Bei den Neuwahlen im

Herbst 1895 errang Lueger alle 46 Sitze im 3. Wahlkörper und 32 im 2. Mit insgesamt 92 Sitzen verfügten Christlichsoziale und Deutschnationale im Gemeinderat über die Zweidrittelmehrheit.

Lit.: Maren Seliger und Karl Ucakar, Wahlrecht und Wählerverhalten in Wien 1848–1932. 1984.

Wien, Bezirksmuseum Hernals, Zeitgeschichte 1890–1899, 1895/5, Nr. 6119 P. U.

8.3.12 Eigenhändiges Bleistift-Konzept der Rede Karl Luegers vom 20. 4. 1897 anläßlich seiner Vereidigung als Bürgermeister

Nach der Wahl vom September 1895 schien Lueger am Ziel seiner Wünsche, doch der Kaiser, beeinflußt von den Liberalen, den Ungarn und Ministerpräsident Badeni, verweigerte seine Zustimmung. Es bedurfte eines neuerlichen Urnengangs in Wien, Erfolgen bei Landtags- und Reichsratswahlen, einer Übergangslösung (das sog. „Dermalium") in der Person Josef Strohbachs, ehe Lueger – nachdem er zum 5. Mal vom Gemeinderat als Bürgermeister gewählt worden war – am 20. April 1897 seinen Eid in die Hände des Statthalters ablegen konnte. In seiner Rede skizzierte Lueger sein kommunalpolitisches Programm, das eine neue Ära in der Geschichte Wiens einleitete.

Lit.: Maren Seliger und Karl Ucakar, Wien. Politische Geschichte, Teil 2: 1896–1934. 1985 – Johannes Hawlik, Der Bürgerkaiser. Karl Lueger und seine Zeit. 1985.

Wien, Wiener Stadt- und Landesbibliothek, Inv. Nr. H.I.N. 29.925 P. U.

8.3.13 Das Wappen der Christlichsozialen. Karikatur

Schon frühzeitig erkannte die sozialdemokratische Satire einen negativen Grundzug der christlichsozialen Politik, der nach der Übernahme der Wiener Stadtverwaltung noch deutlicher zutage treten sollte: eine ausgeprägte „Mir-san-mir-Mentalität", die Intoleranz gegen Andersdenkende. Das zeigt sich unter anderem in einem wild wuchernden Protektions(un)wesen, z. B. bei der Anstellung von Beamten, Lehrern etc.

Neue Glühlichter, 28. 10. 1897 P. U.

8.3.14 Die Beeidigung Luegers für seine 3. Amtszeit im Festsaal des Neuen Rathauses, 1909 Abb.

Im Frühjahr 1909 wurde Lueger, obwohl von Krankheit schon schwer gezeichnet, zum neunten Mal als Bürgermeister gewählt; im März 1910 starb er. Die Krise, in die die Christlichsozialen anschließend gerieten, war freilich nicht allein auf den Tod der überragenden Integrationsfigur Luegers zurückzuführen: die Partei vermochte den raschen Aufstieg von einer Gruppe, deren raison-d-ètre in diversen „Anti-Haltung" lag, zu einer „staatstragenden" Partei nicht zu verkraften. Die Ausdehnung des Wählerpotentials auf immer neue Schichten erzeugte Interessenskonflikte, die die Schlagkraft der Bewegung hemmten (was sich in verschiedenen Wahlniederlagen niederschlug).

Lit.: Alfred Ableitinger, Das konservative und christdemokratische Lager. In: Erich Zöllner (Hg.), Österreichs Erste und Zweite Republik. Kontinuität und Wandel ihrer Strukturen und Probleme. 1985, S. 57–80.

Wien, Österreichische Nationalbibliothek, Porträtsammlung und Bildarchiv, 499.552 P. U.

8.3.15 Wahlaufruf der Katholischen Volkspartei vom Jahre 1897

Plakat, 95 × 62 cm

Als Reaktion auf die liberalen Positionen entstand seit den sechziger Jahren eine katholisch-konservative-föderalistische-übernationale Strömung. Sie stand unter der Leitung des Adels und des Klerus; erst ab den neunziger Jahren machte sich (eine Folge der katholischen Studentenverbindungen) eine „weltliche" Intelligenz bemerkbar. In den agrarisch dominierten Alpenländern konnte sich die Bewegung durch das katholische Vereinswesen auf eine breite bäuerliche Basis stützen. Differenzen in nationalpolitischer Hinsicht, unterschiedliche Interessen zwischen adeligen Großgrundbesitzern und bäuerlichen Produzenten sowie ein Generationswechsel in den Führungsschichten führten zu Ausdifferenzierungen aus dem konservativen Lager: in den bäuerlichen Gebieten der deutschen Alpenländer formierte sich die Katholische Volkspartei.

Lit.: Harry Slapnicka, Christlichsoziale in Oberösterreich. 1984 – Alfred Ableitinger, Das konservative und christdemokratische Lager.

Linz, Oberösterreichisches Landesarchiv, Statthalterei – Präs. Schuber 37 P. U.

8.3.16 Konservative und Christlichsoziale nach 1907

Seit den neunziger Jahren gab es 2 Parteien, die sich katholischen, daneben in immer stärkerem Maße auch konservativen Grundwerten verpflichtet fühlten. Dennoch bestanden beträchtliche, aus regionalen Gegebenheiten und völlig verschiedenen Entstehungsvoraussetzungen herrührende Unterschiede, die es mit sich brachten, daß die Vereinigung der beiden Gruppierungen erst nach einem langwierigen Prozeß zustandekam. Ab 1907 bildeten beide Gruppen eine einheitliche Fraktion im Reichsrat – woran der Oberösterreicher Alfred Ebenhoch (links, neben Lueger) großen Anteil hatte –, zu einer völligen Verschmelzung kam es jedoch nie.

Kat.-Nr. 8.3.14

Lit.: HARRY SLAPNICKA, Christlichsoziale in Oberösterreich. 1984 – RICHARD SCHOBER, Das Verhältnis der Katholisch-Konservativen zu den Christlich-Sozialen in Tirol bis zu den Reichsratswahlen von 1907. In: Tiroler Heimat 38 (1975) S. 139–173 und 39 (1976) S. 155–193.

P. U.

8.3.17 Katholischer Arbeiterverein auf der Landstraße in Wien

Postkarte

Die kath. Kirche betrachtete lange Zeit die Arbeiter nur vom caritativen Standpunkt. Sie hielt diese für politisch unmündig, so daß die Leitung der kath. Arbeitervereine stets in Händen von Geistlichen lag. Vogelsang hatte sich auch nur theoretisch mit der Arbeiterfrage auseinandergesetzt. Erst Leopold Kunschak mit seinem „Christlichsozialen Arbeiterverein" trat dafür ein, daß die Arbeiter ihre Belange auch in politischer und wirtschaftlicher Hinsicht (unter ausdrücklicher Bejahung der kapitalistischen Gesellschaftsordnung) selbst vertreten sollten. Kunschaks „innerbürgerliche" Organisierung der Arbeiter erzielt anfangs einige Erfolge, mit der zunehmenden „Verbürgerlichung" der Christlichsozialen zog der Arbeiterflügel innerhalb der Partei jedoch immer häufiger den kürzeren.

Lit.: GERHARD SILBERBAUER, Österreichs Katholiken und die Arbeiterfrage. 1966 – REINHOLD KNOLL, Zur Tradition der christlichsozialen Partei. 1973.

Wien, Sammlung Dr. Lukan P. U.

8.3.18 Fahne des ersten katholischen Arbeitervereins für Niederösterreich 1896

Wien, Sammlung Dr. Walter Sauer

8.3.19 Fahne des christlichen Arbeitervereins St. Pölten 1898

St. Pölten, Diözesanmuseum

8.3.20 Mitgliedsbuch des Slowenischen Katholischen Arbeitervereins

Papier, 16 × 10 cm

Christlichsoziales Gedankengut erfaßte auch andere Völker der Monarchie. Einen besonderen Stellenwert erlangte es bei den Slowenen, wo die sozial engagierte Gruppe der Katholischen Nationalpartei zuerst mit der Organisierung der Arbeiterschaft begann. Es gelang den slowenischen Christlichsozialen bis 1914 etwa gleichviele Arbeiter gewerkschaftlich zu organisieren wie die Sozialdemokraten, während sich dieses Verhältnis im übrigen Cisleithanien auf maximal 1 : 5 belief.

Lit.: WALTER LUKAN, Die christlichsoziale Bewegung bei den Slowenen bis zum Zerfall der Monarchie. In: Christliche Demokratie 4 (1986) S. 149–158.

Wien, Sammlung Dr. Lukan P. U.

8.3.21 Janez Evangelist Krek (1865–1917)

Der Organisator der slowenischen christlichsozialen Bewegung war Janez Ev. Krek. Sein Konzept sah eine berufsständische antikapitalistische Gesellschaftsordnung auf demokratischer Basis vor. Als Angelpunkt der Überwindung von Liberalismus und Kapitalismus galt ihm das Genossenschaftswesen, das durch die Aktivitäten der Christlichsozialen einen großen Aufschwung nahm und wesentlich zur Festigung des slowenischen Bauernstandes beitrug. Die katholische Partei entwickelte sich ab 1900 zu einer modernen Massenpartei, der „Slowenischen Volkspartei", in der trotz gesamtgesellschaftlicher Ausrichtung das bäuerliche Element dominierte. Nicht unerwähnt soll bleiben, daß auch unter den mährischen Tschechen das christlichsoziale Gedankengut auf fruchtbaren Boden fiel.

Lit.: WALTER LUKAN, Zur Biographie von Janez Evangelist Krek. 1984 – ARNOLD SUPPAN, Christlich-demokratische Parteien bei den Tschechen. In: Christliche Demokratie 4 (1986) S. 137–148.

Wien, Sammlung Dr. Lukan P. U.

8.4 Sozialdemokraten

8.4.1 Victor Adler (1852–1918)

Aus einer assimilierten jüdischen Familie stammend, suchte Adler seine Identität zuerst im Rahmen einer bürgerlichen Gegenkultur zu finden, in der deutschnationales Gedankengut das politische Substrat bildete. Erst allmählich wandte er sich der Arbeiterbewegung zu. Enormer persönlicher Einsatz, genaues Wissen um die Lage der Arbeiterschaft, eine hohe legistische Kompetenz, theoretische Belesenheit, dabei jedoch eine eigentümliche Distanz gegenüber allem bloß Ideologischen, vor allem aber ein großartiges taktisches und diplomatisches Geschick befähigten ihn, zur anerkannten Autorität innerhalb der Arbeiterbewegung aufzusteigen und diese zu einem ernstzunehmenden Faktor der polit. Öffentlichkeit zu machen.

Lit.: JULIUS BRAUNTHAL, Victor und Friedrich Adler. Zwei Generationen Arbeiterbewegung. 1965 – HANS MOMMSEN, Victor Adlers Weg zum Sozialismus. In: DERS., Arbeiterbewegung und nationale Frage. Ausgewählte Aufsätze. 1979, S. 180–194.

Wien, Österreichische Nationalbibliothek, Porträtsammlung und Bildarchiv, Pf 736:E(3) P. U.

8.4.2 Prinzipien-Erklärung der Sozialdemokratischen Arbeiterpartei in Österreich, beschlossen am Parteitag zu Hainfeld am 30. Dezember 1888

In den siebziger und achtziger Jahren brachten die Spaltung in Gemäßigte und Radikale, ideologische Differenzen, repressive Maßnahmen seitens der Behörden und die krisenhafte wirtschaftliche Entwicklung eine Stagnation der Arbeiterbewegung mit sich. In dieser Situation legte Victor Adler auf dem Parteitag in Hainfeld eine „Prinzipien-Erklärung" vor, die bewußt darauf verzichtete, ein umfassendes theoretisches Programm zu formulieren, und die statt dessen die gemeinsamen Interessen in der Wahlrechts- und Sozialreform in den Vordergrund stellte und einen Weg signalisierte, der die Bewegung aus Verfolgung und Unterdrückung herausführen sollte.

Lit.: KLAUS BERCHTOLD, Österreichische Parteiprogramme 1868–1966. 1967 – RUDOLF G. ARDELT, Sozialdemokratie und bürgerliche Öffentlichkeit. Überlegungen zum Hainfelder Parteitag. In: FS Rudolf Neck. 1981, S. 214–238.

Gleichheit, 5. Jänner 1889, Jg. III, Nr. 1, Titelblatt P. U.

8.4.3 Absterben der Arbeiter-Wurzerei. Karikatur

Papier, 23 × 29,5 cm

Nach Hainfeld nahm die sozialdemokratische Arbeiterbewegung einen raschen Aufschwung; die Eigenheiten des Wahlrechts verhinderten vorerst eine größere parlamentarische Vertretung. So konnten 1897 die Christlichsozialen über das „Absterben der . . . social-judokratischen Arbeiter-Wurzerei" jubeln. In einer für die damalige Zeit typischen Manier nahm man die Tatsache aufs Korn, daß sich unter den intellektuellen Führern der Sozialdemokratie viele Juden befanden und daß der (von den Liberalen übernommene) Antiklerikalismus eine große Rolle spielte.

Lit.: PETER KULEMANN, Am Beispiel des Austromarxismus. Sozialdemokratische Arbeiterbewegung in Österreich von Hainfeld bis zur Dollfuß-Diktatur. 1979.

Wien, Niederösterreichisches Landesarchiv, Statthalterei Präs. 1897, E 5, Zl. 1992 Beilage P. U.

8.4.4 Die rote Bestie. Karikatur

Moriz Jung

Karikatur auf die Einschätzung der Sozialdemokraten durch das Bürgertum.

Wien, Historisches Museum der Stadt Wien, Inv.-Nr. 116.734 P. U.

8.4.5 Nach den Wahlen. Schön schau'n ma aus! Karikatur

Die Wahlen von 1911 brachten den Sozialdemokraten nicht die erhofften Gewinne: positiven Ergebnissen in Wien und Niederösterreich standen starke Verluste in Böhmen gegenüber. Dennoch konnte die Gesamtpartei ihre Stellung gegenüber den Christlichsozialen ausbauen, worauf auch die Karikatur anspielt. Wohl war die Sozialdemokratie fest ins politische System Cisleithaniens integriert, doch die Tatsache, daß das Mittel „Wahlkampf" nicht so recht gegriffen hatte, und mangelnde Erfolge im Parlament führten zu einer tiefen Krise in der Partei.

Lit.: NORBERT LESER, Zwischen Reformismus und Bolschewismus. Der Austromarxismus als Theorie und Praxis. [2]1985 – RUDOLF G. ARDELT, Die Krise des Reformismus unter den Regierungen Bienerth und Stürgkh. In: HELMUT KONRAD (Hg.), Imperialismus und Arbeiterbewegung in Deutschland und Österreich. 1985, S. 65–87.

Der Kikeriki, 9. 7. 1911 P. U.

8.4.6 Gedenkblatt zur Arbeiterbewegung des Jahres 1890
a. deutsch
b. tschechisch Farbabb. 23

Farblithographie, 39 × 48 cm

Das Gedenkblatt zeigt in leicht faßlicher Form sowohl das ideologische Fundament als auch die programmatischen Ziele: man verstand sich als Fortführer der Tradition von 1789 und wollte die nach 1848/1867 von den Liberalen „aufgegebenen" Ideale im Bereich der politischen Rechte sowie in kulturpolitischer Hinsicht pflegen und ausbauen. Daneben traten sozialpolitische Forderungen, wobei man sich bei der Verwirklichung eher an das Lassalle'sche Modell der Staatshilfe verlassen wollte als auf Marxens Theorien (die zwar beständig im Munde geführt von den wenigsten aber wirklich verstanden wurden).

Lit.: HANS HAUTMANN und RUDOLF KROPF, Die österreichische Arbeiterbewegung vom Vormärz bis 1945. 1974.

Wien, Verein für Geschichte der Arbeiterbewegung, Mappe satirischer Zeitschriften, Glühlichter etc. P. U.

8.4.7 Lied der Arbeit

Gedicht von I. J. Zapf, Musik von J. Scheu
Papier, 24 × 15,5 cm

Anläßlich einer Gedenkfeier für Ferdinand Lassalle erklang 1868 zum ersten Mal das „Lied der Arbeit", das später eine Art Hymne der Arbeiterbewegung werden sollte. Die Melodie stammt von Josef Scheu, der noch eine ganze Reihe anderer Gedichte, so z. B. von Heine, Freiligrath, Fallersleben etc. vertonte. Vom Beruf Musiker im Burgtheater, gründete Josef Scheu den 1. Arbeiter-Sängerbund. Durch seine Brüder Andreas und Heinrich war er darüber hinaus fest in die Führungsschicht der sich langsam entfaltenden Arbeiterbewegung integriert.

Lit.: HERBERT STEINER, Die Gebrüder Scheu. 1963 – HELMUT BRENNER, Stimmt an das Lied... Das große österreichische Arbeitersängerbuch. 1986.

Wien, Österreichische Nationalbibliothek, Flugschriftensammlung, Inv. Nr. 1890/2c P. U.

8.4.8 Tabelle, enthaltend die bisherigen Gefängnisstrafen (wegen politischer Delikte) der Teilnehmer am V. Parteitag in Prag 1896

Papier, handschriftlich, 30 × 21 cm

Die von Victor Adler intendierte „Entkriminalisierung" der Arbeiterbewegung (insgesamt 24 Jahre und 1 Monat hatten die Parteitagsdelegierten abzusitzen gehabt; Victor Adler selbst wurde 17mal verurteilt, das letzte Mal 1899) machte anfänglich nur geringe Fortschritte. Zu sehr war die Bürokratie in den Kategorien der „Staatsgefährlichkeit" und den Umsturzplänen der Sozialdemokratie befangen. Nach dem Einzug ins Parlament konnten die Arbeitervertreter die Behörden jedoch davon überzeugen, daß die „k. k. priv. Sozialdemokratie" unter Adler, dem „Hofrat der Revolution", durchaus Interesse am Bestand der (wenngleich reformbedürftigen) Habsburgermonarchie hatte.

Wien, Verein für Geschichte der Arbeiterbewegung, Sacharchiv, Lade 5, Mappe 11 B P. U.

8.4.9 Mitgliedskarte der Deutschen Sozialdemokratischen Arbeiterpartei in Oesterreich

Die Sozialdemokratie verfügte anfänglich über eine sehr heterogene Basisorganisation. Erst die nach Einführung des allgemeinen Wahlrechts durchgeführte Organisationsreform verwirklichte die bis heute gültigen Prinzipien. Ab 1909 erfolgte die Quittierung der Beiträge durch Marken, die das Symbol der Sozialdemokratie zeigen, die zwei Hände mit dem Hammer. Seither gibt es genaue Mitgliedszahlen: waren es 1909 112.538 in Deutschösterreich (inklusive Deutschböhmen), hatte die SDAP 1913 142.027 eingeschriebene Mitglieder.

Lit.: LUDWIG BRÜGEL, Geschichte der österreichischen Sozialdemokratie, 5 Bde. 1922–1925.

Wien, Verein für Geschichte der Arbeiterbewegung, Sacharchiv, Lade 5, Mappe 27 P. U.

8.4.10 Ein Vorschlag zur Lösung des Nationalitätenproblems. Karikatur

Ursprünglich auf einem internationalistischen Standpunkt stehend, demzufolge die Arbeitersolidarität den Rausch des Nationalismus überwinden würde (die Karikatur zeigt die demokratische Gerechtigkeit, die die Nationalisten aus dem Wirtshaus „Österreich" hinauswirft), macht sich das Nationalitätenproblem bald auch in den Reihen der Sozialdemokratie bemerkbar. Während bei den deutschen Genossen großdeutsche bzw. deutschnationale Tendenzen unverkennbar waren, konnten sich die slawischen Arbeiter den nationalen Parolen ebenfalls nicht entziehen.

Lit.: HANS MOMMSEN, Die Sozialdemokratie und die Nationalitätenfrage im habsburgischen Vielvölkerstaat I. 1963 – HELMUT KONRAD – Nationalismus und Internationalismus. Die österreichische Arbeiterbewegung vor dem Ersten Weltkrieg 1976.

Prag, Sammlung Dr. Kořalka P. U.

8.4.11 Protokoll des Brünner Parteitags, 1899

Die ursprünglich zentralistisch geführte, deutsch orientierte Arbeiterpartei wurde 1897 in eine Föderation mehrerer nationaler Parteien umgewandelt. Um die in der Bewegung schwelenden nationalen Konflikte zu neutralisieren, wurde 1899 das sog. Brünner Nationalitätenprogramm verabschiedet. Es war als Minimal- und Integrationsprogramm konzipiert. Kontroversielle Punkte wie die Schul- und Amtssprachenfrage wurden ausgeklammert, so daß das Brünner Programm nur bedingt als praktikables Modell für die Bewältigung des Nationalitätenproblems gelten kann (solche wurden jedoch sehr wohl von einzelnen sozialdemokratischen Politikern erarbeitet).

Lit.: HANS MOMMSEN, Die Sozialdemokratie und die Nationalitätenfrage im habsburgischen Vielvölkerstaat I. 1963 – RAIMUND LÖW, Der Zerfall der „Kleinen Internationale". Nationalitätenkonflikte in der Arbeiterbewegung des alten Österreich 1889–1914. 1984.

Prag, Muzeum Klementa Gottwalda P. U.

8.4.12 An das Volk! Kurzgefaßte Erläuterung der sozialdemokratischen Partei Ungarns

Obwohl in Ungarn der Industrialisierungsgrad viel geringer war als in Cisleithanien, bildete sich auch dort bald eine Arbeiterbewegung, die – bedingt durch die multinationale Zusammensetzung der Facharbeiterschaft in Ungarn – ihre Agitation entsprechend ausrichtete. Staatliche Repression, interne Differenzen, vor allem aber das Unvermögen, der Agrarfrage entsprechende Aufmerksamkeit zuzuwenden, haben das Wachstum der Sozialdemokratie gehemmt. Dennoch konnten die Sozialisten bei diversen Aktionen beeindruckende Menschenmassen mobilisieren.

Lit.: TIBOR SÜLE, Sozialdemokratie in Ungarn. 1967 – PETER SIPOS, Zur Geschichte der Arbeiterbewegung in Ungarn. In: Arbeiterkultur und kulturellen Arbeiterorganisationen vorwiegend bis zum 2. Weltkrieg als Forschungsgegenstand (= ITH Tagungsberichte 17) 1983, S. 152–168.

Budapest, Kiscelli Múzeum, Inv. Nr. 73.53. P. U.

8.4.13 An alle Herren Arbeiter und Arbeitgeber! Aufruf zur Teilnahme an der 1. Mai-Feier in Villach 1890

Am Internationalen Arbeiterkongreß 1889 wurde beschlossen, den 1. Mai eines jeden Jahres als allgemeinen Arbeiterfeiertag zu begehen. Der Aufruf des Jahres 1890 zeigt, daß die Arbeiter bestrebt waren, die Zustimmung der Arbeitgeber zu diesem neuen arbeitsfreien Tag zu erhalten. Wenn auch nicht alle Unternehmer einverstanden waren, scheint es, daß sie sich bald (wohl auf Grund der massenhaften Teilnahme ihrer Arbeiter) mit den Realitäten abfanden und daß der Feiertag, auch ohne gesetzliche Fundierung, allgemein anerkannt war.

Wien, Verein für Geschichte der Arbeiterbewegung, Sacharchiv, Lade 8, Mappe 16 P. U.

8.4.14 Maifeiern von Budapester Arbeitern

Die frühen Maifeiern hatten noch nichts von militanten Machtdemonstrationen an sich. Sie wurden vielmehr als Feste im eigentlichen Sinn begangen. Der 1. Mai galt auch der Erholung: Ausflüge in die freie Natur gehörten ebenso zum Programm des Tages wie Tanzveranstaltungen als abendlicher Abschluß. Freilich entwickelte sich bald ein eigenes Ritual für die Gestaltung dieses Festtags, das auf politische Symbolik und bewußte propagandistische Stilisierung aufbaute.

Lit.: WILLIAM J. MCGRATH, Dionysian Art and Populist Politics in Austria. 1974 – ALFRED PFOSER, Massenästhetik, Massenromantik, Massenspiel am Beispiel Österreichs: Richard Wagner und die Folgen. 1982.

Budapest, Magyar Munkásmozgalmi Múzeum, Neg. Nr. 32.927 P. U.

8.4.15 Maifestschrift der Sozialdemokratischen Arbeiterpartei Oesterreichs 1897

Anläßlich des 1. Mai (wie übrigens auch des 13. März, des Jahrestags der Revolution von 1848) erschienen spezielle Festschriften. Das Titelblatt 1897 zeigt in eingängigen Formulierungen die Forderungen der Sozialdemokratie, die in Gestalt der „Marianne" mit der phrygischen Mütze die Tradition von 1789 verkörpert.

Wien, Verein für Geschichte der Arbeiterbewegung, II 47, Nr. 756 P. U.

8.4.16 Tschechische Maifestschrift 1896. Titelblatt

Der Bezug zu Frankreich, zu Freiheit durch Revolution, tritt auch in der Tschechischen Maifestschrift 1896 deutlich zutage. Im Falle der Tschechen hatte der Bezug zu Frankreich noch eine zusätzliche Dimension: auch die bürgerliche Nationalbewegung orientierte sich an den Franzosen, vor allem an der Kultur.

Prag, Muzeum Klementa Gottwalda P. U.

8.4.17 Plakat für den 1. Mai 1895

Julius Hühn, 1895
Lithographie, 46 × 60 cm

Das Plakat, das die kroatischen Arbeiter zur Feier des 1. Mai auffordert, nimmt in seiner Gestaltung auf die spezifischen Verhältnisse dieses Landes Rücksicht: es zeigt ein landwirtschaftlich-kleingewerbliches Ambiente mit stark traditionalistischen Zügen, unterstreicht durch die Festtagsgewänder der Arbeiter aber auch den besonderen Charakter des Tages.

Zagreb, Povijesni Muzej Hrvatske P. U.

8.4.18 Ansicht eines Arbeiterheimes

Die Bedeutung der Partei ging für die Arbeiter über die politische Vertretung ihrer Anliegen weit hinaus. In dem Bestreben, eine „Revolutionierung der Gehirne" zu bewirken, einen „neuen Menschen" zu schaffen, bot die Sozialdemokratie eine Reihe von Aktivitäten an, die sich auf alle Bereiche des menschlichen Lebens erstreckten. Zentren dieser Aktivitäten waren die Arbeiterheime, die freilich – ähnlich den Häusern, die von den diversen Nationalbewegungen errichtet wurden (und von denen sie sich in der Architektur kaum unterschieden) – auch als Bastionen in einer „feindlichen" Umwelt dienen sollten.

Lit.: DIETER LANGEWIESCHE, Zur Freiheit des Arbeiters. Bildungsbestrebungen und Freizeitgestaltung österr. Arbeiter im Kaiserreich und in der Ersten Republik. 1890 – Arbeiterkultur und kulturelle Arbeiterorganisationen bis zum 2. Weltkrieg (= ITH Tagungsberichte 17) 1983.

Wien, Verein für Geschichte der Arbeiterbewegung, Sacharchiv, Lade 5, Mappe 18 D P. U.

8.4.19 Vorlesungsverzeichnis der Vorträge im „Volksheim", Wien 16, WS 1906/07

Das Bildungsstreben, Erbe der durch den Liberalismus vermittelten Aufklärungsphilosophie, spielte von Anfang an eine große Rolle in der Arbeiterbewegung: Nicht zufällig hatte diese in den Arbeiterbildungsvereinen ihren organisatorischen Ursprung. „Bildung macht frei", „Wissen ist Macht" etc. blieben keine leeren Schlagworte: Die angebotenen Vorträge machen ebenso wie die Kataloge der Arbeiterbüchereien deutlich, auf welch hohem Niveau man dem selbstgestellten Bildungsauftrag nachkommen wollte. Freilich muß offen bleiben, in welcher Intensität dieses Angebot auch tatsächlich angenommen wurde.

Lit.: ALBERTO MARTINO, Lektüre in Wien um die Jahrhundertwende. In: REINHARD WITTMANN und BERTHOLD HACK (Hgg.), Buchhandel und Literatur. FS Herbert Göpfert. 1982, S. 314–394 – ALFRED PFOSER, Arbeiter lesen. Zum kulturellen Verhalten der Arbeiterschaft. In: Die andere Kultur, hrg. v. HELMUT FIELHAUER. 1982.

Wien, Verein für Geschichte der Arbeiterbewegung, Sacharchiv, Lade 6, Mappe 44 B P. U.

8.4.20 Fahne des Sängerkreises der Druckereiarbeiter „Ebredés" (Erwachen), 1903

Stoff, 155 x 138 cm, blau, mit golden gestickter Inschrift (1886–1903)

Die Organisationen, die im Vor- und Umfeld der Sozialdemokratischen Arbeiterpartei gegründet wurden und Bestandteile der umfassenden Arbeiterbewegung bildeten, waren zahlreich: ihr Spektrum reichte von den Sängerbünden (die hier durch die Fahne eines ungarischen Gesangvereins repräsentiert werden und die sich in ihrem Gehaben und auch in ihren Programmen nicht wesentlich von „bürgerlichen" Vereinen unterschieden) über den Arbeiter-Abstinentenbund zu den Natur- und Kinderfreunden, zum Verein jugendlicher Arbeiter etc.

Lit.: EDUARD STAUDINGER, Aspekte des Arbeitervereinswesens in Österreich um 1900. In: HELMUT KONRAD (Hg.), Imperialismus und Arbeiterbewegung in Deutschland und Österreich. 1985, S. 115–124.

Budapest, Magyar Munkásmozgalmi Múzeum, Inv. Nr. 62.221.1 P. U.

8.5 Der Weg zum allgemeinen Wahlrecht

8.5.1 Wahlurne des Abgeordnetenhauses

Die Theorie des Konstitutionalismus geht von der Vorstellung der Gewaltentrennung zwischen Parlament und Herrscher bzw. seiner Regierung aus. Es ist für die Verhältnisse in der Habsburgermonarchie kennzeichnend, daß das Parlament stets der schwächere Partner blieb. Die Etablierung der Massenparteien und ihre Integration ins politische System durch die Erweiterung des Wahlrechts hätte zwar den Stellenwert des Reichsrats heben können, doch Ereignisse wie die Badeni-Unruhen (vgl. Kat. Nr. 10.1) oder die häufige Anwendung des § 14 seitens der Regierungen (vgl. Kat. Nr. 10.2) schwächten die Idee des Parlamentarismus entschieden.

Lit.: BRITA SKOTTSBERG, Der österreichische Parlamentarismus. 1940.

Wien, Parlamentsdirektion — P. U.

8.5.2 Erste Sitzung des Abgeordnetenhauses im neuerbauten Parlamentsgebäude

1882 fand die erste Sitzung des Reichsrates in dem von Theophil Hansen neuerbauten Haus am Franzensring statt. Auf der Präsidententribüne saß Františèek Smolka, jener Mann, der schon 1848/49 dem Reichstag in Kremsier präsidiert hatte. Die Hoffnungen, die sich an diese Koinzidenz geknüpft haben mögen, erfüllten sich freilich nicht: das Parlament wurde nicht (wie man im „Völkerfrühling“ geglaubt hatte) zum Zentrum des politischen Geschehens.

Lit.: Das österreichische Parlament. Zum Jubiläum des 100jährigen Bestandes. 1984.

Wien, Österreichische Nationalbibliothek, Porträtsammlung und Bildarchiv — P. U.

8.5.3 Parlament oder Circus? Karikatur

Die Institution des Parlaments wurde in den achtziger Jahren keineswegs hochgeachtet: zu offenkundig war, daß die eigentlichen Entscheidungen außerhalb des Hauses getroffen wurden. Die „Rossebändiger“, die dem Karikaturisten die Assoziation zum Zirkus vermittelten, wurden erst 1899 aufgestellt. Sie stammten aus der Kunstgießerei Josef Lax und sollten die Parlamentarier daran mahnen, vor dem Betreten des Gebäudes ihre Leidenschaften zu zähmen; eine Mahnung, die im Zeichen der Obstruktion (vgl. Kat. Nr. 10.3.1) nur zu berechtigt war.

Lit.: Das österreichische Parlament. Zum Jubiläum des 100jährigen Bestandes. 1984.

Der junge Kikeriki, Jg. 1882, Nr. 47 — P. U.

8.5.4 Das Kurienwahlrecht als Käfig der Sozialdemokratie. Karikatur

Das Abgeordnetenhaus des Reichsrats wurde seit 1873 durch Volkswahl beschickt. Durch die Einteilung der Wähler in Kurien hatte das Parlament jedoch nicht den Charakter einer Volks- sondern den einer Interessenvertretung. Außerdem waren auf Grund verschiedener Kriterien für die Zugehörigkeit zu den einzelnen Kurien weite Kreise vom Wahlrecht ausgeschlossen. Nach der Wahlreform von 1882 betrug der Zensus in der Städte- und in der Landgemeindekurie 5 Gulden. In der Städtekurie waren rund 300.000, in der Landgemeindekurie rund 1,400.000 Männer wahlberechtigt. Daß unter diesen Umständen die Sozialdemokratie kaum eine Chance hatte, liegt auf der Hand.

Lit.: KARL UCAKAR, Demokratie und Wahlrecht in Österreich. 1985.

Wien, Verein für Geschichte der Arbeiterbewegung — P. U.

8.5.5 Das „reformierte“ österreichische Wahlrecht. Karikatur

Der Wunsch nach einer durchgreifenden Reform des Wahlrechts verstummte nie ganz, besonderen Aufschwung erfuhr die Diskussion nach dem Vorschlag des Grafen Taaffe, innerhalb der Städte- und der Landgemeindenkurie im wesentlichen das allgemeine Wahlrecht anzuwenden. Dieser Vorschlag fand 1893 keine Mehrheit. 1896 kam es doch zur Einführung des allgemeinen Wahlrechts, doch wurden den bestehenden 4 Kurien (Interessenvertretung) eine fünfte, die „allgemeine Wählerklasse“ angeschlossen. Das Wahlrecht war jedoch äußerst ungleich: Abgeordnete aus den ersten 4 Kurien vertraten durchschnittlich nur 5000 Wahlberechtigte, die aus der fünften fast 70.000!

Lit.: KARL UCAKAR, Demokratie und Wahlrecht in Österreich. 1985 – MATTHIAS WEISS, Die Ausbreitung des allgemeinen und gleichen parlamentarischen Wahlrechts in der westlichen Reichshälfte der Habsburgermonarchie. 1965.

Neue Glühlichter, 11. 4. 1896 — P. U.

8.5.6 Österreichische und Ungarische Reichsraths-Wahlkarte 1885–1891 bzw. 1887–1892

Béla Graf Kreith und Gustav Freytag
Karte, färbig, 53,5 × 71 cm

Die Karte zeigt die Verhältnisse in den Parlamenten, noch ehe die strukturellen Änderungen des Parteilebens voll zum Tragen kamen. Die Trennung in Regierungslager und Opposition wird deutlich, gleichzeitig aber auch die Differenzierung innerhalb der einzelnen Gruppen: im deutsch-liberal, deutsch-nationalen Lager ebenso wie bei den Konservativen oder innerhalb der Tschechen. In Ungarn ist bemerkenswert, daß die Abgeordneten der Regierungspartei primär aus den Nationalitätengebieten kamen, während die kernungarischen Kreise mehrheitlich Oppositionelle ins Parlament entsandten.

Lit.: KARL UCAKAR, Demokratie und Wahlrecht in Österreich. 1985 – ADALBERTH TOTH, Parteien und Reichstagswahlen in Ungarn 1848–1892. 1973.

Wien, Sammlung Dr. Lukan P. U.

8.5.7 Der österreichische Reichsrath, seine Parteien und Wahlverhältnisse 1873–1897

Prof. A. L. Hickmann
Schaubild, färbig, 49 × 71 cm

Das Schaubild bringt instruktive Angaben zu den Verhältnissen des Kurienparlaments. Einerseits zeigt es die Veränderungen der Fraktionen, den Rückgang der Deutschliberalen und das Auftauchen neuer Gruppierungen, andererseits macht es die Ungleichgewichtigkeiten deutlich, die mit dem Kurienparlament verbunden waren. Die Anzahl der Wahlberechtigten pro Kurie differierte ebenso stark wie die Wahlbeteiligung oder die Bevölkerungszahl eines Kronlandes, die von einem Abgeordneten vertreten wurde.

Wien, Verein für Geschichte der Arbeiterbewegung, Sacharchiv, Lade 1, Mappe 31 A, Inv. Nr. 2/459 P. U.

8.5.8 Aufruf zur Volksversammlung am 18. Juni 1893 in Villach

Waren es in den siebziger und achtziger Jahren einzelne Linksliberale wie Kronawetter, Lueger oder der junge Schönerer, die im Parlament das Wahlrecht zur Diskussion stellten, so erhielten sie durch die „außerparlamentarischen" Aktivitäten vor allem der Sozialdemokratie kräftige Unterstützung. Diese, aber auch Parteien wie die Jungtschechen, die bereits über eine parlamentarische Vertretung verfügten, entfalteten in den neunziger Jahren eine rege Agitation für das allgemeine und gleiche Wahlrecht. Badenis Wahlreform und die Krise nach 1897 ließen die Wahlrechtsfrage vorübergehend in den Hintergrund treten.

Lit.: MATTHIAS WEISS, Die Ausbreitung des allgemeinen und gleichen parlamentarischen Wahlrechts in der westlichen Reichshälfte der Habsburgermonarchie. 1965.

Klagenfurt, Kärntner Landesarchiv, Landesreg. Präs., Fasz. 696, 10. 1, Zl. 1034/1893 P. U.

8.5.9 Ein Fußballspiel im Winter: Der Kampf um das allgemeine Wahlrecht. Karikatur

Durch die Krise in Ungarn (vgl. Kat. Nr. 10.8) und die russischen Ereignisse trat die Wahlrechtsfrage 1905 in ein akutes Stadium, selbst der Kaiser stand einer Ausdehnung des Wahlrechts positiv gegenüber. Ehe es dazu kommen konnte, gab es im Parlament lange und zähe Verhandlungen, bei denen die Vertreter der bisher privilegierten Schichten zu retten suchten, was zu retten war. Die Karikatur nimmt auf diese parlamentarische Situation bezug: Polen, Adelige, das Herrenhaus, die deutschliberale Handelskammerkurie und Italiener verteidigen das Tor („Parlament") während Ministerpräsident Gautsch, unterstützt von Tschechen, Ruthenen, Slowenen und Sozialdemokraten dagegen anstürmt.

Lit.: ALAN JENKS, The Austrian Electoral Reform. 1950 – KARL UCAKAR, Demokratie und Wahlrecht in Österreich. 1985.

Prag, Sammlung Dr. Kořalka
Humoristické Listy, 7. 12. 1905, Jg. 48, Nr. 49 P. U.

8.5.10 Wahlrechtsdemonstration der Sozialdemokraten auf der Wiener Ringstraße, 28. November 1905

Um die Argumente der Wahlrechtsreformer im Parlament zu unterstützen, veranstaltete die Sozialdemokratische Partei großangelegte Massendemonstrationen. Mehr als 250.000 Menschen nahmen an dem Marsch auf der Ringstraße teil, der in mustergültiger Ordnung ablief und der von vielen als „erhabnes Schauspiel" mit quasi-religiösen Obertönen betrachtet wurde. Zeitgenössischen Beobachtern blieb nicht verborgen, daß die Demonstration mit den Vertretern der Regierung abgesprochen war und sich ihrer stillschweigenden Zustimmung erfreute.

Lit.: HANS MOMMSEN, Wien-Kaiserliche Metropole und Kampfplatz politisch-sozialer Emanzipation zu Beginn der österreichischen Staatskrise. In: ALFRED PFABIGAN (Hg.), Ornament und Askese. 1985, S. 9–29.

Wien, Österreichische Nationalbibliothek, Porträtsammlung und Bildarchiv, 499.512 D P. U.

8.5.11 Das Lied vom Wahlrecht

Papier, 23 × 15 cm

Nicht immer erfolgten die Wahlrechtsdemonstrationen der Sozialdemokratie in einem Geist, der von so großem Verantwortungsgefühl gegenüber dem Staat gekennzeichnet war wie im November 1905. Früher waren gelegentlich revolutionäre Töne angeklungen, so im „Wahlrechtslied", das auf die Melodie der „Marseillaise" gesungen wurde:

„Man holt das Recht sich von der Gasse,
das hat uns Belgien gezeigt,
solange mißachtet man die Masse
als sie nicht auf die Straße steigt.
Das Wahlrecht gebt uns frei!
's ist eure Zeit vorbei!
Horch, horch, es kommt
Im Sturmschritt naht
Das Proletariat!"

Wien, Verein für Geschichte der Arbeiterbewegung, Sacharchiv, Lade 1, Mappe 31 D, Inv. Nr. 2/476 P. U.

8.5.12 Volksversammlung am Ring-Platz in Krakau anläßlich der Wahlrechtsdemonstration am 28. November 1905

Die Wahlrechtsbewegung war nicht auf die Sozialdemokratie und nicht auf Wien beschränkt. Auch die Christlichsozialen organisierten Versammlungen und Demonstrationen; in den slawischen Gebieten macht man sich ebenfalls für die Wahlreform stark (die Jungtschechen z. B. zählten ja zu deren konsequentesten Verfechtern). Besondere Beachtung verdienen dabei die polnischen Gebiete, da durch die Wahlreform eine grundlegende Änderung der polnischen politischen Repräsentanz zu erwarten war.

Lit.: JAKUB FORST-BATTAGLIA, Österreich im politischen Denken der Polen Galiziens, 1848–1914. In: Österreichische Osthefte 20 (1978) S. 99–115 – HENRYK BATOWSKI, Die Polen. In: Die Habsburgermonarchie 1848–1918 III: Die Völker des Reiches. 1980, S. 522–554.

Krakau, Muzeum Historyczne M. Krakowa, Inv. Nr. 1368/VIII P. U.

8.5.13 Reichsratswahlkarte von Österreich auf Grundlage des gleichen und allgemeinen Wahlrechts 1907

G. Freytag
Karte, färbig, 70 × 98 cm

Das Jahr 1906 sah intensive Verhandlungen zwischen den Parteien und der Regierung, an deren Spitze nach zweimaligem Wechsel nun Frh. von Beck stand; am 26. Jänner 1907 wurden die Wahlreformgesetze sanktioniert. Sie waren in mehrfacher Hinsicht ein Kompromiß: die Einerwahlkarte (nur in Teilen Galiziens wurden 2 Kandidaten gewählt) sollten national möglichst einheitlich sein, nahmen auf die Steuerleistung Rücksicht und führten auch die aus dem Kurienparlament geläufige Trennung von ländlichen und städtischen Wahlkreisen fort. Deshalb kann man nur bedingt von einem gleichen Wahlrecht sprechen. Auch das Prinzip der „Allgemeinheit“ wurde nicht zur Gänze verwirklicht. Abgesehen von den Frauen, die nicht wahlberechtigt waren, gab es auch für Männer eine Reihe von Ausschließungsgründen, z. B. die einjährige Seßhaftigkeitsklausel.

Lit.: WILLIAM A. JENKS, The Austrian Electoral Reform. 1950 – KARL UCAKAR, Demokratie und Wahlrecht in Österreich. 1985.

Wien, Österreichisches Staatsarchiv – Kriegsarchiv, Kartensammlung, Inv. Nr. B IX c 155–1 P. U.

8.5.14 Eröffnungssitzung der XVII. Session des Abgeordnetenhauses, 1907

Im Mai 1907 fanden die ersten Wahlen nach dem neuen Wahlrecht statt. Wie erwartet erzielten die Massenparteien und die speziellen sozialen Interessen verpflichteten Parteien große Gewinne: Die Tschechischen Agrarier z. B. wurden die stärkste tschechische Fraktion. Nach der Vereinigung der Katholisch-Konservativen mit den Christlichsozialen bildeten diese die stärkste Fraktion des Hauses (96 Sitze), die aus verschiedenen nationalen Klubs bestehende Sozialdemokratie kam auf 87 Sitze. Dennoch wurden die nationale Blockbildung und das Überwiegen nationaler Aspekte nicht überwunden. Diesbezügliche Hoffnungen der Regierenden erfüllten sich nicht; auch das Parlament des allgemeinen Wahlrechts wurde des öfteren Opfer nationaler Obstruktionspolitik.

Wien, Österreichische Nationalbibliothek, Porträtsammlung und Bildarchiv, 412.963 B P. U.

8.5.15 Das ungarische Reichstagsgebäude

Anders als in Österreich kannte man in Ungarn kein Kurienwahlrecht. Dort wurde das 1848 erlassene Wahlgesetz auch nach dem Ausgleich im wesentlichen übernommen. Es schränkte durch eine Reihe von Zensurbestimmungen die Wahlberechtigten allerdings erheblich ein (nur rund 6% der Bevölkerung durften wählen). Das hatte zur Folge, daß im neuen Reichstagsgebäude (1885–1896 in Anlehnung an den palais of Westminster von Imre Steidl erbaut), eine ziemlich homogene oligarchische Schicht die Geschicke des Landes lenkte. Mit der politischen Grundstimmung im Lande hatten die diversen Fraktionen des Hauses allerdings immer weniger gemein.

Lit.: JÖRG K. HOENSCH, Geschichte Ungarns 1867–1983. 1984.

Budapest, Magyar Munkásmozgalmi Múzeum, Neg. Nr. 30241 P. U.

8.5.16 Wahlrechtsdemonstrationen in Ungarn
a. Ein Polizeikordon sichert das Parlamentsgebäude (16. 2. 1906)
b. Filmaufnahmen beim Reichstagsgebäude (24. 9. 1905)
c. Slogan der Wahlrechtsbewegung am Trottoir

Besonders nach der Jahrhundertwende nahm der Wunsch nach einer durchgreifenden Reform zu. Die im Parlament nicht vertretenen Kräfte wollten durch den Druck der Straße ihren Forderungen mehr Gewicht verleihen. Im Zusammenhang mit der politischen Krise der Jahre 1904–1906 schien die Ausdehnung des Wahlrechts Wirklichkeit zu werden: das allgemeine Wahlrecht war als Mittel gedacht, um die Macht der „Koalition“ zu brechen. Nach Einbringung des Gesetzentwurfs nahm auch die „außerparlamentarischen“ Aktivitäten sprunghaft zu. Eine der Parolen des Wahlrechtskampfes, die überall affichiert wurden – auch auf Trottoirs lautete: „Heimat ist nur dort, wo das Recht ist“. Dennoch blieben in Ungarn viele „recht-“ und damit „heimat“los: die

Wahlrechtsvorlage wurde zurückgezogen. Trotz weiterer, zum Teil recht gewaltsamer, Demonstrationen kam nichts zustande, was dem allgemeinen Wahlrecht nur im entferntesten geähnelt hätte. Die 1913 verabschiedete Wahlrechtsreform brachte nur eine verhältnismäßig geringfügige Anhebung der Zahl der Wahlberechtigten (auf knapp 10%).

Budapest, Magyar Munkásmozgalmi Múzeum, Neg. Nr. 53.292, Neg. Nr. 1.835, Neg. Nr. 1.603 P. U.

8.5.17 Landtags-Wahlkarte von Böhmen 1901

G. Freytag
Karte, färbig, 49 × 35 cm

Ursprünglich waren Landtags- und Reichsratswahlrecht eng miteinander verzahnt. Diese Verbindung ging im Laufe der Zeit verloren, da die Landtage die Demokratisierungsschübe des Reichsratswahlrechts verspätet oder überhaupt nicht mitmachten. Außerdem unterschieden sich die Bestimmungen für einzelne Landtage je länger je mehr, da bei Novellierungen stets die besonderen Bedürfnisse des Landes und die generelle politische Situation zum Tragen kamen. In Böhmen wurde eine Reform durch den Nationalitätenkonflikt blockiert. Anders als in den meisten übrigen Kronländern kam es hier nicht einmal zur Schaffung einer „allgemeinen Wählerklasse“ (das allgemeine Wahlrecht wurde bis 1918 in keinem der Länder eingeführt). Dennoch ist auch im eingeschränkten Rahmen des Kurienwahlrechts die beginnenden Parteienvielfalt gut zu erkennen.

Lit.: Jiří Kořalka und R. J. Crampton, Die Tschechen. In: Die Habsburgermonarchie 1848–1918 III: Die Völker des Reiches. 1980, S. 489–521.

Wien, Österreichisches Staatsarchiv – Kriegsarchiv, Kartensammlung B IX c 238–1 P. U.

9. NATIONALISIERUNG DER MASSEN

9.1 Voraussetzungen

9.1.1 Nationalitätenkarte der österreichisch-ungarischen Monarchie, 1910

Peter Urbanitsch
Karte, Mehrfarbendruck, 67 × 89 cm

In der österr.-ungar. Monarchie lebten Angehörige von 12 größeren nationalen Gruppen, daneben gab es noch andere, deren Angehörige in vergleichsweise geringer Zahl in der Monarchie lebten. Keine der nationalen Gruppen machten in der Gesamtmonarchie mehr als 50% aus. Neben Gebieten mit einer sehr starken Durchmischung gab es jedoch auch solche, die ausschließlich oder fast zur Gänze von einer Nationalität bewohnt waren.

Lit.: Adam Wandruszka und Peter Urbanitsch (Hg.), Die Habsburgermonarchie 1848–1918 III: Die Völker des Reiches. 1980.

Wien, Peter Urbanitsch — P. U.

9.1.2 Die Verteilung der Konfessionen in der österreichisch-ungarischen Monarchie (1910)

Peter Urbanitsch
Karte, Mehrfarbendruck, 67 × 89 cm

Die Habsburgermonarchie war nicht nur ein multinationales, sondern auch ein multikonfessionales Staatswesen. Mindestens 15 Konfessionen waren staatlicherseits anerkannt. Daneben etablierten sich gegen Ende des 19. Jhdts. eine Reihe von Sekten; auch die Zahl der Konfessionslosen nahm zu. Wohl war die römisch-katholische Kirche nicht mehr länger „Staatsreligion“, sie blieb mit knapp 80% in Cisleithanien, etwas über 50% in den Ländern der Stephanskrone und rund 20% in Bosnien Herzegowina die weitaus dominierende konfessionelle Gruppe.

Lit.: Adam Wandruszka und Peter Urbanitsch (Hg.), Die Habsburgermonarchie 1848–1918 IV: Die Konfessionen. 1985.

Wien, Peter Urbanitsch — P. U.

9.1.3 Treue und Eintracht der österreichischen Völker. Viribus unitis — Farbabb. 21

F. Kollarz nach Zeichnung von Josef A. Hellich
Lithographie, 55,5 × 68 cm

Benediktinerstift Göttweig, Kunstsammlung und Graphisches Kabinett, M III Nr. 53

9.1.4 Die schlimmen Buben in der Schule. Karikatur — Abb.

Das nationale Gedankengut, das im Laufe des 19. Jahrhunderts immer weitere Kreise erfaßte, stellte eine ernste Gefahr für den Bestand der Habsburgermonarchie dar. Wohl waren offen irredentistische Zielsetzungen bis in den Weltkrieg hinein recht selten, doch die unterschiedlichen politischen Zielvorstellungen der nationalen Bewegungen, gekoppelt mit wirtschaftlichen und gesellschaftlichen Segregationsbestrebungen gaben den zentrifugalen Tendenzen großen Auftrieb.

Lit.: Robert A. Kann, Das Nationalitätenproblem der Habsburgermonarchie, 2 Bde. 1964 – Karl Vocelka, K. u. K. Karikaturen zum Zeitalter Kaiser Franz Josephs. 1980, Einband.

Neue Glühlichter, 19. 1. 1899 — P. U.

9.2 Deutscher Nationalismus

9.2.1 Was deutsche Kraft und deutscher Fleiss erworben und erstritten...

Postkarte

In dem Bemühen, den „deutschen Besitzstand“ zu wahren, gründeten die Deutschen eine Reihe von nationalen Schutzvereinen. Diese waren entweder ganz konkreten Zielen gewidmet (wie z. B. der Schulverein) oder sie waren nach territorialen Gesichtspunkten aufgebaut (wie z. B. der Bund der Deutschen in Böhmen). Dennoch kam es manchesmal zu Streitigkeiten und Reibereien in bezug auf die Überlappung des Wirkungskreises der überwiegend vom mittleren Bürgertum getragenen Organisationen. Die Schaffung einer „Hauptstelle für deutsche Schutzarbeit“ 1908 konnte daran auch nicht viel ändern.

Lit.: Erwin Barta und Karl Bell, Geschichte der Schutzarbeit am deutschen Volkstum. 1930.

Wien, Sammlung Dipl.-Vw. Helge Dvorak — P. U.

9.2.2 Es war einmal. Einladung zum Fest anläßlich des 25-Jahr-Jubiläums des Deutschen Schulvereins, 1905

1880 gründeten Männer aus dem Deutschen Verein (viele von ihnen waren später an der Abfassung des „Linzer Programms“ beteiligt), den Deutschen Schulverein, der es sich zur Aufgabe setzte, das Schulwesen der Deutschen vor allem in den Sprachgrenz- und -inselgebieten zu fördern. Bis 1914 wurden 152 eigene Schulgebäude errichtet und 410 weitere subventioniert. Zahlreich waren die Unterstützungen zur Aufrechterhaltung des Lehrbetriebs. Vom Anspruch her „unpolitisch“, vertrat der Schulverein linksliberal-gemäßigt

Die schlimmen Buben in der Schule.

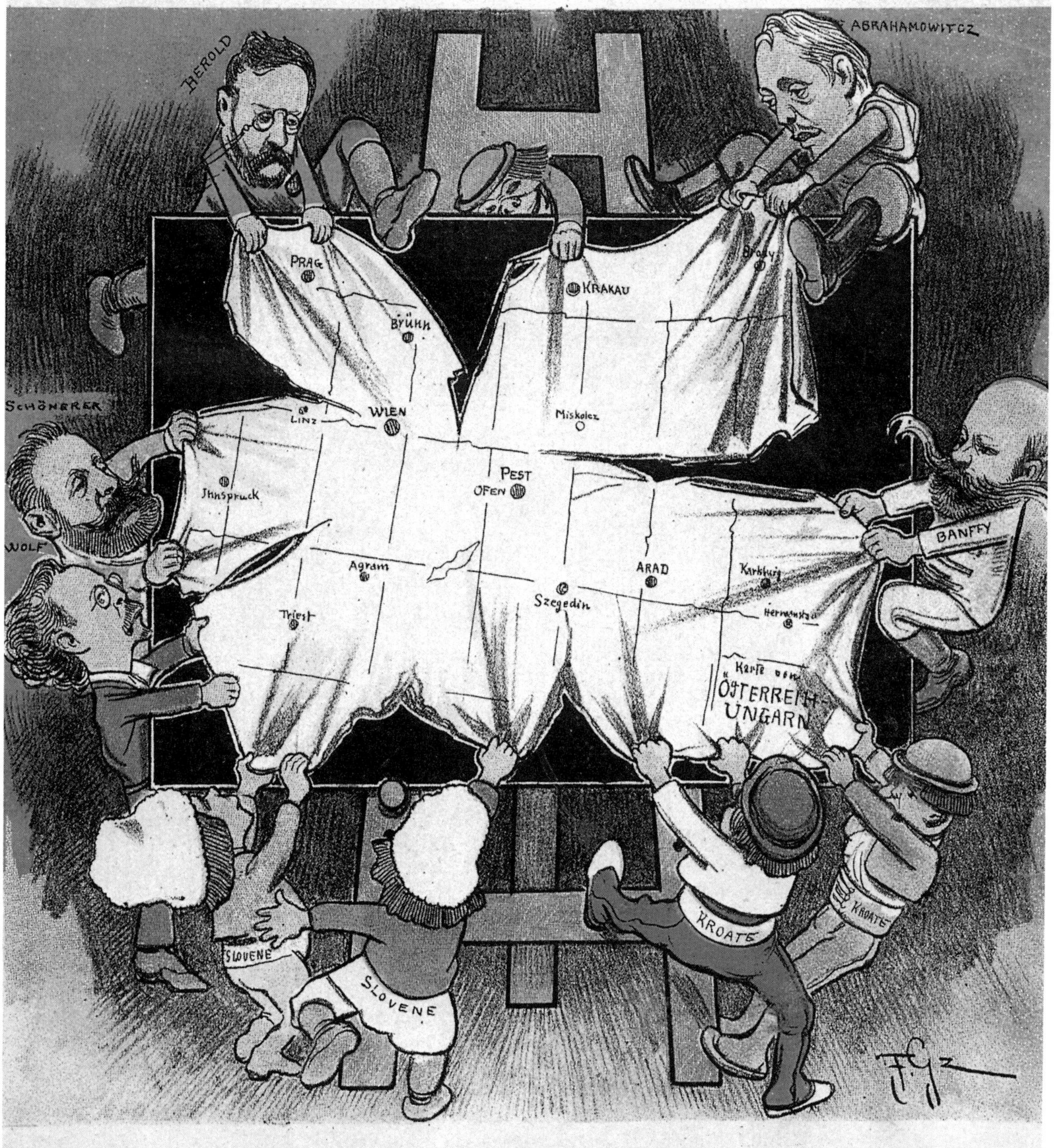

Die österreichisch-ungarische Monarchie wird bald schön ausschauen.

Kat.-Nr. 9.1.4

deutschnationale Tendenzen, ohne jedoch die Einflüsse der radikalen Schönerer-Gruppe (insbes. in der Judenfrage) ganz ausschließen zu können.

Lit.: MONIKA STREITMANN, Der Deutsche Schulverein vor dem Hintergrund der österreichischen Innenpolitik 1880–1918. 1984.

Laibach, Sammlung Prof. Vasilij Melik P. U.

9.2.3 Drei Schulvereinskarten

Postkarte

Die breit angelegte Tätigkeit des Schulvereins erforderte den Einsatz bedeutender Geldmittel. Neben großen Sammelaktionen (z. B. der „Roseggersammlung", die mehr als 2 Mio. Kr. erbrachte), Einzelspenden und den (niedrigen) Mitgliedsbeiträgen trat wie bei allen Schutzvereinen der Verkauf von Zündhölzern, Taschenmessern, Abzeichen, Postkarten, Kalender etc. – Das auf einer Karte sichtbare Schulvereinswappen zeigt drei Schildfelder in den Farben schwarz-rot-gold, die aufgehende Sonne steht für „die geistige Erleuchtung durch die Schule", der Eichenzweig für „das heranwachsende deutsche Geschlecht". Das Motto umreißt genau das Wesen aller Schutzvereine: „Nur in der eigenen Kraft ruht das Schicksal der Nation".

Lit.: MONIKA STREITMANN, Der Deutsche Schulverein vor dem Hintergrund der österreichischen Innenpolitik 1880–1918. 1984.

Wien, Sammlung Dr. Lukan und Leoben, Sammlung Doz. Dr. Jontes P. U.

9.2.4 Erste Maifahrt des Deutschen Schulvereins in die Wachau, 1911

Postkarte

Natürlich kam – wie bei allen derartigen Vereinigungen – der gesellige Aspekt nicht zu kurz. Es ist gewiß kein purer Zufall, wenn auch heute jene politische Gruppe, die sich als Wahrer national-liberaler Traditionen sieht, ihre Veranstaltung zum 1. Mai in Form einer Schiffahrt in die Wachau begeht.

Wien, Sammlung Dr. Lukan P. U.

9.2.5 Karikatur auf den Deutschen Schulverein

Die Tätigkeit des Schulvereins stieß auf heftigste Ablehnung der Nichtdeutschen. Diese tschechische Karikatur erhebt den Vorwurf der „Tschechenfresserei", der Assimilation: „Seltsam, obwohl beide denselben Wanst haben, kann doch der Preuße die Tschechen nicht ertragen und wirft sie sofort heraus, wogegen unser Michel nicht genug von ihnen schlucken kann". Es blieb nicht bei derartigen verbalen Auseinandersetzungen: man suchte die Aktivitäten des Schulvereins zu behindern, indem man ihm z. B. den Kauf von Grundstücken unmöglich machte, Schulen demolierte etc. Demgegenüber ist festzuhalten, daß auch die anderen Nationen über ein ausgebreitetes Schul- und Schutzvereinswesen verfügten, das ihrerseits wiederum von den Deutschen angegriffen wurde.

Lit.: RUDOLF JAWORSKI, Tschechen und Deutsche in der Karikatur (1891–1907). In: HANS LEMBERG und FERDINAND SEIBT (Hg.), Deutsch-tschechische Beziehungen in der Schulliteratur und im populären Geschichtsbild. 1981, S. 58–68, Abb. 5.

Prag, Sammlung Dr. Kořalka,
Humoristické listy, 16. Dezember 1898 P. U.

9.2.6 Deutsche, lernt Tschechisch

Postkarte

Die Ideologie der nationalen Schutzvereine ging davon aus, daß die eigene Kultur, die eigenen Leistungen jedenfalls höherwertig seien als die der anderen, und daß es die Mission der Deutschen sei, als „Kulturträger" im Südosten und Osten Europas aufzutreten. Es dauerte lang, bis man begriff, daß auch die Aneignung fremder Kulturgüter zum Besten der eigenen Nation dienen könne. So hat der „Bund der Deutschen in Niederösterreich" erst gegen 1910 die Empfehlung ausgegeben, tschechisch zu lernen – nicht aus Wertschätzung für diese Sprache und Literatur, sondern um mit den Tschechen auf deren ureigenstem Gebiet konkurrieren zu können.

Lit.: ERWIN BARTA und KARL BELL, Geschichte der Schutzarbeit am deutschen Volkstum. 1930.

Wien, Sammlung Dr. Lukan P. U.

9.2.7 Tirol den Tirolern – Tiroler Volksbund

Postkarte

1905 wurde der Tiroler Volksbund gegründet. Sein Motto: „Tirol den Tirolern! Tirol unteilbar von Kufstein bis zur Veroneser Klause" läßt die Stoßrichtung gegen die Italiener im Lande (die für das Trentino Autonomie forderten) deutlich erkennen. Er entfaltete eine rege kulturelle, politische, aber auch wirtschaftliche Tätigkeit, die den österreichischen Regierungsstellen als Gegengewicht gegen die – vermeintlichen oder tatsächlichen – irredentistischen Bestrebungen italienischer Kreise im Süden Tirols gar nicht so unwillkommen war.

Lit.: ALOIS THALER, Der Tiroler Volksbund, Wollen und Wirken. 1962.

Wien, Sammlung Dipl.-Vw. Helge Dvorak P. U.

9.2.8 Heil Südmark Eibiswald

Postkarte

1889 in Graz gegründet, vertrat der Verein „Südmark“ einen anderen Typus von Schutzvereinen. Wohl befaßte auch er sich mit der Förderung kultureller Belange, sein Schwergewicht lag im wirtschaftlichen Bereich. Die „Südmark“ bemüht sich um Lehrlings- und Stellenvermittlung, vor allem aber förderte sie die Ansiedlung von Deutschen in national umkämpften Gebieten. Bekannt wurde der Versuch, eine „Landbrücke“ zwischen der deutschen Sprachinsel Marburg/Maribor und dem geschlossenen deutschen Siedlungsgebiet herzustellen. Kennzeichnend ist, daß die wirtschaftlich ausgerichteten Schutzvereine einer viel radikaleren Spielart des Deutschnationalismus huldigten als etwa der Deutsche Schulverein.

Lit.: FRIEDRICH POCK, Grenzwacht im Südosten. Ein halbes Jahrhundert Südmark. 1940.

Leoben, Sammlung Doz. Dr. Jontes P. U.

9.2.9 Postkarte des „Bundes der Deutschen in Böhmen“

Postkarte

Der 1894 gegründete Bund der Deutschen in Böhmen stand – ebenso wie die „Südmark“ – den Schönerianern nahe. Er wollte die „wirtschaftlich schwächeren deutschen Besitzer davor bewahren, durch Verschuldung im Ausdruck ihrer deutschnationalen oder antisemitischen Gesinnung beengt zu werden“. Mit rund 100.000 Mitgliedern war er nach dem Schulverein die zweitstärkste deutsche Organisation. Die Karte zeigt in ihrer Thematik nicht nur die „Deutschthümelei“, die trivialisierte Verherrlichung der Welt der Germanen, sie ist auch kennzeichnend für die Atmosphäre, macht das martialische Vokabular deutlich, mit dem der „Volkstumskampf“ geführt wurde: von „Kriegszügen“ ist da die Rede, von „Belagerungen“, von „Eroberungen“ und ähnlichem mehr.

Lit.: PETER BURIAN, Das Vereinswesen in den böhmischen Ländern. In: FERDINAND SEIBT (Hg.), Vereinswesen und Geschichtspflege in den böhmischen Ländern. 1986, S. 39–52.

Leoben, Sammlung Doz. Dr. Jontes P. U.

9.2.10 Heilgruß zur Jahreswende – Weg die Hand vom deutschen Land

Postkarte

Auch der Bund der Deutschen Nordmährens, 1886 gegründet, errichtete Sparkassen und Kreditunternehmungen, finanzierte Arbeitsmöglichkeiten für Handwerker und Arbeiter und rief Volksbüchereien ins Leben. Obwohl die vorliegende Karte die Originalunterschrift Schönerers trägt, unterschied sich der Bund der Deutschen Nordmährens in Fragen des Antisemitismus deutlich von allen anderen Schutzvereinen: er war – neben dem Böhmerwaldbund – der einzige, der keinen „Arierparagraphen“ in seinen Satzungen hatte.

Lit.: MONIKA STREITMANN, Der Deutsche Schulverein vor dem Hintergrund der österreichischen Innenpolitik 1880–1918. 1984.

Wien, Sammlung Dipl.-Vw. Helge Dvorak P. U.

9.2.11 Aufruf des Bundes der christlichen Deutschen in Galizien mit der Bitte um Unterstützung

Die schon im Namen zutage tretende Abgrenzung der „christlichen“ Deutschen schien von einem extrem deutschnationalen Standpunkt aus in Galizien umso „notwendiger“, als dort lange Zeit hindurch das jüdische Element sich dem Deutschtum zugehörig fühlte; viele „deutsche“ Schulen – auch vom Schulverein unterstützt – waren eigentlich „Judenschulen“. Der Verzicht auf das geistig-kulturelle und wirtschaftliche Potential der Juden mußte für das Deutschtum Galiziens katastrophale Folgen haben. Unter dem Eindruck der tristen Situation hatten Pläne zur Aussiedlung der gesamten evangelisch-deutschen Bevölkerung große Erfolge. Als Reaktion darauf folgte 1907 die Gründung des Bundes der christlichen Deutschen in Galizien, der aber nie die Bedeutung der Schutzvereine in Böhmen erreicht.

Lit.: Handwörterbuch des Grenz- und Auslandsdeutschtums III, Artikel Galizien 1–47 – BERTHOLD SUTTER, Die politische und rechtliche Stellung der Deutschen in Österreich 1848–1918. In: Die Habsburgermonarchie III: Die Völker des Reiches, 1986, S. 154–339.

Wien, Österreichische Nationalbibliothek, Flugschriftensammlung, Inv. Nr. Mt 1900 undat/5 P. U.

9.2.12 Aufruf an alle guten Deutschen!

Als regionales und organisatorisches Zentrum für die Aktivitäten des breitgefächerten „völkischen“ Vereinswesens sollte in möglichst vielen Orten ein „Deutsches Haus“ errichtet werden. Derartige Zentren, die oft Schauplatz von wüsten Ausschreitungen wurden, waren nicht auf die deutsche Nationalbewegung beschränkt: das Česky národní dum in Wien 15. war nur eines der zahlreichen Beispiele für die unter großem finanziellen Einsatz seitens der nationalen Gemeinschaft geschaffenen Einrichtungen.

Stadtamt Zwettl P. U.

Kat.-Nr. 9.3.2

9.3 Ungarischer Nationalismus

9.3.1 Die Beisetzung Lajos Kossuths, April 1894

Photo

Eine besondere Rolle bei der Popularisierung der nationalen Ideologie spielten der Rekurs auf eine – glorreich gedachte – Vergangenheit und der Appell an das Emotionale. Für beides bieten die Beisetzungsfeierlichkeiten für Lajos Kossuth ein treffendes Beispiel. Kossuth, der Führer der ungarischen Revolution von 1848/49, war in seinem Turiner Exil gestorben; seine Überführung in die Heimat wurde von Franz Joseph erst nach langem Zögern zugestanden. Kossuth ist schon zu Lebzeiten, mehr noch nach seinem Tod, zu einem nationalen Mythos geworden.

Budapest, Fotómüvészek Szővetségének Archívuma P. U.

9.3.2 Apotheose auf die „Märtyrer von Arad“

Abb.

Mihály Zichy, 1890
Bleistiftzeichnung, 65,5 × 48 cm

Der Unabhängigkeitskrieg von 1848/49 spielte im nationalen Denken der Magyaren eine große Rolle. Neben Kossuth waren es die „Märtyrer von Arad“ – jene 13 Generäle des Unabhängigkeitskampfes, die am 6. Oktober 1849 hingerichtet worden waren – die im Volksgedächtnis fortlebten und dadurch dem ungarischen Nationalbewußtsein immer neuen Impetus verliehen.

Lit.: István Deak, The Lawful Revolution, Louis Kossuth and the Hungarians 1848–1849. 1979.

Budapest, Petőfi Irodalmi Múzeum, Sammlung Jókai, Inv. Nr. 62.1209.1 P. U.

9.3.3 Fahne der Nationalpartei für Unabhängigkeit und die Ideen von 1848, Bezirk Szabadka

1901
Stoff, bedruckt, rot-weiß-grün, 294 × 160 cm

„1848“ war das Markenzeichen der staatsrechtlich-nationalistischen Opposition, die im Gegensatz zu den „1867“-ern – den Anhängern des Ausgleichs und des Dualismus – für eine Ausweitung der ungarischen Selbständigkeit eintraten, im Extremfall sogar für die völlige staatliche Unabhängigkeit. Die „1848“-er fanden ihre größte Anhängerschaft in Teilen der gentry und unter den wohlhabenderen Bauern des magyarischen Kerngebietes.

Lit.: István Dolmányos, Aus der Geschichte der ungarischen Parlamentsopposition. 1963 – Péter Hanák, Ungarn in der Donaumonarchie. 1984.

Budapest, Magyar Munkásmozgalmi Múzeum, Inv. Nr. 63.122.1 P. U.

9.3.4 Eintrittskarte zur Grundsteinlegung des Kossuth-Mausoleums

Nach dem Tode Kossuths nahm der Kult um seine Person beträchtliche Ausmaße an. Bald entstand der Plan, ein Kossuth-Mausoleum zu errichten. Ungefähr zur gleichen Zeit dachte man auch an die Errichtung eines Elisabeth-Mausoleums. Interessanterweise unterscheiden sich die Vorstellungen für beide Anlagen nur unwesentlich, obwohl sie doch völlig entgegengesetzte ideologische Aussagen transportieren sollten.

Lit.: Lélek és forma. Magyar művészet 1896–1914. 1986

Budapest, Kiscelli Múzeum, Inv. Nr. 73.126 P. U.

9.3.5 Die Rückführung der sterblichen Reste von Ferenc II. Rákóczi

Rákóczi war nach Niederschlagung seines unter der Devise „pro patria et libertate“ geführten Freiheitskampfes (1703–1711) erst nach Frankreich, dann in die Türkei ins Exil gegangen und dort auch verstorben. Die Erinnerung an ihn blieb vor allem bei den einfachen Leuten lange Zeit wach. Sie erhofften sich von seiner „Wiederkehr“ eine Verbesserung ihres sozialen Loses (Rákóczi hatte seinen Soldaten aus dem Bauernstand die Befreiung aus der Grundherrschaft gewährt). Im 19. Jahrhundert stand jedoch eher die Erinnerung an die nationalen Aspekte im Vordergrund.

Lit.: BELA KÖPECZI, La France et la Hongrie au debut de XVIIIe siècle. 1971 – KÁLMÁN BENDA, Der Rákóczi-Aufstand und die europäischen Mächte. In: Österreich in Geschichte und Literatur 22 (1978) 328–337.

Vasárnapi Ujság 1906, S. 709 P. U.

9.3.6 Gedenkblatt an die Überführung von Rákóczis Leichnam

Nach langen Verhandlungen gelang es der Koalitionsregierung Wekerle (die ja die Stärkung der nationalen Unabhängigkeit ganz besonders auf ihre Fahnen geschrieben hatte), die Rückführung beim Herrscher durchzusetzen. Unter großer Anteilnahme der Bevölkerung wurde Rákóczis Leichnam zuerst nach Budapest und dann nach Kaschau gebracht, wo er beigesetzt wurde.

Budapest, Kispesti helytörténeti Gyüjteménye, Inv. Nr. 76.194.1 P. U.

9.3.7 Bronze-Tulpe aus dem Besitz der Familie Ferenc Kossuth

Die ungarische Unabhängigkeitsbewegung wollte nicht nur auf dem politisch-staatsrechtlichen Gebiet zur Geltung kommen, sondern auch auf dem wirtschaftlichen. Es wurde eine Kampagne gestartet, die die Bevölkerung dazu bringen sollte, nur jene Produkte zu kaufen, die im Land selbst hergestellt worden waren. Die „Tulpenbewegung“ (genannt nach dem Emblem) setzte sich die Schaffung eines autarken ungarischen Wirtschaftskörpers zum Ziel.

Lit.: JÖRG K. HOENSCH, Geschichte Ungarns 1867–1983. 1984 – FRANZ WOLF, Die Tulpenbewegung in Ungarn. Wirtschaftliche und politische Auseinandersetzungen zwischen Österreich und Ungarn. 1980.

Budapest, Magyar Nemzeti Múzeum, Inv. Nr. 1977/70
P. U.

9.3.8 Abzeichen der Tulpenbewegung

Sympathisanten der Tulpenbewegung sollten ihre Einstellung auch offen zur Schau tragen. Dazu dienten die Abzeichen, die – Ironie der Geschichte – in Wien hergestellt wurden.

Lit.: FRANZ WOLF, Die Tulpenbewegung in Ungarn. Wirtschaftliche und politische Auseinandersetzungen zwischen Österreich und Ungarn. 1980.

Budapest, Magyar Nemzeti Múzeum, Inv. Nr. 1956/272
P. U.

9.3.9 Verfassung und Tulpenbewegung. Karikatur

Die Koalitionsparteien unterstützten die Tulpenbewegung nach Kräften. Freilich konnten Worte oder Gesten allein nicht darüber hinwegtäuschen, daß durch das Verhalten der Koalition (vgl. Kat. Nr. 10.8 ff.) das Gebäude der Verfassung argen Schaden genommen hatte.

Lit.: ISTVÁN DOLMÁNYOS, Aus der Geschichte der ungarischen Parlamentsopposition. 1963 – PÉTER HANÁK, Ungarn in der österreichisch-ungarischen Monarchie – Übergewicht oder Abhängigkeit? In: DERS., Ungarn in der Donaumonarchie. 1984, S. 240-280.

Borsszem Jankó, 8. April 1906 P. U.

9.3.10 Pokale mit Freimaurersymbolen

Glas, H = 15 cm, Dm = 9,5 cm

Anders als in Cisleithanien war in Ungarn die Freimaurerei nicht verboten. Im Gegenteil, eine ganze Reihe bedeutender Männer des politischen, wirtschaftlichen und gesellschaftlichen Lebens waren Freimaurer. Dieses Faktum trug mit dazu bei, daß die Führungsschicht des Landes relativ homogen war und „homines novi“ verhältnismäßig leicht integriert werden konnten. Eine Besonderheit waren die sog. „Grenzlogen“ (z. B. in Preßburg), die von vielen österreichischen Freimaurern besucht waren.

Lit.: LAJOS ABAFI, Geschichte der Freimaurerei in Ungarn. 5 Bde.

Budapest, Magyar Nemzeti Múzeum, Inv. Nr. 1981.131.4/11/12 P. U.

9.3.11 Fahne der Loge „Progressio“

1911
Stoff, bedruckt, mit 2 Kordeln, 102 × 70 cm

Budapest, Magyar Nemzeti Múzeum, Inv. Nr. 1981.131.702
P. U.

Kat.-Nr. 9.4.1

9.4 Slawische Nationalbewegungen

9.4.1 Gleichnis vom großen Untergang der Tschechen Abb.

František Bílek, 1898
Lindenholz, H = 52 cm

Das individualistische Schaffen dieses Bildhauers stützte sich auf eine eigenwillige Beurteilung der tschechischen geistigen und künstlerischen Tradition. Laut Bíleks Kommentar symbolisiert das Werk den Untergang der Tschechen und verknüpft die Vision ihres Niederganges mit dem Abfall von der althergebrachten Weisheit östlichen Ursprungs. „Untergang" ist hier gleichbedeutend mit „Westen".

Lit.: PETR WITTLICH, Česká secese. Praha 1982, S. 52 – Tschechische Kunst 1878–1914. Auf dem Weg in die Moderne. Ausst.-Kat. Darmstadt 1984, Band 1, S. 86–87, Katalogteil S. 21.

Prag, Národní Galerie, P 1441 V. E.

9.4.2 Sokoluniform

Die Uniform der Sokol-Mitglieder spiegelte die grundlegenden Werte der Sokol-Bewegung wider: Nationalismus und Demokratie. Das rote Hemd war von Garibaldis Freischaren entlehnt, während die Čamara, die Knopfleiste mit Schlaufen auf der Jacke, das nationale Element betonte. Die Mütze mit der Falkenfeder entspricht südslawischen Vorbildern. Nicht unerwähnt soll bleiben, daß die Uniform vom tschechischen Maler Josef Mánes entworfen wurde.

Lit.: CLAIRE NOLTE, „Our task, direction and goal". The Development of the Sokol national program to World War I. In: Vereinswesen und Geschichtspflege in den böhmischen Ländern, hg. von FERDINAND SEIBT. 1986, S. 123–138.

Wien, Verband der Wiener Sokolvereine P. U.

9.4.3 Turnvorführungen anläßlich von Sokol-Slets

Der 1862 in Prag von Miroslav Tyrš und Heinrich Fügner gegründete Turnverein Sokol [Falke] spielte eine wesentliche Rolle bei der Umformung des tschechischen Nationalismus in eine Massenbewegung. Der Betonung des Charakters als Massenbewegung dienten auch die allgemeinen Turnertreffen (slet). Dabei gab es nicht nur Turnvorführungen mit massenwirksamer Choreographie, sondern auch Darstellungen historischer Szenen wie z. B. den Sieg des Hussitenheeres bei Kuttenberg oder die Schlacht von Marathon.

Lit.: CLAIRE NOLTE, „Our task, direction and goal". The Development of the Sokol national program to World War I. – GEORG J. MORAVA, Miroslav Tyrš (Friedrich Emanuel Tirsch) 1832–1884. In: Bohemia 25 (1984) S. 90–103.

Památník sletu slovanského sokolstva roku 1912 v Praze
P. U.

9.4.4 Massenversammlungen in der Prager Innenstadt anläßlich der Sokol-Slets

Anläßlich der slets (das erste fand 1882 statt, nach der Jahrhundertwende gab es solche 1901, 1907 und 1912) kamen Abordnungen von Sokol-Gruppen aus dem ganzen Habsburgerreich zusammen; auch Gäste aus dem Ausland (Frankreich, Rußland und andere slawische Länder, aber auch USA) fanden sich ein. Die Festversammlungen auf dem Altstädter Ring in Prag gestalteten sich zu machtvollen Demonstrationen des umfassenden Charakters der tschechischen Nationalbewegung.

Lit.: CLAIRE NOLTE, „Our task, direction and goal". The Development of the Sokol national program to World War I.

IV. Slet Vsesokolský Pamětní list vydaný péčí české obce sokolské (1901) P. U.

9.4.5 Ehrendiplom des „Hrvatski sokol"

Zagreb 1905
Lithographie, koloriert, 48,5 × 62 cm

Die Sokolbewegung griff rasch auf andere slawische Gebiete über; die Idee der „slawischen Wechselseitigkeit" legte die Grundlage für eine allslawische Turnbewegung. Schon 1863 wurde in Laibach (Ljubljana) ein Sokolverein gegründet, 1874 in Agram (Zagreb). Die Tschechen fungierten oft als Turn-Instruktoren in den anderen slawischen Gebieten, sie unterstützten dabei auch die national-politischen Bestrebungen der Südslawen oder der Polen.

Zagreb, Povijesni muzej Hrvatske P. U.

9.4.6 Mitglieder der polnischen „sokol“ zu Pferd am Fuß des Wawel

Feliks Francic, 1910
Öl auf Holz, 33 × 49,5 cm

Die Sokolbewegung war im wesentlichen eine kleinbürgerlich-fortschrittliche Bewegung. Ihr egalitärer Charakter kam unter anderem auch in dem bekannten Zitat „Jeder Tscheche ein Sokol“ zum Ausdruck. Demgegenüber mußte in einer hierarchisch viel stärker gegliederten Gesellschaft wie der polnischen dieser Aspekt eher zurücktreten. Es ist kein Zufall, daß gerade die polnischen „sokol“ zu Pferd auftraten, den feudal-aristokratischen Zug des polnischen Nationalismus dadurch stark hervorstreichend.

Lit.: Jakub Forst-Battaglia, Die polnischen Konservativen Galiziens und die Slawen. 1975 – Piotr Wandycz, The Lands of Partitioned Poland 1795–1918. 1974.

Krakau, Muzeum Historyczne M. Krakowa, Inv. Nr. 2555/III P. U.

9.5 Zuspitzung in Richtung Gewalt

9.5.1 Aufruf des Ortsrates Leitmeritz des Deutschen Volksrates für Böhmen

Der Deutsche Volksrat war die Dachorganisation aller deutschen Schutzvereine, Vereine, die im „Volkstumskampf“ auf allen Seiten entstanden waren, um den (tatsächlichen oder vorgeblichen) Interessen der eigenen Nation zum Durchbruch zu verhelfen. Im konkreten Fall wendet sich der Aufruf an Hausbesitzer. Sie sollten auf ihre Mieter einwirken, daß deren Kinder die deutschen (und nicht die private tschechische) Schulen besuchen. Falls nämlich eine bestimmte Zahl von Schulkindern Unterricht in einer tschechischen Schule verlangten, mußte von der Gemeinde eine öffentliche Schule errichtet und erhalten werden.

Lit.: Harald Bachmann, Der Deutsche Volksrat für Böhmen und die deutschböhmische Parteipolitik. In: Zeitschrift für Ostforschung 14 (1965) S. 266–294 – Erich Schmied, J. W. Titta und der deutsche Volksrat für Böhmen. In: Bohemia 26 (1985) S. 309–330.

Wien, Allgemeines Verwaltungsarchiv, Nachlaß Beck, Karton 14, Konvolut 5: Schulangelegenheiten P. U.

9.5.2 Rundbrief des Deutschen Vollzugsausschusses für Teplitz

Auch dieser Rundbrief wendet sich gegen die Ausweitung einer tschechischen öffentlichen Schule, diesmal in Teplitz. Die Gemeinden sträubten sich aus 2 Gründen gegen die Minoritätsschulen: aus finanziellen Erwägungen und weil sie befürchteten, durch die Zulassung einer Schule mit einer anderen Unterrichtssprache den eigenen „nationalen Besitzstand“ zu gefährden. Der Vollzugsausschuß schlug daher vor, tschechische Arbeiter und Angestellte zu entlassen, sie durch deutsche zu ersetzen, und den tschechischen Wohnparteien die Wohnungen zu kündigen.

Lit.: Gerald Stourzh, Die Gleichberechtigung der Nationalitäten in der Verfassung und Verwaltung Österreichs 1848–1918. 1985.

Wien, Allgemeines Verwaltungsarchiv, Nachlaß Beck, Karton 14, Konvolut 5: Schulangelegenheiten P. U.

9.5.3 Stock aus Eichenholz

Die Form der Auseinandersetzungen zwischen den Nationen blieb nicht auf verbalen Schlagabtausch, wirtschaftliche Boykottmaßnahmen u. ä. beschränkt, bald schon trat physische Gewalt hinzu. Der Stock mit der bezeichnenden Inschrift „Einziges Mittel gegen die Feinde des Deutschthums“ kennzeichnet gut die überhitzte Atmosphäre, in der es leicht zu Prügeleien zwischen rivalisierenden nationalen Gruppen kam.

Stadtamt Zwettl P. U.

9.5.4 Die Revolte in Prag

Postkarte

Die Entlassung Badenis (vgl. Kat. Nr. 10.1.8) führte auf tschechischer Seite zu heftigen Reaktionen. Ein besonderes Ziel der tschechischen Volkswut waren die deutschen Studenten, die freilich durch provozierendes Auftreten die Spannungen weiter schürten. Auf Grund der Vorfälle in Prag erließ die Regierung ein Abzeichen- und Farbenverbot, was wiederum zu einem Studentenstreik an allen deutschen Hochschulen der Monarchie führte.

Lit.: Adam Wandruszka, Österreich-Ungarn vom ungarischen Ausgleich bis zum Ende der Monarchie. In: Handbuch der europäischen Geschichte VI, hg. v. Theodor Schieder. 1968, S. 354–399. Johann Ramminger, Nationalismus und Universität: Die Genese des Nationalismus und die cisleithanischen Universitäten 1859–1900. 1981.

Leoben, Sammlung Doz. Dr. Jontes P. U.

9.5.5 Der Zusammenstoß in der Prager Jungmanngasse (1893)

Zusammenstöße ereigneten sich nicht nur zwischen Angehörigen verschiedener Nationalitäten. Noch häufiger richtete sich der Unwille der Nationalisten gegen den Staat und seine Repräsentanten, von denen sich die Nationalbewegungen in ihrer Entfaltung gehemmt fühlten. 1893 kam es in Prag im Zusammenhang mit dem sog. „Omladina-Prozeß“ sowie als Folge von sozialen und politischen Spannungen (es ging unter anderem um die Forderung nach Einführung des allgemeinen Wahlrechts) zu einem in seiner Heftigkeit von niemandem erwarteten Ausbruch nationaler Leidenschaften.

Lit.: BRUCE M. GARVER, The Young Czech Party 1874–1901 and the Emergence of a multi-party system. 1978.

Prag, Muzeum Hlavního Města Prahy, Inv. Nr. 111 872

P. U.

9.5.6 Das Attentat auf Marian Frh. Varešanin von Vareš, 15. Juni 1910

Photo

Am Rückweg von der Eröffnung des bosnischen Landtags in Sarajewo wurde auf den Landeschef und kommandierenden General (er vereinigte die höchste zivile und militärische Autorität des Landes in sich) ein Attentat verübt. Varešanin stammte aus der Militärgrenze, fühlte sich selbst als Kroate, wurde jedoch von den Nationalisten als Vertreter des militaristisch-politischen Unterdrückungsapparates abgelehnt. Das Attentat mißlang, der Attentäter Bogdan Žerajić (ein Student aus der Herzegowina) verübte Selbstmord. Der Anschlag auf Varešanin war nur ein Glied in der Kette jener nationalistisch motivierten Gewalttaten, die schließlich im Mord an Franz Ferdinand kulminierten.

Lit.: VLADIMIR DEDIJER, Die Zeitbombe

Wien, Heeresgeschichtliches Museum, Bildersammlung, Inv. Nr. LBI 460, Allg. 12-III

P. U.

9.6 Millenniumsfeier

9.6.1 Das Millenniumsdenkmal in Budapest

György Zala – Albert Schickedanz, 1895

Der Vertrag für das Millenniumsdenkmal wurde 1894 mit dem Bildhauer György Zala und dem Architekten Albert Schickedanz abgeschlossen. In der Mitte des Denkmals sind auf einem hohen Sockel die Reiterstandbilder der sieben Stammesfürsten der Landnahme angeordnet, im Vordergrund das Reiterstandbild Árpáds. Über der Kolossalsäule, die von den Stammesführern umschlossen wird, schwebt der Erzengel Gabriel. Er hält in der einen Hand das apostolische Doppelkreuz, in der anderen die ungarische „Heilige Krone". Dieser zentrale Kern des Denkmals spiegelt in symbolischer Weise die in der Geschichte miteinander rivalisierenden Legitimitätslehren wider. Hinter den Stammesfürsten stehen unter einer halbkreisförmigen Kolonnade die ungarischen Könige. Die Königsfiguren, die zehn Jahrhunderte ungarischer Geschichte – vom Heiligen Stephan bis zu König Franz Joseph – symbolisieren, erscheinen nur als Vertreter auf Zeit der auf der Einheit zwischen den Stammesfürsten – dem Adelsstand – und der Krone beruhenden Macht. Der Guß des Denkmals wurde Jahrzehnte hinausgezögert, zur Einweihung kam es erst 1929.

Lit.: ENDRE LIBER, Budapest szobrai és emléktáblái (Statuen und Gedenktafeln von Budapest). Budapest 1935, S. 265–270 – ESZTER GÁBOR, Az ezredéves emlék (Das Jahrtausend-Denkmal). In: Müvészettörténeti Értesitő 32 (1983) S. 202–217 – KATALIN SINKÓ, Die Geschichte des Millennium-Denkmals. Göttingen 1987.

Budapest, Történeti Múzeum, Inv. Nr. 59.73.1–59.73.7

K. S.

a. Stammesfürst Töhötöm

György Zala, 1895
Bronze, H = 73 cm

Budapest, Történeti Múzeum, Inv. Nr. 59.73.4

b. Stammesfürst Elöd

György Zala, 1895
Bronze, H = 58 cm

Budapest, Történeti Múzeum, Inv. Nr. 59.73.5

c. Stammesfürst Huba

György Zala, 1895
Bronze, H = 55 cm

Budapest, Történeti Múzeum, Inv. Nr. 59.73.6

d. Stammesfürst Árpád Abb.

György Zala, 1895
Bronze, H = 60 cm

Budapest, Történeti Múzeum, Inv. Nr. 59.73.1

e. Stammesfürst Kond

György Zala
Bronze, H = 57 cm

Budapest, Történeti Múzeum, Inv. Nr. 59.73.2

f. Stammesfürst Ond

György Zala, 1895
Bronze, H = 60 cm

Budapest, Történeti Múzeum, Inv. Nr. 59.73.3

g. Stammesfürst Tas

György Zala, 1895
Bronze, H = 55 cm

Budapest, Történeti Múzeum, Inv. Nr. 59.73.7

Kat.-Nr. 9.6.1 d

9.6.2 Die ungarische Nation Farbabb. 27

Mihály Zichy, 1894
Öl auf Papier, 55 × 46,2 cm

Das Bild stellt die tausendjährige Geschichte des ungarischen Volkes bzw. die Kontinuität der Macht ungarischer Könige über tausend Jahre hinweg im Geist der Geschichtsauffassung der Liberalen Partei dar. Auf der rechten Seite des Bildes findet die Schilderhebung von Árpád statt – der Augenblick der Gründung ungarischer „Konstitution“ – und darüber, gleichsam als Folge, der Schwerthieb, den König Franz Joseph 1867 anläßlich seiner Krönung vollzog. Auf der linken Seite des Bildes werden stürmische Szenen aus der ungarischen Geschichte vorgeführt, während als ruhender Pol in der Mitte des Bildes Ferenc Deák als Wächter der heiligen ungarischen Krone zu sehen ist. Das Bild wurde für Mór Jókai anläßlich seines 50jährigen Schriftstellerjubiläums angefertigt.

Lit.: Ilona Berkovits, Zichy Mihály. Budapest 1964, S. 247–248.

Budapest, Petőfi Irodalmi Múzeum, Inv. Nr. 57.353.1

K. S.

9.6.3 Riesenpanorama der Landnahme Ungarns

Árpád Basch, 1895
Plakat, Chromolithographie, 126 × 90 cm

Das Plakat stellt das aus Anlaß des Milleniums gemalte Rundpanorama von Árpád Feszty dar. Das Bild hatte den Sieg des Großfürsten Árpád und seiner Nation über den slawischen Fürsten Laborc und dessen Völker zum Inhalt.

Lit.: Masa Feszty – Antal Ijjas, Feszty Árpád élete és müvészete. Budapest 1966 – Katalin Sinkó, A millenium ünnep historizmusa. In: Lélek és Forma. Ausst. Kat. Budapest 1986.

Budapest, Országos Széchényi Könyvtár K. S.

9.6.4 Plakat der Millennium-Ausstellung Abb.

Károly Gerster – Géza Mirkovszky, 1896
Plakat, Chromolithographie, 124 × 95 cm

Auf dem Plakat ist das anläßlich der Millenniums-Ausstellung errichtete Monument dargestellt, das zum Symbol für die Feiern wurde (vgl. Kat. Nr. 9.6.1).

Kat.-Nr. 9.6.4

Kat.-Nr. 9.6.7

Lit.: 100+1 éves a magyar plakát. A magyar plakátmüvészet története 1885–1986. Ausst. Kat. Budapest 1986.

Budapest, Országos Széchényi Könyvtár K. S.

9.6.5 Eröffnung der Millennium-Ausstellung

Artur Lajos Halmi, 1896
Bleistift, 49 × 64 cm

Anläßlich der Feierlichkeiten in Budapest nahm Königin Elisabeth die Mühen der Repräsentation noch einmal auf sich. Sie zeigte sich anläßlich der Eröffnung am 2. Mai und wohnte auch dem Tedeum und dem Millenniumsempfang des ungarischen Reichstages bei. An ihre Tochter Valerie schreibt sie: „Die gestrige Eröffnungsfeier war sehr traurig. Wieder so prachtvoll und feierlich aufzutreten! Die letzte Feier war mit Nazi (= Kronprinz Rudolf) beim Maria-Theresia-Monument. Alles erinnert mich an diesen Tag ... " Und Kálmán Mikszáth berichtet im „Pesti Hirlap": „... Dort sitzt sie im Thronsaal der königlichen Burg in ihrem schwarzen Gewand. Alles, alles an ihr ist düster. Von dem dunklen Haar wallt ein schwarzer Schleier herab. Haarnadeln schwarz, Perlen schwarz, alles schwarz, nur das Antlitz marmorweiß und unsagbar traurig ... Eine Mater dolorosa ... "

Lit.: E. C. Corti, Elisabeth. Die seltsame Frau. Graz–Wien–Köln[35] 1959, S. 480 ff – H. Pauer, Kaiser Franz Joseph I. Beiträge zur Bild-Dokumentation seines Lebens. Wien–München 1966, Nr. 1684.

Wien, Österreichische Nationalbibliothek, Porträtsammlung und Bildarchiv, Pk 353, 199 E. V.

Kat.-Nr. 9.6.9

9.6.6 Überführung der Kroninsignien aus der Burg in die Krönungskirche

Artur Lajos Halmi, 1896
Tusche mit Weißhöhungen, je 30 × 34 cm

Die Zeichnungen zeigen die Kroninsignien im Galawagen und das Gefolge.

Lit.: H. PAUER, Kaiser Franz Joseph I. Beiträge zur Bild-Dokumentation seines Lebens. Wien–München 1966, Nr. 1688.

Wien, Österreichische Nationalbibliothek, Porträtsammlung und Bildarchiv, Pk 353, 200 W. G. W.

9.6.7 Das Gelände der Millennium-Ausstellung aus der Vogelperspektive Abb.

Tusche, aquarelliert, 34 × 48 cm

Lit.: IGNÁC ALPÁR, Az ezredévi országos kiállitás történelmi főcsoportjának épületei. Budapest 1897.

Budapest, Történeti Múzeum, Inv. Nr. 1576 K. S.

9.6.8 Situationsplan der Millennium-Ausstellung

Druck, 37 × 58 cm

Im Stadtwäldchen war die Millennium-Ausstellung plaziert. Die Pavillons wurden den örtlichen Gegebenheiten angepaßt.

Lit.: ZOLTÁN BÁLINT, Die Architektur der Millennium-Ausstellung in Budapest. Wien 1897 (im weiteren zitiert BÁLINT).

Budapest, Történeti Múzeum, Inv. Nr. 16.756 K. S.

9.6.9 Gesamtansicht der Gebäude der Geschichtsausstellung Abb.

György Klösz, 1896
Photo

Das Gebäudeensemble für die Hauptgruppe der Ausstellung, die Gebäude der Geschichtsausstellung, wurde nach Plänen von Ignác Alpár und Zoltán Bálint errichtet. In diesem Baukomplex wurden die charakteristischen Denkmäler der ungarischen Architektur dargestellt. Das Gebäudeensemble weist drei Hauptstile auf, die die geschichtlichen Bauperioden symbolisieren.

Lit.: BÁLINT, S. 7.

Budapest, Történeti Múzeum, Inv. Nr. 15.960 K. S.

9.6.10 Ruhe-Raum für den König im romanischen Gebäude der Geschichtsausstellung

Antal Weinwurm, 1896
Photo

Im Trakt der „Árpáden-Könige" wurden Empfangsräume für den König eingerichtet. Der Grund hiefür war die Abstammungstheorie, derzufolge Franz Joseph aus dem Árpádenhaus abstamme, abgeleitet aus der Ehe von Béla III. mit Anna von Antiochien.

Lit.: IGNÁC ALPÁR, Az ezredéves országos kiállítás királyszobái. Budapest 1897.

Budapest, Történeti Múzeum, Inv. Nr. L.110/36 K. S.

9.6.11 Ritter-Saal

Antal Weinwurm, 1896
Photo

In der Geschichtsausstellung waren mehr als 14.000 Kunstgegenstände und Antiquitäten – größtenteils aus Privatbesitz – zu sehen. Die Exponate waren nach den Zeitaltern ungarischer Geschichte geordnet.

Lit.: MÓR GELLÉRI, Az ezredéves országos kiállítás kalauza – CZOBOR–SZALAY, Magyarország történeti emlékei az 1896. Évi ezredéves országos kiállitáson. Bd. I-II. 1897 (im weiteren zitiert CZOBOR–SZALAY).

Budapest, Történeti Múzeum, Inv. Nr. MLT 381.c K. S.

9.6.12 Industriehalle innerhalb der Industrieausstellung

György Klösz, 1896
Photo

Das Photo zeigt das Innere der Industriehalle, die schon anläßlich der Landesausstellung 1885 in Betrieb war und von Kristóf Ulrich geplant wurde. Das Gebäude und besonders der Haupteingang ähnelte der Rotunde der Wiener Weltausstellung.

Lit.: ALOYS HELL, Der Industriepalast der Budapester Landesausstellung 1885. In: Bauzeitung für Ungarn 1884, S. 37, 40–41 und 1885, S. 97–99.

Budapest, Történeti Múzeum, Inv. Nr. 67.1765 K. S.

9.6.13 Der Pavillon von Bosnien

Photo

Bosniens verfassungsrechtliche Unabhängigkeit wurde auch dadurch zum Ausdruck gebracht, daß seine Ausstellung in einem Sonderpavillon zur Schau gestellt wurde.

Lit.: BÁLINT, S. 30.

Budapest, Szabó Ervin Könyvtár Budapest gyüjtemény
K. S.

9.6.14 Industriehalle der Kroaten

Photo

Neben der Industriehalle besaßen die Kroaten auch eine Kunsthalle.

Lit.: LÁSZLÓ KŐVÁRY, A millenium lefolyásának története és a milenáris alkotások. Budapest 1897.

Budapest, Szabó Ervin Könyvtár Budapest gyüjtemény
K. S.

9.6.15 Kirche im Millenniumsdorf

Photo

Die Kirche im Millenniumsdorf wurde nach dem Vorbild der reformierten Kirche von Magyar Valkó aufgebaut. Sie beherbergte die Ausstellung des ‚urungarischen' Gedenkmaterials, dessen Objekte von Jenő Zichy während seiner im Kaukasus gemachten Expedition gesammelt wurden.

Lit.: BÁLINT, S. 38–39 – JENŐ ZICHY, A magyar faj vándorlása. Kutatásaim vezérelve és eredményeinek osszefoglalója. Budapest 1897.

Budapest, Szabó Ervin Könyvtár Budapest gyüjtemény
K. S.

9.6.16 Csángó-Haus im Millenniumsdorf

Photo

Lit.: BÁLINT, S. 22.

Budapest, Szabó Ervin Könyvtár Budapest gyüjtemény
K. S.

9.6.17 Vergnügungsviertel „Ós-Budavár" Abb.

György Klösz, 1896
Photo

Neben dem Ausstellungsgelände befand sich das Vergnügungsviertel, wo Restaurants, Bier- und Weinschenken, eine Pariser Revue, Panorama und Perspektivebilder sowie ein Puppentheater zur Unterhaltung des Publikums bereitstan-

Kat.-Nr. 9.6.17

den. Der Baustil der Gebäude wollte dem Besucher den Eindruck des Buda im 16. Jahrhundert vermitteln.

Lit.: Ős-Budavára épitkezései. In: Épitészeti Szemle 1895, S. 275 und 1896, S. 47–48.

Budapest, Történeti Múzeum, L. 15.771/7 K. S.

9.6.18 Ballon Captif Godard

Photo

Den am Rande der Ausstellung verankerten Ballon Captif, der Godard gehörte, konnte jedermann zum Aufsteigen in Anspruch nehmen.

Lit.: László Tarr (Hg.), Az ezredév. Budapest 1979, S. 112–113.

Budapest, Szabó Ervin Könyvtár gyüjtemény, Inv. Nr. B 4029 K. S.

9.6.19 Modell einer Metrostation

Die Untergrundbahn von Budapest war – mit Ausnahme der Londoner – die erste in Europa. Sie wurde am 2. Mai dem Publikum übergeben und eine Woche später machte das königliche Paar eine Fahrt auf ihr.

Budapest, Magyar Közlekedési Múzeum K. S.

(Nicht ausgestellt)

Kat.-Nr. 9.6.22

9.6.20 Goldene Feder, mit der sich Franz Joseph bei dem Besuch der Untergrundbahn ins Gästebuch eintrug

Budapest, Történeti Múzeum, Inv. Nr. 20.303

9.6.21 Goldenes Buch

Kálmán Giergl, 1896
Leder, Metall, Email, 80 × 55 cm

Diese prachtvolle Prunkhülle wurde für die Blätter angefertigt, die die Namen und Eintragungen der Ausstellungsbesucher enthielten. Die Pläne des Gästebuches sowie die Entwürfe für den Pavillon, der das Gästebuch beherbergen sollte, stammen, wie die gezeigte Prunkhülle von Kálmán Giergl. Die Agraffe dieses reich verzierten Gedenkbuches stellt die Schilderhebung Árpáds dar; die Hülle ist weiters mit einem Miniaturporträt Franz Josephs geschmückt.

Lit.: Das Tausendjährige Ungarn und die Millennium-Ausstellung. Kunosy Vilmos és fia. Budapest 1896, Bd. II, S. 55.

Budapest, Történeti Múzeum, Inv. Nr. 67.4 K. S.

9.6.22 Prunkhülle für die Huldigungsadresse Abb.

Janesnig und Bachruch, 1898
Glas, Onyx, Metall, Email, Silber, 50 × 25 cm

Die Huldigungsadresse wurde durch die Vertreter der Hauptstadt für die 50jährige Wiederkehr des 11. April 1848 (= königliche Sanktionierung der Revolutionsgesetze) abgefaßt.
Die Millenniumsfeierlichkeiten erreichten keine Verwirklichung des gesellschaftlichen Friedens. In Verbindung mit dem 50jährigen Jubiläum der Revolutionsereignisse von 1848 war das Abgeordnetenhaus bereits zwei Jahre nach den Feiern Schauplatz von heftigen Auseinandersetzungen. Die Regierungspartei wollte die Feier am 11. April, dem Tag der königlichen Sanktionierung der Revolutionsgesetze, abhalten, die Opposition am 15. März, dem Tag des Ausbruches der Revolution. Von den Feierlichkeiten am 11. April hielt sich dann die Opposition ostentativ fern.

Lit.: Péter Hanák, 1898, a nemzeti és állampatrióta értékrend frontális ütközése a Monarchiában. In: Medvetánc 1984, Nr. 2–3, S. 55–72.

Budapest, Történeti Múzeum, Inv. Nr. 28.872/a, b, c K. S.

9.6.23 Gedenkpokal der Hauptstadt Budapest

Jenő Dorn, 1896
Silber, H = 42 cm, Dm = 19,9 cm

Inschrift: Budapest Székesföváros Anna Domini MDCCCXCVI
Im Medaillon reichen Árpád und die Allegorie der Stadt Budapest, eine Frauengestalt, einander die Hand.

Lit.: Az Iparmüvészet 1896-ban. In: Millenniumi emlékkönyv, hg. von György Ráth, Budapest 1897.

Budapest, Történeti Múzeum, Inv. Nr. J. P. 74.25 K. S.

9.6.24 Prunkpokal der Hauptstadt Budapest

Entwurf: Robert Nadler; Ausführung: Samu Hibján
Metall, Email, H = 26 cm, Dm = 7 cm

Lit.: Magyar müvészet 1890–1919. Budapest 1981.

Budapest, Történeti Múzeum, Inv. Nr. Ip. 67.54.1 K. S.

9.6.25 Prunkteller zur Erinnerung an das tausendjährige Bestehen Ungarns

Mór Wiesinger, 1896
Kupfer, galvanisiert, patiniert, Dm = 86 cm

In der Mitte des Tellers ist die Schilderhebung Árpáds zu sehen, in den zehn Kartuschen Szenen aus der ungarischen Geschichte und die Wappen der Komitate.

Lit.: Az Ezredéves Országos Kiállitás Katalógusa XVI, Nr. 34.

Budapest, Történeti Múzeum, Inv. Nr. 291 K. S.

9.6.26 Gedächtnisteller

Porzellan, Dm = 26 cm

Auf den anläßlich des Jubiläums angefertigten Erinnerungsgegenständen ist mehrmals die Schilderhebung Árpáds, gleichsam als Leitsymbol der Feiern, zu sehen.

Budapest, Magyar Nemzeti Múzeum, Vegyes tárgyak gyüjteménye, Inv. Nr. 1968.12 K. S.

Kat.-Nr. 9.6.29

9.6.27 Tasse, Andenken an die Millennium-Ausstellung

Porzellan, Dm = 8,5 cm

Budapest, Magyar Nemzeti Múzeum, Vegyes tárgyak gyüjteménye K. S.

9.6.28 Gedächtniskännchen

Porzellan, H = 11,5 cm

Budapest, Magyar Nemzeti Múzeum, Vegyes tárgyak gyüjteménye, Inv. Nr. 1980.34 K. S.

9.6.29 Meerschaumprunkpfeife Abb.

Fülöp Adler und Sohn, 1896
Meerschaum, geschnitzt

Die Schnitzerei stellt auf dem oberen Teil die Gruppe von Árpád und seinen Begleitern dar; auf der Vorderseite des Pfeifenkopfes sind die Brustbilder Franz Josephs und Königin Elisabeth zu sehen.

Budapest, Magyar Nemzeti Múzeum, Vegyes tárgyak gyüjteménye, D. 1974.222

K. S.

9.6.30 Gedenkmedaille

Silber, getrieben, Dm = 50,5 mm

Vs.: Brustbild Franz Josephs
Rv.: Schilderhebung Árpáds

Lit.: ÖDÖN GOHL, A magyar millennium emlékérmei. In: Numizmatikai Közlöny 1904, S. 65–72.

Budapest, Magyar Nemzeti Galéria, Inv. Nr. 56.669-670
K. S.

9.6.31 Krone. Sonderprägung für das Millennium

Ö. Fülöp Beck, 1896
Silber, getrieben, Dm = 23 mm

Vs.: Kopf Franz Josephs mit Lorbeerkranz
Rs.: Die sieben Fürsten der Landnahme mit Árpád, Inschrift: Bizalmam as ősi erényben

Lit.: ÖDÖN GOHL, A magyar millenium emlékérmei. In: Numizmatikai Közlöny 1904, S. 65–72.

Budapest, Magyar Nemzeti Galéria, Inv. Nr. 56.665 K. S.

9.6.32 Taler. Sonderprägung für das Millennium

1896
Silber, vergoldet, getrieben, Dm = 43 mm

Vs.: Brustbild Franz Josephs
Rs.: Patrona Hungariae über dem ungarischen Wappen

Lit.: LAJOS HUSZÁR – BÉLA PROKOPIUS, Medaillen und Plakettkunst in Ungarn. Budapest 1932, Nr. 2549 (im weiteren zitiert HUSZÁR – PROKOPIUS).

Budapest, Magyar Nemzeti Galéria, Inv. Nr. 56.337–P
K. S.

9.6.33 Medaille für die Aussteller

Ö. Fülöp Beck, 1896
Bronze, getrieben, Dm = 70 mm

Vs.: Ungarisches Wappen mit Krone, Inschrift: 1896-iki EZREDÉVES ORSZÁGOS KIÁLLITÁS
Rs.: Zwei fliegende Genien mit Fackel und Lorbeerzweig, Inschrift: KIÁLLITÁSI ÉREM AZ ÉRDEM JUTALMÁUL.

Lit.: HUSZÁR – PROKOPIUS, Nr. 752.

Budapest, Magyar Nemzeti Galéria, Inv. Nr. 56.8-P K. S.

9.6.34 Medaille für die Mitarbeiter der Millennium-Ausstellung

Ö. Fülöp Beck, 1896
Bronze, getrieben, Dm = 60 mm

Vs.: Ungarisches Wappen mit der Krone, Inschrift: 1896-iki EZREDÉVES ORSZÁGOS KIÁLLITÁS
Rs.: Sitzender Junge mit Lorbeerzweig, Inschrift: KÖZREMÜKÖDŐK ÉRME.

Lit.: HUSZÁR – PROKOPIUS, Nr. 754.

Budapest, Magyar Nemzeti Galéria, Inv. Nr. 56.9-P K. S.

9.6.35 Großmedaille der Millennium-Ausstellung

Ö. Fülöp Beck, 1896
Bronze, getrieben, Dm = 85 mm

Vs.: Triga mit Hungaria, Inschrift: 1896-iki EZREDÉVES ORSZÁGOS KIÁLLITÁS
Rs.: Ungarisches Wappen, Inschrift: MILLENIUMI NAGY ÉREM KIVÁLÓ ÉRDEMEKÉRT.

Lit.: HUSZÁR – PROKOPIUS, Nr. 753.

Budapest, Magyar Nemzeti Galéria, Inv. Nr. 59.4 K. S.

10. KRISE UND AUFBRUCH

10.1 Badeni-Wirren

10.1.1 Badenis Eiertanz. Karikatur — Abb.

Nach dem Abgang Taaffes und dem Scheitern einer kurzlebigen Koalitionsregierung erhoffte man sich vom neuen Ministerpräsidenten Graf Badeni eine Politik der „starken Hand“. Die vor ihm liegenden Probleme waren zahlreich; seine Amtsführung war anfangs recht erfolgreich: Die Wahlreform mit der prinzipiellen Einführung des allgemeinen Wahlrechts, die Reform der Personaleinkommensteuer und diverse Justizreformen wurden durchgeführt.

Lit.: BERTHOLD SUTTER, Die Badenischen Sprachenverordnungen von 1897, 2 Bde. 1960/65 – KARL VOCELKA, K. u. K. Karikaturen zum Zeitalter Kaiser Franz Josephs. 1986.

Der Floh 1896, Nr. 14 — P. U.

10.1.2 Hinweg mit der Sprachenverordnung! Einig und stark, deutsch bis ins Mark!

Postkarte

Im Frühjahr 1897 erließ die Regierung Badeni mehrere Verordnungen für Böhmen und Mähren, durch die die sprachliche Gleichberechtigung im äußeren Dienst (Parteienverkehr) ausgeweitet und im inneren Dienst (Sprache der Behörden untereinander) eingeführt werden sollte. Neuein-

Kat.-Nr. 10.1.1

Kat.-Nr. 10.1.5

gestellte Beamte hatten überall zweisprachig zu sein. Dagegen erhob sich ein Sturm der Entrüstung bei den Deutschen.

Lit.: BERTHOLD SUTTER, Die Badenischen Sprachenverordnungen von 1897, 2 Bde. 1960/65 – GERALD STOURZH, Die Gleichberechtigung der Nationalitäten in der Verfassung und Verwaltung Österreichs 1848–1918. 1985.

Wien, Sammlung Dr. Lukan P. U.

10.1.3 Faustkämpfe im Parlament!

Noch im Frühjahr 1897 kam es im Parlament zu stürmischen Auftritten und zur Aufnahme der Obstruktion: der Verhinderung des normalen Geschäftsganges durch Dauerreden, Geschäftsordnungsdebatten, aber auch durch Lärm- und Radauszenen. Nachdem schon den ganzen Sommer über die öffentliche Erregung gestiegen war, kam es in der Herbstsession immer häufiger zu gewalttätigen Auseinandersetzungen.

Lit.: BERTHOLD SUTTER, Die Badenischen Sprachenverordnungen von 1897, 2 Bde. 1960/65.

Extra-Ausgabe des Neuen Wiener Tagblatt vom 24. November 1897, Nr. 323, Jg. 31.
Wien, Bezirksmuseum Hernals, Zeigeschichte 1890–1899, 1897/2a P. U.

10.1.4 Eine österreichische Reichsrathssitzung. Die Wirkung der neuen Geschäftsordnung, die Ruhe und Frieden im Parlament garantiren sollte. Karikatur

Die Obstruktion bezweckte, die Verabschiedung der „Staatsnotwendigkeiten", insbes. des Ausgleichs mit Ungarn, zu verhindern und so die Regierung zur Rücknahme der Sprachenverordnungen zu veranlassen. Die Regierung, die in Zeitnot geriet, wollte durch eine Geschäftsordnungsreform einzelne besonders widerspenstige Abgeordnete von den Sitzungen ausschließen. Daraufhin kam es erst recht zu heftigen Krawallen.

Lit.: BERTHOLD SUTTER, Die Badenischen Sprachenverordnungen von 1897, 2 Bde. 1960/65.

Zweite Beilage zum „Wahren Jacob" Nr. 297, Dezember 1897.
Wien, Verein für Geschichte der Arbeiterbewegung, Sacharchiv, Lade 1, Mappe 26 C, Inv. Nr. 2/529 P. U.

10.1.5 Polizei greift im Saal des Wiener Abgeordnetenhauses ein Abb.

Die Tumulte im Abgeordnetenhaus nahmen solche Ausmaße an, daß Regierung und Parlamentspräsidium am 25. November 1897 die Polizei in den Sitzungssaal riefen, die 13 deutschnationale und sozialdemokratische Abgeordnete abführten – ein Vorgang, der bisher in der Geschichte des österreichischen Parlamentarismus unerhört war. Die Schädigung des Ansehens des Parlaments sollte bis in die Zeit der Ersten Republik nachwirken.

Lit.: BERTHOLD SUTTER, Die Badenischen Sprachenverordnungen von 1897, 2 Bde. 1960/65 – ADAM WANDRUSZKA, Die Krisen des Parlamentarismus 1897 und 1933. Gedanken zum Demokratieverständnis in Österreich. In: Festschrift Ludwig Jedlicka, 1976, S. 61–80.

Leipziger Illustrierte Zeitung, 9. 12. 1897 P. U.

10.1.6 Die stramm deutsche Stadt Graz am 28. November 1897. Es braust ein Ruf wie Donnerhall!

Postkarte

Die Erregung griff schon im Frühjahr und Sommer vom Parlament auf die Bevölkerung über. Protestversammlungen und Demonstrationen waren an der Tagesordnung, nicht nur in Deutschböhmen und in Wien, sondern auch in den (vom Inhalt der Verordnungen nicht berührten) Alpenländern. In Graz nahmen Ende November die Demonstrationen solche Ausmaße an, daß Militär eingesetzt werden mußte. 2 Todesopfer waren die unmittelbare, tiefgehende Verstimmung zwischen Bevölkerung (insbes. den Studenten) und Militär eine langwährende Folge.

Lit.: BERTHOLD SUTTER, Die Badenischen Sprachenverordnungen von 1897, 2 Bde. 1960/65.

Graz, Sammlung Doz. Dr. Cerwinka P. U.

10.1.7 Unruhen in Prag: Tschechischer Pöbel bewirft die Häuser und Geschäfte der Deutschen am Graben und beschimpft deutsche Passanten

Die Nachricht von der Demission Badenis löste bei den Deutschen Jubel, bei den Tschechen tiefe Bestürzung aus, weil sie einen politischen Kurswechsel befürchteten. Wie zuerst bei den Deutschen prägten nun auf tschechischer Seite gewalttätige Übergriffe und Obstruktion in den politischen Körperschaften das politische Klima. Über Prag wurde das Standrecht verhängt.

Lit.: OTTO URBAN, Česká společnost [Tschechische Gesellschaft]. 1982 – BRUCE M. GARVER, The Young Czech Party 1874–1901 and the emergence of a multi-party system. 1978.

Wien, Österreichische Nationalbibliothek, Porträtsammlung und Bildarchiv, 499.708 B(R)F P. U.

10.1.8 So leb denn wohl, du stilles Haus! Karikatur auf Badenis Abgang von Wien

Postkarte

Im Parlament steigerten sich die Exzesse immer mehr; an eine einigermaßen geordnete Arbeit war nicht zu denken; auch der Druck der Straße verstärkte sich. Konfrontiert mit einem arbeitsunfähigen Parlament und einer quasi-revolutionären Stimmung in der Bevölkerung demissionierte Badeni am 28. November 1897. Der Reichsrat wurde aufgelöst.

Lit.: BERTHOLD SUTTER, Die Badenischen Sprachenverordnungen von 1897, 2 Bde. 1960/65.

Wien, Sammlung Dr. Lukan P. U.

10.2. Die Regierung Thun und der § 14

10.2.1 Parlamentarisches Stilleben. Karikatur

Postkarte

Die Badeni-Krise bedeutete den Beginn einer Periode größter politischer Instabilität. Sie war wegen häufiger Anwendung der Obstruktion von zahlreichen Vertagungen und Auflösungen des Parlaments gekennzeichnet. Eine Konsolidierung parlamentarischer Verhältnisse trat ab 1905 ein, als die Wahlrechtsreform alles andere in den Schatten stellte.

Lit.: JOHN W. BOYER, The End of an Old Regime: Visions of Political Reform in Late Imperial Austria. In: The Journal of Modern History 58 (1986) S. 159–193.

Wien, Sammlung Dr. Lukan P. U.

10.2.2 Die guillotonierte Verfassung. Karikatur

Farbabb. 26

Das schon 1849 konzipierte Notverordnungsrecht sollte es ermöglichen, gewisse notwendige Maßnahmen, die an sich in die Kompetenz des Parlaments fielen, auch dann zu ergreifen, wenn der Reichsrat gerade nicht tagte. Schon unter Taaffe kam es zu einem Mißbrauch dieses und anderer Notstandsinstrumente. Zwischen 1897 und 1904 ersetzte § 14 fast alle Bereiche der Gesetzgebung. 1899 regierte Graf Thun nahezu 8 Monate ohne Parlament, nur gestützt auf den § 14.

Lit.: GERNOT D. HASIBA, Das Notverordnungsrecht in Österreich 1848–1917. 1985.

Neue Glühlichter, 17. August 1899 P. U.

10.2.3 § 14 als Käfig. Karikatur

Die Erfahrungen der Zeit nach Badeni bewogen die Regierung Koerber in ihrem umfassenden Reformprogramm auch eine verstärkte Anwendungsmöglichkeit des § 14, des „staatserhaltenden Instrumentes" vorzusehen. Demgegenüber setzten nach 1904 parlamentarische Bemühungen um eine Reform des § 14 ein. Diese erfolgten jedoch recht halbherzig, so daß es im Frühjahr 1914 zu einer neuerlichen Ausschaltung des Parlaments (und der Parteien) kam – eine Entwicklung, die dieser sozialdemokratischen Karikatur zufolge von manchen Parteien nicht ungern gesehen wurde.

Lit.: GERNOT D. HASIBA, Das Notverordnungsrecht in Österreich 1848–1917. 1985 – KARL VOCELKA, K. u. K. Karikaturen zum Zeitalter Kaiser Franz Josephs. 1986.

Neue Glühlichter, 9. April 1914 P. U.

10.3 Die Regierung Koerber

10.3.1 Moses in Verlegenheit. Karikatur

Der im Jänner 1900 ernannte, aus der Beamtenschaft stammende Ministerpräsident Koerber suchte der politischen Krise auf verschiedenen Wegen beizukommen. Einerseits wollte er die wirtschaftliche Entwicklung stimulieren, andererseits bemühte er sich um eine Stärkung der staatlichen Autorität. Sein Sprachengesetzentwurf – Teil eines umfassenden Programms zur Reform von oben – scheiterte daran, daß die Politiker nationale Erwägungen höher stellten als gesamtstaatliche Bedürfnisse.

Lit.: ALFRED ABLEITINGER, Ernest von Koerber und das Verfassungsproblem im Jahre 1900. 1973 – KARL VOCELKA, K. u. K. Karikaturen zum Zeitalter Kaiser Franz Josephs, Abb. 109.

Neue Glühlichter, 4. Juli 1901 P. U.

Kat.-Nr. 10.4.2

10.3.2 Koerber zwischen Deutschen und Tschechen. Karikatur

Obwohl sich Koerber stark am Modell des monarchischen Obrigkeitsstaates orientierte, bemühte er sich trotzdem mehrmals um ein Übereinkommen zwischen deutschen und tschechischen Politikern: In den Augen des tschechischen Karikaturisten ist es die alte eifersüchtigen Frau [= Deutsche], die Koerber daran hindert, mit dem jungen Mädchen [= Tschechen] mehr als nur Augenkontakt aufzunehmen. Tatsächlich lagen die Ursachen für das Scheitern auf beiden Seiten.

Lit.: ALFRED ABLEITINGER, Ernst von Koerber und das Verfassungsproblem im Jahre 1900. 1973.

Humoristické Listy, 24. März 1904 P. U.

10.4 Der wirtschaftliche Ausgleich mit Ungarn

10.4.1 „Cis" – „Trans". Karikatur

Postkarte

In den alle 10 Jahre wiederkehrenden Verhandlungen zwischen Cisleithanien und Ungarn um den „wirtschaftlichen Ausgleich", d. h. um die Grundzüge des Zoll- und Handelsbündnisses (dazu zählte auch die Festsetzung der Konsumsteuern) und um die „Quote", den Anteil an den gemeinsamen Erfordernissen, beschuldigte jede Seite die andere (hier: die Österreicher die Ungarn), möglichst viel für sich selbst auf Kosten der anderen herauszuholen.

Lit.: BERTHOLD SUTTER, Die Ausgleichsverhandlungen zwischen Österreich und Ungarn 1867–1918. In: Der österr.-ungar. Ausgleich von 1867. Seine Grundlagen und Auswirkungen. 1968, S. 71–111.

Wien, Sammlung Dr. Lukan P. U.

10.4.2 Die Obstruktion als Hydra. Karikatur Abb.

Tuschzeichnung, 32,5 × 36 cm

Bei den Verhandlungen zur Erneuerung des Ausgleichs 1897 prallten die unterschiedlichen wirtschaftspolitischen Ansichten heftig aufeinander. Außerdem verhinderten sowohl die Badeni-Krise als auch die nationalistische Opposition der ungar. Unabhängigkeitspartei eine rechtzeitige Beschlußfassung in den Parlamenten. In Cisleithanien wurde der Ausgleich mittels § 14 verlängert, in Ungarn gab es diese Möglichkeit nicht, so daß die Trennung des einheitlichen Wirtschaftsgebietes drohte. Das Wort von der „Monarchie auf Kündigung" schien wahr zu werden.

Lit.: BERTHOLD SUTTER, Die Ausgleichsverhandlungen zwischen Österreich und Ungarn 1867–1918 – AKOS PAULINYI, Die sog. gemeinsame Wirtschaftspolitik in Österreich-Ungarn. In: Die Habsburgermonarchie 1848–1918 I. 1973, S. 567–604.

Budapest, Magyar Nemzeti Múzeum, Történelmi Képcsarnok, Inv. Nr. 84.24 P. U.

10.4.3 Koerber und Szell bei den Ausgleichsverhandlungen. Karikatur Abb.

Tuschzeichnung, 33 × 24,5 cm

Die Regierung Koerber und Szell nahmen 1901 neue Verhandlungen auf, um zu einer definitiven Regelung des Ausgleichs und eines neuen gemeinsamen Außen-Zolltarifs zu gelangen. Die Vorbereitungen dazu verliefen auf breiter Basis, zahlreiche Interessenvertretungen auf beiden Seiten formulierten ihre Standpunkte. Trotz Einigung der Regierungen in letzter Minute blieben die Vorlagen in den Parlamenten jedoch unerledigt.

Lit.: BERTHOLD SUTTER, Die Ausgleichsverhandlungen zwischen Österreich und Ungarn 1867–1918.

Budapest, Magyar Nemzeti Múzeum, Történelmi Képcsarnok, Inv. Nr. 72.63 P. U.

10.4.4 Einladung zur Volksversammlung am 11. Mai 1903 im Hotel Grömmer, Klagenfurt

Die von Koerber und Szell vereinbarte Regelung sah u. a. eine Neugestaltung der Konsumsteuern vor, woraus eine Lebensmittelteuerung resultierte. Das führte in Cisleithanien zu heftigen Protesten all jener politischen Gruppen, die

Kat.-Nr. 10.4.3

die Interessen des „kleinen Mannes“ zu vertreten vorgaben. Neben den Sozialdemokraten, die diese Versammlung einberiefen, wetterten auch die Christlichsozialen unter Lueger (der im Zusammenhang mit den Verhandlungen den Ausdruck „Judäomagyaren“ geprägt hatte) gegen die Vorlagen.

Lit.: BERTHOLD SUTTER, Die Ausgleichsverhandlungen zwischen Österreich und Ungarn 1867–1918.

Klagenfurt, Kärntner Landesarchiv, Landesreg. Präs., Fasz. 704, 10–1, Zl. 989/1903 P. U.

10.4.5 Der österr.-ungar. Ausgleich von 1907 aus ungarischer Sicht. Karikatur

Erst 1907 wurde ein neuer, bis 1917 geltender „Vertrag betreffend die Regelung der wechselseitigen Handels- und Verkehrsbeziehungen“ geschlossen. Darin wurden der autonomen Verfügungsgewalt der beiden Regierungen viel mehr Raum gegeben als früher, aber zur Zolltrennung kam es nicht. Ungarische Nationalisten fühlten sich deshalb an Österreich gekettet, doch auch dort war man mit dem Vertrag unzufrieden.

Lit.: AKOS PAULINYI, Die sog. Gemeinsame Wirtschaftspolitik in Österreich-Ungarn.

Pesti Hirlap 1907 P. U.

10.5 Allgemeines Wahlrecht

10.5.1 Allegorie auf das allgemeine Wahlrecht

Erwin Puchinger
Kaiserfestnummer „Österreichs Illustrierte Zeitung“, 1908

Die krisenhafte Entwicklung, die in den Jahren um 1900 in Cisleithanien und in Ungarn zutage trat, war Wasser auf die Mühlen derer, die meinten, die bisher tonangebenden politischen Kreise hätten abgewirtschaftet. Während aber die Massenparteien im allgemeinen Wahlrecht einen Wert an sich (und einen Weg, zur Herrschaft zu gelangen) sahen, ging es dem Kaiser und seinen Beratern darum, den Nationalismus zu überwinden und die „Staatstreue meiner Völker“ zur Stabilisierung der Monarchie einzusetzen.

Lit.: Vgl. Kat. Nr. 8.5.1–8.5.17

Wien, Archiv Dr. Alfred Niel P. U.

10.6. Weltanschauliche und nationale Spannungen in der Studentenschaft

10.6.1 Katholische Weltanschauung und freie Wissenschaft

Ludwig Wahrmund
München 1908

Die Zeit der Jahrhundertwende war auch im katholischen Bereich von tiefen Spannungen geprägt. Eine kleine Gruppe versuchte Glaube und Wissenschaft, Kirche und Welt stärker in Einklang miteinander zu bringen, stieß jedoch auf entschiedene Opposition ultramontaner Kräfte. Gegen diese Haltung des Papstes wandte sich Ludwig Wahrmund, der 1908 in einem Vortrag in Innsbruck die Freiheit der Wissenschaft gegen den Katholizismus ultramontaner und integralistischer Prägung verteidigte.

Lit.: PETER LEISCHING, Die römisch-katholische Kirche in Cisleithanien. In: Die Habsburgermonarchie 1848–1918, IV, 1985 S. 1–247.

Linz, Oberösterreichisches Landesarchiv, Flugschriften. Schuber 7, Nr. 47 P. U.

10.6.2 Tiroler Bauernkrieg. Karikatur Abb.

Eduard Thöny, 1908

Wahrmunds Ausführungen lösten starke Reaktionen aus. Von der freiheitlichen Studentenschaft jeglicher Nationalität

Kat.-Nr. 10.6.2

als Verfechter des Universitätsliberalismus gefeiert, wurde Wahrmund, Professor des Kirchenrechts an der Univ. Innsbruck, von katholisch-traditionalistischer Seite heftig angegriffen. Der päpstliche Nuntius in Wien verlangte sogar Wahrmunds Abberufung von seinem Lehrstuhl. Darin sahen wiederum liberale Kreise einen unerlaubten Eingriff der Kirche in den staatlichen Hoheitsbereich.

Lit.: PETER LEISCHING, Die römisch-katholische Kirche in Cisleithanien – RICHARD SCHOBER, Belmonte und Aehrenthal. Österreichisch-vatikanische Beziehungen im Schatten der Wahrmundaffäre. In: Mitteilungen des Österreichischen Staatsarchivs 27 (1974) S. 295–336.

Simplicissimus XIII, 1908, S. 180 P. U.

10.6.3 Geistlicher und CV-Student: Die Schattenseite. Karikatur Abb.

Fritz Schönpflug, 1905

Die Wahrmundaffäre war nur ein Glied in einer Reihe verstärkter weltanschaulicher Spannungen. Hatten im 19. Jahrhundert die liberalen Kräfte die Universitäten und die Wissenschaft nahezu unangefochten beherrscht, kam es gegen Ende des Jahrhunderts zu einem Aufschwung des katholischen Geisteslebens. Karl Lueger rief 1907 zur „Zurückeroberung der Universität" auf. Die Auseinandersetzungen zwischen national-liberalen und katholischen Studenten waren dementsprechend heftig.

Lit.: GERHARD POPP, CV in Österreich 1864–1938 – PAUL MOLISCH, Politische Geschichte der deutschen Hochschulen in Österreich von 1848 bis 1918. 1939.

Die Muskete Jg. 1905, Nr. 10 P. U.

Kat.-Nr. 10.6.3

10.7 Nationale Ausgleichsversuche

10.7.1 Königreich Böhmen. Bestehende Gebietsabgrenzung und sprachliche Zusammensetzung der Bevölkerung nach der Volkszählung vom Jahr 1900

Oblt. d. Res. Rudolf Kocourek, Juli 1911
Karte, färbig [blau = deutsch, rot = tschech.], 47 × 47 cm

Nach dem Scheitern eines reichseinheitlichen Nationalitätengesetzes unter Koerber rückten regionale, von den jeweiligen Kontrahenten konsensual vereinbarte Lösungen in den Vordergrund. In Böhmen setzte sich die deutsche Bevölkerung je länger desto heftiger für nationale Abgrenzung und Teilung der verschiedenen Verwaltungsbehörden und Institutionen ein, im Extremfall sogar für die territoriale Teilung des Landes. Die Tschechen hingegen beharrten auf der Landeseinheit.

Lit.: ROBERT A. KANN, Das Nationalitätenproblem der Habsburgermonarchie. 1964.

Wien, Allgemeines Verwaltungsarchiv, Nachlaß Beck, Karton 14: Sprachenfrage, Konvolut 4 — P. U.

10.7.2 Summarische Zusammenstellung über die beider Landessprachen vollkommen mächtigen Beamten und Diener in Böhmen, um 1906

Färbig [rot = deutsch, grün = tschech.], 34 × 21 cm

Eine besondere Rolle in allen Verhandlungen über einen nationalen Ausgleich spielte die „Beamtenfrage". Immer deutlicher wurde, daß „eine jede Nationalität nur von Beamten, Richtern und Organen regiert sein will, welche Angehörige dieser Nationalität sind". Die sprachliche Qualifikation wurde dadurch zum Gradmesser der Beteiligung einzelner Nationalitäten am Staatsapparat, sie wurde zum Machtmittel. Die Aufstellung zeigt, daß in den mittleren und unteren Rängen der Beamtenschaft Böhmens die Deutschen tatsächlich unterrepräsentiert waren.

Lit.: GERALD STOURZH, Die Gleichberechtigung der Nationalitäten in der Verfassung und Verwaltung Österreichs 1848–1918. 1985.

Wien, Allgemeines Verwaltungsarchiv, Nachlaß Beck, Karton 14: Sprachenfrage, Materialien zum böhmischen Sprachengesetzentwurf — P. U.

10.7.3 Wie sich der Wenzel das Jahr 1901 nebst den anderen 99 vorstellt. Karikatur — Abb.

Das Eindringen tschechischer Elemente in den Beamtenapparat – in den Wiener Zentralstellen (anders als in Böhmen) ohnehin sehr gering, was tschechischerseits Anlaß für andauernde Klagen bot – wurde von deutscher Seite als bedrohlich empfunden: die „Wenzesläuse" würden sich massenhaft im Gefieder des Doppeladlers festsetzen, ihre deutschen Nachbarn malträtieren und ein slawisches Österreich errichten.

Lit.: RUDOLF JAWORSKI, Tschechen und Deutsche in der Karikatur. In: Deutsch-tschechische Beziehungen in der Schulliteratur und im populären Geschichtsbild. 1979, S. 58–68.

Figaro, 5. Jänner 1901 — P. U.

10.7.4 Sisyphus-Arbeit in Österreich. Karikatur

In den rund 2 Jahrzehnten vor dem Weltkrieg wurden eine Unzahl von Vorschlägen für einen deutsch-tschechischen Ausgleich erarbeitet. Die Karikatur zeigt, wie Ministerpräsident Stürgkh und Statthalter Thun Steine auf dem Weg zum Ausgleich wegräumen, wie aber die Vertreter der beiden Nationen stets neue Hindernisse errichten. Die von der Krone (nicht aber vom Thronfolger Franz Ferdinand) gewünschte Vereinbarung kam nicht zustande, weil „die berufenen Vertreter" der beiden Volksstämme sich eben nicht einigen konnten.

Humoristické Listy, 10. Oktober 1913 — P. U.

Kat.-Nr. 10.7.3

10.7.5 Der Staatsstreich in Böhmen. Der Landtag aufgelöst, der Landesausschuß beseitigt, die Verwaltungskommission eingesetzt, die 10% Umlagenerhöhung und die Biersteuerumlage von 4 Kronen oktroyiert!

Wechselseitige Obstruktion im böhmischen Landtag haben seine Arbeit und die der autonomen Landesverwaltung unmöglich gemacht. Die Finanzen waren zerrüttet, da durch einige Jahre hindurch kein ordnungsgemäßes Budget verabschiedet worden war. Mit der Auflösung des Landtags und des Landesausschusses wurde die für Altösterreich charakteristische Doppelgeleisigkeit der Verwaltung aufgehoben und die Mitwirkung der politischen Kräfte am Prozeß der Willensbildung unterbunden.

Arbeiter-Zeitung vom 27. Juli 1913, Morgenblatt, Jg. 25, Nr. 204.
Wien, Verein für Geschichte der Arbeiterbewegung, Sacharchiv, Lade 5, Mappe 38 P. U.

10.7.6 Sprach- und Schulkarte von Mähren-Schlesien

Entworfen von Dr. Franz Perko, ausgeführt mit Unterstützung der Gesellschaft zur Förderung der Wissenschaft, Kunst u. Literatur in Böhmen

Karte, färbig, 61,5 × 81 cm

Anders als in Böhmen gelang in Mähren eine Übereinkunft der Nationalitäten. Der Ausgleich von 1905 brachte vor allem eine nationalitätenpolitische Neuordnung des Schulwesens und die Einführung der nationalen Autonomie im Bereich der politischen Willensbildung. Im Schulwesen gab es Neuerungen bei der Schulerhaltung, wobei vor allem Minoritätenschulen gefördert wurden. Die sog. „lex Perek" bestimmte, daß in der Regel nur jene Kinder aufgenommen werden dürften, die der Unterrichtssprache mächtig seien – eine Bestimmung, die den Streit um die Einschulung der Kinder aufs neue entflammte.

Lit.: Gerald Stourzh, Die Gleichberechtigung der Nationalitäten in der Verfassung und Verwaltung Österreichs 1848–1918. 1985 – Horst Glassl, Der Mährische Ausgleich. 1967.

Wien, Kriegsarchiv, Kartensammlung B IX c 274-10 P. U.

10.7.7 Die Wahlkreiseinteilung auf Grund des Mährischen Ausgleichs

Graphik, Entwurf: P. U., Ausführung: Irmgard Grillmayer, Sigilde Haas-Ortner

Im Bereich der politischen Willensbildung wurden für einige Agenden des Landtags nationale Kurien eingerichtet. Die Landtagswahlordnung teilte die Wähler der Stadtgemeinden, der Landgemeinden und der neu eingeführten allgemeinen Wählerklasse in „Wahlkörper böhmischer und deutscher Nationalität". Das ganze Land wurde mit einem doppelten Netz von, gebietsmäßig keineswegs deckungsgleichen, Wahlkreisen überzogen. Das schwierigste Problem war die Erfassung der Wähler nach ihrer nationalen Zugehörigkeit.

Lit.: Gerald Stourzh, Die Gleichberechtigung der Nationalitäten in der Verfassung und Verwaltung Österreichs 1848–1918. 1985 – Horst Glassl, Der Mährische Ausgleich. 1967.

P. U.

10.8. Ungarn

10.8.1 Die neue Laokoon-Gruppe. Karikatur

Jószef Faragó, 1896

Auch in der ungarischen Reichshälfte mehrten sich krisenhafte Entwicklungen. Die kirchenpolitischen Auseinandersetzungen konnten zwar 1895 beendet werden; Sándor Wekerle, der erste bürgerliche Ministerpräsident, mußte jedoch demissionieren. Sein Nachfolger Dezső Bánffy trat mit harter Hand gegen die Nationalitäten und die sozialen Bewegungen auf. Trotzdem hatte er mit der Gegnerschaft der magyarischen nationalistischen Opposition, mit der „Boa obstructor" zu kämpfen.

Lit.: Jörg K. Hoensch, Geschichte Ungarns 1867–1983. 1984 – Péter Hanák, Ungarn und die Donaumonarchie. 1984.

Borsszem Janko, 1. März 1896 P. U.

10.8.2 Die Obstruktion im ungarischen Reichstag

13. Dezember 1904

Die Schwierigkeiten um die Verlängerung des Ausgleichs (Kat. Nr. 10.4) und die Armeefrage schürten das nationalistische Klima. István Tisza war fest entschlossen, die sozialen und nationalen Bewegungen im Lande niederzuhalten und inner- und außerhalb des Parlaments scharf durchzugreifen. Die Änderung der Geschäftsordnung hatte den gegenteiligen Effekt: alle Oppositionsparteien schlossen sich zur „Koalition" zusammen, die Tumulte im Reichstag endeten mit der Demolierung des Sitzungssaales am 13. Dezember 1904.

Lit.: Ferenc Pölöskei, Tisza István. 1984.

Budapest, Magyar Munkásmozgalmi Múzeum, Neg. Nr. 15166 P. U.

10.8.3 Kossuth in Wien 1848–1905. Karikatur Abb.

Zeichnung, 33 × 27,5 cm

Die Wahlen von Anfang 1905 endeten mit einem Sieg der Koalition, die für eine Ausweitung der ungarischen Selbständigkeit eintrat. Franz Joseph akzeptierte aber das Programm der Koalition nicht und ernannte einen Militär zum Ministerpräsident. Der Besuch Ferenc Kossuths, einer der Führer der Koalition, in Wien bot Gelegenheit zum Vergleich mit dem Besuch seines Vaters Lajos Kossuth 1848. Hatten damals die Wiener dem Revolutionär zugejubelt, begegnete man dem saturierten Politiker mit Neugier, aber auch mit Skepsis.

Lit.: JÖRG K. HOENSCH, Geschichte Ungarns 1867–1983. 1984.

Budapest, Magyar Nemzeti Múzeum, Történelmi Képcsarnok, Inv. Nr. 53.711 P. U.

Kat.-Nr. 10.8.3

10.8.4 Skizze zur allgemeinen strategischen Übersicht im Kriegsfall „U“ Abb.

40 × 50 cm

Die Koalition reagierte mit der Proklamation des „nationalen Widerstandes“: man rief zum Boykott der Steuerleistung und der Rekrutenaushebung auf. Der Aufruf wurde nur teilweise befolgt, doch spielte man in Wien mit dem Gedanken eines militärischen Eingreifens, das den Zweck haben sollte, entweder Ungarn gründlich niederzuwerfen und eine gänzlich neue Ordnung einzuführen oder wenigstens den status quo ante zu sichern.

Lit.: KURT PEBALL und GUNTHER E. ROTHENBERG, Der Fall „U“. In: Aus drei Jahrhunderten. Beiträge zur österreichischen Heeres- und Kriegsgeschichte. 1969, S. 85–126.

Wien, Kriegsarchiv, Fall U, General-Stab, Operationsbüro 1904–1905 Fasz. 182, fol.30 P. U.

10.8.5 Fiktive Trauerparte über den Tod der Ungarischen Verfassung

Wien 1906

In Budapest suspendierte die Regierung mittlerweile die Gehälter der aufmüpfigen Beamten, sperrte den Komitaten die Mittelzuweisungen, ließ den Reichstag mit Waffengewalt auflösen. Für einen Augenblick mochte es scheinen, als ob Franz Joseph das Verfassungsleben in Ungarn tatsächlich beenden und zur absolutistischen Regierungsweise seiner Jugend zurückkehren wolle.

Wien, Österreichische Nationalbibliothek, Flugschriftensammlung, Inv. Nr. 1906/1 P. U.

10.8.6 Das Koalitionsministerium Wekerle

Postkarte, Photomontage mit Tulpe

Als politischen Weg zur Lösung der Krise schlug man u. a. die Einführung des allgemeinen Wahlrechts vor, was mit einem Schlag die politische Struktur Ungarns grundlegend geändert hätte. Daraufhin lenkte die Koalition ein und verzichtete auf ihr Militärprogramm. Die führenden Koalitionspolitiker (Kossuth, Apponyi, Andrássy d. J. etc.) erhielten Ministerportefeuilles, Ministerpräsident wurde aber Sándor Wekerle, ein Anhänger der dualistischen Lösung von 1867. Die Tulpe ist ein Hinweis auf die sog. Tulpenbewegung (vgl. Kat. Nr. 9.3.7–9.3.9).

Wien, Sammlung Dr. Lukan P. U.

10.8.7 Fächer mit Unterschriften verschiedener ungarischer Politiker

Holz, 31 × 53 cm

Budapest, Magyar Nemzeti Múzeum, Inv. Nr. 1906/54

10.8.8 Titelblatt der Zeitschrift „Nyugat“

Mihaly Biró

Anders als die in der Koalition vereinigte „nationale Opposition“ traten die bürgerlichen Radikalen, die sich um die Zeitschriften Huszadik Század [Zwanzigstes Jahrhundert] und Nyugat [Westen] scharten, für eine durchgreifende Demokratisierung des politischen Lebens ein. Sie wollten aus dem Königreich Ungarn mit seinen starken feudalen Relik-

Kat.-Nr. 10.8.4

ten einen Staat und eine Gesellschaft nach westlichem Muster machen. Ihre Forderungen trafen jedoch bei der breiten Masse auf wenig Verständnis.

Lit.: ZOLTÁN HORVÁTH, Die Jahrhundertwende in Ungarn. Geschichte der zweiten Reformgeneration. 1966.

P. U.

10.8.9 Demonstrationen am „Blutigen Donnerstag", 23. Mai 1912

Budapest, 23. Mai 1912

Da die Koalition kaum eines ihrer weitausgreifenden staatsrechtlich-nationalistischen Ziele verwirklichen konnte, wurde sie 1910 von der reorganisierten Liberalen Partei unter István Tisza abgelöst. Er war ein Verfechter eines harten Kurses gegen jene oppositionellen Kräfte, die sich für eine grundlegende Wahlrechtsreform und für Maßnahmen zur Linderung der sozialen Ungleichheit einsetzten. Einen Tag, nachdem Tisza zum Präsidenten des Parlaments gewählt worden war (und ein Attentat gegen ihn fehlgeschlagen hatte), kam es am 23. Mai 1912 zu regelrechten Straßenschlachten, die Verletzte und Tote forderten.

Lit.: FERENC PÖLÖSKEI, Tisza István, 1984 – PÉTER HANÁK, Ungarn in der Donaumonarchie. 1985.

P. U.

a. Umgestürzte Straßenbahn

Budapest, Magyar Munkásmozgalmi Múzeum, Neg. Nr. 15161

b. Polizei arretiert einen Demonstranten

Budapest, Magyar Munkásmozgalmi Múzeum, Neg. Nr. 1677

c. Leiche eines Demonstranten in der Podmanicky-Gasse Abb.

Budapest, Magyar Munkásmozgalmi Múzeum, Neg. Nr. 1678

d. Berittene Polizei auf den Straßen Budapests

Budapest, Magyar Munkásmozgalmi Múzeum, Neg. Nr. 33.949

Kat.-Nr. 10.8.9 c

10.9. Reformversuche

10.9.1 Die Vereinigten Staaten von Groß-Oesterreich

Aurel Popovici, 1905
Titelblatt und Textstelle

Die Krise des dualistischen Systems, die nach der Jahrhundertwende unübersehbar geworden war, gab Anlaß für eine ganze Reihe von Reformvorschlägen. Eine Richtung erblickte die Rettung in einer Föderalisierung der Monarchie, in der Schaffung von möglichst einheitlichen Nationalstaaten, die in ein bundesstaatliches Verhältnis zueinander treten sollten. Dabei übersah man, daß es in weiten Bereichen keine national homogene Siedlungsgebiete gab, so daß das eigentliche Problem nur auf eine andere Ebene transportiert wurde.

Lit.: ROBERT A. KANN, Das Nationalitätenproblem der Habsburgermonarchie, 2 Bde. 1964.

Wien, Universitätsbibliothek, I 317.681 P. U.

10.9.2 Grundlagen und Entwicklungsziele der Österreichisch-Ungarischen Monarchie

Rudolf Springer [= Karl Renner], 1906
Titelblatt und Textstelle, S. 245

Eine andere, den Komplexitäten der nationalen Situation in der Monarchie besser angepaßte Richtung plädierte für die Einführung des Personalitätsprinzips, für die Trennung von Nation und Territorium. Es müsse, in den Worten Renners, anstatt des einfachen Schemas von territorialen Verwaltungseinheiten „das Land zweimal, nach verschiedenen Grundsätzen vermessen" werden; man müsse „die Bevölkerung zweimal organisieren, einmal national, das andere Mal staatlich". Weder das föderalistische Prinzip noch das Personalitätsprinzip kamen letztlich zum Tragen: der Dualismus blieb bestehen, nationale Reformen blieben nur Stückwerk.

Lit.: ROBERT A. KANN, Das Nationalitätenproblem der Habsburgermonarchie, 2 Bde. 1964 – GERALD STOURZH, Die Gleichberechtigung der Nationalitäten in der Verfassung und Verwaltung Österreichs 1848–1918. 1985.

Wien, Universitätsbibliothek, I 319.940 P. U.

10.10 Außenpolitik

10.10.1 Der Minister des Äußeren, Aehrenthal, unterbreitet Franz Joseph den Vorschlag, die Annexion von Bosnien-Herzegowina zu sanktionieren.

Farbheliogravure nach Gemälde von R. Germela, 1910

Für Österreich-Ungarn war der Balkan zum wichtigsten Schauplatz außenpolitischer Ereignisse geworden. Serbien, das auf die südslawische Bevölkerung der Monarchie starke Anziehungskraft entwickelte, war der Hauptkontrahent. Die jungtürkische Revolution von 1908 bot der Monarchie den Vorwand, die seit 1878 okkupierten türkischen Provinzen zu annektieren und die Serben in die Schranken zu

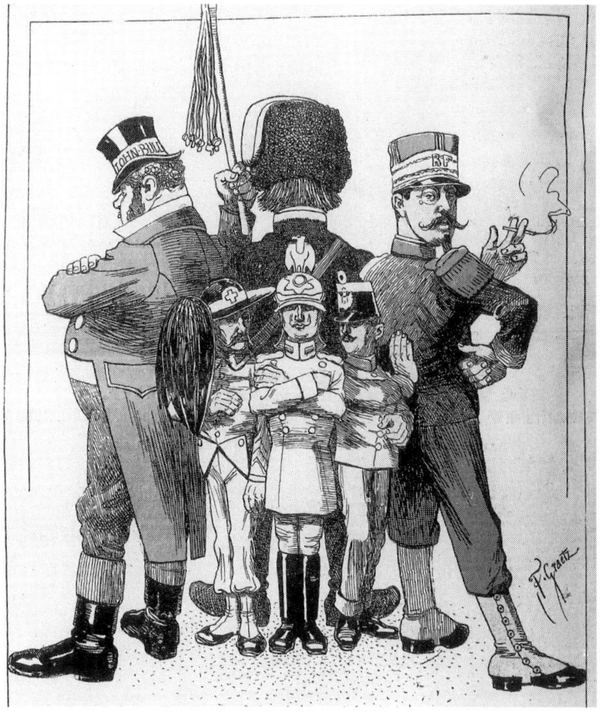

Kat.-Nr. 10.10.3

weisen. Franz Joseph konnte sich so wenigstens einmal als „Mehrer des Reiches“ fühlen, in weiten Kreisen war die Annexion aber unpopulär.

Lit.: Die Donaumonarchie und die südslawische Frage 1848–1918, hrg. von ADAM WANDRUSZKA, RICHARD G. PLASCHKA und ANNA M. DRABEK. 1978.

Wien, Österreichische Nationalbibliothek, Porträtsammlung und Bildarchiv, Inv. Nr. Pk 1302, 4 R P. U.

10.10.2 In meinem Alter noch Eroberungen! Franz Joseph und die Annexion von Bosnien-Herzegowina. Karikatur

Die Annexion sollte die Position Österreich-Ungarns auf dem Balkan stärken. Das Gegenteil trat ein. Der Gegensatz zu Rußland und Serbien verschärfte sich, die Türkei konnte nur durch eine hohe finanzielle Abfindung zur Anerkennung bewogen werden. Deutschland unterstützte die Monarchie in dieser Krise zwar, doch gerieten die Mittelmächte in eine diplomatische Isolierung, was die Monarchie in noch größere Abhängigkeit zu Berlin bringen sollte.

Lit.: THEODOR SCHIEDER, Staatensystem als Vormacht der Welt, 1848–1918 (= Propyläen Geschichte Euroas V) 1977 – KARL VOCELKA, K. u. K. Karikaturen zum Zeitalter Kaiser Franz Josephs, Abb. 119.

Wien, Österreichische Nationalbibliothek, Porträtsammlung und Bildarchiv, Inv. Nr. 513.934 B P. U.

10.10.3 Unklarheiten der europäischen Situation, Karikatur Abb.

Das europäische Bündnissystem entwickelte sich im Jahrzehnt vor dem Weltkrieg in Richtung einer deutlichen Polarisierung. Doch während der auf formelle Bündnisse aufgebaute Dreibund zwischen Österreich-Ungarn, dem Deutschen Reich und Italien innerlich immer mehr ausgehöhlt wurde, fanden sich die Mächte der Entente (England, Frankreich, Rußland) in einem weltpolitisch bedingten Interessenausgleich. Der Manövrierraum einzelner Staaten wurde immer stärker eingeschränkt, die Mechanik der Bündnissysteme entfaltete ihre unheilvolle Eigendynamik.

Lit.: THEODOR SCHIEDER, Staatensystem als Vormacht der Welt. 1977 – MICHAEL BEHNEN, Rüstung – Bündnis – Sicherheit. Dreibund und informeller Imperialismus 1900–1908. 1985 – VOCELKA, Karikaturen Abb. 117.

Figaro, 11. Juli 1908 P. U.

10.10.4 Der Eiertanz des Grafen Berchtold. Karikatur

Anfang 1912 übernahm Graf Berchtold das Außenministerium. Sein Ziel mußte es sein, die Monarchie aus allen kriegerischen Verwicklungen herauszuhalten, gleichzeitig aber die Großmachtstellung Österreich-Ungarns aufrechtzuerhalten. Mit seiner nicht gerade energischen Amtsführung – wobei freilich auch die Einflußnahme verschiedener innenpolitischer Faktoren eine Rolle spielte – stand er den sich häufenden Krisen jedoch nicht selten ziemlich ratlos gegenüber.

Lit.: HUGO HANTSCH, Leopold Graf Berchtold. Grandseigneur und Staatsmann, 2 Bde. 1963.

Die Zeit, 30. April 1912 P. U.

10.10.5 Sinfonia Balcanica. Das Europäische Konzert in neuer Besetzung. Karikatur

Unter tatkräftiger Mithilfe Rußlands hatten sich die Balkanstaaten 1912 zusammengefunden, um unter Hintanstellung eigener Differenzen die Türkei ein für allemal aus Europa zu vertreiben. Im Oktober 1912 begann der erste Balkankrieg, die Türkei und damit die auf Erhaltung des status quo aufgebaute Balkanpolitik der Monarchie brachen zusammen. Im folgenden Jahr kam es zu Feindseligkeiten der

Balkanstaaten untereinander. Zwar gelang es noch einmal, eine gesamteuropäische Konfrontation zu vermeiden, der Balkan blieb aber Krisenherd Nr. 1.

Die Muskete, 31. Oktober 1912
Wien, Sammlung Dr. Lukan P. U.

10.10.6 Einschiffung der österr.-ungar. Truppenkontingente für Kreta in Triest, 1897

Xylographie nach Zeichnung von Alexander Kircher

Die Erhaltung der Türkei als Machtfaktor im europäischen Konzert der Mächte war eine der Leitlinien der österr.-ungar. Außenpolitik. So unterstützte man zwar alle Bestrebungen, die Reformen im ottomanischen Reich zum Ziel hatten, stellte sich aber gegen alles, was zur „Befreiung der Balkanvölker vom türkischen Joch" führen konnte. Als 1897 ein Aufstand in Kreta ausbrach, der von Griechenland unterstützt wurde, beteiligte sich die Monarchie an der vom europäischen Konzert verhängten Blockade.

Lit.: BERTHOLD SUTTER, Die Großmächte und die Erhaltung des europäischen Friedens zu Beginn der Kreta-Krise 1897. In: Südost-Forschungen 21 (1962) S. 214–369 – LOTHAR HÖBELT, Die Marine. In: Die Habsburgermonarchie 1848–1918 V: Die bewaffnete Macht. 1987, S. 687–762.

Wien, Österreichische Nationalbibliothek, Porträtsammlung und Bildarchiv, Inv. Nr. 196.488 BR P. U.

10.10.7 Österreichische Truppen auf Kreta vor ihrer Unterkunft

Photo

Österreich-Ungarn beteiligte sich nicht nur mit einem Schlachtschiff und mit mehreren kleineren Einheiten an der Blockade Kretas. Eine Landeabteilung nahm an der Besetzung Chaneas teil, später wurde sogar ein ganzes Bataillon auf die Insel verlegt.

Lit.: LOTHAR HÖBELT, Die Marine. In: Die Habsburgermonarchie 1848–1918 V: Die bewaffnete Macht. 1987, S. 687–762.

Wien, Heeresgeschichtliches Museum, Photosammlung, Allg. 10 – XXII/1898, Kuvert Kreta 1898 P. U.

10.10.8 Die Matrosen der „Aspern" auf einem landesüblichen Fahrzeug in China

Photo

Wenn es in Österreich-Ungarn auch dort und da Interesse am Erwerb von Kolonien oder überseeischen Stützpunkten gab, hatte die Monarchie am imperialistischen „Wettlauf nach Übersee" nur ganz geringen Anteil. Die Teilnahme an der Niederwerfung des Boxeraufstandes in China (ab 1900) entsprang dann auch eher dem Wunsch einer Großmacht, „Flagge zu zeigen" als realen Expansionsabsichten.

Lit.: JOHANN WAGNER, Österreichische Kolonialversuche in der zweiten Hälfte des 19. Jhdts. 1955 – FRITZ KLEIN, Weltpolitische Ambitionen Österreich-Ungarns vor 1914. In: Jahrbuch für Geschichte 29 (1984) S. 263–289.

Wien, Heeresgeschichtliches Museum, Photosammlung, Allg. 10 – XXII/1900 China, R 3453 P. U.

10.10.9 Lagerzelt des österr.-ungar. Interventionskorps in China

Photo

Das österr.-ungar. Kontingent traf in Raten und erst relativ spät in China ein, so daß es bei der Eroberung Pekings nur eine untergeordnete Rolle spielte. Wohl aber beteiligte man sich anschließend an diversen Operationen; zum Jahreswechsel 1900/1901 belief sich die Stärke des Expeditionskorps auf 350 Mann.

Lit.: RICHARD G. PLASCHKA, Von Pola nach Taku. In: Österreich zur See. 1980, S. 43–58. LOTHAR HÖBELT, Die Marine. In: Die Habsburgermonarchie 1948–1918 V: Die bewaffnete Macht. 1987, S. 687–762.

Wien, Heeresgeschichtliches Museum, Photosammlung, Allg. 10 – XXII/1900 China, R 3448 P. U.

10.10.10 Attacke. Karikatur

Fritz Schönpflug

Die Kavallerie erfreute sich unter den verschiedenen Waffengattungen der Armee des höchsten Prestiges, galt sie doch lange Zeit (so noch 1866) als schlachtentscheidend. Die technische Revolution die in den Jahren vor dem Weltkrieg alle Armeen erfaßte, machte dem ein Ende. In der Monarchie hielt man jedoch lange an den alten Traditionen, an der Vorliebe für Attacken gewaltiger Kavalleriemassen fest; eine Vorliebe, die 1914 zu großen und folgenschweren Verlusten führte.

Lit.: JOHANN CHR. ALLMAYER-BECK, Die bewaffnete Macht in Staat und Gesellschaft. In: Die Habsburgermonarchie 1848–1918 V: Die bewaffnete Macht. 1987, S. 1–141. P. U.

10.10.11 Kavalleriesäbel

Wien, Heeresgeschichtliches Museum, Waffensammlung

10.10.12 Geschützmodell des 30,5 cm Mörsers

Blieb die Kavallerie einem „vormodernen" Kriegsbild verhaftet, läßt sich an der Entwicklung der Geschütze der Einfluß der technologischen Revolution auf das Erscheinungsbild der Armee und die Art der Kriegsführung deutlich ablesen. Fortschritte in der Fortifikation, Panzerung und Feldbefestigung zwangen zur Konstruktion immer neuer Modelle. 1908–11 entwickelte die Firma Škoda den 30,5 cm Mörser M 11, eine Waffe, der beim Ausbruch des Weltkriegs kein Staat etwas Gleichwertiges entgegensetzen konnte.

Lit.: WALTER WAGNER, Die k. (u.) k. Armee – Gliederung und Aufgabenstellung. In: Die Habsburgermonarchie 1848–1918 V: Die bewaffnete Macht. 1987, S. 142–633 – JOHANN CHR. ALLMAYER-BECK und ERICH LESSING, Die k. (u.) k. Armee 1848–1914. 1974.

Wien, Heeresgeschichtliches Museum, Waffensammlung
P. U.

10.10.13 Militärkraftfahrzeuge der Daimlerwerke 1906

Photo

Die Motorisierung hielt schon verhältnismäßig früh Einzug in die Armee der Monarchie. 1898 stellt man den ersten Militärlastkraftwagen in Dienst. Seit 1903 finden Motorräder und Pkws Verwendung im Melde- und Ordonnanzdienst, 1906 wurde ein eigenes „k. k. freiwilliges Automobilkorps" gegründet. Bei Kriegsbeginn gab es im Heer 63 PKW, 35 LKW (bis 5 t), 334 Lastzüge (bis 10 t), 50 Anhänger (zu je 20 t) und 66 Zugwagen.

Lit.: WALTER J. SPIELBERGER, Kraftfahrzeuge und Panzer des österr. Heeres 1896 bis heute. 1976.

Wien, Heeresgeschichtliches Museum P. U.

10.10.14 Das Motorgeschütz überschreitet eine Stufe

Photo

Die technische Entwicklung der Fahrzeuge erfolgte in enger Verbindung zwischen Militär und Industrie. Die Fa. Daimler war es auch, die 1903 den ersten Panzerkampfwagen mit Vierradantrieb konstruierte. Bei den Kaisermanövern vorgestellt, erregte das Fahrzeug den Unwillen Franz Josephs (nicht zuletzt deshalb, weil durch das Geräusch die Pferde scheuten). Oblt. Günter Burstyn entwickelte einen gepanzerten, geländegängigen Räderraupenwagen; das Projekt wurde 1912 vom Technischen Militärkomitee abgelehnt. Die im Weltkrieg mit großen „Erfolg" eingesetzten Panzer wurden anderswo entwickelt!

Lit.: WALTER ALBRECHT, Günther Burstyn (1879–1944) und die Entwicklung der Panzerwaffe. 1970.

Wien, Heeresgeschichtliches Museum P. U.

10.10.15 Maschinengewehr MG 1912. System Schwarzlose

Wien, Heeresgeschichtliches Museum, Waffensammlung

10.10.16 Übung mit dem MG 7 in Bruck

Photo

Wien, Heeresgeschichtliches Museum, Photosammlung, Allg. 12-IV/b, LBI 13690/3

10.10.17 Kampfflieger Phönix-DI Typ 128

Modell, 1 : 5

Die Anfänge der militärischen Luftfahrt in der Monarchie fallen in die neunziger Jahre, nachdem schon vorher gelegentlich Ballons für militärische Zwecke eingesetzt worden waren. Nach Ballon und Luftschiff fand schon bald das Flugzeug großes Interesse. 1910 fand vor dem Kaiser in Wr. Neustadt ein Flugmeeting statt, 1911 wurde die erste „Etrich-Taube" in Dienst gestellt. Daneben gab es Doppeldekker, speziell für das Gebirge entwickelte Konstruktionen und auch schon Seeflieger.

Lit.: ERNST PETER, Die k. u. k. Luftschiffer- und Fliegertruppe Österreich-Ungarns 1794–1919. 1981 – REINHARD KEIMEL, Österreichs Luftfahrzeuge. Geschichte der Luftfahrt von den Anfängen bis 1918. 1981.

Wien, Aviatikmuseum P. U.

10.10.18 Modell des Linienschiffs „Radetzky"

Ab etwa 1904 trat der Gegensatz zu Italien deutlich zutage. Das wirkte sich auch auf die Marine aus: sie sollte in die Lage versetzt werden, der italienischen Flotte im Mittelmeer Paroli bieten zu können. Beim Bau der Schlachtschiffe der „Radetzky"-Klasse (ab 1907) verwertete man neueste Erkenntnisse aus dem russisch-japanischen Krieg: die Mittelartillerie wurde zugunsten der neu eingeführten schweren Geschütze (4 Kanonen à 30,5 cm) vermindert.

Lit.: ERWIN SIECHE, LOTHAR BAUMGARTNER und GEORG PAWLIK, Die Radetzky-Klasse. Österreich-Ungarns letzte Vor-Dreadnoughts. 1984.

Wien, Heeresgeschichtliches Museum, Waffensammlung
P. U.

10.10.19 In hoc signo vinces. Karikatur

Die Karikatur schlägt vor, das „ehr-furchtgebietende Aussehen unserer Kriegsflotte" dadurch zu erhöhen, den Schlachtschiffen und Kreuzern das Dienstzeichen für „langjähriges treues Verharren im Ausrüstungs-Zustand" zu verleihen. Tatsächlich machte aber die Aufrüstung der Flotte, die sich der Gunst des Thronfolgers erfreute, in diesen Jahren große Fortschritte. Im Oktober 1912 wurde die „Viribus Unitis", der erste Dreadnought im Mittelmeer, in Dienst gestellt. Bis 1915 folgten noch 3 weitere Schlachtschiffe dieser Klasse, so daß die Schlachtflotte der italienischen leicht überlegen war.

Lit.: WLADIMIR AICHELBURG, LOTHAR BAUMGARTNER et al., Die „Tegethoff"-Klasse. Österreich-Ungarns größte Schlachtschiffe. 1981 – MILAN N. VEGO, The Anatomy of Austrian Sea Power, 1904–1914. 1981.

Die Muskete, 31. Oktober 1912, Jg. 15, Nr. 370.
Wien, Sammlung Dr. Lukan P. U.

10.11 Frauenbewegung

10.11.1 Collage von ministeriellen Verordnungen über die Zulassung von Frauen zum Studium an den österreichischen Universitäten

Die österreichischen Universitätsgesetze... hg v. Leo Beck v. Mannagetta und Carl v. Kelle, Wien 1906, S. 566 ff.

Medizin: Verordnung vom 19. 3. 1896, betreffend die Nostrifikation der von Frauen im Ausland erworbenen medizinischen Doktordiplome.

Philosophie: Verordnung vom 23. 3. 1897, betreffend die Zulassung von Frauen als Hörerinnen an den philosophischen Fakultäten.

Medizin: Verordnung vom 3. 9. 1900, betreffend die Zulassung von Frauen zu den medizinischen Studien und zum Doktorat der gesamten Heilkunde.

M. S.

10.11.2 Die ersten Promotionen von Frauen an der Universität Wien

Promotionsverzeichnis Frauen 1897–1923, S. 1

G. Possanner v. Ehrental (1), F. Lubinger (7) und L. Morawetz (11) nostrifizierten ihre an der Universität Zürich erworbenen medizinischen Doktordiplome.

G. Gräfin Wartensleben (2) durfte nach ihren Studien im Ausland auf Grund ministerieller Bewilligung ihre Rigorosen in Wien ablegen.

Als erste Frauen absolvierten ein ordentliches Studium C. Wendt (3) an der philosophischen und M. Hönigsberg (18) an der medizinischen Fakultät Wien.

Die damals 70jährige Dichterin M. Freiin Ebner v. Eschenbach (4) erhielt als erste Frau das Ehrendoktorat verliehen.

Lit.: K. SABLIK, Zum Beginn des Frauenstudiums an der Wiener medizinischen Fakultät. In: Wiener Medizinische Wochenschrift 118 (1968). S. 817 ff.

Wien, Archiv der Universität M. S.

10.11.3 Gabriele Freiin Possanner von Ehrenthal

Photographie

Gabrielle Freiin Possanner von Ehrenthal (1860–1940), Tochter eines hohen Beamten, studierte an den Universitäten Zürich, Genf und wieder Zürich (1894 Dr. med.). Sie kehrte nach Wien zurück und erreichte – nach verschiedenen Gesuchen und Petitionen – erst aufgrund einer ministeriellen Verordnung (1896) die Nostrifikation ihres Doktordiploms. Sie ist die erste Frau, die an der Universität Wien promoviert wurde (1897), das Wahlrecht in der Wiener Ärztekammer erhielt (1901) und zum Medizinalrat ernannt wurde (1928).

Lit.: Österreichisches Biographisches Lexikon, 8. Bd. Wien 1983, S. 222.

Wien, Österreichische Nationalbibliothek, Porträtsammlung und Bildarchiv, Inv. Nr. 515.717 B (r) F M. S.

10.11.4 Die erste Promotion eines weiblichen Doctors in Oesterreich

Zeitungsdruck, 22 × 22 cm

Die ersten Promotionen von Frauen in der Österreichisch-ungarischen Monarchie fanden 1897 statt: am 2. 4. an der Universität Wien Gabriele Freiin Possanner von Ehrenthal und am 14. 5. an der Universität Budapest Vilma Gräfin Hugonnai de Szent-György, ab 1887 verehelichte Wartha. Letztere legte 1896 in Budapest das 3. Rigorosum ab, nachdem sie bereits 1879 an der Universität Zürich das medizinische Doktordiplom erworben hatte.

Lit.: TIBOR GYÖRY, Az orvostudományi Kar története (= A királyi magyar Pázmány Péter-Tudomanyegyetem története III). Budapest 1936 – Universitätsarchiv Zürich bzw. Budapest.

Würzburg, Institut für Hochschulkunde M. S.

10.11.5 Die Volksvertreterin. Karikatur

Die Ängste um die Stellung des Mannes, die aus dieser Karikatur spricht, waren weit übertrieben: weibliche Abgeordnete gab es in der Zeit der Monarchie nicht. Wohl aber nahmen Frauen am politischen Leben im weitesten Sinne teil, sei es innerhalb der großen parteipolitischen Lager, sei es im Engagement für ganz bestimmte Sachfragen, sei es in der Frauenbewegung im engeren Sinn, in der eine Reihe von national und ideologisch unterschiedlich orientierten Gruppen ihren Platz fanden.

Lit.: Die Frau im Korsett. 1984 – RENATE FLICH, Analytische und empirische Studie über die Zusammenhänge der österr. Frauenbewegung und Friedensbewegung. In: MANFRED RAUCHENSTEINER (ed), Überlegungen zum Frieden. 1987 – VOCELKA, Karikaturen Abb. 74.

Die Wespen, 13. 11. 1907 P. U.

10.11.6 Frauendemonstration für das Wahlrecht

10. Oktober 1907

Die Frauenbewegung hatte drei inhaltliche Schwerpunkte: die Schul- und Ausbildung der Mädchen, die Verbesserung der Situation am Arbeitsplatz und die Gewährung politischer Rechte an die Frauen. Da ursprünglich Besitz und Bildung die wichtigsten Kriterien für das Wahlrecht waren, besaßen ursprünglich auch Frauen in der Kurie der Großgrundbesitzer das Wahlrecht. Diese Möglichkeiten wurden jedoch sukzessive eingeschränkt. Als das allgemeine Wahlrecht zur Diskussion stand, lehnten fast alle Politiker die Ausdehnung auf die Frauen ab.

Lit.: ELISABETH FREISMUTH, Die Frau im öffentlichen Recht. In: Die Frau im Korsett. 1984, S. 30–40 – KARL UCAKAR, Demokratie und Wahlrecht in Österreich. 1985.

Vasárnapi Ujság vom 20. Oktober 1907.
Budapest, Magyar Munkásmozgalmi Múzeum, Neg. Nr. 1597

P. U.

Kat.-Nr. 10.12.3

10.12 Friedensbewegung

10.12.1 Bertha von Suttner

Porträt nach einem Sepia-Pastell von Heinrich Rauchinger

Bertha von Suttner war eine äußerst fruchtbare Schriftstellerin und Journalistin. Gemäß ihrer liberalen und humanistischen Einstellung beschäftigte sie sich mit einer Reihe von brennenden Zeitfragen: sie wandte sich gegen Antisemitismus und jede Art von nationalem Dünkel, befaßte sich mit den Auswirkungen der technischen und sozialen Umwälzungen der Zeit und trat für die Emanzipation der Frau ein. Die Erfüllung ihrer Lebensaufgabe fand sie jedoch in der Friedensbewegung.

Lit.: BRIGITTE HAMANN, Bertha von Suttner. Ein Leben für den Frieden. 1986.

Wien, Österreichische Nationalbibliothek, Porträtsammlung und Bildarchiv, Inv. Nr. LW 75.665 P. U.

10.12.2 Die Waffen nieder!

Bertha von Suttner, 1889

Mit dem Roman „Die Waffen nieder!" gelang Suttner die Popularisierung der Ideen der Friedensbewegung in bisher ungeahntem Maß. In zahlreichen Artikeln und Vorträgen warb sie für ihre Ansichten. 1891 gründete sie die Österreichische, 1892 die deutsche Friedensgesellschaft. 1905 erhielt sie als erste Frau überhaupt den Friedensnobelpreis. Ein wirklich effektiver Einfluß auf die Mächtigen (der ihr persönlich adäquater schien als die Mobilisierung der Massen) blieb ihr aber versagt. Sie starb am 21. Juni 1914, 5 Wochen vor Ausbruch des Krieges.

Lit.: BRIGITTE HAMANN, Bertha von Suttner. Ein Leben für den Frieden. 1986.

P. U.

10.12.3 Bertha von Suttner. Karikatur Abb.

Die Friedensbewegung, der Männer wie Bartholomäus Carneri, Albert Apponyi, Peter Rosegger angehörten oder ihr nahestanden, vor allem aber Alfred Hermann Fried (Suttners engster Mitarbeiter und Nachfolger), war freilich auch Spott und Hohn ausgesetzt. Man machte sich über die „Friedensberta" lustig und belächelte den geringen praktischen Erfolg der Friedensbewegung. Nicht selten ließ man ihre Protagonisten spüren, daß ihr Auftreten in einer von militaristischen Denkweisen geprägten Gesellschaft unerwünscht, wenn nicht sogar gefährlich war.

Lit.: MANFRED RAUCHENSTEINER (ed.), Überlegungen zum Frieden. 1987.

Die Muskete, 25. März 1909 P. U.

10.12.4 Der Textilwarenfabrikant Heinrich Hackl im Kreise seiner Familie

Photographie

Die österreichische Gesellschaft der Friedensfreunde in Wien war bestrebt, die Friedensidee auch am flachen Land zu verbreiten. Sogenannte „correspondierende Mitglieder“ sollten als lokale Anlaufstellen dienen, die Bevölkerung mit Friedensliteratur versorgen, Aktivitäten anregen und Mitglieder werben. Im niederösterreichischen Weitra fand die Friedensgesellschaft einen aktiven Unterstützer im Textilindustriellen Heinrich Hackl.

Wien, Privatarchiv Hackl A. K.

10.12.5 Oesterreichische Gesellschaft der Friedensfreunde, Mitgliedskarte für Heinrich Hackl

Der 77jährige Besitzer der k. u. k. priv. Modewarenfabrik Hackl & Söhne, im Betrieb bereits von seinen drei Söhnen entlastet, war ein engagierter Verfechter Bertha v. Suttners Ideen. Wie sie setzte der dem Kaiser treu ergebene Friedensaktivist seine Hoffnung auf eine friedliche Beilegung von Konflikten durch internationale Schiedsgerichte. In den Jahren 1899–1901 stand er in ständigem brieflichen Kontakt mit der Österreichischen Gesellschaft der Friedensfreunde.

Lit.: BERTHA V. SUTTNER, Die Waffen nieder! Eine Lebensgeschichte, 2 Bde. 1892.

Wien, Privatarchiv Hackl A. K.

10.12.6 Einladung zu einem Vortrag anläßlich der Eröffnung der Haager Friedenskonferenz

Im Jahre 1899 fand im niederländischen Haag auf Anregung des russischen Zaren eine internationale Friedenskonferenz statt. Zum Zeitpunkt dieses Zusammentreffens der führenden Staatsmänner Europas erreichten die Aktivitäten der bürgerlichen Friedensbewegung einen Höhepunkt. Auch Heinrich Hackl nutzte die Gelegenheit: er lädt zu einer Veranstaltung in Weitra. Nach einem einleitenden Vortrag des Dechants von Weitra hält Hackl eine flammende Rede für den Frieden und fordert die Anwesenden eindringlich auf, der Friedensgesellschaft beizutreten.

Lit.: Conférence internationale de la Paix. La Haye 18 Mai – 29 Juillet 1899.

Wien, Privatarchiv Hackl A. K.

10.12.7 Brief Bertha v. Suttners von der Haager Friedenskonferenz

Bertha v. Suttner, Präsidentin der Gesellschaft der Friedensfreunde und im nahegelegenen Schloß Harmannschlag beheimatet, sendet H. Hackl eine Karte aus dem Haag, wo sie an der Friedenskonferenz teilnahm.

Lit.: BERTHA V. SUTTNER, Die Haager Friedensconferenz. 1899.

Wien, Privatarchiv Hackl A. K.

10.12.8 Beitrittserklärung zur Gesellschaft der Friedensfreunde

Liste der Weitraer Mitglieder

Ziel der Friedensgesellschaft war es, immer mehr Menschen von der Friedensidee und der Notwendigkeit des persönlichen Engagements zu überzeugen. Um Mitglieder zu werben, organisierte Hackl im Frühjahr 1900 einen Vortrag des Sekretärs der Friedensgesellschaft. Der erhoffte Zustrom blieb allerdings aus. Die Weitraer Mitglieder beschränkten sich auf den engeren Familien- und Bekanntenkreis Hackls, der auch weiterhin Informationsmaterial an lokale Multiplikatoren wie Lehrer, Pfarrer oder Bürgermeister aus dem ganzen Waldviertel verschickte.

Wien, Privatarchiv Hackl A. K.

10.13 Ausbruch des Weltkriegs

10.13.1 Die Kriegserklärungen 1914

Tuch mit eingestickten Daten, blau, 125 × 45 cm

Noch vor Absendung des Memorandums an Serbien versicherte sich die Monarchie der deutschen Unterstützung, Rußland stärkte Serbien den Rücken, Vermittlungsversuche fruchteten nichts. Am 1. August verkündete Rußland die Mobilmachung, daraufhin erklärte Deutschland dem Russischen Reich und am 3. August Frankreich den Krieg. Den deutschen Einmarsch in Belgien beantwortete England am 4. August mit der Kriegserklärung an Deutschland. Erst am 5. August erfolgte die Kriegserklärung Österreich-Ungarns an Rußland, während sich die Westmächte mit der Monarchie erst seit dem 10. bzw. 12. August in Kriegszustand befanden.

Lit.: FRANCIS ROY BRIDGE, Österreich-Ungarn unter den Großmächten (in Druck).

Wien, Sammlung Bernhard Hanreich P. U.

10.13.2 Die drei Zentralmächte 1914

Tuch mit Wappen und Fahnen, färbig, 75 × 75 cm

Der lokale Konflikt am Balkan hatte sich binnen kurzem zu einem Weltkrieg ausgeweitet, in dem die Mittelmächte von Anfang an einer Übermacht gegenüberstanden. Obwohl durch Verträge an Deutschland und Österreich-Ungarn gebunden, blieben Italien und Rumänien vorerst neutral; im Mai 1915 bzw. August 1916 traten sie auf Seiten der Entente in den Krieg ein. Bulgarien, das noch von den Balkankriegen her eine Rechnung mit Serbien offen hatte, schloß sich sofort den Mittelmächten an, während sich die Türkei erst nach einigem Zögern und auf deutschen Druck zu diesem Schritt bereitfand.

Lit.: FRANCIS ROY BRIDGE, Österreich-Ungarn unter den Großmächten (in Druck).

Wien, Sammlung Bernhard Hanreich

P. U.

11. KAISERHULDIGUNGEN UND KAISERJUBILÄEN

11.1 Kaiser Franz Joseph I. im Ornat des Ordens vom Goldenen Vlies

Ferdinand Pamberger, 1909
Öl auf Leinwand, 296 × 162 cm

Graz, Neue Galerie am Landesmuseum Joanneum, Inv. Nr. I/2053

11.2 Reliefbildnis Kaiser Franz Josephs

L. Schrödl, nach 1900
Marmor, 55 × 41,6 cm

Wien, Kunsthandlung Siedler

11.3 Behang mit Stadtwappen von Lemberg und Halicz

Entwurf: Edgar Kovats, 1900, Ausführung: Emilia Pydynkowska, Krakau
Leinen, Plattstich in Reliefstickerei, 118 × 175 cm

Die Stadtwappen von Lemberg und Halicz werden von aus der Volkskunst übernommenen Motiven umgeben, ein Beispiel, wie die angewandte Kunst bewußt zu einem nationalen Stil hingeführt wurde. Der Kelim wurde für die Weltausstellung in Paris 1900 ausgeführt.

Krakau, Muzeum Narodowe, Inv. Nr. XIX-10101 J. B.

11.4 Die Reise Kaiser Franz Josephs nach Galizien, 1880

Die Inspektionsreise des Kaisers nach Galizien und Bukowina in der Zeit vom 1. IX. bis 19. IX. 1880 wurde von der Bevölkerung mit dem Ausdruck von Loyalität, Wohlwollen und in manchen Momenten mit Begeisterung aufgenommen. Am letzten Tag der Reise, im Kreise der Persönlichkeiten, die soeben den Monarchen verabschiedet hatten, stellte der Reichsratsabgeordnete Erazm Wolański den Antrag, Kronprinz Rudolf anläßlich seiner Vermählung ein Album „im Namen des Landes“ zu überreichen, das von hervorragenden polnischen Künstlern angefertigt, die wichtigsten Stationen der Reise des Kaisers im Aquarell festhielte. Am 9. V. 1881, am Vortag der Trauung empfing das Brautpaar das Album in einem speziell dafür angefertigten Zierschränkchen. Die Aquarelle wurden später öffentlich ausgestellt, u. a. im Österreichischen Museum für Kunst und Industrie in Wien. Nach dem Tode Kronprinz Rudolfs gingen sie in den Besitz der Erzherzogin Stephanie über, die die Aquarelle der Benediktinerabtei Pannonhalma vermachte. Jüngst wurden sie von den Sammlungen des Nationalmuseums Krakau erworben.

J. B.

11.4.1 Einzug Seiner Majestät des Kaisers in Krakau

Juliusz Kossak, 1881 Abb.
Aquarell auf Papier, 39 × 57 cm

Der Kaiser kam am 1. September vormittags in Krakau an. Der Stadtrat überreichte ihm an der Haupteinfahrt in die Stadt die goldenen Schlüssel. Im Vordergrund des Bildes fährt der Oberbürgermeister der Stadt Krakau, Mikołaj Zyblikiewicz, im Viergespann vor dem kaiserlichen Wagen, der soeben die Barbakane verlassen hat. Bürger in polnischer Tracht halten entlang des Weges Ehrenwache.

Krakau, Muzeum Narodowe, Inv. Nr. III-r.a. 12.774 J. B.

11.4.2 Seine Majestät der Kaiser in den königlichen Grüften am Wawel Abb.

Jan Matejko, 1881
Aquarell auf Papier, 39 × 57 cm

Am 1. September nachmittags begab sich der Kaiser in die Krakauer Kathedrale. Anschließend besuchte er die unter dem Dom liegenden königlichen Grüfte. Auf dem Bild steht der Kaiser in der romanischen St. Leonhards-Gruft vor dem Sarkophag Johann III. Sobieskis, Befehlshaber der christlichen Heere während des Entsatzes Wiens 1683. Neben dem Kaiser Albin Dunajewski, Bischof von Krakau, an dessen Seite Józef Lepkowski, Staatskonservator der Kunstdenkmäler Krakaus.

Krakau, Muzeum Narodowe, Inv. Nr. III-r.a. 12.780 J. B.

11.4.3 Seine Majestät der Kaiser vom berittenen Landvolk, den „Krakussen“, umgeben Abb.

Juliusz Kossak, 1881
Aquarell auf Papier, 39 × 57 cm

Auf der Rückfahrt von einem Besuch der k. k. Kadettenschule wurde der kaiserliche Wagen durch ein berittenes Ehrengeleit begleitet, das aus 600 aus der Umgebung Krakaus stammenden Landleuten (poln. „krakusi“) gebildet wurde. Der Kaiser, in Begleitung von Erzherzog Albrecht, unterhält sich mit Adam Tański, Führer der „Banderia“. Im Hintergrund das königliche Schloß Wawel und die Krakauer Kathedrale.

Krakau, Muzeum Narodowe, Inv. Nr. III-r.a. 12.779 J. B.

Kat.-Nr. 11.4.1

11.4.4 Seine Majestät der Kaiser besichtigt die Königsburg am Wawel

Tadeusz Ajdukiewicz, 1881
Aquarell auf Papier, 39 × 56,5 cm

Der Wawel wurde seit 1848 als Kaserne für das österreichische Militär in Krakau benützt. Während seines Aufenthaltes in Krakau stimmte der Kaiser der Bitte des galizischen Landtages zu, das Schloß als seine Residenz anzuerkennen. Dies hatte die Räumung des ehrwürdigen Denkmals vom Militär und die Restaurierung zur Folge. Im Arkadenhof des Schlosses spricht der Kaiser mit Tomasz Pryliński, dem zukünftigen Autor der Pläne zur Restaurierung des Wawel.

Krakau, Muzeum Narodowe, Inv. Nr. III-r.a. 12.781 J. B.

11.4.5 Seine Majestät der Kaiser bei Matejko Abb.

Juliusz Kossak, 1881
Aquarell auf Papier, 39 × 57 cm

Jan Matejko, Direktor der Akademie der Schönen Künste in Krakau, einer der bedeutendsten Vertreter der Historienmalerei, empfängt den Kaiser im Salon seines Hauses in der Floriańska-Straße. Das Gemälde auf der Staffelei, „Das Fürstentreffen bei Wien 1515“, wurde dem Kaiser als Geschenk überreicht. Neben dem Herrscher steht Graf Alfred Potocki, Statthalter von Galizien, Ministerpräsident der österreichischen Regierung 1870.

Krakau, Muzeum Narodowe, Inv. Nr. III-r.a. 12.778

J. B.

Kat.-Nr. 11.4.2

Kat.-Nr. 11.4.3

Kat.-Nr. 11.4.5

11.4.6 Das Erntefest vor Seiner Majestät dem Kaiser auf dem Ringplatz in Krakau Abb.

Tadeusz Ajdukiewicz, 1881
Aquarell auf Papier, 39 × 57 cm

Die Residenz des Kaisers in Krakau war das Palais Potocki „Unter den Widdern" auf dem Hauptmarktplatz. Die Baudenkmäler des Platzes – der Rathausturm, die Tuchhallen, die Türme der Marienkirche und die romanische Adalbertkirche – bildeten festlich illuminiert den Hintergrund für das Erntefest. Der Kaiser betrachtet vom Balkon des Palais Potocki aus das bunte Schauspiel.

Krakau, Muzeum Narodowe, Inv. Nr. III-r.a. 12.776 J. B.

11.4.7 Die Hochzeit des Krakauer Landvolkes vor Seiner Majestät dem Kaiser Abb.

Juliusz Kossak, 1881
Aquarell auf Papier, 39 × 57 cm

In der gleichen Szenerie, die dem Erntedankfest als Hintergrund diente, jetzt aber „mit dem elektrischen Licht al giorno" beleuchtet, zieht die Krakauer Hochzeit vor dem Kaiser vorüber; zwei junge Paare haben sich am selben Tag in der Karmeliterkirche Am Sande trauen lassen. An der Spitze des Zuges kommt der Wagen mit dem Hochzeitsmarschall und Musik; es folgen die Neuvermählten im Viergespann, mit den auf Pferden reitenden Brautführern, dann der Wagen mit Brautjungfern und Hochzeitsgästen.

Krakau, Muzeum Narodowe, Inv. Nr. III-r.a. 12.775 J. B.

11.4.8 Seine Majestät der Kaiser empfängt die Bauerndelegation zu Kresowice Abb.

Juliusz Kossak, 1881
Aquarell auf Papier, 39 × 57 cm

Der Kaiser verließ Krakau am 4. September und weilte bis 10. September in Kresowice, unweit von Przemyśl, einem Landgut des Grafen Edward Stadnicki. Von dort begab er sich täglich mit der Eisenbahn nach Sadowa Wisznia, um an dem großen Manöver teilzunehmen. Auf dem Aquarell erteilt der Kaiser im Hofe seiner Residenz der Gemeindevertretung von Kresowice Audienz, die ihm für 2000 Rheingulden dankte, die für den Bau der neuen Schule bestimmt waren.

Krakau, Muzeum Narodowe, Inv. Nr. III-r.a. 12.782 J. B.

Kat.-Nr. 11.4.6

Kat.-Nr. 11.4.7

Kat.-Nr. 11.4.8

11.4.9 Empfang Seiner Majestät des Kaisers am Bahnhof zu Lemberg Abb.

Antoni Kozakiewicz, 1881
Aquarell auf Papier, 39 × 57 cm

Am 11. September kam der Kaiser nach Lemberg, der Hauptstadt des Königreiches Galizien und Lodomerien, Sitz der Statthalterei und des Landtages. Auf dem Bahnsteig wird der Herrscher durch den Grafen Ludwik Wodzicki, den Landtagsmarschall, begrüßt. Hinter dem Kaiser steht Graf Alfred Potocki, Statthalter von Galizien, im Hintergrund der Szene eine Gruppe von Landtagsabgeordneten in polnischen Nationaltrachten.

Krakau, Muzeum Narodowe, Inv. Nr. III-r.a. 12.783 J. B.

11.4.10 Seine Majestät der Kaiser nimmt ein Bittgesuch entgegen Abb.

Wojciech Kossak, 1881
Aquarell auf Papier, 39 × 57 cm

Laut der Reiseberichte soll der Kaiser während seines Aufenthaltes in Lemberg mehrere Bittgesuche persönlich entgegengenommen haben. Die Szene faßt die Gesten des Kaisers eindrucksvoll zusammen: eine Frau aus dem Volk kniet auf der Straße, in der ausgestreckten Hand ein Bittgesuch haltend; der Kaiser beugt sich aus der Equipage und nimmt das Schreiben in Empfang.

Krakau, Muzeum Narodowe, Inv. Nr. III-r.a. 12.789 J. B.

11.4.11 Seine Majestät der Kaiser in Drohowyz

Aleksander Raczyński, 1881
Aquarell auf Papier, 38,5 × 56,5 cm

Am 12. September besuchte der Kaiser das Waisenhaus und Altersheim in Drohowyż (Kreis Żydaczów), eine Stiftung des Grafen Stanisław Skarbek aus dem Jahr 1843, wahrscheinlich die größte dieser Anstalten auf polnischem Gebiet. Auf dem Bild, das im Hintergrund die Gebäude der Anstalt zeigt, überreichen zwei Pflegetöchter einen Blumenkorb; neben dem Kaiser steht Prinz Karol Jabłonowski, Kurator der Anstalt, neben den Mädchen Starkl, Direktor der Anstalt.

Krakau, Muzeum Narodowe, Inv. Nr. III-r.a. 12.790 J. B.

Kat.-Nr. 11.4.9

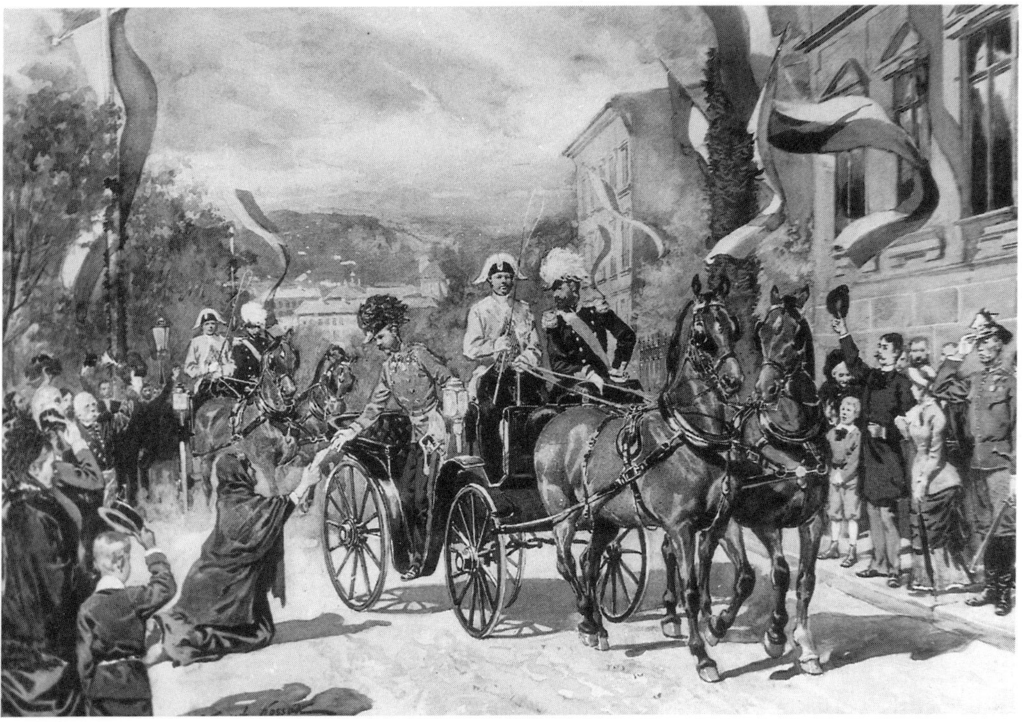

Kat.-Nr. 11.4.10

Kat.-Nr. 11.4.11

11.4.12 Seine Majestät der Kaiser auf dem Ball im Rathaus zu Lemberg Abb.

Juliusz Kossak, 1881
Aquarell auf Papier, 39 × 57 cm

Im Großen Saal des Rathauses steht „ein prachtvoller goldener Thron unter dem Baldachin, flankiert durch Figuren der Gerechtigkeit und des Friedens". Dem Kaiser zur Linken flankieren Graf Alfred Potocki und zwei Generaladjutanten, Freiherr von Mondel und Freiherr von Beck, zur Rechten die Erzbischöfe der katholischen Kirchen Lembergs. Im Vordergrund steht die polnische Aristokratie, die vor dem Kaiser eine Polonaise aufführen wird.

Krakau, Muzeum Narodowe, Inv. Nr. III-r.a. 12.787 J. B.

11.4.13 Empfang Seiner Majestät des Kaisers in der griechisch-katholischen St. Georg-Kathedrale in Lemberg Abb.

Antoni Kozakiewicz, 1881
Aquarell auf Papier, 57 × 39 cm

Am 13. September begab sich der Kaiser in die griechisch-katholische Kathedrale. Auf dem Platz vor dem Dom wird der Herrscher durch den Metropoliten Józef Sembratowicz in Begleitung des Domkapitels und der Geistlichkeit erwartet. Überragt wird die Szene durch den gewaltigen Baukörper der spätbarocken Kathedrale.

Krakau, Muzeum Narodowe, Inv. Nr. III-r.a. 12.786 J. B.

11.4.14 Seine Majestät der Kaiser empfängt die polnischen Stände Abb.

Franciszek Tepa, 1881
Aquarell auf Papier, 39 × 57 cm

In Lemberg diente dem Kaiser das Gebäude der Statthalterei als Residenz. Dort empfing er zahlreiche Delegationen der polnischen und ukrainischen Bevölkerung. Das Bild stellt eine Art Zusammenschau aller dieser Kontrakte mit der Bevölkerung dar; es zeigt den Kaiser im Gespräch mit einer Gruppe von etwa 30 Personen, die alle Gesellschaftsschichten repräsentieren. Der Statthalter, Graf Potocki, steht links im Vordergrund.

Krakau, Muzeum Narodowe, Inv. Nr. III-r.a. 12.784 J. B.

Kat.-Nr. 11.4.12

11.4.15 Seine Majestät der Kaiser im Landtagsgebäude

Henryk Rodakowski, 1881 Abb.
Aquarell auf Papier, 39 × 57 cm

Der Bau des Landtagsgebäudes war zur Zeit des kaiserlichen Aufenthaltes noch nicht vollendet. Der Besuch des Kaisers im Landtag wird daher auf dem Podium des monumentalen Treppenhauses situiert, das übrigens einen prachtvollen Hintergrund für das Treffen der Abgeordneten bietet. Das Bild ist ein vortreffliches Gruppenporträt, variiert gekonnt Statur, Gebärde und Tracht der Porträtierten.

Krakau, Muzeum Narodowe, Inv. Nr. III-r.a. 12.785 J. B.

11.4.16 Seine Majestät der Kaiser in der Forstschule zu Lemberg Abb.

Andrzej Grabowski, 1881
Aquarell auf Papier, 57 × 39 cm

Die Landesschule für Forstwirtschaft in Lemberg wurde 1874 gegründet. Die Szene, vor der Ehrenpforte, die im „Jagdstil" errichtet war, zeigt den Mitbegründer und Kurator der Schule, Graf Wlodzimierz Dzieduszycki, der dem Kaiser den Lehrkörper der Schule vorstellt. Tief gebeugt steht Henryk Strzelecki, Direktor der Anstalt seit der Gründung, Schöpfer des polnischen Schulwesens und Verfasser zahlreicher Fachbücher.

Krakau, Muzeum Narodowe, Inv. Nr. III-r.a. 12.788 J. B.

11.4.17 Die Huzulen-Hochzeit vor Seiner Majestät dem Kaiser Abb.

Tadeusz Rybkowski, 1881
Aquarell auf Papier, 39 × 57 cm

Am 15. September besuchte der Kaiser die durch den polnischen Tatra-Verein organisierte ethnographische Ausstellung in Kołomyja. Dort defilierte vor dem Monarchen eine Huzulen-Hochzeit. Voran gehen zwei, Trombite (Art Alphorn) spielende Huzulen, es folgen zwei Paare von Neuvermählten zu Pferde. Der Kaiser, in Begleitung des Grafen W. Dzieduszycki und des Vorsitzenden des Tatra-Vereins, Graf Mieczysław Rej, steht vor einem aus der Türkenbeute 1683 stammenden Zelt.

Krakau, Muzeum Narodowe, Inv. Nr. III-r.a. 12.792 J. B.

Kat.-Nr. 11.4.13

Kat.-Nr. 11.4.14

Kat.-Nr. 11.4.15

Kat.-Nr. 11.4.16

Kat.-Nr. 11.4.17

Kat.-Nr. 11.4.18

Kat.-Nr. 11.4.19

11.4.18 Seine Majestät der Kaiser in Borysław Abb.

Wojciech Grabowski, 1881
Aquarell auf Papier, 39 × 56,6 cm

Nach zweitägigen Aufenthalt in der Bukowina kehrte der Kaiser nach Galizien zurück. Am 18. September war er in Borysław, dem Hauptort der galizischen Erdölindustrie. Von einem auf einer Anhöhe errichteten Pavillon aus beobachtet der Monarch die mit Bohrlöchern bedeckten Felder. Im Vordergrund Erdbauarbeiten zur Vorbereitung der Schächte.

Krakau, Muzeum Narodowe, Inv. Nr. III-r.a. 12.791 J. B.

11.4.19 Abschiedsfeierlichkeiten in Lupków Abb.

Wojciech Kossak, 1881
Aquarell auf Papier, 39 × 57 cm

Der Kaiser verließ Galizien am 19. September und begab sich nach Ungarn. Die Abschiedsfeierlichkeit fand am Bahnhof von Lupków statt, einer Ortschaft in der Nähe des Lupkowski-Passes in den Beskiden. Der Kaiser steht auf dem Trittbrett seines Eisenbahnwagens, links Graf Alfred Potocki, Statthalter von Galizien, rechts Kazimierz Grocholski, erster Minister für Galizien im Kabinett Hohenwart (1871), Mitglied des Reichsrates und Obmann des Polenklubs seit 1868.

Krakau, Muzeum Narodowe, Inv. Nr. III-r.a. 12.793 J. B.

11.5 Adresse der Alma Mater Carolina-Ferdinandea Pragensis aus Anlaß der Silbernen Hochzeit des Kaiserpaares

Spott, 1879
Rotbrauner Ledereinband mit Goldpressungen, der Vorderdeckel zudem mit Ledereinlagen (Monogramme FJ I und E) sowie dem Universitätssiegel, 41 × 32 cm

Die Hülle birgt zwei einseitig kalligraphierte Blätter: das erste mit der auf Blatt 2 wiederholten Anrede in architektonischem Zierrahmen in Deckfarben, der u. a. die allegorischen Figuren links des Glaubens und der Gerechtigkeit, rechts der Heil- und der Dichtkunst als Symbole für die vier Fakultäten zeigt; das zweite mit dem Text und den Unterschriften des Rektors Johann Streng, der Dekane, Prodekane und Senatoren. Den Druck besorgte die Artistische Anstalt Otto Sandtner, Prag. Bemerkenswert ist, daß bei der Adresse sowohl das Wappen Böhmens als auch das des „Caput regni" Prag fehlt – vielleicht ein Hinweis auf den mittlerweile entbrannten Kampf der Tschechen um das böhmische Staatsrecht. Franz Joseph wurde bekanntlich nie, im Unterschied zu seinen Vorgängern, zum König von Böhmen gekrönt. Die Utraquisierung der Carolina, d. h. deren Teilung in eine deutsche und eine tschechische Universität, erfolgte 1882/83.

Wien, Österreichische Nationalbibliothek, Porträtsammlung und Bildarchiv, Pb 34.447, 471 W. G. W.

11.6 Adresse aus Anlaß des 50jährigen Regierungsjubiläums des Kaisers Franz Joseph I., gewidmet vom Landtag der Bukowina 1898

August Klein, Wien, 1898
Hellblauer Lederband mit Goldpressungen, 42 × 32 cm

In verschwenderischer Fülle ausgeschmückt, wobei verschiedene Materialien und Techniken Verwendung fanden: Metall, vorzugsweise Silber, mit Goldauflagen, Glasfluß und Email, dunkelblauer Samt als Unterlage für den größeren oberen Teil, den ein Genius beherrscht, überdacht von der Kaiserkrone, die von dem kleinen österreichischen Reichswappen und dem Familienwappen des Erzhauses flankiert ist. Im unteren Teil das Wappen der Bukowina sowie vier Gouachen, von denen die beiden oberen die Residenz und das Landtagsgebäude, die beiden unteren Teilansichten von Czernowitz darstellen. Sie beinhalten 14 jeweils einseitig textierte Blätter, in deutscher, rumänischer und ruthenischer Sprache, unterzeichnet vom Landeshauptmann Johann Lupul. Der deutsche Teil ist kalligraphiert, die beiden anderen sind kalligraphisch gedruckt.

Wien, Österreichische Nationalbibliothek, Porträtsammlung und Bildarchiv, Adr. 8, Reg. Jub. I W. G. W.

11.7 Huldigungsadresse aus Anlaß des 60jährigen Regierungsjubiläums des Kaisers Franz Joseph, gewidmet von den Hausbesitzern des Ersten Wiener Gemeindebezirkes

Ludwig Hans Fischer, 1908
Roter Ledereinband mit Goldpressungen, erhaben ausgeführtem Wappen des Kaiserhauses und zwei Aquarellen unter Glas von Ludwig Hans Fischer, 48 × 38 cm

Die Aquarelle des Vorderdeckels stellen das Michaelertor und den Stephansdom dar. In der Hülle befinden sich 13 einseitig beschriebene Blätter mit vielen interessanten Unterschriften, so u. a. von Fürsterzbischof Kardinal Gruscha und Bürgermeister Lueger.

Wien, Österreichische Nationalbibliothek, Porträtsammlung und Bildarchiv, Adr. 14, Reg. Jub. II W. G. W.

11.8 Kassette der Huldigungsgabe des Malers und Ziseleurs Rudolf Urban aus Anlaß des 60jährigen Regierungsjubiläums Kaiser Franz Josephs

József Schuler, Budapest, 1908
Leder, chamoisfarben, mit Metallbeschlägen, Emaileinlagen und Reliefbildnis des Kaisers auf dem Vorderdeckel, 40 × 26 cm

Rudolf Urban war um 1908 in Prag tätig. Die Kassette enthält die handgeschriebene Widmung sowie das Huldigungsgedicht Rudolf Urbans in tschechischer Sprache sowie sieben Werkstücke des Künstlers, Federzeichnungen von Ansichten der Stadt Prag.

Wien, Österreichische Nationalbibliothek, Porträtsammlung und Bildarchiv, Pk 1304 W. G. W.

11.9 Bauernhaus am Offensee

Erzherzogin Marie Valerie, 1881
Bleistift, eh. sign. und datiert, 36 × 33 cm

Offensee in Oberösterreich (BH Gmunden) ist eine Rotte mit ehemaligem Kaiserlichen Jagdschloß, gelegen am gleichnamigen See.
Das Autograph der Erzherzogin enthält ein vierstrophiges Gedicht aus Anlaß des Geburtstages des Kaisers am 18. August 1881.

Wien, Österreichische Nationalbibliothek, Porträtsammlung und Bildarchiv, Pk 3046, 18 W. G. W.

11.10 Huldigung der Kaiserlichen Familie anläßlich des 60jährigen Regierungsjubiläums am 2. Dezember 1908 Abb.

Wilhelm Gause, 1910
Heliogravure, 34,5 × 45 cm

Die Regierungsjubiläen und Geburtstage des Kaisers wurden nicht nur offiziell in allen Orten der Monarchie gefeiert; auch waren sie Anlaß für die Zusammenkunft der weitverzweigten Familie des Herrschers. Die Feier anläßlich des Jubiläums 1908 versammelte an die 75 Angehörige des Erzhauses. Das Deckblatt der Heliogravure berichtet: „Nachdem die kaiserliche Familie vollzählig versammelt war, begab sich des Reiches erster Agnat, Thronfolger Franz Ferdi-

Kat.-Nr. 11.10

nand von Österreich-Este, zum Monarchen und erstattete Meldung. Der Kaiser verfügte sich, geleitet vom Thronfolger, in den Ecksalon des Alexander-Appartements und Erzherzog Franz Ferdinand hielt die Huldigungsansprache, auf die der Kaiser mit Worten des Dankes erwiderte."

Lit.: Aus: Viribus unitis. Das Buch vom Kaiser. Zweite Folge (80 neue Bilder aus dem Leben unseres Kaisers). Herausgegeben von MAX HERZIG.

Wien, Privatbesitz

11.11 Kaiser Franz Joseph I. in der Krönungstracht Abb.

Ausführung: Firma Jan Szczepanik et Co., Wien 1898
Seide, gewebt, nach photographischer Patrone, 114 × 121 cm

Bildnis-Apotheose des thronenden Kaiser Franz Joseph I. in der Krönungstracht anläßlich des Kaiserjubiläums 1898 ausgeführt. Die Jaquardtechnik wurde hier mit einer Erfindung des Jan Szczepanik verbessert, wie die Aufschrift zeigt: „Gewebt nach einer photographisch hergestellten Patrone System Szczepanik et Cie. Wien."

Krakau, Muzeum Narodowe w Krakowie, Inv. Nr. XIX-4626 J. B.

11.12 Kaiserhuldigungsfestzug 1908 Abb.

Berthold Löffler, 1908
Plakat, 105 × 38,5 cm

Gegen den Willen des Kaisers inszenierte Graf Hans Wilczek ein Monsterfest anläßlich des Jubiläums. Namhafte Künstler beteiligten sich bei der Ausgestaltung des Umzuges, an dem etwa 12.000 Menschen und 4000 Pferde teilnahmen; ein Beteiligter war auch O. Kokoschka, der darüber in seiner Autobiographie berichtet: „... als auf der Ringstraße Gruppen aller in der Monarchie lebenden Völker, slawische, lateinische, ungarische und österreichische, in ihren bunten Trachten jubelnd, singend und zu ihrer Musik tanzend gekommen waren. Es war ein Völkerfest, unvorstellbar

Kat.-Nr. 11.11

Kat.-Nr. 11.12

heute, denkt man an die modernen organisierten Massenparaden, bei denen Menschen bloß als Staffage dienen. Aber der alte Kaiser war ja noch eine Vaterfigur gewesen ... "

Lit.: OSKAR KOKOSCHKA, Mein Leben. München 1971.

Wien, Museum für angewandte Kunst, P I 1130 E. V.

11.13 Kaiserbilder. Titelblatt, Widmungsblatt, Hymne von Ferdinand von Saar

Entwurf: Kolo Moser, 1898
Druckwiedergabe, je 45 × 35 cm

Widmungsblatt und Blatt mit Hymne kommen ident in „Viribus unitis. Das Buch vom Kaiser" vor. Im Anschluß an das erwähnte Werk, für das neben konservativen Illustratoren, wie Gause, Zasche, Benczur, Blaas, Halmi, Myrbach u. a., auch Kolo Moser, Josef Hoffmann und Josef Engelhart tätig waren, erschien ein Mappenwerk mit 28 Heliogravuren, die Stationen im Leben des Kaisers zeigen. Einige Jahre später veröffentlichte Herzig eine „Neue Folge" mit Ereignissen bis 1908 (48 Blätter) und eine „Zweite Folge" bis 1910 (80 Blätter). Vgl. Kat. Nr. 11.10.

Kat.-Nr. 11.14

Lit.: Viribus Unitis. Das Buch vom Kaiser. Mit einer Einleitung von JOSEF ALEXANDER FREIH. V. HELFERT, Hrsg. v. MAX HERZIG. Budapest, Wien, Leipzig: Herzig 1898.

Wien, Österreichische Nationalbibliothek, Porträtsammlung und Bildarchiv, Pk 2837 W. G. W./E. V.

11.14 Kaiser Franz Joseph bei einem Turnfest der Jugend in Budapest Abb.

Artur Lajos Halmi, 1896/97
Bleistift, 32,5 × 45 cm

Vorlage für die Illustration in Herzig, Viribus Unitis. Das Buch vom Kaiser, S. 108.

Lit.: HANS PAUER, Kaiser Franz Joseph I. Beiträge zur Bilddokumentation seines Lebens. Wien 1966, Nr. 3132 (im weiteren zitiert PAUER).

Privatbesitz

11.15 Des Kaisers Dank

Ludwig Koch, 1915
Öl auf Leinwand, 115 × 85 cm

Wien, Historisches Museum der Stadt Wien, Inv. Nr. 70.233

11.16 Huldigungsfestzug der Schulkinder anläßlich der Schlußsteinlegung des neuen Mittelschulgebäudes in Zagreb, 16. X. 1895

Artur Lajos Halmi, 1897/98
Öl auf Karton, 70 × 90 cm

Während seines Aufenthaltes in Agram vom 13. bis 16. Oktober 1895 weilte der Kaiser nicht nur der Schlußsteinlegung des Theaters bei, sondern auch der Feierlichkeiten anläßlich der Fertigstellung eines Mittelschulgebäudes.

Kat.-Nr. 11.19

Lit.: PAUER, Nr. 1673.

Wien, Österreichische Nationalbibliothek, Porträtsammlung und Bildarchiv, Pk 353, 207 W. G. W./E. V.

11.17 Besuch der Jubiläumsausstellung in Prag. Der Kaiser erwidert die Ansprache des Präsidenten Carl Max Graf Zedtwitz

26. September 1891
Photo Adler, Prag

Bis ins hohe Alter hinein absolvierte der Kaiser pflichtbewußt Reisen in die Kronländer; Anlässe waren Jubiläen, Eröffnungen, Manöver etc. etc. Daß diese Pflicht ihm mitunter mehr als lästig und beschwerlich war, belegen seine Briefe an Kaiserin Elisabeth oder Katharina Schratt, etwa aus Prag, vom 28. September 1891: „... Gestern habe ich bereits die erste Soirée überstanden und ich war wirklich schon um 10 Uhr wieder zu Hause. Da der ganze Adel des Landes hier versammelt ist, so waren unendlich viele Damen anwesend in deren Mitte ich mich bewegen mußte, mitunter mit dem Gefühl: Aussi möcht i. Es ging aber doch ganz passabel und ich war sehr aimable ... "

Lit.: PAUER, Nr. 1562 – JEAN DE BOURGOING, Briefe Kaiser Franz Josephs an Frau Katharina Schratt. Wien 1964, S. 205.

Wien, Österreichische Nationalbibliothek, Porträtsammlung und Bildarchiv, 422.080 B E.V.

Kat.-Nr. 11.22

11.18 Der Kaiser in Görz anläßlich der 400jährigen Zugehörigkeit von Görz Gradisca zu den österreichischen Erblanden

29. September 1900
Photo Arthur Floeck, Wien

Huldigung der Görzer Damen: Selma Gräfin Coronini-Cronberg vor dem Kaiser.

Lit.: PAUER, Nr. 1958.

Wien, Österreichische Nationalbibliothek, Porträtsammlung und Bildarchiv, 422.633 B E. V.

11.19 Der Kaiser begrüßt nach der Einweihung des Kaiserin-Karolina-Pavillons nächst der Allerheiligenkirche die davor aufgestellten Zöglinge des Vereins „Kinderschutzstation" Abb.

26. November 1905
Photo Martin Fachet, Wien

Lit.: PAUER, Nr. 2193.

Wien, Österreichische Nationalbibliothek, Porträtsammlung und Bildarchiv, 261.248 B E. V.

11.20 Der Kaiser auf der gartenseitigen Terrasse in der Kaiservilla zu Ischl anläßlich der Geburtstagsgratulation

18. August 1906
Hofphotograph Rudolf Krziwanek, Wien

Seinen Geburtstag am 18. August feierte der Monarch, mit wenigen Ausnahmen, in seiner Sommerresidenz, der Villa in Bad Ischl. Herzig berichtet darüber: „Den Höhepunkt der Ischler Saison bildet, so recht in der Sommerherzensmitte gelegen, das Geburtstagsfest des Kaisers. Man wartet den Geburtstag gar nicht ab, um mit der Feier desselben zu beginnen. Schon am Abend vorher gelingt es . . . die Ufer der Traun für einige Stunden in den Schauplatz einer morgenländischen Feuer-Fantasia zu verwandeln . . . Vom ersten Tagesgrauen an verkünden Pöllerschüsse den Festtag. Musik erklingt auf allen Strassen und Plätzen . . . "

Lit.: PAUER, Nr. 2248. – Viribus unitis. Das Buch vom Kaiser, S. 313 f.

Wien, Österreichische Nationalbibliothek, Porträtsammlung und Bildarchiv, 196.037 B E. V.

11.21 Der Kaiser besucht die Stadt Eggenburg und das Krahuletz-Museum

28. Juni 1904
Photo C. Triebel

Mathilde Apfelthaler, die Enkelin des Bürgermeisters, spricht vor dem Museum den Willkommensgruß der Jugend.

Lit.: PAUER, Nr. 2127.

Wien, Österreichische Nationalbibliothek, Porträtsammlung und Bildarchiv, 420.324 B E. V.

11.22 Der Kaiser im Haus des Industriellen Theodor Freiherr von Liebieg in Reichenberg Abb.

23. Juni 1906
Photo Ernst J. Müller, Reichenberg

Anläßlich der deutsch-böhmischen Ausstellung in Reichenberg reiste der Kaiser vom 21. bis 24. Juni nach Böhmen. Nach einem kurzen Aufenthalt in Kuttenberg hielt er sich zwei Tage in Reichenberg auf.

Lit.: PAUER, Nr. 2236.

Wien, Österreichische Nationalbibliothek, Porträtsammlung und Bildarchiv, 499.812 B E. V.

Kat.-Nr. 11.24

11.23 Eröffnung der Südrampe der Tauernbahn Spittal/Drau – Bad Gastein

5. Juli 1909
Photo R. Lechner, Wien

Kaiser Franz Joseph wird in Böckstein von zwei Mädchen begrüßt.

Lit.: PAUER, Nr. 2472.

Wien, Österreichische Nationalbibliothek, Porträtsammlung und Bildarchiv, 420.981 B E. V.

11.24 Reise durch Bosnien und Herzegowina. Empfang in Doboj. Abb.

30. Mai 1910
Photo

Nach der Annexion Bosniens und der Herzegowina zählte die Provinz zu den Unruheherden der Monarchie. Der Kaiser war sich dessen bewußt, wie ein Brief an Katharina Schratt zeigt, entzog sich aber nicht seiner Pflicht: „Hoffentlich wird es in Bosnien nicht zu heiß sein und werde ich die ganze Sache gut überstehen. Aus dem Programm ... werden Sie ersehen, daß die Hetze ärger sein könnte und daß auf meine Altersschwäche Rücksicht genommen wird. Innigst danke ich Ihnen, daß Sie für mich beten wollen und empfehle mich während der ganzen bosnischen Expedition in Ihr Gebet ... “

Lit.: PAUER, Nr. 2557 – JEAN DE BOURGOING, Briefe Kaiser Franz Josephs an Frau Katharina Schratt. Wien 1964, S. 390.

Wien, Österreichische Nationalbibliothek, Porträtsammlung und Bildarchiv, 281.625 B E. V.

11.25 Album zur Erinnerung an die Enthüllungsfeier des Reiterstandbildes Sr. Majestät Kaiser Franz Josef I. am 3. und 4. Oktober 1908 in Jägerndorf

Kitzbühel, Dipl.-Ing. Kurt Skasik

12. DER KAISER

12.1 Der Kaiser – erster Beamter des Reiches

Der Arbeitstag des Kaisers begann um halb 4 Uhr früh, wie sein langjähriger Kammerdiener Eugen Ketterl berichtet. Nach der morgendlichen Toilette und dem Morgengebet folgte um 5 Uhr das Frühstück. Danach erschien der Ordonnanzreiter mit den zu erledigenden Akten der Militär- und Kabinettskanzlei. Ab 9 Uhr erfolgten dann die Audienzen des Generaladjutanten, des Obersthofmeister, von Ministern etc., zweimal in der Woche allgemeine Audienzen. Um 12 Uhr nahm der Kaiser ein Dejeuner zu sich, zumeist auf dem Schreibtisch serviert. Auch das eigentliche Diner um 5 Uhr wurde oft nur im Schreibzimmer oder in einem kleinen anschließenden Salon serviert. Der Tag endet, wenn die Pflichten erfüllt sind.

E. V.

12.1.1 Audienzliste vom 13. Oktober 1902

Während der annähernd sieben Jahrzehnten seiner Regentschaft empfing Kaiser Franz Joseph an die 250.000 Personen in Audienz. Montag und Donnerstag fanden allgemeine Audienzen statt, zum aufgeschlagenen Tag etwa die Sigmund Freuds, der zum außerordentlichen Universitätsprofessor ernannt worden war und deshalb beim Kaiser vorstellig wurde.

Wien, Haus-, Hof- und Staatsarchiv, Neue Zeremonialakten, Karton 304 E. V.

12.1.2 Schreibtisch und Sessel

„Der Schreibtisch des Kaisers steht unmittelbar beim Fenster des Arbeitszimmers. Hebt der Kaiser den Blick, so sieht er geradeaus in das wunderliebliche Antlitz der Kaiserin, deren berühmtes Portrait von Winterhalter auf einer Staffelei vor dem Tische steht... Kein Fleckchen des Wohngemaches scheint der Rast, jedes Geräth, jeder Zierrath selbst ist offenbar der Arbeit gewidmet..." (Viribus unitis. Das Buch vom Kaiser).

Lit.: Viribus unitis. Das Buch vom Kaiser, S. 10f.

Wien, Ehem. Hofmobiliendepot E. V.

12.1.3 Schreibmappe des Kaisers

Leder, geprägt mit Monogramm und Krone

Die Mappe war ein Geschenk des Eisenbahnministeriums anläßlich des Regierungsjubiläums 1908. Sie wurde zumeist im Hofzug des Kaisers verwendet.

Privatbesitz

12.1.4 Augengläser des Kaisers mit Etui

Privatbesitz

12.1.5 Handspiegel des Kaisers

Privatbesitz

12.1.6 Notizbuch Kaiser Franz Josephs

Julius Franke, Wien, K. u. k. Hoflieferant
Rotes Leder, goldgeprägt, 21,5 × 14,5 cm

Das Notizbuch stammt vom Schreibtisch des Kaisers. Die Vorderseite trägt das Monogramm Kaiser Franz Josephs, darüber die Kaiserkrone (in Messing). Die Spiegel des Büchleins sind mit rotem Moiré überzogen.

Privatbesitz

12.1.7 Kaiserin Elisabeth mit verschlungenem Haar

E. Riegele nach Franz Xaver Winterhalter (1864)
Öl auf Leinwand, 101 × 77 cm

Franz Joseph hielt dieses Bild für eines der bestgelungensten der Kaiserin. Dahingehend äußerte er sich in einem Brief an seine Mutter. Bis zu seinem Tode stand dieses Porträt hinter seinem Schreibtisch.

Regensburg, Fürst Thurn und Taxis Kunstsammlungen, Schloß St. Emmeram, Inv. Nr. 499 E. V.

12.1.8 Kaiser Franz Joseph in seinem Arbeitszimmer in Schönbrunn

Farbabb. 1

Franz von Matsch, 1916
Öl auf Leinwand, 156 × 216 cm

Matsch arbeitete noch drei Tage vor dem Tod des Kaisers an dessen Porträt.

Lit.: Franz von Matsch. Ausst. Kat. Wien 1981, S. 103.

Wien, Historisches Museum der Stadt Wien, Inv. Nr. 43.859 E. V.

12.1.9 Kabinettsdirektor Franz Freiherr Schießl v. Perstorff beim Rapport vor Kaiser Franz Joseph in dessen Arbeitszimmer in Ischl

Wilhelm Gause, 1910
Heliogravure nach Gemälde, 35 × 44,5 cm

Ischl war die Sommerfrische der kaiserlichen Familie; hier fand die erste Begegnung zwischen dem jungen Kaiser und Elisabeth statt und ihrer beider Verlobung; in Ischl heiratete Erzherzogin Valerie, die jüngste Tochter des Kaisers. Aber auch hier erledigte er Tag für Tag die aus Wien gebrachten

Akten. Wie sehr er Ischl als Aufenthalt schätzte, kommt wiederholt in seinen Briefen zum Ausdruck, etwa an Katharina Schratt: „... Ach! wäre es schon Sommer und wären wir schon im lieben Ischl!" (16. Februar 1889).

Lit.: PAUER, Nr. 3036. – JEAN DE BOURGOING, Briefe Kaiser Franz Josephs an Frau Katharina Schratt. Wien 1964, S. 120.

Wien, Österreichische Nationalbibliothek, Porträtsammlung und Bildarchiv, Pk 1302, 73 Dubl. II E. V.

12.1.10 Der Kaiser in der Schönbrunner Reitbahn

Abb.

Armin Horowitz, um 1910
Öl auf Leinwand, 105 × 58 cm

Vorlage für eine der Heliogravuren der „Zweiten Folge" des Bandes „Viribus Unitis. Das Buch vom Kaiser". Dort lautet der dazugehörige Text: „Ein Augenblick von der Reitbahn des Kaisers in Schönbrunn. Es ist an einem sonnigen Maimorgen um 7 Uhr. Der Kaiser reitet zwischen den Schranken der Springschule. Hinter ihm sieht man den Oberststallmeister Ferdinand Graf Kinsky, der seinen kaiserlichen Herrn während der Dauer der gesamten Reitübung begleitet. Hofoberbereiter Adolf Lechartier grüßt den Kaiser."

Lit.: Viribus unitis. Das Buch vom Kaiser. Zweite Folge (80 neue Bilder aus dem Leben unseres Kaisers) Herausgegeben von MAX HERZIG.

Wien, Privatbesitz

Kat.-Nr. 12.1.10

12.2 Der Kaiser – erster Repräsentant des Reiches

12.2.1 Kaiser Franz Joseph hält Cercle während des Hofballes im Redoutensaal

Theo Zasche, 1898
Tuschpinsel-Zeichnung, 70 × 89 cm

Hofball und Ball bei Hof waren die beiden großen Ballereignisse des Wiener Faschings. So überschwenglich die Zeitgenossen diese Festivität auch schildern, so unangenehm müssen dem Kaiser solche gesellschaftliche Verpflichtungen gewesen sein, wie ein Blick in seine Briefe an Kaiserin Elisabeth zeigt: „Heute ist der große Hofball, was, wie immer, ein recht mühsames Vergnügen sein wird." und in einem Brief am folgenden Tag „... und um 8 Uhr begann der Hofball mit dem diplomatischen Cercle im Marmorsaale, worauf in den Redoutensaal gegangen wurde... Der Ball war sehr voll, besonders viele Damen, auch tanzende, unter denen nicht viel hübsches, gar nicht heiß. Um 12 Uhr war ich in meinem Zimmer... "

Lit.: Bilder und Bücher. Ausst. Kat. Wien 1985, Nr. 325 – PAUER, Nr. 1799 – GEORG NOSTITZ-RIENECK, Briefe Kaiser Franz Josephs an Kaiserin Elisabeth. Wien 1966, S. 342 ff.

Wien, Österreichische Nationalbibliothek, Porträtsammlung und Bildarchiv, Pk 353, 205 E. V.

12.2.2 Hofball: Vorstellung des diplomatischen Corps im Marmorsaal

Abb.

Theo Zasche, 1898
Bleistift auf Papier, 29 × 41 cm

Vorlage für die Illustration in „Viribus unitis. Das Buch vom Kaiser."

Lassen wir den Chronisten zu Wort kommen: „Während man sich so im Redoutensaal, gespannter Erwartung voll, zum Beginne des Balles rüstet, findet im Marmorsaal diplomatischer Cercle statt. Der Kaiser nimmt hier die Vorstellung jener Persönlichkeiten entgegen, die er zum erstenmal

Kat.-Nr. 12.2.2

bei sich zu Gaste sieht. Der Minister des Aeussern stellt dem Monarchen die diplomatischen Agenten vor ... "

Lit.: Viribus unitis. Das Buch vom Kaiser, S. 43 ff.

Privatbesitz E. V.

12.2.3 Hofballstudie

Carl Fahringer, um 1900/10
Tempera, 30,4 × 31,7 cm

Wien, Niederösterreichisches Landesmuseum, Inv. Nr. 4183

12.2.4 Hofansage für den Hofball vom 7. Jänner 1881

Privatbesitz

12.2.5 Hofballkarte für den Hofball am 9. Jänner 1900

Privatbesitz

12.2.6 Ballspenden, sog. Cotillons für den Hofball und den Ball bei Hof

Um 1900

Acht Miniaturkopien von Offizierczakos und -helmen verschiedener Waffengattungen der österreichischen Armee, welche mit Konfekt der k. u. k. Hofzuckerbäckerei Demel gefüllt waren. General in ungarischer Uniform, Arcieren-Leibgarde, ungarische Trabantenleibgarde, Kürassier, Dragoner, Husar, Infanterie, Ulane.

Wien, Privatbesitz

12.2.7 Feder-Fächer

Österreich, Ende 19. Jh.
Auerhahn-Federn, Schildpatt, Posamente, L = 33 cm

Lit.: CHRISTA SVOBODA, Die Fächersammlung des Salzburger Museums Carolino Augusteum. In: Salzburger Museum Carolino Augusteum. Jahresschrift 24/25 (1977/78) S. 42.

Salzburg, Museum Carolino Augusteum, Inv. Nr. 212/78

12.2.8 Ankunft des rumänischen Königspaares am Ostbahnhof in Budapest

28. September 1897
Artur Lajos Halmi, 1898
Ölskizze, 70 × 89 cm

Kaiser Franz Joseph, in rumänischer Uniform, begrüßt Königin Elisabeth, rechts neben ihm König Karl I. in Uniform, als Oberst-Inhaber des K. u. K. Infanterie-Regiments Nr. 6.

Der Besuch des rumänischen Königspaares war einer der vielen Staatsbesuche, die der Kaiser zu empfangen und zu betreuen hatte. Kaiserin Elisabeth entzog sich jeder solcher Pflicht; selbst bei der Visite der unter dem Pseudonym Carmen Sylva bekannten Dichterin kam sie nicht nach Budapest. An Schratt schreibt der Kaiser: „... Der rumänische Besuch ist glücklich und programmgemäß vorüber gegangen, war aber recht ermüdend. Carmen Sylva, die höchst aimable und freundschaftlich war, hat mir durch ihr überschwengliches Entzücken über den wirklich ausgezeichneten Empfang, den sie hier fand, die Nerven angegriffen. Ich wurde natürlich immer kälter, fast unhöflich ... "

Lit.: JEAN DE BOURGOING, Briefe Kaiser Franz Josephs an Katharina Schratt. Wien 1964, S. 292.

Wien, Österreichische Nationalbibliothek, Porträtsammlung und Bildarchiv, Pk 353, 201 W. G. W./E. V.

12.2.9 Kaiser Franz Joseph mit König Karl und Königin Elisabeth im Parkklub in Budapest Abb.

Artur Lajos Halmi, 1898
Bleistift auf Papier, 32 × 32 cm

Vorlage für die Illustration in „Viribus unitis. Das Buch vom Kaiser".

Lit.: Viribus Unitis. Das Buch vom Kaiser, S. 166 f.

Privatbesitz

12.2.10 Kaiser Franz Joseph I. Abb.

Julius von Blaas, 1898
Öl auf Leinwand, 34,7 × 26,5 cm

Privatbesitz

12.2.11 Kaiser Franz Joseph I. in ungarischer Feldmarschalls-Galauniform Farbabb. 2

Gyula von Benczur, 1903
Öl auf Leinwand, 75 × 62 cm

Privatbesitz

12.3 Der Kaiser – privat

Die meisten Bilder, egal ob Photographie oder Kunstwerk, zeigen den Monarchen bei offiziellen Anlässen oder bewußt für den Künstler oder Photographen posierend. Die technischen Möglichkeiten der Photographie waren noch nicht fortgeschritten genug, um die Möglichkeiten zu Schnappschüssen zu bieten. Selten sind daher Aufnahmen, die den Kaiser in einen unbeobachteten Augenblick zeigen; viele dieser Aufnahmen, die als Postkarten reißend Absatz fanden und finden, sind nichts weiteres als gute Photomontagen.

E. V.

12.3.1 Der Kaiser besichtigt die Spielsäle von Monte Carlo Abb.

Wilhelm Gause, um 1898
Ölgouache, 44 × 33 cm

Vorlage für „Viribus unitis. Das Buch vom Kaiser". Der Kaiser wird von Generaldjutant General der Kavallerie Eduard Graf Paar und Obersthofmeister Rudolf Prinz Liechtenstein begleitet.

Der Kaiser lehnte jede Form von Glücksspiel ab; im Gegensatz dazu besuchte Katharina Schratt während ihrer Aufenthalte in Monte Carlo sehr eifrig das Spielkasino, was der Kaiser in seinen Briefen mißbilligend vermerkt: „... so adressire ich doch diesen Brief nach Monte Carlo ... es mir ganz wahrscheinlich scheint, daß Sie sich in der Nähe Ihrer theuern Spielsäle niedergelassen haben ... " oder an anderer Stelle: „... Trotz Ihrem Unwohlsein scheinen Sie sich doch nicht zu schonen, da Sie wieder über Ihr Unglück in Monte Carlo klagen ... Sie verlangen von mir ‚ein selbstberührtes Almosen' ... welches Glück bringen soll ... obwohl es eigentlich unmoralisch ist, lege ich hier eine kleine Münze bei ... "

Lit.: JEAN DE BOURGOING, Briefe Kaiser Franz Josephs an Frau Katharina Schratt. Wien, 1964, S. 368 u. 384.

Privatbesitz E. V.

Kat.-Nr. 12.2.9

12.3.2 Aufenthalt im Tegernsee anläßlich der Vermählung des Herzogs Wilhelm von Urach mit Herzogin Amalie in Bayern

Photo, 4. Juli 1892

Das Photo zeigt, von rechts nach links: König Franz II. von Neapel, Kaiser Franz Joseph I., Herzog Karl Theodor in Bayern und Erzherzog Karl Ludwig.

Lit.: PAUER, Nr. 1591.

Wien, Österreichische Nationalbibliothek, Porträtsammlung und Bildarchiv, 92.310 E. V.

12.3.3 Kaiser Franz Joseph mit seinem Schwiegersohn Prinz Leopold von Bayern vor dem Jagdschloß Kammerhof in Eisenerz

1908
Photo Anton Luger, Eisenerz

Lit.: PAUER, Nr. 657.

Leoben, Sammlung Doz. Dr. Jontes E. V.

12.3.4 Der Monarch verläßt grüßend die Kaiservilla in Ischl

19. August 1909
Photo Arthur Floeck, Wien

Lit.: PAUER, Nr. 2479.

Wien, Österreichische Nationalbibliothek, Porträtsammlung und Bildarchiv, 422.505 B E. V.

12.3.5 Franz Joseph, nach einem Morgenritt den Prater bei der Wittelsbach-Schule verlassend

Photo Adele Lissner, um 1910

Lit.: PAUER, Nr. 607.

Wien, Österreichische Nationalbibliothek, Porträtsammlung und Bildarchiv, 223.685 B E. V.

Kat.-Nr. 12.2.10

Kat.-Nr. 12.3.1

12.3.6 **Der Kaiser auf einem Spazierritt in Ischl**

Um 1911

Lit.: PAUER, Nr. 611.

Wien, Österreichische Nationalbibliothek, Porträtsammlung und Bildarchiv, 515.493 B — E. V.

12.4 Der Kaiser auf der Jagd

Die Briefe Franz Josephs an Kaiserin Elisabeth und Katharina Schratt belegen den hohen Stellenwert, den die Jagd im Leben des Monarchen einnahm. Genau verzeichnet und berichtet er über Jagdglück, über die Strecke, die Teilnehmer der Jagd. Gejagt wurde bei Staatsbesuchen, in den Revieren Ungarns und Böhmens, am liebsten aber in den kaiserlichen Revieren der Steiermark und des Salzkammergutes.

E. V.

12.4.1 **Kaiser Franz Joseph und Kronprinz Rudolf im Jagdwagen in Radmer**

H. G. Wilda, 1887
Aquarell, 22 × 31 cm

Wien, Historisches Museum der Stadt Wien, Inv. Nr. 72.586

12.4.2 **„Ausseer“ Jagdrock Kaiser Franz Josephs**

Um 1880/90 — Abb.

Wien, Kunsthistorisches Museum, Monturdepot

12.4.3 **Jagdhut Kaiser Franz Josephs**

Leopold Hofmann, Hutlieferant des k. u. k. allerhöchsten Hofes, Wien I, Kohlmarkt 7

Jagdhut Kaiser Franz Josephs aus braun meliertem Filz, gefüttert mit weißer Seide. Im Futter Firmenstempel: „L. Hofmann Hutlieferant des k. u. k. allerhöchsten Hofes Wien I Kohlmarkt 7“.

Lit.: ERNST TROST, Franz Joseph I, Wien 1980, S. 79.

Wien, Privatbesitz

Kat.-Nr. 12.4.2

1.
Franz von Matsch, Kaiser Franz Joseph in seinem Arbeitszimmer in Schönbrunn, 1916 (Wien, Historisches Museum der Stadt Wien, Kat.-Nr. 12.1.8)

2.
Gyula von Benczur, Kaiser Franz Joseph, 1903 (Privatbesitz, Kat.-Nr. 12.2.11)

3.
Sog. Bonjourl Kaiser Franz Josephs (Privatbesitz, Kat.-Nr. 12.6.2)

4.
Rudolf Karl Huber, Triptychon zum Sommernachtstraum (Wien, Historisches Museum der Stadt Wien, Kat.-Nr. 13.25)

5.
Albert Graefle, König Ludwig II. von Bayern, 1877 (Wien, Ehem. Hofmobiliendepot, Kat.-Nr. 13.24)

6.
Friedrich August von Kaulbach, Kaiserin Elisabeth auf Korfu, nach 1898 (Wien, Ehem. Hofmobiliendepot, Kat.-Nr. 13.30)

7. ▷
Anton Romako, Kaiserin Elisabeth mit Bernhardinerhund, um 1882/84 (Wien, Österreichische Galerie, Kat.-Nr. 13.1)

8.
Tadeusz Ajdukiewicz, Kronprinz Rudolf, 1889 (Privatbesitz, Kat.-Nr. 14.37)

9.
E. Hohenlohe, Baronesse Mary Vetsera (Privatbesitz, Kat.-Nr. 14.38)

10.
Karl Schweninger d. Ä., Das Kaiser- und Kronprinzenpaar in Laxenburg, 1887 (Wien, Historisches Museum der Stadt Wien, Kat.-Nr. 14.10)

11.
Carl Moll, Das Speisezimmer (Wien, Sammlung Dichand, Kat.-Nr. 1.2.1)

13. ▷
Der Wiener Trabrennplatz 1898 (Wiener Trabrennverein, Kat.-Nr. 1.12.6)

14. ▷
Franz Witt, Venedig in Wien, um 1895 (Wien, Historisches Museum der Stadt Wien, Kat.-Nr. 1.11.3)

12.
Albin Egger-Lienz, Das Mittagessen, um 1910 (Wien, Sammlung Dichand, Kat.-Nr. 1.3.1)

REITSPORT-PALAST
Venedig in Wien
F. WITT

15.
Franz von Persoglia, Praterattraktion, um 1890 (Wien, Historisches Museum der Stadt Wien, Kat.-Nr. 1.11)

16.
Sommerkleid, um 1902/5 (Budapest, Magyar Nemzeti Múzeum, Kat.-Nr. 16.17)

17.
Abendkleid, um 1905 (Prag, Uměleckoprůmyslové Muzeum, Kat.-Nr. 16.9)

18.
Nordische Spiele Mürzzuschlag am Semmering, 1904 (Mürzzuschlag, Wintersport- und Heimatmuseum, Kat.-Nr. 4.13)

19.
M. von Lerch, Kurort Baden bei Wien, 1911 (Wien, Graphische Sammlung Albertina, Kat.-Nr. 3.52)

20.
H. G. Wilda, Wiener Fiakerrennen am 28. September 1890 (Wiener Trabrennverein, Kat.-Nr. 4.35)

21.
Treue und Eintracht der österreichischen Völker (Benediktinerstift Göttweig, Kat.-Nr. 9.1.3)

23.
Gedenkblatt zur Arbeiterbewegung des Jahres 1890 (Wien, Verein für Geschichte der Arbeiterbewegung, Kat.-Nr. 8.4.6)

24.
Maizeitung (Wien, Verein für Geschichte der Arbeiterbewegung, Kat.-Nr. 1.13) ▷

22.
Johann Michael Kupfer, Auf der Mensur, 1886 (Wien, Wiener Akademische Burschenschaft Olympia, Kat.-Nr. 8.1.8)

25.
Fritz Schönpflug, Ein Geistlicher als Leser der Reichspost (Wien, Sammlung Dr. Lukan, Kat.-Nr. 8.3.5)

27.
Mihály Zichy, Die ungarische Nation, 1894 (Budapest, Petőfi Irodalmi Múzeum, Kat.-Nr. 9.6.2) ▷

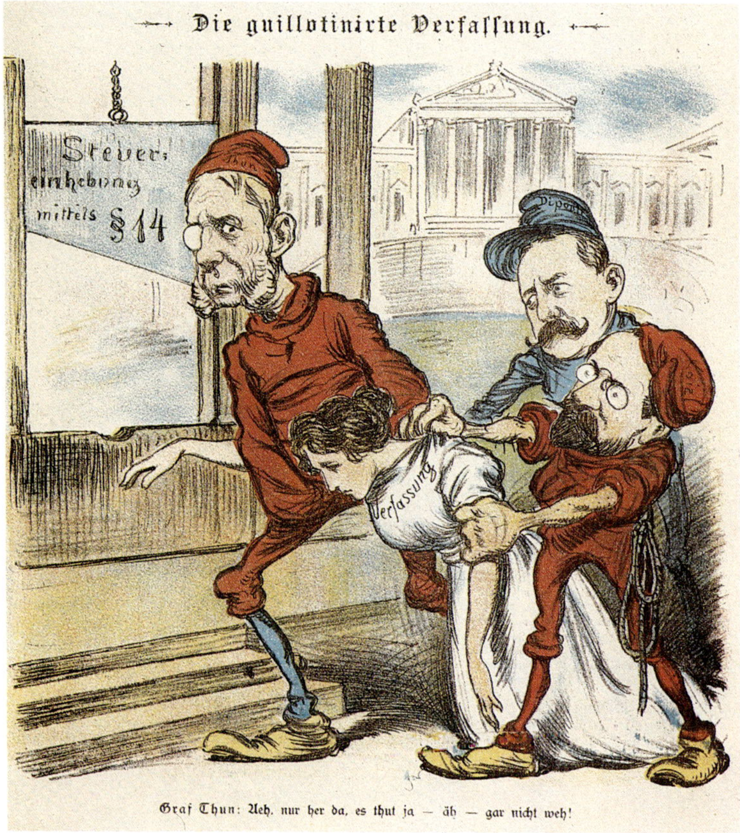

26.
Die guillotonierte Verfassung (Neue Glühlichter, 17. August 1899, Kat.-Nr. 10.2.2)

A MAGYAR NÉP.

28.
Ludwig Strauch, Stella Hohenfels als Ophelia, 1904 (Wien, Theatersammlung der Österreichischen Nationalbibliothek, Kat.-Nr. 18.26)

29.
Heinrich von Angeli, Katharina Schratt, 1886 (Privatbesitz, Kat.-Nr. 12.5.1)

30.
Richard Teschner, Der Brautzug (Wien, Theatersammlung der Österreichischen Nationalbibliothek, Kat.-Nr. 18.32)

31.
Atelier Uzel, Figurine Donner aus ‚Der Ring des Nibelungen' (Privatbesitz, Kat.-Nr. 18.20)

32.
Kunstgewerbeschule Wien, Vase, 1900/02 (Privatbesitz, Kat.-Nr. 24.5.17)

33.
Kunstgewerbeschule Wien, Vase, 1900/02 (Privatbesitz, Kat.-Nr. 24.5.16)

34.
Leopold Bauer, Vase, 1900/02 (Privatbesitz, Kat.-Nr. 24.5.18)

35.
Gräflich Harrachsche Glasfabrik, Neuwelt, Vase – Geißblatt, nach 1900 (Prag, Uměleckoprůmyslové Muzeum, Kat.-Nr. 24.4.12)

36.
Rozet & Fischmeister, Anhänger (Privatbesitz, Kat.-Nr. 24.2.1)

37.
L. Moser und Söhne, Karlsbad, Vase, um 1910 (Wien, Firma Jenö Eisenberger, Kat.-Nr. 24.4.23)

38.
Jakob Rappaport, Vase, um 1900 (Budapest, Iparművészeti Múzeum, Kat.-Nr. 24.3.21)

39.
Michael Powolny, Hirschkäferreiter, 1911/12 (Privatbesitz, Kat.-Nr. 24.5.8)

40.
Michael Powolny, Uhr, um 1910/12 (Wien, Firma Jenö Eisenberger, Kat.-Nr. 24.5.3)

41.
József Rippl-Rónai, Junge Frau mit Rose, 1898 (Budapest, Iparművészeti Múzeum, Kat.-Nr. 24.8.2)

42.
Emil Holzinger, Salonschrank, 1901 (Wien, Wolfgang Karolinsky, Kat.-Nr. 24.6.6)

43.
Else Unger, Teppichentwurf, 1900 (Wien, Joh. Backhausen & Söhne, Kat.-Nr. 24.1.21)

44.
Leopold Bauer, Teppichentwurf, 1902 (Wien, Joh. Backhausen & Söhne, Kat.-Nr. 24.1.17)

45.
Joseph Maria Olbrich, Teppichentwurf, 1900 (Wien, Joh. Backhausen & Söhne, Kat.-Nr. 24.1.16)

46.
Simon Hollósy, Rákóczi-Marsch, um 1899 (Budapest, Magyar Nemzeti Galéria, Kat.-Nr. 25.1.4)

48. ▷
Károly Ferenczy, Oktober, 1903 (Budapest, Magyar Nemzeti Galéria, Kat.-Nr. 25.1.5)

49. ▷
Ludvík Kuba, Unter Rosen, 1906 (Prag, Národní Galerie, Kat.-Nr. 25.2.6)

50. ▷
Jan Stanisławski, Pappeln am Wasser, 1900 (Krakau, Muzeum Narodowe, Kat.-Nr. 25.3.4)

51. ▷
József Rippl-Rónai, Frau mit schwarzem Schleier, 1896 (Budapest, Magyar Nemzeti Galéria, Kat.-Nr. 25.1.2)

47.
Hanuš Schweiger, Der Lumpensammler Pluhař aus Hroznová Lhota, 1891 (Prag, Národní Galerie, Kat.-Nr. 25.2.4)

52.
Wojciech Weiss, Werbeplakat für den Künstlerball in Krakau, 1898 (Krakau, Muzeum Narodowe, Kat.-Nr. 25.3.7)

53.
Alfons Mucha, La Dame aux Camelias, 1896 (Prag, Uměleckoprůmyslové Muzeum, Kat.-Nr. 25.2.1) ▷

54.
Stefan Simony, Die Donau bei Greifenstein, 1900 (Wien, Kunsthandlung Erich Weninger, Kat.-Nr. 26.1.9)

55.
Eduard Veith, Der Steuereintreiber (Wien, Galerie Helfenstein, Kat.-Nr. 26.1.10)

56.
Ernst Graner, Weihburggasse, 1910 (Wien, Firma Jenö Eisenberger, Kat.-Nr. 26.1.4)

58. ▷
Ferdinand Brunner, Burgenländische Landschaft, 1903 (Wien, Kunst- und Antiquitätenhandlung Herbert Asenbaum, Kat.-Nr. 26.1.3)

57.
Carl Kaiser-Herbst, Blick auf die Gloriette in Schönbrunn, 1909 (Wien, Galerie Tromayer, Kat.-Nr. 26.1.6)

59.
Adolf Kaufmann, Bauernbub in einer Wiese (Wien, Kunsthandlung Wolfgang Siedler, Kat.-Nr. 26.1.7)

C MOLL

61.
Gustav Klimt, Buchenwald (Wien, Österreichische Galerie, Desiderat)

◁ 60.
Carl Moll, Interieur im Haus des Künstlers, 1903 (Wien, Historisches Museum der Stadt Wien, Kat.-Nr. 26.2.9)

62.
Wilhelm List, Damenporträt (Bild in Weiß und Schwarz), 1904 (Wien, Historisches Museum der Stadt Wien, Kat.-Nr. 26.2.11)

63.
Carl Moll, Mein Atelier (Wien, Sammlung Dichand, Kat.-Nr. 26.2.10)

64.
Ferdinand Andri, Slovaken mit Krautwagen, 1902 (Wien, Historisches Museum der Stadt Wien, Kat.-Nr. 26.2.13)

65.
Hans Ranzoni d. Ä., Die Römische Ruine in Schönbrunn, 1912 (Linz, Kunsthandlung Margarete Widder, Kat.-Nr. 26.3.4)

66.
Eduard Kasparides, Landschaft mit Teich, 1902 (Wien, Ellen und Peter Landesmann, Kat.-Nr. 26.3.6)

67.
Karl Mediz, Die Geigerin (Blau-Blumen), 1893 (Linz, Kunsthandlung Margarete Widder, Kat.-Nr. 26.3.13)

68.
Emilie Mediz-Pelikan, Burgruine am Strom, 1900 (Linz, Kunsthandlung Margarete Widder, Kat.-Nr. 26.3.12)

69.
František Kupka, Kabarettschauspielerin, 1909/10 (Prag, Národní Galerie, Kat.-Nr. 27.24)

70.
Arnold Schönberg, Bildnis Marie Pappenheim, 1909 (Privatbesitz, Kat.-Nr. 27.11)

71.
Richard Gerstl, Selbstbildnis vor dem Ofen (Privatbesitz, Kat.-Nr. 27.2)

72.
Egon Schiele, Zerfallende Mühle, 1916 (Wien, Niederösterreichisches Landesmuseum, Kat.-Nr. 27.9)

73.
Gustav Klimt, Danae, 1907/08 (Wien, Sammlung Dichand, Kat.-Nr. 27.1)

74.
Oskar Kokoschka, Fächer für die Wiener Werkstätte, 1908 (Wien, Galerie Würthle, Kat.-Nr. 27.3)

75.
Emil Filla, Das Bad, 1912 (Prag, Národní Galerie, Kat.-Nr. 27.25)

Kat.-Nr. 12.4.6

12.4.4 Jagdbüchse

Ignaz Fischer, Wien, um 1860

Goldtauschiert, am Kolben beschnitzt, bezeichnet mit „F. J.“ und der Kaiserkrone. Nummer 5 aus der Serie. Aus der kaiserlichen Waffenkammer als Dublette verkauft. Eingestanzte Nummer am Kolben 624. Der Deckel des Zubehörfaches mit der Darstellung von zwei Jägern und einem Dachshund.

Lit.: Jagd einst und jetzt. Ausst. Kat. Schloß Marchegg 1978, Nr. 703.

Marchegg, Jagdmuseum

12.4.5 Kaiser Franz Joseph in Tegernsee

Photo Max Fackler, Tegernsee, 1888

Privatbesitz

12.4.6 Kaiser Franz Joseph in Jagdkleidung Abb.

Photo Wenzel Weis, Wien, 1910

Lassen wir den für Bekleidungsfragen zuständigen Kammerdiener Ketterl zu Wort kommen: „Unser Kaiser trug immer das gleiche, echt jägerische und unscheinbare ‚Gewand‘: Lodenjoppe, Wadenstrümpfe, runden, gamsbartgeschmückten Hut, genagelte Schuhe, nackte Knie und kurze Lederhosen, die infolge langen Gebrauches und der Einwirkung von Regen, Schnee und Sonnenschein in der Farbe

Kat.-Nr. 12.4.7

Kat.-Nr. 12.4.8

völlig ausgelaugt und stark zusammengeschrumpft waren; mit der Zeit speckig und blank gewetzt, sahen sie wie die „echtesten" Hosen des nächstbesten Holzknechtes aus."

Lit.: PAUER, Nr. 679 – EUGEN KETTERL, Der alte Kaiser, wie nur einer ihn sah. Wien 1980, S. 78 ff.

Wien, Österreichische Nationalbibliothek, Porträtsammlung und Bildarchiv, 167.926 D — E. V.

12.4.7 Kaiser Franz Joseph I. auf seinem Lieblingspferd „Reserl" beim Aufbruch zur Ziemnitzjagd

23. August 1911 — Abb.
Photo Arthur Floeck, Wien

Lit.: PAUER, Nr. 2821.

Wien, Österreichische Nationalbibliothek, Porträtsammlung und Bildarchiv, 422.195 B

12.4.8 Der Kaiser mit seinen Jägern vor einem erlegten Hirsch — Abb.

24. August 1912
Photo Josef Pollanschütz, Ebensee

Zur Rechten des Monarchen Leibjäger Egger, zur Linken Hofjagdleiter Hofrat Böhm und die Förster Feichtinger und Jocher.

Lit.: PAUER, Nr. 2865.

Wien, Österreichische Nationalbibliothek, Porträtsammlung und Bildarchiv, 165.808 B — E. V.

12.4.9 Kaiser Franz Joseph mit Begleitung in Ebensee — Abb.

Photo Josef Schönauer und Fritz Brukner, 1913

Lit.: PAUER, Nr. 698.

Wien, Österreichische Nationalbibliothek, Porträtsammlung und Bildarchiv, NB 503.935 B — E. V.

Kat.-Nr. 12.4.9

12.4.10 Kaiser Franz Joseph auf dem Weg zur Miesenbachmühle Abb.

1. September 1913
Photo Arthur Floeck, Wien

Bis ins hohe Alter hinein bewältigte der Monarch die Aufstiege zu den Ansitzen noch zu Fuß. Hier in Begleitung von Jagdleiter Jocher, Leibbüchsenspanner Egger und Förster Bachinger.

Lit.: PAUER, Nr. 2925.

Wien, Österreichische Nationalbibliothek, Porträtsammlung und Bildarchiv, 499.278 B E. V.

12.5 Der Kaiser – und die gnädige Frau

Maria Katharina Schratt war durch dreißig Jahre hindurch „Meine gnädige Frau", „Meine liebe Freundin", „Meine theuerste Freundin", wie die unterschiedlichen Anreden in den zahlreichen Briefen Kaiser Franz Josephs an Katharina Schratt lauten. Bei ihr fand er die bürgerlich-entspannte Atmosphäre, die er in der Hofburg oder Schönbrunn vermißte; sie war die geduldige Zuhörerin, aber auch die selbst gerne plaudernde, Klatsch und Anekdoten erzählende Gesellschafterin für den immer stärker vereinsamenden Herrscher. Allerdings war die Beziehung nicht unproblematisch: neben dem üblichen Tratsch bei Hof und Anfeindungen durch die kaiserliche Familie führte das Bestreben der Schratt, sich immer wieder in ihrem Verhalten der Kaiserin anzugleichen, etwa durch Hungerkuren, Kuraufenthalten und ausgedehnten Reisen, zu Spannungen und Differenzen, die in den Briefen ihren Niederschlag fanden.

Lit.: JEAN DE BOURGOING, Briefe Kaiser Franz Josephs an Frau Katharina Schratt. Wien 1964 – GEORG MARKUS, Katharina Schratt. Die heimliche Frau des Kaisers. Wien 1982.

E. V.

Kat.-Nr. 12.4.10

12.5.1 Katharina Schratt Farbabb. 29

Heinrich von Angeli, 1886
Öl auf Leinwand, 89 × 76 cm

Kaiserin Elisabeth gab selbst dieses Porträt der Schratt in Auftrag. Sie förderte eindeutig die Beziehung zwischen ihren kaiserlichen Gemahl und der Hofburgschauspielerin. Freilich war ihr Verhältnis zur ‚Freundin' vielschichtig. Einerseits unterstützte sie die Zusammentreffen, indem sie persönlich die Schratt einlud, andererseits mokierte sie sich über sie und ihr Spott, der nicht frei von Eifersucht war, entlud sich in Gedichten, in Anlehnung an ihren verehrten Meister Heine:

„Da weckt sie lautes Rasseln
im Thal aus ihrer Ruh';
Der König Wiswamitra
Kehrt heim von seiner Kuh.
O König Wiswamitra,
O welch ein Ochs bist du!"

Lit.: BRIGITTE HAMANN (Hrsg.), Kaiserin Elisabeth. Das poetische Tagebuch. Wien 1984, S. 116.

Privatbesitz E. V.

12.5.2 „Kaffeetisch bei der Schratt"

Der Wohnsitz der Schratt war seit 1889 eine Villa in der Gloriettegasse, unweit von Schönbrunn. „Um halb sieben Uhr früh", berichtet Ketterl, „begab sich dann der Kaiser durch die noch menschenleeren Alleen, an seinem Tiergarten vorbei zu einer kleinen Mauerpforte gegenüber der Gloriettegasse, sperrte sie mit seinem kleinen Schlüssel auf, und holte die in ihrer Villa wohnende Frau v. Schratt zu einem Spaziergang im Park ab . . . "

Lit.: EUGEN KETTERL, Der alte Kaiser. Wie nur einer ihn sah. Wien 1980, S. 70.

Wien, Ehem. Hofmobiliendepot E. V.

12.5.3 Spaziergang in Ischl auf einer Straße

Photo

Schratt, die bereits vor ihrer Bekanntschaft mit dem Kaiser des öfteren die Sommermonate im Salzkammergut verbrachte, logierte in den späteren Jahren in der Villa Felizitas in Bad Ischl, die von der Kaiservilla aus leicht zu erreichen war. Die ungezwungene Atmosphäre der Ischler Aufenthalte ermöglichten leichter Zusammentreffen zwischen dem Kaiser und der Schratt. Wieviel diese dem Kaiser gerade nach dem Tod des Sohnes und der Gemahlin bedeuteten, geht aus den Briefen hervor: „Meine Stimmung ist recht traurig, ich lebe in der Erinnerung an schöne hier verlebte Tage, an welche mich Alles mahnt ... Am zweiten Morgen nach meiner Ankunft ging ich den gewohnten Weg gegen die Felicitas in der Hoffnung vielleicht dort eindringen zu können ... Obwohl der frühere Steg über die Ischl nicht mehr besteht, ... kam ich an das andere Ufer ... und besah mir das liebe Haus von Außen ... Es ist noch Alles so, als wenn Sie dort wohnen würden, in der Veranda hängen noch alle Bilder und sogar die Kukuruzkolben vom vorigen Jahr ... “ (10. Juli 1901).

Lit.: JEAN DE BOURGOING, Briefe Kaiser Franz Josephs an Frau Katharina Schratt, Wien 1964, S. 353 f. – PAUER, Nr. 3046.

Wien, Österreichische Nationalbibliothek, Porträtsammlung und Bildarchiv, 214.641 B — E. V.

12.5.4 Kaiser Franz Joseph und Katharina Schratt mit Hunden

Photo

Lit.: PAUER, Nr. 3049.

Wien, Österreichische Nationalbibliothek, Porträtsammlung und Bildarchiv, NB 519.024 B — E. V.

12.5.5 Kaiser Franz Joseph und Katharina Schratt auf einem Wiesenweg in Ischl

Photo

Lit.: PAUER, Nr. 3045.

Wien, Österreichische Nationalbibliothek, Porträtsammlung und Bildarchiv, NB 504.062 B — E. V.

12.5.6 Kaiser Franz Joseph und Katharina Schratt

Photo — Abb.

Lit.: PAUER, Nr. 3049.

Wien, Österreichische Nationalbibliothek, Porträtsammlung und Bildarchiv, NB 503.392 B — E. V.

12.5.7 Kärtchen mit eigenhändigem Vermerk des Kaisers an Katharina Schratt

„Der Kaiser grüßt die gnädige Frau und erwartet sie morgen um fünf Uhr zum Speisen.“

Privatbesitz

Kat.-Nr. 12.5.6

12.5.8 Brief Kaiser Franz Josephs an Katharina Schratt

29. März 1891

„... Ihnen zu sagen, wie entsetzlich ich mich auf das morgige Wiedersehen freue. Sind hoffentlich die melancholischen Tage für mich vorüber und es beginnt wieder eine bessere Zeit ... “

Lit.: JEAN DE BOURGOING, Briefe Kaiser Franz Josephs an Frau Katharina Schratt, Wien 1964, S. 199 f (gekürzter Text).

Privatbesitz — E. V.

12.5.9 Brief Kaiser Franz Josephs an Katharina Schratt

16. Jänner 1903

Privatbesitz

Kat.-Nr. 12.6.1

12.6 Der Kaiser – und seine Kleider

12.6.1 In der Uniform-Garderobe — Abb.

Theodor Zasche, um 1898
Bleistiftzeichnung, 26 × 37 cm

Leibkammerdiener Eugen Ketterl beschäftigt mit dem Ordnen der in- und fremdländischen Uniformen Kaiser Franz Josephs. Auf den Schränken Aufschriften der Regimenter, deren Oberstinhaber der Kaiser war.

Vorlage für „Viribus unitis. Das Buch vom Kaiser.“

Lit.: Viribus Unitis. Das Buch vom Kaiser, S. 6.

Wien, Privatbesitz

12.6.2 Hauspaletot, sog. „Bonjourl“ Kaiser Franz Josephs — Farbabb. 3

K. u. K. Hofschneider A. Uzel & Sohn, 1916

Hauspaletot in Form eines gekürzten Generalmantels aus leichtem feldgrauen Tuch. Der Kaiser trug diese Hausmäntel, wenn er an seinem Schreibtisch arbeitete. Bevor er jedoch einen Besuch empfing, wechselte er stets das „Bonjourl“ mit einem Waffenrock.
Diese Hauspaletots waren stets den vorschriftsmäßigen Generalsmänteln in der Farbe angepaßt. Zuerst schwarz, dann hechtgrau und ab 1915 feldgrau. Nach der Schneideretikette (Oktober 1916) wenige Wochen vor dem Tod des Kaisers angefertigt, ist dieses Stück der letzte von Franz Joseph getragene Hausrock.
Wien, Privatbesitz

12.6.3 Bluse Kaiser Franz Josephs als Oberstinhaber des k. u. k. Husarenregimentes Nr. 1

K. u. K. Hofschneider A. Uzel & Sohn, Wien

Dunkelblaue Offiziersbluse mit originaler Ordensspange des Kaisers mit den Bändern der Kriegsmedaille 1873, des Militärdienstzeichens I. Klasse, der Jubiläumserinnerungsmedaille 1898, des Militärjubiläumskreuzes 1908 sowie des russischen St. Georgsordens IV. Klasse. Diese schlichte Bluse trug der Kaiser meist bei seinen Sommeraufenthalten in Ischl und Gödöllö.

Lit.: ERNST TROST, Franz Joseph I. Wien 1980, S. 126 – Kaiser Franz Joseph und Bad Ischl. Ausst. Kat. 1980, Kat. Nr. 91.

Wien, Privatbesitz

12.6.4 Attila Kaiser Franz Josephs

K. u. K. Hofschneider A. Uzel & Sohn, Wien

Lichtblaue, sog. „hechtgraue" Attila der k. u. k. Generale in „ungarischer" Uniform mit der Distinktion eines Feldmarschalls mit den Bändern der vom Kaiser getragenen Dekorationen (Kriegsmedaille 1873, Militärjubiläumskreuz 1898, Militärdienstzeichen für Offiziere, Jubiläumserinnerungsmedaille 1908, russischer St. Georgsorden IV. Klasse).

Lit.: ERNST TROST, Franz Joseph I. Wien 1980, S. 132.

Wien, Privatbesitz

12.6.5 Generalskappe Kaiser Franz Josephs in originalem Hutkoffer

Schwarze Generalskappe, gefüttert mit weißer Seide, in originalem, hellbraunem Lederkoffer, dieser mit Messingschild, darauf das Monogramm „FJ I" und darüber die Kaiserkrone. Der Koffer gefüttert mit blauer Seide, darin Erzeugerstempel in Goldschrift „Valentin Buttiro, Uniformierungsanstalt Pola".

Wien, Privatbesitz

12.6.6 Tragtasche

Leder

Tragtasche aus grün gefärbtem Leder versehen mit Messingschild mit der Aufschrift „K. K. KAMMER Sr. MAJESTÄT", gefüttert mit giftgrüner Seide. Innen: „Dienstzettel" aus Ischl.
In dieser Tasche wurde die Post für den Kaiser befördert.

Wien, Privatbesitz

12.6.7 Eugen Ketterl

Figurine von Christa Müller, Wien

Ab 1894 begleitete und überwachte Eugen Ketterl den Tagesablauf des Monarchen in Wien, in Ischl, auf allen Manövern und Reisen. Seine erste Reise mit dem Kaiser führte ihn nach Cap Martin, einen der Lieblingsaufenthalte der Kaiserin. Zwar sicher nicht objektiv Bericht erstattend, ist er einer der intimsten Kenner des Lebens am Wiener Hof und seine Memoiren, 1929 erstmals erschienen, eine zwar mit Vorsicht zu benützende Quelle, aber eine Quelle, die nicht unberücksichtigt bleiben kann.

Lit.: EUGEN KETTERL, Der alte Kaiser. Wie nur Einer ihn sah. Wien 1980.

E. V.

12.6.8 Kaiser Franz Joseph in der Uniform eines Oberstinhabers des Kgl. Sächsischen Ulanenregimentes Nr. 17 Abb.

Wilhelm Vita, 1894
Öl auf Leinwand, 155 × 123 cm

Vita war ein gesuchter Porträtist. Seine Spezialität bestand in der genauen Kenntnis der Uniformen und des notwendigen Beiwerks; als solchen erwähnt ihn auch Ketterl: „Spezialist für Porträts in fremdländischen Uniformen war der Maler Vita. Dieser Künstler beherrschte auch die allerkleinsten Details der exotischesten Uniformen."

Lit.: EUGEN KETTERL, Der alte Kaiser. Wie nur Einer ihn sah. Wien 1980. S. 125

Privatbesitz E. V.

12.6.9 Kaiser Franz Joseph

Carl von Kobierski, 1904
Öl auf Leinwand, 160 × 100 cm

Wien, Niederösterreichisches Landesmuseum, Inv. Nr. 9067

12.7 Der Kaiser – ein Andenken

12.7.1 Winktuch

Maschinstickerei (Tambourierstich) in rot, gelb und blau. Inschrift: „F. J. I. Jubiläum 1848.–98."
Solche Winktücher dienten dazu, dem Kaiser bei Jubiläen zuzuwinken.

Privatbesitz

Kat.-Nr. 12.6.8

12.7.2 Glaskrügel

Preßglas, vorne Reichsadler von Eichenlaub umgeben, darunter Schriftband „Viribus unitis“, auf der linken Seite des Adlers „1848“, auf der rechten „1898“, ebenfalls mit Eichenlaub und Schleifen umkränzt.

Privatbesitz

12.7.3 Postkarte zum Kaiserjubiläum 1898

Die ursprüngliche Aufschrift „Zur Erinnerung an das 50jährige Regierungsjubiläum seiner Majestät des Kaisers Franz Joseph I.“ wurde überdruckt und als Karte „Zum 70. Geburtstag“ verwendet.

Privatbesitz

12.7.4 Anhänger in der Form eines kleinen Buches

Versilbert, vorne ornamental geziert, beschriftet „Zum 60jährigen Regierungsjubiläum 1848–1908“, links oben kleine Photographie des Kaisers. Leporello mit acht Photographien des Kaisers aus verschiedenen Lebensaltern, beginnend mit Kleinkind von Eltern umgeben.

Privatbesitz

12.7.5 Seidenwebstreifen mit Porträt des Kaisers

Angefertigt für die Huldigungsausstellung „Unser Kaiser“, Wien 1908, rechts unten bezeichnet „KK Fachschule für Weberei in Zwittau“.

Privatbesitz

12.7.6 Jubiläumspostkarte

Kolo Moser, 1908

In der Wiener Ausgabe und Prager Ausgabe, beide mit Sonderstempel 2. XII. 1908.

Privatbesitz

12.7.7 Jubiläumspostkarte 1908

Links „Alt Wien“, rechts „Groß Wien“, umgeben von den Briefmarken des Jubiläumssatzes.

Privatbesitz

12.7.8 Tablettdeckerl

Handgestickt, Stielstich, Plattstich, langettiert. Links oben „1848“, rechts oben „1908“ in Lorbeerkranz.

Privatbesitz

12.7.9 Tablettdeckerl

Handgestickt, Stielstich, blau langettiert. Links Porträt Kaiser Franz Josephs bei Regierungsantritt, rechts Porträt 1908, von Kränzen umgeben, in der Mitte „1848–1908“, darunter Krone, hellrosa gestickt.

Privatbesitz

12.7.10 Deckerl für Brotkörberl

Handgestickt, Stielstich und unterlegter Plattstich. Porträt Kaiser Franz Joseph, von Lorbeerbäumchen umgeben.

Privatbesitz

12.7.11 Wandbehang

Handgestickt, Stielstich, langettiert. Links das Porträt des Kaisers von Lorbeerlaub umkränzt, unten Eichenlaub mit Schleife, rechts Schrift: „Andenken an das 60jährige Regierungs Jubiläum 1848 – 1908".

Privatbesitz

12.7.12 Tabakdose Abb.

Keramik, naturalistisch bemalt, um 1900

Tabakdose in Form der sitzenden Figur Kaiser Franz Josephs in Jagdkleidung.

Wien, Privatbesitz

12.7.13 Franz-Joseph-Fächer

Fa. Hermes, Wien, 1914/18
Karton, Papier, bedruckt, Holz, L = 16,5 cm

Im oberen Drittel Porträtköpfe von Kaiser Franz Joseph, Kaiser Wilhelm II, Hindenburg und weiterer Feldherren und Generäle.
Fächer dieser Art wurden vermutlich zugunsten des Roten Kreuzes bei Wohltätigkeitsveranstaltungen verkauft.

Lit.: CHRISTA SVOBODA, Die Fächersammlung des Salzburger Museums Carolino Augusteum. In: Salzburger Museum Carolino Augusteum. Jahresschrift 23–24 (1977/78) S. 48.

Salzburg, Museum Carolino Augusteum, Inv. Nr. 169/65

12.7.14 Fayence-Schüssel mit Bild Kaiser Franz Josephs

Keramik, Dm = 25 cm

Budapest, Magyar Munkásmozgalmi Múzeum, Inv. Nr. 64.102.1

12.7.15 Fayence-Schüssel mit Bild Kaiserin Elisabeths

Keramik, Dm = 25 cm

Budapest, Magyar Munkásmozgalmi Múzeum, Inv. Nr. 64.102.2

12.7.16 Kristallglas mit Porträt Kaiser Franz Josephs

Glas, H = 12 cm

Budapest, Magyar Munkásmozgalmi Múzeum, Inv. Nr. 64.56.1

Kat.-Nr. 12.7.12

12.7.17 Schmuckteller mit Porträts von Kaiser Wilhelm und Kaiser Franz Joseph

Porzellan, Dm = 12,5 cm

Budapest, Magyar Munkásmozgalmi Múzeum, Inv. Nr. 72.3.1-3

12.7.18 Schmuckkästchen mit Porträt Kaiser Franz Josephs

Um 1910
Kupfer, 6 × 4,5 × 3 cm

Budapest, Magyar Munkásmozgalmi Múzeum, Inv. Nr. 65.128.1

12.7.19 Schachtel mit Bildnis Kaiser Franz Josephs

Holz, Intarsien, 7 × 5,5 × 2,5 cm

Budapest, Magyar Munkásmozgalmi Múzeum, Inv. Nr. 65.129.1

12.7.20 Schmuckkästchen mit Porträt Kaiser Franz Josephs

1907/09
Kupfer, 7 × 5 × 4 cm

Budapest, Magyar Munkásmozgalmi Múzeum, Inv. Nr. 72.66.1

12.7.21 Tintenfaß mit Bild Kaiser Franz Josephs

1898

Budapest, Magyar Munkásmozgalmi Múzeum

12.7.22 Postkartenserie: Kaiserjubiläumsfestzug 1908

Leoben, Sammlung Doz. Dr. Jontes

12.7.23 Postkarte: Kaiser-Jubiläumswarte am Eschenkogel-Anninger. Errichtet vom Verein der Naturfreunde. Mödling

Leoben, Sammlung Doz. Dr. Jontes

12.7.24 Kaiserliche Familie, um 1905

Chromolithographie, 32 × 42 cm

Hinter dem sitzenden Kaiser steht der Thronfolger Erzherzog Franz Ferdinand, als erster von rechts dessen jüngster Bruder Erzh. Ferdinand (hat 1911 auf den Rang eines Erzherzogs verzichtet). 2. von rechts der 1906 verstorbene dritte Bruder Erzh. Otto, Vater des späteren Kaisers Karl, der auf diesem Bild noch fehlt.

Schloß Artstetten I.-Nr. 495 W. Ai.

12.7.25 Kaiserliche Familie, 1915

Chromolithographie, 33 × 42 cm

Während auf dem Bild von 1905 der Thronfolger Erzherzog Franz Ferdinand allein stehen mußte, ist hier der neue Thronfolger Erzh. Karl bereits mit seiner Gemahlin Zita zu sehen (stehend, hinter Kaiser Franz Joseph). An der Wand das Bildnis des ermordeten Erzherzogs Franz Ferdinand.

Schloß Artstetten, I.-Nr. 496 W. Ai.

12.7.26 Pokal mit graviertem Wappen

Glas, H = 31,5 cm

Privatbesitz

13. DIE KAISERIN

13.1 Kaiserin Elisabeth mit Bernhardinerhund

Farbabb. 7

Anton Romako, um 1882/84
Öl auf Holz, 135 × 85 cm

Ab etwa 1880 stellte sich die Kaiserin kaum mehr Malern oder Photographen. Das Bild ihrer legendären Schönheit sollte der Nachwelt ohne Trübung durch den natürlichen Alterungsprozeß überliefert werden. Die Künstler arbeiteten nach älteren Photographien, etwa der bekannten Bildserie Angerers, und Photographen retuschierten ältere Aufnahmen, um das fortgeschrittene Alter anzudeuten. Fächer und Schleier werden zum Requisit von Auftritten in der Öffentlichkeit, die zunehmend spärlicher werden.

Lit.: FRITZ NOVOTNY, Anton Romako. Wien, Nr. 315.

Wien, Österreichische Galerie E. V.

13.2 Die Kaiserin zu Pferd, ihr Gesicht hinter Fächer verbergend

Photo, um 1880

Gelingt es einem Photographen in die Nähe der Kaiserin zu gelangen, so wird der Fächer zur nicht durchdringbaren Barriere.
Zunehmende Altersbeschwerden, wie Rheumatismus, zwingen die Kaiserin ab der Mitte der achtziger Jahre ihren geliebten Reitsport aufzugeben. Um ihren Bewegungsdrang auszuleben beginnt sie zu fechten und lange Gewaltmärsche durchzuführen.

Lit.: BRIGITTE HAMANN, Elisabeth. Kaiserin wider Willen. Wien 1982, S. 326 ff – BRIGITTE HAMANN, Elisabeth. Bilder einer Kaiserin. Wien 1982, S. 127.

Wien, Österreichische Nationalbibliothek, Porträtsammlung und Bildarchiv, 152.189 A E. V.

13.3 Kaiser Franz Joseph I. geleitet Kaiserin Elisabeth nach einem Besuch bei Kaiser Wilhelm I. aus dem Badeschloß in Gastein

6. August 1886
Photo Max Balde, Salzburg – Gastein

So ungern die Kaiserin repräsentativen Pflichten nachkommt, so kann sie sich bei bestimmten Anlässen diesen nicht entziehen. Dazu gehört etwa der Besuch des deutschen Kaisers oder das Kaisertreffen in Kremsier 1885. In ihren Gedichten finden solche Besuche zumeist Niederschlag. Anläßlich der in Gastein gemachten Bekanntschaft mit Bismarck etwa:

„Prädestiniert und sieggeweiht
Ziehst du, der grösste Geist der Zeit,
Geharnischt über uns're Welt,
Völker mähend, wie dir's gefällt.
Du Eisenstern auf blut'ger Bahn,
Unüberwindlich stets voran! –
Wo endet wohl dein Siegeslauf?
Führt er hinab, führt er hinauf?"

Lit.: BRIGITTE HAMANN, Kaiserin Elisabeth. Das poetische Tagebuch. Wien 1984, S. 126 – PAUER, Nr. 1472.

Wien, Österreichische Nationalbibliothek, Porträtsammlung und Bildarchiv, 422.578 B E. V.

13.4 Enthüllung des Maria-Theresien-Denkmals

Photo, 13. Mai 1888

Eines der großen Ereignisse des Jahres 1888 war die Enthüllung des Maria-Theresien-Denkmals in Wien, an der auch die Kaiserin teilnahm. Die Versammlung der Festgäste veranlaßte die Kaiserin zu zynischen Zeilen über die Monarchie und das Herrschergeschlecht:

„... Doch selbst des Guten giebt's zu viel
Manchmal auf dieser Erden.
Bei Gott! Was soll aus dem Gewühl
Aus Habsburgsprossen werden?
Aus diesem teuren Ornament,
Das jedes Land belastet,
Welches sich Monarchie benennt,
(Ob dem das Volk dann fastet)... "

Lit.: BRIGITTE HAMANN, Kaiserin Elisabeth. Das poetische Tagebuch. Wien 1984, S. 339 ff.

Wien, Österreichische Nationalbibliothek, Porträtsammlung und Bildarchiv E. V.

13.5 Kaiserin Elisabeth und die Zarin Alexandra Feodorowna beim Einzug in Wien

27. August 1896
Photo R. Lechner, Wien

Der Selbstmord des Kronprinzen und die Heirat ihrer Lieblingstochter Marie Valerie 1890 entfremden die Kaiserin völlig dem Wiener Hof. Die Aufenthalte hier an der Seite ihres Gemahls werden immer kürzer; repräsentativen Aufgaben stellt sie sich nur mehr in den wenigsten Fällen, so etwa beim Besuch des Zaren 1896. Erscheint sie bei Banketten oder Empfängen, trägt sie, wie auch sonst, nur mehr Trauerkleidung. Darstellungen der Kaiserin aus den letzten Lebensjahren stilisieren sie zur „Mater dolorosa", in schwarze Schleier gehüllt.

Lit.: Elisabeth von Österreich. Einsamkeit, Macht und Freiheit. Ausst. Kat. Wien 1986, S. 323 ff – PAUER, Nr. 1696.

Wien, Österreichische Nationalbibliothek, Porträtsammlung und Bildarchiv, NB 504.284 B E. V.

13.6 Alexander Freiherr von Warsberg (1836–1889)

Photo

Als die Kaiserin für eine ausgedehnte Orientreise einen Reisebegleiter sucht, empfiehlt ihr Obersthofmeister Baron Franz Nopcsa den österreichischen Konsul Alexander Freiherr von Warsberg. Dieser wird auch für die Planung und die Errichtung des Achilleions auf Korfu verantwortlich. Warsberg besaß den Ruf des besten Griechenlandkenners seiner Zeit. Seine erste Begegnung mit der Kaiserin war enttäuschend: „... Sie säuselte mich an, knapp, nicht unartig; ich fand sie häßlich, alt, spindeldürr aussehend, schlecht angezogen, und hatte den Eindruck, nicht eine Närrin, sondern eine Wahnsinnige vor mir zu haben, so daß ich förmlich traurig wurde ..." Sehr bald änderte sich seine Einstellung aber: „... Sie ist bezaubernd liebenswürdig. Kann der Frau nicht widerstehen. Mir liegt nur an ihr, der Frau ...".

Lit.: PETER MÜLLER (Hrsg.), Das Land der Griechen. St. Pölten 1984.

E. V.

Kat.-Nr. 13.9

13.7 Constantin Christomanos

Photo

Im Zusammenhang mit ihrer Begeisterung für Griechenland und die griechische Kultur beginnt Kaiserin Elisabeth mit dem Studium der griechischen Sprache. Ab 1891 übernimmt die Tätigkeit als ihr Lehrer und Vorleser Constantin Christomanos, der aus einer vornehmen Athener Familie stammend, in Wien studierte. In ihm findet sie einen glühenden Verehrer und Bewunderer, der nach ihrem Tod seine Tagebücher veröffentlicht, die, sieht man von den übertriebenschwärmerischen Passagen ab, doch tiefen Einblick in den Menschen Elisabeth geben.

Lit.: VERENA VON DER HEYDEN-RYNSCH (Hrsg.), Elisabeth von Österreich. Tagebuchblätter von Constantin Christomanos. München 1983.

E. V.

13.8 Kaiserin Elisabeth mit ihrem Vorleser Frederic Baker in Caux

Photo, 1898

Die letzten Jahre ihres Lebens verbringt die Kaiserin fast ständig auf Reisen. Sie bereist die Mittelmeerländer, hält sich des öfteren in der Schweiz auf; nie verweilt sie aber lange an einem Ort. Christomanos gegenüber äußert sie: „... Das Leben auf dem Schiffe ist viel schöner als jedes Ufer. Die Reiseziele sind nur deswegen begehrenswert, weil die Reise dazwischen liegt. Wenn ich irgendwo angekommen wäre und wüsste, dass ich nie mehr mich davon entfernen würde, würde mir der Aufenthalt in einem Paradiese zur Hölle. Der Gedanke einen Ort verlassen zu müssen, rührt mich und lässt mich ihn lieben. Und so begrabe ich jedesmal einen Traum, der zu rasch vergeht, um nach einen neuen zu seufzen."

Lit.: BRIGITTE HAMANN, Elisabeth. Kaiserin wider Willen, S. 581.

Wien, Österreichische Nationalbibliothek, Porträtsammlung und Bildarchiv, 152.213 A — E. V.

13.9 Kaiser Franz Joseph und Kaiserin Elisabeth promenieren während des Aufenthaltes in Bad Kissingen — Abb.

Mai 1898
Photo Kolb, Kissingen

Der Kontakt zwischen dem Kaiserpaar beschränkte sich in den letzten Jahren zumeist auf eine briefliche Verbindung.

Trotz der übermäßigen Belastung durch die Amtsgeschäfte findet der Kaiser täglich Zeit zu langen Briefen, die er mit „Dein Kleiner“ zeichnet. Will der Kaiser seine Gemahlin sehen, so muß er ihr zumeist auf ihren Reisen folgen. So besucht er sie während ihrer Aufenthalte in Cap Martin, Territet oder Kissingen. Hier entsteht auch das letzte Photo, das das Kaiserpaar gemeinsam zeigt. Auch ihre Tochter Marie Valerie besucht sie des öfteren, sie soll ihre Mutter aufheitern, was ihr aber nicht mehr gelingt. Aus Kissingen berichtet Marie Valerie: „... Mama sieht furchtbar schlecht aus. Doch sagen alle es geht ihr hier besser... Nach Allem, was ich hier höre, war Mamas Winter noch schlechter, als wir wußten... all der Jammer dieses armen, trostlosen Lebens, nur gesteigert durch Alter und Kränklichkeit...“

Lit.: BRIGITTE HAMANN, Elisabeth. Kaiserin wider Willen, S. 595.

Wien, Österreichische Nationalbibliothek, Porträtsammlung und Bildarchiv, 152.186 A (B) E. V.

13.10 Kaiserin Elisabeth und ihre Hofdame Gräfin Irma Sztáray in Territet

3. September 1898
Photo

Die Kaiserin entwickelte in den letzten Jahren ihres Lebens eine besondere Vorliebe für die Schweiz. So deponierte sie dort einen beträchtlichen Teil ihres Privatvermögens und ihre literarischen Werke. Einer ihrer liebsten Aufenthaltsorte war Genf, so äußert sie sich einmal gegenüber Christomanos: „Wenn ich in der Schweiz bin, habe ich gar kein Bedürfnis nach den Bergen... Da ziehe ich vor in den Städten zu flanieren, zumal in Genf. Es ist dies mein liebster Aufenthalt, weil ich da ganz verloren gehe unter den Kosmopoliten: das gibt eine Illusion von dem wahren Zustand der Wesen.“

Lit.: VERENA VON DER HEYDEN-RYNSCH (Hrsg.), Elisabeth von Österreich. Tagebuchblätter von Constantin Christomanos. München 1983, S. 134.

Wien, Österreichische Nationalbibliothek, Porträtsammlung und Bildarchiv, NB 517.942 B E. V.

13.11 Achilleion auf Korfu Abb.

Franz von Matsch, um 1900
Öl auf Leinwand, 122 × 143 cm

Auf Korfu ließ sich die Kaiserin ein Refugium erbauen; die Pläne wurden unter der Leitung Alexander von Warsberg erstellt, der Bau selbst 1891 abgeschlossen. Zu dieser Zeit spielte Elisabeth bereits mit dem Gedanken, das Schloß zu verkaufen. Franz von Matsch, der beim Bau der Hermesvilla beschäftigt war, wurde auch mit Aufgaben für das Achilleion beauftragt (Monumentalgemälde im Treppenhaus; Altarbild für die Hauskapelle). In dem ausgestellten Bild vereinigt er Motive aus dem Wiener Palais Dumba (Wanddekoration) mit dem Ausblick auf das Meer, den man von der Terrasse des Schlosses aus genoß.

Lit.: Zum Achilleion: Elisabeth von Österreich. Ausst. Kat. S. 235 – CONSTANTIN CHRISTOMANOS, Das Achilles-Schloß auf Corfu. Wien 1896.

Privatbesitz E. V.

13.12 Taille eines Damenkleides

Gewebt, mit Maschine genäht; schwarze Seide, schwarze Guipure und Maschinenspitze.
Leicht gebauschtes, boleroartiges Vorderteil, umgelegter langer Kragen mit Spitzenjabot, breiter gefältelter Gürtel; gepuffte lange Ärmel.
Kaiserin Elisabeth trug diese Taille möglicherweise in Bad Nauheim und Territet knapp vor ihrem Tod 1898.

Lit.: Erzsébet királyné Emlékmúzeum 1908. Budapest, Nr. 48.

Budapest, Magyar Nemzeti Múzeum, Textilsammlung, Inv. Nr. 1956.532 K. F.-D.

13.13 Doppelsitzige Bank

Um 1890
Nußholz, mit gedrechselten Stäben, Gobelinstoff

Die Ausstattungsgegenstände des Achilleion wurden noch zu Lebzeiten der Kaiserin in die Hermesvilla in Wien-Lainz gebracht.

Lit.: Elisabeth von Österreich. Ausst. Kat., S. 241.

Wien, Historisches Museum der Stadt Wien, Inv. Nr. A 64
E. V.

13.14 Knabe mit Delphin

Um 1890
Bronze, H = 64 cm

Zur Ausstattung der Räumlichkeiten ließ die Kaiserin nicht nur, ihrer Meinung nach stilgetreue Möbel anfertigen, die zum Großteil im Albergo dei Poveri in Neapel angefertigt wurden, sondern kaufte in Italien originale antike Plastiken und Kopien ein, u. a. aus dem Besitz der Fürsten Borghese.

Lit.: Elisabeth von Österreich. Ausst. Kat., S. 242.

Wien, Ehem. Hofmobiliendepot E. V.

13.15 Bogenspannender Achill

Metall, teilweise vergoldet

Wien, Ehem. Hofmobiliendepot

Kat.-Nr. 13.11

13.16 Sterbender Achill

Angelos Giallinà (?), um 1890
Aquarell, 45 × 72 cm

Elisabeth nannte ihr Schloß auf Korfu nach dem Held der griechischen Sage Achill. Über ihre Verehrung für ihn äußerte sie sich Christomanos gegenüber; in ihm glaubte sie eine verwandte Seele zu entdecken: „... Ich liebe ihn auch, weil er so schnellfüßig war. Er war stark und trotzig und hat alle Könige und Traditionen verachtet und die Menschenmassen für nichtig gehalten, gut genug, um wie die Halme vom Tode abgemäht zu werden. Er hat nur seinen eigenen Willen heilig gehalten und nur seinen Träumen gelebt, und seine Trauer war ihm wertvoller als das ganze Leben." Am Fuß des Schloßberges läßt sie durch den Berliner Bildhauer Ernst Herter ein Denkmal des sterbenden Achills errichten.

Lit.: Verena von der Heyden-Rynsch (Hrsg.), Elisabeth von Österreich. Tagebuchblätter von Constantin Christomanos. München 1983.

Wien, Ehem. Hofmobiliendepot E. V.

13.17 Heine-Tempel im Schloßpark des Achilleions

Angelos Giallinà, 1893
Aquarell, 66 × 49 cm

Seit 1887 setzte sich die Kaiserin vehement für die Errichtung eines Heine-Denkmals in Düsseldorf ein. Aus politischen Gründen mußte sie sich 1889 davon distanzieren. 1891 wurde ihm im Garten des Achilleion ein Denkmal errichtet, ein Werk des dänischen Bildhauers Louis Hasselriis. Jetzt befindet sich das Denkmal im Botanischen Garten in Mourillon/Toulon.

Lit.: Elisabeth von Österreich. Ausst. Kat., S. 242.

Wien, Historisches Museum der Stadt Wien, Inv. Nr. 77.629/4 E. V.

13.18 Heinrich Heine

Werkstatt Louis Hasselriis
Bronze, H = 63 cm

Bronzefassung der Grabbüste auf dem Friedhof Montmartre in Paris. Sie ist eine Replik des Heine-Denkmals im Achilleion auf Korfu.

Heinrich Heine war der bevorzugte Dichter der Kaiserin. Mit ihm versuchte sie, ebenso wie mit König Ludwig II. von Bayern, durch spiritistische Sitzungen in Kontakt zu kommen.

Lit.: BRIGITTE HAMANN, Elisabeth. Kaiserin wider Willen, S. 440 ff. – JOSEPH A. KRUSE, Heinrich Heine. Leben und Werk in Daten und Bildern. Frankfurt 1983, S. 276.

Düsseldorf, Heinrich-Heine-Institut, Heine-Sammlung
E. V.

13.19 Nordseelieder

Buchdruck, ohne Jahres- und Verlagsangabe, anonym erschienen

Als die Kaiserin aus gesundheitlichen Gründen zu Beginn der achtziger Jahre das übermäßige Reiten aufgeben mußte, begann sie wieder ihre Gefühle und Erlebnisse in Dichtung umzusetzen. Ihr Vorbild wurde Heinrich Heine. In Anlehnung an seinen Gedichtzyklus „Die Nordsee“ verfaßte sie die „Nordseelieder“. Die Gedichte sind im Zeitraum zwischen Februar 1885 und Neujahr 1886/87 entstanden.

Lit.: BRIGITTE HAMANN, Kaiserin Elisabeth. Das poetische Tagebuch. Wien 1984, S. 41–139.

Bern, Schweizerisches Bundesarchiv, BAR J. I. 64, Bd. 4
E. V.

13.20 Taschenuhr mit dem Schriftzug Achilleos

Diese Taschenuhr trug die Kaiserin stets bei sich. Ihre Verehrung für den griechischen Helden kam auch in ihren Gedichten immer wieder zum Ausdruck. Ihre Griechenlandreise 1885 bezeichnete sie als „Seelenbrautfahrt“ mit Achill.

Lit.: BRIGITTE HAMANN, Kaiserin Elisabeth. Das poetische Tagebuch, S. 84 ff.

Privatbesitz E. V.

13.21 Band III der eigenhändig geschriebenen Gedichte

Schwarzer Ledereinband mit Goldschnitt und Metallverschluß, lila Tinte

Nach dem Zyklus „Winterlieder“, den die Kaiserin ebenfalls drucken ließ, verfaßte sie 1888 Gedichte, die unter dem Titel „Vermischte Gedichte“ erscheinen sollten. Die Tragödie von Mayerling setzte dem dichterischen Schaffen der Kaiserin ein Ende.

Lit.: BRIGITTE HAMANN, Kaiserin Elisabeth. Das poetische Tagebuch, S. 335 ff.

Bern, Schweizerisches Bundesarchiv, BAR J. I. 64, Bd. 1
E. V.

13.22 Brief Kaiserin Elisabeths an die „Zukunfts-Seele“ Abb.

Briefbogen mit schwarzem Rand, Handschrift in lila Tinte

Um zu verhindern, daß ihr dichterisches Schaffen nach dem Tod vernichtet, statt veröffentlicht wird, veranlaßte die Kaiserin 1890, daß die Privatdrucke und die Handschriften in einem versiegelten Paket „Dem Herrn Presidenten der Schweitzer Eidgenossenschaft Bern“ ausgehändigt werden, und zwar im Jahre 1950. Den beiliegenden Brief an die Zukunftsseele unterzeichnete sie mit „Titania. Geschrieben im Hochsommer des Jahres 1890 u. zwar in eilig dahinsausenden Extrazug“.

Lit.: BRIGITTE HAMANN, Kaiserin Elisabeth. Das poetische Tagebuch.

Bern, Schweizerisches Bundesarchiv, BAR J. I. 64 E. V.

13.23 Brief König Ludwigs II. von Bayern an Kaiserin Elisabeth

September 1885

Der Brief nimmt Bezug auf eine Begegnung der Kaiserin mit Ludwig 1881. Beide hatten, in Begleitung des Mohren Rustimo, eine Kahnfahrt auf dem Starhemberger See unternommen, der Elisabeth ein Gedicht widmete, in dem sie sich als Möve der Nordsee, König Ludwig aber als Adler bezeichnet. Dieses Gedicht hinterlegte sie 1885 in dem Schlößchen auf der Roseninsel. Ludwig fand den Brief erst im September und antwortete seinerseits mit einem Gedicht:
„Der Möve Gruss von fernem Strand
Zu Adlers Horst den Weg wohl fand . . . “

Lit.: BRIGITTE HAMANN, Kaiserin Elisabeth. Das poetische Tagebuch, S. 46.

Bern, Schweizerisches Bundesarchiv, BAR J. I. 64 E. V.

13.24 König Ludwig II. von Bayern Farbabb. 5

Albert Graefle, 1877
Pastell

Die Beziehung zwischen Ludwig, der immer stärker Zeichen seiner ausbrechenden Geisteskrankheit zeigte, und der immer tiefer in Schwermut und Isolation verfallenden Kaiserin vertiefte sich in den achtziger Jahren. Umso härter traf die Kaiserin der Freitod des Königs im Juni 1886. Elisabeth, psychisch selbst zumindest labil, wurde durch den Todesfall zutiefst verwirrt. Ihre nächste Umgebung und Angehörigen fürchteten um ihren Geisteszustand.

Lit.: BRIGITTE HAMANN, Elisabeth. Kaiserin wider Willen, S. 412 ff.

Wien, Ehem. Hofmobiliendepot, Nachlaß Petznek E. V.

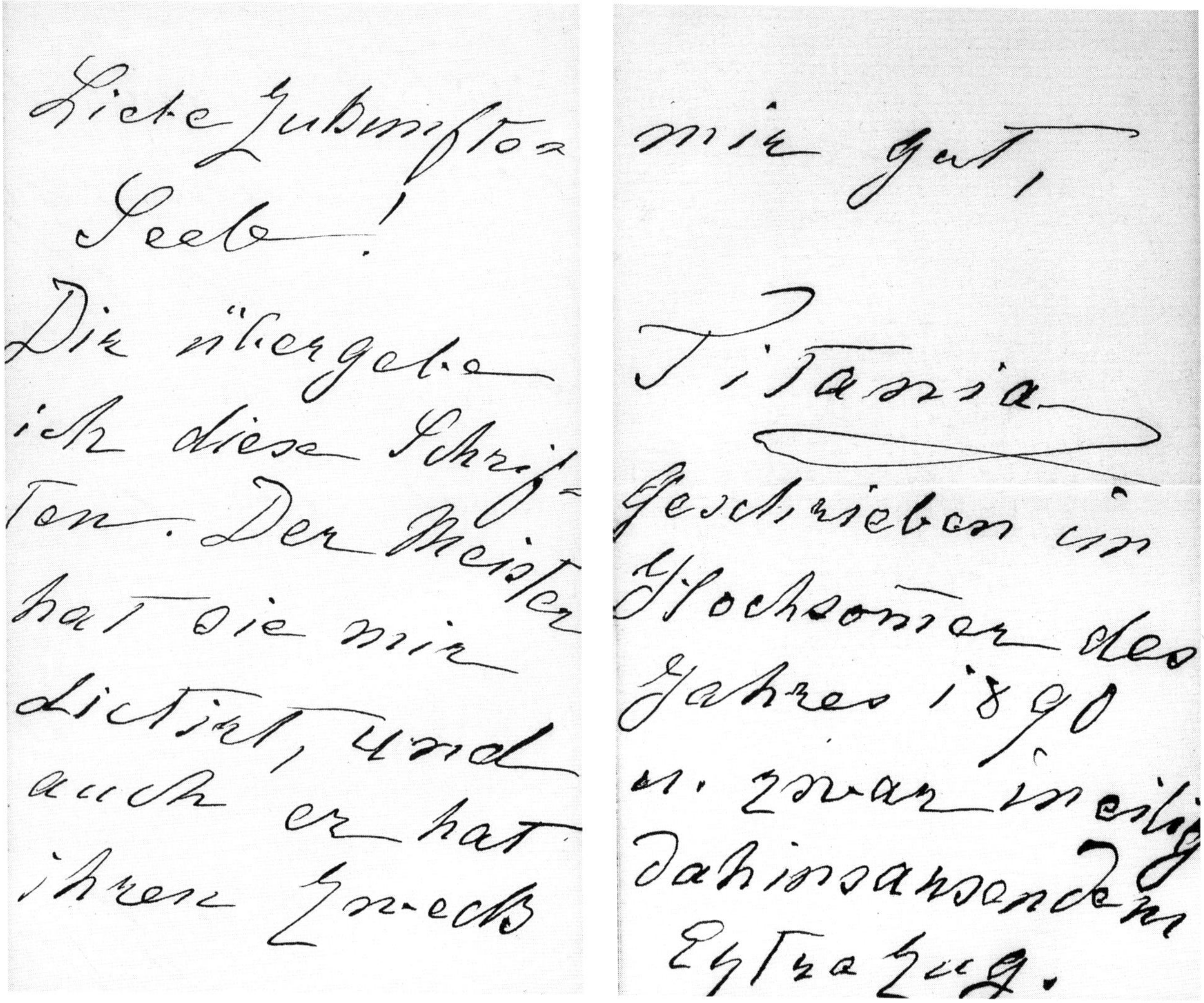

Liebe Zukunfts-
Seele!
Dir übergebe
ich diese Schrif-
ten. Der Meister
hat sie mir
dictirt, und
auch er hat
ihren Zweck

mir gut,

Titania

Geschrieben im
Hochsommer des
Jahres 1890
u. zwar im eilig
dahinsausendem
Extrazug.

Kat.-Nr. 13.22

13.25 Triptychon zum Sommernachtstraum

Rudolf Karl Huber — Farbabb. 4

Öl auf Leinwand, 60,5 × 45 cm bzw. 60,5 × 32 cm

Entwurf für das verlorengegangene Wandbild im Schlafzimmer der Hermesvilla.

Um Elisabeth ein Refugium in Wien zu schaffen und sie dadurch stärker an den Hof zu binden, ließ Kaiser Franz Joseph im Lainzer Tiergarten die „Hermesvilla" (1882–1886) errichten. Der erwünschte Erfolg blieb aber großteils aus. Das Motiv des Bildes greift Themen aus dem Sommernachtstraum Shakespeares auf; dieses Stück war das Lieblingsstück der Kaiserin, sah sie sich selbst doch oft als „Titania" und ihren Gatten als „Oberon". Das Motiv des „Eselskopfes" findet sich in ihrer Dichtung: Einerseits ist er „der Eselskopf unserer Illusionen, den wir unaufhörlich liebkosen", andererseits vergleicht sie des öfteren ihre Verehrer, auch ihren Gatten mit „Eselsköpfen".

Lit.: Brigitte Hamann, Elisabeth. Kaiserin wider Willen, S. 373 ff.

Wien, Historisches Museum der Stadt Wien, 71.501/1–3

E. V.

Kat.-Nr. 13.26

13.26 Statue „Melancholie" Abb.

1894
Gips, bronziert

Die Statue ist nicht nur Ausdruck des eigenwilligen Geschmackes und Kunstverständnisses der Kaiserin, in ihr verkörpert sich auch der Seelenzustand der Kaiserin nach den schweren Schicksalsschlägen, die sie in den letzten Jahren ihres Lebens getroffen haben: 1886 stirbt Ludwig II. durch eigene Hand, 1889 begeht Kronprinz Rudolf Selbstmord. Elisabeth sieht darin die Schuld des Wittelsbacher Blutes, das sie ihm vererbt hat; 1890 stirbt ihre älteste Schwester Helene und 1897 verunglückt ihre Schwester Sophie anläßlich eines Brandes bei einem Wohltätigkeitsbasar in Paris.

Wien, Historisches Museum der Stadt Wien, Inv. Nr. HV 5.232 E. V.

13.27 Totenmaske der Kaiserin Elisabeth Abb.

Franz von Matsch, 1918 (?)
Öl auf Leinwand, 63,8 × 59,8 cm

Am 10. September 1898 ermordete der Anarchist Luigi Lucheni die Kaiserin in Genf. Damit erfüllte ihr der Mörder, ohne es zu wissen, einen ihrer größten Wünsche: schnell und rasch zu sterben, ohne ärztliche Behandlung und ohne Beschwernis für ihre Familie.
Der Kaiser, gerade im Begriff aus Schönbrunn abzureisen, wird von seinem Generaladjutanten Graf Paar über die Vorkommnisse in Genf informiert; zunächst heißt es, die Kaiserin sei schwer verletzt. Wenig später trifft die Todesnachricht ein. Der letzte Brief an die Kaiserin wird nicht

Kat.-Nr. 13.27

Kat.-Nr. 13.29

mehr abgeschickt; der Kaiser zu Graf Paar: „Sie wissen nicht, wie ich diese Frau geliebt habe."

Lit.: Brigitte Hamann, Elisabeth. Kaiserin wider Willen, S. 598 ff.

Privatbesitz E. V.

13.28 Elisabeth, Kaiserin von Österreich

Fernand Khnopff, 1899
Bleistift, 51 × 37 cm

Der tragische Tod der Kaiserin schuf einen emotionell bedingten Bedarf an Bildern, inspirierte aber auch die Künstler zu idealisierten, überhöhten Bildnissen. Noch einmal sollte ihre legendäre Schönheit verherrlicht werden. Elisabeth wird wieder zur jugendlichen Braut; nur die zumeist verwendete schwarze Kleidung läßt ihr schweres Schicksal erahnen.

Wien, Österreichische Nationalbibliothek, Porträtsammlung und Bildarchiv, Pk 1078,1 E. V.

13.29 Kaiserin Elisabeth Abb.

Gyula von Benczúr, 1899
Öl auf Leinwand, 142 × 95,5 cm

Besonders in Ungarn bestand ein großes Bedürfnis nach posthumen Porträts der Königin. Franz Joseph ließ bei Benczúr zumindest zwei Porträts anfertigen; eines erhielt die ehemalige Hofdame Irma Sztáray zum Geschenk, das zweite hier ausgestellte Ida von Ferency, die lange Jahre die Kaiserin als Hofdame auf deren Reisen begleitete.

Budapest, Magyar Nemzeti Múzeum, Historische Bildergalerie, Inv. Nr. 1861 E. V.

13.30 Kaiserin Elisabeth auf Korfu Farbabb. 6

Friedrich August von Kaulbach, nach 1898
Pastell auf Papier, 186 × 86 cm

Der Künstler verzichtet, wie Benczúr, auf die tragische Pose; er schließt an die frühen „Sisi"-Porträts an; das einzige Zugeständnis, das er an die dazwischenliegenden Jahre

Kat.-Nr. 13.31

macht, ist die Verwendung von schwarzer Kleidung und der Attribute Sonnenschirm und Fächer.

Lit.: Elisabeth von Österreich, Ausst. Kat. S. 320.

Wien, Ehem. Hofmobiliendepot, Nachlaß Petznek E. V.

13.31 Elisabeth in Wolken Abb.

Robert Weigl, 1902
Gips, poliert, H = 36,5 cm

Bald nach ihrem Tod setzt eine Welle der Verehrung für die Verstorbene ein, die sie bei vielen Untertanen der Monarchie – mit Ausnahme der Ungarn – zu Lebzeiten nicht genossen hatte. Denkmäler werden an zahlreichen Orten der Monarchie aufgestellt: 1899 schafft der Bildhauer Schmidt ein Relief für einen Kaiserin-Elisabeth-Altar in St. Andrä-Salzburg; 1901 wird das Denkmal in Salzburg enthüllt, 1902 in Ottensheim (Oberösterreich); weitere folgen in Meran und Linz (1903), Passau (1904), Bad Kissingen (1906) usw.

Lit.: Elisabeth. Kaiserin von Österreich und Königin von Ungarn. Ausst. Kat. Linz-Ebelsberg 1983, S. 365 ff.

Wien, Historisches Museum der Stadt Wien, Lueger 835
E. V.

13.32 Modell für ein Denkmal der Königin Elisabeth

József Róna, 1902
Gips, H = 50 cm

1902 wurden in Budapest und 1903 in Wien ein Wettbewerb für ein Kaiserin-Elisabeth-Denkmal abgehalten.

Über die Ausgestaltung und Situierung des Wiener Denkmals fand eine lang andauernde heftige Diskussion in der Öffentlichkeit, besonders in der Presse statt, die Karl Kraus zu folgenden zynischen Bemerkungen veranlaßte:

„Übersieht man die Legion schmarotzender Aufdringlinge, von denen seit dem Tode der Kaiserin jeder einzelne jeden Tag uns glauben machen möchte, daß sie ihm gestorben sei, so würde man wohl im Sinne der Hohen handeln, wenn man auf die Frage, wie der Künstler sie darstellen soll, die Antwort ertheilte: Mit dem Fächer vor dem Gesicht, wie sie bei Lebzeiten dem sie umkreischenden Pöbel sich zeigte." (Die Fackel, Nr. 90)

Lit.: Brigitte Hamann, Elisabeth. Bilder einer Kaiserin, S. 174 f. – Elisabeth von Österreich, Ausst. Kat. S. 84 ff. und 122 ff.

Budapest, Magyar Nemzeti Galéria, Inv. Nr. 69.49-N
E. V.

14. DIE KAISERLICHE FAMILIE

14.1 Widmungsblatt in hebräischer Sprache und Schrift an Kronprinz Rudolf

Isak Jona Grünes, Lemberg
Kalligraphie. Bronzefarbener Druck von Anny Wajdowiczow, Lemberg, teilweise rot, blau und gold koloriert, 65 × 50 cm

Mit dem österreichischen gekrönten Doppeladler und der Davidskrone geschmückt.

Wien, Österreichische Nationalbibliothek, Porträtsammlung und Bildarchiv, Pk 3003, 88 W. G. W.

14.2 Gedenkblatt an die Dienstleistung des Kronprinzen Rudolf im K. u. K. Infanterie-Regiment Nr. 36, 2. VIII. 1878 – 8. IX. 1880

Kalligraphie mit Rahmen in Deckfarbenmalerei, 62 × 44 cm

Im Rahmen oben das Porträtmedaillon des Kronprinzen in Uniform als Oberst, sign. E. v. Petz, unten Ansicht vermutlich der Ursulinenkaserne in Prag.
Kronprinz Rudolf, der keineswegs die Begeisterung seines kaiserlichen Vaters für das Militär teilte, mußte eine typisch erzherzogliche Militärkarriere durchmachen. 1878 trat er als Oberst in das 36. Inf. Reg. in Prag ein, dessen Kommandant er 1879 wurde, 1880 Generalmajor und 1881 Kommandant der 18. Infanterie-Brigade in Prag. Während der ersten Jahre seines Prager Aufenthaltes versuchte er sich als Militär zu profilieren. Ein Vortrag, den er im militärwissenschaftlichen Institut in Prag hielt, fand zwar Anerkennung bei den Militärs, stieß aber vor allem bei Erzherzog Albrecht auf Ablehnung, da er einen öffentlichen Vortrag nicht vereinbar mit der Stellung eines Kronprinzen hielt.

Lit.: BRIGITTE HAMANN, Das Leben des Kronprinzen Rudolf von Österreich-Ungarn nach neuen Quellen. Phil. Diss. Wien 1977 (im weiteren zitiert HAMANN, Dissertation), S. 433 ff. – BRIGITTE HAMANN, Rudolf. Kronprinz und Rebell. Wien 1978, S. 135 ff. (im weiteren zitiert HAMANN, Rudolf).

Wien, Österreichische Nationalbibliothek, Porträtsammlung und Bildarchiv, Pk 3001, 360 W. G. W./E. V.

14.3 Erinnerungsblatt aus Anlaß des Besuches von Kronprinz Rudolf in Jerusalem

Jerusalem, 1. April 1881
Kalligraphie in Farbe mit zwei lavierten Zeichnungen, 50,5 × 69,5 cm

Das Blatt nimmt Bezug auf den feierlichen Einzug des Kronprinzen in die Kirche des Hl. Grabes und in das Österreichische Pilgerhaus „Zur Hl. Familie" am 29. März 1881 sowie auf die durch ihn empfangene Hl. Kommunion am 30. März 1881. Unterfertigt von Franz Josef Costa-Major, Rector des österr. Pilgerhauses zu Jerusalem. Die eine Zeichnung stellt die Hl. Familie, die andere das Pilgerhaus dar.
Im Gegensatz zum Inhalt des Erinnerungsblattes stehen die zu Papier gebrachten Eindrücke des Kronprinzen: hier dominieren Beobachtungen der Menschen, Gespräche mit diesen, Erlebnisse auf den Jagden etc. Kritisch steht er dem „Pilger"land Palästina gegenüber: „Palästina ist, so lange man auf den normalen Heerstraßen der frommen Caravanen wandert, ein echtes Touristenland, die Schweiz ins Religiöse übersetzt; dort wird der Sinn nach Naturschönheiten der Reisenden, hier der Glaube und die Andacht ausgebeutet und zu Geld gemacht."

Lit.: HAMANN, Dissertation, S. 261 ff.

Wien, Österreichische Nationalbibliothek, Porträtsammlung und Bildarchiv, Pk 3003/81 W. G. W./E. V.

14.4 Huldigungsblatt an den Kronprinzen, ausgestellt auf der Bucowinaer Alpe Opcziora

D. Heitner, aus Storozynetz, 10. Juli 1887
Kalligraphie, wiedergegeben in der Lithographie von L. Unczowski, Lemberg, auf Pergament, in Gold, mit roten und blauen Verzierungen in Federzeichnung, 40,5 × 53 cm

Wien, Österreichische Nationalbibliothek, Porträtsammlung und Bildarchiv, Pk 3001, 368 W. G. W.

14.5 Besuch Erzherzog Rudolfs bei den Krakauer Schützen im Jahr 1887 Abb.

Aleksander Mroczkowskie, 1888
Öl auf Leinwand, Dm = 109 cm

Krakau, Muzeum Historyczne m. Krakowa, Inv. Nr. 86/Br. K.

14.6 Kronprinz Rudolf in Marineuniform

Heinrich von Angeli, 1885
Öl auf Leinwand, 70 × 56,5 cm

Mit Kronprinz Rudolf, am 21. August 1858 in Laxenburg geboren, waren die unterschiedlichsten Hoffnungen verbunden. Durch den bestimmenden Einfluß seiner Mutter von liberalen Lehrern erzogen, stellte er für bürgerliche Kreise Hoffnung auf eine Zukunft mit „Constitution, Aufklärung und Freiheit" dar, wie Moriz Szeps später in einem Brief an Rudolf schreibt. Für den Kaiser war er der Garant für den Fortbestand der Dynastie. Dafür, daß Rudolf schließlich

Kat.-Nr. 14.5

keinen dieser Wünsche gerecht werden konnte, waren eine Verkettung von negativen Faktoren maßgebend, beginnend mit dem labilen psychischen Zustand des Kronprinzen, der unglücklichen ehelichen Verbindung, mit den unterschiedlichen Einflüssen, denen er ausgesetzt war und deren Spannungsverhältnis er nicht bewältigen konnte.

Wien, Ehem. Hofmobiliendepot, Nachlaß Petznek

E. V.

Kat.-Nr. 14.7

14.7 Kronprinzessin Stephanie Abb.

Heinrich von Angeli, 1885
Öl auf Leinwand, 68 × 55 cm

Am 21. Mai 1864 als Tochter des belgischen Königs Leopold II. geboren, wurde sie im März 1880 mit Kronprinz Rudolf verlobt. Rudolf selbst äußerte sich in Briefen an Freunde überschwenglich über seine Braut: „Ich schwelge in Glück und Freude. Was ich gesucht, habe ich gefunden, einen treuen, guten Engel..." (Brief an Graf Wilczek). Seine Begeisterung hinderte ihn allerdings nicht daran, auf die Brautschau nach Brüssel seine damalige Geliebte, eine Schauspielerin des Badener Theaters mitzunehmen. Umso negativer waren die Reaktionen der Umgebung des Kronprinzen, allen voran seiner Mutter, auf die Heirat mit Stephanie.

Lit.: HAMANN, Dissertation, S. 299 ff. – IRMGARD SCHIEL, Stephanie – Kronprinzessin im Schatten von Mayerling. Stuttgart 1978.

Wien, Ehem. Hofmobiliendepot, Nachlaß Petznek E. V.

14.8 Festdekoration zum Einzug von Prinzessin Stephanie von Belgien in Wien am 9. Mai 1881

Otto Wagner, 1881
Tuschfeder über Bleistift, 101 × 68 cm

Die Wiener bereiteten Stephanie, wie Elisabeth 27 Jahre zuvor, einen prächtigen Empfang. Daß sich Stephanie an ihrem Hochzeitstag „eher wie eine Märtyrerin" fühlte, war letztendlich wohl am wenigsten Schuld der Brautleute, sondern der unüberlegten Heiratspolitik der kaiserlichen Familie und der Unfähigkeit, menschlich Hilfe zu leisten. Braut und Bräutigam machte für die engste Umgebung den denkbar unglücklichsten Eindruck. Dazu Marie Larisch, die Lieblingsnichte der Kaiserin: „Die belgische Prinzessin sah in ihrem Brautkleid so unvorteilhaft wie möglich aus; ihre Arme waren rot, ihr stumpfes gelbes Haar sehr unkleidsam frisiert... Die zahlreichen Damen, die ihn (= Rudolf) kannten und liebten, waren überglücklich. Denn bei der Braut stand nicht zu befürchten, daß jemals ein vorbildlicher Ehemann aus ihm würde..."

Lit.: HAMANN, Dissertation, S. 309 ff.

Wien, Historisches Museum der Stadt Wien, Inv. Nr. 96.014 E. V.

14.9 Glückwunschadresse der Stadt Lomnice nad Popelkou (Lomnitz an der Popelka) anläßlich der Vermählung des Kronprinzen Rudolf mit Prinzessin Stephanie

Lomnice, 9. Mai 1881
Kalligraphie auf getöntem Grund mit teilweise figuralem Zierrahmen in Aquarelltechnik, 77 × 53 cm

Die gleichberechtigte Anordnung der Wappen Österreichs und Böhmen illustriert in etwa die Bemühungen um das böhmische Staatsrecht. Unten befindet sich das Stadtwappen von Lomnice.

Wien, Österreichische Nationalbibliothek, Porträtsammlung und Bildarchiv, Pk 3003, 82 W. G. W.

14.10 Das Kaiser- und Kronprinzenpaar im Laxenburger Schloßpark Farbabb. 10

Karl Schweninger d. Ä., 1887
Öl (Grisaille) auf Leinwand, 90,2 × 125,5 cm

Die in der Öffentlichkeit kolportierten Bilder über ein glückliches Familienleben täuschen über die tatsächlichen Verhältnisse hinweg. Stephanie stieß in der Familie auf vehementen Widerstand seitens ihrer Schwiegermutter und ihrer Schwägerin Marie Valerie, die in ihrem Tagebuch nur negative Worte findet: „Der ‚moralische Schwerstein', wie kann nur Rudolf diese kalte höhnische weltliche Frau so lieben. Mama fürchtet, daß sie, statt von ihm gehoben und veredelt zu werden, ihn mehr und mehr herunterzieht zu sich. Es ist traurig." Und Elisabeth schreibt höhnische Gedichte:

„Obr'ron ei! Zu Deiner Rechten
Welch ein mächtig Trampeltier,
Statt der langen blonden Flechten
Siehst du blondes Fell jetzt hier..."

Lit.: HAMANN, Dissertation, S. 313 – BRIGITTE HAMANN, Kaiserin Elisabeth. Das poetische Tagebuch, S. 261.

Wien, Historisches Museum der Stadt Wien, Inv. Nr. 16.865 E. V.

14.11 Kronprinz Rudolf mit Kronprinzessin Stephanie in seinem Arbeitsraum

Wilhelm Gause, um 1885
Tuschpinselzeichnung, 24 × 36 cm

Die ersten Jahre der Ehe des Kronprinzenpaares wurden, allen Unkenrufen zum Trotz, recht glücklich. Fern vom Wiener Hof und seinen Intrigen hatte das Paar Zeit, sich aneinander zu gewöhnen und zu lernen, miteinander auszukommen. 1883 wird ihr erstes und einziges Kind, Elisabeth, geboren.

Wien, Historisches Museum der Stadt Wien, Inv. Nr. 166.515 E. V.

14.12 Jagden und Beobachtungen

Kronprinz Rudolf
Verlag Künast, Wien 1887

Bereits 1878 erschien Kronprinz Rudolfs erstes Buch „Fünfzehn Tage auf der Donau". Er war sich Zeit seiner Tätigkeit als Autor von Reisebeschreibungen und Jagdberichten bewußt, daß die freundliche bis enthusiastische Aufnahme dieser Schriften in erster Linie auf die Abstammung des Autors zurückzuführen war, weniger aber auf die Qualität des Inhaltes. Die ornithologischen Studien, die er in Zusammenarbeit mit Alfred Brehm betrieb, der auch sein Reisebegleiter war, erreichten immerhin ein Niveau, das Brehm zur Aufnahme in sein enzyklopädisches Werk „Tierleben" veranlaßte.

Lit.: BRIGITTE HAMANN, Dissertation, S. 224ff. – BRIGITTE HAMANN (Hrsg.), Kronprinz Rudolf. Majestät ich warne Sie. ... Geheime und private Schriften. Wien 1979.

Wien, Österreichische Nationalbibliothek, Druckschriftensammlung, Sig. 20 Ee. 382 E. V.

14.13 Meine Jagderlebnisse mit Kronprinz Rudolf

Rudolf Püchel

Rudolf Püchel war „k. k. Kammerbüchsenspanner bei Seiner k. k. Hoheit, dem durchlauchtigsten Erzherzoge Kronprinz Rudolf". Auf rund 400 Seiten, die sich durch Zufall auf dem Dachboden eines Hauses fanden, schildert Püchel, der vom Silvester 1880/81 bis zum Ende in Mayerling im Dienste stand, seine Erlebnisse mit Kronprinz Rudolf auf Jagden und privat.

Lit.: ELISABETH KOLLER-GLÜCK (Hrsg.), Meine Jagderlebnisse mit Kronprinz Rudolf. Die bisher unveröffentlichten Memoiren des Leibjägers Rudolf Püchel. St. Pölten 1978.

Privatbesitz E. V.

14.14 Strecke mit zwei erlegten Bären auf der Säulenstiege der Hofburg

Rudolf Püchel
Bleistift, koloriert, 28 × 21 cm

Lit.: ELISABETH KOLLER-GLÜCK (Hrsg.), Meine Jagderlebnisse, S. 7.

Privatbesitz

14.15 Schakal aus dem Drau-Eck

Dermoplastik

Die Sachkenntnis eines erfahrenen Zoologen bewies der Kronprinz bei der Identifizierung eines in Slawonien erlegten, vorher auch von Fachleuten als Wolf-Fuchs-Bastard fehlgedeuteten Schakals, der jahrelang Schlagzeilen gemacht hatte. Die von Eduard Hodek angefertigte Dermoplastik gelangte als Geschenk des Kronprinzen in das Naturhistorische Museum.

Wien, Naturhistorisches Museum, Zoologische Abteilung
Kurt Bauer

14.16 Zur Fauna von Bellye und Darda

August von Mojsisovics
Graz 1883

In der Beschreibung der Fauna von Bellye und Darda führt der Autor in der Faunenliste das von Kronprinz Rudolf richtig erkannte Exemplar eines Schakals an.

Wien, Naturhistorisches Museum, Zoologische Abteilung
Kurt Bauer

14.17 Diplom der Ungarischen Akademie der Wissenschaften für Kronprinz Rudolf, Budapest 13. VII. 1878

Bela Bajai
Kalligraphie, teilweise in Gold, mit Deckfarbenmalerei und Federzeichnung, Pergament, 42 × 56 cm

Wappen (im Uhrzeigersinn von oben bis links): Ungarn, Siebenbürgen, Dalmatien (darüber allegorische Darstellung), Kroatien/Slawonien; mit Unterschriften des Präsidenten der Akademie Melchior Graf Lónyay und des Generalsekretär-Stellvertreters Wilhelm Fraknói.

Wien, Österreichische Nationalbibliothek, Porträtsammlung und Bildarchiv, Pk 3001, 358 W. G. W.

14.18 Diplom aus Anlaß der Ernennung des Kronprinzen zum Doctor philosophiae honoris causa der K. K. Jagellonischen Universität in Krakau, 28. VI. 1887

Stanislaus Barabasz, 1887
Kalligraphischer Druck auf Pergament mit Zierleiste in Deckfarben und zwei Aquarellansichten, 65,5 × 50 cm; Rolle in blauem Samt mit Metallbeschlägen, L = 53 cm

Das Diplom ist unterfertigt vom Rektor Stanislaus Graf von Tarnow-Tarnoski, dem Dekan Sigmund Wróblewski, dem Sekretär Leon Cyfrowiwicz; mit Siegel in Metallkapsel. Die Ansicht oben stellt den Wawel dar, die links seitlich die Alte Universität.

Wien, Österreichische Nationalbibliothek, Porträtsammlung und Bildarchiv, Pk 748 W. G. W.

14.19 Redaktionssitzung zu „Die österreichisch-ungarische Monarchie in Wort und Bild"

Zeitungsdruck nach Wilhelm Gause

Um 1884/85 entstand beim Kronprinzen die Idee zu einem Monumentalwerk über die Österreichisch-ungarische Monarchie, quasi als Ausgleich für die derweil in der Politik noch nicht verwirklichbaren Ideen. Laut Programm sollte das Werk den Beweis erbringen, „daß die Monarchie kein Gebilde des Zufalles, sondern der Nothwendigkeit, Verschiedenheit seiner Materie kein Moment der Schwäche, (sondern) Lebensfähigkeit und Lebensberuf".
An der im Bild dargestellten Redaktionssitzung nehmen teil: Franz Miklosich, Joseph von Weilen, Hans Graf Wilczek, Nikolaus von Dumba, Maurus Jókai, Ladislaus von Szögyenyi und Alfred von Arneth.

Lit.: Brigitte Hamann, Dissertation, S. 412 ff.

Wien, Österreichische Nationalbibliothek, Porträtsammlung und Bildarchiv, NB 503.817 B E. V.

14.20 Die österreichisch-ungarische Monarchie in Wort und Bild

1886–1902

Das Werk umfaßt 24 Bände, die den einzelnen Kronländern der Monarchie gewidmet waren. Der Plan, die Nationalitäten gleichberechtigt nebeneinander darzustellen, mußte allerdings bald aufgegeben werden. Er scheiterte am Veto Ungarns, das eine eigene ungarische Ausgabe herausbringen wollte. Daher gab es dann auch zwei völlig getrennte Redaktionen, der deutschen stand Joseph von Weilen vor, der ungarischen Maurus Jókai.

Budapest, Országos Széchényi Könyvtár, und Privatbesitz
E. V.

14.21 Brief Kronprinz Rudolfs an Joseph von Weilen

1. Februar 1887

Der Inhalt des Briefes ist bezeichnend für die Art des Umganges, den der Kronprinz mit den Mitarbeitern pflegte: „Lieber Weilen! Ich bitte mit Jokai morgen um 12 Uhr zu mir zum Frühstück zu kommen und ihm meine Einladung zu übermitteln. Selbstverständlich nicht im Frack . . .". Mit dieser Einstellung stand er im krassen Gegensatz zu den Usancen am Wiener Hof, aber vor allem im Gegensatz zu seiner Gemahlin, die für einen derart legeren Umgangston und Umgangsformen eines Kronprinzen kein Verständnis aufbrachte.

Privatbesitz E. V.

14.22 Böhmische Trachten

Rudolf Otto von Ottensfeld
Aquarell, 44 × 33 cm

Egerländer, Egerländerin, Braunauerin.
Vorlage für die Chromozinkographie C. Angerer & Göschl in: Die österreichisch-ungarische Monarchie in Wort und Bild. Böhmen. 2. Wien 1898, vor S. 1.

Lit.: Walter G. Wieser, Bilder und Bücher. Ausst. Kat. Wien 1985, Nr. 194.

Wien, Österreichische Nationalbibliothek, Porträtsammlung und Bildarchiv, Pk 1131, 1546 W. G. W.

14.23 Volkstrachten aus Krain

Johann Šubić
Aquarell, 44 × 33 cm

Slowenen.
Vorlage für die Chromozinkographie C. Angerer & Göschl in: Die österreichisch-ungarische Monarchie in Wort und Bild. Kärnten und Krain. Wien 1891, nach S. 376.

Wien, Österreichische Nationalbibliothek, Porträtsammlung und Bildarchiv, Pk 1131, 2207 W. G. W.

Kat.-Nr. 14.24

14.24 Heilige Messe in Jászberény Abb.

Pál Vágo
Tuschzeichnung, 49,5 × 33 cm

Vorlage für „Die österreichisch-ungarische Monarchie in Wort und Bild".

Budapest, Magyar Nemzeti Múzeum, Historische Bildergalerie, T. 8312

14.25 Palócen aus dem Komitat Nógrád Abb.

Karoly Cserna
Tuschzeichnung, 35 × 24 cm

Vorlage für „Die österreichisch-ungarische Monarchie in Wort und Bild".

Budapest, Magyar Nemzeti Múzeum, Historische Bildergalerie, T. 7378

Kat.-Nr. 14.25

14.26 Kronprinz Rudolf mit Erzherzog Johann Salvator und seinem Stab

Abb.

Um 1884
Photo

In der hinteren Reihe der Stab des Kronprinzen: Ordonnanzoffizier Arthur Freiherr von Giesl-Gieslingen, Oberstleutnant Graf Wurmbrand und Hauptmann von Csanády. Zwischen Kronprinz Rudolf und Erzherzog Johann Salvator bestand ein Verhältnis, das tiefgehenden Schwankungen unterworfen war. In ihrer Geisteshaltung und ihren Interessen durchaus ähnlich veranlagt, gab es doch immer wieder Differenzen, etwa bei der Herausgabe des „Kronprinzenwerkes", dessen geistiger Schöpfer eigentlich Erzherzog Johann Salvator war. Was sie in den letzten Jahren vor Mayerling miteinander verband, das Erzherzog Johann Salvator zu dem Ausspruch „Hier liegt ein großer Mann, ich möchte ihm nachfolgen, wenn ich nicht zu feige wäre", veranlaßte, bleibt ungeklärt. Johann Salvator verzichtete 1889 auf „Rang und Stand" und heiratete seine Freundin Milli Stubel. Seit einer Seereise 1890 galt er als verschollen.

Lit.: Friedrich Weissensteiner, Ein Aussteiger aus dem Kaiserhaus: Johann Orth. Wien 1985.

Wien, Österreichische Nationalbibliothek, Porträtsammlung und Bildarchiv, NB 502.913 B — E. V.

14.27 Moriz Szeps

Photo

Moriz Szeps war Chefredakteur des liberalen Neuen Wiener Tagblattes. Carl Menger, einer der Lehrer Kronprinz Rudolfs, stellte den Kontakt zwischen beiden her. In der Folge schrieb Rudolf für Szeps Artikel über aktuelle politische Probleme, die dieser entweder anonym oder unter seinem Namen, zumeist entschärft, um der Zensur zu entgehen, abdruckte. Hier bot sich dem Kronprinzen, der vom Kaiser in keiner Form zu politischen Entscheidungsprozessen beigezogen wurde, die Möglichkeit, wenn auch unerkannt, seine Meinung darzulegen und breite Bevölkerungsschichten zu beeinflussen. Die Tochter Szeps', der Jude war, vermählte sich mit dem Bruder Clemenceaus 1886. Diese Hochzeit war auch Anlaß für ein Treffen Clemenceaus mit Kronprinz Rudolf in den Räumen der Hofburg.

Lit.: Hamann, Dissertation, S. 327.

Wien, Österreichische Nationalbibliothek, Porträtsammlung und Bildarchiv, KO 2304 — E. V.

14.28 Kronprinz Rudolf mit dem deutschen Prinzen Wilhelm, dem späteren Kaiser Wilhelm II.

Abb.

Photo, 1883

Die Haltung Kronprinz Rudolfs zu außenpolitischen Fragen war von einem tiefen Mißtrauen gegenüber dem deutschen Bündnispartner geprägt. Er sah für die Monarchie die große Gefahr in einer Absorption der deutschsprachigen Gebiete durch das deutsche Reich. Sein Mißtrauen richtete sich zunächst gegen Bismarck. So schreibt er an Szeps: „... Es (= Österreich) soll bei den Deutschen abwirtschaften, sich in einem großen Teil von Cisleithanien in der jetzigen Form als nicht lebensfähig erweisen und dann von Berlin aus sachte nach dem Orient abgeschoben werden ..."

Lit.: Hamann, Dissertation, S. 566 ff.

Wien, Österreichische Nationalbibliothek, Porträtsammlung und Bildarchiv, NB 516.070 B — E. V.

Kat.-Nr. 14.26

14.29 Kronprinz Rudolf als Chef des kgl. peuß. Brandenburgschen Ulanenregiments Nr. 11

Photo, 1886/87

Die schwere Krankheit des deutschen Kronprinzen Friedrich Wilhelm machten alle Hoffnungen des Kronprinzen Rudolf auf ein liberales Europa zunichte. Die Gefahr eines deutsch-französischen Krieges drohte und damit die Möglichkeit eines russischen Eingreifens, das in einem Überrollen der Donaumonarchie enden würde. In einer verzweifelt formulierten Denkschrift, die unter dem Pseudonym Julius Felix in Paris 1888 erschien, appelliert er an Franz Joseph, den 1889 auslaufenden Zweibundvertrag mit Preußen nicht zu verlängern und sich vom Balkan zurückzuziehen, um eine Verständigung mit Rußland zu ermöglichen. Die einzig mögliche Achse, die ein Weiterbestehen der Monarchie garantiere, sei: Österreich – Frankreich – Rußland. Er appelliert an das Bewußtsein, Österreicher zu sein und beschwört den Geist Maria Theresias, die gegen Preußen in den Krieg zog.

Lit.: HAMANN, Dissertation, S. 602 ff. – HAMANN, Kronprinz Rudolf. Majestät, ich warne Sie, S. 191 ff.

Wien, Österreichische Nationalbibliothek, Porträtsammlung und Bildarchiv, NB 516.811 B

E. V.

Kat.-Nr. 14.28

14.30 Kronprinz Rudolf und Stephanie mit Kaiser Wilhelm II. mit seiner Gemahlin Auguste Viktoria

Photo, 1888

Im Juni 1888 erfolgte die Thronbesteigung Wilhelm II. Bei seinem Besuch wurde er in Wien von deutschnationalen Kreisen als „ihr Kaiser" groß gefeiert. Im „Wiener Tagblatt" unter der Leitung Moriz Szeps versuchte man den österreichischen Patriotismus im Gegensatz zur Deutschlandbegeisterung zu stärken. In der deutschen Presse wurde eine Kampagne gegen die liberalen Kreise in der Monarchie und damit gegen den Kronprinzen entfacht, der in Wien weder die Rudolf freundlichen Zeitungen noch der Kronprinz selbst, zu diesem Zeitpunkt bereits von seiner Erkrankung deutlich geschwächt und gezeichnet, gewachsen waren. Der verzweifelte Kampf des Kronprinzen gegen die Erneuerung des Zweibundes endete in einer totalen Niederlage, die Rudolf zutiefst traf.

Lit.: HAMANN, Dissertation, S. 619 ff.

Wien, Österreichische Nationalbibliothek, Porträtsammlung und Bildarchiv, KO 2144 B/C E. V.

14.31 Ausfahrt des Kronprinzen Rudolf mit Kronprinzessin Stephanie aus Mayerling

Alexander von Bensa, um 1887/88
Öl auf Holz, 20,5 × 36,9 cm

Zu den politischen Schwierigkeiten und Niederlagen gesellten sich noch private Probleme. Seit der Rückkehr aus Prag 1884 verschlechterte sich zusehends das Verhältnis der beiden Ehepartner. Stephanie lehnte den Umgang ihres Gemahls mit Journalisten, wie etwa Moriz Szeps, oder bürgerlichen Wissenschaftern ab. Sie bevorzugte die Vergnügungen adeligen Lebens, die Rudolf ablehnte: Repräsentation, Empfänge, Bälle usw., bei denen sie als Kronprinzessin im Mittelpunkt stand. Dazu gesellte sich eine maßlose, in vielen Fällen sicher berechtigte Eifersucht, wobei die Kontroversen des öfteren in der Öffentlichkeit ausgetragen wurden.

Lit.: HAMANN, Dissertation, S. 684 ff.

Wien, Niederösterreichisches Landesmuseum, Inv. Nr. 8146 E. V.

14.32 Die letzten Aufnahmen des Kronprinzen

Photo Angerer, Wien, Jänner 1889

Das Bewußtsein, politisch gescheitert zu sein und die Ausweglosigkeit der persönlichen Lage, war doch eine Scheidung für einen Angehörigen des Erzhauses nahezu unmöglich, wirkten sich auf die nach der 1886 aufgetretenen venerischen Erkrankung labile psychische und physische Verfassung verheerend aus. Dazu kam noch eine übermäßige Belastung durch den militärischen Dienst und die gleichzeitig durchgeführten politischen und journalistischen Tätigkeiten.

Lit.: HAMANN, Dissertation, S. 666 ff.

Wien, Österreichische Nationalbibliothek, Porträtsammlung und Bildarchiv, NB 500.244 B, NB 503.192 A E. V.

14.33 Mizzi Caspar

Photo

Ab 1886 war Mizzi Caspar zur Begleiterin des Kronprinzen avanziert. Mit ihr und seinem „Leibfiaker" Josef Bratfisch besuchte er kleine Heurigenlokale am Rande von Wien, um dort Erholung und wohl auch Vergessen zu finden. Von ihr wurde erstmals auch dem Polizeipräsidenten Mitteilung gemacht, daß der Kronprinz an Selbstmord denke. Die Wahl des Ortes für den Selbstmord läßt auf die Gründe schließen: es sollte der Husarentempel bei Mödling sein. Hier an der Stätte der Erinnerung an die in den napoleonischen Kriegen gefallenen Helden sollte der Selbstmord des Kronprinzen an die Vaterlandsliebe appellieren und einen Umschwung in der Politik, d. h. eine Lösung des deutsch-österreichischen Bündnisses, bewirken.

Lit.: HAMANN, Dissertation, S. 692ff.

Wien, Österreichische Nationalbibliothek, Porträtsammlung und Bildarchiv, Rv 3447 E. V.

14.34 Baronesse Mary Vetsera Abb.

Photo, Winter 1888

Im Laufe des Jahres 1888 lernte der Kronprinz die Baronesse kennen. Wie lange das Verhältnis dauerte, bleibt ungewiß, da die beiden einzigen verfügbaren Quellen (die Denkschrift der Mutter Helene Vetsera und die Memoiren der Gräfin Larisch) unterschiedlich berichten.
Bekannt ist, daß ab November 1888 Gräfin Larisch als Kontaktperson auftreten mußte, da Helene Vetsera versuchte, jeglichen Kontakt ihrer Tochter mit dem Kronprinzen zu unterbinden.

Lit.: Aus der zahlreichen Literatur zu dem Thema Mayerling und Vetsera sei hier nur verwiesen auf: HAMANN, Dissertation, S. 699ff – FRITZ JUDTMANN, Mayerling ohne Mythos. Wien 1982.

Wien, Österreichische Nationalbibliothek, Porträtsammlung und Bildarchiv, NB 524.318 B E. V.

Kat.-Nr. 14.34

14.35 Baronesse Vetsera und Marie Louise Gräfin Larisch-Wallersee

Photo Adele, Wien, 5. November 1888

Marie Louise Freiin von Wallersee, verehelichte Larisch, war eine Tochter Herzog Ludwigs in Bayern und Henriette Mendels. Ab etwa 1876/77 nimmt sie die Stelle einer Vertrauten bei ihrer Tante, der Kaiserin, ein. Ab November 1888 wird sie als Zwischenträger und Vermittler von Rendezvous gebraucht, gilt sie doch als Freundin der Baronin und kann daher die Baronesse zu „Kommissionen" abholen. Am 5. November besuchen sie gemeinsam den Hofphotographen Adele. In Wirklichkeit diente der Besuch aber als Tarnung zu einem Treffen mit Kronprinz Rudolf in der Hofburg. Die Heimlichkeiten werden fortgesetzt, unterbrochen nur durch Aufenthalte der Gräfin bei ihrem Gatten in Pardubitz.

Lit.: BRIGITTE SOKOP, Jene Gräfin Larisch ... Wien 1985.

Wien, Österreichische Nationalbibliothek, Porträtsammlung und Bildarchiv E. V.

14.36 Baronesse Mary Vetsera

Photo, Dezember 1888/Jänner 1889

In Mary Vetsera fand der Kronprinz einen ihm voll ergebenen Menschen, der bereit war, ihm in den Tod zu folgen bzw. vorauszugehen. Die von beiden wiederholt zu Angehörigen oder Bekannten gemachten Bemerkungen über

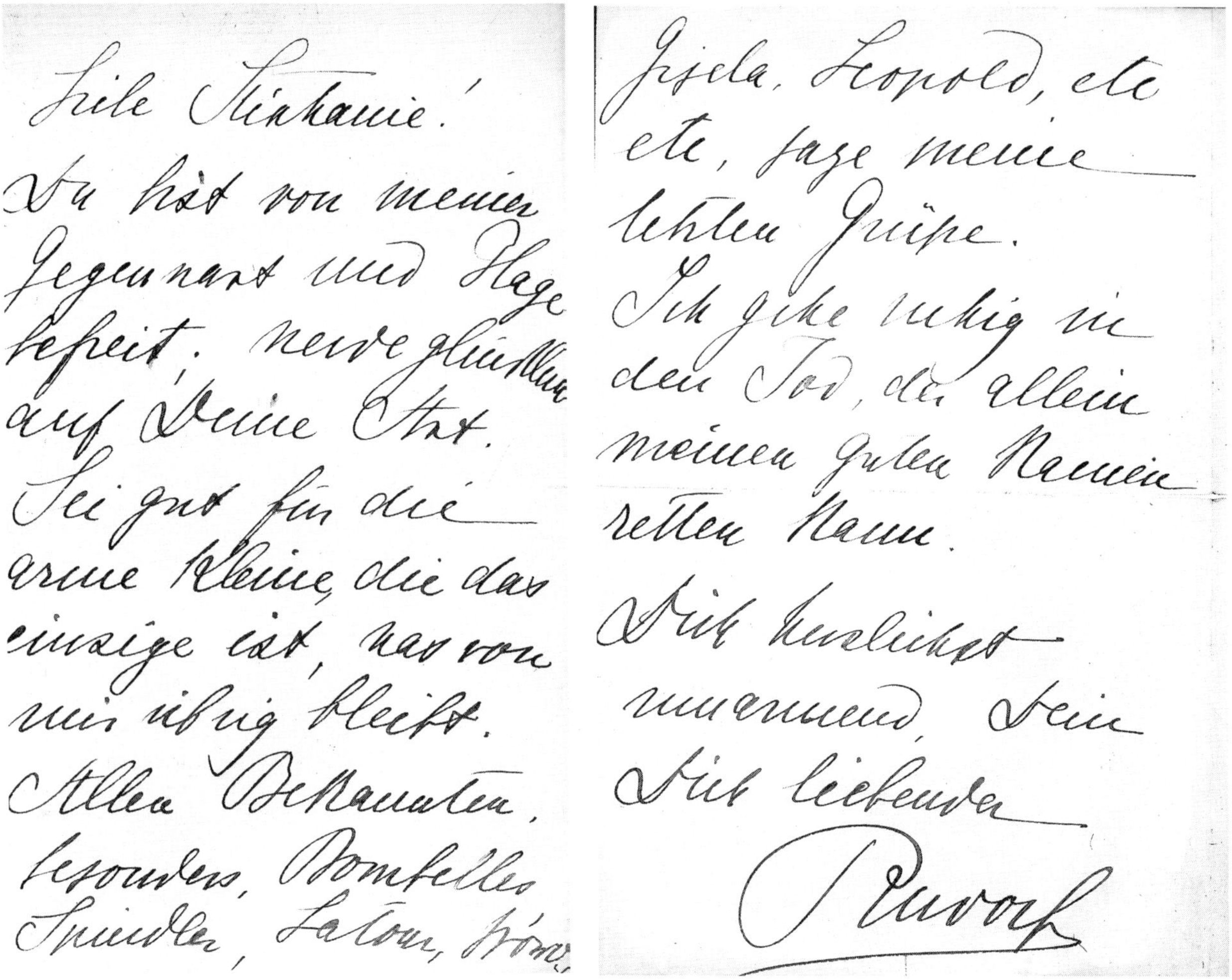

Liebe Stefanie!
Du bist von meiner Gegenwart und Plage befreit; werde glücklich auf Deine Art. Sei gut für die arme Kleine, die das einzige ist, was von mir übrig bleibt. Allen Bekannten, besonders Bombelles, Spindler, Latour, Nowo, Gisela, Leopold, etc. etc. sage meine letzten Grüsse. Ich gehe ruhig in den Tod, der allein meinen guten Namen retten kann. Dich herzlichst umarmend, Dein Dich liebender
Rudolf

Kat.-Nr. 14.41

Selbstmord werden nicht zur Kenntnis oder nicht ernst genommen. Der 13. Jänner scheint eine Schlüsselrolle in den rasch sich überstürzenden Ereignissen zu spielen. Die Baronesse kauft eine goldene Tabatiere, für Rudolf bestimmt, in die sie eingravieren läßt: „13. Jänner – Dank dem Schicksal".

Das Kleid, das sie auf dem Photo trägt, trug sie am Tage aus der Flucht aus dem Elternhaus, und in diesem Kleid wurde sie in Heiligenkreuz bestattet.

Lit.: SOKOP, Jene Gräfin Larisch – HAMANN, Dissertation, S. 718 ff.

Wien, Österreichische Nationalbibliothek, Porträtsammlung und Bildarchiv, NB 526.485 B

E. V.

14.37 Kronprinz Rudolf Farbabb. 8

Tadeusz Ajdukiewicz, 1889
Ölstudie auf Holz, 26,5 × 19,5 cm

Der Kronprinz in Feldmarschalls-Campagne-Uniform mit goldenem Vlies und Großkreuzstern des St. Stephansordens. Studie zu dem nach dem Tod des Kronprinzen ausgeführten Reiterbildes, welches im Besitz seiner Witwe Stephanie, nachmalige Fürstin Lonyay war.
Für diese Porträtstudie saß der Kronprinz noch wenige Tage vor seinem Tode im Atelier des Künstlers Modell und ließ dort seinen Waffenrock zur weiteren Arbeit an diesem Bild.

Lit.: FRITZ JUDTMANN, Mayerling ohne Mythos, S. 76 f. – BRIGITTE SOKOP, Jene Gräfin Larisch . . ., S. 211 f, 224 f.

Privatbesitz

14.38 Baronesse Mary Vetsera Farbabb. 9

E. Hohenlohe
Aquarell, 20 × 24 cm

Privatbesitz

14.39 Kronprinz Rudolfs letzte Fahrt im Prater am 27. Jänner 1889

Photo

Die letzten Tage vor dem Selbstmord, d. h. vom 27. Jänner beginnend, sind von hektischen Aktivitäten des Kronprinzen erfüllt. Mehrmals dürfte er Gräfin Larisch aufgesucht haben. Aus seinen Papieren entfernt er kompromittierende Unterlagen bzw. stellt sie an die Adressaten zurück. Am Vorabend seiner Abreise nach Mayerling nimmt er noch an der Soirée anläßlich des Geburtstages des Deutschen Kaisers teil, die anschließende Nacht verbringt er bei Mizzi Caspar.

Lit.: HAMANN, Dissertation, S. 718 ff.

Österreichische Nationalbibliothek, Porträtsammlung und Bildarchiv, NB 504.008 B E. V.

14.40 Schloß Mayerling

Photo

Schloß Mayerling ist das Ziel eines Jagdausfluges des Kronprinzen, zu dem er Graf Joseph Hoyos und Prinz Coburg einlädt. Auf Umwegen, unter Zuhilfenahme Gräfin Larisch, gelingt es Mary Vetsera die elterliche Wohnung zu verlassen und den Kronprinzen auf seiner Fahrt nach Mayerling zu begleiten.

Privatbesitz E. V.

14.41 Abschiedsbrief Kronprinz Rudolfs an seine Gemahlin Abb.

Photo

Von den Abschiedsbriefen Kronprinz Rudolfs ist der an seine Gemahlin als Photo bekannt. In der Nacht zum 30. Jänner erschießt Kronprinz Rudolf zunächst Mary Vetsera, am Morgen des folgenden Tages begeht er Selbstmord. Die Vertuschungsaktionen, die im folgenden einsetzen, tragen zur Legendenbildung um Mayerling bei. Die ersten Versionen, die dem Kaiser genannt werden, sind die einer Vergiftung des Kronprinzen durch Mary Vetsera.

Lit.: HAMANN, Dissertation, S. 718 ff. – JUDTMANN, Mayerling ohne Mythos.

Wien, Österreichische Nationalbibliothek, Porträtsammlung und Bildarchiv, 166.888 C, 166.887 C E. V.

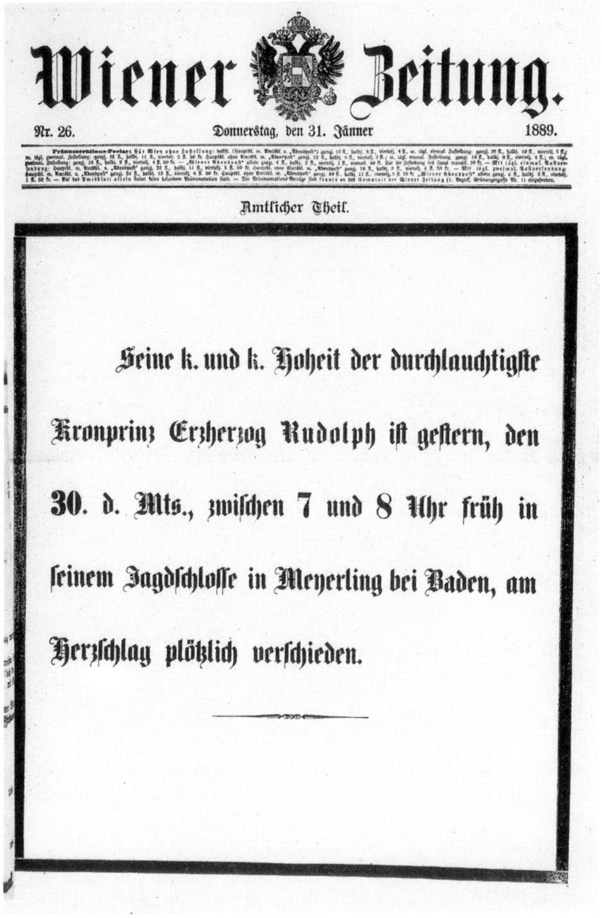
Wiener Zeitung.

Nr. 26. Donnerstag, den 31. Jänner 1889.

Amtlicher Theil.

Seine k. und k. Hoheit der durchlauchtigste Kronprinz Erzherzog Rudolph ist gestern, den 30. d. Mts., zwischen 7 und 8 Uhr früh in seinem Jagdschlosse in Meyerling bei Baden, am Herzschlag plötzlich verschieden.

Kat.-Nr. 14.42

14.42 Wiener Zeitung vom 31. Jänner 1889 Abb.

Photo

Im amtlichen Teil der Wiener Zeitung erscheint zunächst die Mitteilung, der Kronprinz sei in Mayerling einem Herzschlag erlegen.

Wien, Österreichische Nationalbibliothek, Porträtsammlung und Bildarchiv, 126.690 B E. V.

14.43 Wiener Zeitung, Berichtigung der Meldung über den Tod des Kronprinzen

Photo

Im nichtamtlichen Teil der Wiener Zeitung erfolgt schließlich die Berichtigung der Todesursache. Es wird der Selbstmord und die näheren Umstände der Auffindung bekannt

Kat.-Nr. 14.46

gegeben. In der österreichischen Presse erscheinen in der Folge keinerlei Mitteilungen darüber, daß Mary Vetsera ebenfalls den Tod gefunden hat.

Wien, Österreichische Nationalbibliothek, Porträtsammlung und Bildarchiv, 151.929 B E. V.

14.44 Der Kondukt mit der Leiche des Kronprinzen Rudolf verläßt das Jagdschloß Mayerling

Photo nach Zeitungsdruck

Wien, Österreichische Nationalbibliothek, Porträtsammlung und Bildarchiv, 261.223 B

14.45 Die Leiche des Kronprinzen wird über die Treppe des großen Foyers im Südbahnhof herabgetragen

Photo nach Zeitungsdruck

Wien, Österreichische Nationalbibliothek, Porträtsammlung und Bildarchiv, 237.819 B

14.46 Aufbahrung des Kronprinzen in der Hofburgpfarrkirche Abb.

Zeitungsdruck nach Wilhelm Gause

Wien, Österreichische Nationalbibliothek, Porträtsammlung und Bildarchiv, 213.205 B

Kat.-Nr. 14.47

14.47 Leichenbegängnis des Kronprinzen. Der Fourgon passiert den Michaelerplatz entlang der Abbruchstelle des alten Burgtheaters Abb.

Zeitungsdruck nach Wilhelm Gause

Wien, Österreichische Nationalbibliothek, Porträtsammlung und Bildarchiv, 213.206 B

14.48 Silberner Corpus von einem Kreuz aus dem Sarg der Baronesse Mary Vetsera

Unter makabren, unwürdigen Umständen wird Mary Vetsera am 1. Februar am Friedhof von Heiligenkreuz bestattet.

Privatbesitz

14.49 Erzherzogin Gisela Abb.

Öl auf Leinwand, 63 × 58 cm

Erzherzogin Gisela wurde als zweites Kind 1856 geboren. Sie verehelichte sich mit Prinz Leopold von Bayern am 20. April 1873.

Privatbesitz E. V.

14.50 Erzherzog Maria Valerie Abb.

Heinrich von Angeli, 1886
Öl auf Leinwand, 120 × 100 cm

Erzherzogin Marie Valerie wurde 1868 geboren. Sie war das Kind, zu dem Kaiserin Elisabeth das innigste Verhältnis

Kat.-Nr. 14.49

entwickelte; sie war ihre „Einzige". Umso härter traf die Kaiserin die Hochzeit Marie Valeries mit Erzherzog Franz Salvator ein Jahr nach dem Tod des Kronprinzen 1890.

Privatbesitz E. V.

14.51 Der Kaiser bei Gräfin Seefried

Heinrich Rauchinger, um 1910
Heliogravure, 34,5 × 45 cm

Gräfin Seefried war die älteste Tochter aus der Ehe Giselas mit Leopold von Bayern. Trotz ihrer unstandesgemäßen Verbindung mit einem Grafen Seefried zählte sie zu den Lieblingsenkeln des Kaisers.

Lit.: Erschienen in „Viribus unitis. Das Buch vom Kaiser". Zweite Folge (80 neue Bilder aus dem Leben unseres Kaisers).

Wien, Privatbesitz

14.52 Kaiser Franz Joseph beschert im Park zu Wallsee seinen sieben Enkelkindern Ostergeschenke

Wilhelm Gause, 1910
Heliogravure nach Aquarell, 35 × 44,5 cm

Im Hintergrund rechts die Eltern Erzherzogin Marie Valerie und Erzherzog Franz Salvator.

Lit.: Pauer, Nr. 3051.

Wien, Österreichische Nationalbibliothek, Porträtsammlung und Bildarchiv, Pk 1302, 78 Dubl. II W. G. W.

14.53 Abendspaziergang des Kaisers Franz Jopseph mit seinen Töchtern Gisela und Marie Valerie auf dem Jaintzen

Wilhelm Gause, 1910
Heliogravure nach Aquarell, 35 × 44,5 cm

Lit.: Pauer, Nr. 3042.

Wien, Österreichische Nationalbibliothek, Porträtsammlung und Bildarchiv, Pk 1302, 76 Dubl. II W. G. W.

Kat.-Nr. 14.50

Kat.-Nr. 14.54

14.54 Kaiser Franz Joseph mit seinen Enkelkindern Elisabeth (links) Franz Salvator (rechts) und Hubert Salvator (auf dem Schoß) Abb.

Photo Rudolf Krziwanek, Wien, 1894 (?)

Lit.: PAUER, Nr. 845.

Wien, Österreichische Nationalbibliothek, Porträtsammlung und Bildarchiv, 99.633 D

14.55 Kaiser Franz Joseph mit dem siebenjährigen Erzherzog Karl Franz Joseph an der Hand

Tiefdruck nach Photo von Erzherzogin Maria Josepha, Cannes 1894

Lit.: PAUER, Nr. 844.

Wien, Österreichische Nationalbibliothek, Porträtsammlung und Bildarchiv, NB 504.887 B

Kat.-Nr. 14.56

14.56 Kaiser Franz Joseph, zwischen den Knien Erzherzog Franz Joseph Otto Abb.

Photo Kosel, 1914

Erzherzog Franz Joseph Otto ist der erstgeborene Sohn des späteren Kaiser Karls.

Lit.: PAUER, Nr. 854.

Wien, Österreichische Nationalbibliothek, Porträtsammlung und Bildarchiv, NB 503.402 B

15. THRONFOLGER FRANZ FERDINAND

15.1 Erzherzog Franz Ferdinand

Wilhelm Vita
Öl auf Leinwand, 93,5 × 76,5 cm

Die Orden, die Erzherzog Franz Ferdinand auf dem Porträt trägt, sind die Orden, die er als Kaiser getragen hätte.

Lit.: FRIEDRICH WEISSENSTEINER, Franz Ferdinand. Der verhinderte Herrscher. Wien 1983.

Wien, Heeresgeschichtliches Museum — E. V.

15.2 Herzogin Sophie von Hohenberg

Heinrich von Angeli, 1913
Zeichnung, 56 × 43 cm

Sophie Gräfin Chotek bekam zu ihrer Hochzeit mit dem Thronfolger Erzherzog Franz Ferdinand von Österreich-Este den Namen Fürstin (ab 1909 Herzogin) Hohenberg. Da ihre Ehe eine morganatische war, durfte sie den Namen ihres Mannes nicht übernehmen. Die Zeichnung zeigt sie bereits als dreifache, glückliche Mutter.

Lit.: W. AICHELBURG, Erzherzog Franz Ferdinand und Artstetten. 3. Auflage, Wien 1986.

Schloß Artstetten, Inv. Nr. 306 — W. Ai.

Kat.-Nr. 15.3

15.3 Photographien des Erzherzogs Franz Ferdinand aus seiner Militärdienstzeit in Enns 1883 Abb.

Die Photographien zeigen uns einen Franz Ferdinand, wie wir uns ihn kaum vorstellen würden: heiter, locker, umgeben von zahlreichen Freunden. Erst die Krankheit, schlechte Behandlung seitens einiger Beamter des Wiener Hofes und der ungarischen Presse, waren negative Erfahrungen, die seinen Charakter in späterer Zeit prägten.

Lit.: W. AICHELBURG, Erzh. Franz Ferdinand und Artstetten. Wien 1986.

Schloß Artstetten, o. Nr. — W. Ai.

15.4 Karikatur des jungen Erzherzogs Franz Ferdinand

Monaco, 1895
Buntstiftzeichnung, 32 × 24 cm

Die Zeichnung des an Lungentuberkulose erkrankten Erzherzogs Franz Ferdinand entstand 1895, während seines Aufenthaltes an der Riviera. Unter der Leitung Dr. Viktor Eisenmengers wurde er nach zwei Jahren geduldaufreibenden Aufenthalten in mildem Klima wie auch durch seinen starken Willen wieder gesund.

Lit.: W. AICHELBURG, Erzh. Franz Ferdinand und Artstetten. Wien 1986 – V. EISENMENGER, Erzh. Franz Ferdinand. Wien 1930.

Schloß Artstetten, o. Nr. — W. Ai.

15.5 Der kranke Erzherzog Franz Ferdinand, 1895

Photo

Aufnahme aus einem Medaillon der Gräfin Sophie Chotek. Sie zeigt den erkrankten Erzherzog Franz Ferdinand in einem Liegestuhl sitzend, in Meran 1895.
Die Gräfin war es, die ihm den wahren Lebenswillen zurückgab; mit ihrer Hilfe konnte der Erzherzog die Krisis überwinden. Um das medizinische kümmerte sich Dr. Viktor Eisenmenger.

Lit.: V. EISENMENGER, Erzh. Franz Ferdinand. Wien 1930.

Schloß Artstetten, o. Nr. — W. Ai.

Kat.-Nr. 15.8

15.6 Photographien von Privatreisen Erzherzogs Franz Ferdinand 1898 bis 1913

Ruda Brunner-Dvořák, anonym

Erzherzog Franz Ferdinand reiste am liebsten inkognito, ohne jede Bewachung und in Zivil. Im Gegensatz zum Kaiser zog er die Uniform nur im Dienst an. Auf diese Weise besuchte er auch Italien und Serbien, ohne daß es allgemein bekannt wurde.

Lit.: W. AICHELBURG, Erzh. Franz Ferdinand und Artstetten. Wien 1986.

Schloß Artstetten, o. Nr. W. Ai.

15.7 Serbische Grenzübertrittbewilligung, mit der Erzherzog Franz Ferdinand inkognito Belgrad besucht hatte

Formular, 11 × 17 cm

Erzherzog Franz Ferdinand reiste am liebsten in Zivil und inkognito. Er verursachte dadurch weniger Aufsehen, ja es kam vor, daß ihn die Leute überhaupt nicht erkannten – trotz des Schnurrbarts und der strahlend blauen Augen. Seine unbezwingbare Neugierde verleitete ihn in diesem Fall sogar zur Gesetzübertretung: unter einem falschen Namen und falscher Berufsbezeichnung besuchte er im Mai 1900 Belgrad.

Lit.: W. AICHELBURG, Erzh. Franz Ferdinand und Artstetten. Wien 1986.

Schloß Artstetten, o. Nr. W. Ai.

15.8 Hochzeitsgesellschaft am 1. 7. 1900 Abb.

Graf Chotek
Photo

Erzherzog Franz Ferdinand von Österreich-Este heiratete Gräfin Sophie Chotek im nordböhmischen Schloß Reichstadt (Zákupy), dem Witwensitz der Stiefmutter des Erzherzogs, Erzherzogin Marie Therese. Die Hochzeit war eine rein private, eng familiäre Angelegenheit, zu der nur wenige

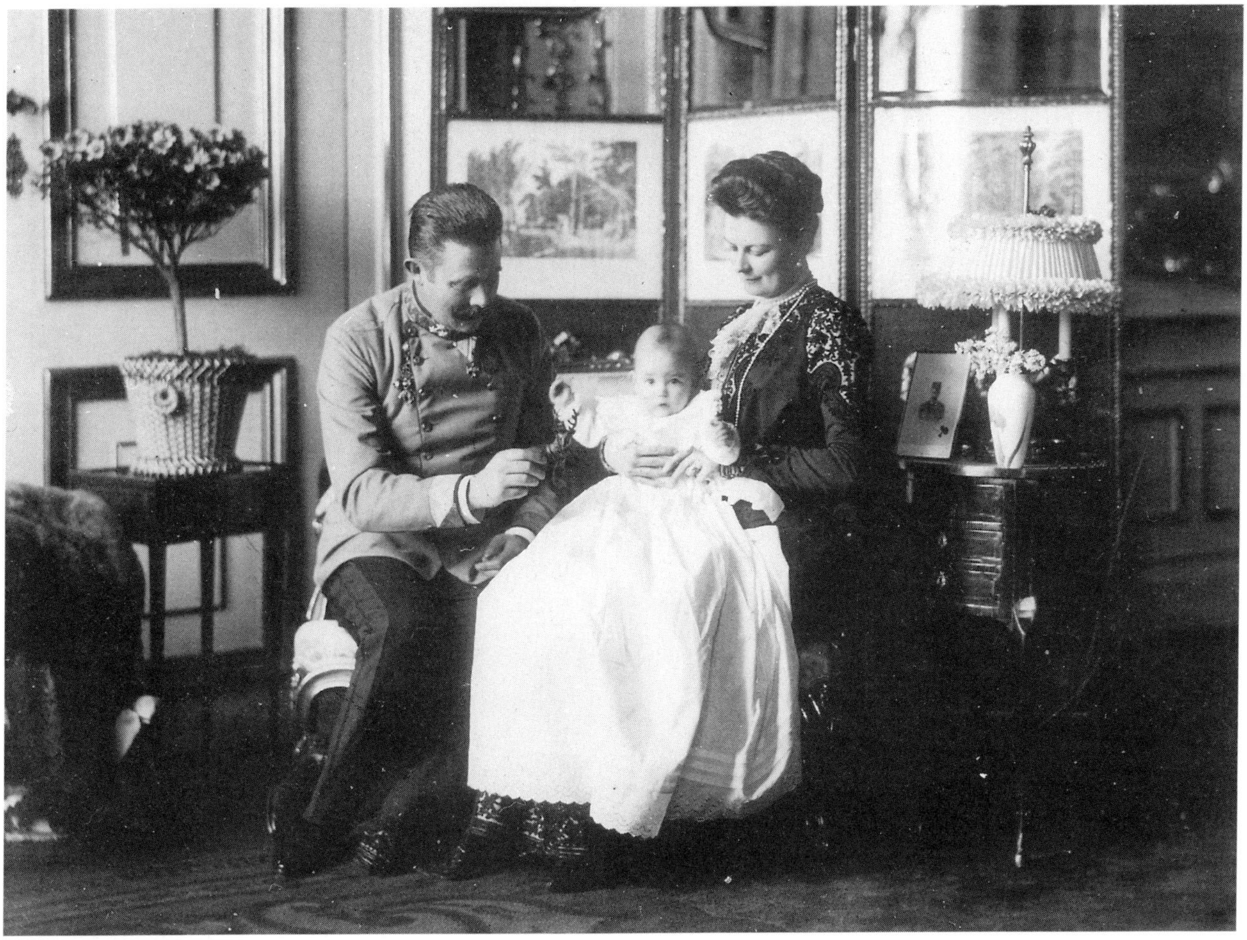

Kat.-Nr. 15.10

Gäste geladen worden waren. Am Photo, das ein Verwandter der Braut machte, ist die gesamte Hochzeitsgesellschaft zu sehen.

Lit.: W. AICHELBURG, Erzh. Franz Ferdinand und Artstetten. Wien 1986.

Schloß Artstetten, o. Nr. W. Ai.

15.9 Postkarten von Erzherzog Franz Ferdinand an Gräfin Sophie Chotek

6 Ansichtkarten 9 × 14 cm

Ansichtskarten aus der Korrespondenz des Erzherzogs mit Gräfin Sophie Chotek aus den Jahren 1895–1899. Der Stil, ursprünglich recht offiziell, wird immer herzlicher und wärmer, teilweise jedoch auch bitter. Der Erzherzog sammelte und schrieb gerne G'stanzeln, er gab auch zwei Bände dieser volkstümlichen Gedichtschreibung anonym heraus. R. T. N.: „Rosen, Tulpen, Nelken", Pseudonym des Erzherzogs.

Lit.: W. AICHELBURG, Erzh. Franz Ferdinand und Artstetten. Wien 1986 – A. KOLLITSCH, G'stanzeln des Erzh. FF. In: Carinthia I (Klagenfurt 1951), S. 125–135.

Schloß Artstetten, o. Nr. W. Ai.

15.10 Erzherzog Franz Ferdinand mit seiner Familie

Abb.

Ruda Brunner-Dvořák, Atelier Adele Förster, S. Sfecich
Diverse Photographien

Die glückliche Familie mit einem, zwei und drei Kindern; Erzherzog Franz Ferdinand mit Tochter Sophie spielend;

Kat.-Nr. 15.10

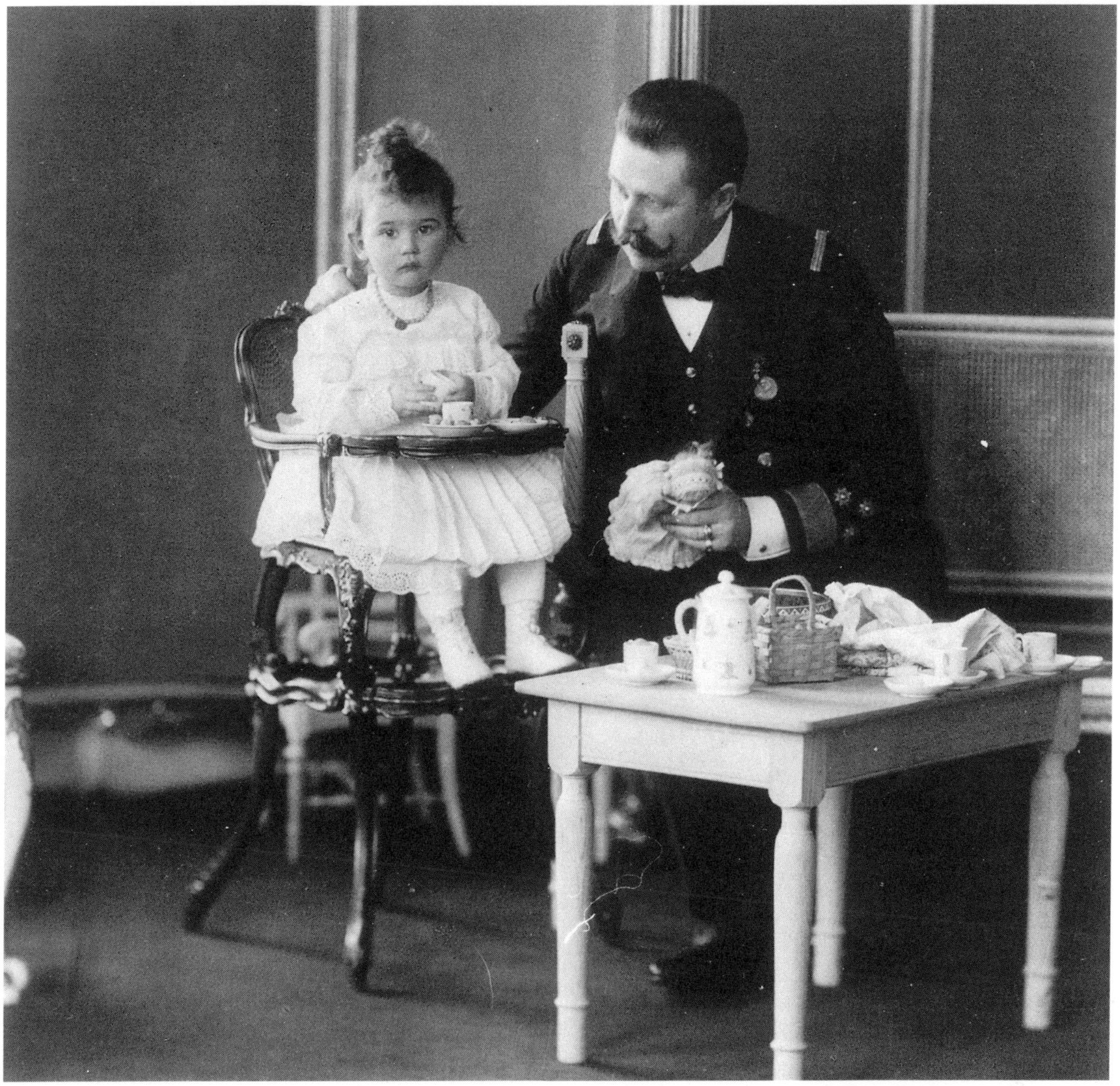

Kat.-Nr. 15.10

mit Sohn Ernst beim Eislaufen; die ganze Familie mit der Stiefmutter Erzherzogin Marie Therese in Cittanova etc. Alle diese Bilder, auch die offiziellen, zeigen, wie glücklich die Ehe des Thronfolgers war.

Lit.: W. Aichelburg, Erzh. Franz Ferdinand und Artstetten. Wien 1986.

Schloß Artstetten, o. Nr.

W. Ai.

15.11 Kaiser Franz Joseph besucht den Erzherzog-Thronfolger Franz Ferdinand und dessen Familie im Belvedere

Theo Zasche (1862–1922), um 1910
Heliogravure nach Gemälde, 35 × 44,5 cm

Der Kaiser und der Thronfolger in Uniform.

Lit.: Pauer, Nr. 853.

Wien, Österreichische Nationalbibliothek, Porträtsammlung und Bildarchiv, Pk 1302, 21 Dubl. II W. G. W.

Kat.-Nr. 15.10

15.12 Korrespondenz des Erzherzogs Franz Ferdinand mit seinen Kindern 1906–1914

4 Telegrammblätter, 2 Postkarten, 1 Glückwunschbrief

Im Jahre 1914 waren die Kinder, 13, 12 und 10 Jahre alt. Trotzdem spiegelt ihre Korrespondenz eine weitgehende geistige Reife, sicher gefördert durch die hervorragende Erziehung der Kinder. Es wurde ihnen alles Wesentliche und Interessante mitgeteilt, ebenso offen berichteten sie an ihre oft abwesenden Eltern. Das letzte Telegramm kam bereits aus Bosnien (26. 6. 1914).

Lit.: W. AICHELBURG, Erzh. Franz Ferdinand und Artstetten. Wien 1986.

Schloß Artstetten, o. Nr. W. Ai.

Kat.-Nr. 15.10

15.13 Erzherzog Franz Ferdinand als Jäger Abb.

Ruda Brunner-Dvořák, Alois Beer
Diverse Photographien

Die Jagd spielte im Leben Erzherzog Franz Ferdinands eine große Rolle. Leider wird heute diese Leidenschaft meist falsch interpretiert und kaum verstanden. Der Erzherzog schoß sehr gut, er traf auch dort, wo andere versagt hatten. Was man gut kann, das tut man auch gern. Franz Ferdinand war fast jeden Tag in der Natur. Hauptsächlich war die Jagd aber eine gesellschaftliche Angelegenheit.

Lit.: W. AICHELBURG, Erzh. Franz Ferdinand und Artstetten. Wien 1986.

Schloß Artstetten, o. Nr. W. Ai.

15.14 Kaffeeservice für Erzherzog Franz Ferdinand

Ernst Wahliss, Wien um 1900

Porzellan, rot-weiß mit Monogramm
Kanne mit Deckel, H = 15 cm
Milchkännchen, H = 7 cm
Zuckerdose, Dm = 6 cm
Tasse mit Untertasse, Dm = 11,5 cm, H = 5 cm
Dessertteller, H = 16,5 cm

Das Service wurde nach der Vermählung des Erzherzogs für seinen neuen Sitz im Oberen Belvedere angeschafft.

Schloß Artstetten, o. Nr.

W. Ai.

Kat.-Nr. 15.13

15.15 Trinkgarnitur für Erzherzog Franz Ferdinand

Entwurf: Stephan Rath, 1914
Ausführung: J. & L. Lobmeyr

Weinflasche: H = 28 cm
Rheinweinglas: H = 13,5 cm
Dessertweinglas: H = 13,5 cm
Champagnerflöte: H = 18,5 cm
Mundgeblasenes Kristallglas, mehrteiliger Facettenschliff, Kupferrand – gravierte Zackenborde und Wappen mit Blattranken.

Wien, J. & L. Lobmeyr

15.16 Das Attentat am 28. 6. 1914 Abb.

Ruda Brunner-Dvořák, W. Tausch, Kilophot
Diverse Photographien

Hotel Bosna in Bad Ilidža, wo der Thronfolger und die Herzogin gewohnt haben; Fahrt nach Sarajevo, Stelle des ersten und des zweiten Attentats; Volksansammlung am 2. Attentatsort; Überfuhr über die Donau bei Pöchlarn; die Gruft in Artstetten im Juli 1914.

Lit.: WLADIMIR AICHELBURG, Sarajevo, 28. 6. 1914. Wien 1984.

Schloß Artstetten, o. Nr. W. Ai.

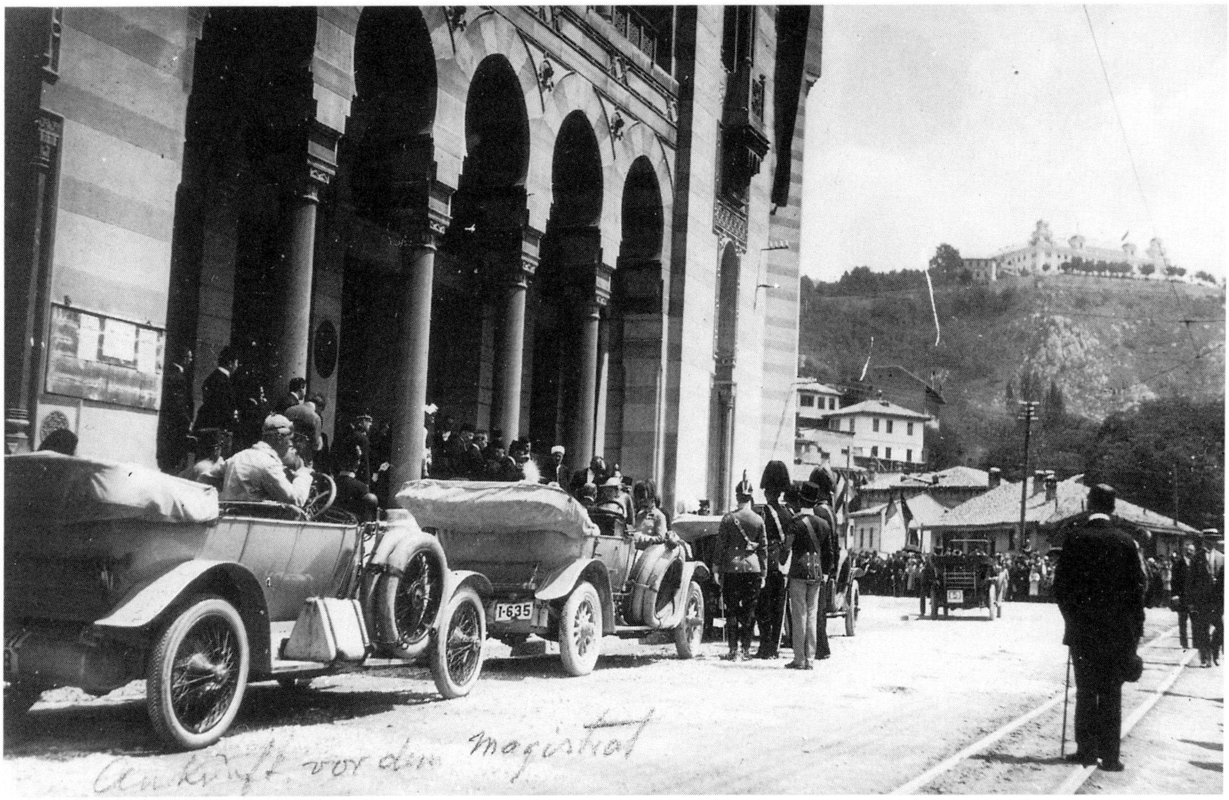

Kat.-Nr. 15.16

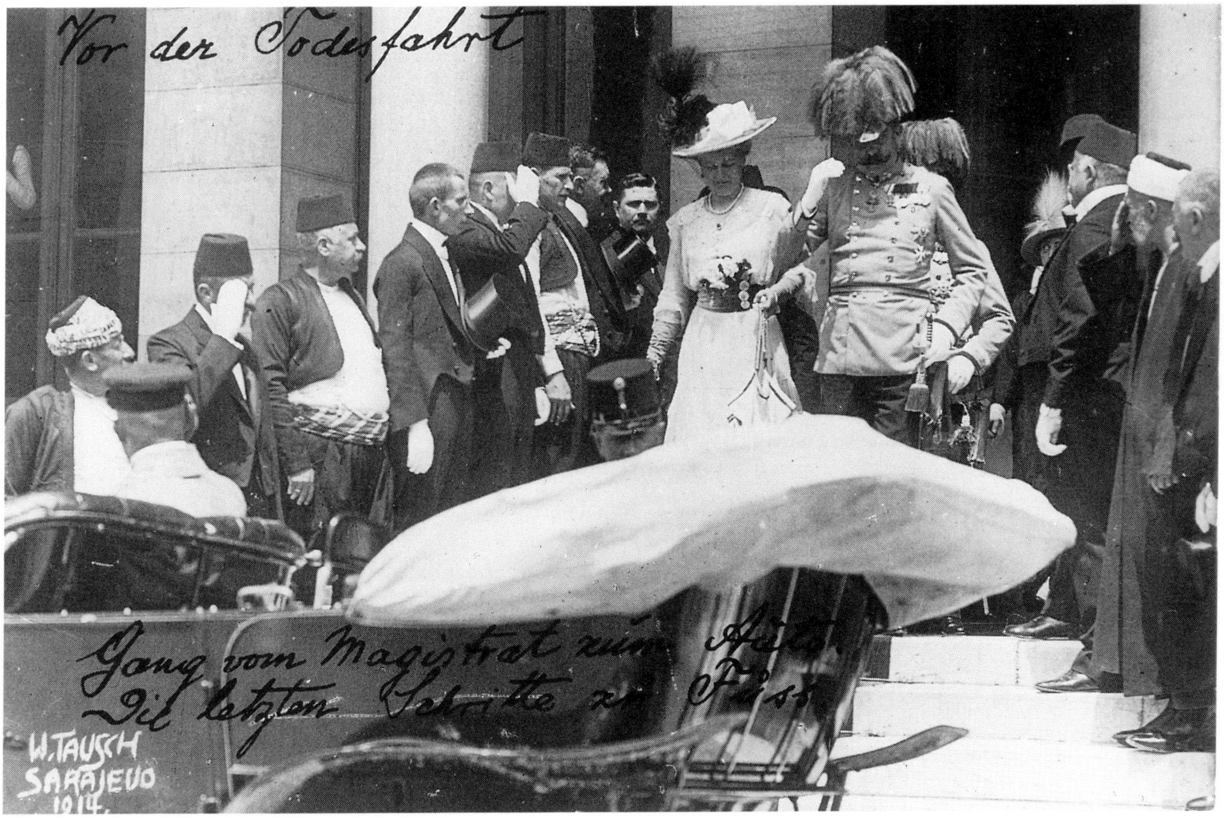

Kat.-Nr. 15.16

16. MODE IM FIN DE SIÈCLE

16.1 Brautkleid

Wernstadt (Nordböhmen), um 1885
Lila Seide

Da die Trägerin verwitwet war, ist die Farbe des Brautkleides lila. Über einem gesteiften Mieder wird eine bis zu den Hüften reichende Jacke mit langen Ärmeln getragen, die vorne durch einen gemusterten Einsatz unterteilt wird, der mit silbernen Knöpfen geschlossen wird. Der Rock zeigt im Rücken das Cul de Paris, das für diese Zeit typisch ist. Die vordere Rockpartie ist schmal gehalten, durch plissierte Volants, Spitzenrüschen, gemusterte Stoffbahnen geschmückt.

Salzburg, Museum Carolino Augusteum, Inv. Nr.2035/81
I. P.-H.

16.2 Gesellschaftskleid

Laufer, Wien, um 1890/91

Kleid: lila Moiretseide mit gelben Atlasstreifen, gelbes Mousseline; aus dem Besitz der Gräfin Melanie Zichy.
Die Taille liegt eng an; ihr Ausschnitt ist spitz, Drapierungen in der vorderen Partie; die Ärmel sind lang, am Oberarm gepufft; der Rock erweitert sich nach unten in eine voluminöse Schleppe.

Fächer: bemalte Seide mit Frauenbildnis, Kind und Vogeldarstellung (Ausführung: Csepreghy), um 1892
Handschuh: Baumwollzwirn, maschingestrickt

Budapest, Magyar Nemzeti Múzeum, Textilsammlung, T. 1962.55.1–2, T. 1971.110 und T. 1953.723.1–2 K. F.-D.

16.3 Gesellschaftskleid

Taille: Olga Hudec, Budapest
Rock: Fáy és Fehér, Budapest, um 1896

Silbergraue broschierte und cremefarbene Atlasseide, cremefarbene Maschinspitze und Mousseline, grauer Samtgürtel mit Straßschnalle; aus dem Besitz der Familie Saxlehner.
Die Taille liegt eng an, breite Revers betonen den Brusteinsatz, der zur Taille hin spitz ausläuft. Der Rock erweitert sich nach unten glockig und endet in einer Schleppe.

Fächer: Kranichfeder, um 1880–1910
Handschuh: Seidentrikot und Spitze

Lit.: Historic Hungarian Costume from Budapest. Manchester 1979, S. 62 (Nr. 31).

Budapest, Magyar Nemzeti Múzeum, Textilsammlung, T. 1966.59–60, T. 1967.100 und T. 1957.197.1–2 K. F.-D.

16.4 Festkleid

Anna Kothe, Graz, um 1902
Violett gestreifte Seide; vermutlich aus erzherzoglich habsburgischem Besitz

Das Ensemble besteht aus Jacke und Rock, der einen leichten Ansatz zu einer Schleppe zeigt. Die Jacke mit einem Schößchen im Rücken besitzt einen großen Kragen, der wie ein Bolero wirkt. Perlstickerei schmückt Halsausschnitt, Ärmel und Gürtel; der Rock fällt glatt, ohne Verzierung herab.

Salzburg, Museum Carolino Augusteum, Inv. Nr. 52/60
I. P.-H.

16.5 Gesellschaftskleid

Haet-Cheruit, Place Vendome, Paris, um 1902

Kleid: schwarzer Tüll, weiße Spitzenapplikationen, Flitter- und Perlenstickerei; aus dem Besitz der Hofdame Königin Elisabeths Baroneß Sarolta Majthény.
Die Taille ist leicht gebauscht, mit hohem Kragen und bis zu den Ellbogen reichenden Ärmeln. Der Rock erweitert sich nach unten glockig und endet in einer Schleppe.
Fächer: schwarze Atlasseide mit Spitzenapplikationen, um 1880–1900.
Handschuhe: aus Tüllspitze.

Budapest, Magyar Nemzeti Múzeum, Textilsammlung, T. 1951.163.1–2, T. 1975.128 und T. 1960.553 K. F.-D.

16.6 Spitzenmantel

Um 1903
Ecrufarbene Spitze; vermutlich aus dem Besitz von Sophie Herzogin von Hohenberg

Der Mantel weist keine Nähte auf und fällt in glockenförmigen Falten zu Boden. Die Kreisform des Mantels ergibt sich aus der Führung des aus der Bändchenspitze gebildeten Ornamentes, das durch die Verwendung von Tüll, Bändchen und durch die Führung von vielerlei Spitzenstichen die Erweiterung zur Glockenform ermöglicht. An der Passe des Mantels ist die Spitze teilweise mit Perlen überstickt, um Halt zu geben. Die Ärmel bestehen aus plissierten Volants.

Wien, Hochschule für angewandte Kunst, Kostüminstitut, Inv. Nr. 2718 I. P.-H.

16.7 Abendkleid

Wien (?), um 1905
Cremefarbener Crepe de Chine; aus dem Besitz von Therese Backhausen, Wien

Die Prinzessform des Kleides wird durch vorn durchgehende Goldbänder unterstrichen; ein eingearbeitetes Mieder ruft noch eine leichte Versteifung hervor. Die Goldbänder verbinden auch die reiche Stickerei am unteren Rand und auf der Schleppe mit der Spitzenpasse und den kurzen Ärmeln. Die Stickerei besteht aus Goldfäden, Perlen, leichten Applikationen und Quasten aus Bouillonfäden.

Wien, Fa. Backhausen I. P.-H.

16.8 Tüllkleid

Noelle, Salzburg, um 1908
Cremefarbener Tüll mit kleinen Tupfen

Das Kleid besteht nicht aus zwei Teilen, sondern besitzt eine Taillennaht. Der Rocksaum ist mit Spitzenvolants und Satinband besetzt. Sie verzieren ebenfalls die Taille, die einen großen Ausschnitt zeigt und nur noch mit leichten Stäbchen versteift wird. Ein Unterkleid aus cremefarbenen Atlas mit breiten Volants und Klöppelspitze besetzt, ergänzt die Robe.

Salzburg, Museum Carolino Augusteum, Inv. Nr. 2051/84
I. P.-H.

16.9 Abendensemble Farbabb. 17

Um 1905

Abendtoilette: Prag oder Wien, um 1905. Zweiteilig aus grünblauem Samt mit Schleppe, Taille mit gleichfärbigem Mousselin verziert; Seiden-, Metall- und Glasstiftstickerei. Abendmantel: Salon Anna Renner, Wien I., um 1905. Aus cremeweißem Tuch mit Kimonoärmeln, verschlußlos; Soutachestickerei; Seidenfutter.

Lit.: JIŘINA VYDROVÁ, Žena doby secese (Die Frau des Jugendstils). Ausst. Kat. Kunstgewerbemuseum Prag 1976, Kat. Nr. 18 – ERIKA THIEL, Die Geschichte des Kostüms. Berlin 1980, S. 373.

Prag, Uměleckoprůmyslové Muzeum, Inv. Nr. 57.701 und Inv. Nr. 57.766

16.10 Abendkleid

Salzburg (?), um 1912
Lila Chiffon

Lila Chiffon bildet das Material des ärmellosen Abendkleides, das einen tiefen Ausschnitt zeigt. Ein großer Kragen fällt schalartig am Rücken herab. Ein einfaches Muster in Maschinen-Flachstickerei in den Farben beige und violett bildet die Verzierung am Kragen- und Rocksaum. Ein glatter Chiffongürtel wird um die Taillenlinie gelegt. Ein rosa Unterkleid mit Trägern komplettiert das Abendkleid.

Salzburg, Museum Carolino Augusteum, Inv. Nr. K 1537/49 I. P.-H.

Kat.-Nr. 16.16

16.11 Abendkleid

Callots Soeurs, Paris, 1912
Goldlamé

Das Kleid zeigt bereits einen schmalen Rock, der auf eine zukünftige Modeentwicklung hinweist. Noch ist eine kleine Schleppe vorhanden. Die kurze Taille wird aus drapierten Stoffteilen gebildet, die durch eine große Perlenagraffe in der vorderen Mitte gehalten werden. Über einer Spitzenpasse liegen zwei breite, mit Goldbändern und Perlstickerei verzierte Tüllschals, die auch die Arme bedecken; Perlstickerei findet sich auch auf Ausschnitt und Rocksaum.

Wien, Hochschule für angewandte Kunst, Kostüminstitut, Inv. Nr. 2406
I. P.-H.

16.12 Abendmantel

Salon Schwestern Flöge, 1911–1915
Weißer Satin; aus dem Besitz von Helene Petertil, Wien

Die schlichte, dreiviertel lange Form des Mantels ist an allen Rändern mit reicher Flachstickerei verziert. Das florale Muster zeigt den Stil der Wiener Werkstätte; die ungleiche Länge der Unterkante spiegelt nicht den Standard der Zeit, sondern verweist auf die außergewöhnliche Formgebung der Wiener Werkstätte. Weite Ärmel, ebenfalls mit Stickerei und Quasten geschmückt, ergänzen den lose fallenden Mantel.

Wien, Hochschule für angewandte Kunst, Kostüminstitut, Inv. Nr. 100.309 — I. P.-H.

16.13 Damenensemble

Um 1898/1908

Rock: schwarzer Tüll, Maschinenspitze, Samt, Stickerei mit silbergrauen Perlen; um 1898/1900
Der Rock erweitert sich nach unten und endet in einer Schleppe; der Rocksaum ist mit Volants besetzt.
Bluse: weiße Tüllspitze, Mousseline, Spitzenapplikationen; um 1907/08.
Die Taille ist stark gebauscht, mit hohem Kragen und bis zu den Ellbogen reichenden doppelten Ärmeln.
Gürtel: Gürtelschnalle aus Perlmutter, in Herzform, Gürtelband rekonstruiert; um 1910.
Damenhut: weiße Tüllspitze, Maschinenspitze, farbige Kunstblume; um 1900.
Brosche: Metall, Perlmutter.

Budapest, Magyar Nemzeti Múzeum, Textilsammlung, T. 1983.455, T. 1976.278, T. 1959.1617, T. 1981.182 und T. 1985.89 — K. F.-D.
(In Raumgruppe 26 ausgestellt)

16.14 Festkleid

Leopold Blauensteiner, 1897
Kopie; Duchesse, Gaze, Pailettenstickerei

Das Festkleid wurde eigens für die Eröffnung der Secession am 15. November 1898 entworfen und angefertigt.

Wien, Modesammlungen des Historischen Museums der Stadt Wien
(In Raumgruppe 26 ausgestellt)

16.15 Damenkleid

Um 1905
Foulardseide, schwarz-weiß gepunktet; vermutlich aus dem Besitz der Freiin Agnes von Trauttenberg

Zu einem glatten Rock, der am unteren Rand mit Plisseestreifen besetzt ist, wird eine vorne schließende Taille getragen, die einen in der vorderen und hinteren Mitte in spitzen Formen auslaufenden Schoß besitzt. Sie ist mit Ornamenten versehen, die aus mit Kleiderstoff überzogenen Schnüren gebildet wird. Die kurzen Ärmel bestehen aus in Falten gelegten Georgette. Die Taille ist nur mehr leicht gefüttert. Spitzenstoff am Ausschnitt und Ärmeln.

Privatbesitz — I. P.-H.
(In Raumgruppe 26 ausgestellt)

16.16 Gesellschaftskleid — Abb.

Atelier Drecoll, Wien–Paris, um 1908

Kleid: Seidenmousseline, schwarz-rosa gestreift; schwarzer Samt, rosa Seide, Maschinenspitze, weiße Guipurespitze; aus dem Besitz der Familie Hadik-Barkózky.
Die Taille ist gebauscht, mit hohem Kragen, Brusteinsatz, Rüschen und Masche. Die Mitte betont ein breiter Samtgürtel. Der Rock erweitert sich nach unten und endet in einer Schleppe. Die trichterförmigen Ärmel reichen bis zum Ellbogen.
Hut: Baumwollmousseline.

Lit.: L'art en Hongrie. Paris 1976, Nr. 427.

Budapest, Magyar Nemzeti Múzeum, Textilsammlung, T. 1957.144.1–2 und T. 1986.180 — K. F.-D.
(In Raumgruppe 25 ausgestellt)

16.17 Sommerkleid — Farbabb. 16

Um 1902/05

Kleid: weißer Batist, mit Maschinenspitze; aus dem Besitz einer Lehrerin in Kecskemét.
Der Schnitt des Kleides verkörpert ein sog. Reformkleid, gerade geschnitten, mit hoher Taille, hohem Kragen und gepufften, langen Ärmeln.
Sonnenschirm: weiße Leinwand mit Madeirastickerei, um 1910.
Schnürschuh: weißes Ziegenleder, um 1900/10.
Damenhut: Panamastroh mit Kunstblumen.
Damentasche: weißer Leinenbatist mit Madeirastickerei, um 1910.

Budapest, Magyar Nemzeti Múzeum, Textilsammlung, T. 1976.303, T. 1962.6, T. 1961.3049, T. 1972.499 und T. 1980.31 — K. F.-D.
(In Raumgruppe 3 ausgestellt)

16.18 Sommerkleid

Um 1915
Weißer Batist mit Maschinstickerei; vermutlich aus dem Besitz der Freiin Agnes von Trauttenberg

Ein lose, ohne Futter gearbeitetes Kleid mit einer Art Weste aus Stickereistoff; diese endet im Rücken in einem kleinen Schoß und zeigt am Ausschnitt einen liegenden Kragen. Die Länge der Taille ist kurz. Dreiviertel lange Ärmel mit schmalen Manschetten ergänzen das leichte Sommerkleid.

Privatbesitz I. P.-H.
(In Raumgruppe 25 ausgestellt)

16.19 Mädchenkleid

Um 1908

Kleid: weißer Batist, mit Richelieustickerei. Locker und weit geschnitten, auf der Brust gerafft, mit rundem Halsausschnitt und kurzen gepufften Ärmeln.
Kinderschuh: weiße Leinwand; um 1910.

Budapest, Magyar Nemzeti Múzeum, Textilsammlung, T. 1986.70 und T. 1982.210.1–2 K. F.-D.
(In Raumgruppe 3 ausgestellt)

16.20 Damenmode aus l'Elégance Parisienne

1881, No 14
Druck, farbig

Acht Modelle zeigen noch die Tournüre.

Wien, Museum für angewandte Kunst, Vorbildersammlung, Inv. Nr. 8011/28 I. P.-H.

16.21 Damenmode aus Le Moniteur de la Mode

1895, No 14
Druck, farbig

Sieben Modelle zeigen die Schinkenärmel an Kleidern und Kostümen.

Wien, Museum für angewandte Kunst, Vorbildersammlung, Inv. Nr. 7989/585 I. P.-H.

16.22 Damenmode aus Le Moniteur de la Mode

1898, No 14
Druck, farbig

Acht Modelle in Sommerkleidung.

Wien, Museum für angewandte Kunst, Vorbildersammlung, Inv. Nr. 7989/653 I. P.-H.

16.23 Damenmode aus Le Moniteur de la Mode

1900, No 40
Druck, farbig

Acht Modelle in herbstlicher Straßenkleidung.

Wien, Museum für angewandte Kunst, Vorbildersammlung, Inv. Nr. 7989/821 I. P.-H.

16.24 Tennisspielerin aus Le Moniteur de la Mode

1900, No 28
Druck, farbig

Weißer Rock und Bluse mit rotem Bolero.

Wien, Museum für angewandte Kunst, Vorbildersammlung, Inv. Nr. 7989/800 I. P.-H.

16.25 Straßenkleid aus Le Moniteur de la Mode

1900, No 13
Druck, farbig

Das Kleid zeigt bereits eine klarere Linienführung.

Wien, Museum für angewandte Kunst, Vorbildersammlung, Inv. Nr. 7989/774 I. P.-H.

17. PHOTOGRAPHIE ALS KÜNSTLERISCHES MEDIUM

17.1 Künstlerische Ateliers

17.1.1 Franz Xaver Setzer (1886–1939)

Als Photograph in Wien tätig, Ateliergründung 1911; während der Zwischenkriegszeit erfolgreicher Porträtphotograph.

17.1.1.1 Grete Wiesenthal

Franz Xaver Setzer
Originalphoto, 33,6 × 42 cm

Wien, Archiv Tschiedel-Setzer

17.1.1.2 Maria Gutheil Schoder

Franz Xaver Setzer
Originalphoto, 33,6 × 42 cm

Wien, Archiv Tschiedel-Setzer

17.1.2 Moriz Nähr (1859–?)

Moriz Nähr war einer jener österreichischen Photographen, die nebeneinander kommerziell und künstlerisch arbeiteten. Vielfache persönliche und berufliche Beziehungen verbanden ihn mit den Künstlern der Avantgarde in Wien. Selbst als Maler ausgebildet, war er mit Gustav Klimt und Egon Schiele befreundet und machte die photographischen Reproduktionen etwa für die Kataloge der Wiener Secession. Daneben war er als freier „Kunstphotograph" tätig und war mit seinen Arbeiten in wichtigen Amateur-Photographie-Ausstellungen vertreten.

Lit.: Kat. Geschichte der Fotografie in Österreich, Bd. 2 S. 159.

M. F.

17.1.2.1 Gustav Klimt

Moriz Nähr, 1912/14
Originalphoto, 40 × 53 cm

Wien, Sammlung Dr. Christian Brandstätter

17.1.3 Anton Trcka (1893–1940)

Josef Anton Trcka war auch Maler und Lyriker, seine Photographien sind – im Gegensatz zu den in Wien üblichen Gepflogenheiten – oft malerisch überarbeitet, mit Schriftzügen oder Zeichen versehen. Seine bekanntesten Arbeiten sind die Aufnahmen Egon Schieles, die den Maler in Posen zeigen, die an seine gemalten Selbstporträts erinnern. Manchmal wurden diese Photos auch von Schiele noch überarbeitet.

Diese und verwandte Photos (u. a. Porträts von Klimt, Selbstporträts) schuf Trcka, der sich auch „Antios" nannte, als junger Amateur. Die in der Linienführung stark dem Jugendstil verpflichtete Komposition verbunden mit einer sehr expressiven Gestik behielt der Photograph aber auch bei, als er später ein kommerzielles Porträtatelier eröffnete.

Lit.: Kat. Geschichte der Fotografie in Österreich, Bd. 1, S. 197, Bd. 2, S. 187 – Kat. L'Apocalypse joyeuse. Paris 1986.

M. F.

17.1.3.1 Selbstbildnis

Anton Josef Trcka, um 1915
Originalphoto

Wien, Privatbesitz

17.1.3.2 Egon Schiele

Anton Josef Trcka, um 1916
Postkarte

Wien, Privatbesitz

17.1.4 Rudolf Jobst (1872–1952)

Der aus Budapest gebürtige Photograph betrieb in Wien eines der bedeutendsten kommerziellen Ateliers, dessen Kunden vor allem Bühnenkünstler waren.

Lit.: Kat. Geschichte der Fotografie in Österreich, Bd. 2, S. 134.

M. F.

17.1.4.1 Grete Wiesenthal tanzt den „Frühlingsstimmenwalzer" von Johann Strauß — Abb.

Rudolf Jobst, 1908/09
Originalphoto, 38 × 25 cm

Diese Aufnahmen wurden 1909 in der Zeitschrift „Erdgeist" publiziert, in einem Heft, das ausschließlich der Tänzerin Grete Wiesenthal gewidmet war. Sie stellen insofern eine Besonderheit im photographischen Schaffen dieser Zeit dar, als Tänzer damals fast ausschließlich in statischen Posen und im Atelier aufgenommen wurden. Jobst gelang es hier, den dynamisch-beschwingten Tanzstil der Tänzerin, der im Gegensatz zum traditionellen Tanz stand, in einer fast an die „Schnappschuß-Technik" der modernen Pressephotographie erinnernden Weise festzuhalten.

Wien, Theatersammlung der Österreichischen Nationalbibliothek, PÜ 10

M. F.

17.1.4.2 Grete Wiesenthal tanzt den „Frühlingsstimmenwalzer" von Johann Strauß

Rudolf Jobst, 1908/09
Originalphoto, 38 × 25 cm

Vgl. Kat. Nr. 17.1.4.1

Wien, Theatersammlung der Österreichischen Nationalbibliothek, PÜ 22

17.1.5 Atelier d'Ora (Dora Kallmus 1881–1963, Arthur Benda 1885–1969)

1907 von Dora Kallmus mit Hilfe von Arthur Benda gegründet, war das Atelier „d'Ora" eines der ersten kommerziellen Porträtstudios in Österreich, die nicht nur auf die sich unter dem Einfluß der Amateurphotographie langsam verändernden Publikumswünsche reagierten, sondern selbst wesentliche künstlerische Ansprüche an die Ausführung ihrer Aufnahmen stellten.

Die Inszenierung des Dargestellten geschah bei „d'Ora" nicht nur im Hinblick auf die vom Auftraggeber erwartete Repräsentation, die sich von den erstarrten Schemata kommerzieller Bildnisse des späten 19. Jahrhunderts oft durch größeren Individualismus unterschied, sondern vor allem unter dem Gesichtspunkt der „Bildmäßigkeit": Verteilung von Licht und Schatten, Linien und Flächen im Lichtbild waren ebenso genau geplant und eingesetzt wie bei den „Kunstphotographen".

Darüberhinaus leistete das Atelier in Österreich Pionierarbeit in einem „neuen" Bereich des technischen Mediums, der Modephotographie. Schon seit 1910 entstanden Aufnahmen, die nicht nur Kleider oder Hüte lakonisch vorführten, sondern versuchten, durch ihre Gestaltung, wesentliche Merkmale der gezeigten Modelle zu unterstreichen. Schon früh fanden Photographien aus dem Atelier d'Ora Eingang in die immer stärker mit Lichtbildern illustrierten Zeitschriften. Wesentlich dafür war – neben der hohen Qualität der Aufnahmen – die Prominenz der Porträtierten: Neben Persönlichkeiten aus bildender Kunst, Literatur und Bühne zählten Mitglieder des Hochadels zum Kundenkreis des Ateliers. Die Tätigkeit von Dora Kallmus und Arthur Benda beschränkte sich nicht allein auf Wien. Aufgenommen – und vor allem publiziert – wurden ihre Photos etwa auch in Berlin und später in Karlsbad. In den zwanziger Jahren eröffnete Dora Kallmus ein Atelier in Paris, das Wiener Studio wurde von Arthur Benda weitergeführt.

Lit.: Fritz Kempe, Perscheid – Benda – d'Ora. Hamburg 1980 – Monika Faber, Madame d'Ora, Wien–Paris. Portraits aus Kunst und Gesellschaft. 1907–1957. Wien 1983.

M. F.

Kat.-Nr. 17.1.4.1

17.1.5.1 Hermann Bahr

Atelier d'Ora, 1910
Originalphoto, 16,7 × 12,2 cm

Wien, Theatersammlung der Österreichischen Nationalbibliothek, PE 308/302 517

17.1.5.2 Maria Gutheil Schoder als Elektra

Atelier d'Ora, 1915
Originalphoto, 38,4 × 25,5 cm

Wien, Theatersammlung der Österreichischen Nationalbibliothek, PÜ 402

17.1.5.3 **Modephotos der Wiener Werkstätte**

Atelier d'Ora
Originalphotos

Wien, Museum für angewandte Kunst

17.2 Kunstphotographie

17.2.1 František Drtikol (1883–1961)

17.2.1.1 **Weiblicher Akt**

František Drtikol, 1912
Originalphoto – Öldruck, 20,5 × 20,5 cm

Prag, Umĕleckoprůmyslové Muzeum, GF-9/6

17.2.1.2 **Anna Sedláčková, Schauspielerin**

František Drtikol, 1913
Kopie des Originalphotos, 22,2 × 19,2 cm

Mädchen mit langem Haar und Apfel; der Hintergrund im Negativ gemalt.

Prag, Umĕleckoprůmyslové Muzeum

17.2.1.3 **Mädchenakt im Profil**

František Drtikol, 1912
Originalphoto, 22,8 × 20,4 cm

Prag, Umĕleckoprůmyslové Muzeum

17.2.1.4 **Frau in durchsichtiger Draperie**

František Drtikol
Originalphoto, 29,7 × 23,2 cm

Prag, Umĕleckoprůmyslové Muzeum

17.2.1.5 **Stiegenaufgang (Spiegelung)**

František Drtikol, 1911
Kopie nach Originalphoto, 20 × 14,4 cm

Wien, Sammlung Fotografis Länderbank

17.2.2 Heinrich Kühn (1866–1944)

Heinrich Kühn hat mit seinem praktischen und theoretischen Werk die österreichische Photographie von etwa 1895 bis weit in die ersten Jahrzehnte des 20. Jahrhunderts hinein entscheidend geprägt. Gemeinsam mit seinen Freunden Hugo Henneberg und Hans Watzek – sie formierten die Gruppe „Trifolium" – bildete er nicht nur in Wien eine der Keimzellen der „Kunstphotographie", sondern wirkte durch Ausstellungsbeteiligungen, Publikationen und persönliche Beziehungen auch international an der Entwicklung einer künstlerischen Bildsprache mit.

Geboren in Dresden, studierte Kühn Naturwissenschaften und Medizin in Leipzig, Freiburg im Breisgau und in Innsbruck. Früh schon interessierte er sich für Photochemie und -physik, seit den frühen neunziger Jahren beschäftigte er sich mit photographischer Optik. Dementsprechend verbanden sich seine künstlerischen Anliegen in der Photographie eng mit einer technischen Fortentwicklung des Mediums: „Ich habe mein Leben darauf verwendet, die Bedingungen zu studieren und festzulegen, unter denen eine der Natur ähnliche Helligkeitswiedergabe durch die Lichtbildnerei möglich wird . . . Mit dem mehrschichtigen Gummi- und Öldruckverfahren habe ich eine geeignete Methode geschaffen . . ." Diese Verfahren gaben dem Photographen die Möglichkeit, den physikalischen Prozeß der Bildwerdung genau zu kontrollieren und damit zu beeinflussen.

Die hier gezeigten Beispiele aus Kühns Schaffen aus den Jahren 1898 bis 1906 auf seinen Reisen, in Wien und Innsbruck – wo er sich endgültig niederließ – belegen einerseits die verschiedenen Techniken, deren er sich zu dieser Zeit bediente – Gummidruck, Umdruck, Karbondruck – andererseits die thematische und gestalterische Auseinandersetzung mit der zeitgenössischen Malerei, etwa der Münchner Sezession im „Porträt einer Dame mit Federhut" oder dem Impressionismus im „Hofgarten". Diese Photos sind stets das Ergebnis präziser Planung und Durchführung – nicht nur im Hinblick auf die physikalisch-chemischen Abläufe. Die Verteilung von Hell und Dunkel im Bild, deren Intensitätsgrade und Dichte wurden bereits während der Aufnahme festgelegt und bedingten eine lange Vorbereitungszeit, in der alles Zufällige ausgeschlossen wurde. Die Modelle wurden stundenlangem Probieren unterworfen.

Kühns jahrzehntelange Beschäftigung mit der photographischen Bildgestaltung und Technik manifestierte sich nicht nur in seinen oft großformatigen Kunstdrucken, oder in den Versuchen mit den frühen Farbtechniken, wie etwa den Autochrome-Lumière-Platten, sondern auch in einer großen Zahl von theoretischen Texten und praktischen Anleitungen, die in Österreich und Deuschland publiziert wurden.

Lit.: Bibliographie der Schriften von Heinrich Kühn: Kat. Geschichte der Fotografie in Österreich, Bd. 2, S. 143ff. – PETER WEIERMAIR (Hrsg.), Heinrich Kühn 1866–1944. Photographien. Innsbruck 1978. – Kat. Heinrich Kühn 1866–1944. Essen 1978. – Kat. RUDOLF KICKEN (Hrsg.), Heinrich Kühn. Köln 1981.

M. F.

17.2.2.1 **Samstag in Holland**

Heinrich Kühn, um 1898
Gummidruck, 44,8 × 34,7 cm

Innsbruck, Privatbesitz

Kat.-Nr. 17.2.3.1

17.2.2.2 Hügellandschaft mit Baum und Schnitter

Heinrich Kühn, um 1898
Kopie nach Gummidruck, 39 × 28,9 cm

Wien, Sammlung Fotografis Länderbank

17.2.2.3 Stilleben

Heinrich Kühn, um 1900
Umdruck, 38 × 29 cm

Innsbruck, Privatbesitz

17.2.2.4 Die Mutter Kühns

Heinrich Kühn, um 1900
Gummidruck, 20 × 29 cm

Innsbruck, Privatbesitz

17.2.2.5 Alfred Stieglitz

Heinrich Kühn, 1904
Kopie nach Gummidruck, 25,5 × 20,5 cm

Wien, Sammlung Fotografis Länderbank

17.2.2.6 Porträt einer Dame mit Federhut

Heinrich Kühn, um 1905
Gewachster Gummi- und Karbondruck, 28,5 × 20,9 cm

Innsbruck, Privatbesitz

17.2.2.7 Im Hofgarten (Innsbruck)

Heinrich Kühn, 1906
Gummidruck, 29 × 16 cm

Innsbruck, Privatbesitz

17.2.2.8 Mädchen mit Blumen

Heinrich Kühn, 1906
Gummidruck, 39 × 53,5 cm

Innsbruck, Privatbesitz

17.2.2.9 The Mirror

Heinrich Kühn, um 1907
Kopie nach Gummidruck, 36,2 × 27,2 cm

Wien, Sammlung Fotografis Länderbank

17.2.3 Hugo Henneberg (1863–1918)

Druckgrafiker, Amateurphotograph. Geb. in Wien, 1882 Studium der Physik, Chemie, Astronomie, Mathematik in Wien und Jena, seit 1887 Beschäftigung mit Photographie, 1888 Dissertation in Physik, H. reiste nach den USA, 1890–1909 Korrespondenz mit Alfred Stieglitz, (1864–1946), 1890 Reisen nach Ägypten und Griechenland, erste Ausstellungsbeteiligung in Salzburg 1893, H. lernte im Camera-Klub Wien H. Kühn und H. Watzek kennen, mit denen sich eine Freundschaft entwickelte; wurde 1894 in die englische Vereinigung „The Linked Ring" aufgenommen, war beeindruckt von den Gummidrucken des Franzosen Robert Demachy (1859–1938), eigene Experimente mit Edeldruckverfahren, auch gemeinsam mit Kühn und Watzek, mit denen er etliche Reisen nach Italien u. Holland unternahm, 1897 gemeinsame Ausstellung als „Trifolium", 1898 Hinwendung zur Malerei und Grafik, 1903 stellte H. Dreifarben-Gummidrucke in der Wiener Secession aus, die erstmals für Kunstphotographie offen war, trat 1904 dem neuen Wiener Photo-Club bei, erneute Beschäftigung mit Holzschnitt und Radierung, um 1910 endgültige Entscheidung für die bildende Kunst, „weil er die Photographie als zu schwierig angesehen hatte" (Alvin Langdon Coburn), gest. in Wien. – Einer der international führenden Kunstphotographen, thematischer Schwerpunkt: Landschaft.

Lit.: Text aus: Kat. Geschichte der Fotografie in Österreich, Bd. 2, S. 127.

17.2.3.1 Landschaft „Castel Gandolfo" Abb.

Hugo Henneberg
Originalphoto, 37 × 70 cm

Wien, Graphische Bundes-Lehr- und Versuchsanstalt

17.2.3.2 Porträt eines Knaben

Hugo Henneberg
Originalphoto, 26,5 × 21,7 cm

Wien, Graphische Bundes-Lehr- und Versuchsanstalt

17.2.4 Hans Watzek (1848–1903)

Amateurphotograph, Künstler. Geb. in Bilin, ab 1866/67 Besuch der Kunstakademie in Leipzig u. München, ab 1873 Lehrer für Freihandzeichnen an der Mittelschule Komotau/Böhmen, ab 1875 Lehrer an Wiener Mittelschulen, wo er bald im Verein österreichischer Zeichenlehrer für eine Reformierung des Zeichenunterrichts eintrat, 1890 begann W. zu photographieren u. trat dem Wiener Camera-Klub bei, sein Interesse an der Photographie wurde durch die „Internationale Ausstellung künstlerischer Photographie in Wien" gesteigert, Experimente mit Lochkamera und gewöhnlichem Brillenglas („Monokle"), lernte im Camera-Club 1891 H. Henneberg u. 1894 H. Kühn kennen, enge Künstlerfreundschaft mit beiden, 1894 Aufnahme in den „Linked Ring", zunächst Platindrucke, unter dem Einfluß Robert Demachys (1859–1938) Versuche mit Gummidruck, 1896 mehrfarbige Gummidrucke u. dann gemeinsam mit Kühn u. Henneberg Kombinationsdrucke, Reisen mit den beiden Freunden nach Italien, Deutschland, Holland, ab 1897/98 zunehmende Krankheit, 1898–1902 Korrespondenz mit Alfred Stieglitz (1864–1946), gest. in Wien. – Einer der international führenden Kunstphotographen, Porträt, Stilleben, Landschaft, Figurenbild.

Lit.: Text aus: Kat. Die Geschichte der Fotografie in Österreich, Bd. 2, S. 190.

17.2.4.1 Landschaft

Hans Watzek
Originalphoto, 24 × 35,5 cm

Wien, Graphische Bundes-Lehr- und Versuchsanstalt

17.2.4.2 Blumenwiese

Hans Watzek
Originalphoto, 26,5 × 37,2 cm

Wien, Graphische Bundes-Lehr- und Versuchsanstalt

17.2.5 Ludwig David (1856–1930)

Ludwig David war einer der Mitbegründer des Clubs der Amateurphotographen in Wien (1887) und verfaßte eine Reihe von photographischen Lehrbüchern, die sich mit den neuesten Techniken und Apparaten auseinandersetzten. Neben seinem Interesse für die modernsten Abzugstechniken, für die der „Studienkopf" ein wichtiges frühes Beispiel ist, beschäftigte sich David in seiner Eigenschaft als Leiter der photographischen Abteilung des technischen Militärkomitees mit der Momentphotographie.

Lit.: Kat. Geschichte der Fotografie in Österreich, Bd. 2, S. 109 (mit Publikationsverzeichnis).

M. F.

Kat.-Nr. 17.3.1.3

17.2.5.1 Studienkopf eines Arbeiters

Ludwig David, um 1895
Gummidruck, 31,7 × 25,7 cm

Wien, Graphische Bundes-Lehr- und Versuchsanstalt

7.3 Alltag – Elend

17.3.1 Hermann Drawe (1867–?)

Auf Anregung des Journalisten Emil Kläger besuchte der Richter Hermann Drawe im Jahr 1904 Wiener Elendsquar-

tiere. Dabei schuf er mit Hilfe künstlichen Lichts (Magnesiumblitz) beeindruckende Momentaufnahmen in den nächtlichen Massenunterkünften und den versteckten Schlafplätzen der Obdachlosen.
Gestaltung und soziales Anliegen machen diese Photos vergleichbar jenen, die – fast zur selben Zeit – Jacob Riis und Lewis Hine in den Slums von New York schufen. Das soziale Engagement von Drawe und Kläger fand seinen Niederschlag in einer Reihe von Lichtbildervorträgen, die in den darauffolgenden Jahren in der Wiener Urania mit dem bei den nächtlichen Wanderungen gesammelten Material gehalten wurden und der Publikation eines Buches.

Lit.: EMIL KLÄGER, Durch die Wiener Quartiere des Elends und Verbrechen. Wien 1908 – CHRISTIAN BRANDSTÄTTER, Durch die Quartiere des Elends und Verbrechens. Anmerkungen zum Werk des Wiener Amateurfotografen Hermann Drawe. In: Fotogeschichte 2, Heft 6 (Frankfurt 1982) S. 23–40 – Kat. Geschichte der Fotografie in Österreich, Bd. 1, S. 327, Bd. 2, S. 111.

M. F.

17.3.1.1 In der Wärmestube

Hermann Drawe, 1904
Originalphoto, 22,5 × 17,6 cm

Wien, Sammlung Dr. Christian Brandstätter

17.3.1.2 Wärmestube

Hermann Drawe, 1907
Originalphoto, 35 × 27 cm

Wien, Sammlung Dr. Christian Brandstätter

17.3.1.3 Küche in einem Massenquartier Abb.

Hermann Drawe, 1904
Originalphoto, 53 × 42,7 cm

Wien, Sammlung Dr. Christian Brandstätter

17.3.1.4 Die grüne Wirtin

Hermann Drawe, 1904 (?)
Originalphoto, 53 × 42,7 cm

Wien, Sammlung Dr. Christian Brandstätter

17.3.2 Emil Mayer (1871–1938)

Emil Mayer war einer der bedeutendsten österreichischen Kunstphotographen der „jüngeren" Generation, als die Amateurlichtbildnerei über den kleinen Kreis einzelner Mitglieder einer großbürgerlichen und aristokratischen Schicht hinaus beliebt zu werden begann. Seine in vielen Auflagen verbreitete Anleitung zum Bromöldruckverfahren popularisierte eine Abzugstechnik, die – im Gegensatz etwa zum Gummi- oder Platindruck, die in den ersten Jahren der „pictoralistischen" Bewegung dominiert hatten – relativ leicht zu handhaben war und weniger große Präzision des Negativs voraussetzte. Dadurch konnten auch kleinformatige Kameras mit „künstlerischem" Anspruch eingesetzt werden.
Solche kleinere Kameras waren notwendig, um spontane, ungestellte Aufnahmen zu machen wie Emil Mayer im Wiener Prater. Die 1908 entstandene Serie von „Momentphotographien" wurde 1911 in Felix Saltens Buch „Wurstlprater" und auch als Postkarten publiziert und begründen bis heute Emil Mayers Bekanntheit. In der Unmittelbarkeit des Eindrucks, den sie vom Leben im Prater vermitteln, verweisen sie bereits auf die erst nach dem Ersten Weltkrieg einsetzende Reportage-Photographie voraus.

Lit.: FELIX SALTEN, Wurstelprater. Leipzig 1911 (Neuauflage Wien 1973) – EMIL MAYER, Das Bromöldruckverfahren. Halle 1911 ff. – Kat. Emil Mayer. Photograph 1871–1938. Graz 1973.

M. F.

17.3.2.1 Die von der Damenkapelln (Aus: Wien – Praterleben)

Emil Mayer, um 1908
Postkarte

Bad Ischl, Sammlung Hans Frank

17.3.2.2 Salamutschi duri – duri (Aus: Wien – Praterleben)

Emil Mayer, um 1908
Postkarte

Bad Ischl, Sammlung Hans Frank

17.3.2.3 Brot, Schani, Brot! (Aus: Wien – Praterleben)

Emil Mayer, um 1908
Postkarte

Bad Ischl, Sammlung Hans Frank

17.3.2.4 Der Radetzky-Marsch (Aus: Wien – Praterleben)

Emil Mayer, um 1908
Postkarte

Bad Ischl, Sammlung Hans Frank

Kat.-Nr. 17.4.2.1

17.3.2.5 Hau hin (Aus: Wien – Praterleben)

Emil Mayer, um 1908
Postkarte

Bad Ischl, Sammlung Hans Frank

17.3.2.6 Eine Patent-Watschn nur 6 Heller (Aus: Wien – Praterleben)

Emil Mayer, um 1908
Postkarte

Bad Ischl, Sammlung Hans Frank

17.3.3 Karl Schuster (aktiv um 1895–1905)

Maler und Photograph, ab 1895 Atelier in Wien – Atelierphotograph, Landschaft und Porträts.

17.3.3.1 Freihausgründe

Karl Schuster, um 1910
Originalphoto, 42 × 33,6 cm

Wien, Photographische Sammlung Kralik

17.3.3.2 Freihausgründe

Karl Schuster, um 1910
Originalphoto, 42 × 33,6 cm

Wien, Photographische Sammlung Kralik

17.4 Expeditionsphotographie

17.4.1 Oscar Baumann (1864–1899)

Als Geograph und Ethnologe besuchte Oscar Baumann seit 1883 zahlreiche europäische und afrikanische Länder. Die Photographie diente ihm als wichtiges Hilfsmittel für seine Forschungen; er versuchte, möglichst umfassendes Dokumentationsmaterial über Trachten und Aussehen der Bevölkerung der von ihm bereisten Landstriche entweder selbst aufzunehmen oder auch durch Sammeln von gekauften Lichtbildern zu erwerben.

Lit.: O. BAUMANN, Fernando Póo und die Bube. Wien 1888 – O. BAUMANN, In Deutsch-Ostafrika während des Aufstandes. Wien 1890 – O. BAUMANN, Usambara. Berlin 1891 – O. BAUMANN, Durch Massailand zur Nilquelle. Berlin 1894 – Kat. Geschichte der Fotografie in Österreich. 1983, Bd. 2, S. 100 f.

M. F.

17.4.1.2 Eingeborene in Tanganyika

Oscar Baumann, 1891/93
Originalphoto, 13,5 × 22 cm

Wien, Österreichisches Museum für Völkerkunde

17.4.1.3 Hexe in Geisterbeschwörungstracht

Oscar Baumann, 1895/98
Originalphoto, 19,2 × 11,4 cm

Wien, Österreichisches Museum für Völkerkunde

17.4.2 Rudolf Graf Festetics de Tolna (1865–nach 1936)

Um 1900 unternahm Rudolf Graf Festetics de Tolna auf seiner Yacht „Tolna“ eine Reise in die Südsee und besuchte dort unter anderem die Admiralitäts-Inseln, die Salomons-Inseln und die Neuen Hebriden. Graf Festetics war Amateur, sowohl was seinen Zugang zur Photographie betrifft, als auch sein Interesse an „exotischen“ Völkern: Er hat weder versucht, in konsequenten Reihenaufnahmen wissenschaftlich an der Dokumentation von unbekannten Menschengruppen zu arbeiten (wie etwa Oscar Baumann, vgl. dort), noch stand ihm eine professionelle Ausbildung als Photograph zur Verfügung oder große Erfahrung als „künstlerischer“ Amateur. In erstaunlicher Vielfalt zeugen seine Aufnahmen vom Versuch, unterschiedlichste Situationen und Menschen, die er während seiner Reise antraf, festzuhalten. Dabei erweist sich, daß neben Photographien, die eine große Freiheit der Gestaltung und Spontaneität im Ausdruck besitzen, immer wieder solche stehen, die versuchen, die Tradition des Atelier-Porträts auf Menschendarstellungen in der Südsee zu übertragen. Durch Stoffdraperien wurde ein Studioinnenraum quasi simuliert, die Modelle in europäischer Weise in Posen gesetzt. Die sehr ornamental-malerische Wirkung dieser Arrangements erinnert an Kompositionen des Jugendstils und kann als Beleg dafür gelten, wie weit der Zeitgeschmack sich in scheinbar völlig fremden Bereichen einzunisten vermag.

17.4.2.1 Dorfjungfrau von Vialima, Samoa — Abb.

Rudolf Graf Festetics de Tolna, um 1900
Originalphoto, 21,1 × 16,2 cm

Wien, Naturhistorisches Museum, Anthropologische Abteilung, Inv. Nr. 9638

17.4.2.2 Die Yacht Tolna in Suva Fidschi, Besuch von Kanaken

Rudolf Graf Festetics de Tolna, um 1900
Originalphoto, 19,9 × 15,5 cm

Wien, Naturhistorisches Museum, Anthropologische Abteilung, Inv. Nr. 9604

17.4.2.3 Häuptling der Insel Funafutti, Ellice Gruppe

Rudolf Graf Festetics de Tolna, um 1900
Originalphoto, 20,8 × 16 cm

Wien, Naturhistorisches Museum, Anthropologische Abteilung, Inv. Nr. 9644

17.4.2.4 Eingeborene, in der Nachbarschaft des Kraters angesiedelt. Simbo, Salomon Inseln

Rudolf Graf Festetics de Tolna, um 1900
Originalphoto, 16 × 20,8 cm

Wien, Naturhistorisches Museum, Anthropologische Abteilung, Inv. Nr. 9592

17.4.2.5 Kampfspiele der Eingeborenen im Flusse Ivari, Fidschi

Rudolf Graf Festetics de Tolna, um 1900
Originalphoto, 16 × 21,1 cm

Wien, Naturhistorisches Museum, Anthropologische Abteilung, Inv. Nr. 9622

17.4.3 Michael Graf Esterhazy (1853–1906)

Michael Graf Esterhazy war einer der Pioniere der „Kunstphotographie" in Ungarn, er beschäftigte sich als erster in diesem Land mit der neuen Technik des Gummidrucks, stellte auch Versuche mit mehrfarbigen Drucken an.

Die meisten seiner Aufnahmen sind Landschaftsdarstellungen, die auch bei den anderen österreichischen Amateurphotographen in den ersten Jahren dominierten. Esterhazy verwendete seine großformatige Kamera aber nicht nur für intime, ausgewogene Studien in seiner Heimat, sondern nahm sie auch auf seine Reisen nach Ostafrika mit. Auch in diesen fremden Gegenden überwog der künstlerisch-gestaltende Anspruch die dokumentarischen Fähigkeiten des photographischen Bildes, lange Belichtungszeiten – die für die technisch brillante Aufnahme notwendig waren – schlossen jede Spontaneität aus.

Lit.: Michael Mauracher, Blick in die Ferne. In: Kat. Geschichte der Fotografie in Österreich. 1983.

M. F.

18. THEATER

18.1 Aischylos. Die Orestie

Gilbert Lehner, 1900
Bühnenbildmodell für den 1. und 2. Teil

Die Orestie wurde am 6. 12. 1900 mit großem Erfolg am Hofburgtheater aufgeführt. Das Bühnenbild stammt von Gilbert Lehner, Regie führte Friedrich Krastel. Hugo Thimig schrieb in seinem Tagebuch: „Hartmann und ich beim Kaiser in Audienz ... Der Kaiser erkundigt sich nach unserer Orestieaufführung und seinen zwei Schimmeln, die darin vor Agamemnons Wagen beschäftigt sind."

Lit.: ALFRED SCHLEPPNIK, Grundlagen und Entwicklung der Repertoiregestaltung im Wiener Burgtheater zwischen 1881 und 1914. Phil. Diss. Wien 1969.

Wien, Theatersammlung der Österreichischen Nationalbibliothek, K 61 U. R.

18.2 Richard Wagner. Tristan und Isolde

Alfred Roller, 1903
Bühnenbildmodell

Jeder Akt der Oper „Tristan und Isolde" hatte seine bestimmte Grundfarbe: der erste ein leuchtendes Orangegelb, der zweite ein dunkles Violett, der dritte war ganz in Grau getaucht. Die Symbolkraft der Farben kennzeichnete die Stimmung der einzelnen Szenen. Die auf das Wesentliche reduzierte Dekoration wurde von Roller noch in Licht und Farbe aufgelöst.

Wien, Theatersammlung der Österreichischen Nationalbibliothek, M 366 U. R.

18.3 Richard Strauss – Hugo von Hofmannsthal. Der Rosenkavalier

Entwurf: Alfred Roller, 1911
Ausführung: Antonio Brioschi
Bühnenbildmodell

Bei der Uraufführung des „Rosenkavaliers" in Dresden gingen die Wogen besonders hoch, als Richard Strauss für die Regie die Mitwirkung von Max Reinhardt forderte und trotz aller interner Schwierigkeiten auch durchsetzte. Die Ausstattung hatte Alfred Roller entworfen. Sie wurde in den folgenden Jahren Vorbild und Muster für zahllose Inszenierungen des „Rosenkavaliers".

Lit.: RUDOLF HARTMANN, Richard Strauss. Die Bühnenwerke von der Uraufführung bis heute. 1980.

Wien, Theatersammlung der Österreichischen Nationalbibliothek, K 124 U. R.

18.4 Adolf Paul. Die Sprache der Vögel

Remigius Geyling, 1911
Bühnenbildmodell

Die Komödie erlebte 1911 am Hofburgtheater ihre Erstaufführung. Remigius Geyling (1878–1974) war Maler, Illustrator und Bühnenbildner. Von 1909–1911 leitete er das Ausstattungswesen des Wiener Hofburgtheaters. Es entstanden mehr als 26 Bühnenbilder, u. a. „Cäsar und Cleopatra" und „Die Nibelungen". 1925 wurden erstmals die von ihm entwickelten Projektionsverfahren für die Bühne bei der Inszenierung „Peer Gynt" am Burgtheater in Wien eingesetzt.

Lit.: Remigius Geyling. Bühnenbildner zwischen Jugendstil und Expressionismus. Ausst. Kat. Wien 1971.

Wien, Theatersammlung der Österreichischen Nationalbibliothek, U 809 U. R.

18.5 George Bernhard Shaw. Cäsar und Cleopatra

Abb.

Remigius Geyling, 1912
Bühnenbildmodelle

Die Inszenierung stammt aus dem Jahr 1912 und ist die Erstaufführung dieses Stückes am Hofburgtheater in Wien. Regie führte Albert Heine. Remigius Geyling war von 1911 an im Hofburgtheater als Ausstattungschef tätig. Seine Erfindung der farbigen Horizontalprojektionen wurde 1925 in der Inszenierung „Peer Gynt" erstmals eingesetzt.

Lit.: JOSEF MAYERHÖFER, Remigius Geyling. Bühnenbildner zwischen Jugendstil und Expressionismus. 1974.

Wien, Theatersammlung der Österreichischen Nationalbibliothek, U 817 und M 326 U. R.

18.6 Josef Bayer. Die Puppenfee

Abb.

Anton Brioschi, 1888
Bühnenbild
Aquarell, 28,2 × 38,5 cm

Für die Choreographie sorgte Josef Haßreiter, der zusammen mit Franz Gaul auch für das Textbuch verantwortlich zeichnete. Das Ballett zählt zu den beliebten Weihnachtsprogrammen der Tanzbühnen. Es wurde am 4. Oktober 1888 am Hofoperntheater uraufgeführt. Das Ballett diente als Vorlage für „La Boutique Fantasque", ein Ballett, das 1919 zum ersten Mal in London von den weltberühmten Ballets Russes getanzt wurde.

Lit.: Knaurs Ballet Lexikon. 1958 – MARCEL PRAWY, Die Wiener Oper. 1969.

Wien, Theatersammlung der Österreichischen Nationalbibliothek, HG 38.778 U. R.

Kat.-Nr. 18.5

18.7 Friedrich Schiller. Don Carlos, Infant von Spanien

Gilbert Lehner, 1890
Bühnenbild
Federzeichnung, aquarelliert, 25,9 × 39,6 cm

Diese Dekoration wurde für das neue Hofburgtheater am Ring für die Aufführung am 25. März 1890 angefertigt. A. Berger meinte zu dieser Neugestaltung: „Vom Schauspielerischen muß die theatralische Erneuerung und Verjüngung Schillers ausgehen ... Leider beginnen unsere Bühnen mit dem Äußerlichen."

Lit.: ALFRED BERGER, Meine Hamburgische Dramaturgie.

Wien, Theatersammlung der Österreichischen Nationalbibliothek, HÜ 35.014 U. R.

18.8 Gerhard Hauptmann. Fuhrmann Hentschel

Gilbert Lehner, 1898
Bühnenbild
Tuschzeichnung, aquarelliert, 15 × 23,3 cm

G. Hauptmann und H. Ibsen hatten um diese Zeit bereits einen festen Platz im Repertoire des Hofburgtheaters. Von der Galerie herab wurden ihre Werke bejubelt, der konservative Teil des Publikums verhielt sich eher ablehnend. Sonnenthal spielte den Fuhrmann Henschel und paßte seine Rollengestaltung dem Geschmack des Burgtheaterpublikums an.

Wien, Theatersammlung der Österreichischen Nationalbibliothek, HG 35.080

U. R.

Kat.-Nr. 18.6

18.9 Gerhard Hauptmann. Rose Bernd

Gilbert Lehner, 1904
Bühnenbild
Aquarell, 26,3 × 37,7 cm

Um die Aufführung des Stückes „Rose Bernd" mußte der Direktor des Hofburgtheaters P. Schlenther bei der Zensur andauernd kämpfen. Nach fünf Vorstellungen wurde das Stück vom Spielplan abgesetzt, da Erzherzogin Marie Valerie den Inhalt für unmoralisch ansah und ihre Bedenken über die Aufführung am Hoftheater dem Kaiser vorbrachte.

Wien, Theatersammlung der Österreichischen Nationalbibliothek, HS 35.061 U. R.

18.10 Richard Wagner. Tristan und Isolde

Alfred Roller, 1903
Bühnenbild
Aquarell, 32,2 × 49,5 cm

Die erste Aufführung unter Gustav Mahler erlebte die Oper „Tristan und Isolde" am 24. Oktober 1897. Die hier gezeigte Inszenierung stammt von Alfred Roller und wurde am 21. Februar 1903 das erste Mal gezeigt. Es war dies die erste gemeinsame Arbeit von Mahler und Roller.

Lit.: Emil Pirchan, 300 Jahre Wiener Operntheater. Werk und Werden. Wien 1953.

Wien, Theatersammlung der Österreichischen Nationalbibliothek, HÜ 15.693 U. R.

18.11 Wolfgang Amadeus Mozart – Lorenzo da Ponte. Figaros Hochzeit

Alfred Roller, 1906
Bühnenbild
Bleistift, Kreide, aquarelliert, 32,1 × 49,8 cm

Das Mozartjahr 1906 beging Gustav Mahler mit einem ereignisreichen Mozartzyklus, der durch „Cosi fan tutte" eröffnet wurde. Es folgte der heftig diskutierte kulissenlose „Don Giovanni" sowie Ende März der „Figaro" in neuer Übersetzung von Max Kalbeck, der das heitere Spiel ins Revolutionäre wandte, zurückgreifend auf die Dichtung Beaumarchais.

Lit.: LISELOTTE KITZWEGERER, Alfred Roller als Bühnenbildner. Phil. Diss. Wien 1959.

Wien, Theatersammlung der Österreichischen Nationalbibliothek, HÜ 15.757 U. R.

18.12 Richard Strauss – Hugo von Hofmannsthal. Elektra

Alfred Roller, 1909
Bühnenbild
Pastell, aquarelliert, 33 × 50 cm

Das Bühnenbild Rollers zeigt die gigantische Mauer von Mykene, in der Mitte das Tor des Schicksals, durch das alle tragischen Figuren ein und aus schritten. Das Publikum war von der Musik Strauss' begeistert, die Kritik hingegen war ihm nicht gut gesinnt: man empörte sich über die „entsetzlichen Kakophonien", den „orkanartigen Lärm".

Lit.: Hugo von Hofmannsthal auf dem Theater seiner Zeit. Salzburg 1974.

Wien, Theatersammlung der Österreichischen Nationalbibliothek, HÜ 15.719 U. R.

18.13 Richard Strauss – Hugo von Hofmannsthal. Elektra

Alfred Roller, 1909
Figurine der Elektra
Feder, aquarelliert, 49 × 32,8 cm

Zu der epochalsten Premiere unter der Direktion Felix von Weingartners zählte „Elektra" mit Lucille Marcel in der Titelrolle. Die Kritik lobte ihre Darstellungskunst und sagte ihr nach, sie habe der Hysterie dieser schwierigen Rolle eine gewisse Grazie verliehen. Anna Bahr-Mildenburg sang die sündige Königin, „ausgelebt und ausgeliebt" schrieb die Kritik.

Lit.: KONRAD SCHRÖGENDORFER, Hugo von Hofmannsthals Dramen des antiken Stoffkreises in theaterwissenschaftlicher Beurteilung. Phil. Diss. 1954.

Wien, Theatersammlung der Österreichischen Nationalbibliothek, HÜ 15.714 U. R.

18.14 Richard Strauss – Hugo von Hofmannsthal. Der Rosenkavalier

Alfred Roller, 1911
Figurine der Marschallin
Tusche, aquarelliert, 41,8 × 31,8 cm

Die Musik der Marschallin ist ein einziger großer Abschied von der Jugend. Dabei hat Strauss sie als eine Frau von zweiunddreißig gesehen. Ist Octavian ihr letztes Abenteuer? Jedenfalls nicht ihr erstes! Aus dem Reigen der großen Wiener Marschallinnen: Lehmann, Anni und Hilde Konetzni, Reining, Zadek, della Casa, Rysanek, Ludwig und Schwarzkopf.

Lit.: MARCEL PRAWY, Die Wiener Oper. 1969.

Wien, Theatersammlung der Österreichischen Nationalbibliothek, HÜ 19.041 U. R.

18.15 Richard Strauss – Hugo von Hofmannsthal. Der Rosenkavalier

Alfred Roller, 1911
Figurine des Octavian
Tusche, aquarelliert, 49,2 × 32 cm

Zu Richard Mayr, dem größten Darsteller des Ochs von Lerchenau sagte Strauss: „Bei der Arbeit an meinem Ochs habe ich an Sie gedacht." Darauf Mayr: „Jetzt weiß ich nicht, war das ein Kompliment oder eine Beleidigung?" Andere beliebte Wiener Ochs-Darsteller: Krenn, Böhme, Czerwenka, Berry.

Lit.: Gustav Mahler und seine Zeit. Ausst. Kat. 1960.

Wien, Theatersammlung der Österreichischen Nationalbibliothek, HÜ 15.496 U. R.

18.16 Arthur Schnitzler. Der junge Medardus

Heinrich Lefler – Remigius Geyling, 1910
Bühnenbild
Aquarell, 16,2 × 25,1 cm

Leflers Bühnenbild zur Uraufführung von Schnitzlers dramatischer Historie „Der junge Medardus" zeigt seine ganzen Vorzüge: nur die Grund- und Umrißlinien werden in der Bühnenarchitektur betont. Die Farbimpressionen werden bedeutender als das naturalistische Detail. Lefler gehört – wie Roller – zu jenen Bühnenbildnern, die ein grundlegend neues Verhältnis zur Bühne haben.

Lit.: REINHARD URBACH, Arthur Schnitzler. Hannover 1968.

Wien, Theatersammlung der Österreichischen Nationalbibliothek, HG 37.510 U. R.

18.17 Arthur Schnitzler. Der junge Medardus

Heinrich Lefler – Remigius Geyling, 1910
Figurine der Agathe
Federzeichnung, aquarelliert, 24,8 × 17,6 cm

Die Zeichnung zeigt Lotte Medelsky als Agathe. Die Aufführung fand im Jahr 1910 am Hofburgtheater statt. Her-

Kat.-Nr. 18.18

mann Bahr schrieb über die Szenerie Leflers, man könne die schlechten Dekorationen gar nicht besser malen.

Lit.: Renate Wagner, Wiener Schnitzler-Aufführungen 1891–1970. München 1971.

Wien, Theatersammlung der Österreichischen Nationalbibliothek, HÜ 13.521 U. R.

18.18 Arthur Schnitzler. Der einsame Weg Abb.

Gilbert Lehner, 1914
Bühnenbild
Bleistift, aquarelliert, 27,1 × 40,3 cm

Die Uraufführung des Schauspiels fand 1914 unter der Regie von Max Devrient am Hofburgtheater in Wien statt.

Lit.: Margret Dietrich (Hrsg.), Das Burgtheater und sein Publikum. 1976.

Wien, Theatersammlung der Österreichischen Nationalbibliothek, HÜ 35.001 U. R.

18.19 Imre Madách. Die Tragödie des Menschen

Franz Rottonara, 1908
Bühnenbild
Aquarell, Deckfarbe, 61 × 88,6 cm

Die Uraufführung erlebte „Die Tragödie des Menschen. Dramatisches Gedicht in 14 Bildern" in Budapest 1883. 1908 nahm es das Deutsche Volkstheater ins Repertoire auf. Franz A. Rottonara war Theatermaler in Wien und arbeitete zusammen mit Carl Brioschi, Hermann Burghart und Johann Kautsky. Er entwarf vor allem Dekorationen für die Wiener Oper.

Wien, Theatersammlung der Österreichischen Nationalbibliothek, S Kat XI/6 U. R.

18.20 Richard Wagner. Der Ring der Nibelungen

Farbabb. 31

Atelier Uzel
Figurinen
Tusche, aquarelliert, 35,8 × 22,5 cm

Kat.-Nr. 18.21

Diese Kostümentwürfe für die Hofoper in Wien stammen aus dem Atelier Uzel und zeigen in ihrem Stil eine Verankerung im Jugendstil. Gezeigt werden die Figurinen zu Fricka, Frô, Doner und einer Furie.

Privatbesitz U. R.

18.21 Christoph Willibald Gluck. Orpheus und Eurydike Abb.

Atelier Uzel
Figurinen
Tusche, Deckweiß, 35,8 × 22,5 cm

Diese drei Zeichnungen stammen aus der Hofschneiderei Anton Uzel & Söhne, die ihr Geschäft in der Augustinerstraße 12 hatte und Kammer-Lieferant Sr. Majestät des Kaisers war. Gleichzeitig wurden auch Kostüme für die Hoftheater angefertigt.

Privatbesitz U. R.

18.22 Giuseppe Verdi. Aida

Atelier Uzel
Figurine
Tusche, aquarelliert, 34,8 × 21,6 cm

Kostümentwurf für eine Tänzerin aus dem Atelier Uzel.

Privatbesitz U. R.

Kat.-Nr. 18.21

Kat.-Nr. 18.27

18.23 Friedrich Schiller. Maria Stuart

Kostüm der Elisabeth und der Maria Stuart, 1895

Hedwig Bleibtreu spielte die Elisabeth; Adele Sandrock war als Gegenspielerin zu sehen.

Wien, Theatersammlung der Österreichischen Nationalbibliothek, O-2598 und O-2591 U. R.
(Aus konservatorischen Gründen kann nur das Kostüm der Maria Stuart gezeigt werden.)

18.24 Richard Wagner. Die Meistersinger von Nürnberg

Kostüm des Walter von Stolzing, 1901

Das Kostüm wurde von Leo Slezak bei der Aufführung an der Wiener Hofoper 1901 getragen. Leo Slezak (1873–1946) war Schlossergehilfe, verspürte aber bald einen Drang zum Theater und war Statist in Brünn. Seine schöne Stimme wurde dort entdeckt und auch ausgebildet. 1896 debütierte er als Lohengrin am Brünner Stadttheater. 1901 erfolgte das Engagement an die Hofoper in Wien. Slezak war beim Publikum sehr beliebt, weniger bei den Kollegen, die über seine zahlreichen Späße während der Vorstellungen nicht erfreut waren.

Wien, Theatersammlung der Österreichischen Nationalbibliothek, O-2585 U. R.

18.25 Katharina Schratt

Franz von Matsch, 1898
Öl auf Leinwand, 90 × 70 cm

Katharina Schratt (1855–1940) war von 1883–1900 Mitglied des Wiener Hoftheaters. Zunächst wurde sie von Heinrich Laube an das Wiener Stadttheater engagiert. Als erste Jugendliche-Naive errang sie durchschlagende Erfolge. Ihre größten Erfolge am Hofburgtheater waren: Anna in „Ein Glas Wasser", Katharina in „Die Widerspenstige". Ihre Freundschaft zu Kaiser Franz Joseph währte drei Jahrzehnte.

Lit.: Hannelore Holub, Katharina Schratt. Phil. Diss. Wien 1967 – Schauspieler des Burgtheater 1776–1976. Ausst. Kat. 1976.

Wien, Theatersammlung der Österreichischen Nationalbibliothek, O-119 U. R.

18.26 Stella Hohenfels als Ophelia Farbabb. 28

Ludwig Strauch, 1904
Öl auf Leinwand, 77 × 63,5 cm

Stella Hohenfels (1857–1920) entsprach nicht dem Frauenideal der Makartzeit. Sie war schlank, fast hager, besaß kein anziehendes Gesicht und keine wohltönende Stimme. Trotzdem spielte sie wegen ihrer Mädchenhaftigkeit und ungekünstelten Art Rollen wie den Puck im „Sommernachtstraum" oder die Harriet in „Schach dem König" ganz meisterhaft.

Lit.: Konrad Binder, Stella Hohenfels, Schauspielkunst und Persönlichkeit. Phil. Diss. Wien 1965.

Wien, Theatersammlung der Österreichischen Nationalbibliothek, O-191 U. R.

18.27 Josef Kainz als Hamlet Abb.

Sandor Jaray
Bronze, H = 42 cm

Josef Kainz (1858–1910) gilt als größter – bis heute unerreichter – Vertreter der modernen Schauspielkunst des deutschen Sprachraums. Nach anfänglichen Mißerfolgen erreichte er in Wien am Hofburgtheater die Spitze schauspielerischen Erfolges. Er spielte die verschiedenartigsten Charaktere, jedoch niemals eine Rolle, mit der er sich nicht verwandt fühlte.

Lit.: HELENE RICHTER, Kainz. 1931 – WILHELM KOSCH, Deutsches Theaterlexikon, 2 Bde. 1960.

Wien, Theatersammlung der Österreichischen Nationalbibliothek, O-3625 U. R.

18.28 Hugo von Hofmannsthal. Der Tor und der Tod

Richard Teschner, 1906
Marionette „Der Tor"

Richard Teschner (1879–1948) hatte Verbindungen zu bedeutenden Zeitgenossen, wie Hugo von Hofmannsthal, der Teschner zu dessen ersten Marionetten durch sein Theaterstück „Der Tor und der Tod" inspirierte. Max Reinhardt war mit dem Schaffen des wohl bekanntesten Puppenspiels Teschners, dem „Weihnachtsspiel" verbunden. Zu Teschners Aufführungen kamen u. a. Hugo Thimig, Paula Wessely und Paul Hörbiger.

Lit.: ARTHUR ROESSLER, Richard Teschner. Wien 1947.

Wien, Theatersammlung der Österreichischen Nationalbibliothek, O-2860 U. R.

18.29 Jüngling Kiai-Ageng aus „Nawang Wulan"

Richard Teschner, 1912
Stabpuppe

Nach Teschners Versuchen mit Marionetten, suchte er eine Puppenform, die keine Fäden besitzt. Erst 1911 sah er auf seiner Hochzeitsreise javanische Schattenfiguren und Stabpuppen, die mit Stöcken gespielt wurden. Aus Amsterdam brachte Teschner Schattenfiguren und den vollplastischen hölzernen Wajang Golek mit. Sie dienten ihm als Vorlage für seine Puppen, die ihre javanische Herkunft nicht verleugnen können.

Lit.: FRANZ HADAMOWSKY (Hrsg.), Richard Teschner und sein Figurenspiel. Die Geschichte eines Puppentheaters. Wien-Stuttgart 1956.

Wien, Theatersammlung der Österreichischen Nationalbibliothek, O-2881 U. R.

18.30 Göttin Nawang Wulan aus „Nawang Wulan"

Richard Teschner, 1912
Stabpuppe

Lit.: Richard Teschner. Puppenspieler – szenischer Künstler. Ausst. Kat. Wien 1970.

Wien, Theatersammlung der Österreichischen Nationalbibliothek, O-2880 U. R.

18.31 Läufer der Könige (Mohr) aus „Das Weihnachtsspiel"

Richard Teschner, 1916
Stabpuppe

Wien, Theatersammlung der Österreichischen Nationalbibliothek, O-2905 U. R.

18.32 Der Brautzug Farbabb. 30

Richard Teschner
Tragant

Wien, Theatersammlung der Österreichischen Nationalbibliothek, O-3063 U. R.

18.33 Die Kindheitsbühne Arthur Schnitzlers

Auf einer „Kindheitsbühne" sollen die Theaterrequisiten von Schnitzlers „Jugend in Wien" versammelt werden. Sie beschreiben den „theatralisierten" Alltag der ersten Jahre. Dem leiblichen Elternpaar Johann und Louise Schnitzler steht das Schauspielerpaar Charlotte Wolter und Adolf von Sonnenthal gegenüber – als Freunde der Eltern und frühe Vorbilder. Wenzel Scholz, Wilhelm Knaack und „Harlekin und Columbine" blieben in Gedächtnisbildern des Wiener Volkstheaters erhalten. „Gelbe und rote" Reclams von klassischen Dramen stoßen auf den Widerstand des Vaters, der andere Pläne für den neunjährigen Sohn hat.

J. V.

18.33.1 Charlotte Wolter und Adolf von Sonnenthal

Szerkely, Wien
Photo

Lit.: ARTHUR SCHNITZLER, Jugend in Wien. Frankfurt 1981.

Wien, Österreichische Nationalbibliothek, Porträtsammlung und Bildarchiv, 185.804 C J. V.

18.33.2 Wilhelm Knaack als Styx in Offenbachs „Orpheus in der Unterwelt"

Adolf Dauthage
Photo nach Farblithographie

„... der berühmte Komiker Knaack hatte in jener Vorstellung den Styx gespielt, und ich, einer früh erwachten Neigung folgend, versuchte öfters, ihn in Sprache und Gebärde zu kopieren."

Lit.: ARTHUR SCHNITZLER, Jugend in Wien. Frankfurt 1981, S. 19ff.

Wien, Österreichische Nationalbibliothek, Porträtsammlung und Bildarchiv, 505.462 J. V.

18.33.3 Harlekin und Columbine

Porzellan, H = 25 cm

Wien, Theatersammlung der Österreichischen Nationalbibliothek, O-3357, O-3356 J. V.

18.33.4 Die Räuber

Friedrich von Schiller
Reclam, Stuttgart 1872

Wien, Österreichische Nationalbibliothek, Druckschriftensammlung, 842.381 – A. Th J. V.

18.33.5 Die Jungfrau von Orleans

Friedrich von Schiller
Reclam, Stuttgart o. J.

„Diese Erzieherin, eine junge Norddeutsche, Bertha Lehmann mit Namen, war es, die mich veranlaßte, den größten Teil meines Taschengeldes für die kleinen Büchelchen der eben erst gegründeten Reclam'schen Universalbibliothek zu verwenden. Mein Vater war von der Entdeckung, daß der neunjährige Bub „Die Räuber" und „Fiesko" las, zwar wenig erbaut, doch war seine Mißbilligung durch kaum verhehlten Stolz erheblich gemindert."

Lit.: ARTHUR SCHNITZLER, Jugend in Wien. Frankfurt 1981, S. 23.

Wien, Österreichische Nationalbibliothek, Druckschriftensammlung, 410.411-A. Per. 47 J. V.

18.33.6 Wenzel Scholz in Johann Nestroys Kampl

Porzellan, H = 20 cm

„Meine erste persönliche Erinnerung auf theatralischem Gebiet ist die an einen Schauspieler in Altwiener Tracht. Diese Figur wieder fließt für mich zusammen mit einer anderen, die in ähnlichem Kostüm auf den Vorhang des Theaters an der Wien gemalt ist und den berühmten Komiker Scholz vorstellen soll, dessen Urbild also . . . durch jenen Gardarobengang an meinem Kinderaug geisterhaft vorübergeschwebt sein mag."

Lit.: Alt-Wiener Denkwürdigkeiten und Erinnerungen. 44. Buch. Wiener Theaterleut aus früh'rer Zeit.

Wien, Theatersammlung der Österreichischen Nationalbibliothek, O-3758 J. V.

18.34 Arthur Schnitzler. Der Reigen

Der „Reigen", der um 1900 nur in „unverkäuflichen Manuskripten" vorliegt, 1921 in Wien aufgeführt und nach Skandalen verboten wird, stellt ein erotisches Karussell auf die Bühne. Es dreht sich ohne Rücksicht auf Standesunterschiede und Status, um jede der zehn Figuren in ein zweifaches Liebesabenteuer zu verstricken. Erotische Phantasien und die Rede von der Liebe ordnen sich der Mechanik der Kreisbewegung unter. Der „Reigen" soll hier dem „Bacchuszug" Rudolf v. Weyrs konfrontiert werden, der als Utopie theatralisch befreiter Sexualität den Mittelportikus des damals neu errichteten Burgtheaters schmückt. Schnitzlers „Reigen" kann als dessen sozialkritische Entzifferung verstanden werden. (Vgl. den Einakter: „Das Bacchusfest")

J. V.

18.34.1 Arthur Schnitzler. Der Reigen

Bühnenkostüm

Bühnenkostüm für das „Süße Mädel", die „Schauspielerin", die „Dirne", die „Junge Frau", das „Stubenmädchen", den „Graf", den „Dichter", den „Jungen Herrn", den „Soldat" und den „Gatten".

Lit.: URSULA KELLER, Böser Dinge hübsche Formel. Berlin 1984.

Wien, Kostümdepot der Bundestheater

18.34.2 Bacchuszug. Relief an der Hauptfront des Hofburgtheaters

Rudolf von Weyr, 1882

Lit.: J. BAYER, Die Theater Wiens. III. Bd. – RENATE WAGNER-RIEGER, Die Wiener Ringstraße. Bild einer Epoche. Wien 1969.

18.35 Schnitzlers Puppenspiel

Schnitzler bedient sich der Metapher des Puppenspiels, um die Ab-‚hängigkeit' menschlicher Handlungen zu illustrieren. Er trifft hier gleichzeitig auf volkstümliche Theatertraditionen Alt-Wiens: In der „Hanswurstiade" geraten jene Kräfte in Bewegung, die die „Staatskunst" hintertreiben. Schnitzlers „Marionettenzyklus" spielt mit beiden Bedeutungen. Der Puppenspieler Paul Brann erstellte die Originalpuppen für den „Tapferen Kassian". In diesem Sinn sind hier die Marionetten und Handpuppen, Heinrich Ruprechts ausgestellt (1896–1960), die ebenfalls zwischen Satire und der grellen Bilderbuchromantik der „Wiener Revue" vermitteln.

J. V.

18.35.1 Arthur Schnitzler. Der tapfere Cassian

Wien 1922

Illustrationen von Oskar Laske

Wien, Österreichische Nationalbibliothek, Druckschriftensammlung, 544.940-B J. V.

18.35.2 Kasperl

Heinrich Ruprecht (1896–1960)
Marionette

Lit.: MARINA FRISCH, Die Wiener Marionettentheater in der ersten Hälfte des 19. Jahrhunderts. Wien 1983.

Wien, Theatersammlung der Österreichischen Nationalbibliothek, D-921, D-939 J. V.

18.35.3 Arthur Schnitzler. Marionetten

Berlin 1906

Wien, Österreichische Nationalbibliothek, Druckschriftensammlung, 444.287-A J. V.

18.36 Das Papiertheater als „Theater im Kleinen"

Der „allgemeine, literarische Bildungstrieb" des jungen Schnitzler verteilt sich zwischen Lektüre und Theater gleichermaßen: Ergebnis einer doppelten Pädagogik, wie sie für das Wien des 19. Jahrhunderts charakteristisch ist. Gegenstand solcher „angenehmen und nützlichen Beschäftigung" ist u. a. das Papiertheater, das in bewußter Kopie der großen Theater weniger kindgerechte Stoffe als klassisches Repertoire anbietet. Die Firma Trentensky, die zwischen 1825 und 1860 ihre lithographische Produktion entfaltet, orientiert sich dabei am Kulissenaufbau des barocken Theaters. 1860 kann auch das von der Zensur lange verbotene Schiller-Drama „Die Räuber" der barocken Theatertradition einverleibt werden.

J. V.

18.36.1 Papiertheater „Die Räuber"

Matthäus Trentensky, 1860

Lit.: Papiertheater. Ausst. Kat. Wien 1985 – Die kleine Welt des Bilderbogens. Der Wiener Verlag Trentensky. Ausst. Kat. Wien.

Privatbesitz J. V.

18.37 Plakat zur Internationalen Musik- und Theaterausstellung

1892, Wien-Pratergelände
Druck, 1,00 x 1,31 m

Die theatralischen und musikalischen Veranstaltungen auf der Internationalen Musik- und Theaterausstellung waren von höchster künstlerischer Qualität. Gäste, wie Sarah Bernhardt und Eleonore Duse, zeigten ihre Künste. In den folgenden Jahren wurden in den Wiener Theatern immer wieder Gastspiele mit Stars des europäischen Theaters veranstaltet.

Wien, Theatersammlung der Österreichischen Nationalbibliothek U. R.

18.38 Musikhalle

Photographie

Das Photo zeigt die Musikhalle auf der Internationalen Ausstellung für Musik- und Theaterwesen in Wien 1892.

Wien, Österreichische Nationalbibliothek, Porträtsammlung und Bildarchiv, LW 74.584-C U. R.

18.39 Schattenspieltheater

Photographie

Internationale Ausstellung für Musik- und Theaterwesen in Wien 1892.

Wien, Österreichische Nationalbibliothek, Porträtsammlung und Bildarchiv, LW 74.583-C U. R.

18.40 Faltbuch von der Internationalen Ausstellung für Musik- und Theaterwesen in Wien 1892

Ausstellungstheater im Prater

Die erste große Theaterausstellung im deutschen Sprachraum, die Internationale Ausstellung für Musik- und Theaterwesen 1892, fand in Wien statt und brachte berühmte Theatertruppen und Schauspieler in die Donaumetropole: die Comédie francaise, das Moskauer Künstlertheater, das Deutsche Theater Berlin, sowie Eleonore Duse und Sarah Bernhardt.

Lit.: Wiener Theater zur Zeit Franz Josephs I. Ausst. Kat. 1985.

Wien, Österreichische Nationalbibliothek, Druckschriftensammlung, 234.230-B THS U. R.

18.41 Programm des Ersten geselligen Abends der „Freien Bühne"

28. Oktober 1891

Wie in Berlin bildete sich auch in Wien eine „Freie Bühne". Hermann Bahr sammelte um sich einen Kreis junger Leute, zu dem u. a. Hugo v. Hofmannsthal, Arthur Schnitzler und Peter Altenberg zählten.

Wien, Theatersammlung der Österreichischen Nationalbibliothek U. R.

Kat.-Nr. 18.42

18.42 Theaterzettel eines „Symbolischen Abends" Verein für modernes Leben im Theater in der Josefstadt Abb.

2. Mai 1892

Zur Aufführung gelangte „Der Einschleicher" von Maurice Maeterlinck.
Joseph Cohner übernahm 1899 die Leitung des Theaters in der Josefstadt und hatte mit den frechen, frivolen Pariser Schwänken in seinem Spielplan großen Erfolg. Allerdings hatte er sich durch die zielbewußte Förderung der Modernen in „Literarischen Abenden", in denen er das Wiener Publikum vor allem mit Strindberg bekanntmachte, um die moderne Dramatik große Verdienste erworben.

Wien, Theatersammlung der Österreichischen Nationalbibliothek U. R.

18.43 Theaterneubauten durch die Architekten Fellner & Helmer im Gebiet der Donaumonarchie

Graphik, Entwurf: U. R., Ausführung: Irmgard Grillmayer

18.44 Deutsches Volkstheater in Wien

Ferdinand Fellner jun. – Hermann Helmer
Lithographie, 13 × 20 cm

Bei der Entstehung des Deutschen Volkstheaters (Eröffnung: 1889) stand noch Ludwig Anzengruber Pate. Das Ziel der Gründer war es, die volkstümliche Literatur, die Klassiker und das gehobene Lustspiel in den Spielplan aufzunehmen. Nach dem Brand des Wiener Stadttheaters war es der Wunsch des Bürgertums, dem heimatlosen Volksstück wieder einen Ort der künstlerischen Entfaltung zu geben.

Lit.: ADAM MÜLLER-GUTTENBRUNN, Das Wiener Theaterleben. 1890.

Wien, Theatersammlung der Österreichischen Nationalbibliothek, GBM 1 U. R.

18.45 Adam Müller-Guttenbrunn (1852–1923)

Chinatypie, 29,5 × 32,5 cm

Adam Müller-Guttenbrunn leitete seit 1886 das Feuilleton der Wiener „Deutschen Zeitung", seit 1892 das Raimundtheater und seit 1898 das Kaiser-Jubiläums-Stadttheater in Wien. Er bemühte sich um eine Erneuerung der Wiener Bühnen mit Hilfe der deutschen Klassik und dem deutschen Volksstück. Seine Stärke lag vor allem in der Heimaterzählung.

Lit.: ANNA GERSTNER, Adam Müller-Guttenbrunns Bemühungen als Theaterdirektor. Phil. Diss. Wien 1946.

Wien, Theatersammlung der Österreichischen Nationalbibliothek, GÜ 1 U. R.

18.46 Ansuchen der Comparserie des Burgtheaters an den Ober-Regisseur Sonnenthal betreffend die Befürwortung eines Ansuchens um Erhöhung der Bezüge

Wien, 6. Dezember 1892

Zu diesem Ansuchen kam noch das handschriftliche Befürwortungsschreiben Sonnenthals an die Burgtheaterdirektion. Der hierarchische Weg kann hier besonders gut demonstriert werden.

Lit.: 200 Jahre Burgtheater. Ausst. Kat. Wien 1976.

Wien, Haus-, Hof- und Staatsarchiv, STA Bgth. Nr. 1053/1892 fol. 221–224 U. R.

18.47 Anweisung der Generalintendanz an die Burgtheaterdirektion betreffend die Veranstaltung von Nachmittags-Vorstellungen von Werken Franz Grillparzers zu ermäßigten Preisen für „Minderbemittelte“

Wien, 19. Jänner 1891

Wien, Haus-, Hof- und Staatarchiv, STA Bgth. Nr. 86/1891, fol. 261, 272–273, 277 U. R.

18.48 Rollentableau von Marie Renard (1864–1939)

Chinatypie, 24,5 × 33 cm Abb.

Der Aufstieg der Sängerin Marie Renard begann in Prag und Berlin. 1888 kam sie an die Wiener Hofoper und errang große Erfolge als Carmen und als Manon. 1900 nahm sie Abschied von der Bühne und heiratete den Grafen Rudolf Kinsky. Mit dem beruflichen Erfolg war auch der gesellschaftliche Aufstieg geglückt.

Lit.: LUDWIG EISENBERG's Großes Biographisches Lexikon der Deutschen Bühnen im 19. Jahrhundert. Leipzig 1903.

Wien, Theatersammlung der Österreichischen Nationalbibliothek, GÜ 5, Inv. Nr. 247.036 U. R.

18.49 Antonia Schläger als „Valentine“

Lithographie, 22 × 29,5 cm

Als Valentine in Giacomo Meyerbeers „Hugenotten“ debütierte die aus ärmlichen Verhältnissen stammende Sängerin Antonia Schläger (1860–1910) an der Wiener Hofoper 1882. Zunächst war die Künstlerin allerdings Schleiferin in einer Schriftgießerei in Wien-Simmering, 1877 schon Chorsängerin am Carltheater, schließlich Solistin in Operetten. An der Hofoper sang sie die hochdramatischen Frauenrollen.

Lit.: LUDWIG EISENBERG's Großes Biographisches Lexikon der Deutschen Bühnen im 19. Jahrhundert. Leipzig 1903.

Wien, Theatersammlung der Österreichischen Nationalbibliothek, GÜ 2 U. R.

18.50 Vorhangentwurf mit Charlotte Wolter als tragische, Katharina Schratt als heitere Muse für das Hofburgtheater in Wien Abb.

Heliogravure, 47,8 × 60,5 cm

Unter Adolf von Sonnenthal als provisorischem Direktor zog das Ensemble des Hofburgtheaters im Jahre 1888 in das neue Haus am Ring ein, nachdem es sich mit dem Drama „Iphigenie auf Tauris“ vom alten Haus verabschiedet hatte.

Kat.-Nr. 18.48

Am 14. Oktober 1888 fand die feierliche Eröffnung mit dem Szenischen Prolog von Josef Weilen statt.

Lit.: 200 Jahre Burgtheater. Ausst. Kat. 1976.

Wien, Theatersammlung der Österreichischen Nationalbibliothek, GBS 3827/2 U. R.

18.51 Gerhard Hauptmann. Die Weber Abb.

Emil Orlik, 1897
Plakat, Lithographie, 76,5 × 108 cm

Prag, Umĕleckoprůmyslové Muzeum, Inv. Nr. 14.476

18.52 Reisepaß von Alexander Girardi

Alexander Girardi (1850–1918) kam 1874 an das Theater an der Wien und begann seine erfolgreiche Operettenlaufbahn, 1898 spielte er am Deutschen Volkstheater vor allem in Volksstücken. Als Fortunatus Wurzel in „Der Bauer als

Kat.-Nr. 18.50

Kat.-Nr. 18.51

Millionär" zog der beliebte Volkskomödiant in das Hofburgtheater ein. Girardi glänzte nicht nur als Schauspieler, sondern auch als Sänger.

Lit.: RUDOLF HOLZER, Alexander Girardi und das Theater an der Wien. Wien 1951 – BEATRIX SCHIFERER, Alexander Girardi, der Wiener aus Graz. Wien-München 1975.

Wien, Theatersammlung der Österreichischen Nationalbibliothek, O-3568 U. R.

18.53 Alexander Girardi als „Jonathan"

1890
Photographie

Die Operette von Carl Millöcker mit dem Libretto von Wittmann/Bauer erlebte 1890 ihre Uraufführung im Theater an der Wien.

Kat.-Nr. 18.57

„... Was den ‚Jonathan' betrifft, so muß ich gestehen, daß die Sache einen sehr schönen Erfolg errungen hat, ob die Operette damit gerettet ist, das ist eine andere Frage, denn kommt etwas nach, was schlecht ist, so wird das Genre sofort wieder als todt ausgeschrieben werden ..." (Brief C. Millöcker Wien 20. 2. 1890)

Wien, Österreichische Nationalbibliothek, Porträtsammlung und Bildarchiv, 99.274 U. R.

18.54 Hut von Alexander Girardi

Angeblich in der Rolle des „Jonathan" getragen. Mit „Der Bettelstudent" 1882 und „Gasparone" 1884 erlangte Carl Millöcker (1842–1899) seinen musikalischen Durchbruch. Der Inhalt der Operette „Der arme Jonathan" ist in Boston, Monaco und New York angesiedelt und damit eine der ersten Operetten, die – wie nach 1900 dann mehrere – in der märchenhaft-verfremdeten „Neuen Welt" spielt.

Lit.: „Fle Zi Wi Csá & Co" Die Wiener Operette. Ausst. Kat. Wien 1984.

Wien, Theatersammlung der Österreichischen Nationalbibliothek, O-2592 U. R.

18.55 Paravent mit Rollenbildern Alexander Girardis

Öl auf Leinen, 111 × 80 cm

Die Bilder zeigen Alexander Girardi als Valentin in Ferdinand Raimunds „Verschwender" und als Zsupan in Johann Strauß' „Der Zigeunerbaron".
Hermann Bahr schrieb über den beliebten, Wiener Schauspieler Alexander Girardi: „Die persönliche Bekanntschaft mit Girardi sucht der Wiener im Theater. Die Wiener spielen viel mehr den Girardi, als er selbst ... Aber darin muß etwas enthalten sein, was den Wiener sehr stark berührt, woran er sich auf sein eigenes Wesen besinnt und doch selbst davon nicht genug hat, sodaß er eine Art Nachhilfe dabei braucht."

Lit.: HERMANN BAHR, Kulturprofile der Jahrhundertwende. Essays, hrsg. von H. KINDERMANN. 1962.

Wien, Theatersammlung der Österreichischen Nationalbibliothek, O-3649 U. R.

18.56 Alexander Girardi als Vogelhändler

Keramik, H = 32 cm

Die Statuette zeigt Girardi in der Rolle des Adams in Carl Zellers Operette „Der Vogelhändler".
„Von den zahlreichen anmutigen Piecen heben wir nur Girardis Entréelied und ein Lied Girardis mit Begleitung der Zither und Brummstimme ‚Wie mein Ahnl zwanzig Jahr' hervor." (Neue Freie Presse 1891). Aus den zeitgenössischen Kritiken geht hervor, daß besonders Herr Girardi als Tiroler „durch wohltuende Frische und Natürlichkeit in Sprache und Bewegung" dem Publikum gefiel.

Lit.: FRANZ HADAMOWSKY, Die Wiener Operette. Wien 1974.

Wien, Theatersammlung der Österreichischen Nationalbibliothek, O-3617 U. R.

18.57 Alexander Girardi als Zsupan Abb.

Silber, Marmor, H = 20 cm

Die Statuette zeigt Girardi als Zsupan in Strauß' Operette „Der Zigeunerbaron".
Johann Strauß (Sohn, 1825–1899) kann als der populärste Musiker seiner Zeit angesehen werden. Erst 1871 wagte er selbst den Wechsel zur Bühne. Strauß gelang es – innerhalb kurzer Zeit – der Pariser Operetten in Offenbachscher Spielart, ein Wiener Pendant gegenüberzustellen. „Der Zigeunerbaron" und „Die Fledermaus" gehören zu den meistgespielten Bühnenstücken überhaupt.

Lit.: BERNHARD GRUN, Kulturgeschichte der Operette. 1961 – Operette in Wien. Ausst. Kat. 1979.

Wien, Theatersammlung der Österreichischen Nationalbibliothek, O-3674 U. R.

18.58 Szenenphotos aus „Der Vogelhändler"

Die Photos zeigen Sebastian Stelzer als Baron Weps, Hans Pokorny als Süffle und Karl Lindau als Würmchen.

„An Humor fehlt es dem Stück nicht, und gute Einfälle, die zum Lachen zwingen, sind reichlich vorhanden... Der Musik des Herrn Karl Zeller läßt sich fast nur Rühmliches nachsagen. Daß Herr Zeller ein geschmackvoller Komponist ist... ist aus seinen früheren Operetten bekannt, im Vogelhändler hat Dr. Zeller dies abermals und in erhöhtem Maße dargethan..." (Neue Freie Presse, 1891).

Wien, Theatersammlung der Österreichischen Nationalbibliothek

U. R.

18.59 Ilka Palmay als Fürstin Ninette

1893
Photo

Ilka Palmay spielte in der Uraufführung der Operette Johann Strauß' „Fürstin Ninette" am Theater an der Wien die Titelrolle.

„Das Theater an der Wien hatte letzten Dienstag sein Ereigniß. Damit ist nicht etwa die erste Aufführung der Operette Ninetta von Strauß gemeint, sondern vielmehr der Besuch einer Vorstadt-Première durch unseren Kaiser." (Hans Jörgel 1893 Heft 2)

Wien, Theatersammlung der Österreichischen Nationalbibliothek, PK 64

U. R.

19. LITERATUR – SATIRE – KABARETT

19.1 Literatur

19.1.1 Deutsches Dichterbuch aus Österreich

Karl Emil Franzos (Herausgeber)
Verlag Adolf Bonz & Comp., Stuttgart 1882

Am Beginn der hier dokumentierten Epoche steht die vorliegende Anthologie des aus Galizien stammenden Erzählers Karl Emil Franzos; die bewußt großdeutsch gehaltene Sammlung vereinigt deutschsprachige Schriftsteller aus allen Teilen der Monarchie und schließt historisch mit P. Rosegger, J. J. David und R. Hamerling ab.

Wien, Österreichische Nationalbibliothek, Druckschriftensammlung, 64.503-C H. Z.

19.1.2 Österreichischer Almanach auf das Jahr 1916

Hugo von Hofmannsthal (Herausgeber)
Insel-Verlag, Leipzig 1915

Am Ende der Donaumonarchie gestaltet Hofmannsthal mit altüberlieferten und neueren poetischen bzw. historischen Texten ein Zeugnis für Österreich, in das er die Stimmen der damaligen Gegenwartsliteratur einbezieht: A. Wildgans, St. Zweig, R. M. Rilke, R. H. Bartsch, M. Mell, F. Braun, B. Viertel, H. Bahr u. a.

Wien, Österreichische Nationalbibliothek, Druckschriftensammlung, 513.301-A H. Z.

19.1.3 Jakob der Letzte. Eine Waldbauerngeschichte aus unseren Tagen

Peter Rosegger
In: Der Heimgarten. Eine Monatsschrift. Graz, Leykam-Josefsthal 1887

Der modernen Zeit vermag sich der Bauer Jakob nicht anzupassen; er stirbt im verzweifelten Selbstmord auf starrsinnig behauptetem Boden: Roseggers realistische, im dörflichen, von der städtischen Zivilisation bedrohten Milieu angesiedelten Erzählungen und Romane bewahren eine Tradition, die parallel zu Anzengruber und vor Karl Schönherr weit ins 20. Jahrhundert nachwirkt.

Wien, Österreichische Nationalbibliothek, Druckschriftensammlung, 397.963-C. Per. H. Z.

19.1.4 Reitergeschichte

Hugo von Hofmannsthal
In: Neue Freie Presse, Wien, 25. 12. 1899

Armut und Reichtum, häßliches Elend und schöner Lebensgenuß bilden den Kontrast von Hofmannsthals modernpsychologisierender, melancholisch – tragisch – empfindsam getönter früher Prosa, zu der die vorliegende Geschichte von der schimpflichen Exekution des Wachtmeisters Anton Lerch zählt, ehe der Dichter im Romanfragment Andreas oder die Vereinigten dem Bildungsroman zustrebt.

Wien, Österreichische Nationalbibliothek, Druckschriftensammlung, 230.000-D H. Z.

19.1.5 Leutnant Gustl. Novelle

Arthur Schnitzler
Verlag Samuel Fischer, Berlin 1901

Zeit- und Gesellschaftskritik an der untergehenden Donaumonarchie sind in die ironische Darstellung des psychologisch raffiniert gestalteten inneren Monologs gekleidet: Die erste deutsche Novelle im neuen Stil der Bewußtseins-Strom-Technik zeigt die innere Bankrotterklärung eines an den traditionellen Ehrenkodex verpflichteten, lächerlich-oberflächlichen Offiziers.

Wien, Österreichische Nationalbibliothek, Druckschriftensammlung, 216.378-B H. Z.

19.1.6 Tragik des Lebens: Die Pfründner

Ferdinand von Saar
Novellen aus Österreich, sechster Teil: Die Familie Worel, Sappho, Hymen, Der Pfründner.
Wiener Verlag, Wien 1906

Die letzte der vier pessimistischen Erzählungen, die Saar im Jahr seines Selbstmords erscheinen ließ, spricht noch einmal von der Zuneigung des realistischen Erzählers zur geschundenen Kreatur, von einer im Irdischen unerfüllten, tragisch endenden und doch metaphysisch aufgehobenen Liebe armer Leute im heimatlichen Milieu der Großstadt Wien; die Wärme des Stils liegt in der humanen Anteilnahme des Autors und in der Gläubigkeit der Hauptgestalten begründet.

Wien, Österreichische Nationalbibliothek, Druckschriftensammlung, 444.271-B H. Z.

19.1.7 Die Verwirrungen des Zöglings Törleß

Robert Musil
Wiener Verlag, Wien 1906

Als sich F. v. Saars letzte Novelle Die Pfründner (1906) lokalhistorisch-pessimistisch naturalistischer Schreibart annäherte, gestaltete aus modern-naturwissenschaftlichen und psychologischem Bewußtsein der junge Musil die Überwindung pubertärer Krisen in seiner Internatsgeschichte jenseits gesellschaftlicher, heimatlicher oder familiärer Geborgenheiten mit kühl-beobachtendem, fein nuanciert auf objektive Außenschau-Darstellung bedachtem Stil.

Lit.: H. BROSTHAUS, Der Entwicklungsroman einer Idee. Würzburg 1969 – E. STOPP, Musils Törleß: Inhalt und Form. In: Robert Musil. Wege der Forschung. 1982, S. 208–249.

Wien, Österreichische Nationalbibliothek, Druckschriftensammlung, 448.387-B H. Z.

19.1.8 Das Urteil

Franz Kafka
In: Arkadia. Ein Jahrbuch für Dichtkunst. Kurt Wolff Verlag, Leipzig 1913

Zu derselben Zeit wie Musil erreicht der andere, auf der Höhe seiner Zeit stehende Prosaist den künstlerischen Durchbruch: Kafka. Das Urteil, die Geschichte des Vater-Sohn-Konflikts, die mit dem Selbstmord des Sohnes auch zu dessen Befreiung führt, entstand in der Nacht vom 22. zum 23. 9. 1912: die subtil ausgewogene Stilkunst, das Erlösungsethos und die traumhaft-psychologisierende Darstellung antizipieren die späteren Erzählungen.

Lit.: A. WEBER – C. SCHLINGMANN – G. KLEINSCHMIDT, Interpretationen zu Franz Kafka. Das Urteil, Die Verwandlung [...]. München 1968.

Wien, Universitätsbibliothek, I 390.359 H. Z.

19.1.9 Die Aufzeichnungen des Malte Laurids Brigge

Rainer Maria Rilke
Insel-Verlag, Leipzig 1910

Der Tagebuchroman schließt an die Thematik des dritten Teils von Rilkes Stunden-Buch („Von der Armut und vom Tode“) an, fußt auf denselben Pariser Erlebnissen, die jedoch nur auf Erzähl-Etappen – anstelle einer geschlossenen Romanhandlung – gewendet, von der Einsamkeit des Einzelnen (Malte) sprechen, vom Begreifen des Todes in der Großstadt Paris und in der ländlichen dänischen Heimat. Rilke schuf damit den ersten modernen existentiellen Ich-Roman.

Lit.: D. SAALMANN, Rainer Maria Rilke Die Aufzeichnungen des Malte Laurids Brigge. 1975.

Wien, Universitätsbibliothek, I 361.671 H. Z.

19.1.10 Das Stunden-Buch. Enthaltend die drei Bücher: Vom Mönchischen Leben/Von der Pilgerschaft/ Von der Armut und vom Tode

Rainer Maria Rilke
Insel-Verlag, Leizig 1905

Die drei 1899, 1901 und 1903 entstandenen Zyklen dieses Hauptwerks der frühen Dichtung Rilkes wurden inspiriert vom Florenz-Erlebnis und von der Erfahrung der mystisch-orthodoxen Frömmigkeit des russischen Ostens (mit Lou Andreas Salomé 1899, 1900). Im zeitbedingten monistischen Sinn dienen die Gedichte dem „werdenden Gotte“, künden von der Armut menschlichen Lebens und deuten auf den Tod; die Dynamik ihres Stils machte sie berühmt.

Lit.: R. MÖVIUS, Rainer Maria Rilkes Stundenbuch. Leipzig 1937 – V. MATHIEU, Dio nel Libro d'ore di Rainer Maria Rilke. Florenz 1968.

Wien, Österreichische Nationalbibliothek, Druckschriftensammlung, 528.784-B (Ausgabe 1918) H. Z.

19.1.11 Gedichte

Georg Trakl
Kurt Wolff Verlag, Leipzig 1913

In zeitlicher Nähe zu Musil und Kafka reift Trakls lyrische Dichtung. Sie erwächst aus dem Bewußtsein müder Spätzeitlichkeit und sterbenden Verfalls zur Verherrlichung mystisch geschauter Ewigkeiten, um – nach dem Erscheinen der Gedichte – im Todesbild des Krieges („Grodek“) zu enden. Zwischen 1912 und 1914 erreicht Trakl seine stilistische Meisterschaft, die weitab steht vom ekstatischen Aufschrei und Gestammel expressionistischer Menschen- und Gottsucher.

Lit.: Internationales Trakl-Symposium, hg. von JOSEPH P. STRELKA. Bern 1984 – WALTER RITZER, Neue Trakl-Bibliographie. Salzburg 1983.

Wien, Österreichische Nationalbibliothek, Druckschriftensammlung, 506.353-C H. Z.

19.1.12 Der Brenner. Halbmonatsschrift für Kunst und Kultur

Ludwig von Ficker (Herausgeber)
Verlag Ludwig von Ficker, Innsbruck (ab 1. 6. 1910 bis 1954), Jahrgang 1915

Der Brenner entfaltete sich rasch zur führenden österreichischen literarischen Zeitschrift außerhalb Wiens. Die Halbmonatsschrift versammelte bis zu der aus Kriegsgründen (7 Mitarbeiter waren gefallen bzw. verschollen) 1915 vorübergehend vorgenommenen Einstellung des Erscheinens neben den kulturkritischen und religiösen Beiträgen Carl Dallagos, Theodor Haeckers und Ferdinand Ebners Dichtungen Georg Trakls, Theodor Däublers und Albert Ehrensteins.

Lit.: Untersuchungen zum Brenner. Festschrift für Ignaz Zangerle zum 75. Geburtstag, hg. von W. METHLAGL, E. SAUERMANN, S. P. SCHEICHL. Salzburg 1982.

Wien, Österreichische Nationalbibliothek, Druckschriftensammlung, 482.281-B. Per. H. Z.

19.1.13 Die Muskete. Humoristische Wochenschrift

Redakteure: 1905–1909 Adolph Mossbäck
1909–1915 Louis Laechle
ab 1915 Theodor Waldau
Wiener Graphische Gesellschaft, Wien (ab 5. 10. 1905 bis 1941)

Der Höhepunkt dieser humoristischen Wochenschrift, an der so unterschiedliche Schriftsteller wie Wilhelm v. Appel, Vicki Baum, Max Brod, Egon Friedell, Egon Erwin Kisch, Roda Roda, Peter Rosegger und Anton Wildgans (oft mit ersten dichterischen Versuchen) mitarbeiteten, liegt vor dem Ende des Ersten Weltkriegs. Mit den Kriegsjahren wechselt der Tonfall vom heiter-ironischen zum ernsten kultur- und sozialkritischen und bitter-satirischen.

Wien, Österreichische Nationalbibliothek, Druckschriftensammlung, 449.976-B.D.Per. H. Z.

19.2. Satire – Kabarett

19.2.1 Letzte Wiener Spaziergänge

Daniel Spitzer
Wien 1894

Der letzte, posthum erschienene Band der „Wiener Spaziergänge" wurde von Max Kalbeck, Spitzers literarischem Nachlaßverwalter, herausgegeben. Ihm waren sechs Bände vorausgegangen, in denen Spitzer selbst jene seiner Feuilletons in Buchform herausgebracht hatte, denen er ungebrochene satirische Kraft und fortdauernde Aktualität attestiert hatte.

Lit.: Daniel Spitzer, Wiener Spaziergänge, hg. von WALTER OBERMAIER. Wien 1986 ff.

Wien, Wiener Stadt- und Landesbibliothek, A 27.927

W. O.

19.2.2 Goethe. Eine Szene

Egon Friedell – Alfred Polgar
Wien 1908

Einer der größten Erfolge im Programm der „Fledermaus" war die Szene „Goethe", die über 300 mal gegeben wurde. Friedell selbst spielte den Dichter, der sich einer schulischen Literaturprüfung zu seiner Person stellt und dabei kläglich versagt.

Lit.: Egon Friedell – Alfred Polgar, Goethe und die Journalisten. Satiren im Duett, hg. von HERIBERT ILLIG. Wien 1986.

Wien, Wiener Stadt- und Landesbibliothek, A 131.167

W. O.

Kat.-Nr. 19.2.3

19.2.3 Soldatenleben im Frieden. Eine zensurgerechte Militärkomödie Abb.

Alfred Polgar – Egon Friedell
Wien 1910

Aus der Reihe von Einaktern und Musteroperetten, die das Erfolgsduo Polgar–Friedell für die „Fledermaus" schrieb, ragt diese Militärparodie als besonders witzig heraus: ein Stück, „in das jede Offizierstochter ihren Vater ohne Bedenken führen kann". Der Anlaß zu dem Gelegenheitswerk war die Tatsache, daß Roda Rodas Militärlustspiel „Der Feldherrnhügel" der Zensur zum Opfer gefallen war. – Fritz Schönpflug illustrierte die Buchausgabe.

Wien, Wiener Stadt- und Landesbibliothek, A 54.707

W. O.

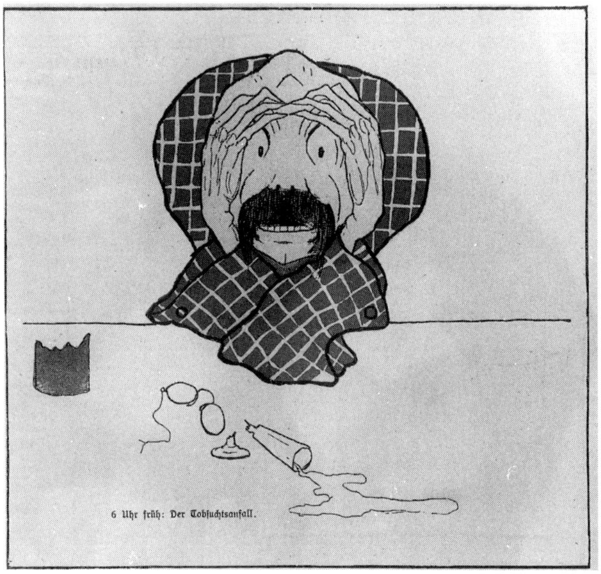

Kat.-Nr. 19.2.6

19.2.4 Der Floh

Wien, 29. April 1888

„Der Floh“ brachte auf seinen Titelseiten zumeist großformatige Zeichnungen von Persönlichkeiten des öffentlichen oder kulturellen Lebens. Seltener geht es um politische Ereignisse, wie hier um die permanenten Fraktions- und Nationalitätenkämpfe im österreichischen Reichsrat.

Wien, Wiener Stadt- und Landesbibliothek, F 21.120 W. O.

19.2.5 Kikeriki

Wien, 18. April 1897

Der „Kikeriki“, das zweitälteste der wichtigen satirisch-humoristischen Blätter Österreichs, führte in seinen Beiträgen und Zeichnungen oft eine ausgesprochen derbe Sprache und hatte sich auch einem vulgären Antisemitismus verschrieben. Im April 1897 stand die Sprachenverordnung des Ministerpräsidenten Badeni im Mittelpunkt der Kritik, derzufolge in Böhmen und Mähren alle Beamten binnen dreier Jahre Tschechisch und Deutsch sprechen sollten. Badeni mußte die Verordnung zurückziehen und demissionierte.

Wien, Wiener Stadt- und Landesbibliothek, F 24.760
W. O.

19.2.6 Der liebe Augustin Abb.

Nr. 13, Wien 1904

„Der liebe Augustin“ war ein graphisch wie literarisch gleich gut gestaltetes Blatt, das allerdings nur ein Jahr lang erschien. Anfangs fungierte Adam Müller-Guttenbrunn als Herausgeber, dann – von Nummer 6 bis zur letzten Nummer 24 – Gustav Meyrink. – Die aufgeschlagenen Seiten zeigen zwei Karikaturen Peter Altenbergs von Gustav Jagersbacher und Altenbergs Glosse „Einige Mitteilungen aus meinem Leben, die nicht viele interessieren dürften“.

Wien, Wiener Stadt- und Landesbibliothek, B 41.598
W. O.

19.2.7 Figaro

Wien, 12. Mai 1906

Unter den älteren satirischen Blättern war der „Figaro“ sicher das qualitätvollste. – Die aufgeschlagenen Karikaturen beziehen sich auf die latenten Spannungen innerhalb des Dreibundes zwischen Österreich-Ungarn und Deutschland einerseits und Italien andererseits, sowie auf die Nationalitätenfrage in der ungarischen Reichshälfte der Monarchie.

Wien, Wiener Stadt- und Landesbibliothek, F 5604 W. O.

19.2.8 Glühlichter

Wien, 25. Februar 1915

Die „Glühlichter“ waren die einzige bedeutsame sozialdemokratische satirische Zeitschrift in Österreich. Im Weltkrieg verfolgten sie eine konsequente Antikriegspolitik, deren Zeichnungen und literarische Beiträge auch heute noch betroffen machen.

Lit.: CHRISTINE EICHINGER, Karikatur und Satire im Kampf um die Rechte des Proletariats. In: Jahrbuch des Vereines für Geschichte der Stadt Wien 1982, S. 139–170.

Wien, Wiener Stadt- und Landesbibliothek, B 181.191
W. O.

19.2.9 Karl Kraus Abb.

Oskar Kokoschka
Originalabdruck in: Der Sturm, Nr. 12 (Wien, 19. Mai 1910), S. 91

Die vorliegende Nummer des „Sturm“ bringt nicht nur die Kokoschka-Zeichnung, sondern auch eine Würdigung der ersten öffentlichen Vorlesung von Karl Kraus in Wien am 3. Mai 1910 und eine Huldigung durch Else Lasker-Schüler: „Karl Kraus ist ein Papst. Von seiner Gerechtigkeit bekommt der Salon Frost, die Gesellschaft Unlustseuche“.

Wien, Wiener Stadt- und Landesbibliothek, C 138.226
W. O.

Kat.-Nr. 19.2.9

19.2.10 Vorlesung Karl Kraus

Wien, 19. November 1914
Plakat, 90 × 60 cm

Am 19. November 1914 hielt Karl Kraus im Mittleren Saal des Wiener Konzerthauses seine erste Kriegsvorlesung. Zur Anrede „In dieser großen Zeit" kamen Zitate aus der Bibel (Jesaia, Jeremia und die Offenbarung des Johannes), eigene Gedichte und Gedichte von Detlev von Liliencron. Angekündigt war auch noch Johann Nestroy. Der Reinertrag zugunsten von Rekonvaleszentenhäusern und „zur Unterstützung wiedereinrückender und invalider Soldaten" betrug 1641 Kronen.

Wien, Wiener Stadt- und Landesbibliothek, P 119.513
W. O.

19.2.11 In dieser grossen Zeit

Karl Kraus
Handschriftliches Manuskript

Zwischen Juli und Dezember 1914 erschien „Die Fackel" nicht. Die Dezembernummer enthielt dann ausschließlich den großen Antikriegsessay „In dieser großen Zeit". In den folgenden Jahren des Weltkrieges ist „Die Fackel" eine einzige Anklage gegen den Krieg, dessen Geschehen sich für Karl Kraus immer mehr zur apokalyptischen Vision der „Letzten Tage der Menschheit" verdichtet.

Wien, Wiener Stadt- und Landesbibliothek, Handschriftensammlung H.I.N. 104.574
W. O.

19.2.12 Die demolirte Literatur Abb.

Karl Kraus
3. Auflage, Wien 1899

Bereits 1896 hatte Karl Kraus anläßlich der bevorstehenden Schließung und Demolierung des berühmten Literatencafés Griensteidl in der „Wiener Rundschau" seinen satirischen Aufsatz veröffentlicht, der bis 1899 als Broschüre fünf Auflagen erlebte. Kraus kritisierte Jung-Wien, vor allem den Kreis um Hermann Bahr: die „Kaffeehausdekadenzmoder-

Kat.-Nr. 19.2.12

nen“ Felix Salten, Felix Dörmann, Hugo von Hofmannsthal und Arthur Schnitzler. – Das Titelbild zeichnete Hans Schließmann.

Wien, Wiener Stadt- und Landesbibliothek, A 120.090

W. O.

19.2.13 Eine Krone für Zion

Karl Kraus
Wien 1898

Die Broschüre ist gegen den Zionismus und seinen Vorkämpfer Theodor Herzl gerichtet. 1896 war Herzls Buch „Der Judenstaat“ erschienen, in dem Herzl für einen solchen Staat und eine Masseneinwanderung der Juden in ihn plädierte. Kraus lehnte nicht nur die Idee als solche ab, sondern auch den Autor, der ihm als Feuilletonredakteur (1895–1904) der so scharf bekämpften „Neuen Freien Presse“ a priori suspekt war.

Wien, Wiener Stadt- und Landesbibliothek, A 71.551

W. O.

19.2.14 Die Fackel

Herausgeber: Karl Kraus
Nr. 2, Mitte April 1899

Karl Kraus (1874–1936) gab seit April 1899 die Zeitschrift „Die Fackel“ heraus, von der bis zum Februar 1936 922 Nummern erschienen. Sie, deren alleiniger Autor Kraus seit Dezember 1911 war, ist sein eigentliches Lebenswerk. Hier führte er seinen Kampf gegen die „Preßgenossenschaft“, gegen Heuchelei und für ein moralisch wie sprachlich gleich hohes menschliches Ethos. „Die Fackel ist keine Zeitung, sondern ein periodischer Vorabdruck aus Büchern“ (F 368/69, S. 33)

Lit.: PAUL SCHICK, Karl Kraus in Selbstzeugnissen und Bilddokumenten. Reinbek/Hamburg 1965. – HANS WEIGEL, Karl Kraus oder die Macht der Ohnmacht. Wien-Frankfurt-Zürich 1968.

Privatbesitz W. O.

19.2.15 Daniel Spitzer. Karikatur

Lacy von F.

Daniel Spitzer (1835–1893) legte seit 1865 in seinen mit der Chiffre „Sp-r“ gezeichneten satirischen Wochenfeuilletons unter dem Titel „Wiener Spaziergänge“ die Schwächen aus Politik, Wirtschaft und Kultur bloß. Conimor schreibt dazu:
„Seine Feder scheinbar ritzet
Wie ein schwacher, feiner Meißel,
Später merkt man, daß der Meißel
War die allerschärfste Geißel.“

Lit.: MAX KALBECK, Daniel Spitzers Leben und Schriften, in: Daniel Spitzer, Gesammelte Schriften, hg. von MAX KALBECK und OTTO ERICH DEUTSCH, 1 Bd. Wien–München 1912, S. 3–54.

Conimor (d. i. Moritz Kohn), Ein Ritt durch Wien auf dramatischem Felde. Wien 1876 W. O.

19.2.16 Carl Hollitzer

Carl Hollitzer

Carl Hollitzer (1874–1942) war vielseitig begabt. Ursprünglich als Maler schöpferisch tätig, widmete er sich vor allem vor 1914 intensiv der Wiener Kabarettszene, zeichnete Karikaturen von deren Protagonisten, schrieb Texte und trat selbst in alten Uniformen als Sänger von Landsknechtliedern auf. Er war einer der Mitbegründer der „Fledermaus“.

Hans Veigl, Lachen im Keller. Wien 1986 W. O.

19.2.17 Alexander Roda Roda. Karikatur

Carl Hollitzer

Alexander Roda Roda (d. i. Sandor Friedrich Rosenfeld, 1872–1945) war sowohl in den meisten satirisch-humoristischen Blättern wie auch praktisch an allen neu entstandenen Wiener Kabarettbühnen mit seinen Militärhumoresken vertreten.

Lit.: ROTTRAUT HACKERMÜLLER, Ein Handkuß der Gnädigsten. Eine Roda Roda Bildbiographie. Wien 1986.

Carl Leopold Hollitzer. Ein Künstlerleben aus Österreich. Wien 1959 W. O.

19.2.18 Egon Friedell. Karikatur

Carl Hollitzer

Egon Friedell (d. i. Egon Friedmann 1878 – 1938) wirkte in den Wiener Kabaretts als Autor, Schauspieler, Vortragender und Conférencier.

Carl Leopold Hollitzer. Ein Künstlerleben aus Österreich. Wien 1959 W. O.

19.2.19 Peter Altenberg. Karikatur

Carl Hollitzer

Peter Altenberg (d. i. Richard Engländer, 1859–1919) war nicht nur in der literarischen Szene und in der Boheme der Jahrhundertwende allgegenwärtig, sondern auch im Kabarett: als gelegentlicher Besucher, als Stammgast und vor allem mit seinen Texten, die neben anderen auch Egon Friedell vortrug.

Carl Leopold Hollitzer. Ein Künstlerleben aus Österreich. Wien 1959 W. O.

19.2.20 Fritz Grünbaum. Karikatur

F. Kugler

Fritz Grünbaum (1880–1940) trat zuerst in der „Hölle" als Revuetexter, Autor von kleinen Szenen und Gedichten und als Vortragender in Erscheinung. Später wechselte er zum „Simplicissimus" über, dem er dann vor allem in der Zwischenkriegszeit durch seine Conférencen, Gedichte und Lieder einen unverwechselbaren Charakter gab.

Lit.: Fritz Grünbaum, Die Schöpfung und andere Kabarettstücke, hg. von PIERRE GENÉE und HANS VEIGL. Wien-München 1984.

Hans Veigl, Lachen im Keller. Wien 1986 W. O.

19.2.21 Josma Selim. Karikatur

Gedö

Josma Selim (1884–1929) machte sich vor allem im „Simplicissimus" als überzeugende Vortragskünstlerin einen Namen. Ihr gelang es auch, Texte minderer Qualität durch den unnachahmlichen Charme ihrer Präsentation zu veredeln. Später trug sie ausschließlich Lieder und Chansons ihres Gatten Ralph Benatzky vor.

Hans Veigl, Lachen im Keller. Wien 1986 W. O.

19.2.22 Marc Henry

Carl Hollitzer

Marc Henry (d. i. Achille-Georges d'Ailly-Vaucheret) kam gemeinsam mit Marya Delvard Ende 1905 von den Münchener „Elf Scharfrichtern" nach Wien, trat kurz im „Modernen Cabaret" im Philipphof auf und begründete 1906 das „Nachtlicht". Er gilt als einer der Geburtshelfer des Wiener Kabaretts.

Hans Veigl, Lachen im Keller. Wien 1986 W. O.

19.2.23 Marya Delvard

Gino Parin

Marya Delvard (d. i. Maria Biller, 1874–1965) war Schauspielerin und wirkte als Diseuse am Münchener Kabarett „Elf Scharfrichter". Gemeinsam mit Marc Henry war sie in Wien Mittelpunkt im „Jung Wiener Theater zum Lieben Augustin", dann auch im „Nachtlicht" und in der „Fledermaus".

Der liebe Augustin, 1. Jg. (1904), Nr. 16 W. O.

19.2.24 Fledermaus Abb.

Berthold Löffler, 1907
Plakat, 62,5 × 43,5 cm

Wien, Museum für angewandte Kunst, P I 1847

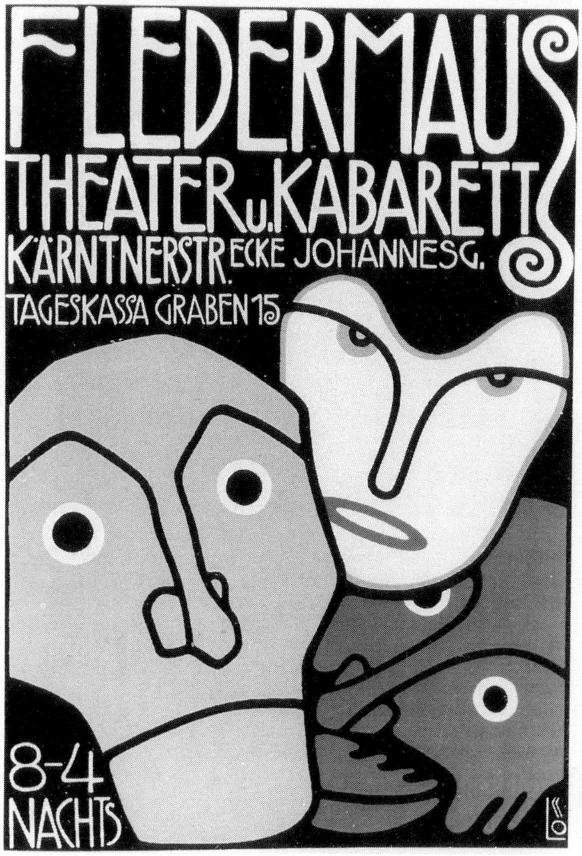

Kat.-Nr. 19.2.24

19.2.25 Cabaret Fledermaus Abb.

Josef Hoffmann, um 1905
Kopien

Vom Sessel bis zur Aschenschale stammten alle Entwürfe der Inneneinrichtung von J. Hoffmann. Was sagte ein Kritiker dazu: „Was hat denn die Zuckerkandl? Zugegeben, daß die Welt schlecht eingerichtet ist, soweit sie noch nicht von der Wiener Werkstätte eingerichtet ist... Warum datiert sie den Aufschwung der Kabarettkunst von der Lieferung unbequemer Sessel?... (Karl Kraus). Auch der Bodenbelag wurde nach Entwürfen Hoffmanns gefertigt.

Etsdorf, Fa. Wittmann und Wien, Joh. Backhausen & Söhne

E. V.

Kat.-Nr. 19.2.25

19.2.26 Cabaret Fledermaus

Josef Hoffmann
Postkarte Nr. 67 und Nr. 65 der Wiener Werkstätte

Lieder, Texte, Programmbücher und Ansichtskarten der „Fledermaus“ wurden im Lokal der Wiener Werkstätten verkauft. Die beiden von Josef Hoffmann entworfenen Ansichtskarten zeigen den Zuschauerraum des Kabaretts und die Bar mit Berthold Löfflers Majolikaplatten, die mit Karikaturen, Ornamenten und Grotesken dekoriert waren.

Privatbesitz — W. O.

19.2.27 Cabaret Fledermaus

2. Programmheft, Wien 1907

Das im Oktober 1907 eröffnete „Kabarett im Secessionsstil“ „Fledermaus“ gehörte zu den bedeutendsten der kurzlebigen Wiener Kabaretts nach der Jahrhundertwende. Geprägt von der Wiener Werkstätte, war der Kabarettraum von Josef Hoffmann und Berthold Löffler gestaltet. – Das vorliegende Programmheft – mit dekorativen Elementen von Carl Otto Czeschka und Zeichnungen von Moriz Jung – nennt Marya Delvard, Lina Vetter-Loos, Roda Roda und Carl Hollitzer als Mitwirkende.

Wien, Wiener Stadt- und Landesbibliothek, B 185.046

W. O.

19.2.28 Einladungskarte und Programm zur Generalprobe der Tanzmatinee im Cabaret Fledermaus

25. Jänner 1909

In der „Fledermaus“ gab es auch Auftritte von Tänzerinnen, allen voran der Schwestern Grete, Else und Berta Wiesenthal. Auch wurden eigene Tanzmatineen durchgeführt. Ein Höhepunkt der Matinee vom 25. Jänner 1909 war das Tanzstück „Die Fledermäuse“ nach Entwürfen von Kolo Moser.

Wien, Wiener Stadt- und Landesbibliothek, B 185.046

W. O.

19.2.29 Peter Altenberg Gedenkblatt
Hg. vom Kabarett Fledermaus zum 50. Geburtstag des Dichters (1909) — Abb.

Berthold Löffler, 1909
Federzeichnung, koloriert

Zum 50. Geburtstag Peter Altenbergs gab die „Fledermaus“ in nur wenigen Exemplaren ein Gedenkblatt heraus, das Berthold Löffler zeichnete. Auf dem ausgestellten Wid-

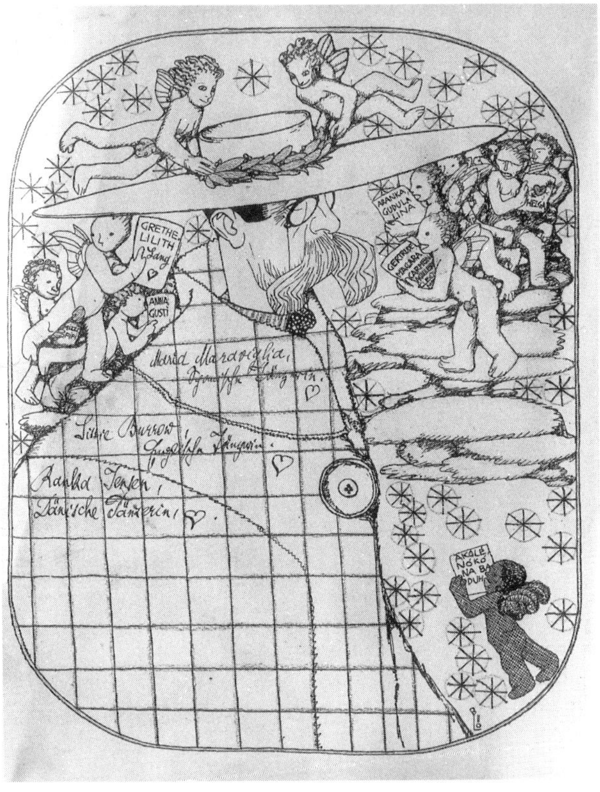

Kat.-Nr. 19.2.29

Kat.-Nr. 19.2.30

mungsexemplar für Frau Mátyus hatte Altenberg eigenhändig sein „Lebens-Leitmotiv“ niedergeschrieben: „Sei, Der Du bist! Nicht mehr, nicht weniger! Aber Der sei! . . . Und wenn Du in den Abgrund mußt, so sei es, in den Du stürzest, wenigstens der Deine!!!“

Wien, Wiener Stadt- und Landesbibliothek, Handschriftensammlung H. Inv. Nr. 151.912 W. O.

19.2.30 Hölle Abb.

Ludwig Graf
Plakat, 96 × 66 cm

In der „Hölle“ wurde ab 5. Jänner 1907 Franz Lehárs Operetteneinakter „Mitislaw der Moderne“ gespielt, ein parodistisches Werkchen, das in einem fiktiven erotischen Despotenreich am Balkan spielt. Neben anderen Sketches stand außerdem noch „Pan und Daphnis“ von Fritz Grünbaum auf dem Programm.

Wien, Wiener Stadt- und Landesbibliothek, Plakatsammlung, P 9587 W. O.

19.2.31 Hölle

Programmheft, März 1912

Am 7. Oktober 1906 war im Souterrain des Theaters an der Wien das Theater-Kabarett „Hölle“ von Leopold und Siegmund Natzler eröffnet worden. Heinrich Lefler, Ludwig Graf und Josef Urban hatten für die Ausstattung gesorgt. Operetteneinakter und humoristische Szenen waren vorherrschend. Die Hauptstars der „Hölle“ waren Mela Mars und Fritz Grünbaum.

Wien, Wiener Stadt- und Landesbibliothek, C 127.385
W. O.

19.2.32 Simplicissimus

Programmheft, 19. Februar 1913

Das „Biercabaret“ Simplicissimus war am 25. Oktober 1912 eröffnet worden; Direktor war Egon Dorn, der schon kurzfristig die „Fledermaus“ geleitet und auch an der „Hölle“ Regie geführt hatte. Hohe literarische Ansprüche gab es nicht, man wollte unterhalten. Die unbestrittenen Stars der frühen Jahre waren Josma Selim und Fritz Grünbaum.

Lit.: Eva Maria Haybäck, Der Wiener „Simplicissimus“ 1912–1974. Phil. Diss. Wien 1976.

Wien, Wiener Stadt- und Landesbibliothek, C 123.777
W. O.

19.2.33 Einladung des literarischen Kabaretts „Zielony Balonik“ (Der kleine grüne Ballon) Abb.

Stanislaw Szreniawa (1888–1972)
Dreikönigstag, vor 1910

„Zielony Balonik“ war ein literarisches Kabarett, das 1905–12 in der Konditorei des J. A. Michalik in Krakau seine Heimstatt hatte. Das Lokal, mit humoristischen Gemälden und Zeichnungen dekoriert, besitzt seine Ausstattung bis heute. Zuerst ein Treffpunkt für Maler, Schriftsteller und Schauspieler, bildete es später den Rahmen für satirische Programme im Puppenspiel. Die rationalistische Einstellung der Programme besaß großen Einfluß auf das intellektuelle Milieu der Zeit.

Lit.: Jan Paweł Gawlik, Powrot do Jamy, Kraków 1961, S. 70, Ill.

Krakau, Muzeum Narodowe w Krakowie, Inv. Nr. III-ryc. 9023

Kat.-Nr. 19.2.33

19.2.34 Karikatur aus dem literarischen Kabarett „Zielony Balonik“ (Der kleine grüne Ballon) Abb.

Kazimierz Sichulski (1879–1942), 1908
Pastell, Kreide, Tusche auf Papier, 89 × 124,5 cm

Kazimierz Sichulski studierte an der Akademie der Schönen Künste in Krakau und an der Kunstgewerbeschule in Wien. Er malte vor allem Szenen aus dem Leben der Huzulen, zählte aber auch zu den besten polnischen Karikaturisten. Das Bild stellte eine Parodie auf den mit Worten ausgefochtenen Zweikampf zwischen zwei Professoren der Akademie der Schönen Künste in Krakau dar, Józef Mehoffer und Leon Wyczlkowski, anläßlich einer Ausstellungsbesprechung.

Lit.: Karykatury Kazimierza Sichulskiego. Ausst. Kat. bearb. von Stanisława Opalińska. Krakow 1980. S. 5, Pos. 216.

Krakau, Muzeum Narodowe w Krakowie, Inv. Nr. III-r.a. 12.773

Kat.-Nr. 19.2.34

19.2.35 Orfeum

1898
Plakat, Seide bedruckt und koloriert, 54 × 68 cm

Károly Somossy eröffnete sein Lokal „Orfeum" im Jahr 1898; es war nach Plänen der Wiener Architekten Fellner und Helmer errichtet worden. Neben Varieté- und Orfeumsvorstellungen standen auch abendfüllende Operetten auf dem Programm. Das Unternehmen ging 1899 in Konkurs, existiert aber bis heute als „Hauptstädtisches Operettentheater".
Das Plakat, das zur Eröffnung angefertigt wurde, zeigt die Fassade des Gebäudes und das Porträt des Eigentümers Somossy.

Budapest, Magyar Szinházi Intézet Szinháztörténeti Múzeum, Inv. Nr. 87.28

20. FILM

20.1 Handzettel aus dem Jahr 1896 „Tägliche Vorstellungen ... Die lebende Photographie"

Am 27. März 1896 wurde erstmals in Wien die „Lebende Photographie" des Kinematographen der Herren Auguste und Louis Lumière aus Lyon gezeigt. Am 17. April schon besuchte Kaiser Franz Joseph die Filmvorführungen.
Der Eintritt kostete 50 Kreuzer, gespielt wurde zwischen 10 Uhr früh und 8 Uhr abends.

Lit.: ARTHUR GOTTLEIN, Der Österreichische Film. Wien 1976.

Wien, Wiener Stadt- und Landesbibliothek, E 109.891 U. R.

Kat.-Nr. 20.2

20.2 Trilby Abb.

Wien 1911
Plakat, 95 × 58 cm

Die Premiere von „Trilby", produziert von der österreichungarischen Kino-Industrie, fand am 12. Jänner 1912 in Wien statt. In den Kinos wurden jeweils mehrere, meist sehr kurze, und zumindest ein längerer Film gezeigt, manchmal erzielte man durch das gleichzeitige Abspielen von Grammophonplatten eine dem Tonfilm ähnliche Wirkung.

Lit.: Tagebuch der Straßen – Geschichte in Plakaten. Ausst. Kat. Wien 1981.

Wien, Wiener Stadt- und Landesbibliothek, P 9299 U. R.

20.3 Die blaue Rose, Paris 1911

Plakat, 107 × 77 cm

L. Perret, ein Schauspieler des Odeon-Theaters inszenierte das Lustspiel „Die blaue Rose". Bei diesem Film wurde jedes Bild mit der Hand koloriert, um den Eindruck eines Farbfilms hervorzurufen.
Der Film war auch in Wien zu sehen.

Lit.: GEORGES SADOUL, Geschichte der Filmkunst. Wien 1957.

Wien, Wiener Stadt- und Landesbibliothek, P 13299 U. R.

20.4 Schuldig von Richard Voss, Schottenringkino

Plakat, 125 × 94 cm

Wien, Wiener Stadt- und Landesbibliothek, P 12855 U. R.

20.5 Haus in der Kärntnerstr. Nr. 45

Photo

In diesem Haus in der Kärntnerstraße gab es ab März 1896 täglich Filmvorführungen, veranstaltet von der Firma der Brüder Lumiére aus Lyon.

Wien, Österreichisches Filmarchiv U. R.

20.6 Der Müller und sein Kind nach Raupach

Szenenphoto

Aus dem Jahr 1911 stammte der erste erhaltene Spielfilm von Anton Kolm. Er, seine Frau Luise und sein Mitarbeiter Jakob Fleck hatten den Österreichischen Film begründet.

Wien, Österreichisches Filmarchiv U. R.

20.7 Das Filmteam bei der Arbeit

Photo

Graf Alexander Kolowrat-Krakowsky war wie das Team um Anton Kolm ein Pionier des österreichischen Films. Auf einem Bauplatz in Wien ließ er seinen ersten historischen Film herstellen. Er begründete 1916 das erste freistehende Filmatelier in Sievering.

Wien, Österreichisches Filmarchiv U. R.

20.8 Liane Haid

Photo

Liane Haid (geb. 1897) war der erste weibliche Filmstar Österreichs.

Wien, Österreichisches Filmarchiv U. R.

20.9 Filmvorführgerät

Wien, Technisches Museum

21. MUSIK

21.1 Felix Weingartner dirigiert die Wiener Philharmoniker

Ferdinand Schmutzer
Radierung, 71,5 × 89 cm

Der Künstler blickt von der linken Seite des Podiums auf das im Großen Musikvereinssaal in Wien musizierende Orchester, dessen Mitglieder, soweit sie im Profil oder en face erkannt werden können, mit großer Genauigkeit porträtiert sind. Felix (von) Weingartner, aus Dalmatien gebürtig, dirigierte in den Jahren 1908 bis 1927 die Abonnementkonzerte der Wiener Philharmoniker; 1908–1911 war er Direktor der Hofoper.

Lit.: HERTA UND KURT BLAUKOPF, Die Wiener Philharmoniker. Wien-Hamburg 1986.

Wien, Wiener Philharmoniker O. B.

21.2 Im Bösendorfersaal

Franz Kopallik
Aquarell, 48 × 63,5 cm

Der Klavierfabrikant Ludwig Bösendorfer, der mit seinen Instrumenten die ganze Monarchie versorgte, hat 1872 in Wien einen bis 1913 bestehenden Konzertsaal für Kammermusik eröffnet, der zu sagenhafter Berühmtheit gelangte. Er stellte ihn den namhaftesten Künstlern seiner Zeit zur Verfügung, aber auch jungen Talenten und Künstlern aus allen Teilen der Monarchie für ihren ersten Auftritt in Wien.

Wien, Historisches Museum der Stadt Wien, Inv. Nr. 38.265 O. B.

21.3 Das Rosé-Quartett

Max Oppenheimer
Kaltnadelradierung, 23,6 × 31,4 cm

Arnold Rosé (1863–1946) war Schwager Gustav Mahlers und seit 1883 Primarius eines Streichquartetts, das für seine beispielhafte Interpretation der klassisch gewordenen Werke dieser Besetzung ebenso bekannt war wie für seinen immer wieder mutigen Einsatz für die neue Musik. Das Quartett (gebildet aus Mitgliedern der Wiener Philharmoniker) konzertierte auch regelmäßig in Prag und Budapest.

Lit.: Das Rosé-Quartett. Fünfzig Jahre Kammermusik in Wien. Mit einem Vorwort von Dr. JULIUS KORNGOLD, Wien o. J. [1932].

Wien, Historisches Museum der Stadt Wien, Inv. Nr. 47.891 O. B.

21.4 Das Rosé-Quartett

Figurinen von Etty Doringer, Salzburg

21.5 Großes Orchesterkonzert des Akademischen Verbandes für Literatur und Musik am 31. März 1913 im Großen Musikvereinssaal

E. Philipp und Bernhard Rosenbaum
Plakat, Farbdruck

Auf dem Programm standen Werke von Alban Berg, Gustav Mahler, Arnold Schönberg, Anton Webern und Alexander Zemlinsky. Es kam zu Protesten und heftigen Auseinandersetzungen im Publikum, die diesen von Schönberg geleiteten Abend mit einigen Hauptwerken der Wiener Schule als „Skandalkonzert" in die Musikgeschichte eingehen ließen.

Lit.: Gedenkausstellung Arnold Schönberg, Wien 1974, S. 249 ff.

Wien, Gesellschaft der Musikfreunde in Wien, Archiv O. B.

21.6 Vor der Hofoper

Karl Feiertag
Aquarell, 18,1 × 28 cm

Oper bedeutete nicht nur ein musikalisches, sondern auch ein gesellschaftliches Ereignis – freilich ohne jeden Exklusivitätsanspruch. Das Publikum auf der 3. Galerie war ein anderes als jenes in den Logen, das Publikum der vielen Provinzbühnen in entsprechender Relation ähnlich jenem der Wiener Hofoper zusammengesetzt.

Lit.: Jubiläumsausstellung 100 Jahre Wiener Oper am Ring. Wien 1969.

Wien, Historisches Museum der Stadt Wien, Inv. Nr. 3.723 O. B.

21.7 Opernbühnen in der Österreichisch-Ungarischen Monarchie (1904)

Graphik, Entwurf: O. B., Ausführung: Irmgard Grillmayer

Die Karte zeigt alle Orte mit selbständigen Opernhäusern und mit Theatern, die in einem gemischten Spielplan mit ihrem Ensemble auch Opern geben konnten, wobei die Theaterorchester im gegebenen Fall für Opernaufführungen durch ortsansässige Musiker (wie etwa Einzelmusiker, aber auch Mitglieder von Kurorchestern, Militärkapellen u. dgl.) verstärkt werden konnten.

Lit.: Musikbuch aus Österreich, red. von RICHARD HEUBERGER, 1. Jg., Wien–Leipzig 1904 – Neuer Theater-Almanach, 15. Jg., Berlin 1904.

21.8 Der Zigeunerbaron

J. Weiner
Plakat, Farbdruck, 120 × 90 cm

Das nach 1885 entstandene Plakat kann beim Betrachter bereits voraussetzen, daß er um den Inhalt dieser Erfolgsoperette weiß: Über und zwischen Szenen und Figuren dieses mit deutschen und ungarischen Elementen den politischen Dualismus der Donaumonarchie in die Musik übersetzenden Werkes blickt Johann Strauß aus einer Lyra auf sein Publikum.

Lit.: Fle Zi Wi Csá & Co. Die Wiener Operette. Historisches Museum der Stadt Wien, 91. Sonderausstellung. Wien 1985, S. 109.

Wien, Wiener Stadt- und Landesbibliothek, P 13.250 O. B.

21.9 Kirchenmusik in der Stiftskirche Klosterneuburg Abb.

Robert Wosak
Aquarell, 62,5 × 47,5 cm

Auf der rechten vorderen, seit der Barockzeit für die von Chor und Orchester bestrittene Kirchenmusik bestimmten Empore musizieren unter der Leitung eines zum Chorregenten bestellten Ordensgeistlichen (wohl Andreas Weißenbäck, 1880–1960) die Sängerknaben des Stiftes (in Uniform), der Stiftsorganist sowie (für Tenor, Baß und den Orchesterpart) vom Stift verpflichtete Kirchenmusiker.

Privatbesitz O. B.

Kat.-Nr. 21.9

21.10 Ein Abend bei Johann Strauß

J. Blechinger nach Franz von Bayros
Heliogravure, 37,5 × 60,5 cm

Geradezu verklärt hat Bayros 1894 Teilnehmer und Atmosphäre einer Spätform des musikalischen Salons im Künstlermilieu festgehalten: Johann Strauß, Johannes Brahms, Carl Goldmark, Alfred Grünfeld, Max Kalbeck, Victor Tilgner, Joseph Fux, Eugen Felix – Musiker, Literaten und bildende Künstler mit einer zeitgemäßen, aber schon als „klassisch" anerkannten Kunstanschauung.

Lit.: Johannes Brahms in Wien. Gesellschaft der Musikfreunde in Wien, Ausstellung. Wien 1983, S. 65.

Wien, Gesellschaft der Musikfreunde in Wien, Sammlung, BI 1207 B O. B.

21.11 Der cholerische Klavierlehrer

Hans Schließmann
12 Federzeichnungen, jeweils 19,5 × 17,5 cm

Momentaufnahmen aus einer Klavierstunde, jeweils mit einem Ausspruch des Lehrers als Motto bezeichnet. Der Lehrer trägt deutlich erkennbar die Züge von Julius Epstein (1832–1926), aus Zagreb stammender Professor für Klavier am Konservatorium der Gesellschaft der Musikfreunde in Wien. – Der Klavierunterricht zählte immer noch zum Bildungsideal der Zeit.

Wien, Gesellschaft der Musikfreunde in Wien, Sammlungen, BI 1130 B O. B.

21.12 Die Kaffeehaus-Kapelle

Eduard Veith (?), um 1900
Aquarell in Sepia, 28 × 40 cm

Auf einem Podium musizieren unter der Leitung eines Stehgeigers ein Pianist, ein zweiter Geiger (oder Bratschist) und ein Kontrabassist. Im Vordergrund an den Tischen die Gäste.

Wien, Gesellschaft der Musikfreunde in Wien, Sammlungen, BI 1017 A O. B.

Kat.-Nr. 21.16

21.13 Die Damenkapelle

Figurinen von Lisbeth Schöbl

21.14 Die Dorfmusikanten

Eduard Veith
Bleistift, 29,5 × 39,5 cm

Vor einer aus einem Haus kommenden Personengruppe gehen drei Musikanten mit Drehleier, Dudelsack und Violine. Ihre Kleidung ist wohl absichtlich etwas altertümelnd: Besetzung wie Anlaß des Musizierens – es handelt sich wohl um ein ländliches Fest – waren für den aus Neutitschein stammenden E. Veith (1856–1925) offensichtlich zeitgenössische Beobachtungen sehr alter, immer noch lebendiger Traditionen.

Wien, Gesellschaft der Musikfreunde in Wien, Sammlungen, BI 1088 A O. B.

21.15 Böhmische Musikanten

Josef Kinzel
Xylographie nach einem Gemälde, 21,8 × 31,7 cm

Der aus Österreichisch-Schlesien stammende Maler zeigt vor einem Bauernhaus eine Gruppe von vier Musikanten (Violine, Klarinette, Flügelhorn und am Riemen getragener Violine oder Kontrabaß); ein wohl zum Haus gehörender Bub versucht, auf einer Querpfeife mitzumusizieren. Der Klarinettist ist als Veteran erkennbar.

Wien, Gesellschaft der Musikfreunde in Wien, Sammlungen, BI 1067 A O. B.

21.16 Hofmusikanten Abb.

Moritz Ledeli
Pinsel in grau und schwarz, 19,5 × 14 cm

Der aus Brünn stammende und in Wien wirkende Künstler zeigt im Hof eines mehrtraktigen Zinshauses drei (Bettel-) Musikanten: einen offensichtlich blinden Zieharmonika-Spieler, einen Querflötisten und einen Gitarristen. Zu ihrem Spiel tanzen zwei Mädchen. Die Musikanten können erwarten, daß ihnen von den Fenstern Geld zugeworfen wird.

Wien, Gesellschaft der Musikfreunde in Wien, Sammlungen, BI 1112 A O. B.

21.17 Hofmusikanten

Figurinen von Lisbeth Schöbl

21.18 Regimentsmusik des (ungarischen) Infanterie-Regiments Freiherr Kray Nr. 67 Abb.

Militärmaler, unleserlich signiert
Aquarell, 25,3 × 35,1 cm

Regimentsstab, 1., 2. und 3. Bataillon (mit der Regimentsmusik) dieses ungarischen Regiments waren in der Wiener Albrecht-Kaserne stationiert, das 4. Bataillon in Eperjes in Ungarn. Die Regimentsmusik ist hier sowohl hinsichtlich der Uniformen wie hinsichtlich der Besetzung, Aufstellung und Instrumente mit minutiöser Genauigkeit dargestellt.

Wien, Gesellschaft der Musikfreunde in Wien, Sammlungen, BI 1100 A O. B.

21.19 Harmoniemusik des (niederösterreichischen) Infanterie-Regiments Freiherr von Bolfras Nr. 84

Militärmaler, unleserlich signiert
Aquarell, 23,8 × 44,7 cm

Kat.-Nr. 21.18

Bei der Militärmusik unterschied man die Regimentsmusik (in großer Blasmusikbesetzung), die Harmoniemusik (kleine Blasmusikbesetzung) und gemischte Besetzungen mit Streichern (für Konzert- und Tanzmusikengagements). Von diesem Regiment war das 2. und 3. Bataillon in Krems stationiert, das erste in Wien und das vierte in Sarajevo, die Harmoniemusik wahrscheinlich in Krems.

Wien, Gesellschaft der Musikfreunde in Wien, Sammlungen, BI 1101 A — O. B.

21.20 Der Hofball

Wilhelm Gause, 1900
Aquarell, 50 × 70 cm

Der Hofball war über das eminente gesellschaftliche Ereignis hinaus eine Selbstdarstellung der Monarchie. Gause zeigt in seinem 1900 entstandenen Aquarell im Vordergrund eine Gruppe von Damen, die vom Kaiser begrüßt wird, insgesamt aber jene Gesellschaft, die die Monarchie am Hof repräsentierte: Adel (deutlich erkennbar: ungarische Magnaten) und gehobenes Bürgertum, als Militärs und in Zivil.

Lit.: FRANZ ENDLER, Das Walzer-Buch. Wien 1975.

Wien, Historisches Museum der Stadt Wien, Inv. Nr. 72.542 — O. B.

21.21 Sonntagstanz der Wäschermädchen in Wien

Xylographische Anstalt Union nach J. M. Kupfer, 1894
Xylographie, koloriert, 17,4 × 24,4 cm

Eine Szene, die sich in Wien, Brünn, Prag, Budapest, Krakau, Laibach oder sonstwo in der Monarchie in gleicher

Kat.-Nr. 21.22

Weise hätte abspielen können, hat Kupfer 1894 in Wien im Bild festgehalten. Im Hof eines Mietshauses hängt die Wäsche zum Trocknen, die Wäscherinnen tanzen mit ihren Kolleginnen und mit Hausbewohnern zur Musik eines Werkelmannes: das Tanzvergnügen des sogenannten einfachen Volkes – wirklich spontan, auch schon im Unterschied zu den sogenannten „Wäschermädelbälle", die Kupfer durch zehn Jahre organisiert hat.

Wien, Gesellschaft der Musikfreunde in Wien, Sammlungen, BI 1153 A — O. B.

21.22 Strucz János. Karikatur — Abb.

Karl von Stur, 1883
Zeitungsdruck

Johann Strauß als Zigeunergeiger: ein in beiden Reichshälften der Monarchie beliebter Komponist.

Lit.: Der Floh, Wien 1883.

Wien, Gesellschaft der Musikfreunde in Wien, Sammlungen, BI 1162 A — O. B.

21.23 Im Musikhimmel. Karikatur

Theo Zasche, 1899
Zeitungsdruck

Strauß wird von Mozart, Beethoven, Brahms und Wagner gebeten, an ihrem Tisch Platz zu nehmen. – „Besten Dank, meine Herren, zu hohe Ehre für mich; erlauben's halt, daß i mi zu den Meinigen setz'!" Er setzt sich zu Schubert, Lanner und Strauß-Vater: Die Emanzipation der Tanz- und Operettenmusik (vielleicht auch zur Abgrenzung gegen die neue Musik an sich) ist vollzogen.

Lit.: Der Floh, Wien 1899.

Wien, Gesellschaft der Musikfreunde in Wien, Sammlungen, BI 1163 A — O. B.

21.24 Director Mahler am Dirigentenpult und vor dem Traualtar. Karikatur

1902
Zeitungsdruck

Der vielbeschäftigte Operndirektor, Dirigent und Komponist war mit seinen vielseitigen Aktivitäten und seinem grenzenlosen Einsatz eine für das Musikleben ungewohnte Erscheinung. Hier kommt er mit Hut, Schirm und einer Notenrolle in der Manteltasche zur Hochzeit.

Lit.: Humoristische Blätter, Wien 1902.

Wien, Gesellschaft der Musikfreunde in Wien, Sammlungen, BI 1170 A — O. B.

21.25 Alexander von Zemlinsky. Karikatur

Rudolf Herrmann, 1910
Zeitungsdruck

Auch Zemlinsky, wie Mahler Dirigent und Komponist, vertrat jenen neuen, perfektionsbesessenen Kapellmeister-Typus, der sich auch schwieriger Partituren neuester Musik mit großem Einsatz annahm.

Lit.: Der Merker, Wien 1910.

Wien, Gesellschaft der Musikfreunde in Wien, Sammlungen, BI 1203 A — O. B.

Kat.-Nr. 21.26

21.26 Gustav Mahler dirigiert seine I. Symphonie. Karikatur Abb.

Theo Zasche, 1900
Zeitungsdruck

Der Wiener Erstaufführung des 1896 in Berlin uraufgeführten Werkes war schon 1898 eine Aufführung in Prag vorausgegangen. Die erste Wiener Aufführung hat Theo Zasche zum Anlaß für diese Zeichnung genommen, in der vor allem die neuen Instrumentationseffekte, aber auch einige Themen als Irrwege und Auswüchse einer neuen Komponistengeneration aufs Korn genommen werden.

Wien, Gesellschaft der Musikfreunde in Wien, Archiv, Inv. Nr. 16627/152 O. B.

22. ARCHITEKTUR

22.1 Ausstellungsgebäude der Secession

Joseph Maria Olbrich (1867–1908), Wien 1897–1898
Photo: Ansicht

Prägnanter und seltener Vertreter des „Europäischen" Jugendstils, der in Wien bald von der strengeren, geometrischen, lokalen Variante abgelöst wurde. Der erste Entwurf von 1897 zeigte noch eine reichere Durchgestaltung, mit zahlreichen klassischen Architekturelementen, jedoch war die Gesamtkonzeption des Gebäudes bereits festgelegt. Die Eröffnung des phantasievollen Kunsttempels mit der charakteristischen goldenen Blätterkuppel („Krauthappel") erfolgte am 12. November 1898.

Lit.: IAN LATHAM, Joseph Maria Olbrich, London 1980.

B. R.

22.2 Österreichisches Postsparkassenamt

Otto Wagner (1841–1918), Wien 1903–1906
Photo: Hauptfassade und Kassensaal

Baublock mit fünf Innenhöfen und zentraler Kassenhalle, ausgeführt aufgrund eines gewöhnlichen Wettbewerbes. Konsequente Trennung von Struktur (Eisenbeton) und Bekleidung (außen: Granit, innen: Marmor, Glas und Holz). Die Trennwände sind verschiebbare Leichtkonstruktionen. Die detaillierte Durcharbeitung auch der kleinsten Elemente im Sinne einer funktionellen Ästhetik haben ein bemerkenswertes Hauptwerk der modernen Architektur zur Folge. Dies ist umso beachtenswerter als es sich hiebei um kein privates, sondern um ein öffentliches Gebäude handelt.

Lit.: HEINZ GERETSEGGER, MAX PEINTNER, Otto Wagner 1841–1918 – unbegrenzte Großstadt, Beginn der modernen Architektur. Salzburg 1964.

B. R.

22.3 Hl. Geist-Kirche

Josef Plečnik (1872–1957), Wien 1910–1913
Photo: Hauptfassade, Innenansicht der Krypta

Erste Studien bereits 1909. Hallenkirche mit hohem Mittelschiff und zwei Seitenschiffen, sowie Krypta im Untergeschoß. Klare Linienführung bestimmt diese mit Mitteln des Eisenbetons umgesetzte klassizistische Formensprache. In der Krypta wird durch die kubistische Umformung der klassischen Architekturelemente dem im Hochbau noch neuen Baustoff in richtungsweisender Form entsprochen. Die wesentlichen strukturellen Bauglieder sollten bemalt ausgeführt werden. Die Ausführung erfolgte schließlich gegen den Widerstand des Thronfolgers Franz Ferdinand.

Lit.: DAMJAN PRELOVŠEK, Josef Plečnik, Wiener Arbeiten von 1896 bis 1914.

B. R.

22.4 Wohn- und Geschäftshaus Portois & Fix

Max Fabiani (1865–1962), Wien 1896
Photo: Fassade Ungargasse

Fabiani schuf für die renommierte Einrichtungsfirma Portois & Fix ein Mehrzweckgebäude in zukunftsweisender Ausformung des traditionellen Wiener Typus mit klarer Trennung von Geschäfts- und Wohnzone. Frühestes lokales Beispiel einer Plattenverkleidung, hier aus Pyrogranit.

Lit.: MAX FABIANI, Bauten und Projekte in Wien. Ausstellungskatalog Wien 1982 – MARCO POZZETTO, Max Fabiani – ein Architekt der Monarchie. Wien 1983.

B. R.

22.5 Wohn- und Geschäftshaus Goldman & Salatsch

Adolf Loos, Wien 1909–1911 Abb.
Transparentes Modell des Geschäftsbereichs
Rekonstruktion: Burkhardt Rukschcio und Bruno Maldoner

Loos reklamierte für sich das Entwerfen mittels „Raumplan" eingeführt zu haben. Dabei werden im Volumen eines Gebäudes Räume unterschiedlicher Höhe ineinandergefügt, ohne durchgehende Geschoßebenen. Als Perfektion des Raumplanhauses sah Loos sein 1922 entstandenes Haus Rufer in Wien an. Das Michaelerhaus beweist seine Virtuosität im räumlichen Entwerfen schon 1909. Den Räumen wird je nach Bedeutung und Funktion ein passendes Volumen zugeordnet. Dadurch wird maximale Ökonomie erreicht, aber auch spannungsreichere Beziehungen der Räume zueinander (Modellbau Hans Kropf – Graz).

Lit.: HERMANN CZECH und WOLFGANG MISTELBAUER, Das Looshaus. Wien 1976 – BURKHARDT RUKSCHCIO und ROLAND SCHACHEL, Adolf Loos, Leben und Werk. Wien 1982.

Wien, Verein für Adolf Loos Forschung B. R.

22.6 Cabaret Fledermaus

Josef Hoffmann (1870–1956), Wien 1907
Photo: Innenansicht, Vorraum mit Bar

Hevesi nannte den Barraum eine „bunte Greuelgrotte" ob seiner Wandverkleidung aus vielfärbiger Keramik nach Entwürfen von Berthold Löffler und Michael Powolny. Im anschließenden Theaterraum spielte sich jahrzehntelang ein

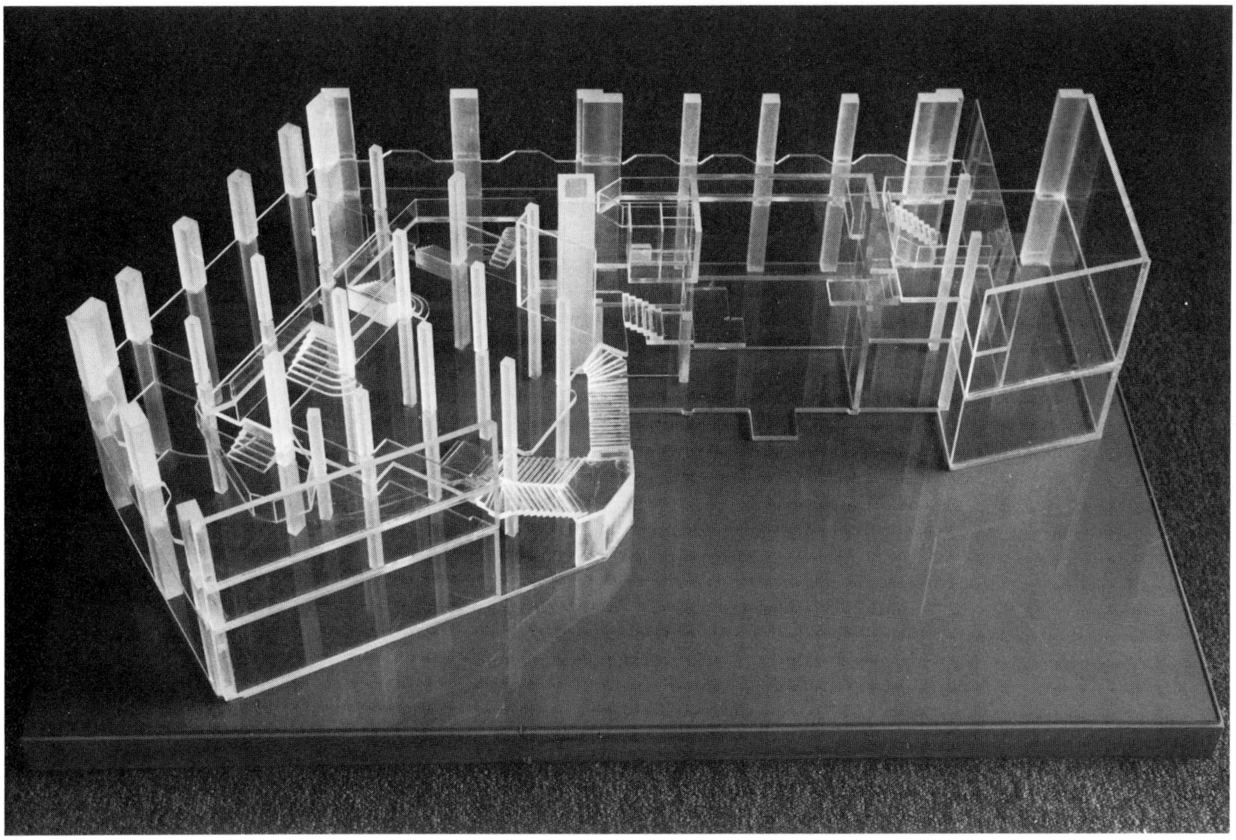

Kat.-Nr. 22.5

wichtiger Teil des Wiener Künstlerlebens ab. Le Corbusier fertigte 1908 anläßlich seines Studienaufenthalts in Wien eine Bauaufnahme des Etablissements an.

Lit.: EDUARD SEKLER, Josef Hoffmann, Das architektonische Werk. Wien 1982.

B. R.

22.7 Café Museum

Adolf Loos (1870–1933), Wien 1899
Photo: Innenansicht

Übersichtliches, schlichtes Lokal, dessen Wirkung durch Proportion und Materialien bestimmt wird: matte, hellgrüne Tapeten, weiße Decke, dunkles Mahagoni, poliertes Messing und rote Bugholzmöbel. Der Kontrast zu den gängigen Plüschlokalen trug diesem den Spottnamen ‚Café Nihilismus' ein. Loos berief sich darauf, daß er einen Innenraum mit der eleganten und zurückhaltenden Schlichtheit der Zeit um 1830 schaffen wollte.

Lit.: L. HEVESI, Kunst auf der Straße. In: Fremdenblatt, Wien 30. 5. 1899 – BURKHARDT RUKSCHCIO, ROLAND SCHACHEL, Adolf Loos, Leben und Werk. Wien 1982.

Wien, Graphische Sammlung Albertina, Loos Archiv, Inv. Nr. 2495 B. R.

22.8 Kaminnische der Wohnung Leopold Goldman

Abb.

Adolf Loos (1870–1933), Wien 1911
Originaleinrichtung (mit Ergänzungen)
Rekonstruktion: Burkhardt Rukschcio und Bruno Maldoner

Der Eigentümer des skandalisierten Geschäftshauses am Michaelerplatz ließ sich etwa gleichzeitig ein Miethaus in Wien XIX von Loos entwerfen. Den unteren Teil des Mitteltraktes bewohnte er mit seiner Familie selbst. Umfangreiche Gesellschaftsräume ermöglichten das Bewirten auch einer größeren Gästezahl, unter ihnen des öfteren Oskar Kokoschka, der die Kinder des Hauses porträtierte. – Die Kaminnische ist Teil der Empfangshalle. Alle Holzarbeiten in Eiche. Die Coupé-Anordnung der Bänke ist ein mittelalterliches Motiv, von Loos oft angewandt. Der Mitteltrakt des Hauses wurde 1945 von einem Bombentreffer zerstört. Teile der Kaminnische bilden die einzigen Reste der bedeutenden und bekannten Einrichtung.

Lit.: Burkhardt Rukschcio und Roland Schachel, Adolf Loos, Leben und Werk. Wien 1982.

Wien, Privatbesitz B. R.

22.9 Atelierhaus Karl Wollek

Karl Fischl (1871 – ?), Wien 1907
Konsenspläne, Grundrisse: 55 × 38 cm, Schnitte: 38 × 56 cm, Ansichten: 38 × 57 cm

Wohn- und Arbeitsstätte des Bildhauers Wollek. Interessante räumliche Lösung für die diversen Anforderungen: Steinwerkstatt im Parterre, großes, sehr hohes Atelier und kleiner Arbeitsraum im 1. Stock. Dazwischen lag das Wohngeschoß mit Messing-Handläufen im Gehbereich als Orientierungshilfe für Wolleks blinde Frau. Die räumliche Konzeption mit unterschiedlichen Raumhöhen und Niveausprüngen innerhalb der Stockwerke ist stark vom Werk Adolf Loos' beeinflußt. Die äußere Gestaltung hingegen kann als typisch für die Schule Otto Wagners angesprochen werden. Anfang der achtziger Jahre trotz Denkmalschutz abgebrochen.

Wien, Magistratsabteilung 37, Abt. XIII B. R.

22.10 Erste kroatische Sparcasse

Joseph von Vancas (1859–1932), Agram 1898
Photo: Außenansicht, Parterregrundriß

Der Schüler Ferstels und Friedrich Schmidts schuf bereits früh umfangreiche Projekte, die meisten von ihnen in Sarajevo, wo er von 1884–1921 tätig war. Die innere Erschließung mit der zweiarmigen Geschäftspassage, die untereinander ein Oktogon verbindet, läßt an ähnliche Objekte Ferstels und von Fellner & Helmer (Wien und Berlin) denken. Das Banklokal selbst erhält den prominentesten Platz im Parterre mit Zugang von der abgeschrägten Hausecke.

Lit.: Nova palaca prve hrvatske stedionice u Zagrebu. In: Viesti druzt va inzinira in arhitekta u hrvatskoj Slavoniji, Jg. 1900, No. 7.

B. R.

22.11 St. Blasius Kirche

Viktor Kovacic (1874–1924), Agram 1909
Photo: Ansicht von innen und außen

Der 1909 gewonnene Wettbewerbsentwurf wurde in den Jahren 1910–1913 ausgeführt. Byzantinische und italienische Elemente formen den sehr vielgestalteten aber doch einheitlichen Entwurf. Im Inneren strahlt der Zentralraum Andacht und Schlichtheit frühchristlicher Gotteshäuser aus, verstärkt durch die bewährte traditionelle Beleuchtungssituation. Zahlreiche romanische Baudetails fügen sich selbstverständlich in den massigen Baukörper ein.

Lit.: Viktor Kovacic, Sonderheft, Covjek i prostor Agram Jg. XXI, No. 259–260, 1974 – Alexander Laslo, Viktor Kovacic. In: Covjek i prostor Agram Jg. XXXI, No. 379, S. 6.

B. R

22.12 Wohn- und Geschäftshaus Kallina

Alois Bastl (1872–1947), Agram 1902–1903
Photo: Ansicht

Der Wagner Schüler Bastl (bis 1902) hatte bei seinem Lehrer in Wien Gelegenheit, die Verwendung von Fassadenkeramik kennenzulernen. In Agram war dies umso naheliegender, als der Bauherr Keramikfabrikant war. Bastl sollte drei Jahre später auch seine Villa in Agram errichten. Am Wohn- und Geschäftshaus vereinigten sich in geglückter Weise Wiener und lokale Einflüsse zu einem eigenständigen Werk der modernen kroatischen Architektur. Der sparsame Dekor stellte das Haus in die Nähe von Fabianis Haus für Portois & Fix.

Lit.: Neven Mikac, Alexander Laslo, Eklekticizam i urbani Modernizam. In: CIP, Agram XXIX Jg. 1982. No. 1, S. 20.

B. R.

22.13 Café Corso

Leopold Hönigsberg (1861–1911) und Julius Deutsch (1859–1922), Agram 1905
Photo: Innenansicht

Beide sind Wiener Schüler von Heinrich von Ferstel und in ihren Agramer Bauten lebt das Wiener Flair fort, auch durch die jahrelange Mitarbeit von Alois Bastl in ihrem Atelier. Das Café Corso könnte demnach durchaus auch in der Residenzstadt stehen. Eine gewisse Diskrepanz zwischen der „altmodischeren“ Architektur und der modernen Einrichtung bietet einen gewissen Reiz durch den Kontrast.

Lit.: Lelja Dobronič, Zagrebački Arhitekti. Hönigsberg/Deutsch, Agram 1965.

B. R.

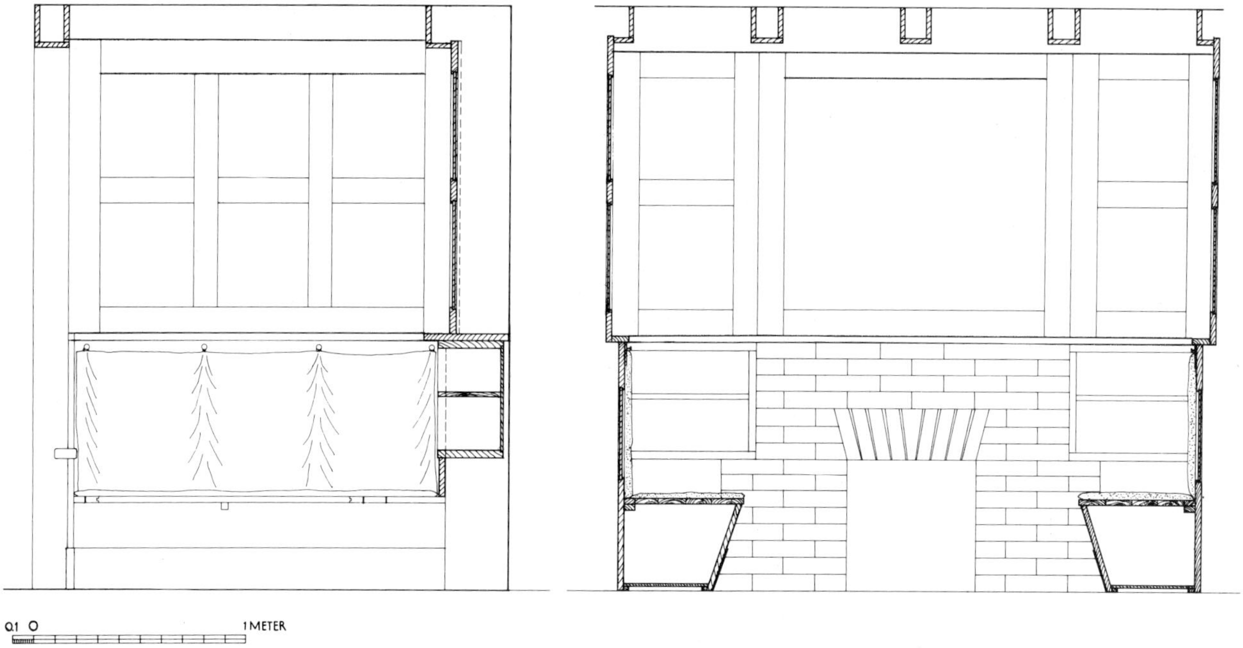

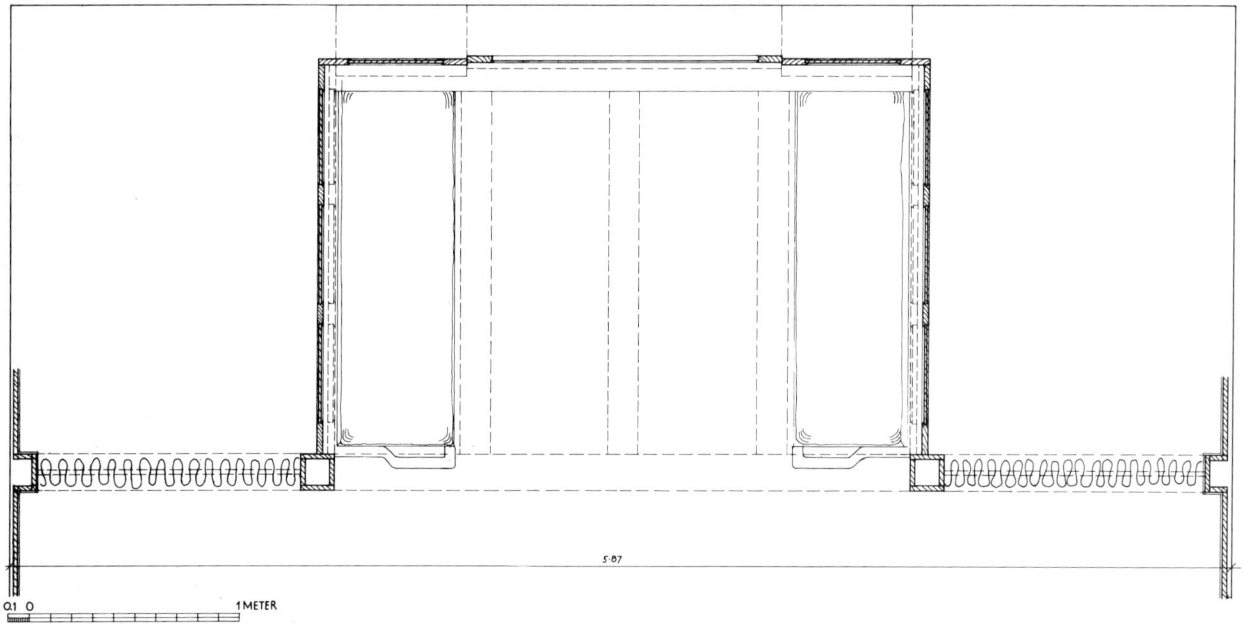

Kat.-Nr. 22.8

22.14 Villa Tischof

Aladar Baranyai, Agram 1900
Farbphoto nach Aquarell: Fassadenstudie

Das Wohnhaus für den Maler Tischof entstand ganz unter dem Eindruck des jubelnden, wildbewegten Jugendstils Olbrich'scher Prägung, der einer Phantasie keine Fesseln anlegt. Auch das ein Jahr später entworfene Haus Golik stellt sich als ein Produkt dieser Einstellung dar, für sein eigenes Heim (1909) wandte er sich der strengeren Auffassung von Josef Hoffmann zu.

Lit.: ALEXANDER LASLO, Aladar Baranyai/Gradanski Ideal. In: Arhitektura, Agram Jg. 36/37 1983/84. No. 186–8, p. 64 ff.

B. R.

22.15 Pavillon der Gesellschaft der Kunstfreunde

Franz Maczynski, Krakau 1901
Photo: Hauptansicht

Kleiner, tempelartiger Ausstellungsraum in klassizistischer Auffassung. Die ruhigen Proportionen und die fensterlose Eingangsfront mit einem klassischen Figurenfries vermitteln Würde und Abschirmung, nicht unähnlich einem Sakralraum, eine Ausstrahlung die vom Gebäude der Secession in Wien mit gänzlich anderen Mitteln erreicht wird. Selbst der pompöse Eingangsgiebel vermag dieses gelungene Werk des Krakauer Architekten nicht zu schmälern.

Lit.: JACEK PURCHLA, Wien–Krakau im 19. Jahrhundert. Wien 1985.

B. R.

22.16 Hauptpostamt

Friedrich Setz, Krakau 1889
Photo: Straßenansicht

Wie fast überall in der Monarchie gelangten öffentliche Gebäude nur im offiziellen Kleid des Historismus zur Ausführung. Hier wird das Imponiergehabe durch die dominierende Eckgestaltung mittels Rundturm und Renaissancekuppel noch zusätzlich verstärkt und steht in groteskem Gegensatz zur unbefestigten Straße und zum völlig ungestalteten Straßenraum.

Lit.: JACEK PURCHLA, Wien–Krakau im 19. Jahrhundert. Wien 1985.

B. R.

22.17 Kloster der Herz-Jesu-Schwestern

Wladyslaw Kaczmarski, Krakau 1896
Photo: Außenansicht

Komplexe Gesamtanlage. Die Kirche durch die Backsteinfassade hervorgehoben. Stark orientalisierende Fassaden- und Detailgestaltung mit bemerkenswerter bunter und schmuckfreudiger Wirkung. Das neue Jahrhundert kündigt sich hier besonders bei der Behandlung der die Kirche flankierenden Fassaden an.

Lit.: JACEK PURCHLA, Wien–Krakau im 19. Jahrhundert. Wien 1985.

B. R.

22.18 Sitz der Krakauer technischen Gesellschaft

Slawomir Odrzywolski, Krakau 1906
Photo: Straßenansicht

Kleines Wohnhaus auf schmaler Parzelle. Geschickt wird durch das Zusammenfassen mehrerer Fenster zu einem Band (1. Obergeschoß) oder in einer Nische (2. Obergeschoß) dieser Beeinträchtigung begegnet. Der wohlproportionierte Baukörper erhält überdies dadurch ein ausgewogenes Verhältnis von Fensteröffnungen und Mauerflächen.
Fein strukturierte Putzoberfläche in den Obergeschoßen und Rustica-Quaderung in der Sockelzone.

Lit.: JACEK PURCHLA, Wien–Krakau im 19. Jahrhundert. Wien 1985.

B. R.

22.19 Wohn- und Geschäftshaus Federowitz

Theodor Hoffmann, Krakau 1912
Photo: Ansicht

Stark gegliedertes Eckhaus mit zahlreichen konventionellen Bauelementen in zeitlich angepaßter formaler Umsetzung. Das Hauseck wird einerseits abgerundet, aber auch stark betont (Erkerrisalite, Attika etc.). Der Schwere der Obergeschoße mag das Erdgeschoß optisch nicht ganz zu entsprechen.

Lit.: JACEK PURCHLA, Wien–Krakau im 19. Jahrhundert. Wien 1985.

B. R.

22.20 Kaffeehaus „Drobnerion"

Jan Zawiejski (1854–1922), Krakau 1904
Photo: perspektivische Zeichnung

Pavillon in größtenteils Eisenkonstruktion mit Plattenverkleidung in Form einer dreischiffigen Basilika. Betonte Eingangspartie durch halbkreisförmig vorgezogenen Windfang. Reicher Blumenrankendekor, Bauplastik und sonstiger Dekor sind Zeuge eines lebensfreudigen Dekorationssinns in

„Kurstadt"-ähnlicher Ausstrahlung. Ein Vorgarten steht mit dem Parterre durch große flächenfüllende Glastüren in räumlicher Verbindung.

Lit.: JACEK PURCHLA, Wien–Krakau im 19. Jahrhundert. Wien 1985.

B. R.

22.21 Pavillon des Vereins bildender Künstler „Manes"

Jan Kotera (1871–1923), Prag 1901–1902
Farbphoto: Fassadenzeichnung

Hölzerner Ausstellungssaal für die Präsentation einer Retrospektive der Arbeiten Auguste Rodins. Sodann viel für große Ausstellungen in Gebrauch.
Repräsentative Betonung des asymmetrisch angeordneten Eingangs durch Freitreppe, flankierende Pylonen, Kuppel etc. Der Dekor erfährt hier eine Konzentration auf wesentliche Bauglieder, läßt ansonsten aber weite Wandflächen frei.

Lit.: Der Architekt, VII. Jg. 1902, S. 38.

B. R.

22.22 Palais der Versicherungsanstalt „Praha"

Oswald Polivka (1859–1931), Prag 1903–1905
Farbphoto (nach Zeichnung): Ansicht

Typischer Vertreter des „internationalen" Jugendstils, der nicht nur in Prag stehen könnte. Ein bunter und phantasievoller Dekor überzieht einen Baukörper, der in seiner Grundkonzeption dem späten 19. Jahrhundert eng verbunden bleibt. Selbst die Firmenaufschrift wird zur dekorativen Umrahmung der Fenster des letzten Geschosses.

Lit.: VLADIMIR SLAPETA, Praha 1900–1878. Ausst. Kat. Prag, Technisches Nationalmuseum 1978.

B. R.

22.23 Haus der Begräbnis Bruderschaft „Chewre-Chadische"

Bohumil Hübschmann (1878–1961), Prag 1910–1911
Photo: Ansicht

Errichtet im alten jüdischen Friedhof, der einen Teil der jüdischen Stadt in Alt-Prag bildet.
Geometrisch dekorierte Lisenen lockern den massiven Baukörper auf, dessen Schwere durch das Mansardendach noch verstärkt wird. Vorspringende Bay-Windows und ein zusätzliches kräftiges Kranzgesimse sind weitere Gestaltungselemente, dem Kubus eine gefällige Form zu verleihen.

Lit.: „Styl" Prag, 6. Jg. 1920–21, Tafel 74–75.

B. R.

22.24 Wohn- und Geschäftshaus „Bei der Schwarzen Muttergottes"

Josef Gočar (1880–1945), Prag 1911–1912
Photo: Ansicht

Eckhaus inmitten eines historischen Ensembles. Kubistische Merkmale prägen dieses frühe Beispiel eines zukünftigen Baustils. Die Fassade besteht im wesentlichen nur aus dem Traggerüst und den verglasten Zwischenräumen, die Wandfläche selbst tritt fast völlig in den Hintergrund. Auch das Innere wurde bis zum kleinsten Detail vom Architekten entworfen.

Lit.: Der Architekt, Jg. XIX, 1913, Tafel 23–24.

B. R.

22.25 Café im Haus „Bei der Schwarzen Muttergottes"

Josef Gočar (1880–1945), Prag 1911–1912
Photo: Innenansicht

Im ersten Stock richtete der Architekt gleichzeitig mit der Erbauung des Hauses ein Cafélokal mit traditionellen L-förmigem Grundriß ein. Die großen verglasten Flächen lassen einen hellen und übersichtlichen Raum entstehen, dessen gesamte Einrichtung neu entworfen wurde. Die Struktur bleibt durch die kräftigen Eisenbetonunterzüge sichtbar, die jedoch nicht mit den Fensterpfeilern korrespondieren. Der Stil der Einrichtung weist in vielen Details bereits in die Zwischenkriegszeit.

Lit.: Der Architekt, Jg. XIX, 1913, Tafel 23–24.

B. R.

22.26 Villa Kovarik

Emil Kralik (1880–1946), Prostejov 1910
Photo: Ansicht

Repräsentative Villa auf u-förmigen Grundriß, mit einer zentralen Gesellschaftshalle, deren klassizistische Ordnungselemente auch dem Äußeren eine vornehme Ruhe verleihen. Großzügige Loggien akzentuieren die freien Enden der Seitenflügel, während ein palladianisches Rundbogenfenster als Leitmotiv den gesamten Bau charakterisiert.

Lit.: VLADIMIR SLAPETA, Moderni Architektura V. Prostejove 1900–1950, Prostejov 1977.

B. R.

22.27 Kunstgewerbemuseum Budapest, Üllői ut 33–37

Ödön Lechner (1845–1914) – Gyula Pártos (1845–1916), Budapest 1891–1896
Photo nach dem Aquarell J. Bischof um 1900 und Photo des Innenraums

Das erste großes Aufsehen erregende Stilexperiment Lechners, dessen Ziel es war, einen eigenen Nationalstil zu schaffen. Sein Versuch weist Merkmale des Historismus, des Orientalismus sowie eigene, dem Jugendstil verwandte Formen auf. Den traditionellen Grundriß verband er mit einer Fassade, die durch eine aus der ung. Volkskunst stammende floreale Ornamentik und orientalisierenden Bauformen geprägt und von farbiger Pyrogranit-Majolika überzogen ist. Im Gegensatz zur Buntheit des Äußeren herrscht im Inneren der mit einem Glas-Eisen-Dach bedeckten Ausstellungshalle die weiße Farbe vor. Der Raum erinnert an die Palasthöfe der indischen Mogulen.

Lit.: TIBOR BAKONYI – MIHÁLY KUBINSZKY, Lechner Ödön. Budapest 1981, S. 25

I. S.-P.

22.28 Kulturpalast von Marosvásárhely (Tirgu Mures – Rumänien)

Marcell Komor (1868–1944) – Dezső Jakab (1864–1932), 1910–1912
Photo

Das wichtigste Gebäude im ungarischen Spätjugendstil war von Anfang an als Kulturzentrum gedacht und sollte das kulturelle Erbe der siebenbürgischen Ungarn repräsentieren. Das einen ruhigen Eindruck vermittelnde Gebäude mit seinem farbigen Dach ist außen mit einem Mosaikfries geschmückt. Seine eigentliche Schönheit entfaltet es im Vestibül und im Foyer des Theaters, wo Fresken und Glasfenster Szenen aus der siebenbürgischen Geschichte und der Szekler-Balladen darstellen. Die letzteren, von Sándor Nagy und Ede Wigand Thorockai entworfen, bilden den Höhepunkt der ungarischen Jugendstil-Glasmalerei.

Lit.: LAJOS NÉMETH (Hg.), Magyar művészet 1890–1919. Budapest 1981, S. 338.

I. S.-P.

22.29 Postsparkasse Budapest, V. Bz. Rosenberg-hazaspar utca 4

Ödön Lechner (1845–1914), Budapest 1899–1901
Photo nach einer Archivaufnahme

Lechners reifstes Werk. Er verband hier einen rational geplanten Grundriß und eine einfache Baumasse mit einer flach gehaltenen, aber mit reicher florealer Majolikaornamentik verzierten Fassade. Durchlaufende schmale Mauerpfeiler rhythmisieren die mit welligem Giebel und farbigem Majolika-Dach bekrönten Fassade. Der quadratische Schaltersaal wurde durch eine Glaskuppel beleuchtet, und die Säulen hatten mit symbolischen Assoziationen belastete Phantasie-Kapitelle. Nach diesem, heftige Kontroversen auslösenden Gebäude erhielt Lechner keine weiteren Großaufträge.

Lit.: TIBOR BAKONYI – MIHALY KUBINYI, Ödön Lechner. Budapest 1981. S. 32–35 – Lechner Ödön (Ausstellungskatalog) Budapest 1985.

I. S.-P.

22.30 Reformierte Kirche Budapest, VII. Bz. Gorkij Fasor

Aladár Árkay (1868–1932), Budapest 1911–1913
Photo

Die monumentale, assymmetrische Fassade zeigt die Inspiration der zeitgenössischen finnischen Architektur (Lars Sonck) und weist auf einen langschiffigen Innenraum hin. Doch versteckt sich hinter ihr ein eleganter, luftiger Zentralraum mit einer von Stahlbetongurten getragenen Kuppel, der in seiner Farbgebung und Atmosphäre an Otto Wagners Kirche am Steinhof erinnert. Aladár Árkay knüpfte damals an die Bestrebungen der jüngeren Generation der ungarischen Nationalromantik des Heimatstils an. In der Einrichtung und reichen Ornamentik der Kirche verwendet er geometrisch abgewandelte Motive der ungarischen Volkskunst.

Lit.: PÉTER FARBAKY, A fasori református templom. In: Ars Hungarica (Budapest 1984/2), S. 255–269.

I. S.-P.

22.31 Synagoge in Szabadka (Subotica – Jugoslawien)

Marcell Komor (1868–1944) – Dezsö Jakab (1864–1932), 1901–1903
Photo

Die im gemeinsamen Baubüro arbeitenden Architekten waren treue Nachfolger Ödön Lechners. Neben wichtigen Rathausbauten im welligen florealen Lechnerischen Stil (z. B. Marosvásárhely 1906, Szabadka 1907), repräsentiert die Synagoge von Szabadka in ihrem Innenraum am besten den begeistert vertretenen sogenannten „ungarischen Nationalstil“. Im Äußeren war das Gebäude konservativer, doch läßt sich auch hier eine gewisse sezessionistische Umschreibung der orientalisierenden Bauformen feststellen. Aus der Volkstickerei übernommene Blumenornamentik schmückte die Wände des graziösen, luftigen Zentralraums.

Lit.: LAJOS NÉMETH (Hg.), Magyar Müveszet 1890–1919. Budapest 1981, S. 339.

I. S.-P.

22.32 Geschäftshaus des Rózsavölgyi Musikverlags Budapest, V. Bz. Marinelli ter 5.

Béla Lajta (1875–1920), Budapest 1911
Photo

Eines der frühesten modernen Geschäftshäuser. An der Fassade wurden die verschieden gearteten Funktionen von Geschäfts- und Wohntrakten visuell zum Ausdruck gebracht – durch vertikale Gliederung des unteren und horizontale Gliederung des oberen Feldes. Die mit Majolika bedeckten hellen Wandflächen sind durch, der Volkskunst entlehnte Ornamentbänder in horizontale Streifen geteilt. Das holzverkleidete, geschnitzte Interieur des Musikgeschäfts hat ursprünglich Lajos Kozma geplant, der damals unter starkem Wiener Einfluß stand.

Lit.: FERENC VÁMOS, Lajta Béla. Budapest 1970, S. 205–212. – ÁKOS MORAVÁNSZKY, Die Architektur der Jahrhundertwende in Ungarn... Wien 1983.

I. S.-P.

22.33 Café „New York" (heute „Café Hungaria") Budapest, Lenin körut

Alajos Hauszmann (1847–1926), Budapest 1891–1894
Aufriß des Gebäudes 1891 von Alajos Hauszmann – Josef Bucher

Das Gebäude wurde für die Versicherungsgesellschaft New York errichtet und beherbergt im Erdgeschoß Budapests elegantestes literarisches Café. Unter der Leitung von Prof. Hauszmann arbeiteten jüngere Architekten, wie Josef Pucher, Floris Korb und Kalman Giergl, an den Plänen. In den Innenräumen herrscht ein durch barocke Bauformen und überladene Ornamentik erreichter üppiger Prunk.

Lit.: F. TOTH-ENSTEIN (Hg.), Historische Enzyklopädie von Budapest. Budapest 1974.

I. S.-P.

22.34 Atelier-Haus von Sándor Nagy

István Medgyaszay (Benkó) (1877–1959), Gödöllő 1904–1906
Photo

Der Otto Wagner Schüler István Medgyaszay (Benkó) kehrte 1902 nach Budapest zurück und nahm ab 1904 aktiv an der Sammlungsarbeit über die ungarische Volkskunst bzw. Bauernarchitektur teil. Zwischen 1904 und 1906 baute er zwei Atelier-Häuser in Gödöllő, in welchen sich eine schlichte, funktionelle Formensprache ankündigte. Mit seiner streng geometrischen Massengliederung, welche durch die in Ungarn völlig ungewohnten Flachdächer noch mehr betont wurde, und mit ebenso fremdartigen Fensterformen, die aus der englischen Baukunst übernommen waren, mit seinen orientalisch erscheinenden Gesimsen stellte dieser Rohziegelbau ein völlig neues Bauexperiment in Richtung der Moderne dar.

Lit.: IMRE KATHY, Medgyaszay István. Budapest 1979, S. 15.

I. S.-P.

22.35 Bebauungsplan für die Arbeitersiedlung in Kispest

Antal Pálóczi (1849–1927), 1908
Photokopie nach einer alten Aufnahme in Művészet 1908, S. 375

Erster Preis auf der öffentlichen Konkurrenz, wurde aber nicht in dieser Form verwirklicht. Auf 300 Katastern für 20–25.000 Einwohner sollte eine Gartenstadt für Arbeiter errichtet werden. 34% des Baugeländes sollten Alleen und Parkanlagen gewidmet werden, und auch die einzelnen Häuser sollten nur ein Drittel ihrer Grundstücke verbauen. Pálóczi plante eine Ringstraße und eine leicht gebogene Hauptstraße, die von zwei weiteren Hauptstraßen gekreuzt werden sollte. Neben den 3857 Wohnhäusern, für die er aus Zeitmangel nur einundzwanzig Haustypen ausarbeitete, bildeten 8 Grundschulen, 12 Kindergärten, zwei Kirchen, ein Spital, ein Casino, die Feuerwehr im Zentrum, ein Großlager für Konsumwaren und mehrere Geschäfte die Infrastruktur der Siedlung. Durch die gebogene Linienführung der Straßen wollte er die düstere Monotonie der Wohnviertel der Hauptstadt vermeiden.

Lit.: ANTAL PÁLÓCZI, A kispesti munkáslakóhéz-telep. In: Művészet (Budapest 1908), S. 373–376.

I. S.-P.

23. DENKMALPFLEGE

23.1 Stileinheit – Stilreinheit

Der Zeittendenz des Historismus entsprechend mußte die Restaurierung eines Baudenkmales gemäß seinem ursprünglichen Stil und einheitlich erfolgen, d. h. auch spätere, etwa barocke Zutaten mußten entfernt und stileinheitlich erneuert, Fehlendes mußte ergänzt werden. Erneuerung (Neuheitswert) wurde als Ergebnis gefordert. Gerade diese Tendenzen aber, zumal auf dem Gebiete des Restaurierens, sind von den Generalkonservatoren Alois Riegl (1858–1905) und Max Dvořák (1874–1921) bekämpft und durch Auffassungen ersetzt worden, die seither zu Richtlinien der österreichischen Denkmalpflege geworden sind.

W. F.

Kat.-Nr. 23.1.3

23.1.1 Stephansdom in Wien

Friedrich von Schmidt
Photo nach verlorener Zeichnung

Die Restaurierung des Domes zu St. Stephan im Sinne der Stileinheit und Stilreinheit beschäftigte maßgebliche Wiener Kreise längere Zeit hindurch. Der Gedanke veranlaßte Schmidt, der Dombaumeister und Mitglied der Zentralkommission war, zu einem Entwurf für den Ausbau des Nordturmes; die Ausführung unterblieb jedoch aus technischen, finanziellen und schließlich auch denkmalpflegerischen Gründen.

Lit.: HANS TIETZE, Geschichte und Beschreibung des St. Stephansdomes in Wien (= Österreichische Kunsttopographie). 1931, im bes. S. 66 ff.

W. F.

23.1.2 Stephansdom in Wien. Papiermodell mit zwei Türmen

23.1.3 Hl. Georg — Abb.

Villacher Werkstatt, um 1525/30
Neue Fassung 1902
Lindenholz, H = 105 cm

Unter Preisgabe der ursprünglichen spätgotischen Fassung wurde die Figur im Sinne der obigen Tendenz 1902 vollkommen neu gefaßt. Die technisch sehr gute, aber harte Oberfläche beeinträchtigt leider den künstlerischen Wert der Figur.

Lit.: Gotik in der Steiermark, Ausst. Kat. Graz 1978, S. 287, Kat. Nr. 254.

Stift St. Lambrecht, Stiftsgalerie — W. F.

23.1.4 Modell des Restaurierungskonzeptes des Wawel in Krakau

Eines des Nationalheiligtümer Polens, das Königsschloß des Wawel in Krakau wurde auf mittelalterlicher Grundlage 1536 zu einer prächtigen Residenz ausgebaut. Baulich teilweise verändert und in schlechtem Zustand, weil es seit 1846 dem österreichischen Militär als Kaserne diente, kam es ab 1905 zu einer umfassenden Restaurierung. Das aufwändige

Rekonstruktionsprojekt wurde von der Zentralkommission jedoch zugunsten einer maßvollen Wiederherstellung abgelehnt.

Lit.: Die Restaurierung des kgl. Schlosses auf dem Wawel in Krakau. In: Mitteilungen der Zentralkommission, 1909, Sp. 261 ff.

W. F.

23.1.5 Der Wawel in Krakau, gegenwärtiger Zustand

Photo

23.1.6 Stiftskirche in Klosterneuburg

Th. Festazzo
Photo nach Lithographie

An der Stiftskirche von Klosterneuburg baute Friedrich von Schmidt zwar die Türme stilgemäß aus, verweigerte jedoch die Stilangleichung der Außenseite des Langhauses, die das Stift gewünscht hatte.

Lit.: E. Neumann, Friedrich von Schmidt. Phil. Diss. Wien 1962.

W. F.

23.1.7 Stiftskirche in Klosterneuburg, heutiger Zustand

Photo

23.2 Forschung und Publikationen

Größten Wert legte die Zentralkommission darauf, die Forschungsergebnisse ihrer Mitglieder und Mitarbeiter auch in entsprechender Form zu publizieren. Seit 1856 bestanden die „Mitteilungen", die in der Monarchie, aber auch im ganzen deutschen Sprachgebiet hohes Ansehen genossen. 1903 wurde auch das „Jahrbuch", das 1860 eingestellt worden war, wieder aufgenommen. 1907 gründete Universitätsprofessor und Generalkonservator Max Dvořák das „Kunsthistorische Institut" der Zentralkommission, dessen Hauptaufgabe darin lag, ein Inventar der Kunstdenkmäler aufzunehmen („Österreichische Kunsttopographie"). An der Österreichischen Kunsttopographie wird laufend gearbeitet; 1986 erschien der 49. und 50. Band.

W. F.

23.2.1 Mitteilungen der k. k. Zentralkommission

Wien 1880 und 1906

Wien, Bibliothek des Bundesdenkmalamtes

23.2.2 Jahrbuch der Zentralkommission

Wien, Bibliothek des Bundesdenkmalamtes

23.2.3 Kunsttopographie des Bezirkes Krems

Wien 1907

Wien, Bibliothek des Bundesdenkmalamtes

23.3 Rettung von Kunstwerken

Nur durch die Restaurierung, fortlaufende Beobachtung und Behandlung sind die beiden bedeutendsten gotischen Schnitzaltäre Österreichs im buchstäblichen Sinn „gerettet" und erhalten worden.

W. F.

23.3.1 Der Schnitzaltar in Kefermarkt

Photo

Den Schnitzaltar in Kefermarkt (1490/97) hatten Holzwurmfraß und das Alter schwer geschädigt. 1852/53 setzten unter der Leitung Adalbert Stifters, des ersten ehrenamtlichen Konservators für Oberösterreich die Maßnahmen zur Konsolidierung des Altarwerkes ein, die in den folgenden Jahrzehnten fortgesetzt wurden.

W. F.

23.3.2 Hochaltar in St. Wolfgang

Photo

Auch das Hauptwerk Michael Pachers, der Hochaltar in St. Wolfgang am Abersee (1471/78) wies Schäden auf, die das Alter und der Holzwurm verursacht hatten. Hier setzten die ersten Abwehrmaßnahmen 1856 ein, und 1903 verhinderte Alois Riegl die Neupolychromierung, die den ursprünglichen Zustand zerstört hätte.

Lit.: M. Koller – N. Wibiral, Der Pacher-Altar in St. Wolfgang, Untersuchung, Konservierung, Restaurierung. Wien-Köln-Graz 1981, S. 20 ff.

W. F.

23.4 Heimatschutz

Die Kulturbewegung des Heimatschutzes in Deutschland (Gründung des „Bundes Heimatschutz" 1903) fand auch in Österreich lebhaften Widerhall und in der Denkmalpflege eine starke Stütze. Eine erste gemeinsame Tagung fand 1911 in Salzburg statt.

W. F.

23.4.1 Protokoll der „Gemeinsamen Tagung für Denkmalpflege und Heimatschutz"

Salzburg 1911

Wien, Bibliothek des Bundesdenkmalamtes

23.4.2 Bauernhaus aus Kundl, Tirol Unterinntaler Typ, errichtet 1728

Charakteristisch für die Bestrebungen des Heimatschutzes, die besonders der Volkskunde in allen ihren Bereichen galten, ist das von JOH. W. DEININGER um 1900 herausgegebene Tafelwerk „Das Bauernhaus in Tirol und Vorarlberg".

Innsbruck, Tiroler Landesmuseum Ferdinandeum W. F.

23.4.3 Bauernhaus aus Kortsch, Tirol Oberinntal-Vinschgauer Typ, erbaut 1781

Aus dem Tafelwerk „Das Bauernhaus in Tirol und Vorarlberg", herausgegeben von JOH. W. DEININGER, um 1900.

Innsbruck, Tiroler Landesmuseum Ferdinandeum W. F.

23.5 Ortsbildschutz

Schon 1875 waren die Konservatoren in den Instruktionen angewiesen worden, auf die Erhaltung der Ortsbilder zu achten. Sie konnten sich jedoch lediglich auf Argumente, nicht aber auf einen gesetzlichen Rückhalt stützen.

W. F.

23.5.1 Demolierung des „Linzer Tores" in Salzburg

Photo

Trotz eindringlicher Gegenstimmen setzte die Stadt Salzburg die Demolierung des „Linzer Tores" durch. So ging ein für das Stadtbild markantes und wertvolles Denkmal der Militärarchitektur verloren, das unter Erzbischof Paris Lodron im Ausbau der Befestigungsanlage während des Dreißigjährigen Krieges errichtet worden war.

Lit.: Mitteilungen der Zentralkommission 1888, S. 210. Notiz Nr. 180 – Mitteilungen der Zentralkommission 1894, S. 251, Notiz Nr. 178.

W. F.

23.5.2 Projektierte Trassenführung der Donau-Uferbahn im Ort Stein Abb.

1904
Zeichnung

Hingegen gelang es der Zentralkommission zu verhindern, daß die Trasse der Donau-Uferbahn im Ort Stein längs der Donau geführt wurde, die ihn mit einem hohen, unüberschreitbaren Bahndamm vom Strom abgeschnitten und das Ortsbild schwer beeinträchtigt hätte. Auf der Zeichnung ist die Höhe des projektierten Dammes mit einer Schablone markiert.

Lit.: Der Bau der Bahn Krems-Grein vom Standpunkt der Denkmalpflege. In: Mitteilungen der Zentralkommission, 1910, Sp. 5 ff.

W. F.

23.6 Erforschung und Erhaltung

23.6.1 Der Dom zu Aquileia. Inneres gegen Osten

Photo

Zu den bedeutendsten Denkmälern der Monarchie zählten die römischen Reste und der Dom zu Aquileia. Die gotische Basilika, über Vorgängerbauten errichtet, die in die frühchristliche Zeit zurückreichen, bewahrt eine kostbare Ausstattung. Darunter, einzigartig nach Ausdehnung und Erhaltung, der Mosaikboden aus dem frühen 4. Jahrhundert n. Chr. (1909 freigelegt) und die Fresken in der romanischen Krypta und in der Apsis. Seit ihrem Bestehen hat die Zentralkommission nicht nur für die Ausgrabung dieser einst bedeutenden römischen Stadt und für das Museum selbst erhebliches geleistet, sondern auch für die Basilika selbst und für die Erforschung des Gesamtkomplexes.

Lit.: K. LANCKOROŃSKI, Der Dom von Aquileia. Sein Bau und seine Geschichte. Wien 1906.

W. F.

23.6.2 Der Dom zu Aquileia. Teil des Mosaikbodens

Photo

23.6.3 Der Dom zu Aquileia. Mosaikdetail aus der Osthalle des Atriums

Photo

23.6.4 Palast des Diokletian in Spalato. Vor Restaurierung

Photo

Auch der 305 n. Chr. fertiggestellte Palast des Diokletian in Spalato/Split, Dalmatien, gehörte zu jenen einzigartigen Denkmälern der Monarchie, deren Erhaltung sich die Zentralkommission Zeit ihres Bestehens mit größter Sorgfalt widmete. Dem Mausoleum des Kaisers, das zum Bischofsdom geworden war, wurde im Mittelalter ein Campanile angebaut; seine Baufälligkeit nötigte im 19. Jahrhundert zu einer Restaurierung, die allzu radikal angegangen

Kat.-Nr. 23.5.2

(1881–1908), nach Abtragung der oberen Geschoße zu ihrem Neubau und zur totalen Erneuerung des Turmes führte. Die in Jahrhunderten entstandene harmonische Einbindung des Turmes in den umgebenden Baukomplex und damit auch in das Stadtbild ist dadurch leider verloren gegangen.

Lit.: Vgl. Mitteilungen der Zentralkommission ab 1884.

W. F.

23.6.5 Palast des Diokletian in Spalato während Restaurierung

Photo

23.6.6 Palast des Diokletian in Spalato nach Restaurierung

Photo

23.7 Gesetzgebung

Die Entschließungen des Kaisers, die das Wirken der Zentralkommission festlegten, hatten zwar Gesetzeskraft, ein Schutzgesetz indessen, das den Begriff „Denkmal" definiert und die daraus sich für die Erhaltung ergebenden rechtlichen Konsequenzen geregelt hätte, gab es in der Zeit der Monarchie nur in Entwürfen, die nie Gesetzeskraft erlangten. 1903 wurde ein Gesetzesentwurf für den Schutz des Diokletianpalastes im Spalato/Split und ein zweiter zum „Schutz von Baudenkmalen" veröffentlicht.
Den bedeutendsten Entwurf, dem ein ausführlicher Kommentar beigegeben war, verfaßte der Generalkonservator und Universitätsprofessor Alois Riegl 1903. Erst die Republik Österreich schuf 1918 ein Gesetz zur Einschränkung der Ausfuhr von Kunstgegenständen und 1923 ein modernes Denkmalschutzgesetz.

W.F.

23.7.1 Entwurf einer gesetzlichen Organisation der Denkmalpflege in Österreich

I. Wesen und Entstehen des modernen Denkmalkultus
Wien 1903

Wien, Bibliothek des Bundesdenkmalamtes

23.7.2 Festschrift der Zentralkommission anläßlich ihres fünfzigjährigen Bestehens

Wien 1903

Wien, Bibliothek des Bundesdenkmalamtes

23.7.3 Katechismus der Denkmalpflege

Max Dvořák
2. Auflage, Wien 1918

Wien, Bibliothek des Bundesdenkmalamtes

23.8 Dokumentation

Zur Dokumentation von Wandgemälden ließ die Zentralkommission Aquarellkopien (Maßstab etwa 1:10) anfertigen. Sie hatten den Zweck den farbigen Zustand der oft nur fragmentarisch erhaltenen Malereien zu einem bestimmten Zeitpunkt festzuhalten – heute kann an ihnen das Ausmaß des seither eingetretenen Verfalls festgestellt werden – und, da die Photographie damals nur unzulängliche Bilder lieferte, als Publikationsmaterial zu dienen.

W. F.

23.8.1 Pürgg, Johanneskapelle – Ansicht des Chorbogens mit Abel, Kain und Stifterfiguren

Aquarellkopie, um 1890

Der um 1160 entstandene Freskenzyklus wurde um 1870 mangelhaft aufgedeckt und 1893/94 nach einer technisch verfehlten Methode restauriert bzw. mit einer öligen Kaseintempera übermalt; die Entrestaurierung wurde 1939/40 und 1948 vorgenommen. Bei dieser Gelegenheit erfolgte die Herstellung naturgroßer Kopien in einem der Freskotechnik angeglichenen Verfahren.

Lit.: Vgl. O. Demus, Romanische Wandmalerei. München 1968, S. 208 f.

Wien, Bundesdenkmalamt W. F.

23.8.2 Pürgg, Johanneskapelle – Südwand mit Hirtenverkündigung und Christi Geburt

Aquarellkopie, um 1890

Lit.: Vgl. O. Demus, Romanische Wandmalerei. München 1968, S. 208 f.

Wien, Bundesdenkmalamt

23.8.3 Pürgg, Johanneskapelle – Stifter Markgraf Ottokar III.

Moderne Kopie, natürliche Größe, um 1960

Lit.: Vgl. O. Demus, Romanische Wandmalerei. München 1968, S. 208 f.

Wien, Bundesdenkmalamt

23.8.4 Burg Runkelstein bei Bozen – Fresko Hirschjagd

Aquarellkopie

Lit.: Vgl. O. Trapp, Tiroler Burgenbuch, Bd. V. Innsbruck-Wien 1981, S. 109 f.

Wien, Bundesdenkmalamt

23.8.5 Burg Runkelstein bei Bozen – Fresko Reigentanz und Turnier

Aquarellkopie

Nach dem Absturz eines Teiles der Burg 1868 wurde diese unter der Leitung Friedrich von Schmidts im Auftrag Kaiser Franz Josephs 1884/88 wiederhergestellt. Die umfangreichen Gemäldefolgen an den Wänden des „Sommerhauses" und des Westpalas, in denen sich das höfische Leben der Zeit widerspiegelt, wurden in Aquarelltechnik kopiert.

Lit.: Vgl. O. Trapp, Tiroler Burgenbuch, Bd. V. Innsbruck-Wien 1981, S. 109 f.

Wien, Bundesdenkmalamt

23.9 Denkmalpflege in Ungarn

23.9.1 Planvariante der Westfassade mit Ausbauplan des südlichen Westturmes der St. Elisabethkirche von Kaschau

Imre Steindl, 31. 12. 1898
Federzeichnung, aquarelliert, 103 × 72 cm (Maßstab 1:100)

Kat.-Nr. 23.9.3

Steindls Entwurf gibt das Ergebnis der von ihm zwischen 1877 – 1896 durchgeführten umfassenden Restaurierung wieder, wobei der Nordturm in seiner ursprünglichen, während mehrerer Bauperioden gewachsenen Form belassen wurde. Nach der Weihe 1896 rang Steindl bis zu seinem Tode (1903) um den hochgotischen Ausbau des Südturmes, der der Berichtigung der spätgotischen Baugestalt im Sinne „gotischer Regeln“ dienen sollte, im Anschluß an den vorangehenden Umbau.

Lit.: PÉTER GERECZE, A müemlékek helyrajzi jegyzéke és irodalma (Topographisches Verzeichnis und Literatur der Kunstdenkmäler). In: Magyarország Müemlékei III (Budapest 1906) S. 180, Nr. 115.

Budapest, Országos Müemléki Felügyelőség, Planarchiv Inv. Nr. K 8949 E. M.

Kat.-Nr. 23.9.5

23.9.2 Ergänzungsstudie der Westfassade der St. Elisabethkirche von Kaschau

Imre Henszlmann, um 1860
Federzeichnung, 71 × 50,5 cm

Aus dem Besitz der Archäologischen Kommission der Ungarischen Akademie der Wissenschaften, ursprünglich als Illustration für den zweiten Band von Henszlmanns „Théorie des proportions“ bestimmt.
Die Domfassade ist im Sinne der Hochgotik vereinheitlicht, Doppelturmfassade und Vierungsturm wohl in Anlehnung an die Vorstellung der Brüder Boisserés vom Dom zu Köln. In der Zeit der ersten Restaurierung von 1857/60 nimmt die Zeichnung Ideen der zweiten vorweg.

Lit.: Die ungarische Kunstgeschichte und die Wiener Schule 1846–1930. Ausst. Kat. Collegium Hungaricum Wien 1983, S. 92, Nr. 13.

Budapest, Országos Müemléki Felügyelőség, Planarchiv Inv. Nr. 3664 E. M.

23.9.3 Entwurf zur Wiederherstellung der Westfassade der ehem. Benediktinerabteikirche zu Ják Abb.

László Gyalus, 1897
Federzeichnung, 67,8 × 47,5 cm

Der Fassadenentwurf gehört einer Reihe von Plänen an, die 1897 der Landesdenkmalkommission vom Architekt Frigyes

Schulek vorgelegt wurden. Im Laufe der Restaurierung von 1896 – 1904 erfolgte eine puristische Wiederherstellung der Turmobergeschosse bzw. das Ersetzen der Barockhelme durch die schweren Steinpyramiden, deren Vorbild die Kirchenruine zu Zsámbék bildet. Das Westportal wurde sowohl formal und ikonographisch ergänzt und umgedeutet.

Lit.: GERECZE, Verzeichnis, 1906, S. 414, Nr. 96.

Budapest, Országos Müemléki Felügyelőség, Planarchiv Inv. Nr. 2565 E. M.

23.9.4 Rekonstruktionszeichnung des Baldachins des Hl. Kreuz-Altares der Kathedrale von Pécs

Rekonstruktion: Peter Gerecze, Zeichnung: Samu Egri
Federzeichnung, 62 × 47,8 cm (Maßstab 1:100)

Die Rekonstruktionszeichnung dient der Revision der Rekonstruktionsvorstellungen Henszlmanns, denen folgend im Zuge der Domrestaurierung durch Friedrich Schmidt eine Altarnische errichtet wurde. Ihre Grundlage bilden in situ gefundene Sockelpartien bzw. Steinfragmente des Aufbaues, die – der puristischen Methode widersprechenden Auffassung Gereczes zufolge – ein eher trockener, zeichnerischer Stil kennzeichnet.

Lit.: PÉTER GERECZE, A pécsi székesegyház egykori oltársátra és többi szobrászati maradványa (Der ehemalige Altarbaldachin und andere Skulpturreste der Kathedrale von Pécs). In: Archaeologiai Közlemények 20 (1897) S. 111, Abb. II.

Budapest, Országos Müemléki Felügyelőség, Planarchiv Inv. Nr. 4459 E. M.

23.9.5 Ausbauplan der reformierten (ehem. Prämonstratenserabtei-) Kirche zu Öcsa, Ansicht von Südosten Abb.

Otto Sztehló, 1919
Aquarell, 45,2 × 42,5 cm

Darstellung der Ostpartie der Kirche, die im Auftrag der Landesdenkmalkommission zwischen 1896 und 1902 durch den Architekten Ottó Tandor restauriert wurde. Der Plan wurde aufgrund der Forderung der Gemeinde nach einem „stilgerechten" Ausbau gezeichnet. In der Tat wurden die Westtürme zwischen 1922–1924 (!) erhöht, der bauarchäologisch keineswegs begründete Vierungsturm wurde jedoch nicht ausgeführt.

Lit.: Vgl. Magyarország müemléki topográfiája Bd. 5. Pest megye müemlékei Bd. 1 Budapest 1958, S. 574 ff.

Budapest, Országos Müemléki Felügyelőség, Planarchiv Inv. Nr. 4202 E. M.

24. KUNSTGEWERBE

24.1 Entwürfe

24.1.1 Service mit Bronzitdekor „B“ Abb.

Josef Hoffmann (1870–1956), um 1912
Bleistift, Tusche, 42,5 × 30 cm

Entwurfszeichnung für Weinflasche, Weinglas, Champagnerglas und Likörbecher.

Wien, J. & L. Lobmeyr E. V.

24.1.2 Entwurf für Ziergläser

Oswald Haerdtl (1899–1959)

Haerdtl besuchte die Kunstgewerbeschule in Wien und lernte bei Kolo Moser, Oskar Strnad sowie Josef Frank. Später war er Mitarbeiter von Josef Hoffmann.

Wien, J. & L. Lobmeyr E. V.

24.1.3 Entwurf zu Service mit Mimosendekor

Stefan Rath

Wien, J. & L. Lobmeyr

24.1.4 Entwurf für Broschen

Kolo Moser (1868–1918), 1904
Bleistift, Tusche, 30,4 × 18,6 cm

1903 gründete er gemeinsam mit Josef Hoffmann und Fritz Waerndorfer die Wiener Werkstätte. Als Entwerfer zeichnete er für Möbel, Metall- und Silberarbeiten, Schmuck, Stoffe, Lederarbeiten, Bucheinbände, Graphik und Gebrauchsgraphik usw. verantwortlich. In den Stil der Werkstätte brachte er das geometrische Element als farbbildenden Faktor ein.

Lit.: Elisabeth Schmuttermeier, Schmuck von 1900–1925. Ausst. Kat. Wien 1986, S. 45.

Wien, Museum für angewandte Kunst, Inv. K. I. 12.574/16
E. V.

24.1.5 Entwurf für Broschen

Josef Hoffmann (1870–1956), 1907
Bleistift, Aquarellfarben, 17,9 × 32,5 cm

Im Arbeitsprogramm von 1905 formuliert Hoffmann das Programm über das Schmuckschaffen: „Wir benützen viele Halbedelsteine, besonders bei unserem Geschmeide; sie ersetzen uns durch ihre Farbschönheit und unendliche, fast nie wiederkehrende Mannigfaltigkeit den Wert der Brillanten... Der Wert der künstlerischen Arbeit und die Idee sollen wieder erkannt und geschätzt werden.“

Lit.: Elisabeth Schmuttermeier, Schmuck von 1900–1925. Ausst. Kat. Wien 1986, S. 44.

Wien, Museum für angewandte Kunst, Inv. K. I. 12.144/43
E. V.

24.1.6 Entwurf für Brosche

C. O. Czeschka (1878–1960), 1911
Bleistift, Aquarellfarben, 28,2 × 21,5 cm

Mit dem Eintritt Czeschkas wird der dominierende geometrische Stil Hoffmanns und Mosers durch dessen dekorativen, floralen Motivideen bereichert.

Lit.: Elisabeth Schmuttermeier, Schmuck von 1900–1925. Ausst. Kat. Wien 1986, S. 44.

Wien, Museum für angewandte Kunst, Inv. K. I. 11.571/2
E. V.

24.1.7 3 Entwürfe zu Tierbroschen

Entwurf: E. Holzinger-Unger
Aquarellfarben auf Papier, Grund: schwarzes Naturpapier, 6,2 × 6,2 cm

3 Entwürfe in Silber mit Teilen aus Gold und Brillanten, auch Turmalin, Amethyst und Rauchtopas, meist in Cabochonform. In dem abstrakten, abgeflachten, mit der Hand getriebenen Rahmen (Perlstab) sind goldene Hasen und Füchse eingelassen. Die Entwerferin ist E. Holzinger-Unger, Schülerin der Wiener Kunstgewerbeschule unter J. Hoffmann. Von ihr wurde 1908 die Jagdausstellung gestaltet. Die Entwürfe zeigen die Vielseitigkeit von A. E. Köchert.

Lit.: Elisabeth Schmuttermeier, Schmuck von 1900–1925. Ausst. Kat. Wien 1986 – U. v. Hase, Schmuck in Deutschland und Österreich 1895–1914.

Wien, A. E. Köchert, 1908/IV, VI, VIII.
Irmgard Hauser-Köchert

24.1.8 Entwurf für einen Brillanthalsschmuck

Entwurf: A. E. Köchert, 1907
Deckweiß auf schwarzem Naturpapier, 14 × 20 cm

Halsschmuck aus Brillanten, Perlen und Platin mit handgefertigter Karrèkette und Perltropfen von 26¾ Grain. In für Köchert typischer Juwelierarbeit im Girlandenstil aus 3

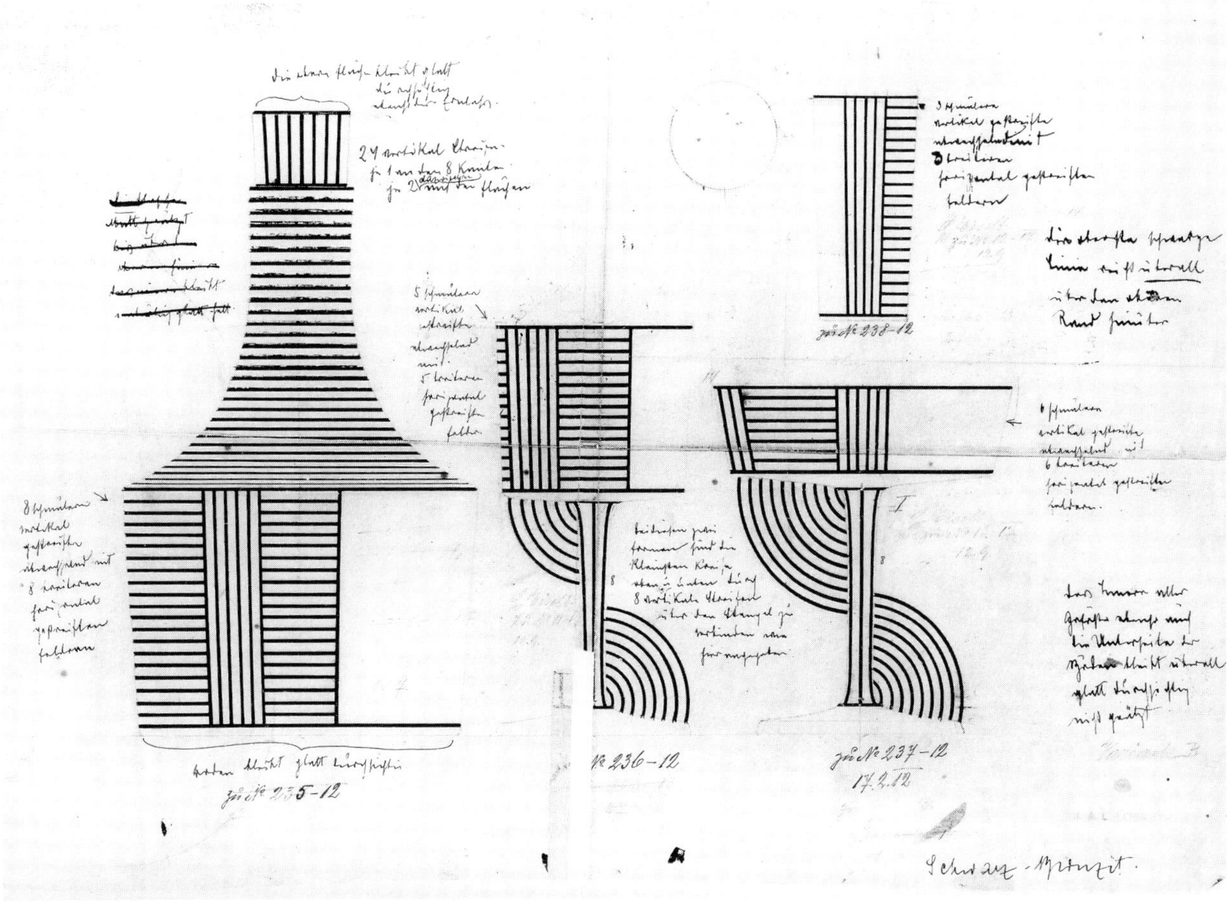

Kat.-Nr. 24.1.1

fächerförmigen trennbaren Broschen und Kette, die stilistisch zum konstruktiven Jugendstil gehört. Die Bogen aus fein ausgefaßten Brillanten sind mit Messerdraht verbunden. (1907 Geschenk des Kaisers Franz Joseph)

Lit.: U. V. Hase, Schmuck in Deutschland und Österreich. München 1977 – Waltraud Neuwirth, Wiener Gold- und Silberschmiede. Wien 1976.

Wien, A. E. Köchert, 1907/A 1005

Irmgard Hauser-Köchert

Das Collier mit sich überschneidenden feinen Karrèketten besitzt als Mittelteil einen mit Perlen carmoisierten Türkis. Die Zwischenteile sind mit Türkisen besetzt; den oberen Abschluß bildet eine geschwungene Spange mit Halbpalmetten; das Ganze ist beeinflußt vom bäuerlichen Schmuck und Schmuck der Wiener Werkstätte. Der Stil zeigt die abgerundete geschlossene Form des Ateliers A. E. Köchert um 1908 (verkauft 1914).

Lit.: Michael Haberland, Völkerschmuck. Wien 1906 – W. Neuwirth, Wiener Gold- und Silberschmiede. Wien 1977.

Wien, A. E. Köchert — Irmgard Hauser-Köchert

24.1.9 Entwurf für ein Collier

Entwurf: Atelier A. Köchert, um 1908
Deckfarbe und Goldfarbe auf hellem Karton, 20,4 × 15,6 cm

24.1.10 Modell Lily

Eduard J. Wimmer-Wisgrill (1882–1961), um 1910
Bleistift, Aquarell, 29,5 × 21 cm

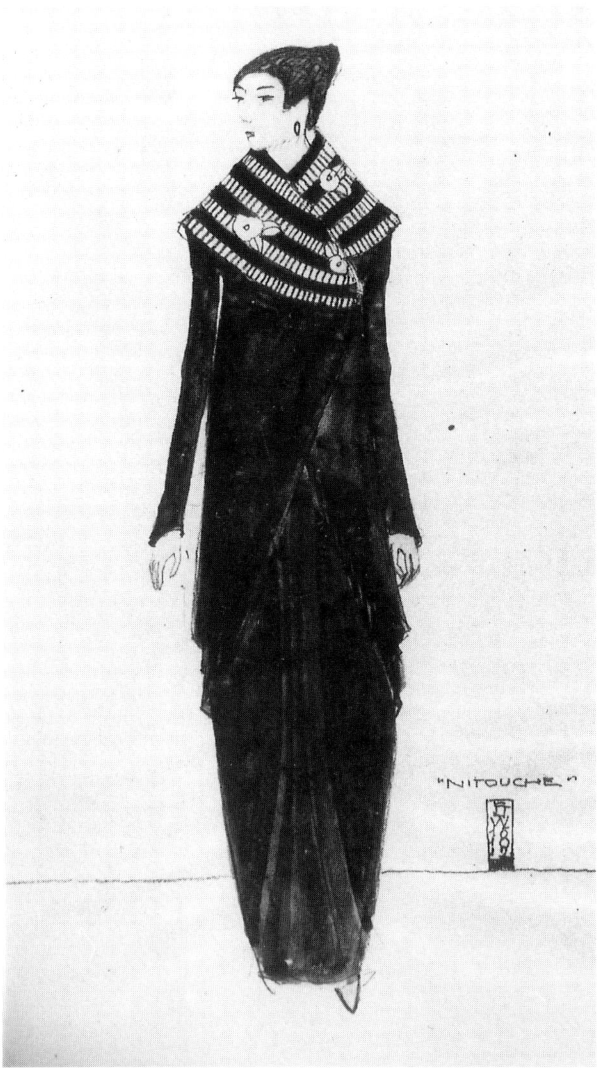

Kat.-Nr. 24.1.12

Modell aus mehreren gemusterten Stoffen gearbeitet.
Wimmer-Wisgrill studierte an der Kunstgewerbeschule bei Alfred Roller und bei Josef Hoffmann. Ab 1907 ist er Mitarbeiter der Wiener Werkstätte und übernahm ab 1910 die Modeabteilung. Hauptbestreben seiner Modeschöpfungen war es, sich vom Pariser Modediktat zu lösen und eine spezifische, auf die Wienerin abgestimmte Mode zu schaffen.

Wien, Archiv der Hochschule für angewandte Kunst, Inv. Nr. 226 E. V.

24.1.11 Modeentwurf

Eduard J. Wimmer-Wisgrill (1882–1961), 1912
Bleistift, Aquarell, 26 × 16 cm

Blau-violettes Kleid, mehrfach abgebunden.

Wien, Archiv der Hochschule für angewandte Kunst, Inv. Nr. 262-S

24.1.12 Modell Nitouche Abb.

Eduard J. Wimmer-Wisgrill (1882–1961), 1912
Bleistift, Aquarell, 29 × 21 cm

Grünes Kleid mit grauer dreiviertel langer Jacke

Wien, Archiv der Hochschule für angewandte Kunst, Inv. Nr. 882/2

24.1.13 Modell Pierette Abb.

Eduard J. Wimmer-Wisgrill (1882–1961), 1912
Bleistift, Aquarell, 29 × 21 cm

Reformkleid aus schwarz und weißer Gaze.

Wien, Archiv der Hochschule für angewandte Kunst, Inv. Nr. 882/4

24.1.14 Modeentwurf

Eduard J. Wimmer-Wisgrill (1882–1961), 1915
Bleistift und Aquarell, 29,5 × 16 cm

Hosenrock mit Capemantel.

Wien, Archiv der Hochschule für angewandte Kunst, Inv. Nr. 1724

24.1.15 Modeentwurf

Eduard J. Wimmer-Wisgrill (1882–1961), 1917
Bleistift, Aquarell, 27 × 19 cm

Grünes Kleid mit braunen Schleifen an verschiedenen Stellen abgebunden.

Wien, Archiv der Hochschule für angewandte Kunst, Inv. Nr. 1725

24.1.16 Teppichentwurf Farbabb. 45

Entwurf: Joseph Maria Olbrich (1867–1908), 1900
Ausführung: Joh. Backhausen & Söhne
Deckfarbe, 21,3 × 26,3 cm

Die Firma Joh. Backhausen & Söhne fertigte für die Wiener Werkstätte die maschinell bedruckten und gewebten Textilien an. Bereits vor 1900, also vor Gründung der Wiener

Werkstätte, fertigte die Firma nach Hoffmann- und Moser-Entwürfen Materialien für die Secession. Die Künstler, die für die Wiener Werkstätte arbeiteten, arbeiteten auch für Backhausen.

Wien, Joh. Backhausen & Söhne, Muster 4043

24.1.17 Teppichentwurf Farbabb. 44

Entwurf: Leopold Bauer (1872–1938), 1902
Ausführung: Joh. Backhausen & Söhne
Bleistift, koloriert, 25,0 × 25,1 cm

Bauer war Architekt; seine Ausbildung erhielt er bei Otto Wagner. Seit 1900 gehört er der Secession an. Im „Interieur" (1901) wird Bauer als neuer Aussteller in der Secession erwähnt und seine farbig sensitive Innenraumgestaltung gerühmt. Zwischen 1913–1919 war Bauer Leiter der Spezialschule für Architektur an der Akademie.

Wien, Joh. Backhausen & Söhne, Muster 4948 E. V.

24.1.18 Entwurf für einen Velourteppich

Entwurf: Dagobert Peche (1887–1923), 1913
Ausführung: Joh. Backhausen & Söhne
Deckfarbe, 49,6 × 49,8 cm

Wien, Joh. Backhausen & Söhne, Muster 9028

24.1.19 Teppichentwurf

Entwurf: Franz Karl Delavilla (1884–1967), 1913
Ausführung: Joh. Backhausen & Söhne
Bleistift, Deckfarbe, 29,4 × 36,7 cm

Delavilla studierte an der Fachschule für Textilindustrie und dann an der Wiener Kunstgewerbeschule bei Czeschka und Löffler. Für die Wiener Werkstätte entwarf er Postkarten, Bilderbögen, Plakate und war an der Ausstattung des Cabarets Fledermaus beteiligt.

Wien, Joh. Backhausen & Söhne, Muster 9011 E. V.

24.1.20 Stoffentwurf

Entwurf: Otto Prutscher (1880–1949)
Ausführung: Joh. Backhausen & Söhne
Bleistift, Deckfarbe, 32,8 × 25,4 cm

Otto Prutscher stammte aus einer Tischlerfamilie. Er machte sich durch Innenraumgestaltungen einen Namen und stellte Entwürfe für die Firma Prag-Rudniker und Gebrüder Thonet her. Ab 1907 unterrichtete er an der Wiener Kunstgewerbeschule.

Wien, Joh. Backhausen & Söhne, Muster SN 699 E. V.

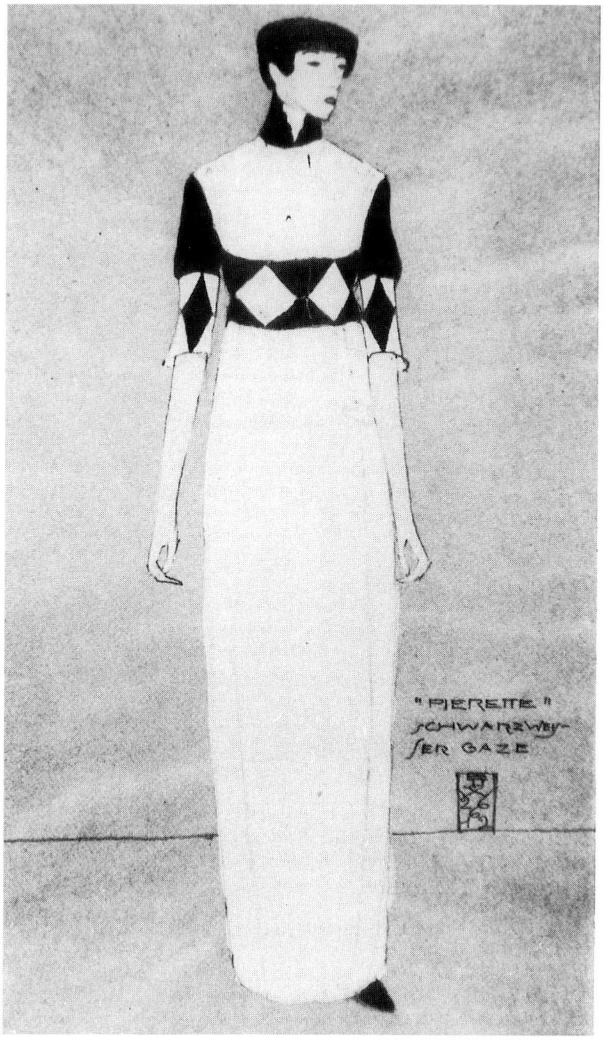

Kat.-Nr. 24.1.13

24.1.21 Teppichentwurf Farbabb. 43

Entwurf: Else Unger, 1900
Ausführung: Joh. Backhausen & Söhne
Bleistift, Deckfarbe, 23,1 × 22,9 cm

Wien, Joh. Backhausen & Söhne, Muster 3906

24.1.22 Zwei Entwürfe für Kaiser-Franz-Joseph-I-Jubiläumsmarken

Koloman (Kolo) Moser (1868–1918), 1908
Deckfarbe auf Papier, 22,7 × 33,7 bzw. 25,1 × 33,6 cm

1906 wurde Moser beauftragt, Umrahmungen für die neuen bosnischen Marken zu liefern, und „da die bosnischen Marken sehr gefielen, wurde mir später die Ausführung sämtlicher österreichischer Briefmarken übertragen . . . (einer) von den größeren Aufträgen, die mir Freude und Genugtuung bereitet haben". 1908 hat er auch die berühmte Serie der Jubiläumsmarken entworfen,

Lit.: Kolo Moser, „Mein Werdegang". In: Velhagen und Klasings Monatshefte, XXXI, ii, 1916, S. 254 f. – Werner Fenz, Kolo Moser. Internationaler Jugendstil und Wiener Secession. Salzburg 1976.

Wien, Österreichische Post- und Telegraphendirektion

P. V.

24.1.23 Drei Entwürfe für Geldscheine

Kolo (Koloman) Moser (1868–1918)
Mischtechnik, je 12,5 × 18,5 cm

Moser hat Entwürfe für Banknoten sowie auch für Briefmarken geliefert. Ausgestellt sind drei Entwürfe zu einem 1000-Kronen Schein.

Lit.: Werner Fenz, Kolo Moser. Internationaler Jugendstil und Wiener Secession. Salzburg 1976 – Katalog Koloman Moser 1868–1918, Wien (Hochschule für angewandte Kunst/Oesterreichisches Museum) 1979.

Wien, Museum für angewandte Kunst, Inv. Nr. K. I. 9066/1–3

P. V.

24.1.24 Entwurf zum Buchdeckel der Huldigungsadresse der Akademie der bildenden Künste

Otto Wagner (1841–1918), 1898
Bleistift, Feder, aquarelliert, Weißhöhung und Goldfarbe, 65,8 × 45,1 cm

Die Huldigungsadresse wurde anläßlich des 50jährigen Regierungsjubiläums des Kaisers angefertigt.

Wien, Historisches Museum der Stadt Wien, Inv. Nr. 96.021/12

E. V.

24.1.25 Entwurf zum Plakat: Einladung zum Costümfest der Wiener Kunstgewerbeschüler

Leopold Forstner (1878–1936), 1902

Wels, Ing. Karl Forstner

24.2 Schmuck

24.2.1 Anhänger

Farbabb. 36

Rozet & Fischmeister
Gold, Email, H = 6,2 cm

Privatbesitz

24.2.2 Collier

Entwurf: A. Heida, um 1912
Ausführung: A. Heldwein
Silber, vergoldet, Saphire, Flügelperlen, L = 28 cm

Lit.: Elisabeth Schmuttermeier, Schmuck von 1900–1925. Ausst. Kat. Wien 1986, S. 30.

Wien, Museum für angewandte Kunst, Inv. W. I. 1090

24.2.3 Goldene Kette mit Eichenlaub, Amethyst und Hirschgrandln

Atelier A. E. Köchert, um 1910

Die handgemacht konisch verlaufende Goldkette mit Hirschgrandln, taperförmigen Amethysten im Scherenschliff und goldenen, handgetriebenen Eichenblättern, gehört zum typisch österreichischen Jagdschmuck und wird seit Anfang des 19. Jahrhundert von Piotè et Köchert gemacht. Das Motiv der Kettenglieder bleibt in seiner schlichten Art bis 1930 modern. Geschenk Kaiser Franz Josephs an Hofschauspielerin Katharina Schratt um 1910.

Lit.: Hauptbücher der Firma A. E. Köchert seit 1814.

Privatbesitz — Irmgard Hauser-Köchert

24.2.4 Gürtelschnalle

Abb.

Anna Wagner, Wien, 1905
Silber, getrieben, 6,8 × 10,1 cm

Wien, Galerie am Graben

24.2.5 Anhänger

Entwurf: Josef Hoffmann (1870–1956), 1907
Ausführung: Wiener Werkstätte
Silber, Malachit, Lapislazuli, Opal, Perlen, Korallen u. a., Dm = 5,5 cm

Lit.: Elisabeth Schmuttermeier, Schmuck von 1900–1925. Ausst. Kat. Wien 1986, S. 39.

Wien, Museum für angewandte Kunst, Inv. Bi 1471

24.2.6 Haarnadel

Entwurf: Josef Hoffmann (1870–1956)
Ausführung: Wiener Werkstätte, um 1908
Silber, L = 9,8 cm

Privatbesitz

Kat.-Nr. 24.2.4

24.2.7 Brosche

Entwurf: Josef Hoffmann (1870–1956)
Ausführung: Wiener Werkstätte, um 1908
Silber mit Perlmutter, 5,1 × 2 cm

Privatbesitz

24.2.8 Brosche

Entwurf: Josef Hoffmann (1870–1956)
Ausführung: Wiener Werkstätte, um 1908
Kupfer und Email, Dm = 4,2 cm

Privatbesitz

24.2.9 Hutnadel

Entwurf: Josef Hoffmann (1870–1956)
Ausführung: Wiener Werkstätte, 1909
Silber, Dm = 5,8 cm

Privatbesitz

24.2.10 Handspiegel

Entwurf: Josef Hoffmann (1870–1956)
Ausführung: Wiener Werkstätte, 1909
Silber und Spiegelglas, H = 17,2 cm

Privatbesitz

24.2.11 Hutnadel

Entwurf: Berthold Löffler (1874–1960)
Ausführung: Wiener Werkstätte, 1909
Silber, Dm = 6,2 cm

Neben seiner Tätigkeit für die gemeinsam mit Michael Powolny gegründete Wiener Keramik, die mit der Wiener Werkstätte eine Verkaufsgemeinschaft eingegangen war, beschäftigte sich Löffler mit Entwürfen für Schmuck, der von der Wiener Werkstätte produziert wurde, und mit graphischen Arbeiten nahezu aller Anwendungsgebiete (Plakate, Ex libris, Postkarten, Buchillustrationen, Banknoten, Postwertzeichen etc.).

Privatbesitz E. V.

Kat.-Nr. 24.2.18

24.2.12 Brosche

Entwurf: Berthold Löffler (1874–1960)
Ausführung: Wiener Werkstätte, 1910
Silber, mit Türkisen besetzt, Dm = 3,3 cm

Privatbesitz

24.2.13 Krawattennadel

Wiener Werkstätte, 1912–1914
Kupfer, vergoldet und Emaileinlage

Privatbesitz

24.2.14 Brosche

Wiener Werkstätte, 1915–1920
Silber, vergoldet mit Malachiteinlage, L = 6,4 cm

Privatbesitz

24.2.15 Brosche

Wiener Werkstätte, 1915–1920
Silber, vergoldet, Lapislazuli, 3,5 × 3,5 cm

Privatbesitz

24.2.16 Kopfschmuck

Entwurf: Eduard Josef Wimmer-Wisgrill (1882–1961)
Ausführung: Wiener Werkstätte, 1913
Silber, vergoldet, schwarzes Seidenband

Privatbesitz

24.2.17 Gürtelschließe, um 1900

Fachschule Cortina, um 1900
Silberfiligran, 5,3 × 4 cm

Die 1874 in Cortina d'Ampezzo gegründete Fachzeichen- und Modellierschule war mit einer Lehrwerkstätte für Holzschnitzerei und Silberfiligranarbeit verbunden; die in der Fachschule entworfene Gürtelschließe in Form eines stilisierten Schmetterlings wurde von A. Ghedina ausgeführt.

Lit.: Elisabeth Schmuttermeier, Schmuck von 1900–1925. Wien 1986, Kat. Nr. 99.

Wien, Museum für angewandte Kunst, Inv. Nr. W. I. 437
P. V.

24.2.18 Medaillon mit Wappen des österreichischen Kaiserhauses Abb.

Jindřich Kautsch, 1895
Teilvergoldetes Silber mit Email, Edelsteinen und Perlen, 12 × 9 cm

Opal mit Dekor in farbigem Email, am Rand vier Appliken mit Perlen und Rubinen.

Prag, Uměleckoprůmyslové Muzeum, Inv. Nr. Dep. 1058
A. A.

24.2.19 Collier mit Frauenkopf

Fachschule für Goldschmiede in Prag, Klasse Prof. J. L. Němec, 1909/10
Ziseliertes Gold, Edelsteine, böhmische Granate, Glas, H = 4,2 cm

Kette mit rundem Anhänger mit geschnittenem Frauenkopf aus weißem Glasstein und mit gemugelten böhmischen Granaten.

Lit.: Ulrike von Hase, Schmuck in Deutschland und Österreich 1895–1914, Kat. Nr. 874.

Prag, Uměleckoprůmyslové Muzeum, Inv. Nr. 55.971

A. A.

24.2.20 Anhänger

Marie Křivánková, Schmuckentwerferin in Prag, vor 1910
Goldfiligran, Smaragd, H = 6,9 cm

Montiert aus Spiralen und Kugeln, mit Smaragden und sechs goldenen Tropfen.

Lit.: Tschechische Kunst 1878–1914. Ausst. Kat. Darmstadt 1984, Kat. Nr. 250.

Prag, Uměleckoprůmyslové Muzeum, Inv. Nr. 75.445

A. A.

24.2.21 Collier

Marie Křivánková, um 1910
Goldfiligran, Smaragd, Flußperlen, H = 7 cm

Collier mit feiner Kette, Spiralen, Smaragd und sieben Perlmutteranhänger.

Lit.: Tschechische Kunst 1878–1914, Ausst. Kat. Darmstadt 1984, Kat. 253.

Prag, Uměleckoprůmyslové Muzeum, Inv. Nr. 72.473

A. A.

24.2.22 Ring

Marie Křivánková, um 1912
Goldfiligran, grünes Glas

Ring mit ovalem Kopf mit grünem Glas und vier Spiralen.

Lit.: Tschechische Kunst 1878–1914. Ausst. Kat. Darmstadt 1984, Kat. Nr. 254.

Prag, Uměleckoprůmyslové Muzeum, Inv. Nr. 80.756

A. A.

24.2.23 Anhänger Abb.

Entwurf: Oszkár Huber (Tarján)
Ausführung: Samuel Hibján, um 1900
Goldsilber mit Drahtemail, 6 × 6 cm

Fächerartig erweiterte Grundform, an der sich nach oben sieben Fünfblattrosetten und nach unten drei stilisierte Blattverzierungen anschließen.

Lit.: Magyar Iparművészet IV (1901) Abb. S. 216 – L'art 1900 en Hongrie. Ausst. Kat. Paris 1976, Kat. Nr. 377.

Budapest, Iparművészeti Múzeum, Inv. Nr. 6820

András Szilágyi

Kat.-Nr. 24.2.23

24.2.24 Anhänger Abb.

Entwurf: Oszkár Huber (Tarján)
Ausführung: Samuel Hibján, um 1900
Goldsilber mit Drahtemail, 6,5 × 5,3 cm

Längliche Form, deren oberer Teil sich herzförmig verbreitet. Die dünnen Silberdrähte verlaufen parallel und markieren sanft geschweifte Felder.

Lit.: Art Nouveau uit Hongarije. Ausst. Kat. Schiedam-Tilburg 1974, Kat. Nr. 115.

Budapest, Iparművészeti Múzeum, Inv. Nr. 6821

András Szilágyi

Kat.-Nr. 24.2.24

24.2.25 **Anhänger** Abb.

Oszkár Huber (Tarján), um 1900
Gold mit „ajour"-Email

Dreieckige, durchbrochene Grundform, in der Mitte stilisierter Fisch; das „ajour"-Email ist transparent bzw. grünfarbig.

Lit.: L'art 1900 en Hongrie, Ausst. Kat. Paris 1976, Kat. Nr. 378.

Budapest, Iparművészeti Múzeum, Inv. Nr. 6826

András Szilágyi

24.2.26 **Anhänger mit Perlenkette**

Pál Horti, 1902
Silber mit Email, 3,4 × 2,2 cm

Anhänger in stilisierter Herzform, die Einfassung besteht aus einem dünnen Silberdraht; grünes Email mit tropfenförmigen Anhängerzierden.

Lit.: Magyar Iparművészet V (1902) S. 102 – L'Art en Hongrie. Ausst. Kat. Paris 1976, Nr. 374.

Budapest, Iparművészeti Múzeum, Inv. Nr. 59.29

András Szilágyi

24.2.27 **Anhänger in Form eines Tanzpaares** Abb.

Budapest, um 1900

Wien, Privatbesitz

24.3 Metallarbeiten

24.3.1 **Huldigungsadresse der Österreichischen Israeliten, 1908** Abb.

Silberkassette mit Holzständer, 51 × 35 cm,
H = 31 cm

Die Silberkassette wurde zum 60. Regierungsjubiläum 1908 dem Kaiser überreicht; sie enthält außer der auf Pergament verfaßten Huldigungsadresse die Unterschriften von den führenden Persönlichkeiten der israelitischen Kultusgemein-

Kat.-Nr. 24.2.25

den aus den entferntesten Haupt- und Provinzstädten der damaligen Monarchie.

Lit.: PETER VERGO, Vienna 1900. Vienna, Scotland and the European Avant-Garde, Edinburgh 1983, Kat. Nr. 1.7.

Eisenstadt, Museum Österreichischer Kultur, Inv. Nr. TM 14 P. V.

24.3.2 Prunkkassette Abb.

Kolo Moser (1868–1918), 1905/06
Ausführung: Wiener Werkstätte
Silber, Email, Halbedelsteine, H = 23,6 cm, L = 42,4 cm

Standplatte mit getriebener, mit Halbedelsteinen besetzter Blattranke verziert, an der Vorderwand zwei Emailbilder mit stehenden Jünglingen.

Lit.: Wiener Werkstätte. Ausst. Kat. Wien 1967, S. 45.

Wien, Museum für angewandte Kunst, Inv. Go 1.397 E. V.

24.3.3 Entwürfe für „Kaiserkassette" Abb.

Entwurf: Carl Otto Czeschka (1878–1960), 1905
Ausführung: Georg Klimt (1867–1931)
Kupfer, getrieben, 12,3 × 12,3 cm, in Holzrahmen

Die von der Wiener Werkstätte ausgeführte Silberkassette wurde dem Kaiser bei seinem Besuch der Skoda-Werke in Pilsen am 9. September überreicht. Im darauffolgenden Jahr wurde sie auch in Wien von der WW selber ausgestellt. Die allegorischen Darstellungen symbolisieren die Panzerschiffe „ZENTA" und „BABENBERG".

Lit.: Deutsche Kunst und Dekoration, XVIII, 1906, S. 417 (Abb.).

Privatbesitz P. V.

24.3.4 Rahmen

A. E. Köchert, um 1905

Rahmen im Säurebad – mattgold gefärbt mit Guillochè-Email, aufgelegten Lorbeergirlanden und Schleifen. Solche klassizistische Rahmen wurden seit 1905 in immer veränderter Form gestaltet. Dieser Stil wird seit der Wiener Kongreßausstellung 1898 im Kunstgewerbe verwendet, ähnliches auch bei Faberge. Im Rahmen Aquarellbild des Kaisers, datiert 16. April 1908.

Kat.-Nr. 24.2.27

Lit.: GEZA VON HABSBURG, Faberge. München 1986.

Pforzheim, Kunsthandel K. Henninger-Tavcar
Irmgard Hauser-Köchert

24.3.5 Nikolausbonbonniere

Carl Otto Czeschka (1878–1960), 1905
Silber, innen vergoldet, 10,7 × 11,7 × 8,5 cm

Nach dem Besuch der Akademie der bildenden Künste war er 1902–1907 als Lehrer an der Kunstgewerbeschule tätig. Ab Herbst 1905 war er Mitarbeiter der Wiener Werkstätte. Er versuchte sich auf allen Gebieten des Kunstgewerbes. Der Bogen seines Schaffens reicht von Postkarten über Buchillustrationen, Entwürfe für Möbel und Stoffe bis zu Schmuck und Metallarbeiten.

Wien, Galerie Wolfdietrich Hassfurther E. V.

Kat.-Nr. 24.3.1

24.3.6 Bonbonniere

Karel Ebner (1883–?), 1909
Silber, getrieben, teilvergoldet, Perlmutter, Karneole und Chrysopras; H = 6,5 cm

Karel Ebner war Goldschmied in Prag. Die ausgestellte Dose erhielt bei dem Wettbewerb des Kunstgewerbemuseums 1909 den II. Preis.

Lit.: Tschechische Kunst 1878–1914. Ausst. Kat. Darmstadt 1984, S. 53.

Prag, Umĕleckoprůmyslové Muzeum, Inv. Nr. 11.683

A. A.

24.3.7 Mikes Kelemen

Fülöp Beck (1873–1945), 1908
Bronze, getrieben, Dm = 58 mm

Kat.-Nr. 24.3.2

Kat.-Nr. 24.3.3

Kat.-Nr. 24.3.3

Ursprünglich besuchte Beck eine Goldschmiedelehre. Darauf folgten Studien in Budapest, Wien, München und Paris. Ab 1905 hatte er Kontakt mit Adolf von Hildebrand und seinem Kreis. Die Plakette Mikes Kelemen markiert einen stilistischen Wendepunkt in seiner Entwicklung. Von einem mit dekorativen Jugendstilelementen angereicherten lyrischen Naturalismus wandte er sich der formalen Problematik der Komposition zu. Seine Werke werden in der Formgebung straffer, lapidarer und gewinnen an Dichte und damit Monumentalität. Die wichtigste ungarische literarische Monatsschrift NYUGAT wählte die Plakette zu ihrem Emblem.

Budapest, Magyar Nemzeti Galéria, Inv. Nr. 56.873-P

I. S.-P.

24.3.8 Leda

Ödön (Edmund) Moiret (1883–1967), 1910
Bronze, getrieben, Dm = 80 mm

Nach Studien an der Kunsthochschule in Budapest, an der Akademie in Wien und bei Hans Bitterlich und Van der Stappen in Brüssel kehrte Moiret nach Budapest zurück und stellte Büsten und Grabmalentwürfe mit feiner Oberflächenbehandlung und weicher Modellierung her. Nach einem Romstipendium besuchte Moiret die Meisterklasse Edmund Hellmers in Wien, was einen radikalen Stilwandel mit sich brachte: die Modellierung wurde härter, die Kompositionen stilisierter. Dieser Stilperiode gehört die ausgestellte Plakette an.

Lit.: Edmund Moiret 1883–1967. Möbel und frühe Plastiken. Ausst. Kat. Wien 1985.

Budapest, Magyar Nemzeti Galéria, Inv. Nr. 55.720-P

I. S.-P.

24.3.9 Medaillen und Plaketten zu den beiden Regierungsjubiläen 1898 und 1908

Joseph Tautenhayn, Ludwig Hujer und andere

Die zahlreichen Medaillen und Plaketten, die zu den beiden Regierungsjubiläen 1898 und 1908 herausgegeben wurden, halten auch andere Ereignisse der Epoche fest, wie z. B. den Ball der Stadt Wien oder sogar auch die 50. Wiederkehr der Bürgerrevolution von 1848. Ausgestellt sind Arbeiten von Joseph Tautenhayn, Anton Scharff und anderen Künstlern.

a. Unbekannter Künstler, Plakette zum 50. Regierungsjubiläum 1898, mit zwei Porträts des Kaisers Franz Joseph, Messing, 34 × 34 mm.

b. Anton Scharff, Medaille mit Inschrift „Das Dankbare Wien“, mit Ansicht der Ringstraße und des Heldenplatzes, 1898, Bronze, 60 mm.

c. Joseph Tautenhayn, Plakette zum Ball der Stadt Wien 1898, mit zwei Porträts des Kaisers Franz Joseph, Bronze, 40 × 100 mm.

d. Unbekannter Künstler, Medaille zum 50. Regierungsjubiläum 1898, herausgegeben von der Österreichischen Sozialdemokratischen Partei, Bronze, 50 mm.

e. Heinrich Kautsch, Plakette mit Allegorie der Bildhauerei, zum 60. Regierungsjubiläum 1908, Zink, 55 × 85 mm.

f. Unbekannter Künstler, Plakette mit Porträtkopf des Kaisers, zum 60. Regierungsjubiläum 1908, mit Inschrift FRANZ JOSEF I/VIRIBUS UNITIS/ = 1848 = 1908 =, Bronze, 87 × 65 mm.

g. Rudolf Marschall, Plakette mit Porträtbüste des Kaisers, zum 60. Regierungsjubiläum 1908, Bronze, 93 × 64 mm.

h. Ludwig Hujer, Plakette zum 60. Regierungsjubiläum 1908, herausgegeben von der Wiener Numismatischen Gesellschaft, Bronze, 80 × 50 mm.

Wien, Heeresgeschichtliches Museum

P. V.

24.3.10 Kaiserjubiläumsmedaille 1908

L. Hujer
Bronze, versilbert, im Originaletui, mit Wappen der Stadt Wien, Dm = 84 mm

Wien, Galerie am Graben

24.3.11 Der Diskuswerfer

Otakar Španiel (1881–1955), 1907
Plakette, Bronze, 28 × 27,5 cm

Die Plaketten entstanden während des Pariser Aufenthalts des Künstlers. Mit der impressiven Modellierung des Basreliefs sowie der Hervorhebung der Bewegungsaktion erreichte der Bildhauer einen dynamischen Endeffekt, der beide Plaketten zu den besten Arbeiten ihres Fachs reiht.

Lit.: Petr Wittlich, Česká secese. Praha 1982, S. 224 – Tschechische Kunst 1878–1914. Auf dem Weg in die Moderne. Kat. Mathildenhöhe Darmstadt 1984, S. 382.

Prag, Národní galerie, P 783

R. P.

24.3.12 Der Fußballspieler

Abb.

Otakar Španiel (1881–1955), 1907
Plakette, Bronze, 27 × 25 cm

Lit.: Tschechische Kunst 1878–1914. Auf dem Weg in die Moderne, Kat. Mathildenhöhe Darmstadt 1984, S. 382.

Prag, Národní galerie, P 2601

24.3.13 Schreibtischgarnitur

Gustav Gurschner (1873–1970)
Bronzeguß, Ablage mit zwei integrierten Tintenfässern (H = 9,5/B = 16/L = 35,5), Löschwiege (H =8/B = 8,5/L = 17), Briefmesser (H = 1,5/B = 3,5/L = 31,5), Petschaft (H = 17/Dm = 5,5)

Keltische und asiatische Stilelemente sind von Gurschner in dieser Jugendstil-Schreibtischgarnitur in origineller Weise verschmolzen. Dem abstrakt-ornamentalen Charakter entzieht sich lediglich die Petschaft, die als eine Frauengestalt mit spätgotischer Haube gestaltet ist. Im Stempel der Petschaft Monogramm: „Dr. G."

Lit.: FRANZ WINDISCH-GRAETZ, Leben und Werk des Bildhauers Gustav Gurschner. In: Alte und moderne Kunst H. 87/11. Jg. 1966, S. 34–39.

Privatbesitz P. W.

24.3.14 Schreibtischgarnitur

Entwurf von Josef Hoffmann, um 1910
Ebenholz und Perlmutter, mit Glas-, Silber- und Ledereinlagen

Die von der Wiener Werkstätte ausgeführte Schreibtischgarnitur besteht aus Tintenfaß, Kerzenleuchter, Federhalter, Siegel (?), und Kartenhalter (?).

Lit.: WERNER J. SCHWEIGER, Die Wiener Werkstätte. Wien 1982 – SIMON JERVIS, Furniture of about 1900 from Austria and Hungary in the Victoria & Albert Museum. London 1986.

London, Victoria & Albert Museum, Inv. Nr. Circ. 363 A–E-1976 P. V.

24.3.15 Aschenschale

Gustav Gurschner (1873–1971)
Bronze

Figural geformte Aschenschale, bei der die Haare des Frauenkopfes die Schale bilden.
Die erste Ausbildung erhielt Gurschner an der Fachschule für Holzindustrie in Bozen; von 1888 bis 1894 besuchte er die Kunstgewerbeschule in Wien. Charakteristisch wird für ihn, neben der Verwendung von keltischen und asiatischen Ornamenten, die Beschäftigung mit dem weiblichen Körper, den er u. a. zur Gestaltung von Beleuchtungskörpern heranzog.

Lit.: FRANZ WINDISCH-GRAETZ, Leben und Werk des Bildhauers Gustav Gurschner. In: Alte und Moderne Kunst Heft 87 (1966), S. 34 ff.

Wien, Ellen und Peter Landesmann E. V.

Kat.-Nr. 24.3.12

24.3.16 Schale

Dagobert Peche (1887–1923)
Messing, getrieben, Dm = 30 cm

Privatbesitz

24.3.17 Konfektschale

Klinkosch, Wien
Silber, getrieben, auf Fuß stehend, Dm = 28 cm

Wien, Firma Jenö Eisenberger

24.3.18 Kerzenleuchter

Josef Hoffmann (1870–1956)
Silber, H = 64 cm

Wien, Sammlung Dichand

24.3.19 Kerzenleuchter

Joseph Maria Olbrich (1867–1908)
Silber und Kunststoff

Nach Besuch der Kunstgewerbeschule und einem Studium an der Akademie der bildenden Künste trat Olbrich in das

Architekturbüro Otto Wagners ein. Sein Stil, verkörpert etwa durch das Gebäude der Secession in Wien, zeichnet sich durch bewußte Sachlichkeit im Gegensatz zum schmuck- und ornamentfreudigen Jugendstil aus. Betonte Sachlichkeit prägt auch die Form des Kerzenleuchters; neu ist die Kombination zwischen so unterschiedlichen Werkstoffen wie Kunststoff und Silber.

Wien, Sammlung Dichand E. V.

24.3.20 Neunarmiger Leuchter

Carl Hagenauer (1871–1928)

Nach einer Lehrzeit als Ziseleur und Gürtler war er zunächst in Preßburg bei einem Goldschmied tätig. 1898 kehrte er nach Wien zurück und gründete die „Werkstätte Hagenauer". Er erzeugte die sog. „Wiener Bronzewaren". Zunächst noch einen floralen Stil bevorzugend geriet er zunehmend unter den Einfluß von Josef Hoffmann, für den er Entwürfe ausführte.

Wien, Ellen und Peter Landesmann E. V.

24.3.21 Vasen Farbabb. 38

Jakob Rappaport, um 1900
Rotkupfer mit Emailverzierung, H = 16 cm

a. runder Fuß, stark ausbauchender Körper, walziger Hals mit Metallstreifen; Emailfarben: ins Lila spielendes Rosa.
b. runder Fuß, kalebassenförmiger Körper; Emailfarben in dunkelblau und dunkelrot.

Lit.: Magyar Iparművészet V (1902) S. 160.

Budapest, Iparművészeti Múzeum, Inv. Nr. 59.2267 und 85.40 András Szilágyi

24.3.22 Teekessel

Oskar Thiede
Silber und Elfenbein, H = 39 cm

Der Teekessel gehört zu einem von Oskar Thiede entworfenen, von der Firma Brüder Frank ausgeführten Service; er wurde am 8. 7. 1901 vom Österreichischen Museum für Kunst und Industrie erworben. Seine phantasiereiche Form und geschwungenen Linien sind für die Arbeiten der Wiener Kunstgewerbeschule aus der Epoche um die Jahrhundertwende charakteristisch.

Lit.: R. Feuchtmüller – W. Mrazek, Kunst in Österreich 1860–1918. Wien 1964, Abb. 85.

Wien, Museum für angewandte Kunst, Inv. Nr. Go 1145
P. V.

24.3.23 Kaffeeservice

Entwurf und Ausführung von Hirsch und Smejda, Wien, 1892
Silber, gegossen, getrieben und ziseliert

Das Service besteht aus Tablett, Kaffeekanne, Wasserkanne, Milchkännchen und Zuckerdose. Es wurde vom Österreichischen Museum für Kunst und Industrie aus den Mitteln des Hoftiteltaxfonds erworben. Mit seinen reichornamentierten Rokokoformen bildet es ein typisches Beispiel des aristokratischen bzw. höfischen Geschmacks des späten 19. Jahrhunderts.

Lit.: Katalog Hundert Jahre Österreichisches Museum, Wien 1964, Kat. Nr. 355.

Wien, Museum für angewandte Kunst, Inv. Nr. Gold 832
P. V.

24.4 Glaswaren

24.4.1 Trinkservice

Entwurf: Otto Prutscher (1880–1949)
Ausführung: Glasverlag E. Bakalowits & Söhne
Farbloses Glas mit Golddekor, facettierte Füße; Sektglas: H = 14,2 cm, schlankes Likörglas, H = 14 cm

Die Firma Bakalowits war neben Lobmeyr der bedeutendste Glasverleger in Wien. Sie erzeugte selbst nicht, sondern ließ Glaswaren bei anderen Firmen nach Entwürfen bedeutender Künstler herstellen. Um 1900 wurde Bakalowits zum Vorkämpfer der Moderne.

Wien, E. Bakalowits & Söhne E. V.

24.4.2 Gläser aus dem Trinkservice Nr. 100

Entwurf: Kolo Moser (1868–1918)
Ausführung: Glasverlag E. Bakalowits & Söhne
Farbloses Glas, Stamperl: H = 7,8 cm, Weinglas: H = 10,8 cm

Wien, E. Bakalowits & Söhne

24.4.3 Karaffe und Glas

Entwurf: Jutta Sika (1877–1964)
Ausführung: Glasverlag E. Bakalowits & Söhne
Karaffe aus farblosem Glas, mit grünem Henkel, H = 27,2 cm
Weinglas: Kuppa grünliches Glas, H = 13,5 cm

Wien, E. Bakalowits & Söhne

Entwurf zu Kat.-Nr. 24.4.7

24.4.4 Zwei Stengelgläser aus dem Trinkservice Nr. 107

Entwurf: Joseph Maria Olbrich (1867–1908)
Ausführung: Glasverlag E. Bakalowits & Söhne
Farbloses Glas, H = 12,8 cm, H = 16 cm

Wien, E. Bakalowits & Söhne

24.4.5 Fünfteilige Toilettegarnitur

Entwurf: Otto Prutscher (1880–1949), um 1910
Ausführung: L. Bakalowits & Sohn

Mundgeblasenes Kristallglas mit Überfang in blauem Glas, dieser geometrisch durchgeschliffen. Garnitur bestehend aus zwei Parfumflakons, Kammschale mit Deckel, Puderdose und Seifenschale mit Deckel.

Wien, J. & L. Lobmeyr
(In Raumgruppe 1.9 ausgestellt)

24.4.6 Service mit geometrischem Dekor „B"

Entwurf: Josef Hoffmann (1870–1956), um 1912
Ausführung: J. & L. Lobmeyr
Weinflasche: H = 21,5 cm
Weinglas: H = 13,5 cm
Wasserbecher: H = 10,5 cm

Mundgeblasenes Kristallglas, plangeschliffene Böden, vertikaler und horizontaler Streifendekor in Poliergold.
J. & L. Lobmeyr zählt zu den eher konservativ ausgerichteten Glasverlegern. Im Gegensatz zu den schillernden, irisierenden Glaswaren etwa von Loetz' Witwe bevorzugte Lobmeyr weiterhin transparente Gläser.

Wien, J. & L. Lobmeyr E. V.

24.4.7 Römer „Affenfries" Abb.

Entwurf: Josef Hoffmann (Form), Ludwig H. Jungnickel (Dekor)
Ausführung: J. & L. Lobmeyr, Wien, um 1912
Mundgeblasenes Kristallglas, H = 18,6 cm

Zylindrische Kuppa auf langem Stiel, Schwarzbronzit-Ätztechnik, sechs Affen in runden Medaillons auf Weinranken, oben und unten durch Schachbrett-Bordüre eingefaßt.
Als Gegensatz zum lüstrierten Glas schuf Kolo Moser 1903 erstmals einen schwarz-weißen Zebradekor, was zunächst auf Widerstand stieß. Um 1910 setzte sich diese Richtung in der Dekoration bei Glas (Bronzitgläser) und Keramik durch.

Wien, J. & L. Lobmeyr E. V.

24.4.8 Kubische Likörgarnitur

Entwurf: Stefan Rath, um 1914
Ausführung: J. & L. Lobmeyr
Likörflasche: H = 25 cm
Likörbecher: H = 6,2 cm

Mundgeblasenes massives Kristallglas; Flächenschliff an Flaschenkörper und Stöpsel.

Wien, J. & L. Lobmeyr

24.4.9 Wassergarnitur Abb.

Entwurf: Oskar Strnad (1879–1935), 1916
Ausführung: J. & L. Lobmeyr
Krug: H = 27,5 cm
Becher: H = 9 cm

Mundgeblasenes „Musselinglas", mit eingedrücktem Boden, Krug mit hochgezogenem Henkel.

Wien, J. & L. Lobmeyr

24.4.10 Kristalluster

Entwurf: Josef Hoffmann (1870–1956), 1914
Ausführung: J. & L. Lobmeyr (Kopie)

Ausstellungsmodell für Österreichs Beteiligung an der Werkbundausstellung in Köln. Geschmiedetes poliertes Eisen, reicher handgeschliffener Kristallbehang.

Wien, J. & L. Lobmeyr

24.4.11 Flasche mit zwei Weingläsern

K. K. Fachschule für Glasindustrie Haida, Böhmen, um 1910
Glas, Emailmalerei, Flasche: H = 39,5 cm
Weinglas: H = 20 cm

Glas mit linearer geometrischer Emailmalerei in grün und schwarz; hohe schlanke Flasche mit Stöpsel, konisch abgestuft; konische Kelche auf hohem, schlanken Stiel.
Die Fachschule in Haida verfügte um die Jahrhundertwende über ein gutes künstlerisches Niveau.

Lit.: Waltraud Neuwirth, Das Glas des Jugendstils. München 1973, S. 125 ff – Tschechische Kunst 1878–1914. Ausst. Kat. Darmstadt 1984, S. 392.

Prag, Umĕleckoprůmyslové Muzeum, Inv. Nr. 12.796 a–c A. A.

24.4.12 Vase – Geißblatt Farbabb. 35

Gräflich Harrachsche Glasfabrik, Neuwelt, Böhmen, nach 1900
Farbiges Glas, farbig anlaufend, tiefe Gravierung, H = 31,5 cm

In oberer Hälfte leicht gewölbte Vase mit kleinem, asymmetrisch ausgeschliffenem Hals; tief gravierte Komposition, asymmetrisch mit Blättern, Blüten und gewellten Stielen umsponnen.
Der Typus des von asymmetrischen Mustern, zumeist floraler Natur umsponnenen Glaskörpers ist typisch für das böhmische Jugendstilglas. Er wurde auch von anderen Glashütten, etwa Moser, Karlsbad, produziert.

Lit.: A. ADLEROVÁ, Česká secese. Užité umění. Prag 1981, S. 65 – WALTRAUD NEUWIRTH, Das Glas des Jugendstils. München 1973, S. 188 ff.

Prag, Uměleckoprůmyslové Muzeum, Inv. Nr. 72.048

A. A.

24.4.13 Vase

Johann Loetz-Witwe, Glasfabrik Klostermühle, Böhmen, um 1900
Opal-Überfangglas, gekämmter Fadendekor, Iris, H = 38 cm

Seit 1897 begann die Glashütte unter dem Einfluß von Tiffany zu stehen. Besonders zeichnete sie sich durch neue Technologien aus, so etwa die Edelsteinimitationen in Glas (Onyx- und Karneolgläser). Um 1900 entwickelte sie achatähnlich marmorierte Gläser; als Vorlage dürften antike, römische Achatgläser gedient haben.

Lit.: WALTRAUD NEUWIRTH, Das Glas des Jugendstils. München 1973, S. 242 ff – Tschechische Kunst 1878–1914. Ausst. Kat. Darmstadt 1984, 401 ff.

Prag, Uměleckoprůmyslové Muzeum, Inv. Nr. 72.006

A. A./E. V.

24.4.14 Fächervase

Johann Loetz-Witwe, Glasfabrik Klostermühle, Böhmen, um 1890
Grünes Glas, irisierender Papillondekor, Metallfassung, H = 28 cm

Wien, Ellen und Peter Landesmann

24.4.15 Rosensprenggefäß

Johann Loetz-Witwe, Glasfabrik Klostermühle, Böhmen, 1898
Grünes Glas, auf der Oberfläche Irispapillon, silbriges Tupfenmuster, H = 38,5 cm

Lit.: A. ADLEROVÁ, Česká secese. Užité umění. Prag 1981, S. 73 – Tschechische Kunst 1878–1914. Ausst. Kat. Darmstadt 1984, S. 401.

Prag, Uměleckoprůmyslové Muzeum, Inv. Nr. 54.163

A. A.

Kat.-Nr. 24.4.9

24.4.16 Vasen in Metallfassung

Johann Loetz-Witwe, Glasfabrik Klostermühle, Böhmen, um 1900
Irisierendes Glas mit Metallfassung, H = 52 cm

Wien, Firma Jenö Eisenberger

24.4.17 Vase

Johann Loetz-Witwe, Glasfabrik Klostermühle, Böhmen, um 1910
Gelb überfangenes Glas mit gestrichenem Dekor, Tupfen, H = 15,5 cm

Wien, Firma Jenö Eisenberger

24.4.18 Eiskübel

Johann Loetz-Witwe, Glasfabrik Klostermühle, Böhmen – Berndorf
Grün irisierendes Glas, versilberte Fassung von Berndorf, H = 26,5 cm

Wien, Ellen und Peter Landesmann

24.4.19 Schale

L. Moser und Söhne, Karlsbad, um 1910
Dickwandiges Glas mit graviertem und gekugeltem Dekor in Blütenmotiven, farbig aufgeschmolzener Dekor.

Wien, Ellen und Peter Landesmann

24.4.20 Deckelpokal

L. Moser und Söhne, Karlsbad, um 1915
Schälschliff, Metallfassung mit antikisierenden Figuren, H = 38 cm

Wien, Firma Jenö Eisenberger

24.4.21 Flasche

L. Moser und Söhne, Karlsbad, um 1910
Glas, violett anlaufend, mit tiefer asymmetrisch über das Glas verteilter Gravierung, H = 24 cm

Wien, Firma Jenö Eisenberger

24.4.22 Vase

L. Moser und Söhne, Karlsbad, um 1910
Farbig verlaufendes Glas mit tiefer Gravur und farbig abgesetzter Glasapplikation, H = 31 cm

Wien, Firma Jenö Eisenberger

24.4.23 Vase Farbabb. 37

L. Moser und Söhne, Karlsbad, um 1910
Violettes Glas mit tiefer Gravur, Landschaft mit Vögeln asymmetrisch über den Vasenkörper verteilt, H = 35 cm

Wien, Firma Jenö Eisenberger

24.4.24 Kelchvase

L. Moser und Söhne, Karlsbad, um 1915
Schälschliff, Metallfassung mit antikisierenden Figuren, H = 21 cm

Wien, Firma Jenö Eisenberger

24.4.25 Geometrische Ranke mit Vögeln

Leopold Forstner (1878–1936)
Glasmosaik, 135 × 32 cm

Nach Besuch der Staatshandwerksschule in Linz sowie der „Tiroler Glasmalerei" in Innsbruck studierte er bis 1902 an der Wiener Kunstgewerbeschule. 1906 gründete er die „Wiener Mosaikwerkstätte". Der erste große Auftrag waren die Glasfenster und das Altarmosaik für die Kirche am Steinhof. 1909 bis 1911 führte er nach Entwürfen Klimts die Mosaiken im Speisesaal des Palais Stoclet in Brüssel aus. Nach Arbeiten in Linz (Hotel Wiesler, Kirche in Ebelsberg) übernahm er 1914 den Auftrag für die Mosaiken im Vorraum des Dianabades (siehe Mosaiken des Plakatmotivs und des Katalogumschlages).

Lit.: Leopold Forstner. Ausst. Kat. Linz 1977.

Wels, Ing. Karl Forstner E. V.

24.4.26 Ornamentale Pflanze

Leopold Forstner (1878–1936)
Glasmosaik, 70 × 20 cm

Lit.: Leopold Forstner. Ausst. Kat. Linz 1977.

Wels, Ing. Karl Forstner

24.5 Keramik

24.5.1 Steigendes Pferd

Michael Powolny, um 1911–12
Weißer Scherben, weiß glasiert, schwarz bemalt

Das Steigende Pferd wurde von der 1905 durch Berthold Löffler und Michael Powolny „Wiener Keramik" ausgeführt; es wurde am 15. 7. 1912 um 60 Kronen vom Österreichischen Museum für Kunst und Industrie angekauft. In den Jahren 1905–11 arbeitete die Wiener Keramik an größeren Aufträgen mit der Wiener Werkstätte eng zusammen. Beispiele dieser Zusammenarbeit sind die Innenausstattung des „Kabaretts Fledermaus" sowie die des Palais Stoclet in Brüssel.

Lit.: Waltraud Neuwirth, Österreichische Keramik des Jugendstils. Sammlung des Österreichischen Museums für angewandte Kunst in Wien. München 1974, Kat. Nr. 98 – Werner J. Schweiger, Die Wiener Werkstätte. Wien 1982.

Wien, Museum für angewandte Kunst, Inv. Nr. W. I. 1128
P. V.

24.5.2 Uhr

Michael Powolny (1871–1954)
Keramik, weiß glasiert, schwarz bemalt, H = 20 cm

Wien, Sammlung Dichand

24.5.3 Uhr Farbabb. 40

Michael Powolny (1871–1954), um 1910/12
Keramik, weiß glasiert, schwarz bemalt, H = 39 cm

Wien, Firma Jenö Eisenberger

24.5.4 Henkelkörbchen

Michael Powolny (1871–1954), um 1910/12
Keramik, weiß glasiert, schwarz bemalt, Dm = 35 cm, H = 22 cm

Wien, Firma Jenö Eisenberger

24.5.5 Deckeldose

Michael Powolny (1871–1954), um 1910
Keramik, weiß glasiert, schwarz bemalt, H = 13 cm

Wien, Sammlung Dichand

24.5.6 Aufsatz, von Putto getragen

Michael Powolny (1871–1954), um 1910
Keramik, weiß glasiert, schwarz bemalt, Dm = 23 cm, H = 18,5 cm

Wien, Sammlung Dichand

24.5.7 Vogel

Michael Powolny (1871–1954), um 1911/12
Keramik, weiß glasiert, schwarz bemalt

Wien, Sammlung Dichand

24.5.8 Hirschkäferreiter Farbabb. 39

Michael Powolny (1871–1954), 1911/12
Marken: Vereinigte Wiener und Gmundner Keramik, Modellnummer 180
Keramik, schwarz-weiß glasiert, H = 14 cm

Lit.: Waltraud Neuwirth, Wiener Keramik, S. 363.

Privatbesitz

24.5.9 Vase

Bertold Löffler (1874–1960)
Keramik, weiß-schwarz glasiert, H = 22 cm

Nach dem Besuch der Zeichenschule des Nordböhmischen Gewerbemuseums in Reichenberg absolvierte er die Kunstgewerbeschule in Wien und studierte u. a. bei C. O. Czeschka. 1906 gründete er gemeinsam mit Michael Powolny die Wiener Keramik, die aus finanziellen Gründen 1913 mit der Gmundner Keramik fusioniert wurde. Neben zahlreichen graphischen Arbeiten wurde er durch die Fliesenausgestaltung im Cabaret Fledermaus und durch die Mitarbeit an der Ausgestaltung des Palais Stoclet bekannt.

Wien, Privatbesitz E. V.

24.5.10 Vase

Josef Hoffmann (1870–1956), um 1910/11
Keramik, weiß glasiert, schwarz bemalt, H = 15 cm

Schwarzer Streifendekor, schwarze Kugelfüßchen.

Privatbesitz

24.5.11 Vase

Josef Hoffmann (1870–1956)
Keramik, H = 19 cm

Wien, Sammlung Dichand

24.5.12 Vase

Hugo Kirsch (1873–1961)
Keramik, weiß glasiert, schwarz bemalt, Muscheldekor, H = 22,6 cm, Dm = 9 cm

Hugo Kirsch lernte zunächst an der Fachschule in Teplitz; 1898 begann er sein Studium an der Kunstgewerbeschule. Neben Kleinplastiken (Biedermeierfiguren, Modedamen, Tiere, Akte etc.) schuf er auch geometrisch dekorierte Vasen, zumeist in schwarz-weiß gehalten oder mit wenig Farbakzenten.

Privatbesitz E. V.

24.5.13 Deckeldose „Schneewittchen"

Hugo Kirsch (1873–1961)
Keramik, weiß glasiert, schwarz bemalt, 24,2 × 23 cm

Privatbesitz

24.5.14 Aufsatz

Hugo Kirsch (1873–1961)
Keramik, weiß glasiert, schwarz bemalt

Privatbesitz

24.5.15 Deckeldose

Dagobert Peche (1887–1923)
Keramik, weiß-schwarz glasiert, Dm = 9 cm

Nach Studien an der Wiener Technischen Hochschule und der Akademie der bildenden Künste bei Friedrich Ohmann widmete er sich in erster Linie Innenraumgestaltungen. Er fertigte Entwürfe für Tapeten, Stoffe, für Silberwaren, Schmuckstücke und Stickereien.

Wien, Sammlung Dichand E. V.

24.5.16 Vase Farbabb. 33

Kunstgewerbeschule, Wien, 1900–1902
Keramik, farbig glasiert, H = 42 cm

Privatbesitz

24.5.17 Vase Farbabb. 32

Kunstgewerbeschule, Wien, 1900–1902
Keramik, farbig glasiert, H = 24 cm
Marke: „KGWSCH" auf Unterseite

Privatbesitz

24.5.18 Vase Farbabb. 34

Leopold Bauer (1872–1938), Kunstgewerbeschule Wien, 1900–1903
Keramik, glasiert, H = 20 cm
Marke: „LB" auf Unterseite

Privatbesitz

24.5.19 Vase

Václav Mařan, Kunstgewerbeschule Prag, Atelier Prof. C. Klouček, 1900
Steingut, grüne Glasur, H = 16 cm

Lit.: A. Adlerová, Česká secese. Užité umění. Prag 1981. S. 115.

Prag, Uměleckoprůmyslové Muzeum, Inv. Nr. 20.151
A. A.

24.5.20 Vase

Entwurf: P. Janák, vor 1911
Ausführung: Kunstgewerbliches Atelier Artěl, Prag
Heller, fast weißer Scherben, cremefarben glasiert, vergoldet, H = 31,2 cm

Lit.: Waltraud Neuwirth, Österreichische Keramik des Jugendstils. München 1974, S. 304.

Wien, Museum für angewandte Kunst, Inv. Nr. W. I. 1489

24.5.21 Vase

Fachschule Teplitz, vor 1904
Hellbrauner Scherben, blau, grün, braun und gelb glasiert

Die Form dieser Vase ist charakteristisch für die Epoche um 1900, in welcher der Kontakt zwischen der Fachschule, der Wiener Kunstgewerbeschule und dem Österreichischen Museum ein besonders intensiver war. Die Fachschule Teplitz nahm in dieser Zeit wiederholt an den Winterausstellungen des Museums teil, und wurde ständig durch Überlassung von Leihgaben aus den Museumssammlungen sowie aus der Bibliothek unterstützt. Die Vase wurde am 17. 6. 1904 um 27 Kronen von der Fachschule erworben.

Lit.: Waltraud Neuwirth, Österreichische Keramik des Jugendstils. Sammlung des Österreichischen Museums für angewandte Kunst in Wien. München 1974, Kat. Nr. 266.

Wien, Museum für angewandte Kunst, Inv. Nr. W. I. 411
P. V.

24.5.22 Blumentopf

Entwurf: Lajos Mack (?)
Ausführung: Pécs, Zsolnay Fabrik, um 1899
Porzellanfayence mit geätztem Eosinanstrich, H = 19 cm

Kugelförmiger Körper auf flachem Fuß; auf braun-lila Grund Orangenbaum, im Hintergrund rote Rauchstreifen. Einfluß japanischer Kunst.

Lit.: Zsolnay. Ungarische Jugendstilkeramik. Ausst. Kat. Wien 1986, Kat. Nr. 67.

Pécs, Janus Pannonius Múzeum, Inv. Nr. 52.649
Imre Katona

24.5.23 Vase

Pécs, Zsolnay Fabrik, 1897/98
Porzellanfayence mit geätztem Eosinanstrich, H = 28,2 cm

Der sezessionistische Dekor verrät den Einfluß japanischer Kunst. Detail eines Nadelwaldes, im Hintergrund die untergehende Sonne. Die Farben sind metallisch glänzend.

Lit.: Zsolnay. Ungarische Jugendstilkeramik. Ausst. Kat. Wien 1986, Kat. Nr. 64.

Budapest, Iparművészeti Múzeum, Inv. Nr. 21.994
Imre Katona

24.5.24 Vase

Pécs, Zsolnay Fabrik, 1898
Porzellanfayence mit geätztem Eosinanstrich, H = 34,4 cm

Schwach gebauchte, walzige Form. Auf einem ins Lila spielenden Fonds Holzstamm, Kirschbaumzweige und Fingerhutblüten. Die sezessionistische Verzierung bekundet japanische Reminiszenzen.

Lit.: Zsolnay. Ungarische Jugendstilkeramik. Ausst. Kat. Wien 1986, Kat. Nr. 65.

Budapest, Iparművészeti Múzeum, Inv. Nr. 21.995

Imre Katona

24.5.25 Teile eines Frühstückservices, um 1911/12

Johanna Poller-Hollmann – Emanuel J. Margold
Porzellan mit Dekor in Gold, Blau, Grau und Schwarz

Ausgestellt sind Kanne, Kännchen, Schale mit Untertasse, und Zuckertasse. Von Johanna Poller-Hollmann (Form) und Emanuel Margold (Dekor) entworfen, wurde das Service von der Wiener Porzellan-Manufaktur Jos. Böck ausgeführt.

Lit.: Waltraud Neuwirth, Österreichische Keramik des Jugendstils. Sammlung des Österreichischen Museums für angewandte Kunst in Wien. München 1974.

Wien, Museum für angewandte Kunst, Inv. Nr. W. I. 1077

P. V.

24.5.26 Kaffeekanne und Zuckerdose

Carl Knoll, K. K. priv. Karlsbader Porzellanfabrik, Rybáře u Karlových Varů (Fischern bei Karlsbad), um 1900
Porzellan, Kaffeekanne: H = 25 cm
Zuckerdose: H = 13,5 cm

Bei der Fa. Knoll wurde gegen Ende des 19. Jahrhunderts mit der Produktion von „Luxusporzellan" begonnen. Knoll verwendete dynamische Kurven und florale Motive als Dekoration. Der Betrieb zählte zu den besten westböhmischen Porzellanfabriken.

Lit.: Tschechische Kunst 1878–1914. Ausst. Kat. Darmstadt 1984, Kat. Nr. 677.

Prag, Uměleckoprůmyslové Muzeum, Inv. Nr. 82.259, 82.682

A. A.

24.5.27 Mädchen, auf Sessel sitzend Abb.

Eduard Klablena (1881–1933), um 1912/14
Keramik, bunt glasiert

Nach einem Studium an der Kunstgewerbeschule in Wien hielt er sich zunächst in Berlin auf, wo er für die Königliche Porzellanmanufaktur einige Figuren schuf. 1911 gründete er

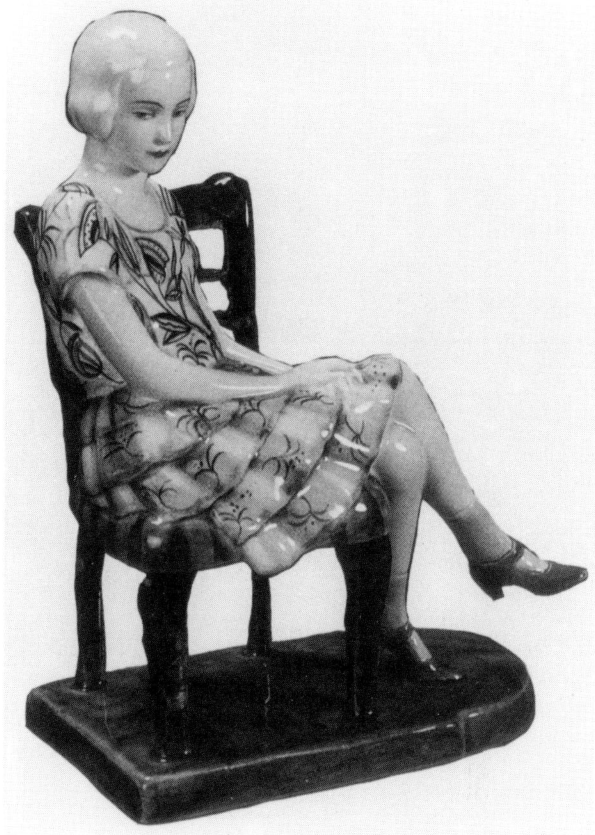

Kat.-Nr. 24.5.27

in Langenzersdorf die Werkstatt „Langenzersdorfer Keramik". Er spezialisierte sich auf Modefiguren und Tierplastiken.

Wien, Ellen und Peter Landesmann E. V.

24.5.28 Die hl. Elisabeth von der Wartburg

Elza Kövesházi-Kalmár (1879–1956), um 1912
Majolika, H = 45 cm

Die erste ungarische Bildhauerin studierte zunächst bei Hugo Löffler in Wien Malerei; 1898 fing sie in München an, Skulpturen zu schaffen. Einen großen Einfluß übte Rodin auf sie aus; später erfolgte eine Auseinandersetzung mit der Renaissanceplastik. Sie wurde Mitglied des Hagenbundes und des Budapester Künstlerbundes Kéve. Zwischen 1910 und 1914 lebte sie in Wien. Ihre Majolikastatuen zeigen einen stärkeren Wiener Einfluß.

Kat.-Nr. 24.6.3

Lit.: LAJOS FÜLEP, Kövesházi-Kalmár Elza. In: Müvészet 1909, S. 162–170 – I. NAGY, Kövesházi-Kalmár Elza. In: LAJOS NÉMETH (Hrsg.), Magyar Müvészet 1890–1919. Budapest 1981, S. 476–477.

Budapest, Magyar Nemzeti Galéria, Inv. Nr. 4599 I. S.-P.
(Nicht ausgestellt)

24.6 Möbel

24.6.1 Sog. Makart-Schubladkasten

Perlmutter-, Messing-Einlagen, 116 × 80 × 48 cm

Privatbesitz

24.6.2 Schubladkasten

Otto Wagner (1841–1918), 1912/13
Tujaholz, vernickeltes Messing, gelbe Marmorplatte, 101 × 90 × 45 cm

Wien, Österreichische Postsparkasse

24.6.3 Schubladkasten Abb.

Kolo Moser (1868–1918)

Wien, Sammlung Prof. Dr. Rudolf Leopold

24.6.4 Schubladkasten

Eduard Josef Wimmer (1882–1961)
Buchsbaumholz, Ebenholz und Perlmuttblättchen, 144 × 130 × 53 cm

Stufenartig gestalteter Schrank, Furniere aus Buchsbaumholz, Ebenholz und Perlmuttblättchen in geometrisch-ornamentaler Zusammensetzung. Griffknöpfe aus Messing. Zweitüriger unterer Teil, fünf Geschosse mit Schubladen.

Wien, Museum für angewandte Kunst, Inv. Nr. H 2052
E. V.

24.6.5 Schubladkasten aus der Wohnung Turnowsky

Adolf Loos (1870–1933), um 1900
Ahornholz, Messing, 134,5 × 100 × 57 cm

Weder der ausführende Meister noch das genaue Entstehungsdatum dieses Schubladkastens kann mit Sicherheit festgestellt werden. Er kann jedoch nicht viel früher als 1901 entstanden sein, zu welchem Zeitpunkt das Ehepaar Gustav und Marie Turnowsky in ihre neue Wohnung in der Wohllebengasse eingezogen sind. Marie Turnowsky war Schwester des Schriftstellers Karl Kraus (1874–1936); sie war schon 1900 mit Adolf Loos befreundet.

Lit.: BURKHARDT RUKSCHCIO – ROLAND SCHACHEL, Adolf Loos. Wien 1982 – SIMON JERVIS, Furniture of about 1900 from Austria and Hungary in the Victoria & Albert Museum. London 1986.

London, Victoria & Albert Museum, Inv. Nr. W 19-1982
P. V.

24.6.6 Salonschrank Farbabb. 42

Entwurf: Emil Holzinger, 1901
Ausführung: Portois & Fix
Nußholz mit Lärche- und Olivesche-Intarsien sowie Packfongbeschlägen, 115 × 150 × 51 cm

Holzinger wird im „Wiener Interieur“ als Schüler Josef Hoffmanns bezeichnet. Hoffmann und Moser verwendeten den Schrank des öfteren zur Gestaltung von Ausstellungsräumen, so etwa bei der XVII. Ausstellung der Secession, 1902 und bei der Düsseldorfer Kunstausstellung 1902.

Lit.: Dekorative Kunst 1902/03, S. 30 f.

Wien, Wolfgang Karolinsky E. V.

(Ausgestellt in Raumgruppe 26)

24.6.7 Hocker Abb.

Entwurf: Kolo Moser (1868–1918), 1904
Ausführung: Wiener Werkstätte
Schwarz gebeiztes Ahornholz, Fußmanschetten aus Weißmetall, Stoffbezug nicht original, 41 × 39,5 × 39,5 cm

Aus der Saloneinrichtung von Margarethe Hellmann, Schwester von Fritz Waerndorfers Gattin Lilly.

Privatbesitz E. V.

24.6.8 Hocker

Otto Wagner (1841–1918)
Buchenholz, gebogen, 47 × 42 × 42 cm

Otto Wagner war nicht nur Architekt des 1904–6 errichteten k. k. Postsparkassengebäudes, sondern auch Entwerfer sämtlicher Details der Innenausstattung, einschließlich Mobiliar. Für das Erzeugen einer Reihe von verschiedenen Möbeltypen wurden die Firmen Thonet und Kohn gewonnen; der von Thonet ausgeführte Hocker war für den großen Kassensaal gedacht.

Lit.: OTTO WAGNER, Das k. k. Postsparkassenamt in Wien. Wien 1908 – Katalog Moderne Vergangenheit, Wien 1800–1900. Wien 1981.

Wien, Österreichische Postsparkasse P. V.

24.6.9 Hocker

Adolf Loos (1870–1933), 1910
Ehemals Haus Steiner, Wien XIII; Eiche dunkelbraun gebeizt und gewichst, 38 × 39 × 38 cm

Der von Loos seit ca. 1900 für seine Einrichtungen verwendete dreibeinige Hocker stellt eine freie Nachbildung eines seit 1884 nach dem altägyptischen Original von der Firma Liberty & Co in London gefertigten Möbels dar. Die Loos-Variante ist eines der Meisterstücke, nicht nur des Entwerfers, sondern auch des Tischlers Josef Veillich, der ausschließlich für Loos Sitzmöbel herstellte. Bekannt sind Exemplare in Nuß, Kirsch und Mahagoni, am häufigsten jedoch in Eiche, wie das gezeigte Stück.

Lit.: BURKHARDT RUKSCHCIO und ROLAND SCHACHEL, Adolf Loos, Leben und Werk. Wien 1982.

Privatbesitz B. R.

24.6.10 Hocker

Josef Hoffmann (1870–1956)

Wien, Museum für angewandte Kunst, H 2063

Kat.-Nr. 24.6.7

24.6.11 Sessel für Café Museum

Entwurf: Adolf Loos (1870–1933)
Ausführung: J. u. J. Kohn, 1899
Bugholz, gebeizt und poliert

Wien, Museum für angewandte Kunst, H 2805
(In Raumgruppe 22 ausgestellt)

24.6.12 Dreiteiliger Paravent

Else Unger, 1904
Eichenholz, Messing, Seide, Tombak, 128 × 126 cm

Die Konstruktion des Rahmens besteht aus durch Sprossen geteilte Felder, die teilweise mit drapierter grüner Seide, teilweise mit dekorativen Paneelen gefüllt sind. Der Paravent wurde am 24. April 1904 im Salon Pisko für 300 Kronen vom Österreichischen Museum für Kunst und Industrie angekauft.

Lit.: VERA J. BEHAL, Möbel des Jugendstils. Sammlung des Österreichischen Museums für angewandte Kunst in Wien. München 1981, Kat. Nr. 206.

Wien, Museum für angewandte Kunst, Inv. Nr. H. 1087
P. V.

24.6.13 Paravent

Hartwig Fischel – Rudolf Ribarz, um 1905
126 × 87,5 × 23 cm

Das Verwenden eines im Holzrahmen gefaßten Öl- (häufig Blumen-)gemäldes als Paravent war schon für die Zeit vor 1900 charakteristisch. Der Rahmen von Fischel steht allerdings in starkem Widerspruch zu den historisierenden Holzrahmen z. B. eines Professor Oskar Beyer (Österreichisches Museum für angewandte Kunst, Wien, Inv. Nr. H 857, Rahmen um 1892, Gemälde von Ribarz im 2. Weltkrieg zerstört).

Lit.: SIMON JERVIS, Furniture of about 1900 from Austria and Hungary in the Victoria & Albert Museum, London 1986.

London, Victoria & Albert Museum, Inv. Nr. W 8-1983
P. V.

24.6.14 Fauteuil

Entwurf: Hans Vollmer
Ausführung: Prag-Rudniker, 1901
Korb, Stoff, 80 × 78 × 72 cm

Privatbesitz

24.6.15 Fauteuil

Entwurf: Hans Vollmer (Zuschreibung)
Ausführung: Prag-Rudniker, 1901–1903
Korb, 67 × 71 × 68 cm

Privatbesitz

24.6.16 Tisch

Entwurf: Wilhelm Schmidt, 1902
Ausführung: Prag-Rudniker
Rustenholz, Bastgeflecht, 76 × 60 × 40 cm

Privatbesitz

24.7 Bucheinbände

24.7.1 Kaiser-Jubiläumsbriefmarken 1908. Herausgegeben vom K. K. Handelsministerium

Kolo Moser (1868–1918)
Ferdinand Schirnböck (1859–1930)
Einband: Wiener Werkstätte
Leder, schwarz mit Goldpressungen, 21 × 18 cm

Der Einband verkörpert Jugendstil in Reinkultur. Enthalten sind 17 Briefmarken, 1 Zeitungsmarke und 1 Portomarke. Entwürfe von Kolo Moser, wiedergegeben in Stahlgravuren und Stahlstichen der Mittelbilder von Ferdinand Schirnböck.

Wien, Österreichische Nationalbibliothek, Porträtsammlung und Bildarchiv, Pk 1276 W. G. W.

24.7.2 Bucheinband

Joseph Olbrich (1867–1908), 1901
Ideen von Olbrich
Verlag Gerlach u. Schenk 1901

Privatbesitz

24.7.3 Bucheinband

Josef Hoffmann (1870–1956), 1911
Katalog der Internationalen Kunstausstellung Rom 1911. Österreichischer Pavillon, 19,5 × 17 cm

Privatbesitz

24.7.4 Bucheinband

Entwurf: Arpád Basch, Budapest, um 1900
Ausführung: Nándor Gottermayer's Buchbinderei-Kunstanstalt
Vergoldeter Preßleineneinband mit Farbendruck, 37 × 29 cm

Auf dem Buchdeckel reihen sich dunkelgrüne Lorbeerzweige vor einem disteligen Hintergrund. In der vollen Breite des Satzspiegels ist oben der goldgedruckte Titel, darunter der Name des Autors zu lesen. Der Buchrücken wiederholt Motive des Buchdeckels. Das Monogramm des Designers erscheint mehrmals in der Ornamentik.

Lit.: Lélek és forma. Ausst. Kat. Budapest 1986, Nr. 1089.

Budapest, Iparművészeti Múzeum, Inv. Nr. 68.138
Szilvia Maros

24.7.5 Bucheinband Abb.

Werkstatt Nándor Gottermayer, Budapest, um 1890
Kalbslederintarsia, 22 × 17 cm

Die Dekoration erstreckt sich über beide Deckel und den Buchrücken: Herbstlaub in verschiedenen farbigen Seiden mit Vergoldung. Vorsatzblatt mit Mohnblüten geschmückt.

Lit.: Lélek és forma. Ausst. Kat. Budapest 1986.

Budapest, Iparművészeti Múzeum, Inv. Nr. 54.1766.1
Szilvia Maros

24.7.6 Bucheinband

Budapest, 1907
Rotes Bocksleder, vergoldeter Buchumschlag, wattiert

Der obere Buchdeckel wurde mit einer gestochenen Platte gaufriert, deren Muster Pflanzenornamentik zeigt.

Lit.: Lélek és forma. Ausst. Kat. Budapest 1986, Nr. 1112.

Budapest, Iparművészeti Múzeum, Inv. Nr. 54.1762.1
Szilvia Maros

24.7.7 Taschenkalender für das Jahr 1905

Franta Anýž (1879–1934), 1905
Einband aus braun marmorierten Leder, handvergoldeter Dekor, 14 × 10 cm

Anýž war Entwerfer von Schmuck- und Metallarbeiten in Prag. 1899 gründete er ein „Kunstgewerbliches Atelier für dekorative Entwürfe und künstlerische Arbeiten". Er war auch Mitarbeiter von Architekten, wie etwa J. Kotěra, für die er dekorative Details in Metall ausführte.

Lit.: Tschechische Kunst 1878–1914. Ausst. Kat. Darmstadt 1984, Kat. Nr. 14.

Prag, Uměleckoprůmyslové Muzeum, Inv. Nr. 8905-E
A. A.

24.7.8 Rocznik Krakowski, Band IV

Stanisław Wyspiański, 1900
Farblithographie, 29 × 21 cm

Um 1900 wurde Wyspiański zum Schöpfer einer neuen polnischen Buchkunst. Band IV des Krakauer Jahrbuches war der Jagiellonischen Universität anläßlich deren 500jährigen Bestandes gewidmet. Auf dem Umschlag außen symbolisieren zwei Kronen die königlichen Gründer der Universität: Kasimir d. Große und Wladyslaw Jagiello.

Lit.: Elżbieta Skierkowska, Wyspiański artysta książki. Warschau 1960. S. 133–136.

Krakau, Muzeum Narodowe, Inv. Nr. W-385

24.8 Tapisserien

(Im Stiegenhaus ausgestellt)

24.8.1 Die Mondspiegelung

Entwurf: Rudolf Schlattauer (1861–1915), um 1908
Ausführung: Mährische Gobelinmanufaktur in Valašské Meziříčí
Wolle, gewirkt, 138 × 83 cm

Kat.-Nr. 24.7.5

Landschaftsstilisierung: im Vordergrund Teich mit Schilf, im Hintergrund Bergkette und Himmelsgewölbe mit aufgehenden Mond.
Schlattauer lernte zunächst in Wien bei Hans Makart, weiters in Paris, Berlin und München. In Skandinavien erlernte er die Wirktechnik und gründete 1895 eine Webereiwerkstatt.

Lit.: Tschechische Kunst 1878–1914. Ausst. Kat. Darmstadt 1984, S. 304 f.

Prag, Uměleckoprůmyslové Muzeum, Inv. Nr. 75.361
A. A.

24.8.2 Junge Frau mit Rose Farbabb. 41

Entwurf: József Rippl-Rónai (1861–1927), 1898
Ausführung: Lazarine Rippl-Rónai, Gattin des Künstlers
Wandteppich, aus Wolle gestickt, 230 × 125 cm

Kat.-Nr. 24.8.3

Um die Jahrhundertwende beschäftigte sich Rippl-Rónai mit dem Entwerfen kunstgewerblicher Artikel. Er wollte damit das Niveau des ungarischen Handwerks heben. Seine Stickerei-Entwürfe stehen unter dem Einfluß Maillols. Der Auftrag für die Speisezimmereinrichtung im Haus des Grafen Tivadar Andrássy, zu der auch die Tapisserie „Junge Frau mit Rose“ gehörte, war von ausschlaggebender Bedeutung für sein Schaffen.

Lit.: IVÁNFY BALOGH S., Les principes de Joseph Rippl-Rónai sur l'art décoratif... In: Jahrbücher des Kunstgewerbemuseums V (1962) S. 83–105.

Budapest, Iparművészeti Muzeum, Inv. Nr. 52.3491.1

Emőke László

24.8.3 Jahrmarkt Abb.

Entwurf: János Vaszary (1867–1939)
Ausführung: Sarolta Kovalszky, 1904
Tapisserie, Wolle in sog. Scherrebek-Technik gewoben, 152 × 116 cm

Neben der Maltätigkeit Vaszarys spielt auch seine Arbeit als Entwerfer für Buch-, Plakat- und Textilarbeiten eine große Rolle. Die Themen seiner Tapisserien stehen in engem Zusammenhang mit dem Leben der ungarischen Bauern, so etwa das Gegenstück des „Jahrmarkts“ das „Brautpaar“, der „Schäferknecht“ oder „Mädchen mit Kätzchen“. Die Farbenwelt der Tapisserien paßt sich der internationalen Secession an. Der „Jahrmarkt“ war 1905 im ungarischen Saal der internationalen Ausstellung in Venedig zu sehen.

Lit.: Magyar Iparművészet 1905, Abb. 216 – LENKE HAULISCH, Vaszary. Budapest 1978.

Budapest, Iparművészeti Muzeum, Inv. Nr. 14.973

Emőke László

24.8.4 Kassandra Abb.

Entwurf: Aladár Körösfői-Kriesch (1863–1920)
Ausführung: Leo Belmonte, Gödöllő, 1908
Tapisserie, Wolle, 200 × 71 cm

Aladár Körösfői-Kriesch war der Gründer der Werkstatt in Gödöllő, der für die ungarische Secession charakteristischen Vereinigung. Neben seiner Maltätigkeit widmete er sich auch dem Entwerfen von kunstgewerblichen Gegenständen, so etwa für Möbel, Tapisserien und Teppichen. Zum ersten Mal war die „Kassandra“ in der Ausstellung des Budapester Kunstsalons zu sehen (1909).

Lit.: JENÖ DÉNES, Körösfői-Kriesch Aladár. Budapest 1939 – KATALIN KESERÜ, Körösfői-Kriesch Aladár. Budapest 1977.

Budapest, Iparművészeti Muzeum, Inv. Nr. 57.216.1

Emőke László

24.8.5 Jugendstilornament Abb.

Krainische Kunstwebeanstalt, Ljubljana (KKWA)
Wollschuß, Baumwollfaden, 154 × 70 cm

Diese Arbeit ist ausgesprochen dekorativ. Dargestellt wird ein Jugendstilornament, eine Verflechtung von vegetabilen Bändern. Die Arbeit wurde zumindest in zwei Exemplaren hergestellt.

Lit.: HANKA ŠTULAR, Tapiserija v Sloveniji. Ljubljana 1982.

Ljubljana, Narodni muzej, Inv. Nr. KZ-20.522

Kat.-Nr. 24.8.4

Kat.-Nr. 24.8.5

Kat.-Nr. 24.8.6

24.8.6 Fliegende Schwäne Abb.

Entwurf: Ernst Vollbehr
Ausführung: Krainische Kunstwebeanstalt, Ljubljana (KKWA)
Supraporte, Wollschuß, Baumwollfaden, 61,5 × 136 cm

Figurale und Tiermotive sind unter den Motiven der KKWA selten zu finden. Vollbehr schließt in seinem Karton an die Graphik Walter Leistikov „Fliegende Kraniche" an. Die Arbeit ist charakteristisch für den Stil um die Jahrhundertwende, für den Einfluß des japanischen Holzschnittes (liegendes, schmales Format in Anlehnung an die Makimonos).

Lit.: HANKA ŠTULAR, Tapiserija v Sloveniji. Ljubljana 1982.

Ljubljana, Narodni muzej, Inv. Nr. KZ-16.289

24.8.7 Herbstlandschaft Abb.

Entwurf: Raoul Frank
Ausführung: Krainische Kunstwebeanstalt, Ljubljana (KKWA)
Wollschuß, Baumwollfaden, 168 × 205 cm

Landschaftsmotive sind häufig unter den Arbeiten der KKWA zu finden. Beeinflußt wird die Wiedergabe durch die realistische Landschaftsmalerei und den japanischen Holzschnitt. Es entwickelt sich ein flächenhafter Stil mit betonten Konturen. Die „Herbstlandschaft" war auf der 2. Ausstellung des Hagenbundes in Ljubljana zu sehen.

Lit.: HANKA ŠTULAR, Tapiserija v Sloveniji. Ljubljana 1982.

Ljubljana, Narodni muzej, Inv. Nr. KZ-20.334

Kat.-Nr. 24.8.7

24.9 Plakatkunst

24.9.1 Kaiserjubiläums- und V. Bundesschießen

Berthold Löffler (1874–1960), 1898
Plakat, 101 × 85 cm

Wien, Museum für angewandte Kunst, P I 1921

24.9.2 Fledermaus Abb.

Moriz Jung (1885–1915), 1907
Plakat, 63,5 × 96 cm

Wien, Museum für angewandte Kunst, P I 112

24.9.3 Fledermaus Abb.

Berthold Löffler (1874–1960), 1907
Plakat, 92,5 × 60,5 cm

Wien, Museum für angewandte Kunst, P I 1847

24.9.4 Etablissement Apollo Varieté Mariahilf

Emil Ranzenhofer, 1903
Plakat, 126 × 95 cm

Wien, Wiener Stadt- und Landesbibliothek, P 13.251

Kat.-Nr. 24.9.2

24.9.5 Cafe Lurion

Emil Ranzenhofer, 1903
Plakat, 125 × 94 cm

Wien, Wiener Stadt- und Landesbibliothek, P 13.296

24.9.6 Der „Mariahilfer Volkskeller"

H. S., 1905
Plakat, 87 × 122 cm

Wien, Wiener Stadt- und Landesbibliothek, P 13.284

24.9.7 Hochquellen-Sodawasser

Zeuner, um 1895
Plakat, 71 × 53 cm

Wien, Wiener Stadt- und Landesbibliothek, P 20.904

24.9.8 Richardsquelle

Kolo Moser (1868–1918)
Plakat, 178 × 55 cm

Wien, Museum für angewandte Kunst, P I 2269

Kat.-Nr. 24.9.3

Kat.-Nr. 24.9.10

24.9.9 Gruberquelle – Arsen-Eisenwasser

Um 1905
Plakat

Wien, Wiener Stadt- und Landesbibliothek, P 20.865

24.9.10 Chocolat Cacao Lobosic

Emil Orlik (1870–1932)
Plakat, 67,5 × 50,5 cm

Wien, Museum für angewandte Kunst, P I 282

Kat.-Nr. 24.9.11

24.9.11 Rudium. Idealste Haarpflege Abb.

Berthold Löffler (1874–1960)
Plakat, 86 × 28 cm

Wien, Museum für angewandte Kunst, P I 1808

25. BILDENDE KUNST DER KRONLÄNDER

25.1 Ungarn

25.1.1 Das goldene Zeitalter

Abb.

János Vaszary (1867–1939), 1898
Öl auf Leinwand, 92,5 × 135 cm

Vaszary war einer der frühesten Vertreter des internationalen Jugendstils in Ungarn, blieb aber stets einem Stilpluralismus verhaftet, der vom Naturalismus über eine impressionistische Malweise bis hin zu konstruktivistischen Auffassungen reicht. „Das goldene Zeitalter" war die erste repräsentative Darstellung der Geschlechter- und Vergänglichkeitsproblematik im ungarischen Symbolismus. Obgleich meisterhaft komponiert, wirkt das Bild zu künstlich, um mehr als nur auf dem Niveau des modischen Lebensgefühl die Weltfremdheit und das schopenhauerische Weh auszudrücken.

Lit.: L. HAULISCH, Vaszary János. Budapest 1978 – J. SZABADI, A magyar szecesszió müvészete. Budapest 1979, S. 7–9.

Budapest, Magyar Nemzeti Galéria, Inv. Nr. 1614 I. S.-P.
(Nicht ausgestellt)

25.1.2 Frau mit schwarzem Schleier (Mme. Mazet)

Farbabb. 51

József Rippl-Rónai (1861–1927), 1896
Öl auf Leinwand, 99,7 × 80 cm

Nach seinen Studien an der Münchner Akademie ging der Maler nach Paris, wo er sich bald mit den Nabis befreundete und den neuesten Stilexperimenten anschloß. Nach seiner Rückkehr nach Ungarn 1900 wurde sein Stil dekorativer und farbenreicher, ab 1906 malte er mit reinen Grundfarben in kühnen großen Flächen gleich den Fauves. Seine Pariser Periode wird wegen der subtilen Schwarz-Weiß- und Grautönungen und der feinen Tonübergänge oft als Schwarze Periode bezeichnet.

Lit.: MÁRIA BERNÁTH, Rippl-Rónai József. Budapest 1976 – JUDITH SZABADI, Rippl-Rónai József. Budapest 1978.

Budapest, Magyar Nemzeti Galéria, Inv. Nr. 2314 I. S.-P.
(Nicht ausgestellt)

Kat.-Nr. 25.1.1

Kat.-Nr. 25.1.3

25.1.3 Sturm auf der Hortobágy Abb.

Tivadar Csontváry-Kosztka (1835–1919), 1903
Öl auf Leinwand, 58 × 116,5 cm

Der exzentrische, visionäre Maler verbrachte nur ein halbes Jahr an Hollósys Malerschule in München. Mit überspannten Sendungsbewußtsein fing der mehr als vierzigjährige Apotheker zu malen an, überzeugt davon, daß Intuition und Gefühl der einzige Weg zum Schaffen sei. Der „Sturm auf der Hortobágy" ist eines seiner ersten Meisterwerke. Die von beunruhigender Spannung erfüllte vorwinterliche Landschaft wird durch in dramatischen Kontrasten gesteigerten Farben versinnbildlicht und besitzt eine romantisch-gesinnte, expressiv-symbolische Bedeutung.

Lit.: LAJOS NÉMETH, Csontváry Kosztka Tivadar. Budapest 1981.

Pécs, Janus Pannonius Múzeum I. S.-P.

25.1.4 Rákóczi-Marsch Farbabb. 46

Simon Hollósy (1857–1918), um 1899
Öl auf Leinwand, 92 × 127 cm

Hollósy studierte bei Bertalan Székely in Budapest, danach in München (1878–82) und hatte mit seinen Genrebildern aus dem ungarischen Bauernleben viel Erfolg. 1886 gründete er eine Malschule in München und ging mit dieser 1896 nach Nagybánya. Er verlor jedoch bald seine führende Rolle, vereinsamte immer mehr und hatte nur mehr zu einigen wenigen Schülern ein gutes Verhältnis (Schiele studierte bei ihm im Sommer 1903). Sein Stil reicht von naturalistischer Genremalerei bis zu einem Realismus, der voll von expressiven Gefühlen ist. Obwohl er den „Rákóczymarsch" nie als abgeschlossenes Werk betrachtete, ist das Bild sein Hauptwerk.

Lit.: LAJOS NÉMETH, Hollósy Simon. Budapest 1956.

Budapest, Magyar Nemzeti Galéria, Inv. Nr. 8032 F
I. S.-P.

25.1.5 Oktober Farbabb. 48

Károly Ferenczy (1862–1917), 1903
Öl auf Leinwand, 125 × 107 cm

Die führende Persönlichkeit der Malerschule von Nagybánya studierte in München und an der Akademie Julian in Paris, wo Bastien Lepage auf ihn den größten Einfluß ausübte. Nach naturalistischen Stimmungsbildern wandte er sich mehr und mehr koloristischen Freiluftexperimenten zu. Seine mit pantheistischen Innigkeit erfüllten Bilder haben manches mit postimpressionistischen Stilisieren gemeinsam, doch bleibt seine Kunst immer realistisch gebunden. „Oktober“ ist ein schönes Beispiel für sein reifes Schaffen in Nagybánya.

Lit.: ISTVÁN GENTHON, Ferenczy Károly. Budapest 1979.

Budapest, Magyar Nemzeti Galéria, Inv. Nr. 59.445
I. S.-P.

25.1.6 Die Totenbahre

József Nemes Lampérth (1891–1924), 1912
Öl auf Leinwand, 110 × 110 cm

Der individuelle Stil des Malers bildete sich sehr schnell um 1910/12 aus, um sich danach im wesentlichen kaum mehr zu ändern. Malen bedeutete ihm einen schweren Kampf; er quälte sich durch Krisen, um immer mehr einfache, lapidare, aber bedeutungsvolle Formen zu schaffen. Von dem selbstquälerischen Schaffensprozeß zeugen die markanten, wuchtigen, beinahe brutalen Formelemente, die mit breiter Pinselführung aufgetragenen Farbstriche. Über der Totenbahre seines Vaters zeichnet der Künstler mit sparsamen Mitteln eine Vision der tragischen Würde des Todes.

Lit.: JÚLIA SZABÓ, A magyar aktivizmus müvészete. Budapest 1981, S. 59–66.

Budapest, Magyar Nemzeti Galéria, Inv. Nr. 5277 I. S.-P.

25.1.7 Paolo und Francesca Abb.

Lajos Gulácsy (1882–1932), 1903
Aquarell auf Papier, 35 × 25,2 cm

Gulácsy war eine einsame Erscheinung in der ungarischen Malerei. Beinahe Autodidakt, empfing er die entscheidenden künstlerischen Inspirationen wie die Praeraffaeliten durch eine träumerisch-verspielte Begegnung mit der italienischen Frührenaissance. Seine starke Affinität zum Maskenspiel, seine existenzielle Einsamkeit und seine symbolistisch verschleierten Angstvisionen halten ihn von den zeitgenössischen Stilauseinandersetzungen weit entfernt. Das Liebespaar Dantes ist ein Frühwerk des Malers.

Lit.: JUDITH SZABADI, Gulácsy Lajos. Budapest 1979 – BÉLA SZIJ, Gulácsy Lajos. Budapest 1979.

Budapest, Magyar Nemzeti Galéria, Inv. Nr. 1907–222
(Nicht ausgestellt) I. S.-P.

25.1.8 Frauenbüste (Edith Térey)

Miklós Ligeti (1871–1944)
Weißer Marmor, H = 45 cm

Der Bildhauer studierte in Budapest, Wien, München und Paris. Seine stärkste Inspiration verdankte er Rodin, seine Werke bleiben aber meistens am Scheideweg zwischen Spät-

Kat.-Nr. 25.1.7

akademismus und gefühlvoller Jugendstilplastik stehen. Neben historischen Denkmälern und Genrestatuen stellen seine hervorragendsten Werke Porträtbüsten dar. Das Porträt der Edith Térey gehört zu den seltenen polychromen Büsten seines Oeuvres. Ihre zarte Farbgebung und ihre sinnlich-empfindsame glatte Bearbeitung sind ein Beweis dafür, daß Ligeti auch in der Formensprache der zeitgenössischen Jugendstiltendenzen bemerkenswertes schaffen konnte.

Budapest, Magyar Nemzeti Galéria, Inv. Nr. 74.86-N
(Nicht ausgestellt) I. S.-P.

25.1.9 Finale

Zsigmond Kisfaludi Stróbl (1884–1975), um 1912
Bronze, H = 50 cm

Der Künstler studierte nach Budapest in Wien und Paris. Um 1910 gehörte er der Künstlerkolonie in Kecskemét an. Die Figurengruppe hat viel mit der Gefühlswelt des Jugend-

Kat.-Nr. 25.2.2

stilsymbolismus gemeinsam, vor allem in den, Trauer und Melancholie verkörpernden Frauenakten; in der klassisch ausgewogenen Komposition entdeckt man aber auch eine Neigung zum Neoklassizismus des frühen 20. Jahrhunderts, jener Stilrichtung, für die der Künstler einer der repräsentativsten Vertreter wurde.

Lit.: Lélek és forma. Ausst. Kat. Budapest 1986, Nr. 391.

Budapest, Magyar Nemzeti Galéria, Inv. Nr. 4414 I. S.-P.

25.1.10 Familienglück

Imre Simay (18874–1955), 1904
Bronze, H = 38 cm

Simay nahm in Wien und München Malunterricht, ehe er sich der Skulptur zuwandte. Ab 1900 lebte er in Wien, seit 1905 war er Mitglied des Hagenbundes. Als Bildhauer bevorzugte er Tierdarstellungen. Ab 1911 lehrte er an der Budapester Kunsthochschule. Zu seinen besten Werken zählt ein dreizehnteiliger Zyklus von Affendarstellungen. Die erste Arbeit des Zyklus war „Familienglück“. Sie gehört aufgrund ihrer leicht geometrisierenden Oberflächenbehandlung zu den Anfängen moderner Plastik.

Lit.: LAJOS NEMETH (Hrsg.), Magyar Müvészet 1890–1919. Budapest 1981, S. 479.

Budapest, Magyar Nemzeti Galéria, Inv. Nr. 3223 I. S.-P.

25.2 Böhmen und Mähren

25.2.1 La Dame aux Camelias. Sarah Bernhardt

Farbabb. 53

Alfons Mucha (1860–1939), 1896
Lithographie, 210 × 77 cm

Nach einem Studium in München ließ sich der Künstler 1888 in Paris nieder und besuchte dort die Académie Julian und später die Académie Colarossi. 1894 erzielte er einen durchschlagenden Erfolg mit den Plakaten für Sarah Bernhardt, die mit ihm für sechs Jahre einen Vertrag abschloß. 1910 kehrte er in seine Heimat zurück. Sein Einfluß wirkte sich vor allem in der angewandten Kunst aus. Während seines Pariser Aufenthaltes konnte man sogar von einem in Paris gepflegten Muchastil sprechen.

Lit.: Tschechische Kunst 1878–1914. Auf dem Weg in die Moderne. Ausst. Kat. Darmstadt 1984, S. 219 ff.

Prag, Umĕleckoprůmyslové Muzeum, Inv. Nr. 39.350

E. V.

25.2.2 Der Steinklopfer

Abb.

Joža Uprka (1861–1940), 1895
Öl auf Leinwand, 80 × 101,5 cm

Zur Zeit der Entstehung dieses Bildes nahm der Maler eine führende Position in der mährischen Regionalschule ein, deren volkstümlich-naiver Ausrichtung er einen künstlerischen Stempel aufprägte. Das Bild ist ein Bindeglied zwischen Uprkas farbenfroh geschilderten Feiertagsszenen und den melancholischen Gemälden, die von einer Skala gebrochener Farbtöne beherrscht werden.

Lit.: Štĕpán Jež, Joža Uprka. Praha 1944, S. 269–270 – Jaromir Neumann, La nouvelle peinture tchèque et sa tradition classique. Prague 1958, S. 56

Prag, Národní Galerie, Inv. Nr. O 3232 R. P.

25.2.3 Der Tod

Abb.

Maximilián Pirner (1854–1924), um 1885/90
Öl auf Holz, 39,5 × 25,5 cm

Pirner nahm in der zweiten Hälfte der achtziger Jahre die Formensprache des tschechischen Symbolismus und der Dekadenz vorweg, indem er sich von seinem unbefriedigten Lebensgefühl leiten ließ. Das Gemälde steht in losem Zusammenhang mit dem unvollendeten Triptychon „Leben, Liebe, Haß und Tod", in dem sich Pirner bemühte, das Thema mit den Mitteln einer monumentalen Allegorie zu bearbeiten.

Prag, Národní Galerie, Inv. Nr. O 4731 R. P.

Kat.-Nr. 25.2.3

25.2.4 Der Lumpensammler Pluhař aus Hroznová Lhota

Farbabb. 47

Hanuš Schwaiger (1854–1912), 1891
Öl auf Holz, 40 × 17,5 cm

Der Maler gehörte nicht der ethnographischen Bewegung an, doch verlebte er mehrere Jahre auf dem walachischen Lande. Seine Gemälde stellen eher Studien von Menschen am Rande der Gesellschaft dar als glänzende folkloristische Ereignisse. Bizarr ist auch Schwaigers Technik, die eine in Schichten auftragende Malweise mit Anregungen des Aquarells kombiniert.

Lit.: Miroslav Lamač, Hanuš Schwaiger. Prag 1957, S. 49 u. 52.

Prag, Národní Galerie, Inv. Nr. O 5240 R. P.

Kat.-Nr. 25.2.5

25.2.5 Die Leserin Abb.

Luděk Marold (1865–1898), 1892
Öl auf Holz, 29,5 × 20,5 cm

Der außerhalb seiner Heimat wohl bekannteste tschechische Illustrator der neunziger Jahre wußte mit scharfem Blick auch improvisierte malerische Privatissima darzustellen. Wie auf diesem Bild bevorzugte er dabei das Festhalten einer bestimmten Pose seiner Figur und die Darstellung der engen Verbindung zwischen Figur und Innenraum.

Lit.: Die tschechische Malerei des XIX. Jahrhunderts. Ausst. Kat. Österreichische Galerie Wien 1984, S. 46 – Tschechische Kunst 1878–1914. Ausst. Kat. Darmstadt 1984, Bildteil S. 211.

Prag, Národní Galerie, Inv. Nr. O 4636 R. P.

25.2.6 Unter Rosen Farbabb. 49

Ludvík Kuba (1863–1956), 1906
Öl auf Leinwand, 109,5 × 75 cm

Das Bild mit Garten, Gattin und Kind des Malers ist ein Beispiel für die intime Malerei im Milieu von Kubas Sommerfrische in der böhmischen Kleinstadt Březnice. Dieser Ort bedeutete für den Künstler eine Zuflucht nach seiner vielseitigen Tätigkeit in Wien, wo er als Geschäftsführer des Hagenbundes wirkte und sich gleichzeitig dem ethnographischen Studium der slawischen Völker widmete.

Lit.: Tschechische Kunst 1878–1914. Ausst. Kat. Darmstadt 1984, Bildteil S. 169–170.

Prag, Národní Galerie, Inv. Nr. O 3054 R. P.

25.2.7 Plakatentwurf für die Tschechoslowakische ethnographische Ausstellung 1895 in Prag Abb.

Vojtěch Hynais (1854–1925), 1894
Öl auf Leinwand, 104,5 × 163 cm

Der als Schöpfer von Wanddekorationen (Prag, Nationaltheater) bekannte Maler entwarf mit Erfolg Plakate für bedeutende Prager Ausstellungen, wie die Jubiläumslandesausstellung 1891 und die ethnographische Ausstellung in Prag. Das vorliegende Plakat war die erste moderne Bewältigung dieser Aufgabe in Böhmen und galt als eines der ersten Signale des flächigen, dekorativen Stils.

Lit.: Český plakát 1890–1914. Ausst. Kat. Kunstgewerbemuseum Prag 1971, S. 19 – Tschechische Kunst 1878–1914. Ausst. Kat. Darmstadt 1984, Bildteil S. 90, Textteil S. 39.

Prag, Národní Galerie, Inv. Nr. O 5052 R. P.

25.2.8 Reh mit Kitzchen Abb.

Bohumil Kafka (1878–1942), 1905
Bronze, H = 29,5 cm

Kafka ist einer der ersten wichtigen Tierdarsteller der modernen tschechischen Plastik. Der Großteil seiner symbolistischen Meisterwerke entstand während seines Pariser Aufenthalts. In dieser Plastik drückt er die grazile Anmut des Themas durch zarte Modellierung aus.

Lit.: K. B. Mádl, Bohumil Kafka. Prag 1919, S. 8 – Tschechische Kunst 1878–1914. Ausst. Kat. Darmstadt 1984, Bildteil S. 113.

Prag, Národní Galerie, Inv. Nr. P 2209 Václav Erben

25.2.9 Die Musik. Zweite Skizze Abb.

Josef Václav Myslbek (1848–1922), 1892–94
Bronze, H = 108 cm

Kat.-Nr. 25.2.7

Myslbek, der Begründer der modernen tschechischen Bildhauerei, schuf aus einer eigenständigen glücklichen Synthese verschiedener Anregungen sein Programm eines monumentalen Realismus. In der zweiten Variante der für das Foyer des Prager Nationaltheaters bestimmten „Musik" drückte er die poetische Vorstellung vom Ursprung der Musik aus einem Baum aus und nahm damit die Formensprache des Symbolismus und Jugendstils vorweg.

Lit.: VOJTĚCH VOLAVKA, J. V. Myslbek. Prag 1942, S. 94 – VÁCLAV PROCHÁZKA, J. V. Myslbek – Die Musik. Prag 1961.

Prag, Národní Galerie, Inv. Nr. P 2526 Václav Erben

25.2.10 Die Selige Agnes von Böhmen – Maske Abb.

Josef Václav Myslbek (1848–1922), 1907–1911
Bronze, H = 42 cm

Diese Reliefstudie gehört zu den Skizzen für Figuren am Wenzelsdenkmal in Prag. Im rührenden Ausdruck näherte er sich den Bemühungen jüngerer Künstler, seiner Schüler an der Prager Akademie.

Lit.: VOJTĚCH VOLAVKA, Soupis dila J. V. Myslbek. Prag 1929, S. 65 – Tschechische Kunst 1878–1914. Ausst. Kat. Darmstadt 1984, Bildteil S. 236.

Prag, Národní Galerie, Inv. Nr. P 2428 Václav Erben

Kat.-Nr. 25.2.8

Kat.-Nr. 25.2.9

Kat.-Nr. 25.2.10

25.3 Polen

25.3.1 Thanatos II — Abb.

Jacek Malczewski
Öl auf Leinwand, 45 × 57 cm

Im Vordergrund steht eine schwarzhaarige Frau, die eine Sense in der Hand hält. Sie nähert sich der offenen Tür eines Hauses, an dessen Fenster ein kahlköpfiger Greis sichtbar wird. Die Frau, die Verkörperung des Todes, trägt ein Gewand in flammendem Rot.

Lit.: Jacek Malczewski. Ausst. Kat. Stuttgart 1980, S. 51 – Jacek Malczewski. Ausst. Kat. Muzeum Narodowe Poznań 1968, S. 117.

Warschau, Muzeum Narodowe, Inv. Nr. 35.590

25.3.2 Christus und die Kinder — Abb.

Witold Wojtkiewicz
Öl auf Leinwand, 65 × 70 cm

Im Bereich eines phantastischen Gartens sitzt Christus auf einer Steinbank, umgeben von einer Gruppe von Kindern in

Kat.-Nr. 25.3.1

Kat.-Nr. 25.3.2

Karnevalskostümen; drei Kinder umarmt er. Vor ihm kniet auf einem bunten Blütenteppich ein nackter Jüngling mit einem Kranz auf dem Haupt.

Lit.: W. JUSZCZAK, Wojtkiewicz i nowa sztuka. Warschau 1965 – Symbolism in Polish Painting 1890–1914. Ausst. Kat. Detroit 1984, S. 149, Nr. 95.

Warschau, Muzeum Narodowe, Inv. Nr. MP 355 MNW

25.3.3 Maisonne Abb.

Józef Mehoffer
Öl auf Leinwand, 95 × 78 cm

Dargestellt ist die Veranda vor Mehoffers Haus in Janakówka. Auf dem Tisch im Vordergrund stehen ein Samowar und Tassen. Im Hintergrund ist die Frau des Malers zu sehen. Hinter der Veranda erstreckt sich ein an malerischen Effekten reicher Blumengarten.

Kat.-Nr. 25.3.3

Lit.: Józef Mehoffer. Ausst. Kat. Muezum Narodowe Kraków 1964, Nr. 61 – Symbolism in Polish Painting 1890–1914. Detroit 1984, S. 80.

Warschau, Muzeum Narodowe, Inv. Nr. MP 366 MNW

25.3.4 Pappeln am Wasser Farbabb. 50

Jan Stanisławski (1860–1907), 1900
Öl auf Leinwand, 145 × 80,5 cm

Jan Stanisławski, seit 1897 Professor an der Akademie der Schönen Künste in Krakau, Vorsitzender der ersten polnischen Künstlergesellschaft „Sztuka" (Kunst), war fast ausschließlich Landschaftsmaler. Er malte gewöhnlich kleinformatige Bilder. In der letzten Phase seines Schaffens entstanden die großen „Pappeln", wo Bäume und Wolken in ihrem auserlesenen, dekorativen Linienspiel an den Jugendstil anknüpfen.

Lit.: Tadeusz Dobrowolski, Malarstwo polskie ostatnich dwustu lat. 1976, S. 135, Farbtafel XXX nach S. 144.

Krakau, Muzeum Narodowe, Inv. Nr. II-b-550

Kat.-Nr. 25.3.5

25.3.5 Die Grünanlagen (Planty) in der Morgendämmerung Abb.

Stanislaw Wyspiański, 1894
Öl auf Leinwand, 101 × 201,5 cm

Dramatiker, Dichter, Maler und Reformator des Theaters zugleich, ist Wyspiański in Anbetracht seiner schöpferischen Leistungen eine außergewöhnliche Gestalt der polnischen Kunstgeschichte. Seine schöpferische Kraft war fast ausschließlich in der Vergangenheit Krakaus verankert. 1894 aus Paris zurückgekehrt, malte er eine Ansicht des über der Stadt emporragenden Wawelschlosses, mit den unruhig gezeichneten Baumstämmen der Planty im Vordergrund.

Lit.: Stanislaw Wyspiański. DZIEŁA MALARSKIE, Bydgoszcze 1925, Nr. 129, Taf. IX – TADEUSZ DOBRĄOWOLSKI, Malarstwo polskie ostatnich dwustu lat. 1976, S. 120.

Krakau, Muzeum Narodowe, Depot Dr. Piotr Hanczakowski

25.3.6 Plakat der 15. Ausstellung der polnischen Künstlervereinigung „Sztuka" in Krakau, März 1911 Abb.

Kazimierz Sichulski (1879–1942), 1911
Kreidelithographie, 146 × 93,5 cm

Die Gesellschaft der Polnischen Künstler „Sztuka" (Kunst) entstand in Krakau 1897 als erster Verein dieser Art in den polnischen Ländern. Ihre Mitglieder waren fast alle hervorragende Künstler der Wende des 19. zum 20. Jahrhundert und der folgenden Jahre. Bis 1914 galt „Sztuka" als offizielle Repräsentantin der polnischen Plastik im Ausland. Die letzte der insgesamt 101 Ausstellungen, die „Sztuka" in Polen und im Ausland zeigte, fand 1950 in Warschau statt.

Lit.: Plakat do roku 1939 ze zbiorów Biblioteki Głównej ASP w Krakowie. Ausst. Kat. Bearb. I. KONOPKA. Krakau 1972, Pos. 90, Ill.

Krakau, Muzeum Narodowe, Inv. Nr. III-af.50

25.3.7 Werbeplakat für den Künstlerball in Krakau 1898 Farbabb. 52

Wojciech Weiss (1875–1950), 1898
Lithographie, handkoloriert, 172 × 62,3 cm

Im Jahre 1898 studierte Wojciech Weiss noch an der Akademie der Schönen Künste in Krakau, später wurde er dort Professor und Rektor. Er malte Bildnisse, Akte und Landschaften, beschäftigte sich aber auch mit angewandter Graphik. Das Plakat des Künstlerballs gehört zu den ersten

Kat.-Nr. 25.3.6

polnischen sezessionistischen Plakaten. Erhaltene Skizzen und Studien zeigen, wie sorgfältig der Künstler diese Arbeit vorbereitet hat.

Lit.: Grafika Wojciecha Weissa. Ausst. Kat. Nationalmuseum Krakau, Bearb. ZOFIA KUCIELSKA. Krakau 1975, S. 54.

Krakau, Muzeum Narodowe, Inv. Nr. III-af.51

25.3.8 Büste des Jacek Malczewski Abb.

Wacław Szymanowski (1859–1930), 1906
Gips, patiniert wie Bronzeabguß, H = 65 cm

Wacław Szymanowski besuchte die Ecole des Beaux-Arts in Paris. Er schuf Denkmäler, u. a. das Denkmal des Fryderyk Chopin in Warschau. Reife Skulpturen der symbolistisch-expressionistischen Richtung präsentierte er seit 1900. Der Bildniskopf des Malczewski, des führenden Malers des polnischen Symbolismus, stellt diesen in heiterem Nachdenken versunken dar, andersartig als sich der Künstler in zahlreichen Selbstporträts darzustellen suchte.

Lit.: Wacław Szymanowski 1859–1930. Ausst. Kat. Nationalmuseum Warschau. Bearb. H. KOTKOWSKA BAREJA. Warschau 1981, S. 17f, Pos. 21, S. 61, Abb.

Krakau, Muzeum Narodowe, Inv. Nr. 157.941

Kat.-Nr. 25.3.8

25.3.9 Kopf des Tadeusz Żuk-Skarszewski Abb.

Konstanty Laszczka (1865–1956), um 1906
Terrakotte, H = 38 cm

Konstantyn Laszczka, seit 1897 Professor an der Akademie der Schönen Künste in Krakau, Mitglied der polnischen Künstlergesellschaft „Sztuka" und der Wiener Secession, war u. a. auch der Schöpfer lebensvoller Masken und Bildnisbüsten. Zu seinen besten Werken dieser Art gehört der Kopf des Tadeusz Żuk-Skarszewski, Romanschriftsteller und Publizist. Wirklichkeitssinn verbindet sich hier mit Tendenzen der Sezession und des Symbolismus.

Lit.: WŁADYSŁAW J. DOBROWOLSKI – MARIA FREDRO-BONIECKA, Konstanty Laszczka. Warschau 1957, S. 37, Pos. 152 – JADWIGA PUCIATA-PAWŁOWSKA, Konstanty Laszczka. Siedlce 1980, S. 29.

Krakau, Muzeum Narodowe, Inv. Nr. 151.848

25.3.10 Vita somnium breve

Entwurf, Karton: Józef Mehoffer, 1904
Ausführung: Krakauer Glasmalereianstalt
Wladysław Ekielski und Antoni Tuch, 1904
Glasgemälde, 153 × 143 cm

Die Komposition „Vita somnium breve" erhielt 1906 den Zweiten Preis beim Wettbewerb für ein Exlibris, das für das Nationalmuseum Krakau bestimmt sein sollte. Der Künstler wiederholte 1904 die Komposition in einem Karton für ein Glasgemälde, das 1904 die Silbermedaille auf der Ausstellung in St. Louis, USA, gewann. Die Frauengestalten verkörpern Skulptur, Dichtkunst und Malerei, unter ihren Füßen liegt das tote Mädchen, über der Szene schwebt ein geflügelter Genius, der ein Band mit dem Titel und der Signatur des Künstlers hält.

Lit.: Architekt. Heft 4 (Krakau 1902), S. 48, Heft 5, S. 54 und Heft 12 (Krakau 1905) Tafel 65 – Józef Mehoffer. Ausst. Kat. Nationalmuseum Krakau. Krakau 1964, S. 41, 121, Pos. 152 (mit Literatur), betr. Kopie von 1906.

Krakau, Privatbesitz

25.4 Südlawische Länder

25.4.1 Roter Schirm Abb.

Matej Sternen, 1904
Öl auf Leinwand, 125,5 × 85 cm

Die bis zu den Knien sichtbare Frau steht am Rand des Bildes und beherrscht farblich und kompositionsmäßig die Fläche. Dicht aufgetragene grüne Farbe in reichen Nuancen verdichtet den Hintergrund zu einer fast interieurmäßigen Geschlossenheit, in der die Figur mit der leuchtenden Fläche

Kat.-Nr. 25.3.9

des roten Schirmes und Reflexen seines Schimmers auf dem Gesicht sowie mit der weißen Fläche des Kleides dominiert. Die Darstellung der Gattin des Malers mit einem Sonnenschirm im Garten ist eine weitere Variante des Motivs, das von August Renoir (1867), Ilja Repin (1867), Eduard Manet (1881), Lovis Corinth (1902), Leo Putz (1902, 1904) bereits gestaltet wurde.

Ljubljana, Narodna Galerija, Inv. Nr. 2013 A. C.

25.4.2 Laxenburg

Matija Jama, 1909
Öl auf Leinwand, 66 × 87 cm

„Waldweg in Laxenburg" ist eine von drei Varianten desselben Motivs, die Jama im Einklang mit seiner neoimpressionistischen Suche und teilweise unter dem Eindruck von

Kat.-Nr. 25.4.1

Klimts Landschaftsmalerei gemalt hat. Charakteristisch ist dabei die strenge Konstruktion des Motivs, das parallele Auflegen breiter Pinselstriche mit ungemischten Primärfarben (breiter Pointillismus), vor allem jedoch das blau-grüne Sezessionskolorit.
Eingefangen wurde der Blick auf den Bach in Laxenburg mit Bäumen an den Ufern, die mit ihrem Baldachin der Baumkronen eine stimmungsmäßige, farbliche und kompositorische Einheit bilden.

Ljubljana, Narodna Galerija A. C.

25.4.3 Birken im Herbst Abb.

Rihard Jakopic
Öl auf Leinwand, 95 × 54,5 cm

Unter den Motivzyklen von Jakopič stellen Bäume eine der größten Gruppen dar, unter den Bäumen wiederum Birken und Pappeln. Die Landschaftsmalerei von Jakopič sog Erfahrungen französischer Maler, die während seines Studiums in München in der Sezession ausstellten (Sisley, Monet), der Landschaftsmaler der Dachauer Schule und der russischen Malerei (Isaak Levitan) in sich auf.
„Birken im Herbst" (mit dem originalen Rahmen) gehört zu der symbolistisch persönlichsten Variation des Themas. Reine Landschaft ohne figurale Staffage, die fast aquarell-transparent aufgetragenen herbstlich gestimmten Töne drücken subtile Impression aus.

Ljubljana, Narodna Galerija, Inv. Nr. S 1670 A. C.

Kat.-Nr. 25.4.3

Kat.-Nr. 25.4.4

25.4.4 Die Lärche Abb.

Ivan Grohar, 1904
Öl auf Leinwand, 110 × 98 cm

Das Bild entstand nach Grohars Rückkehr aus Wien im August 1904 mit Erfahrungen, die der Maler aus Treffen mit Segantinis Kunst (in Originalen und Reproduktionen) und auf Ausstellungen in der Secession schöpfte. Die Wiener Kritik reihte Grohar als Divisionisten ein, er zählte sich selbst zu den Sezessionisten.
In der monumental entworfenen quadratischen Abbildung aus der heimischen Hochgebirgswelt sonderte er das Erzählerische aus und beschränkte sich auf einen anscheinend kargen Landschaftsausschnitt mit einem dominanten Lärchenstamm im Vordergrund. Die wellige Landschaft der Weiden kontrastiert im bewegten Relief des Hintergrundes mit der Frontalität und dem Vertikalismus des Baumes.

Ljubljana, Narodna Galerija A. C.

25.4.5 Altes Lied Abb.

Gvidon Birolla, um 1909
Gouache, 38 × 40 cm

Kat.-Nr. 25.4.5

Gvidon Birolla, Mitglied des im Jahre 1903 in Wien gegründeten Vereines Vesna, drückte auch im Bild „Altes Lied" (Stara pesem) das „Heimatprogramm" der Vereinigung junger Maler aus. Das nostalgische Motiv von Sängern mit einem Harfinisten unter der Birke in idyllischer Landschaft verband er mit bläulichem Schleier zu einer musikalisch empfundenen lyrischen Einheit, in der die weichen Linien im Profil der aufgestellten Figuren und der unruhigen Strichmodellierung der Einzelheiten versinken.

Das Bild ist eine Variante des Motivs „Lied" (Pesem) aus dem Jahr 1909.

Ljubljana, Narodna Galerija, Inv. Nr. 1777 A. C.

25.4.6 Entwurf der Titelseite zu „Gospa Judit" Abb.

Hinko Smrekar, 1904
Tusch auf Papier, 35,3 × 23,8 cm

Hinko Smrekar, Mitglied im Verein Vesna, war häufiger Gestalter von Büchern eines der führenden Literaten der slowenischen Moderne, Ivan Cankar, die beim Verlag L. Schwentner in Ljubljana erschienen sind. Das Buch Gospa Judit ist im Jahre 1903 erschienen. Tiermotive, die Miniaturfigur einer Frau, die Fontänen und reine Dekorationselemente bilden auf der Titelseite eine flächenmäßig rein dekorative Sezessionseinheit.

Ljubljana, Narodna Galerija, Inv. Nr. G 281 A. C.

Kat.-Nr. 25.4.6

25.4.7 Entwurf der Titelseite zu „Soneti" Abb.

Maksim Gaspari
Federzeichnung, Tusche, Gouache, 38 × 25,7 cm

Mitglieder des Vereines Vesna, einer von ihnen war auch Maksim Gaspari, sind Pioniere gestalterischer Aufgaben in Slowenien, unter anderem in der Ausstattung von Büchern und bei Illustrationen. Der Entwurf für Dragotin Kette's Buch: Poezije, aus dem Jahre 1907 ist wie alle Frühausstattungen von Gaspari in einer Sezessionsstimmung verfaßt. Die Figur einer Frau mit umschatteten Augen, Haarfluten und einem Palmenblatt schließt den rechten Blattrand ab, der fächerartige Flügel füllt geometrisch streng den linken oberen Teil, das Landschaftselement wird auf eine Szene mit Dichter und Tod mit Sense und Sanduhr reduziert. Sezessionsikonographie und formale Elemente haben sich zu einer wirksamen Einheit zusammengeschlossen.

Ljubljana, Narodna Galerija, Inv. Nr. G 1118 A. C.

25.4.8 Mutter mit Kind

J. Račić, 1908
Öl auf Leinwand, 90,2 × 68,4 cm

Zagreb, Moderna Galerija

25.4.9 Mädchen mit blauen Strümpfen

M. Kraljević, 1911
Öl auf Leinwand, 96 × 80 cm

Zagreb, Moderna Galerija

Kat.-Nr. 25.4.7

Kat.-Nr. 25.5.2

25.4.10 **Die Witwe I**

Ivan Mestrović, 1908
Bronze, H = 78 cm

Belgrad, Narodni Muzej

25.5 Triest

25.5.1 Grotte von San Canziano

Carlo Wostry (1865–1943), 1904
Zwei Radierungen, 45,5 × 41,1 bzw. 48,9 × 27,3 cm

Die beiden Radierungen gehören zu einem Graphikzyklus mit dem Titel „Grotte von San Canziano". Carlo Wostry studierte an der Akademie in Wien und anschließend in München Malerei, Graphik und Bühnenbild. In der Graphikserie interpretiert der Künstler in phantastischer Weise die landschaftliche Umgebung der Grotte von Carso im Sinne des Ursprunges der Menschheitsgeschichte.

Lit.: T. MILLOSSOVICH BARBO, Il pittore triestino Carlo Wostry. In: Arte in Friuli, arte a Trieste, Heft 2, S. 131–137.

Triest, Civico Museo Revoltella – Galleria d'Arte Moderna, Inv. Nr. 159, 160 — Laura Safred

25.5.2 Hafen von Triest III — Abb.

Rudolf Kalvach (1883–1932), vor 1910
Holzschnitt auf Pergament, koloriert, 45 × 34 cm

Rudolf Kalvach führte seine künstlerischen Aktivitäten in Wien und Triest durch. Im Jahr 1910 beendete er seine Studien an der Kunstgewerbeschule in Wien, während er bereits für die Wiener Werkstätte tätig war. Der „Hafen von Triest" gehörte zu einer Serie von Graphiken zu dem Thema Arbeit im Hafen. Er wurde auch in der Zeitschrift „The Studio" 1910 publiziert. Während seines Aufenthaltes in Triest führte Kalvach für Lloyd Austria graphische Arbeiten aus.

Lit.: H. EGGER, Expressive und dekorative Graphik in Wien zwischen 1905 und 1925. Rudolf Kalvach und Hedwig Mailler. Ausst. Kat. Wien 1979.

Privatbesitz — Laura Safred

25.5.3 Der Fechter

Alfonso Canciani (1863–1955), um 1910
Bronze

Alfonso Canciani besuchte die Akademie der bildenden Künste in Wien und studierte bei Hellmer, Kunstmann und Zumbusch. Er gewann den Rompreis und den Künstlerpreis und zählte zu den ersten Mitgliedern der Secession. Er fertigte Statuen, Porträts und Projekte für Denkmäler an, darunter auch solche von Kaiser Franz Joseph und Kaiserin Elisabeth, welches er in Gföhl realisierte.
Die Plastik „Der Fechter" zählt zu den Arbeiten der Zeit um 1910, in der sich der Künstler bereits von der Formenwelt der Secession zu lösen versucht und zu experimentieren beginnt (einfache kubische Formen mit großem Spannungsverhältnis).

Lit.: H. KITZMÜLLER – R. DANOVA, A. Canciani a Vienna. Udine 1984, S. 49, 96.

Privatbesitz — Laura Safred

25.5.4 Arbeiter des Eisens und des Feuers

Alfonso Canciani (1863–1955), 1918
Bronze, H = 39 cm

Die beiden Bronzeplastiken gehören zu einem Werk mit dem Titel „Die Quelle der Kraft", das aus vier Skulpturen bestand und für das Grabmal der Familie Böhler bestimmt war. Der Bildhauer fertigte vier Arbeiten des Eisens und des Feuers an; in ihnen verwirklichte er die Idee eines neuen Klassizismus, erfüllt von der Anerkennung für die körperliche Arbeit des Menschen.

Lit.: H. KITZMÜLLER – R. DANOVA, Alfonso Canciani a Vienna. Udine 1984, S. 49, 94–95.

Privatbesitz

Laura Safred

26. KÜNSTLERVEREINIGUNGEN IN WIEN

26.1 Das Künstlerhaus

26.1.1 Dorfplatz — Abb.

Robert Ruß (1847–1922)
Öl auf Leinwand, 55 × 70 cm

Er besuchte die Wiener Akademie unter Albert Zimmermann. Seine Mitschüler waren E. J. Schindler, E. Jettel und R. Ribarz. Sie malten in der freien Natur Landschaften voll Stimmung und Poesie („Stimmungsimpressionismus"). Ruß malte in den österreichischen Alpenländern und in Italien. Er war am großen Landschaftszyklus des Naturhistorischen Museums beteiligt. Die Landschaften von Ruß zeichnen sich durch eine flimmernde, unruhige Oberfläche voll Licht und Atmosphäre aus.

Lit.: M. HAJA, Emil Jakob Schindler und sein Kreis. In: Alte und Moderne Kunst, 24 (1979) Heft 163.

Wien, Firma Jenö Eisenberger — G. F.

26.1.2 Das Haus auf der Höhe — Abb.

Ferdinand Brunner (1870–1945), 1904
Öl auf Leinwand, 53 × 83 cm

Bevor er an die Akademie kam, arbeitete Brunner als Theatermaler. Nach verschiedenen Reisen wurde er 1901 Mitglied des „Künstlerhauses". Er empfing viele Medaillen und Preise, darunter 1906 den „Kaiser-Preis". Brunner schuf lyrische, stille Landschaftsbilder mit wenigen, klar geformten Motiven, wobei er die flachen oder hügeligen Gegenden des Wein- und Waldviertels bevorzugte. Er blieb seiner einmal gefundenen Malweise bis ins Alter treu.

Lit.: R. SCHMIDT, Österreichisches Künstlerlexikon – Ferdinand Brunner, Kat. d. Gedächtnisausstellung im Niederösterr. Landesmuseum. Wien 1970.

Wien, Österreichische Galerie, Inv. Nr. 655 — G. F.

26.1.3 Burgenländische Landschaft — Farbabb. 58

Ferdinand Brunner (1870–1945), 1903
Öl auf Leinwand, 73 × 106,5 cm

Wien, Kunst- und Antiquitätenhandlung Herbert Asenbaum

26.1.4 Weihburggasse — Farbabb. 56

Ernst Graner (1865–1943), 1910
Aquarell, 74 × 60 cm

Nach dem Studium an der Akademie stellte er seit 1890 regelmäßig im „Künstlerhaus" aus. Zunächst schuf er Landschaften, später hauptsächlich Veduten und Straßenszenen aus Wien. 1910 wurde er Mitglied des Künstlerhauses. Seine Aquarelle sind nicht nur in künstlerischer, sondern vor allem auch in topographischer Hinsicht bedeutsam, da er viele Gegenden Wiens verewigte, die heute ihr Gesicht verändert haben.

Lit.: Der getreue Eckart, Wien, 2/II, p. 133 ff., Abbn.

Wien, Firma Jenö Eisenberger — G. F.

26.1.5 Nordfranzösische Landschaft — Abb.

Rudolf Ribarz (1848–1904), 1899
Öl auf Leinwand, 55 × 80 cm

Ribarz war Mitschüler Schindlers an der Akademie, verließ Wien 1875 und lebte bis 1892 in Paris. Er setzte sich mit den Malern der Schule von Barbizon und mit der Schule von Den Haag auseinander. Häufige Reisen nach Nordfrankreich und Holland beeinflußten seine Landschaftsmalerei. Klare Kompositionslinien und eine stille Poesie zeichnen seine Bilder aus, die im Spätwerk eine helle, pastellige Farbigkeit annehmen. Wieder in Wien, wurde er Professor für Blumenmalerei an der Kunstgewerbeschule.

Lit.: Rudolf Ribarz. Ein Maler des österreichischen Stimmungsimpressionismus. Ausst. Kat. Österreichische Galerie Wien 1978 (M. HAJA).

Wien, Firma Jenö Eisenberger — G. F.

Kat.-Nr. 26.1.1

Kat.-Nr. 26.1.2

26.1.6 Blick auf die Gloriette in Schönbrunn Farbabb. 57

Carl Kaiser-Herbst (1858–1940), 1909
Öl auf Karton, 37 × 45,6 cm

Nach dem Studium an den Akademien in Wien und München unternahm er zwischen 1890 und 1894 Reisen durch die Alpen, nach Dalmatien, Korfu und England. Seit 1892 beschickte er Ausstellungen in Paris, London und Glasgow. Von 1905 bis 1909 hielt er sich in England auf, danach ließ er sich in Wien nieder. Er wurde Mitglied des „Künstlerhauses" und widmete sich in erster Linie der Landschaftsmalerei.

Lit.: Archiv der Österreichischen Galerie.

Wien, Antiquitätenhandlung Erich Tromayer G. F.

26.1.7 Bauernbub in einer Wiese Farbabb. 59

Adolf Kaufmann (1848–1916)
Öl auf Leinwand, 72 × 98 cm

Zunächst arbeitete Kaufmann als Autodidakt, seit 1870 bildete er sich in Paris weiter. Er unternahm in Europa und im Orient viele Reisen, ließ sich 1890 in Wien nieder, wurde Mitglied des Künstlerhauses und gründete eine Malschule für Frauen. Er war Landschaftsmaler, schuf aber auch Seestücke, so z. B. „Einfahrt in den Hafen von Konstanti-

Kat.-Nr. 26.1.5

Kat.-Nr. 26.1.8

nopel" im Auftrag des Sultans. Seine Malerei war den Vorimpressionisten von Barbizon verpflichtet.

Lit.: Archiv der Österreichischen Galerie.

Wien, Kunsthandlung Wolfgang Siedler G. F.

26.1.8 Aus Stein an der Donau Abb.

Johann Nepomuk Geller (1860–1954)
Öl auf Karton, 33,5 × 50,5 cm

Er war Schüler E. Peithners v. Lichtenfels, der eine ganze Generation von Landschaftsmalern herangebildet hatte. 1894 wurde Geller Mitglied des „Künstlerhauses". Nachdem er sich einige Jahre in Nürnberg aufgehalten hatte, spezialisierte er sich auf Motive aus der Wachau und auf Marktszenen in verschiedenen Städten der Monarchie. Damit entsprach er einer Mode zur Darstellung volkstümlicher Motive um 1900. Viele Jahre arbeitete er in Weißenkirchen. 1904 erhielt er den „Kaiserpreis".

Lit.: Persönliche Erinnerungen an Prof. Geller. In: Das Waldviertel 3/4 (1955) – E. SCHÖNER, Johann Nepomuk Geller – ein Maler der Wachau. In: Aus der Heimat 6 (1967), S. 5 ff.

Wien, Österreichische Galerie, Inv. Nr. 5323 G. F.

26.1.9 Die Donau bei Greifenstein Farbabb. 54

Stefan Simony (1860–1950), 1900
Gouache, 59,4 × 74 cm

Seit 1903 stellte er im „Künstlerhaus", dessen Mitglied er war, ständig aus. Er malte Bildnisse, Tier- und Genrestücke. Seine Motive fand er vorzugsweise in der Wachau, in Italien (Capri), und im Schönbrunner Tiergarten.

Lit.: Der getreue Eckart, 3/II (1925/26), Taf. bei p. 596, 9 p. 599 ff; 5/II (1927/28) Taf. bei p. 661, p. 693 ff Abbn.

Wien, Kunsthandlung Erich Weninger G. F.

26.1.10 Der Steuereintreiber Farbabb. 55

Eduard Veith (1856–1925)
Öl auf Leinwand, 64 × 80 cm

Unter dem Eindruck Makarts entwickelte sich Veith zu einem produktiven und begehrten Monumentalmaler. So schuf er etwa die Ausstattung mehrerer großer Theater in Prag und Wien sowie große historische Szenen für die neue Hofburg in Wien. Seit 1890 war Veith Mitglied des „Künstlerhauses", wo er viele Jahre hindurch regelmäßig ausstellte. Neben historischen und allegorischen Darstellungen (um 1900 mit einem symbolistischen Unterton) schuf er auch Landschaften, Porträts und religiöse Szenen.

Lit.: H. FUCHS, Die österreichischen Maler des 19. Jahrhunderts, 4. Bd. – Kat. der Gedächtnis-Ausstellung im „Künstlerhaus", Dez. 1925.

Wien, Galerie Helfenstein G. F.

26.1.11 Elsa Abb.

Emanuel Pendl (1845–1926), 1903
Porträtmedaillon, Bronze, Dm = 40 cm

Zunächst studierte er in Venedig Malerei, dann in Wien bei C. Zumbusch Bildhauerei. Er schuf eine Reihe von Monumentalplastiken für Wiener öffentliche Gebäude wie den Justizpalast, das Rathaus, die Neue Hofburg, die Universität. Es gibt von seiner Hand aber auch Kleinplastiken und Entwürfe für Denkmäler.

Lit.: M. PÖTZL-MALIKOVA, Die Plastik der Ringstraße. Künstlerische Entwicklung 1890–1918 (Die Wiener Ringstraße, Bild einer Epoche Bd. IX) Wiesbaden 1976.

Privätbesitz G. F.

Kat.-Nr. 26.1.11

26.1.12 Weibliche Figur Abb.

Emanuel Pendl (1845–1926)
Marmor, H = 40 cm

Privatbesitz

Lit.: M. PÖTZL-MALIKOVA, Die Plastik der Ringstraße. Künstlerische Entwicklung 1890–1918 (Die Wiener Ringstraße – Bild einer Epoche Bd. IX) Wiesbaden 1976.

Wien, Österreichische Galerie, Inv. Nr. 893 G. F.

26.1.13 Büste Louis Jacques Mandes Daguerre Abb.

Arthur Kaan (1867–1940)
Bronze, H = 49 cm

Nach dem Besuch der Wiener Akademie unter Hellmer und Kundmann wurde er 1896 Mitglied des „Künstlerhauses". Er fand in Wien viele monumentale Aufgaben, sowohl für Sakralbauten (Zentralfriedhof) als auch für öffentliche Gebäude: „Achilles und Penthesileia" (Rathaus), Denkmal Kaiser Franz Josephs im Badener Kurpark, Büste H. v. Ferstels (1903) vor der technischen Universität.

26.1.14 Modell für den Mozartbrunnen in Wien

Carl Wollek (1862–1936), vor 1905
Bronze, Sockel Marmor, H = 84 cm

Nach dem Besuch der Wiener Kunstgewerbeschule und der Akademie in München arbeitete Wollek an der Gestaltung des Berliner Reichstagsgebäudes mit. Als Stipendiat hielt er sich danach in Italien und Frankreich auf. In Brünn schuf er seine ersten selbständigen monumentalen Figuren. 1898 wurde er Mitglied des „Künstlerhauses", 1905 schuf er den Mozartbrunnen in Wien IV. Es folgten weitere Monumen-

Kat.-Nr. 26.1.12

talfiguren, Porträtbüsten und Entwürfe für Brunnen und Denkmäler.

Lit.: THIEME-BECKER, Bd. 36, 1947, mit Lit.

Wien, Historisches Museum der Stadt Wien, Inv. Nr. 78.951 G. F.

26.2 Die Secession

26.2.1 Buchenwald

Gustav Klimt (1862–1918), um 1902
Öl auf Leinwand, 100 × 100 cm

Klimt studierte von 1876 bis 1883 an der Wiener Kunstgewerbeschule. Mit seinem Bruder Ernst und mit Franz Matsch unterhielt er bis 1892 eine „Maler-Companie“, die darauf spezialisiert war, vor allem Theater mit Malerei auszugestalten. Mit diesen Arbeiten erwarb er sich den Ruf, der wahre Nachfolger Hans Makarts zu sein. Er wurde 1897 einer der Begründer der „Secession“ und war bis 1899 deren erster Präsident. Klimt war die bedeutendste Künstlerpersönlichkeit der „Secession“; bis 1905, als er mit einigen anderen Kollegen austrat, drückte er der Vereinigung seinen Stempel auf.

Seit 1897 verbrachte er die Sommermonate am Attersee, wo die meisten seiner Landschaftsbilder vor der Natur entstanden. Dies gilt auch für die verschiedenen Versionen des „Buchenwaldes“, wovon die ausgestellte wahrscheinlich die erste ist. Nicht nur das quadratische Bildformat, das auch viele andere „Secessionisten“ verwendeten, wurde für ihn typisch, sondern auch der enge Landschaftsausschnitt mit

Kat.-Nr. 26.1.13

Kat.-Nr. 26.2.2

leichter Draufsicht. Dieses Bild ist mit dem 1903 in der „Secession“ gezeigten identisch.

Lit.: J. DOBAI, F. NOVOTNY, Gustav Klimt. Salzburg 1967 – J. DOBAI, Gustav Klimt. Die Landschaften. Salzburg 1981.

Dresden, Staatliche Kunstsammlungen, Gemäldegalerie neuer Meister G. F.

26.2.2 Brustbild einer Dame nach links Abb.

Gustav Klimt (1862–1918), 1897/98
Pastell, 65,5 × 42 cm

Weibliches Porträt, Brustbild, im Profil nach links, mit schwarzen Haaren und schwarzem Schal. Ein frühes Beispiel für die verfeinerte, ästhetisierende Bildniskunst Klimts.

Lit.: ALICE STROBL, Gustav Klimt. Die Zeichnungen. Bd. I, 1878–1903. Salzburg 1980. Kat. Nr. 404.

Privatbesitz P. W.

26.2.3 Männerakt Abb.

Maximilian Kurzweil (1867–1916)
Öl auf Leinwand, 100 × 70 cm

Nach dem Studium an der Wiener Akademie (ab 1886) arbeitete Kurzweil 1892 bis 1894 in Paris und in der Bretagne – vor allem in der Künstlerkolonie Concarneau. Seit 1895 lebte er teils dort (woher seine Frau stammte), teils in Wien. 1897 war er einer der Mitbegründer der „Secession“. Für Kurzweils Malerei war die Begegnung mit Frankreich ausschlaggebend. Die Farbigkeit seiner Bilder ist hell, zurückhaltend. Er war zumeist Landschaftsmaler, aber auch ein einfühlsamer Porträtist. Der „Secessions-Stil“ schlägt nur in seinen graphischen Blättern durch.

Lit.: F. NOVOTNY, H. ADOLPH, Maximilian Kurzweil. Ein Maler der Wiener Secession. Wien 1969.

Privatbesitz G. F.

26.2.4 Straße in Wien Abb.

Carl Müller (1862–1938), 1903
Aquarell über schwarze Kreide, 27,3 × 37,7 cm

Müller war Schüler der Wiener Akademie (Trenkwald, Peithner-Lichtenfels) und seit 1898 Mitglied der „Secession“. Er malte Landschaften, Straßenbilder und Interieurs, oft auch in Aquarell. Er war einer der weniger bekannten „Konservativen“ der Künstlervereinigung.

Lit.: Archiv der Österreichischen Galerie.

Wien, Historisches Museum der Stadt Wien, Inv. Nr. 27.643 G. F.

Kat.-Nr. 26.2.3

Kat.-Nr. 26.2.4

26.2.5 Beim Volkssänger

Josef Engelhart (1864–1941)
Öl auf Holz

Im Jahr 1888 stellte Engelhart, nachdem er in Wien und München studiert hatte, im Wiener „Künstlerhaus“ aus, und wurde auch dessen Mitglied. Er war viel auf Reisen, hielt sich u. a. längere Zeit in Paris auf. Er wurde einer der Hauptinitiatoren für den Auszug der Künstler aus dem „Künstlerhaus“ und die Gründung der „Secession“. 1899/1900 und 1910/11 war er Präsident der Vereinigung, die seiner Aktivität und seinem Engagement viel zu verdanken hatte. Gemessen an den fortschrittlichen Kräften in der „Secession“ war Engelharts Malerei konservativ, vom Jugendstil vollkommen unberührt. Er gestaltete vor allem Szenen und typische Figuren aus dem Wiener Volksleben. Seit 1903 war er auch als Bildhauer tätig.

Lit.: Josef Engelhart. Ein Wiener Maler erzählt. Mein Leben und meine Modelle. Wien 1943 – Ausst. Kat. Galerie Würthle, Wien 1964.

Wien, Historisches Museum der Stadt Wien,
Inv. Nr. 30.728 G. F.

26.2.6 Wiener Wäschermädel Abb.

Josef Engelhart (1864–1941), 1900
Öl auf Leinwand, 36 × 41 cm

Wien, Kunsthandlung Giese & Schweiger

26.2.7 Die Baßgeige Abb.

Ernst Stöhr (1860–1917), 1908
Öl auf Leinwand, 53 × 47 cm

Nach seinem Studium (Kunstgewerbeschule, Akademie) war er auch als Violinlehrer tätig. 1896 trat er dem „Künstlerhaus" bei, 1897 gehörte er zu den Gründungsmitgliedern der „Secession". Dort fanden 1903 und 1913 Ausstellungen seiner Werke statt. Stöhr trat als Maler, Graphiker, Musiker und Dichter hervor. Heft 12 des „Ver Sacrum" wurde seinen vielfältigen Talenten gewidmet. Die Landschaften, Szenen und Interieurs sind lyrisch, still, liegen oft im Dämmer- oder Mondlicht. Blau war seine bevorzugte Farbe.

Lit.: Kat. der Gedächtnis-Ausstellung in der Secession. 1918 – Ausst. Kat. St. Pölten 1962.

Wien, Österreichische Galerie, Inv. Nr. 4785 G. F.

26.2.8 Uferlandschaft

Anton Nowak (1865–1932), 1901
Öl auf Leinwand, 77 × 94 cm

Nowak war ein ausgesprochener Landschaftsmaler, der seine Ausbildung an der Akademie erhalten hatte, dessen Malerei jedoch wesentlich von Th. v. Hörmann geprägt wurde. Viele Jahre lang war er Leiter einer Malschule in Brünn, 1897 war er eines der Gründungsmitglieder der „Secession". 1908/09 Präsident dieser Vereinigung. Seine Malerei blieb vom Jugendstil völlig unberührt, war aber nichtsdestoweniger repräsentativ für den um 1900 in Wien vorherrschenden Landschaftsstil.

Lit.: Kat. der Gedächtnis-Ausstellung in der „Secession". 1939.

Privatbesitz G. F.

26.2.9 Interieur im Haus des Künstlers Farbabb. 60

Carl Moll (1861–1945), 1903
Öl auf Leinwand, 135 × 89 cm

Als treuer Gefolgsmann und Schüler E. J. Schindlers, lernte er dessen subjektive Einstellung zur Natur, zur Landschaft sehr genau kennen. Damit war er dazu ausersehen, die poetische Stimmungsmalerei des späten 19. Jahrhunderts in die Jahre um 1900 und danach weiterzutragen. 1897 war er einer der Mitbegründer der „Secession", 1900/01 deren Präsident. Molls organisatorisches Talent wirkte sich segensreich für die „Secession" aus: er brachte zahlreiche Ausstellungen ausländischer Künstler nach Wien. 1905 trat er gemeinsam mit Klimt aus der Vereinigung aus, wonach er sich u. a. der Förderung junger Künstler (unter ihnen O. Kokoschka) widmete. Das Bild zeigt einen Raum in der Villa

Kat.-Nr. 26.2.6

Molls auf der Hohen Warte in Wien, die Josef Hofmann entworfen hatte. Bei der Verwirklichung der Bildidee schwebten Moll Interieurs von Vermeer vor.

Lit.: Carl Moll. Salzburg 1985 (H. Dichant, A. Gmeiner, C. Prossinger).

Wien, Historisches Museum der Stadt Wien, Inv. Nr. 100.703 G. F.

26.2.10 Mein Atelier Farbabb. 63

Carl Moll (1861–1945)
Öl auf Leinwand, 95 × 95 cm

Um und nach 1900 wurde das Interieur ein von Moll häufig verwendetes Motiv, wobei er meist Räume und Durchblicke aus seinem eigenen Bereich darstellte. Auch im Landschaftsbild suchte er die Motive in der nahen Umgebung: Bilder von den Gärten und Parks in Heiligenstadt, von der Hohen Warte oder dem Nußberg überwiegen.

Wien, Sammlung Dichand G. F.

26.2.11 Damenporträt (Bild in Weiß und Schwarz) Farbabb. 62

Wilhelm List (1864–1918), 1904
Öl auf Leinwand, 135 × 119 cm

List studierte in Wien, München und Paris, 1896 wurde er Mitglied des Wiener „Künstlerhauses", 1899 der „Seces-

Kat.-Nr. 26.2.7

sion". Mit der „Klimt-Gruppe" trat er 1905 wieder aus. List trug wesentlich zur Gestaltung des „Ver Sacrum" bei. Das Werk dieses Malers und Graphikers ist viel zu wenig bekannt, obwohl er einer der profiliertesten Vertreter der secessionistischen Malerei ist. Er schuf vor allem Bildnisse – einzelne Figuren und Gruppen – aber auch Stilleben und wenige Bilder von deutlich symbolistischem Charakter.

Lit.: Wien um 1900. Kunst und Kultur. Wien 1985, p. 529 f.

Wien, Historisches Museum der Stadt Wien, Inv. Nr. 117.234 G. F.

26.2.12 Die Gratulantin Abb.

Franz Jaschke (1862–1910), 1905
Öl auf Leinwand, 150 × 92 cm

Nach dem Studium an der Akademie und der Kunstgewerbeschule wurde Jaschke 1901 Mitglied der „Secession". Seine Malerei entwickelte sich zur hellen Farbigkeit des Neo-Impressionismus bis hin zur pointillistischen Auflösung von Farbflächen. Die relativ starke Annäherung an französische Vorbilder ist für die Wiener Kunst jener Zeit eher ungewöhnlich. Er schuf einige Stadtlandschaften, war aber zu seiner Zeit als Porträtist von Kindern geschätzt. Das Mädchen auf dem ausgestellten Bild ist Anna, die Tochter des Künstlers.

Lit.: Kat. XXXVIII. Ausst. der „Secession" mit Gedenk-Ausstellung (Nr. 35–60), 1911.

Wien, Österreichische Galerie, Inv. Nr.6226 G. F.

26.2.13 Slovaken mit Krautwagen Farbabb. 64

Ferdinand Andri (1871–1956), 1902
Öl, 108 × 103 cm

Andri war zunächst bei einem Tiroler Holzschnitzer und Altarbauer in der Lehre; 1887 kam er an die Wiener Akademie. Danach besuchte er die Karlsruher Kunstschule. 1897 war er unter den Gründern der „Secession", deren Präsident er 1899/1900 und 1905/06 war. 1914–1918 war er als Kriegsmaler tätig, nach 1919 unterrichtete er an der Akademie. Andri war Graphiker, Maler und Bildhauer – sein Schaffen reicht von der Kinderbuch-Illustration über die Gestaltung der Zeitschrift „Ver Sacrum" und Ölbilder bis zu Raumdekorationen und Großplastiken (Hl. Michael am „Haus Zacherl" in Wien). In Andris Schaffen spielt das volkstümliche Element eine große Rolle, eine große Vorliebe entwickelte er für die Schilderung des bäuerlichen Lebens.

Lit.: Ausst. Kat. Ferdinand Andri (1871–1956). Maler, Bildhauer, Graphiker und Lehrer. Kulturamt der Stadt St. Pölten. 1971 (K. GUTKAS)

Wien, Historisches Museum der Stadt Wien, Inv. Nr. 45.630 G. F.

26.2.14 Weiblicher Torso

Anton Hanak (1875–1934), 1906
Marmor, H = 67 cm

Im Jahr 1889 kam Hanak nach Wien. Nach einer Lehre als Holzbildhauer und verschiedenen Beschäftigungen u. a. als Möbelschnitzer absolvierte er ab 1898 das Bildhauerstudium an der Wiener Akademie (Eduard Hellmer). 1904/05 weilte er als Stipendiat in Rom, von 1906 bis 1910 war er Mitglied der „Secession". 1913 erhielt Hanak eine Professur an der Kunstgewerbeschule, 1932 an der Akademie der bildenden Künste. Das zentrale Thema seiner Kunst ist die menschliche Figur: als Bauplastik und als frei stehendes expressives Kunstwerk ist sie zunehmend von Angst, Tod und Existenzkampf geprägt. Nur einzelne frühe Stücke strahlen selbstgenügsam ruhige Monumentalität aus.

Lit.: H. STEINER, Anton Hanak. München 1969.

Langenzersdorf, Anton Hanak-Museum G. F.

Kat.-Nr. 26.2.12

26.3 Hagenbund

26.3.1 Michaelerwald

Heinrich Tomec (1863–1928)
Öl auf Leinwand, 80 × 65 cm

Seine Ausbildung erhielt er in der Malerwerkstatt des tschechischen Nationaltheaters in Prag 1879–1884 und von 1887 bis 1892 studierte er an der Wiener Akademie. 1896 wurde er Mitglied des „Künstlerhauses", 1900 des „Hagenbundes".

Kat.-Nr. 26.3.2

Er schuf meist Landschaften von hellem, freundlichen Charakter in pastelligen Farbtönen aber auch Kircheninterieurs. 1910 erhielt er den „Kaiserpreis".

Lit.: Archiv der Österreichischen Galerie.

Privatbesitz G. F.

26.3.2 Oktober in Hallein Abb.

Hans Wilt (1867–1917)
Öl auf Leinwand (auf Holz aufgezogen),
41 × 49 cm

Der Lehrzeit bei einem Theatermaler und dem Studium an der Akademie folgte ein Aufenthalt in Rom (1893/94). Wilt war seit 1896 Mitglied des „Künstlerhauses", von 1900 bis 1905 gehörte er dem „Hagenbund" an. Landschaften im Dämmer- oder im Mondlicht waren seine Spezialität, ebenso wie die Verfärbungen des Herbstes oder die Zwischentöne des Vorfrühlings. Durch die trockene Malweise und eine strichlierende Pinseltechnik haben Wilts Ölbilder oft geradezu graphischen Charakter. Motive aus der Wachau und aus Italien – oft mit dominierenden Wasserflächen – sind in seinem Oeuvre häufig.

Lit.: Kat. der Gedächtnis-Ausstellung im Wiener Künstlerhaus, 1917 (Nr. 162–221).

Wien, Österreichische Galerie, Inv. Nr. 548 G. F.

26.3.3 Bewegtes Wasser Abb.

Josef Beyer (1861–1933), 1902
Öl auf Leinwand, 38 × 44 cm

Kat.-Nr. 26.3.3

Beyer studierte zwischen 1882 und 1891 an der Wiener Akademie (Eisenmenger) und widmete sich darauf der Lehrtätigkeit in einem Gymnasium. Von 1902 bis 1930 war er Mitglied des „Hagenbundes", dessen Ausstellungen er laufend beschickte. Er war Porträtist, hauptsächlich jedoch Landschaftsmaler (Öl, Aquarell und Pastell). In der Aula der Wiener Hochschule für Welthandel befindet sich ein großes Wandbild von seiner Hand: Der Hamburger Hafen.

Lit.: R. SCHMIDT, Österreichisches Künstlerlexikon, 2. Lief. Wien 1976.

Privatbesitz G. F.

26.3.4 Die Römische Ruine in Schönbrunn

Farbabb. 65

Hans Ranzoni d. Ä. (1868–1956), 1912
Öl auf Leinwand, 71 × 61 cm

Ranzoni erhielt seine Ausbildung in Wien und München. Von 1900 bis 1905 war er Mitglied des „Hagenbundes", davor und danach des „Künstlerhauses". Seit 1895 stellte er aus, bis 1918 („Kaiser-Preis") erhielt er mehrere Preise und Medaillen. 1903 hob man seinen „großen, ernsten Landschaftsstil" hervor, der sich von der Stimmungsmalerei anderer Landschaftsmaler des „Hagenbundes" unterschied.

Kat.-Nr. 26.3.5

Lit.: Ausst. Kataloge des „Künstlerhauses“ seit 1895 und des „Hagenbundes“ 1900–1905, z. T. mit Abbn. – Archiv der Österreichischen Galerie.

Linz, Kunsthandlung Margarete Widder G. F.

26.3.5 Motiv aus der Lagune von Venedig Abb.

Alfred Zoff (1852–1927)
Öl auf Leinwand, 63 × 95,5 cm

Er studiert zunächst in seiner Heimatstadt Graz Medizin, ging jedoch bald an die Wiener Akademie und hierauf nach Karlsruhe. Er unternahm Reisen nach Holland und Italien und war in München, Wien und Krems tätig. Seit 1883 war er Mitglied des „Künstlerhauses“, seit 1900 des „Hagenbundes“. 1907 wurde Zoff Professor an der Landeskunstschule in Graz. Seine bevorzugten Motive waren Meeres- und Küstenlandschaften aus Holland und der italienischen Riviera.

Lit.: H. FUCHS, Die Österreichischen Maler im 19. Jahrhundert, Bd. 4, S–Z. Wien 1974.

Wien, Kunsthandlung Giese & Schweiger G. F.

26.3.6 Landschaft mit Teich Farbabb. 66

Eduard Kasparides (1858–1926), 1902
Öl auf Leinwand, 99 × 85 cm

Seit 1873 studierte Kasparides an der Wiener Akademie (Griepenkerl, Trenkwald), 1885 hielt er sich in München auf und seit 1886 lebte er in Wien. 1894 wurde er Mitglied des „Künstlerhauses“, zwischen 1900 und 1905 gehörte er dem „Hagenbund“ an. Zunächst malte er Genrebilder und religiöse Szenen, seit etwa 1890 spezialisierte er sich auf Stimmungslandschaften, wofür die ausgestellte ein sehr schönes Beispiel ist. Kasparides unternahm viele Studienreisen, u. a.

Kat.-Nr. 26.3.7

nach Italien, Schweden und Rußland; an der Nord- und Ostsee schuf er zahlreiche Meeresbilder.

Lit.: Archiv der Österreichischen Galerie.

Wien, Ellen und Peter Landesmann G. F.

26.3.7 Baden bei Wien Abb.

Ludwig Ferdinand Graf (1868–1932)
Öl auf Leinwand, 60 × 85 cm

Graf studierte in Wien und Paris und unternahm viele Reisen, u. a. nach England, Holland und Italien. Seit 1902 war er Mitglied des „Hagenbundes". Seine Malerei zeichnete sich durch eine in Wien damals unübliche starke Farbigkeit aus, die deutlich vom Spätimpressionismus beeinflußt war. Auch viele von ihm gewählte Sujets erscheinen ungewöhnlich – einerseits durch die Farbigkeit, andererseits durch die sehr subjektive Sehweise.

Lit.: Ausst. Kat. „Der Hagenbund", Historisches Museum der Stadt Wien 1975 – Archiv der Österreichischen Galerie

Privatbesitz G. F.

26.3.8 Landschaft in der Bretagne Abb.

Rudolf Konopa (1864–1936)
Öl auf Leinwand, 64 × 100 cm

Seit 1881 studierte er an der Wiener Akademie unter Trenkwald und dem Tier- und Landschaftsmaler C. R. Huber. 1894 erhielt er ein Reisestipendium für Italien, England und Frankreich. In Paris schloß er Freundschaft mit dem schon seit Jahren dort lebenden E. Jettel, in Fiesole lernte er A. Böcklin kennen. 1890 stellte Konopa zum ersten Mal aus, im selben Jahr wurde er Mitglied des „Künstlerhauses", 1900 war er einer der Mitbegründer des „Hagenbundes". Die Themen seiner Bilder sind sehr vielfältig, sie reichen vom Porträt über das Stilleben bis zum Tierbild. Tendenzen des Impressionismus, den er in Paris kennengelernt haben muß, sind nur am Rande spürbar. Die Tradition der Wiener Stimmungsmalerei spielte eine ungleich größere Rolle.

Lit.: Kataloge der Hagenbund-Ausstellungen.

Wien, Kunsthandlung Giese & Schweiger

G. F.

Kat.-Nr. 26.3.8

26.3.9 Der Biegelhof bei Loiben

Max Suppantschitsch (1865–1953), 1906
Öl auf Leinwand, 60 × 49 cm

Von 1884 bis 1891 war er Schüler der Wiener Akademie unter E. Peithner v. Lichtenfels. Von 1900 bis 1905 war er Mitglied des „Hagenbundes". Unter den vielen von ihm errungenen Preisen und Medaillen befand sich 1908 die „Goldene Staatsmedaille". Er unternahm viele Studienreisen (Holland, Oberitalien, Deutschland), vor allem aber beschäftigte er sich mit der Landschaft in der Umgebung von Wien und in der Wachau. Seine Malweise ist vom Stimmungsimpressionismus Emil Jakob Schindlers abzuleiten. Viele seiner Bilder sind nicht nur als Kunstwerke sondern auch als topographische Dokumente von Wert. Er lebte viele Jahre in Dürnstein, dessen Ehrenbürger er 1953 wurde.

Lit.: H. CLOETER, Max Suppantschitsch. In: Der getreue Eckart, Jg. 2 (1925) p. 517 ff. – Kat. Wachaumuseum Weissenkirchen (Katalog des Niederösterreichischen Landesmuseums, N. F. Nr. 107, Wien 1981), S. 23 ff.

Privatbesitz G. F.

26.3.10 Winter Abb.

Eduard Ameseder (1856–1938), vor 1909
Öl auf Leinwand, 72,5 × 93 cm

Ameseder studierte an den Akademien von Wien, Karlsruhe und München – unterbrochen durch eine zweijährige Militärzeit. 1893 wurde er Mitglied des „Künstlerhauses", von 1900 bis 1905 gehörte er dem „Hagenbund" an. Er unternahm wie die meisten seiner Malerkollegen viele Studienrei-

Kat.-Nr. 26.3.10

sen ins Ausland, wobei er immer die Nähe des Meeres suchte (Italien, Nord- und Ostsee). Ameseder war Landschaftsmaler, der vor allem die Wiedergabe flimmernder und in vielen Farben spielender Wasseroberflächen liebte.

Lit.: R. SCHMIDT, Österreichisches Künstlerlexikon, A–D. Wien 1974–79.

Wien, Österreichische Galerie, Inv. Nr. 1042 G. F.

26.3.11 Hochwasser Abb.

Eduard Ameseder (1856–1938), 1902
Öl auf Leinwand, 34 × 42 cm

Privatbesitz

26.3.12 Burgruine am Strom Farbabb. 68

Emilie Mediz-Pelikan (1861–1908), 1900
Öl auf Papier, 30 × 50 cm

Emilie Pelikan war Schülerin des Landschaftsmalers Albert Zimmermann an der Wiener und danach an der Münchener Akademie. Bis zu dessen Tod, 1888, blieb sie bei ihm. Sie unternahm eine Reise nach Paris und hielt sich öfter in der Künstlerkolonie Dachau auf. 1890 stellte sie zum ersten Mal in München aus. 1891 heiratete sie den jüngeren Karl Mediz.

Lit.: Ausst. Kat. Emilie Mediz-Pelikan, Karl Mediz. Hochschule für angewandte Kunst, Wien – Oberösterreichisches Landesmuseum Linz 1986 – E. TROMAYER, Emilie Mediz-Pelikan. Bilder, Gedanken, Briefe. Wien 1986.

Linz, Kunsthandlung Margarete Widder G. F.

26.3.13 Die Geigerin (Blau-Blumen) Farbabb. 67

Karl Mediz (1868–1945), 1893
Öl auf Leinwand, 110 × 150 cm

Mediz studierte in Wien, München und Paris, er hielt sich viel in den Künstlerkolonien Dachau (Bayern) und Knokke

Kat.-Nr. 26.3.11

(Belgien) auf. 1891 heiratete er Emilie Pelikan. Danach lebten beide in Wien unter recht mißlichen Umständen und ohne Anerkennung. Um 1900 fanden beide zu einem eigentümlich dekorativen Landschaftsstil, der bei Publikum und Kritik gute Aufnahme fand. Mittlerweile lebten sie in Dresden und beschickten verschiedene internationale Ausstellungen. 1902 veranstaltete der „Hagenbund" eine große Ausstellung des Maler-Ehepaares. Karl Mediz wurde Mitglied. Nach dem plötzlichen Tod seiner Frau malte er kaum mehr.

Lit.: Ausst. Kat. Emilie Mediz-Pelikan, Karl Mediz. Hochschule für angewandte Kunst, Wien – Oberösterreichisches Landesmuseum Linz 1986.

Linz, Kunsthandlung Margarete Widder G. F.

26.3.14 Laube im Sonnenlicht Abb.

Olga Wisinger-Florian (1844–1926), um 1900
Öl auf Leinwand, 48 × 67 cm

Wisinger-Florian war eine erfolgreiche Pianistin, bevor sie Schülerin des Landschaftsmalers August Schaeffer von Wienwald wurde. Auch als Malerin wurde sie über Österreich hinaus bekannt und erfolgreich. Sie war Präsidentin des Vereins Österreichischer Schriftstellerinnen und Künstlerinnen und ihr Wiener Atelier wurde zu einem Treffpunkt des gesellschaftlichen und künstlerischen Lebens. Zunächst von E. J. Schindlers Stimmungsmalerei abhängig (sie war eine seiner treuesten Schülerinnen), gewann sie eine immer kräftigere Farbigkeit. Die bevorzugten Motive waren Parks, Alleen und Blumen in ihrer natürlichen Umgebung. Ihrer Vorliebe für verfärbtes Laub wegen erhielt sie den Beinamen „Meisterin des Herbstes". Im Jahr 1914 erblindete die Malerin, die ihre letzten Lebensjahre in Grafenegg zubrachte.

Lit.: Kunst in Wien um 1900. Wien 1985.

Wien, Firma Jenö Eisenberger

G. F.

Kat.-Nr. 26.3.14

26.3.15 Abendrot

Viktor Eckhardt von Eckardsburg (1864–1946)
Öl auf Leinwand, 21 × 36 cm

Seine Ausbildung genoß er in Prag, wo er bis 1904 wohnte. Weitere Studien betrieb er in Wien an der Akademie der bildenden Künste (Prof. Christian Griepenkerl), in München an der Akademie (Prof. Nikolaus Gysis) sowie in Karlsruhe und Woerth/Rhein. Seine Lieblingsthemen waren Tierdarstellungen und das militärische Sujet. 1902 trat er dem „Hagenbund" bei, dem er bis 1922 angehörte.

Privatbesitz E. V.

26.3.16 Gardaseelandschaft

Emerich Schaffran (1883–1962)
Öl auf Leinwand, 45 × 62 cm

Er erhielt seine Ausbildung in Wien bei Anton Hlavacek und in München bei Hans Lietzmann. Ab 1914 war er als wissenschaftlicher Beamter und Konservator am Niederösterreichischen Landesmuseum tätig. Sein Kunstschaffen war äußerst vielseitig: bevorzugte Themen waren Landschaft und Porträt. Er betätigte sich aber auch als Freskomaler und Graphiker sowie Kunstschriftsteller.

Privatbesitz E. V.

26.3.17 Puma

Franz Barwig (1868–1931), 1908
Bronze, H = 25,8 cm

Im Jahr 1888 kam Barwig, als Sohn einfacher Bauern in Mähren geboren, nach Wien, um an der Kunstgewerbeschule zu lernen. War sein bevorzugtes Material zunächst Holz, so wandte er sich ab 1908 der Metallplastik zu. Seit 1906 wählte er Tiere als Modelle, für die er in dem Material Bronze eine adäquate Ausdrucksform fand. 1904 stellte er erstmals im Hagenbund aus, dessen Mitglied er 1905 wurde.

Privatbesitz E. V.

26.3.18 Weiblicher Akt

Artur Imanuel Loewental (1879–?), um 1900
Bronze, Sockel Porphyr, H = 49 cm

Loewental war als Bildhauer, Medailleur und Gemmenschneider in Wien und Berlin tätig. Seine Ausbildung erhielt er in Wien bei Eduard Hellmer an der Akademie und bei Tautenhayn. Von seiner Hand stammt z. B. die Loos-Büste aus dem Jahr 1909.

Wien, Privatbesitz E. V.

27. AUFBRUCH IN DIE MODERNE DIE BILDENDEN KÜNSTE

27.1 Danae — Farbabb. 73

Gustav Klimt (1862–1918), 1907/08
Öl auf Leinwand, 77 × 83 cm

Das Gemälde zeigt einen weiblichen, zurückgelehnten Akt mit angehobenen Beinen, eingefaßt von einem Gold-Ornamentstrom und einem Schleier mit antikisierenden Dekormotiven. Danae, eine Figur der griechischen Mythologie, wurde durch Zeus, der in Gestalt eines Goldregens zu ihr kam, Mutter des Perseus. Klimt hat mit der Gestaltung dieses Themas eines seiner eindringlichsten erotischen Gemälde geschaffen.

Lit.: FRITZ NOVOTNY – JOHANNES DOBAI, Gustav Klimt. Salzburg 1976, Kat. Nr. 151 – ALICE STROBL, Gustav Klimt. Die Zeichnungen. Bd. I, 1878–1903. Salzburg 1980, S. 286–291.

Wien, Sammlung Dichand — P. W.

27.2 Selbstbildnis vor dem Ofen — Farbabb. 71

Richard Gerstl (1883–1908)
Öl auf Leinwand und Karton, 69 × 55 cm

Brustbild des Künstlers von vorne, leicht nach links geneigt, im Anzug mit Masche, die Rechte hält die Palette, die Linke führt wohl den Pinsel zur Leinwand. Im Hintergrund links ist ein Teil eines ganzfigurigen Bildnisses sichtbar, rechts ein hoher Zimmerofen. Das Gemälde zählt zu den „zahmeren" von Gerstls zahlreichen Selbstporträts.

Lit.: Richard Gerstl. Ausst. Kat. Historisches Museum der Stadt Wien 1983/84, Kat. Nr. 16.

Privatbesitz — P. W.

27.3 Fächer für die Wiener Werkstätte — Farbabb. 74

Oskar Kokoschka (1886–1980), 1908
Feder, Pinsel, Tusche, aquarelliert,
20,5 × 41,2 cm

Der Fächer ist in mehrere Felder gegliedert, die z. T. rein ornamental gestaltet sind, z. T. durch üppig wuchernde vegetabile Formen oder eine exotische Tierwelt. Im Zentrum ein Mädchen, zu dem ein Engel tritt; links ein geflügelter Jüngling mit brennendem Herzen und Lamm, im Zeichen des Mondes; rechts ein Reiter mit Blume, im Zeichen der Sonne. Beispiel für Kokoschkas eigenwilligen Beitrag zum Wiener Jugendstil, kurz vor seinem Durchbruch zum Expressionismus.

Lit.: MONIKA KOPPLIN, Das Fächerblatt von Manet bis Kokoschka. Saulgau 1981, S. 227, 338, 622. – Oskar Kokoschka. Ausstellung zum 100. Geburtstag. Wien, Galerie Würthle 1986.

Wien, Galerie Würthle — P. W.

27.4 Plakat für das Sommertheater der Kunstschau 1909

Oskar Kokoschka (1886–1980), 1909
Lithographie, 125 × 81 cm

Der geschundene, blutrote Körper eines Mannes in den Armen einer Frau, umgeben von Sonne und Mond, wodurch das Geschehen in einen kosmischen Zusammenhang eingebunden wird: diese Darstellung symbolisiert den Gehalt von Kokoschkas Drama „Mörder, Hoffnung der Frauen", dessen Aufführung im Rahmen der Kunstschau 1909 durch das Plakat angekündigt wurde. Es gehört zu den wesentlichsten Werken, mit denen Kokoschka den Durchbruch zum Expressionismus vollzog.

Lit.: HANS M. WINGLER – FRIEDRICH WELZ, Oskar Kokoschka – Das druckgraphische Werk. Salzburg 1975, Nr. 31.

Wien, Österreichisches Museum für angewandte Kunst, P I 1802 — P. W.

27.5 Bildnis Wilhelm Hirsch

Oskar Kokoschka (1886–1980), 1909
Öl auf Leinwand, 90 × 71 cm

Kokoschkas Porträt zeigt den Fabrikanten Wilhelm Hirsch aus Pilsen, für den Adolf Loos dort 1907/8 eine Wohnung einrichtete. Das Bildnis entstand – wie eine Reihe weiterer damaliger Gemälde – vermutlich über die Vermittlung von Loos, der Kokoschkas wichtigster früher Protektor war. Es ist ein Beispiel für eine Vielzahl psychologisierender früher Porträts (seit 1909), die Kokoschkas Durchbruch zum Expressionismus dokumentieren.

Lit.: Kat. Oskar Kokoschka. Ausstellung zum 100. Geburtstag. Wien, Galerie Würthle 1986. Kat. Nr. 3.

Berlin, Staatliche Museen — P. W.

27.6 Heiliger Sebastian — Abb.

Oskar Kokoschka (1886–1980), 1912
Öl auf Leinwand, 70,5 × 51,5 cm

Das Bild gehört zu einer Reihe von Gemälden Kokoschkas, die seit 1911 entstanden und in der Farbgebung und deren modellierendem Einsatz das Dargestellte wie durch ein Opakglas gesehen erscheinen lassen. Diese „opake Phase" ist deutlich weniger kraß als die zuvor entstandenen Werke von

Kokoschkas frühestem Expressionismus. Nun werden auch wiederholt biblische Motive thematisiert, womit das Porträt die zuvor zentrale Stellung in Kokoschkas Schaffen einbüßt.

Wien, Privatbesitz P. W.

27.7 Fischerboote im Hafen von Triest

Egon Schiele (1890–1918), 1907
Öl auf Karton, 25 × 18 cm

Die kleine Ansicht der Fischerboote im Hafen von Triest schuf der 17jährige Akademiestudent Schiele zu einer Zeit, als er noch ganz im Banne des linearen Stils der Wiener Secession stand.

Lit.: RUDOLF LEOPOLD, Egon Schiele. Gemälde, Aquarelle, Zeichnungen. Salzburg 1972, WV 73.

Graz, Neue Galerie am Landesmuseum Joanneum P. W.

27.8 Sonnenblume

Egon Schiele (1890–1918), 1908
Öl auf Papier, 44 × 32 cm

Stilisierte Blumendarstellung im Sinn der Linearität und Flächengliederung des Jugendstils.

Lit.: RUDOLF LEOPOLD, Egon Schiele. Gemälde, Aquarelle, Zeichnungen. Salzburg 1972, WV 112.

Wien, Niederösterreichisches Landesmuseum, Inv. Nr. 7107 P. W.

27.9 Zerfallende Mühle Farbabb. 72

Egon Schiele (1890–1918), 1916
Öl auf Leinwand, 110 × 140 cm

Gleichermaßen in Ölgemälden wie in seiner Graphik beschäftigte sich Schiele häufig mit der Thematik von Städten, Dörfern und einzelnen Bauwerken. Die „zerfallende Mühle" ist ein Beispiel für das spätere, vergleichsweise realistischere Schaffen Schieles, das sich deutlich von seinem eruptiven frühexpressionistischen Werk abhebt.

Lit.: RUDOLF LEOPOLD, Egon Schiele. Gemälde, Aquarelle, Zeichnungen. Salzburg 1972, WV 271.

Wien, Niederösterreichisches Landesmuseum, Inv. Nr. 2043 P. W.

27.10 Bildnis Sigmund Freud

Max Oppenheimer (1885–1954), 1909
Öl auf Leinwand

Max Oppenheimers Bildnis des sitzenden Freud ist noch wesentlich konventioneller gestaltet als jene wenig später entstandenen Gemälde, in denen er mit expressivem Malgestus zahlreiche Künstler und Literaten porträtierte. Von seiner ausdrucksgesteigerten Darstellungsweise, die Oppenheimer den (überspitzten) Ruf eines Kokoschka-Imitators einbrachte, ist hier noch nichts zu spüren.

Kat.-Nr. 27.6

New York, Psychoanalytic Society P. W.

27.11 Bildnis Marie Pappenheim Farbabb. 70

Arnold Schönberg (1874–1951), 1909
Öl auf Karton, 68 × 49 cm

Die Dargestellte frontal gesehen, Brustbild, großer Hut, vor Tapete oder Vorhang. Marie Pappenheim, eine junge Medizinstudentin, verfaßte auch den Text für das hochexpressive Monodram „Erwartung", dessen Musik 1909 von Schön-

Kat.-Nr. 27.15

berg komponiert wurde. Das Bild ist ein Beispiel für die – im Gegensatz zu den gleichzeitigen „Visionen" Schönbergs – realistischer aufgefaßten Gemälde.

Lit.: Journal of the Arnold Schoenberg Institute. Vol. II/3 (1978), Kat. Nr. 244.

Privatbesitz P. W.

27.12 Taufe

Albert Paris Gütersloh (1887–1973), um 1908/09
Bleistift, aquarelliert, 15 × 15,7 cm

Das biblische Thema der Taufe im Jordan, verfremdet durch karikierende Darstellungsweise und die Gruppe nackter Frauen im Hintergrund. Das Blatt zählt zu Güterslohs frühesten Arbeiten im Umkreis des Wiener Jugendstils, es zeigt secessionistische Ornamentformen und die charakteristische Betonung des Linearen.

Lit.: MICHAEL PABST, Wiener Grafik um 1900. München 1984, S. 295.

Wien, Sammlung Dichand

P. W.

Kat.-Nr. 27.16

27.13 Zwei Lünetten

Albert Paris Gütersloh (1887–1973), um 1908/09
Tusche und Aquarell, 24,5 × 26,5 cm

Je drei weibliche und drei männliche Figuren in einer Lünette, in verschiedenen Körperhaltungen, mit eckigen Gebärden; heiligenscheinartige Kopfumrahmung. Dunkler Hintergrund mit großen leuchtenden Gestirnen.

Lit.: HERIBERT HUTTER, Gütersloh. Beispiele. Wien 1977, S. 140.

Wien, Sammlung Dichand P. W.

27.14 Das Fest

Albert Paris Gütersloh (1887–1973), um 1911
Aquarell, 18,7 × 14,5 cm

Mehrfigurige Szene um einen gedeckten Tisch, phantastische Raum- und Lichtgestaltung. Gütersloh nahm zu dieser Zeit expressionistische und kubistische Stilelemente auf und verband sie mit dem ihm eigenen Hang zur Bizarrerie. Gleichzeitig war er ein enthusiastischer Propagator und Organisator des frühen österreichischen Expressionismus sowie Schriftsteller und Schauspieler.

Privatbesitz P. W.

27.15 Im Atelier Abb.

Albert Paris Gütersloh (1887–1973), um 1911
Aquarell auf Papier, 16 × 13,2 cm

Das Aquarell zeigt ein vielfiguriges Gemälde im Atelier, ein großer Vorhang ist beiseite geschoben, im Vordergrund ein Betrachter. Das Blatt spiegelt Güterslohs Abweichen von der früheren Stilisierung seiner Werke; Phantastik und Skurrilität werden in erzählfreudigen kleinen Arbeiten verbunden.

Lit.: HERIBERT HUTTER, Gütersloh. Beispiele. Wien 1977, S. 141.

Wien, Dr. Heribert Hutter P. W.

Kat.-Nr. 27.18

Kat.-Nr. 27.20

27.16 Uraffe Abb.

Alfred Kubin (1877–1959)
Gouache, 24 × 35,5 cm

Ein riesenhaftes affenähnliches Wesen mit erhobenen Armen in einer Art Urlandschaft hockend; von links oben bricht das Sonnenlicht herein. Das Bild entspricht Kubins Faszination durch dämonische Tierwesen, die er am bedrohlichsten in seinem frühen Schaffen gestaltete.

Privatbesitz P. W.

27.17 Das Auge

Alfred Kubin (1877–1959), um 1905/08
Gouache, 42,8 × 39,2 cm

Eine Mischform aus menschlichen Organen oder der Mikro-Welt in Flora und Fauna. In der experimentierfreudigen Phase Kubins zwischen 1905 und 1908 setzte er sich verstärkt mit den Möglichkeiten der Malerei auseinander – insbesondere mit den Farbeffekten, die sich beim Mischen von Aquarellfarben mit Kleister ergeben, oder von Tempera- und Gouachemalerei.

Linz, Oberösterreichisches Landesmuseum, Ha 3234 P. W.

27.18 Tiefsee Abb.

Alfred Kubin (1877–1959), 1906
Gouache, 37 × 36,5 cm

Auf einem Meeresgrund verschiedene Mischwesen: ein wurmähnliches, rot-weiß quergestreiftes Tier, daneben an langem Hals ein bläulicher vogelartiger Kopf, weiters polypen-, quallen- und spinnenartige Wesen. Nach Kubins eigener Aussage haben ihn bei derartigen Werken die Erinnerungen an große Aquarien und Mikroskopstudien angeregt.

Lit.: Kandinsky und München. Ausst. Kat. Städtische Galerie im Lenbachhaus, München 1982, S. 231.

München, Städtische Galerie im Lenbachhaus, G 12416
P. W.

27.19 Das Präparat

Alfred Kubin (1877–1959), um 1906/08
Tempera, 36 × 34,4 cm

Im undefinierten, dumpffarbigen Umraum schwerelos schwebend ein „Präparat", das wie eine Mischung aus Eingeweiden, Geschlechtsteilen und phantastischen Fabelwesen wirkt. Die Beschäftigung mit den belebten Formen der Natur, die sich im Jugendstil in der vielfältigen Gestaltung des Ornaments auswirkte, führte bei Kubin zu einer spukhaften Welt, die ihr Eigenleben entfaltet.

Linz, Oberösterreichisches Landesmuseum, Ha 3236 P. W.

27.20 Engelszug Abb.

Erich Mallina (1873–1954), 1904
Tempera auf Leinwand, 76 × 220 cm

In seinen stark stilisierten und rhythmisch bewegten Malereien thematisierte Mallina mehrfach Engelschöre und schwebende Frauengestalten, die kosmische Harmonien und Sphärenklänge versinnbildlichen. Symbolistische Bildkonzepte mit mystisch-visionärem Gehalt zeugen von der Auseinandersetzung mit fernöstlichen Religionen. Sie wurden, wie auch dieses Gemälde, oft in einem minutiös ausgeführten Pointillismus gestaltet.

Lit.: Erich Mallina (1873–1954). Ausst. Kat. Wien, Hochschule für angewandte Kunst 1980/81.

Wien, Hochschule für angewandte Kunst P. W.

Kat.-Nr. 27.21

27.21 Plakat zur 13. Ausstellung der Wiener Secession 1902 Abb.

Kolo Moser (1868–1918), 1902
Lithographie, 95 × 32 cm

Drei frontal gesehene, stark geometrisierend abstrahierte Figuren, übereinander – im Paar bzw. einzeln – angeordnet, mit eingeschriebenen Kreisformen; in der unteren Hälfte des Plakats Schriftgestaltung: „VER SACRUM V. JAHR XIII. AUSSTELLUNG DER VEREINIGUNG BILDENDER KÜNSTLER ÖSTERREICHS SECESSION . . . “ Beispiel für den geometrisierenden Stil Mosers dieser Zeit, der sich auch in anderen Bereichen des Kunsthandwerks und in seinen Möbelentwürfen ausdrückte.

Wien, Museum für angewandte Kunst, P I 118 P. W.

27.22 Plakat zur 14. Ausstellung der Wiener Secession 1902 Abb.

Alfred Roller (1864–1935), 1902
Lithographie, 95 × 63 cm

Engelsfigur im Profil nach links, nach vorne gebeugt, in den Händen weiße Kugel haltend. Flügel, Haar, Gewand und Umraum durch verschiedene geometrisierende Ornamente gestaltet. Schriftgestaltung in der unteren Hälfte des Plakats, links. Die adorantenartige Haltung des Engels entspricht dem quasi-sakralen Charakter der 14. Secessions-Ausstellung für die Beethovenskulptur Max Klingers, für die auch Klimt seinen Fries schuf.

Wien, Museum für angewandte Kunst, P. I 137 P. W.

27.23 Plakat zur 17. Ausstellung der Wiener Secession 1903 Abb.

Max Kurzweil (1867–1916), 1903
Lithographie, 95 × 31,5 cm

Ganzfigurige stehende Frau nach links, mit langem schwarzem Haar, Hände auf der Brust, vor ihr Ornamentik aus geometrisierenden, ineinander verschlungenen Formen. Quergelegter Schriftbalken im unteren Drittel: „SECESSION XVII. AUSSTELLUNG DER VEREINIGUNG BILDENDER KÜNSTLER ÖSTERREICHS . . . “

Wien, Museum für angewandte Kunst, P I 94 P. W.

Kat.-Nr. 27.22

Kat.-Nr. 27.23

Kat.-Nr. 27.26

27.24 Kabarettschauspielerin (Galliens Gusto) Farbabb. 69

František Kupka (1871–1957), 1909/10
Öl auf Leinwand, 108 × 100 cm

Die rhythmische Silhouette und die gesteigerte Farbe sind die Hauptfaktoren dieses ein Jahr vor der Ausstellung von Kupkas erstem abstrakten Bild in Paris gezeigten Gemäldes. Schon in diesem Werk suchte Kupka nach den grundlegenden Beziehungen von Farbe und „Unfarbe" sowie denen zwischen organischen und geometrischen Formen. Seine Paris-Boulevard Typen haben verwandte Züge mit den Idolen der altgriechischen Bildhauerei.

Lit.: LUDMILA VACHTOVÁ, František Kupka. Praha 1968, S. 58 – Tschechische Kunst 1878–1914. Auf dem Weg in die Moderne, Kat. Mathildenhöhe Darmstadt 1984, Bildteil S. 181, Textteil S. 145.

Prag, Národní Galerie, O 3836 R. P.

27.25 Das Bad Farbabb. 75

Emil Filla (1882–1953), 1912
Öl auf Leinwand, 125 × 83,5 cm

Filla gehörte zu den führenden Männern der tschechischen Künstlergruppe, deren Werk sich schnell vom Expressionismus zum Kubismus entwickelte. Trotz des Dynamismus der Formen verrät die zentripedale Auffassung des Bildraums im „Bad", daß Filla in seiner Gruppe zu denen gehörte, die Picassos und Braques Beispiel als eigenes Programm verstanden.

Lit.: MIROSLAV LAMAČ, Moderne tschechische Malerei 1907–17. Prag 1967, S. 62 – Tschechische Kunst 1878–1914. Auf dem Weg in die Moderne, Kat. Mathildenhöhe Darmstadt 1984, Bildteil S. 60.

Prag, Národní Galerie, O 8362 R. P.

27.26 Don Quijote Abb.

Otto Gutfreund (1889–1927), 1911
Bronze, H = 39 cm

Dieser tschechische Künstler gehörte zu den Schöpfern der kubistischen Bildhauerei in Europa. 1911 schuf er mehrere kubo-expressionistische Bildwerke, in denen Deformation und Kubisierung der Form dem Ausdruck und der Mitteilung noch untergeordnet sind. Ein Beispiel ist diese Variation auf das Thema des stolzen und einsamen Don Quijote, der zu den mythischen Gestalten der modernen Kunst gehört.

Lit.: JOSEF CÍSAŘOVSKÝ, Otto Gutfreund. Praha 1962, S. 37, 40, 42 – Otto Gutfreund, Kat. Museum des XX. Jahrhunderts, Wien 1969, S. 9.

Prag, Národní Galerie, P 1390 R. P.

27.27 Straßendetail

Valéria Dénes, 1913
Öl auf Leinwand, 55 × 46 cm

Pécs, Janus Pannonius Múzeum

27.28 Helle Landschaft

János Máttis Teutsch, 1916
Öl auf Pappe, 40 × 49 cm

Pécs, Janus Pannonius Múzeum, Inv. Nr. 73151

28. DER TOD DES KAISERS

28.1 Kaiser Franz Joseph I. Abb.

Ludwig Koch, 1916
Öl auf Leinwand, 35 × 46 cm

Das Bild war ein Geschenk an Feldmarschall Borocvic. Es ist das letzte gemalte Bild des Monarchen.

Lit.: Nicht bei PAUER.

Wien, Privatbesitz

28.2 Kaiser Franz Joseph I. im „Bonjour-Rock" vor einem Fenster in Schönbrunn Abb.

Carl Pietzner, Hofphotograph in Wien, 1916

Das Photo zeigt den Kaiser so, wie man ihn während der Kriegsjahre erlebt hatte; Klepsch-Kloth berichtet über eine Audienz am 5. August 1915: „Seine Majestät empfing mich in Schönbrunn. Ich fand Seine Majestät sichtbar angegriffen und von den kriegerischen Ereignissen in sehr gedrückter Stimmung. Seine Majestät war schwer gebückt, in sich zusammengesunken. Nachdem Seine Majestät meinen Bericht mit sehr viel Interesse entgegengenommen hatte, fing Seine Majestät an, über den Krieg zu sprechen und sagte: ‚Dieser Krieg wird ein gräßliches Ende nehmen, das Sie noch erleben werden, ich nicht'."

Lit.: PAUER, Nr. 546. – P. BROUCEK, „Chef des Generalstabs und Oberster Kriegsherr". Aus den Erinnerungen des Feldmarschalleutnants Alois Klepsch-Kloth. In: Mitteilungen des Staatsarchivs 27 (1975).

Wien, Österreichische Nationalbibliothek, Porträtsammlung und Bildarchiv, NB 509.154 B E. V.

28.3 Die letzten Zeilen des Kaisers, 21. November 1916 Abb.

Photo

Eigenhändiger Entwurf eines Telegrammes an Prinzessin Gisela in München, um 5 Uhr nachmittags geschrieben.
In den Novembertagen des Jahres 1916 stellte sich wieder ein quälender Husten ein. Der Kaiser verfiel zusehends. Am 15. November, während einer kurzzeitigen Besserung des Leidens, empfängt er den Prinzen Wilhelm von Hohenzollern. Trotz Fiebers infolge eines entzündlichen Prozesses der Lunge und des Rippenfelles behielt er seinen Arbeitsrhythmus bei. Noch am 21. November arbeitete er an den Akten; am Abend desselben Tages um neun Uhr fünf Minuten stirbt Seine Majestät Franz Joseph I. von Gottes Gnaden Kaiser von Österreich, Apostolischer König von Ungarn, König von Böhmen, von Dalmatien, Kroatien, Slawonien, Galizien, Lodomerien und Illyrien, König von Jerusalem . . .

Privatbesitz E. V.

28.4 Aufbahrung Kaiser Franz Josephs

Am 27. November wurde der Sarg aus Schönbrunn in die Burgkapelle überführt. Am 30. November fand die Beisetzung statt.

Wiener Städtische Bestattung

28.5 Erzherzogshut mit Reichsapfel

Funeralinsignien

Wien, Ehem. Hofmobiliendepot, V 2376 und V 2386

28.6 Krone des Kaisertums Österreich

Funeralkrone

Wien, Ehem. Hofmobiliendepot, V 319

28.7 Heilige Stephanskrone

Funeralkrone

Wien, Ehem. Hofmobiliendepot, V 320

28.8 Heilige Wenzelskrone, Reichsapfel und Szepter

Funeralinsignien

Wien, Ehem. Hofmobiliendepot

28.9 Collane und Kleinod des Ordens vom Goldenen Vlies und Toisonbänder

Funeralinsignien

Wien, Ehem. Hofmobiliendepot, V 2393, und Wien, Privatbesitz

Kat.-Nr. 28.1

Kat.-Nr. 28.2

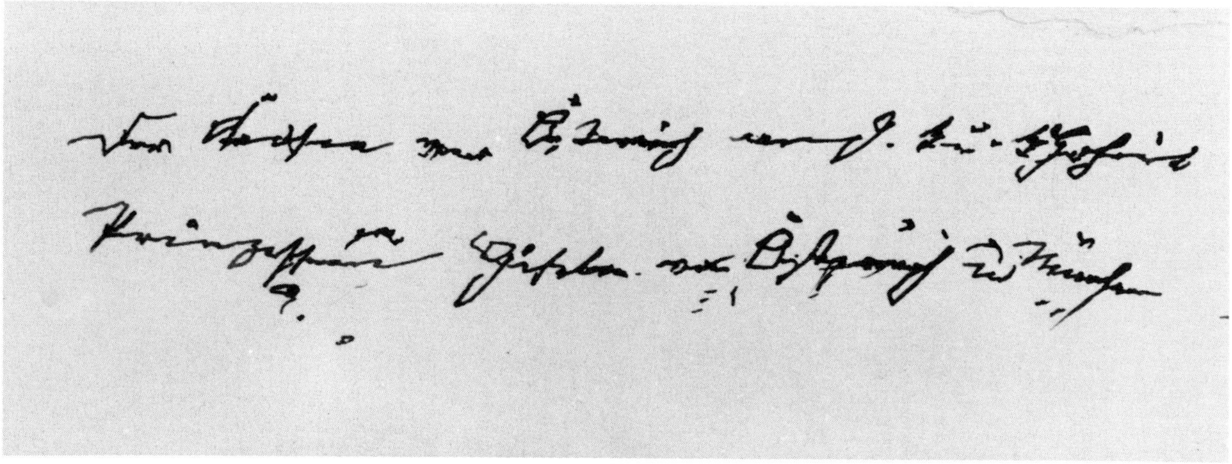

Kat.-Nr. 28.3

Begräbnisfeier Kaiser Franz Josephs: Die Arcieren-Leibgarde

Der achtspännige Leichenwagen

Der Trauerzug vor dem Burgtor gegenüber dem Maria-Theresienmonument

Trauergäste in Erwartung des Konduktes vor dem Riesentor des Stefansdomes

Nach der Einsegnung im Stephansdom wird der Sarg zum Leichenwagen gebracht

Kaiser Karl mit Kaiserin Zita und Kronprinz Otto im Begräbniszug

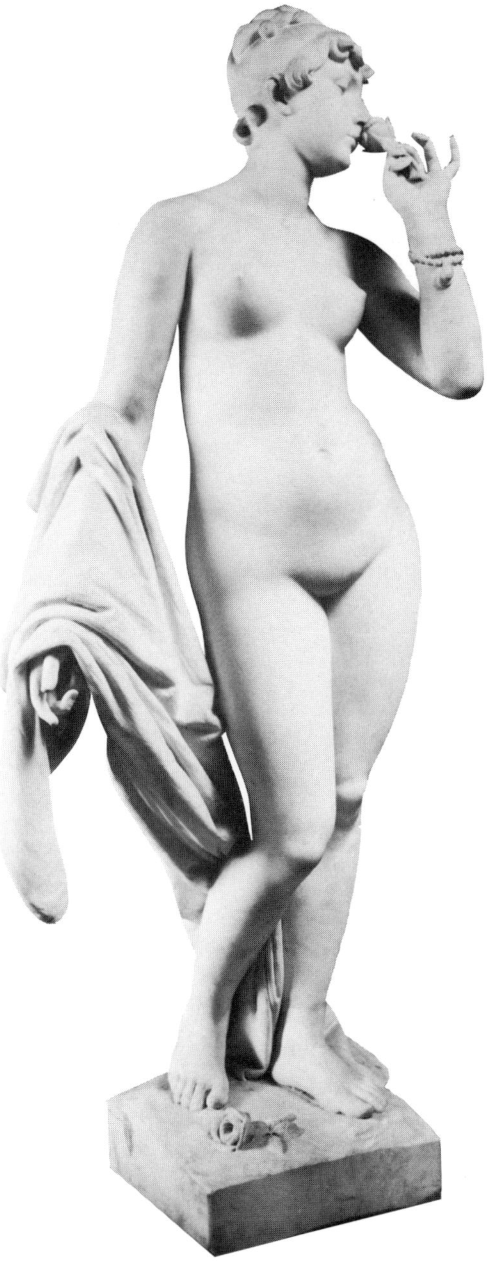

Nachtrag

26.1.15 Dame mit Rose

Hugo Kühnelt (1877–1914), 1908
Marmor, H = 153 cm

Kühnelt war ein Schüler E. Hellmers. Unter anderem stellte er bei Secessions- und Künstlerhausausstellungen aus. Von seiner Hand stammen Grabdenkmäler auf dem Zentralfriedhof in Wien (Bürgermeister Strobach, Opernsänger Willy Hesch) sowie Entwürfe für die plastische Ausgestaltung der Hauptfassade des Künstlerhauses.

Wien, Galerie Stallburg E. V.

ABBILDUNGSNACHWEIS

Bern, Schweizerisches Bundesarchiv, S. 192
Budapest, Iparmüveszeti Múzeum, S. 293, 294, 311, 312, 313; Farbabb. 28, 41
Budapest, Magyar Munkásmozgalmi Múzeum, S. 9, 141
Budapest, Magyar Nemzeti Galéria, S. 44, 319–321; Farbabb. 46, 48, 51 (Zoltán Hasznos)
Budapest, Magyar Nemzeti Múzeum, 129, 134, 135, 139, 194, 201, 202, 223; Farbabb. 16 (Andràs Dabasi)
Budapest, Országos Széchényi Könyvtár, S. 123
Budapest, Petőfi Irodalmi Múzeum, S. 118; Farbabb. 27
Budapest, Történeti Múzeum, S. 123, 124, 125, 127, 128
Jaidhof, M. Malina, S. 1, 2, 3, 4, 10, 15, 53, 54, 55, 56, 65, 67, 70, 71, 72, 76, 84, 86, 87, 88, 90, 92, 115, 131, 136, 137, 142, 146, 164, 166, 171, 172, 174, 175, 176, 182, 184, 185, 190, 193, 198, 210, 213, 214, 215, 216, 217, 218, 219, 220, 221, 253, 254, 255, 258, 259, 296, 338, 339, 341, 342, 343, 349, 351, 354, 355, 357, 366, 368; Farbabb. 2, 3, 5, 8, 9, 13, 20, 22, 23, 24, 25, 26, 29, 37, 39, 40, 42, 43–45, 54–59, 66, 70, 72
Krakau, Muzeum Narodowe, S. 150, 151, 152, 153, 154, 155, 156, 157, 158, 159, 160, 161, 162, 165, 260, 329, 330, 331; Farbabb. 50, 52, (Adam Wierzba)
Krakau, Muzeum Historyczne m. Krakowa, S. 197
Linz, Kunsthandlung Margarete Widder, Farbabb. 65, 67, 68
Ljubljana, Narodna Galerija, S. 332, 333, 334, 335;
Ljubljana, Narodni Muzej, S. 313, 314, 315;
München, Städtische Galerie im Lembachhaus, S. 360
Mürzzuschlag, Wintersport- und Heimatmuseum, S. 41, 42; Farbabb. 18
Prag, Národní Galerie, S. 26, 46, 48, 120, 299, 322, 323, 324, 325, 326, 364; Farbabb. 47, 49, 69, 75 (Milan Posselt)
Prag, Umĕleckoprůmyslové Muzeum, S. 248, 292; Farbabb. 17, 35, 53 (Gabriel Urbánek)
Warschau, Muzeum Narodowe, S. 327, 328
Wels, R. Ecker, S. 22, 23
Wien, Archiv Christian Brandstätter, S. 75, 231
Wien, Bildarchiv der Österreichischen Nationalbibliothek, S. 5, 34, 35, 37, 38, 43, 48, 49, 83, 93, 105, 132, 167, 168, 169, 177, 178, 179, 180, 181, 188, 203, 204, 205, 206, 207, 208, 209, 211, 212, 367, 369, 370, 371
Wien, Bundesdenkmalamt, S. 278, 281
Wien, Galerie Würthle, Farbabb. 11, 12, 63, 73, 74
Wien, Gesellschaft der Musikfreunde, S. 265, 266, 267, 268, 269
Wien, Graphische Sammlung Albertina, S. 38, 45; Farbabb. 19
Wien, Historisches Museum der Stadt Wien, S. 11, 12, 13, 14, 16, 17, 18, 193, 194, 344; Farbabb. 1, 4, 6, 10, 14, 15, 60, 62, 64
Wien, Hochschule für angewandte Kunst, S. 361
Wien, Höhere Graph. Lehr- und Versuchsanstalt, S. 229
Wien, Kriegsarchiv, S. 140
Wien, Kunsthistorisches Museum, Monturdepot, S. 176
Wien, J. & L. Lobmeyr, S. 287, 301, 303
Wien, Museum für angewandte Kunst, S. 77, 80, 165, 257, 297, 316, 317, 318, 362, 363
Wien, Naturhistorisches Museum, S. 233
Wien, Österreichisches Filmmuseum, S. 57
Wien, Österreichische Galerie, S. 339, 340, 342, 346, 347, 348, 353; Farbabb. 7, 61 (Fotostudio Otto)

Wien, Wiener Stadt- und Landesbibliothek, S. 29, 30, 36, 262
Wien, Technisches Museum, S. 74, 78, 81
Wien, Theatersammlung der Österreichischen Nationalbibliothek, S. 227, 237, 238, 240, 241, 242, 246, 247, 248, 249; Farbabb. 28, 30, 31 (Schwarzenegger und Dobowolski)
Stadtamt Zwettl, 100
Die übrigen Abbildungen stammen aus diversen privaten Archiven.